KB145246

확률론적 로보틱스
PROBABILISTIC ROBOTICS

PROBABILISTIC ROBOTICS

확률론적 로보틱스

로봇공학의 기초부터 SLAM과 자율 주행까지

세바스찬 스런 · 볼프람 부르가트 · 디터 폭스 지음

남궁영환 옮김

i!i
에이콘

에이콘출판의 기틀을 마련하신 故 정완재 선생님 (1935-2004)

| 지은이 소개 |

세바스찬 스런^{Sebastian Thrun}

스탠퍼드대학교 컴퓨터학과 부교수로, 스탠퍼드 AI 랩을 맡고 있다.

볼프람 부르가트^{Wolfram Burgard}

프라이부르크대학교 컴퓨터학과 부교수이며, 자율 지능 시스템 연구소의 책임자다.

디터 폭스^{Dieter Fox}

워싱턴대학교 컴퓨터학과의 로보틱스 및 스테이트 추정 연구소 부교수 겸 디렉터로 근무하고 있다.

저자의 최신 프로필은 아래 링크를 참조하기 바란다.

세바스찬 스런: https://en.wikipedia.org/wiki/Sebastian_Thrun
볼프람 부르가트: https://en.wikipedia.org/wiki/Wolfram_Burgard
디터 폭스: https://en.wikipedia.org/wiki/Dieter_Fox

| 감사의 글 |

이 책에서 다 소개하기 어려울 정도로 많은 친구들, 가족, 학생, 동료의 도움과 지원이 없었다면 이 책은 세상에 나오지 못했을 것이다.

우리는 이 책에 우리와 함께 연구한 모든 학생들, 박사 후 연구원들과 함께 만들어 낸 많은 성과를 담았다. 라홀 비스와스, 매슈 딘스, 프랭크 델라에르트, 제임스 다이벨, 브라이언 거키, 더크 헤넬, 조너선 코, 코디 퀴억, 존 랭포드, 린 랴오, 데이비드 리에브, 벤슨 림켓카이, 마이클 리트먼, 유펭 리우, 앤드류 루크빌, 디미트리스 마르가리티스, 마이클 몬테메를로, 마크 무어스, 마크 파스킨, 조엘 피노, 찰스 로젠버그, 니콜라스 로이, 아론 숀, 제이미 슐트, 더크 슐츠, 데이비드 스타벤스, 키릴 스타크니스, 치에-치 왕, 그리고 과거부터 현재까지 우리 연구소의 멤버들에게 큰 감사의 마음을 표하고 싶다. 그레그 암스트롱, 그린넬 모어, 타이슨 소이어, 월터 슈타이너는 몇 년 동안 우리의 로봇을 테스트하는 데 큰 도움을 주었다.

우리 연구의 대부분은 펜실베이니아 피츠버그에 있는 카네기멜론대학교에서 진행됐다. 토론 과정에서 많은 영감을 준 카네기멜론대학교 동료와 친구들에게 감사드린다. 또 자신의 연구 그룹에 우리 3명이 모여서 멋지게 협업할 수 있는 초석을 마련해 준 독일 본대학교의 아르민 크레머스에게도 감사의 말을 전하고 싶다.

연구 과정에서 수많은 동료들의 귀중한 의견과 통찰력이 큰 도움이 됐다. 게리 브라드스키, 하위 초셋, 헨릭 크리스텐센, 휴 듀란트-화이트, 난도 드 프레이타스, 주빈 가라마니, 제프리 고든, 슈테펜 구트만, 앤드류 하워즈, 레슬리 카엘블링, 다프네 콜러, 커트 코놀리제 벤 쿠이퍼스, 존 레너드, 톰 미첼, 케빈 머피, 에두아르도 네보트, 폴 뉴먼, 앤드류 Y. 응, 리드 시먼스, 사틴더 싱, 가우라프 수카트미, 후안 타르도스, 벤 웨그브레이트에게 감사한다.

아니타 아라네다, 갈 엘리단, 우도 프레세, 가베 호프만, 존 레너드, 벤슨 림케카

이, 루돌프 반 데르 메르웨, 안나 페트로프스카야, 밥 왕, 슈테판 윌리엄스는 이 책의 초안에 대해 폭넓은 의견을 제시해주었다. 크리스 매닝은 이 책을 쓰기 위한 레이텍 매크로를 제공했으며, 밥 프라이어는 출판에 큰 도움을 줬다.

많은 기관과 기업의 기부금과 기술 자문에 힘입어 우리는 연구에 매진할 수 있었다. 각종 연구 지원 프로그램(TMR, MARS, LAGR, SDR, MICA, CoABS)을 제공한 DARPA에 감사드린다. 또한 CAREER, ITR 및 다양한 CISE 보조금 프로그램을 통해 미국과학재단^{NSF, National Science Foundation}으로부터 연구비를 지원받았다. 독일 연구재단^{German Research Foundation}과 유럽 집행위원회에서도 지원을 받았다. 안드로이드^{Android}, 보쉬^{Bosch}, 다임러크라이슬러^{DaimlerChrysler}, 인텔^{Intel}, 구글^{Google}, 마이크로소프트^{Microsoft}, 모어 데이비도우 벤처스^{Mohr Davidow Ventures}, 삼성^{Samsung}, 폭스바겐^{Volkswagen} 같은 수많은 기업의 후원과 개인 차원의 재정 지원이 있었다. 몇 년이라는 긴 시간 동안 지도와 편달을 아끼지 않으신 존 블리치, 더그 게이지, 샤론 헤이즈, 제임스 헨들러, 래리 재켈, 알렉스 크로트, 웬들 사이크스, 에드 반 로이스에게 감사드린다. 당연한 얘기지만 이 책의 의견과 결론은 전적으로 저자들의 사적인 것이며, 후원사의 정책이나 승인을 의미하는 것으로 해석하지 않기 바란다.

이 엄청난 프로젝트에서 우리를 사랑과 헌신으로 이끌어준 가족들에게 가장 큰 감사의 마음을 전한다. 특히 우리에게 사랑과 지지를 아끼지 않은 페트라 디어키스-스런, 아니아 그로스-부르가트, 카스텐 부르가트, 루스 폭스, 소피아 폭스, 카를라 폭스에게 고마움을 표한다.

| 옮긴이 소개 |

남궁영환(youngnk@gmail.com)

고려대학교 컴퓨터학과(학사/석사)와 서던캘리포니아대학교(석사)를 졸업하고, 플로리다대학교에서 데이터 마이닝을 주제로 컴퓨터공학 박사학위를 취득했다. 이후 클라우드 컴퓨팅, 빅데이터 플랫폼, 데이터 과학/분석에 관한 다양한 선행 기술 연구/개발 과제를 수행했다. 또한 제조, 에너지, 항공, 리테일, 석유화학, 의료, 금융, 물류 등의 분야에서 디지털 트랜스포메이션, 클라우드 기반 빅데이터 처리/분석, 데이터 과학, 인공지능/머신러닝과 관련된 고객의 혁신을 돕고 있다.

| 옮긴이의 말 |

인공지능, 머신러닝을 바탕으로 세상을 바꾸는 놀라운 성과를 보이는 첨단 분야 중 하나로 로보틱스가 있습니다. 로보틱스에서도 기존의 한계를 극복하기 위한 성과를 만들어내기 위해, 또 변화무쌍한 실제 환경에서 좀 더 똑똑하게 적응하기 위해 많은 양의 데이터와 고도의 수학, 통계학, 알고리즘 기법들이 동원되고 있습니다. 즉, 훨씬 복잡한 환경, 각종 상황들의 파악을 기반으로 최적의 액션을 선택하게 하려면 이들을 수학적으로 모델링하고, 논리적으로 증명하고, 일관성 있게 동작할 수 있는 알고리즘의 개발이 필수적입니다.

이 책은 2000년대 초반까지의 연구 성과를 중심으로 쓰였습니다만, 확률론, 통계학, 선형 대수 등 다양한 수학적 지식을 기반으로 로보틱스 분야의 핵심 내용을 풍부하게 소개하고 있습니다. 내용 이해가 다소 어려울 수도 있겠지만 기본 개념을 확실히 다지고, 이를 어떻게 수학적으로 유도하는지 연습하고, 어떻게 알고리즘으로 표현하며 실제 시뮬레이션 결과는 어떻게 나오는지 등을 차근차근 학습하면 대단히 좋은 결과를 얻으실 수 있으리라 생각합니다.

이 책이 나오기까지 많은 도움을 주신 에이콘출판사에 깊은 감사를 드립니다. 끝으로 항상 저에게 기쁨과 행복을 주는 소중한 우리 가족에게 큰 사랑과 감사의 마음을 전합니다.

| 차례 |

3부   매핑   343

09   점유 그리드 매핑   345

| 들어가며 |

이 책은 새로운 로보틱스 분야에 관한 내용을 담고 있다. 확률론적 로보틱스는 인식, 제어와 관련된 로보틱스의 한 분야로 통계기법을 이용해 정보를 표현하고 의사결정을 내리며 이를 통해 현대 로보틱스 애플리케이션에서 많이 나타나는 불확실성을 다룬다. 최근 몇 년 사이 로보틱스에서 알고리즘을 설계할 때 확률론적 기술이 일종의 대세가 됐다. 확률론적 로보틱스 분야의 주요 연구 성과를 이 책을 통해 처음으로 집대성했다.

이 책은 알고리즘에 중점을 두고 있다. 이 책의 모든 알고리즘은 베이즈 규칙, 그리고 베이즈 규칙의 시간 확장 버전인 베이즈 필터라는 중요한 수학적 개념을 토대로 만들어졌다. 이렇게 융합된 수학적 프레임워크는 확률론적 알고리즘에서 핵심 역할을 한다.

우리는 이 책의 기술적인 부분을 가능한 한 완벽하게 설명하려고 노력했다. 각 장별로 하나 이상의 알고리즘을 다음과 같은 네 가지 관점에서 설명하려고 했다. (1) 의사코드의 구현 예, (2) 여러 가지 가정이 알고리즘에서 명확해지도록 원리와 개념에 대한 완벽한 수학적 유도, (3) 책에서 소개한 알고리즘의 이해를 돕기 위한 경험 사례, (4) 실무 관점에서 각 알고리즘의 강점과 약점에 대한 자세한 설명. 많은 알고리즘을 이렇게 설명하는 건 정말 힘든 작업이었다. 수학적 유도 과정을 건너뛰는 건 스스로 판단할 몫이지만 그러다 보면 결국 책 내용을 제대로 소화하기 어려울 수 있다. 여러분이 이 책을 열심히 공부해서 확률론적 로보틱스를 피상적이고 비수학적인 방법으로 설명한 것보다 훨씬 더 깊이 있게 이해할 수 있었으면 한다. 여러분이 열심히 이 책을 공부해서 확률론적 로보틱스에 대해 어떠한 피상적이고 비수학적인 설명보다도 훨씬 더 깊은 수준으로 이해하기를 바란다.

이 책은 우리 셋, 우리가 가르친 학생 및 현장의 많은 동료와 함께 10년 이상을 연구해 만들어낸 결과다. 1999년 이 책을 쓰기 시작했을 때는 저술 기간을 몇 달 정도로 생각했다. 그러나 그 후로 5년이 지났을 뿐만 아니라 초안과 비교하면 내용이 거의 다 바뀌었다. 그리고 이 책을 쓰면서 생각했던 것보다 훨씬 더 많은 것들을 배웠고 이를 책에 담을 수 있어 기쁘게 생각한다.

이 책은 학생, 연구원, 실무자를 대상으로 한다. 우리는 로봇을 만드는 모든 사람이 소프트웨어를 개발해야 한다고 생각한다. 따라서 이 책의 내용은 모든 로보틱스 학자들과도 관련이 있다. 또한 응용통계학자 및 로보틱스 분야 외의 실제 센서 데이터와 관련된 사람들에게도 이 책이 유용할 것이다. 독자 여러분의 기술적 배경이 다양할 수 있다는 점을 고려해 가능한 한 스스로 공부할 수 있도록 선형 대수와 기본 확률 및 통계에 관한 사전지식이 있다면 이 책을 읽는 데 도움이 될 것이다. 이 책에는 확률이론의 기본 사항만 담았으며 어려운 수학 기법이나 지식은 가급적 사용하지 않았다.

이 책은 수업용 교재로도 좋을 것이다. 각 장마다 풍부한 연습문제와 실습 프로젝트를 담으려고 노력했다. 수업에서 사용할 경우, 각 장별 강의 시간은 1~2회(시간) 정도면 적절할 것이다. 각 장을 건너뛰거나 원하는 대로 순서를 재정렬해서 수업을 진행해도 좋다. 실제로 저자들은 이 책으로 수업할 때 보통 7장부터 바로 시작한다. 이 책을 공부할 때 각 장별로 맨 끝에 연습문제로 제공하는 실무에 도움이 될 만한 실습 실험도 함께 진행해보기 바란다. 이것이 아마 로보틱스에서 가장 중요하지 않을까 한다.

최선을 다했지만 잘못된 부분이 있을 수 있다. 저자들은 이를 지속적으로 수정하고 있다. 이 책의 관련 자료와 오류 사항은 다음 웹사이트를 참고하기 바란다.

www.probabilistic-robotics.org

모쪼록 여러분 모두 이 책으로 즐겁게 공부했으면 한다!

정오표

한국어판의 정오표는 에이콘출판사의 도서정보 페이지 http://www.acornpub.co.kr/book/probabilistic-robotics에서 확인할 수 있다.

질문

이 책과 관련해 질문이 있다면 이 책의 옮긴이나 에이콘출판사 편집 팀(editor@ acornpub.co.kr)으로 문의해주길 바란다.

1부

기초

01

소개

1.1 로보틱스 분야의 불확실성

로보틱스robotics는 컴퓨터 제어 장치를 통해 실제 세계를 인식하고 다루는 과학으로 정의할 수 있다. 우주의 행성 탐사를 위한 모바일 플랫폼, 조립 공정 라인의 산업용 로봇 팔, 자율 주행 자동차, 외과의사의 치료를 돕는 기계 등에서 로봇 시스템이 잘 활용되고 있다. 로봇 시스템은 실세계 속에서 센서를 통해 환경 정보를 인식하고 물리적 힘으로 동작한다.

　로보틱스의 많은 영역이 여전히 걸음마 단계에 있지만, 이러한 '지능형' 매니퓰레이터에 대한 아이디어는 사회를 변화시킬 수 있는 엄청난 잠재력을 지니고 있다. 모든 자동차가 안전하게 자율 주행이 가능하다면, 그래서 자동차 교통 사고라는 것이 옛날에나 일어났던 얘기처럼 된다면 좋지 않을까? 사람이 아닌 로봇이 체르노빌 같은 방사능 재해 현장을 깨끗하게 정리한다면 얼마나 좋을까? 지능형 도우미 로봇이 우리 가정에 상주하면서 모든 수리 작업, 유지 보수 작업을 처리해준다면 무척 편리하지 않을까?

　이러한 작업을 하려면 실세계에 존재하는 엄청난 불확실성을 로봇이 수용할 수 있어야 한다. 로봇의 불확실성에 영향을 주는 요인은 여러 가지가 있다.

첫째, 로봇 환경robot environment은 본질적으로 예측이 불가능하다. 조립 공정 라인처럼 잘 구조화된 환경에서는 불확실성이 적은 반면, 고속도로나 개인 주택 같은 환경은 변화무쌍하고 여러 면에서 예측이 불가능하다. 불확실성은 사람 근처에서 동작하는 로봇에서 특히 높게 나타난다.

센서sensor는 무엇을 인식할 수 있는가에 따라 제약이 이뤄진다. 이러한 제약사항은 몇 가지 요인으로 인해 발생하는데, 센서의 범위와 해상도는 물리적 제약에 따라 모두 제각각이다. 예를 들어, 카메라는 벽을 통과해서 피사체를 볼 수 없다. 그리고 카메라 이미지의 공간 해상도에도 제약이 있다. 센서 역시도 노이즈에 영향을 받는데, 예측 불가능한 형태로 센서 측정이 교란을 일으키면 정보 추출이 어려워진다. 심지어 센서가 망가졌을 수도 있다. 결함이 있는 센서를 탐지하는 것도 어려울 수 있다.

로봇 액추에이션robot actuation에는 모터가 포함돼 있는데, 문제는 이 모터에도 불확실성이 존재한다는 것이다. 불확실성은 제어 과정에서 발생하는 소음, 마모 및 기계적 고장 등에서 발생할 수 있다. 중장비 산업용 로봇 팔 같은 일부 액추에이터는 매우 정밀하고 신뢰할 만하다. 반면 저비용 모바일 로봇 같은 것들은 불확실성이 상당히 높을 수 있다.

불확실성은 로봇의 소프트웨어로 인해서도 발생한다. 세상에 존재하는 모든 내부 모델internal model은 실제와 100% 똑같지는 않다. 즉, 모델은 현실 세계를 추상화한 것이다. 결국 로봇과 로봇 환경의 근간을 이루는 물리적 프로세스 일부를 모델링한 것이 내부 모델이라고 할 수 있다. 모델의 오차 역시도 불확실성의 원인 중 하나인데, 로보틱스 분야에서는 이를 종종 무시하고 있다. 심지어 최첨단 로보틱스 시스템에서 사용되고 있는 로봇 모델 대부분은 조잡하기까지 하다는 사실에도 불구하고 말이다.

불확실성은 알고리즘상에서의 근사화algorithmic approximation로 인해 더 심하게 나타난다. 로봇은 한마디로 실시간 시스템인데, 이는 연산 처리 능력이 어느 정도 규모 이상은 불가능함을 의미한다. 많은 알고리즘이 근삿값으로, 또 정확도를 일부 포기하고 시간에 초점을 맞춰 결과를 리턴한다.

불확실성의 수준은 애플리케이션 도메인에 따라 천차만별이다. 조립 공정 라인 같은 일부 로봇 애플리케이션 분야의 경우, 인간이 시스템을 영리하게 설계한 덕분에 불확실성은 그저 한계 요인 정도밖엔 되지 않는다. 반면, 주거용 가정이나 (화성, 목성 같은) 다른 행성에서 작동하는 로봇은 상당한 불확실성에 대처할 수 있어야 한다. 이러한 로봇은 센서나 내부 모델 모두 정확한 결정을 내릴 수 있는 충분한 정보가 없더라도 반드시 어떤 액션을 취해야 한다. 로보틱스라는 새로운 분야가 나올 때부터 불확실성 문제는 유능한 로봇 시스템 설계의 주요 걸림돌이 되어왔다. 불확실성을 잘 다루는 것은 아마도 실세계에서 노이즈에 영향받지 않고 잘 동작하는 강력한 로봇 시스템을 위한 가장 중요한 단계가 아닐까 한다.

이것이 이 책을 쓰게 된 이유다.

1.2 확률론적 로보틱스

이 책은 **확률론적 로보틱스**probabilistic robotics 전반을 다루고 있다. 확률론적 로보틱스는 로봇 인식robot perception과 액션action의 불확실성을 주로 다루는, 꽤 새로운 방식의 로봇 연구 분야다. 확률론적 로보틱스의 핵심 아이디어는 확률 이론의 미적분학을 사용해 불확실성을 명확하게 표현하는 것이다. 바꿔 말하면, 확률론적 알고리즘은 특정 케이스가 '가장 좋을 것'이라는 식으로 접근하는 게 아니라 추측할 수 있는 전체 공간의 확률 분포를 기반으로 정보를 표현한다. 이렇게 하면, 수학적으로 꽤 괜찮은 방법을 통해 모호함과 빌리프belief의 정도를 나타낼 수 있다. 제어 선택control choice을 통해 남아 있는 불확실성이 노이즈에 영향을 덜 받게 할 수 있으며, 제어 선택이 탁월한 선택일 것 같다면 확률론적 로보틱스는 불확실성을 낮추는 차원에서 이를 적극적으로 선택할 수 있다. 즉, 확률론적 알고리즘은 불확실성을 세련된 방법으로 낮춰주며, 그 결과 많은 애플리케이션에서 다른 기술보다 성능이 훨씬 뛰어나다.

두 가지 예를 통해 확률론적 로보틱스를 구체적으로 알아볼 텐데, 하나는 로봇 인식에 관한 것이고 다른 하나는 플래닝planning과 제어control에 관한 것이다.

첫 번째 예로 모바일 로봇 로컬화mobile robot localization를 생각해보자. 로봇 로컬화는 외부의 참조 프레임을 기준으로 로봇의 위치(좌표)를 추정하는 문제다. 로봇에게 환경 맵^{map}이 주어지지만 이 맵상에서의 로컬화를 위해(즉, 위치를 파악하려면) 로봇은 센서 데이터를 참조해야 한다. 그림 1.1을 통해 이러한 내용을 확인할 수 있다. 환경 내에 똑같은 모양의 문이 3개 있다. 여기서 로봇의 임무는 센싱^{sensing}과 모션^{motion}을 통해 자신의 위치를 파악하는 것이다.

이와 같은 로컬화 문제를 **글로벌 로컬화**$^{global\ localization}$라고 한다. 글로벌 로컬화에서, 로봇은 주어진 환경 내의 어딘가에 위치해 있고 대략적인 계산을 통해 이 위치를 스스로 파악해야 한다. 확률 패러다임의 경우 (환경 내) 모든 위치의 탐색 공간$^{search\ space}$에 대한 확률 밀도 함수를 이용하여 로봇의 특정 순간에 대한 **빌리프**를 표현한다. 그림 1.1(a)에서 조금 더 자세히 알아보자. 이 그림은 모든 위치에서 균일한 확률 분포를 보여준다. 이제 로봇이 첫 번째 센서 측정을 수행하고, 그 결과로 로봇이 문 옆에 있음을 관찰한다고 가정해보자. 확률론적 기술은 이 정보를 활용해 빌리프를 업데이트한다. '사후^{posterior}' 빌리프는 그림 1.1(b)에 나타나 있다. 문 근처의 장소에서는 확률이 증가하고 벽 근처에서는 확률이 낮아진다. 이 확률 분포에는 3개의 높은 지점이 포함돼 있는데, 이들 각각은 환경 내에서 동일한 모양을 지닌 3개의 문 중 하나와 연관돼 있다. 따라서 로봇이 어디 있는지는 알 수 없다. 대신, 센서 데이터가 주어지면 세 가지의 서로 다른, 하지만 모두 다 그럴듯한 가설을 생각해볼 수 있다. 또한 로봇의 위치가 문 옆이 아닌 경우에도 0보다 큰 확률을 부여한다는 점도 주목할 필요가 있다. 이것은 센서의 고유한 불확실성으로 인한 자연스러운 결과다. 확률값이 (0보다는 크지만) 낮기 때문에, 로봇은 문을 보고 있느냐에 대한 평가에서 오차가 나타날 수 있다. 확률이 낮은 가설을 유지하는 능력은 로버스트니스^{robustness}를 달성하는 데 있어 필수적이다.

이제 로봇이 움직인다고 가정해보자. 그림 1.1(c)는 로봇의 빌리프 효력을 보여준다. 이 빌리프는 로봇이 움직이는 방향으로 옮겨졌다. 또한 로봇 모션으로 인한 불확실성이 반영되어 확률 분포가 더 넓어졌다. 그림 1.1(d)는 다른 문을 관찰한 후의 빌리프를 보여준다. 결과를 보면 문 근처의 한 저점에 확률 질량의 대부분이 표시돼 있으므로 로봇은 자신의 현재 위치에 대해 높은 신뢰도를 갖는다. 마지막으로, 그림

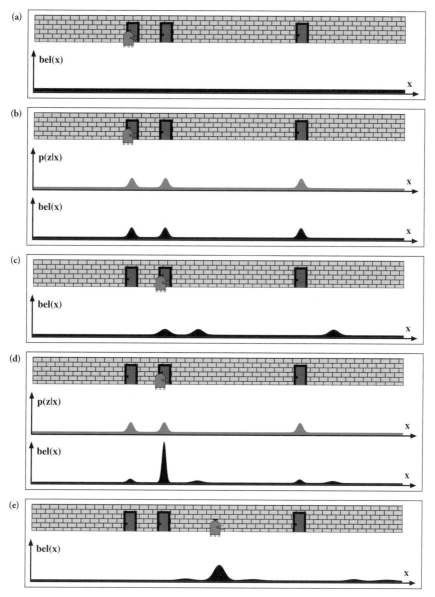

그림 1.1 마르코프 로컬화(Markov localization)의 기본 개념: 글로벌 로컬화 중인 모바일 로봇의 모습. 마르코프 로컬화는 7장과 8장에서 자세히 다룬다.

1.1(e)는 로봇이 복도를 따라 내려갈 때의 빌리프를 보여준다.

이 예에서 확률 패러다임의 여러 측면을 알 수 있다. 확률론 관점에서 말하자면, 로봇 인식 문제는 스테이트 추정$^{state\ estimation}$ 문제이며, 우리의 로컬화 예제는 로봇 위치의 공간에 대한 사후 추정$^{posterior\ estimation}$을 위한 베이즈 필터$^{Bayes\ filter}$로 알려진 알고리즘을 사용하고 있다. 정보를 확률 밀도 함수로 표현한다. 이 함수의 업데이트 결과는 센서 측정을 통해 얻은 정보 또는 로봇의 불확실성이 증가하는 월드 내에서 프로세스를 통해 손실된 정보를 표현한다.

두 번째 예는 로봇 플래닝 및 제어에 관해 설명하고 있다. 방금 설명한 것처럼 확률론적 알고리즘은 로봇의 순간 불확실성을 계산할 수 있을 뿐만 아니라 미래의 불확실성도 예측할 수 있고, 올바른 제어 방법을 결정할 때 이러한 불확실성을 고려할 수 있다. 이러한 알고리즘 중 하나로 해안 내비게이션〈coastal navigation〉이 있다. 해안 내비게이션의 예가 그림 1.2에 나와 있다. 이 그림은 실제 건물의 2차원 맵이다. 위쪽 그림은 예상 경로를 실제 경로와 비교한 결과다. 이들 간의 차이는 앞에서 설명한 로봇 모션의 불확실성 결과다. 흥미로운 점은 모든 경로에서 동일한 수준으로 불확실성이 나타나지는 않는다는 것이다. 그림 1.2(a)의 경로는 로봇이 로컬화 상태로 있을 수 있게 도울 수 있는 요소가 없는 상태에서 상대적으로 열린 공간을 통해 이어지고 있다. 그림 1.2(b)에서는 다른 경로를 볼 수 있다. 로컬화 상태를 유지하기 위해 이 궤적을 보면 확실한 코너를 찾은 다음 벽을 '타고 돌고' 있다. 당연한 얘기지만 뒤에 이어지는 경로에 대한 불확실성이 작아지므로 목표 위치에 도달할 확률은 실질적으로 더 높아진다.

이 예는 불확실성을 적절하게 고려하는 여러 가지 방법이 로봇의 제어에 어떤 영향을 주는지 설명하고 있다. 이 예에서 한 궤적을 따르는 불확실성이 예상되면 로봇은 불확실성을 줄이기 위해 두 번째인 더 긴 경로를 우선 고려하게 된다. 즉, 로봇이 목표 지점이 있다고 믿을 때 실제로 목표 지점에 도달할 확률이 훨씬 높다는 점에서 새로운 경로가 더 낫다. 실제로 두 번째 경로는 활성 정보 수집의 예다. 확률론적 사고를 통해 로봇은 가장 좋은 액션을 선택하려면 목표 지점에 도달하기 위해 경로를 따라 정보를 탐색하는 것이라고 판단했다. 확률론적 플래닝 기법은 불확실성을 예측하

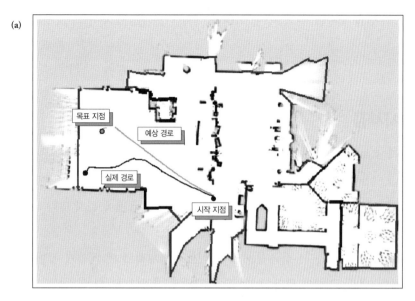

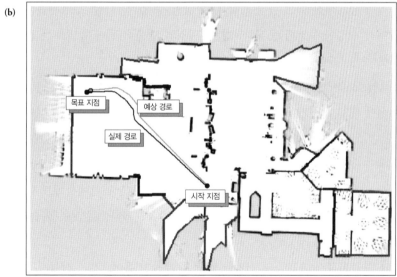

그림 1.2 첫 번째 이미지: 사방이 열려 있고 (이정표 같은) 특이사항이 없는 공간을 돌아다니는 로봇은 자신이 어디로 다니고 있는지 길을 잃어버릴 수 있다. 두 번째 이미지: 장애물을 알고 있는 상태에서 장애물에 가까워지면 우회해서 피할 수 있다. 이 그림은 해안 내비게이션이라는 알고리즘의 실행 결과다. 해안 내비게이션 알고리즘은 16장에서 자세히 설명한다. 출처: Nicholas Roy, MIT

고 정보 수집을 계획할 수 있으며, 이러한 계획은 확률론적 제어 기법으로 실현할 수 있다.

1.3 시사점

확률론적 로보틱스는 모델을 센서 데이터와 완벽하게 통합해 동시에 두 가지 한계를 해결한다. 이러한 아이디어는 단지 로우 레벨의 제어 문제가 아니라, 로봇 소프트웨어의 (가장 낮은 레벨에서 가장 높은 레벨에 이르기까지) 모든 레벨에 걸쳐 있다.

로봇의 전통적인 프로그래밍 기법(모델 기반 모션 플래닝 기법 또는 반응적 행동 기반 접근 방식)과 달리, 확률론적 접근법은 센서의 제약 상황과 모델 제약에 직면했을 때 훨씬 더 로버스트한 경향이 있다. 이를 통해 과거의 패러다임보다 복잡한, 그래서 불확실성이 더욱 중요해진 실제 환경에 더 잘 확장할 수 있다. 사실 어떤 확률론적 알고리즘은 앞에서 설명한 로컬화 문제, 엄청 큰 환경의 맵을 정밀하게 만드는 문제처럼 어려운 로봇 추정 문제에 대해 현재까지 유일한 해결 방법이다.

전통적인 모델 기반 로보틱스 기술과 비교했을 때 확률론적 알고리즘은 로봇 모델의 정확성에 대한 요구가 약하다. 덕분에 프로그래머가 정확한 모델을 만들어야 하는 불가능한 미션을 수행해야 하는 부담을 덜 수 있다. 확률론적 알고리즘은 (단일 제어 입력이 순간적 센서 입력인) 여러 가지 반응적 기술로 만들어진 요구사항보다 로봇 센서의 정확도 측면의 요구사항이 상대적으로 약하다. 확률론 관점에서 **로봇 학습 문제**robot learning problem는 롱텀 추정 문제다. 따라서 확률론적 알고리즘은 로봇 학습의 여러 측면에서 좋은 방법론을 제공한다.

그러나 확률론적 알고리즘의 진정한 장점은 계산 비용에 있다. 확률론적 알고리즘에서 가장 빈번하게 언급되는 두 가지 제약사항으로 **계산 복잡도**computational complexity와 **근사화 필요성**need to approximate이 있다. 확률론적 알고리즘은 비확률론적 기술보다 본질적으로 덜 효율적인데 한 개의 추측 결과를 내지 않고 전체 확률 밀도를 고려하기 때문이다. 근사화가 필요한 이유는 대부분의 로봇 월드가 연속성을 띤다는 점 때문이다. 정확한 사후 분포를 계산하는 것은 현실적으로 매우 어렵다. 때로는 불확실성이 컴팩트 파라메트릭 모델compact parametric model(예: 가우시안Gaussians 모델)로 근사화될 수 있다는 점에서 다행이라 하겠다. 그 밖의 경우에 이러한 근삿값은 사용하기에 너무 부실하며, 더 복잡한 표현이 사용돼야 한다.

최근 컴퓨터 하드웨어 기술의 엄청난 발전으로 FLOPS가 전례 없이 높은 프로세서를 저렴한 가격에 사용할 수 있게 됐다. 이는 확률론적 로보틱스 분야에도 긍정적인 영향을 끼치고 있다. 또한 그동안 해결이 어려웠던 다양한 로보틱스 관련 최근 연구 성과에 힘입어 확률론적 알고리즘의 효율성이 크게 좋아졌다. 이에 관한 많은 내용을 이 책에서 자세히 다룰 예정이다. 하지만 계산 복잡도 측면에서 여러 가지 도전 과제가 여전히 남아 있다. 이에 관해서는 뒤에서 확률론적 해결 방법의 장단점을 포함해서 다시 다루기로 한다.

1.4 이 책의 구성

이 책은 총 4부로 구성돼 있다.

- 2~4장은 핵심 알고리즘과 함께 이 책에서 설명하는 모든 알고리즘의 기초가 되는 기본 수학 개념을 소개한다. 이 책을 공부하기 위한 수학적 토대를 다지는 부분이라고 할 수 있다.
- 5장과 6장은 모바일 로봇의 확률 모델을 소개한다. 이 장에서는 고전 로봇 모델을 다양한 방법으로 확률론적 관점으로 설명한다. 이 결과는 이후 다룰 것들에 대해 로보틱스 관점에서 기초가 될 것이다.
- 모바일 로봇 로컬화(위치 파악) 문제는 7장과 8장에서 다룬다. 이 장들은 5장과 6장에서 설명한 확률 모델과 기본 추정 알고리즘을 결합한다.
- 9~13장에서는 로봇 매핑에 대한 여러 가지 문제를 다룬다. 앞에서 설명했던 알고리즘을 바탕으로 하지만 문제가 복잡하기 때문에 이들 중 상당수는 해결 과정에서 트릭을 사용한다.
- 확률론적 플래닝과 제어의 문제는 14~17장에 걸쳐 설명한다. 여기서는 많은 기초 기술을 소개한 후, 로봇을 확률적으로 제어하기 위한 실질적인 알고리

즘으로 넘어간다. 마지막으로 17장에서는 확률론적 관점에서 로봇 탐사의 문제점을 설명한다.

이 책은 처음부터 끝까지 순서대로 읽는 것이 가장 좋다. 그러나 각 장별로 내용이 깔끔하게 정리되도록 노력했다. 다만 이 책을 처음 읽을 경우에는 전체 내용의 일관성을 유지할 수 있도록 '...의 수학적 유도'라는 절은 읽지 않고 건너뛰어도 된다(상당히 많이 나올 것이다).

1.5 확률론적 로보틱스 강의를 위하여

수업에서 이 책을 교재로 사용할 경우, 학생들의 수학에 대한 열정이 별로라면(사실 있는 게 특이한 것임) 1장부터 차례대로 수업하는 것은 비효율적일 것 같다. 입자 필터 particle filter 관련 내용이 가우시안 필터 Gaussian filter 보다 가르치기 쉽고, 학생들은 추상적인 필터 알고리즘보다 모바일 로봇 로컬화 문제를 더 재미있어 하고 잘 따라오는 것 같다. 따라서 수업은 보통 2장부터 시작하되, 이후에는 7장과 8장을 가르치기 바란다. 로컬화를 가르치는 동안 필요에 따라 3~6장의 내용을 가르치기 바란다. 수업에서 플래닝과 제어에 관련된 문제를 학생들에게 소개하고 싶다면 14장을 먼저 가르쳐도 된다.

이 책의 알고리즘 관련 슬라이드와 애니메이션 자료는 다음 웹사이트에서 다운로드하실 수 있으니 교수님들은 수업에서 자유롭게 활용하셨으면 한다.

www.probabilistic-robotics.org

아울러 우리 저자들에게, 여러분의 수업 홈페이지 주소와 확률론적 로보틱스 수업을 하면서 다른 분들에게도 도움이 될 만한 자료가 있다면 보내주시기 바란다.

이 책의 내용은 실습 구현 과제를 통해서도 직접 익힐 수 있다. 실제 로봇을 프로그래밍하는 것이 가장 효과적이다. 그리고 로보틱스 분야에서 마주할 어려움과 도전을 자연스럽게 받아들이고 즐기기 바란다!

1.6 참고문헌

로보틱스 분야는 소프트웨어 설계를 위한 일련의 패러다임을 거쳐왔다. 첫 번째 주요 패러다임은 1970년대 중반에 등장했으며, 모델 기반 패러다임model-based paradigm으로 알려져 있다. 모델 기반의 패러다임은 연속형 공간에서 높은 자유도(DOF)를 지닌 로봇 매니퓰레이터의 제어가 얼마나 어려운 문제인지를 보여주는 여러 연구 사례들로부터 시작됐다(Reif, 1979). 그 후 Schwartz et al.(1987)의 로봇 모션 복잡성 분석, Canny(1987)의 단일 지수 지향적 일반 모션 플래닝 알고리즘, Latombe(1991)의 모델 기반 모션 플래닝 분야에 대한 소개 등으로 이어졌다(그 밖의 중요한 업적은 14장에서 다룬다). 이 초기 작업은 어려운 모션 플래닝 문제를 해결하기 위한 기술로 확률화 기법randomization을 광범위하게 사용하기 시작했지만 불확실성 문제를 크게 무시했다(Kavraki et al., 1996). 즉, 로봇과 환경에 대한 모든 사항을 파악한 정확한 모델이 주어지고 로봇도 결정론적이라고 가정했다. 모델은 잔차의 불확실성이 로우 레벨 모션 컨트롤러를 통해 제어될 수 있을만큼 충분히 정확해야 했다. 대부분의 모션 플래닝 기법은 매니퓰레이터를 제어하기 위한 단일 참조 궤적만 생성하는 수준이었다. 하지만 잠재적 필드potential field(Khatib 1986), 내비게이션 함수navigation function(Koditschek 1987)와 같은 연구에서는 (센서가 최대로 감지할 수 있을 만큼 멀리 있는) 보이지 않는 것에 반응하는 메커니즘을 제공하기도 했다. 이러한 초기 기술들은 불확실성이 거의 없거나 충분한 정확도로 센서가 감지할 수 있는 환경 정도에만 적용됐다.

이 분야는 1980년대 중반에 급진적인 변화를 겪었는데, 이때는 주로 센서 피드백이 부족하다는 점이 로보틱스 분야에서 주요 연구 대상이었다. 내부 모델 연구는 행동 기반 로보틱스behavior-based robotics에서 배제됐다. 대신, 로봇 모션의 복잡성을 유발하는 상황 에이전트situated agent(Kaelbling and Rosenschein, 1991)와 물리적 환경과의 상호작용(보통 긴급 행동emergent behavior(Steels, 1991)이라는 현상으로 알려져 있다)이 그 자리를 대신했다. 결과적으로 센싱이 중요한 역할을 했으며, 내부 모델은 더 이상 이용되지 않았다(Brooks, 1990).

이 분야는 전통적인 모델 기반 모션 플래닝 알고리즘의 성능을 훨씬 뛰어넘는 성공에 힘입어 더욱 연구가 활성화됐다. 그중 하나로 Brooks(1986)가 개발한 다리가 6개인 로봇 '징기스^{Genghis}'가 있다. 비교적 단순한 유한 스테이트 오토마타^{FSA}로도 울퉁불퉁한 지형에서 이 로봇이 잘 걸어다닐 수 있도록 제어할 수 있었다. 이게 가능했던 건 센서 때문인데 로봇의 센서를 통해 감지되는 환경 인터랙션을 완전히 제어했기 때문이다. 초기 결과 중 일부는 환경 피드백을 영리하게 사용하는 복잡한 로봇을 만들어 주목을 받았다(Connell 1990). 최근에는 소프트웨어가 행동 기반의 패러다임을 따르는 진공 청소 로봇(IRobots Inc. 2004)이 상업적 성공을 거두기도 했다.

내부 모델이 없고 간단한 제어 메커니즘에 초점을 맞추기 때문에 대부분의 로봇 시스템은 비교적 단순한 작업에만 국한되어 있었고, 순간 센서 정보로 올바른 제어 선택을 결정할 수 있었다. 이러한 한계를 감안할 때, 이 분야의 최근 연구에서는 행동 기반 기술이 로우 레벨의 제어를 제공하는 반면, 모델 기반 플래너는 로봇의 액션을 추상적인 수준으로 조정하는 하이브리드 제어 아키텍처$^{hybrid\ control\ architecture}$(Arkin, 1998)를 채택했다. 이러한 하이브리드 아키텍처는 오늘날 로보틱스 분야에서 보편적으로 쓰이고 있으며 'Shakey the Robot'(Nilsson 1984)로부터 만들어진 Gat(1998)의 3레이어 아키텍처 연구 결과와 별 차이가 없다.

현대의 확률론적 로보틱스 연구는 1990년대 중반 이후에 등장했지만, 그 근원은 칼만 필터(Kalman, 1960)의 발명으로 거슬러 올라갈 수 있다. 여러 면에서 확률론적 로보틱스는 모델 기반 기술과 행동 기반 기술 사이에 놓여 있다. 확률론적 로보틱스의 많은 모델은 불완전하고 제어가 쉽지 않다고 가정하고 있다. 센서 측정도 이와 마찬가지다. 한편 모델과 센서 측정을 통합해서 제어 액션을 만들어낼 수 있다. 아울러 통계학을 바탕으로 모델과 센서 측정을 통합하기 위한 수학적 실마리를 얻을 수 있을 것이다.

확률론적 로보틱스의 수많은 연구 성과는 이 책 뒤에서 계속 소개할 예정이다. 우선 이 분야의 초석을 다진 주요 연구 결과로 Smith and Cheeseman(1986)의 고차원 인식$^{high-dimensional\ perception}$ 문제에 대한 칼만 필터 기술의 출현, Elfes(1987), Moravec(1988)의 점유 그리드 맵$^{occupancy\ grid\ map}$ 발명, Kaelbling(1998)의 부분적으로 관찰 가능한 플래닝 기법 등이 있다. 지난 수십 년 동안 기술 발전은 실로 엄청나다. 입자 필터가 널리 보급됐고(Dellaert et al., 1999), 연구원들은 베이지안^{Bayesian} 정보 처리에 초점을 맞춘 새로운 프로그래밍 방법론을 개발했다(Thrun, 2000b; Lebeltel et al., 2004; Park et al., 2005). 이 연구 결과는 확률론적 알고리즘을 통해 물리적인 로봇 시스템을 손쉽게 배포할 수 있게 했다. 예를 들면, Durrant-Whyte(1996)의 화물 취급 산업용 기계, 박물관의 엔터테인먼트 로봇(Burgard et al., 1999a; Thrun et al., 2000a; Siegwart et al., 2003), 간호 및 보건용 로봇(Pineau et al., 2003d). 확률론적 기술을 많이 이용하는 모바일 로봇 제어용 오픈 소스 소프트웨어 패키지인 Montemerlo et al.(2003a) 등이다.

상업적 로보틱스 분야 또한 전환점에 있다. 세계 로보틱스 분야의 연례 조사 보고서인 'United Nations and the International Federation of Robotics' 2004년 판에 의하면 전 세계 로봇 시장의 규모가 매년 19%씩 증가한다고 나타났다. 산업용 애플리케이션에서 서비스 로보틱스와 소비자 제품에 이르기까지 확실한 변화를 나타내는 시장 부문의 변화가 더욱 뚜렷하다.

02

재귀 스테이트 추정

2.1 개요

확률론적 로보틱스의 핵심은 센서 데이터에서 현재의 스테이트를 어떻게 추정하는 지에 있다. 스테이트 추정은 직접적으로 관찰 불가능하지만(현재 상태에서는 알 수 없지 만) 추정은 가능한 센서 데이터로부터 정량적 추정값을 도출해내는 문제를 다루는 것이다. 대부분의 로보틱스 애플리케이션에서는 임의의 정량적 결과를 알기만 하면 무 엇을 할지 결정하는 것은 상대적으로 쉽다. 예를 들어, 어떤 모바일 로봇이 있다고 가정해보자. 이 로봇의 정확한 위치와 주변의 모든 장애물을 다 알고 있을 경우, 모바일 로봇을 움직이게 하는 것은 상대적으로 쉬울 것이다. 하지만 (로봇의 위치, 장애물 정보 같은) 변수는 직접 파악하고 측정할 수 있는 것이 아니다. 이러한 정보를 확보하기 위 해 로봇은 센서를 활용해야 한다. 센서를 통해서는 변수에 대한 정보의 일부만 확보 할 수 있고, 노이즈 때문에 측정 결과가 잘못돼 있을수도 있다. 데이터를 바탕으로 스 테이트 변수를 복원하기 위한 탐색 과정을 스테이트 추정이라고 한다. 확률론적 스테 이트 추정 알고리즘은 가능한 모든 스테이트상에서 빌리프 확률 분포를 계산한다. 확 률론적 스테이트 추정의 대표적인 예로 이미 앞 장에서 소개했던 '모바일 로봇 로컬화 작업'을 다시 한번 확인해보기 바란다.

2장에서는 센서 데이터에서 스테이트를 추정하는 데 필요한 기본 용어와 수학 계산용 툴을 설명한다.

- 2.2절에는 이 책 전반에 걸쳐 사용되는 기초 확률론 개념을 정리했다.
- 2.3절에서는 로봇 환경 인터랙션의 정형 모델$^{\text{formal model}}$을 설명한다. 그리고 이 책 전반에 걸쳐 사용될 핵심 용어도 소개한다.
- 2.4절에서는 베이즈 필터$^{\text{Bayes filter}}$ 알고리즘을 알아본다. 베이즈 필터 알고리즘은 스테이트 추정을 위한 재귀형 알고리즘인데, 이 책에서 소개할 모든 기법의 기초에 해당된다.
- 2.5절에서는 베이즈 필터를 구현할 때 나타나는 다양한 이슈를 알아본다.

2.2 확률의 기본 개념

이 책 전반에 걸쳐 사용될 기본 수식 표현과 확률론에 대한 지식이 있는 독자에겐 이 절의 내용이 매우 익숙할 것이다. 확률론적 로보틱스에서 센서 측정, 제어, 로봇의 현재 스테이트와 환경 같은 정량 데이터는 모두 확률 변수로 모델링할 수 있다. 확률 변수는 여러 개의 값을 가질 수 있다. 이는 특정한 확률 법칙을 통해서도 동일하게 가능하다.

확률 변수 X가 있다고 가정했을 때 특정 값을 x라고 놓자. 가장 일반적인 예 중 하나인 '동전 던지기'의 경우 X는 '앞면^{head}'과 '뒷면^{tail}' 값을 입력으로 받는다. X가 입력으로 받는 모든 값이 이산형^{discrete}이라고 가정해보자. X가 동전 던지기 사건의 결과라면, 이를 다음과 같이 쓸 수 있다.

$$p(X = x) \tag{2.1}$$

식 (2.1)은 확률 변수 X의 값이 x일 확률을 의미한다. 예를 들어, (무게가 한쪽으로 쏠리지 않은) 정상적인 동전의 경우 $p(X = \text{head}) = p(X = \text{tail}) = \frac{1}{2}$이다. 이산형 확률은 모든 경우의 수에 대한 확률값을 합하면 1이 된다. 즉, 다음과 같다.

$$\sum_{x} p(X = x) \quad = \quad 1 \tag{2.2}$$

모든 확률값은 0보다 크거나 같은 값을 갖는다. 즉, $p(X = x) \geq 0$이다.

수식을 좀 더 간단하게 표현하기 위해, 가급적 확률 변수에 대한 언급은 굳이 하지 않기로 한다. 그리고 $p(X = x)$를 줄여서 $p(x)$로 표현한다.

이 책에서 다루는 대부분의 기법은 연속형 공간$^{\text{continuous space}}$에서 무언가를 결정하고 추정하는 문제를 다루고 있다. 연속형 공간은 연속성을 지닌 값들을 입력으로 받는 확률 변수와 관련이 있다. 특별히 언급하지 않을 경우, 앞으로 모든 연속형 확률 변수는 확률 밀도 함수$^{\text{PDF, probability density function}}$를 포함하고 있다고 보면 된다. 가장 대표적인 확률 밀도 함수로 1차원 정규 분포 함수$^{\text{normal distribution}}$(평균은 μ, 분산은 σ^2)가 있다. 정규 분포의 확률 밀도 함수는 다음과 같은 가우시안 함수$^{\text{Gaussian function}}$로 정의할 수 있다.

$$p(x) \quad = \quad \left(2\pi\sigma^2\right)^{-\frac{1}{2}} \exp\left\{ -\frac{1}{2}\frac{(x-\mu)^2}{\sigma^2} \right\} \tag{2.3}$$

정규 분포는 이 책 전반에 걸쳐 매우 중요하다. 앞에서 정의한 정규 분포를 $\mathcal{N}(x; \mu, \sigma^2)$으로 표현하는데, 여기에는 확률 변수, 확률 변수의 평균 및 분산이 포함되어 있다.

정규 분포식 (2.3)은 확률 변숫값 x가 스칼라^{scalar}(1차원)임을 가정하고 있다. 때때로, x가 다차원 벡터^{vector}일 때도 있다. 벡터형 확률 변수에 대한 정규 분포를 다변량^{multivariate} 정규 분포라고 한다. 다변량 정규 분포는 다음과 같은 형태의 확률 밀도 함수로 표현할 수 있다.

$$p(x) \quad = \quad \det\left(2\pi\Sigma\right)^{-\frac{1}{2}} \exp\left\{ -\frac{1}{2}(x-\mu)^T\Sigma^{-1}(x-\mu) \right\} \tag{2.4}$$

여기서 μ는 평균 벡터이고, Σ는 공분산 행렬$^{\text{covariance matrix}}$이다. 여기서 공분산 행렬 Σ는 양의 준정부호$^{\text{positive semi-definite}}$ 행렬이고, 대칭 행렬$^{\text{symmetric matrix}}$의 성질을 지닌다. 위 첨자 T는 벡터의 행과 열을 교환하는 전치 연산^{transpose}을 나타낸다. 확률 밀도 함수에 있는 지수 함수^{exponent} 부분의 입력 인자는 입력 데이터 x의 2차원, 다시 말하면 파라미터가 μ와 Σ인 2차 함수다.

특히, 식 (2.4)는 식 (2.3)의 일반화 버전이라는 점을 꼭 기억하기 바란다. x가 스칼라값이고 $\Sigma = \sigma^2$이면, 두 식은 서로 동일하다.

식 (2.3)과 식 (2.4) 외에도 다양한 확률 밀도 함수가 많이 있다. 이산형 확률 분포가 전체 합이 항상 최대 1인 것처럼, 확률 밀도 함수도 총합은 항상 1이다.

$$\int p(x)\,dx \;\; = \;\; 1 \qquad\qquad (2.5)$$

하지만 이산형 확률과는 다르게, 확률 밀도 함숫값은 상한선이 1로 제한되어 있지는 않다. 이 책에서는 앞으로 확률^{probability}, 확률 밀도$^{\text{probability density}}$, 확률 밀도 함수$^{\text{probability density function}}$를 같은 의미로 사용한다. 아울러 다음 두 가지 가정을 전제로 한다. (1) 모든 연속형 확률 변수는 측정 가능하다. (2) 모든 연속형 확률 분포는 실질적으로 밀도를 지니고 있다.

2개의 확률 변수 X와 Y가 주어졌을 때 결합 확률 분포$^{\text{joint distribution}}$는 다음과 같다.

$$p(x, y) \;\; = \;\; p(X = x \text{ and } Y = y) \qquad\qquad (2.6)$$

이 식은 확률 변수 X가 x 값을 갖고 있고 Y는 y 값을 갖고 있을 때의 사건^{event}에 대한 확률을 의미한다. 확률 변수 X와 Y가 서로 독립일^{independent} 경우 결합 확률 분포는 다음과 같다.

$$p(x, y) \;\; = \;\; p(x)\, p(y) \qquad\qquad (2.7)$$

보통, 확률 변수는 다른 확률 변수에 대한 정보도 함께 지니고 있는 경우가 많다. 예를 들어 확률 변수 Y 값이 y임을 이미 알고 있다는 조건하에서 확률 변수 X가 x 값을 가질 확률을 계산한다고 해보자. 이 경우 확률을 다음과 같이 표현할 수 있다.

$$p(x \mid y) \;\; = \;\; p(X = x \mid Y = y) \qquad\qquad (2.8)$$

이 식을 조건부 확률$^{\text{conditional probability}}$이라고 한다. $p(y) > 0$이면, 조건부 확률은 다음과 같이 정의할 수 있다.

$$p(x \mid y) \;=\; \frac{p(x, y)}{p(y)} \tag{2.9}$$

확률 변수 X와 Y가 서로 독립일 때 조건부 확률은 다음과 같다.

$$p(x \mid y) \;=\; \frac{p(x)\, p(y)}{p(y)} \;=\; p(x) \tag{2.10}$$

즉, 확률 변수 X와 Y가 서로 독립이면 Y는 확률 변수 X에 아무 영향을 미치지 않는다. 결국 확률 변수 X에만 관심이 있다면 확률 변수 Y의 값을 알고 있는 것은 아무 도움이 되지 않는다. 앞에서 설명한 개념을 독립성independence이라고 하며, 이 책 전반에 걸쳐 매우 중요한 개념이니 꼭 기억해두기 바란다. 참고로 독립성은 조건부 독립conditional independence이라는 용어로 많이 알려져 있다.

조건부 확률의 정의와 확률 측정의 공리axiom를 모두 만족할 경우, 다음과 같이 재미있는 결과를 얻을 수 있다. 참고로 이 결과를 전체 확률의 정리theorem of total probability라고 한다.

$$p(x) \;=\; \sum_y p(x \mid y)\, p(y) \qquad \text{(이산형 확률 변수일 경우)} \tag{2.11}$$

$$p(x) \;=\; \int p(x \mid y)\, p(y)\, dy \qquad \text{(연속형 확률 변수일 경우)} \tag{2.12}$$

$p(x \mid y)$ 또는 $p(y)$가 0이면 다른 값들에 관계없이 $p(x \mid y)\, p(y)$도 0이다.

한편 $p(x \mid y)$의 조건부 확률이 '역확률inverse' $p(x \mid y)$과 관련이 있다는 점에서 베이즈 법칙Bayes rule(또는 베이즈 정리Bayes Theorem) 역시 중요한 개념이다. 베이즈 법칙은 앞에서 설명한 것처럼 $p(y) > 0$을 전제로 한다.

$$p(x \mid y) \;=\; \frac{p(y \mid x)\, p(x)}{p(y)} \;=\; \frac{p(y \mid x)\, p(x)}{\sum_{x'} p(y \mid x')\, p(x')} \quad \text{(이산형 확률 변수일 경우)} \tag{2.13}$$

$$p(x \mid y) \;=\; \frac{p(y \mid x)\, p(x)}{p(y)} \;=\; \frac{p(y \mid x)\, p(x)}{\int p(y \mid x')\, p(x')\, dx'} \quad \text{(연속형 확률 변수일 경우)} \tag{2.14}$$

베이즈 법칙은 확률론적 로보틱스(일반적으로는 확률론적 추론)에서 큰 역할을 한다.

만약 y에서 추론하려는 정량적인 값이 x라면 확률 $p(x)$는 사전확률 분포$^{\text{prior probability}}$ ^{distribution}이고, y는 데이터^{data}가 된다(예를 들면, 센서 측정값 같은). 확률 분포 $p(x)$는 우선 X에 관한 내용을 요약한 후, 데이터 y를 포함시킨다. 확률 $p(x \mid y)$는 X의 사후확률 분포$^{\text{posterior probability distribution}}$라고 한다. 식 (2.14)에서 알 수 있듯이 베이즈 법칙을 이용하면 사전확률 $p(x)$의 '역 조건부 확률' $p(x \mid y)$을 이용해 사후확률 $p(x \mid y)$를 편리하게 계산할 수 있다. 센서 데이터 y로부터 x값을 추론해낼 때 베이즈 법칙을 이용한다면 x의 특정 케이스에 대한 데이터 y의 확률을 나타나는 소위 역확률을 계산하면 된다. 로보틱스에서는 확률 $p(y \mid x)$를 보통 생성 모델$^{\text{generative model}}$이라고 하는데, 스테이트 변수 X가 어떻게 센서 측정값 Y에 영향을 끼치는지 추상화된 수준으로 설명해주기 때문이다.

중요한 사실이 하나 있는데, 베이즈 법칙에서 분모에 해당하는 $p(y)$는 x와는 무관하다는 점이다. 따라서 식 (2.13)과 식 (2.14)에서 분모에 있는 $p(y)^{-1}$는 사후확률 $p(x \mid y)$에서 모든 x 값에 대해 동일하다. 이 때문에 $p(y)^{-1}$를 베이즈 법칙에서 정규화 항^{normalizer}이라고 하며, 보통 η로 표시한다.

$$p(x \mid y) \;\; = \;\; \eta \, p(y \mid x) \, p(x) \tag{2.15}$$

이렇게 표현하면 수식이 간결해져서 좋다. (수식 유도 관점에서 순식간에 커질 수 있는) 정규화 상수를 정확한 수식으로 자세히 표현하는 대신 최종 결과가 1로 정규화되도록 η를 정규화 항으로 사용하기로 한다. 앞으로 이 책에서 정규화 항은 η(또는 η', η'', ...)로 쓴다. **주의사항:** 여러 수식에서 정규화 항을 표시해야 할 경우에도, 심지어 각 수식에서 해당 정규화 항의 값이 다르더라도 동일하게 일괄적으로 η를 사용한다.

앞에서 설명한 조건부 베이즈 법칙이 변수 같은 임의의 확률변수에 완벽하게 적용될 수 있다는 점을 눈여겨 보자. 예를 들어, $Z = z$에 대해 조건부 베이즈 법칙을 계산하면 다음과 같다.

$$p(x \mid y, z) \;\; = \;\; \frac{p(y \mid x, z) \, p(x \mid z)}{p(y \mid z)} \tag{2.16}$$

여기서 $p(y \mid z) > 0$이다.

마찬가지로, 다른 변수인 z에 대해 독립 확률 변수(식 (2.7))의 확률을 조합해서 베이즈 법칙의 조건부 확률을 구할 수 있다.

$$p(x, y \mid z) \quad = \quad p(x \mid z)\, p(y \mid z) \tag{2.17}$$

이와 같은 관계를 조건부 독립성conditional independence이라고 한다. 참고로 식 (2.17)은 다음 식과 동치다.

$$p(x \mid z) \quad = \quad p(x \mid z, y) \tag{2.18}$$

$$p(y \mid z) \quad = \quad p(y \mid z, x) \tag{2.19}$$

조건부 독립성은 확률론적 로보틱스에서 중요한 역할을 한다. 변수 z의 값이 주어져 있고, 변수 y는 변수 x에 대한 아무 정보도 얻을 수 없을 경우 이 식을 활용할 수 있다. 조건부 독립성은 절대 독립성absolute independence을 포함하고 있지는 않다는 점에 유의하기 바란다. 즉, 다음과 같다.

$$p(x, y \mid z) = p(x \mid z)\, p(y \mid z) \quad \not\Rightarrow \quad p(x, y) = p(x)\, p(y) \tag{2.20}$$

식 (2.20)의 역의 관계도 역시 성립하지 않는다. 절대 독립성은 조건부 독립성을 내포하고 있지 않다.

$$p(x, y) = p(x)\, p(y) \quad \not\Rightarrow \quad p(x, y \mid z) = p(x \mid z)\, p(y \mid z) \tag{2.21}$$

하지만 특정한 경우에는 조건부 독립성과 절대 독립성이 일치하기도 한다.

여러 가지 확률 알고리즘에서 확률 분포의 피처feature, 통계량 등의 계산이 필요할 수 있다. 확률 변수 X의 기댓값expectation은 다음과 같이 정의한다.

$$E[X] \quad = \quad \sum_x x\, p(x) \qquad \text{(이산형 확률 변수일 경우)} \tag{2.22}$$

$$E[X] \quad = \quad \int x\, p(x)\, dx \qquad \text{(연속형 확률 변수일 경우)} \tag{2.23}$$

모든 확률 변수가 유한한 기댓값을 갖지는 않는다. 하지만 이 책에서는 모든 확률 변수가 유한한 기댓값을 갖는 것을 전제로 한다.

기댓값을 확률 변수의 선형 함수로 표현할 수 있다. 임의의 수 a와 b에 대해 다음과 같이 쓸 수 있다.

$$E[aX + b] \quad = \quad aE[X] + b \tag{2.24}$$

X의 공분산^{covariance}은 다음과 같다.

$$\text{Cov}[X] \quad = \quad E[(X - E[X])^2] \quad = \quad E[X^2] - E[X]^2 \tag{2.25}$$

공분산은 평균값과의 편차에 대한 기댓값을 제곱하여 구할 수 있다. 앞에서 설명한 것처럼 다변량 정규 분포$^{\text{multivariate normal distribution}}$ $\mathcal{N}(x; \mu, \Sigma)$의 평균은 μ이고, 공분산은 Σ이다.

이 책에서 다루는 중요한 개념 중 하나로 엔트로피^{entropy}가 있다. 확률 분포의 엔트로피는 다음과 같이 정의한다.

$$H_p(x) \quad = \quad E[-\log_2 p(x)] \tag{2.26}$$

여기서 다음 식을 유도할 수 있다.

$$H_p(x) \quad = \quad -\sum_x p(x) \, \log_2 p(x) \quad \text{(이산형 확률 변수일 경우)} \tag{2.27}$$

$$H_p(x) \quad = \quad -\int p(x) \, \log_2 p(x) \, dx \quad \text{(연속형 확률 변수일 경우)} \tag{2.28}$$

엔트로피의 개념은 정보 이론$^{\text{information theory}}$에서 시작됐다. 엔트로피는 x 값이 갖는 기대 정보량이다. 이산형의 경우, $\{p(x)\}$가 x를 관측할 확률이라고 가정했을 때 $-\log_2 p(x)$는 최적의 인코딩을 사용해 x를 인코딩하는 데 필요한 비트 수다. 이 책에서 엔트로피는 로봇의 정보 수집에 사용될 것이다. 이를 통해 로봇이 특정한 행동을 할 때 받을 수 있는 정보를 표현하게끔 한다.

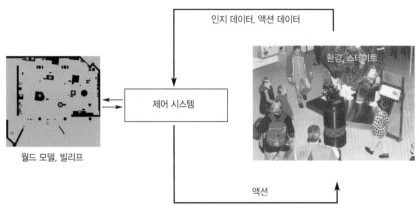

그림 2.1 로봇 환경 인터페이스

2.3 로봇 환경의 인터랙션

로봇 환경에서 로봇의 인터랙션을 그림 2.1에서 자세히 설명하고 있다. 환경^{environment} 또는 월드^{world}는 내부 스테이트가 포함되어 있는 끊임없이 변화하는 시스템이라고 정의할 수 있다. 로봇은 센서를 이용해 로봇 환경 정보를 확보할 수 있다. 하지만 센서를 통해 확보되는 데이터는 노이즈가 섞여 있을 수 있어 바로 감지할 수 없는 경우가 대부분이다. 그 결과로 그림 왼쪽에서 설명하고 있듯이, 로봇은 로봇 환경의 스테이트를 고려하여 내부 빌리프를 유지한다.

또, 로봇은 액추에이터를 통해 로봇 환경에 영향을 줄 수 있고 그 결과는 일부 예측 불가능할 수 있다. 따라서 각각의 제어 액션은 환경 스테이트와, 로봇의 내부 빌리프 모두에 영향을 끼친다.

이러한 인터랙션을 수학적으로 어떻게 표현하는지 함께 알아보자.

2.3.1 스테이트

환경은 스테이트^{state}에 따라 그 특성이 정립된다. 이 책에서 소개하는 자료에서는, 스테이트를 향후 영향을 끼칠 수 있는 로봇 환경과 로봇의 모든 관점을 모아놓은 것으로 보는 것이 좋을 것 같다. 어떤 스테이트 변수는 시간의 흐름에 따라 변화가 일어날 수 있다. 예를 들면, 로봇 주변에 있는 사람의 행방 같은 것을 생각해볼 수 있다. 그 외의 스테이트 변수는 정적이라고 할 수 있는데, 빌딩의 벽 위치 같은 것을 연상해 보면 쉽게 이해가 갈 것이다. 이렇게 변화가 일어나는 스테이트를 동적 스테이트dynamic state라고 하고, 마찬가지로 변화가 없는 스테이트를 정적 스테이트static state라고 한다. 스테이트에는 로봇의 포즈, 속도, 센서의 정상 작동 여부 등 로봇 자체에 관한 변수도 포함되어 있다.

앞으로 이 책에서는 스테이트를 x로 표시하기로 한다. x에 포함된 특정 변수들이 해당 상황에 따라 여러 가지로 나타날 수도 있겠지만 하나로 통일해서 표현하기로 하자. 시간 t에 대한 스테이트는 x_t로 표현하기로 한다. 이 책 전반에 걸쳐 사용될 스테이트 변수는 다음과 같다.

- 로봇 포즈pose는 전역 좌표계를 기준으로 상대적 위치와 방향값으로 구성된다. 리지드 모바일 로봇rigid mobile robot(직각으로만 움직이는 융통성 없어 보이는 로봇을 의미)에는 6개의 스테이트 변수가 있는데, 3개는 직교 좌표이며 나머지 3개는 (피치pitch, 롤roll, 요yaw 같은) 각도 및 방향과 관련된 변수다. 평면 환경에 놓여 있는 리지드 모바일 로봇의 경우, 포즈는 보통 평면상에서 2개의 위치 좌표와 요yaw(로봇이 향하고 있는 방향) 3개의 변수로 구성된다.

- 로봇 조작manipulation에서 포즈에는 로봇의 액추에이터 관련 환경설정 변수가 포함되어 있다. 예를 들어 로봇 팔 회전 부분(조인트)의 관절 각도가 포함될 수 있다. 로봇의 키네마틱 스테이트의 부분 중 하나로 시간을 생각했을 때, 로봇 팔에서 자유도는 특정 시점상에서 1차원의 환경설정 변수로 표현할 수 있다. 로봇 환경설정 변수를 흔히 키네마틱 스테이트kinematic state라고 한다.

- 로봇 속도와 관절 속도는 일반적으로 동적 스테이트dynamic state로 사용된다. 공간을 따라 움직이는 리지드 로봇은 각 포즈 변수별로 하나씩 최대 6개의 속도 변수로 표현된다. 이 책에서는 동적 스테이트의 역할이 그리 많지 않다.

- 환경 내에 있는 주변 객체들의 위치 및 피처도 스테이트 변수다. 나무, 벽 또는 더 큰 표면 내에 있는 픽셀 등이 객체에 해당한다. 이러한 객체의 특징으로 (색상, 질감 같은) 시각적인 모양을 생각해볼 수 있다. 모델링되는 스테이트가 얼

마나 세밀한지(입도granularity)에 따라, 로봇 환경에는 수십에서 수십억 개(및 그 이상)에 이르는 스테이트 변수가 있을 수 있다. 실제 환경을 정확히 나타내는 데 얼마나 많은 비트가 필요한지 상상해보면 쉽게 이해가 갈 것이다! 이 책에서 다루는 많은 문제에서, 환경 내에 있는 객체들의 위치는 정적static일 것이다. 특히 이 책에서 소개하는 몇몇 문제에서 객체들은 확실하게 인식 가능한 환경 내에서 뚜렷하고 고정된 피처인 랜드마크landmark의 형태를 띤다고 전제하기로 한다.

- 움직이는 객체와 사람의 위치와 속도 또한 잠재적 스테이트 변수라고 할 수 있다. 종종 로봇 외에도 로봇 환경에서 움직이는 액터actor가 있을 수 있다. 다른 움직이는 개체들은 그들만의 키네마틱하고 동적인 스테이트를 지니고 있다.

- 로봇의 동작에 영향을 줄 수 있는 여러 가지 스테이트 변수들이 있다. 예를 들어, 센서 고장 여부, (배터리로 동작하는 로봇의 경우) 충전 잔량 등이 스테이트 변수가 될 수 있다. 이렇게 가능한 스테이트 변수는 셀 수 없이 많다.

스테이트 x_t가 미래를 대상으로 했을 때 가장 좋은 예측 결과일 경우, 이를 완전하다complete라고 한다. 즉, 우리가 미래를 더 정확하게 예측하기 위해 과거의 스테이트, 측정값, 제어에 대한 추가 지식이 더 이상 필요 없음을 완전성이라고 한다. 앞에서 정의한 완전성은 (스테이트의 결정론적 함수인) 미래를 필요로 하지 않는다는 점에서 중요하다. 미래는 확률적일 수 있지만 스테이트 x_t를 통한 어떤 종속성이 없다면 x_t 이전의 변수 중 어떤 것도 미래의 스테이트에 확률적으로 영향을 줄 수 없다. 보통 이러한 조건을 충족시키는 시간 프로세스를 마르코프 체인Markov chain이라고 한다.

스테이트 완전성의 개념은 이론적으로는 중요하다. 하지만 실제로는 어떤 로봇 시스템에 대해서도 완벽한 스테이트를 지정할 수는 없다. 완전한 스테이트complete state란 미래에 영향을 줄 수 있는 환경의 모든 측면뿐만 아니라 로봇 자체, 컴퓨터 메모리의 내용, 주변 사람의 모든 지식(브레인 덤프brain dump) 등을 포함한다. 이들 중 일부는 확보하기도 어렵다. 따라서 실제로는 앞에서 나열한 것과 같은 가능한 모든 스테이트 변수 중 작은 서브셋을 추출해서 구현한다. 이러한 스테이트를 불완전한 스테이트incomplete state라고 한다.

대부분의 로봇 애플리케이션에서 스테이트는 연속적이다. 즉, x_t는 연속체상에서 정의된다. 연속적 스테이트 공간의 적절한 예로 로봇 포즈의 좌표, 즉 외부 좌표계를 기준으로 한 로봇의 위치 및 방향을 생각해볼 수 있다. 때때로 이산성을 지닌 스테이트도 있다. 이산형 스테이트 공간의 예 중 하나로는 센서의 고장 여부를 모델링하는 (2진) 스테이트 변수를 생각해볼 수 있다. 연속형 변수와 이산형 변수를 모두 포함하는 스테이트 공간을 하이브리드 스테이트 공간hybrid state space이라고 한다.

대부분의 로봇 문제에서 스테이트는 시간이 지남에 따라 변화한다. 이 책 전체에 걸쳐 시간은 이산적이라고 가정한다. 즉, 모든 특정 사건이 이산적인 시간 간격 $t = 0$, 1, 2, …에서 발생한다는 뜻이다. 로봇이 어떤 특정 시점에서 작동을 시작하면 이 시간을 $t = 0$으로 표시한다.

2.3.2 환경 인터랙션

로봇과 로봇 환경 간의 인터랙션에는 두 가지 기본 유형이 있다. 로봇은 액추에이터를 통해 환경의 스테이트에 영향을 줄 수 있으며, 센서를 통해 스테이트 정보를 수집할 수 있다. 두 가지 유형의 인터랙션이 동시에 발생할 수도 있지만, 이 책에서는 개념을 익히는 차원에서 이들을 별개로 다룬다. 그림 2.1에서 인터랙션의 자세한 정보를 소개하고 있다.

- **환경 센서 측정**environment sensor measurement. 로봇이 센서를 사용해 로봇 환경 스테이트의 정보를 얻는 프로세스를 인식perception이라고 한다. 예를 들어 로봇은 카메라 이미지, 특정 범위의 스캔 또는 촉각 센서를 통해 로봇 환경 스테이트 정보를 얻을 수 있다. 이러한 지각적 인터랙션의 결과를 측정measurement이라고 부르며, 때때로 관찰observation 또는 인식percept이라고도 한다. 일반적으로 센서 측정은 약간의 시간 지연이 포함되어 있다. 따라서 센서가 제공하는 것은 현시점과 비교했을 때 약간 이전 상황의 스테이트 정보다.
- **제어 액션**control action은 월드의 스테이트에 변화를 준다. 제어 액션은 로봇 환경에 강제력을 적극적으로 가해서 변화가 일어나게 한다. 제어 액션의 예로 로

봇 모션, 객체 조작 등이 있다. 로봇이 아무런 액션을 하지 않더라도 스테이트의 변화는 일어날 수 있다. 따라서 일관성을 위해 로봇이 모터를 움직이지 않더라도 로봇이 항상 제어 액션을 실행한다고 가정한다. 실제로 로봇은 연속적으로 제어를 수행하고 측정도 그와 동시에 이뤄진다.

로봇은 과거의 모든 센서 측정 및 제어 액션의 기록을 유지할 수 있다고 생각할 수 있다. 이렇게 축적된 결과를 (기억 여부와 상관없이) 데이터라고 한다. 로봇 환경 인터랙션의 두 가지 유형에 따라 로봇은 각 유형의 데이터 스트림에 액세스한다.

- **로봇 환경 측정 데이터**environment measurement data는 환경의 일시적 스테이트에 대한 정보를 제공한다. 측정 데이터의 예로 카메라 이미지, 특정 범위의 스캔 결과 등을 생각해볼 수 있다. 대부분의 경우, 미미한 타이밍 효과는 무시한다 (예: 대부분의 레이저 센서가 매우 빠르게 순차적으로 로봇 환경을 스캔하지만 측정 결과는 특정 시점에 해당한다고 가정한다). 시간 t에서 측정된 데이터는 z_t로 표시한다.

  이 책의 대부분에서 로봇은 매 시점에 측정을 한 번씩만 수행한다고 가정한다. 이렇게 하는 이유는 수학적 표현을 편리하게 하기 위해서다. 즉, 측정 시점에 변수에 대한 측정값을 얻을 수 있는 로봇을 대상으로, 이 책에서 설명하는 거의 모든 알고리즘을 손쉽게 확장 가능하도록 하기 위해서다. 다음 수식은 시간 t_1과 $t_2(t_1 \leq t_2)$에 대한 모든 측정 결과를 나타내고 있다.

$$z_{t_1:t_2} \quad = \quad z_{t_1}, z_{t_1+1}, z_{t_1+2}, \ldots, z_{t_2} \tag{2.29}$$

- **제어 데이터**control data는 로봇 환경의 스테이트 변화change of state에 대한 정보를 전달한다. 모바일 로봇에서 가장 일반적인 제어 데이터로 로봇의 속도를 생각해볼 수 있다. 예를 들어, 5초간 속도를 초당 10cm로 설정했다면, 이 모션이 실행된 후 로봇의 포즈는 실행 전보다 약 50cm 앞에 가 있을 거라는 사실을 알 수 있다. 다시 말해, 제어는 스테이트의 변화에 관한 정보를 전달한다.

  오도미터odometer를 통해서도 제어 데이터를 얻을 수 있다. 오도미터는 로봇 바퀴의 회전을 측정하는 센서로, 이를 통해 스테이트 변화에 관한 정보를 전달한다. 오도미터는 센서이지만 제어 액션의 효과를 측정하므로, 이 책에서는 오도메트리^{odometry}(주행 거리 측정값)를 제어 데이터로 사용하기로 한다.

제어 데이터는 u_t로 표현한다. 변수 u_t는 시간 간격 $(t-1; t]$ 내에 있는 스테이트의 변화와 항상 일치한다. 앞에서 했던 것처럼, $t_1 \le t_2$인 경우 $u_{t_1:t_2}$에 의한 제어 데이터 시퀀스를 표현하면 다음과 같다.

$$u_{t_1:t_2} \quad = \quad u_{t_1}, u_{t_1+1}, u_{t_1+2}, \ldots, u_{t_2} \tag{2.30}$$

로봇이 특정 제어 액션을 실행하지 않더라도 로봇 환경은 변화할 수 있다. 기술적 관점에서 설명하자면 시간이 지남에 따라 제어 정보가 만들어진다는 얘기다. 이 책에서는 시간 단계 t마다 정확히 하나의 제어 데이터 항목이 있고, 액션은 '아무것도 안 함^{do-nothing}'으로 되어 있다고 가정한다.

측정과 제어의 차이는 매우 중요하다. 왜냐하면 이 두 가지 유형의 데이터는 향후 확보할 자료에서 근본적으로 다른 역할을 하기 때문이다. 로봇 환경 인식은 로봇 환경의 스테이트 정보를 제공하며, 이를 통해 로봇의 지식을 늘려준다. 이와는 반대로 모션^{motion}에서는 로봇 액션에 포함된 고유한 노이즈와 로봇 환경의 확률성 때문에 지식의 손실이 일어난다. 이렇게 차이를 구분 지었다고 해서 액션과 인식을 시간상으로도 분리해서 생각해서는 안 된다는 점에 주의하기 바란다. 오히려, 실제로는 인식과 제어가 동시에 일어난다. 앞에서 측정과 제어를 구분한 건 엄격히 따지자면 편의상 그런 것이다.

2.3.3 확률론적 생성 법칙

스테이트와 측정값의 에볼루션^{evolution}(단계적 변화)은 확률론적 법칙에 의해 좌우된다. 일반적으로, 스테이트 x_t는 스테이트 x_{t-1}로부터 확률적으로 생성된다. 따라서 x_t가 생성되는 확률 분포를 지정하는 것이 합리적일 것이다. 언뜻 보기에 이전의 모든 스테이트, 측정값 및 제엇값이 잘 맞을 경우 (이 조건하에서) 스테이트 x_t가 나타날 수 있다. 따라서 스테이트의 에볼루션 관점에서 확률론적 법칙을 확률 분포로 표현하면 $p(x_t \mid$

$x_{0:t-1}$, $z_{1:t-1}$, $u_{1:t}$)와 같다. 한 가지 주의할 점이 있다. 여기서는 특별한 동기 없이 로봇이 먼저 제어 액션 u_1을 실행한 다음 측정값 z_1을 취하는 것으로 가정한다.

여기서 가장 중요한 사항은 다음과 같다. 스테이트 x가 완전성을 만족할 경우, x에는 이전 단계에서 발생한 모든 내용이 집약되어 있다는 점이다. 특히, x_{t-1}은 이 시점까지의 모든 이전 단계의 제어 $u_{1:t-1}$과 측정 $z_{1:t-1}$의 유의미한sufficient 통계량이라고 할 수 있다. 위 식의 모든 변수로부터 우리가 스테이트 x_{t-1}을 알고 있다면 제어 u_t만 생각하면 된다.

확률론적 용어로는 위의 개념 설명을 다음과 같이 표현할 수 있다.

$$p(x_t \mid x_{0:t-1}, z_{1:t-1}, u_{1:t}) \quad = \quad p(x_t \mid x_{t-1}, u_t) \qquad (2.31)$$

식 (2.31)에서 조건부 독립성을 생각해볼 수 있다. 즉, 변수의 세 번째 그룹의 값인 조건부 변수를 알고 있을 경우 특정 변수가 다른 변수와 독립적이라는 뜻이다. 조건부 독립성은 이 책 전반에 걸쳐 여러 곳에서 활용될 것이다. 왜냐하면 이 책에서 소개하는 알고리즘 중 많은 부분에서 (조건부 독립성을 활용하면) 계산 작업이 훨씬 수월해지기 때문이다.

측정값이 생성되는 프로세스를 모델링할 수도 있다. 다시 한번 말하지만, x_t가 완전성을 만족할 경우 다음과 같은 중요한 조건부 독립성을 갖는다.

$$p(z_t \mid x_{0:t}, z_{1:t-1}, u_{1:t}) \quad = \quad p(z_t \mid x_t) \qquad (2.32)$$

즉, 스테이트 x_t는 (잠재적으로 노이즈가 포함돼 있는) 측정값 z_t를 예측하기에 통계적으로 유의미하다. 이전 측정값, 제엇값 심지어 과거 스테이트 같은 변수에 대한 지식은 x_t가 완전성을 만족할 경우 별로 관련성이 없다.

이는 두 결과 조건부 확률 $p(x_t \mid x_{t-1}, u_t)$와 $p(z_t \mid x_t)$가 어떤 값인지에 따라 결과가 달라질 수 있다는 뜻이다. 확률 $p(x_t \mid x_{t-1}, u_t)$는 스테이트 전이 확률이다. 로봇 제엇값 u_t의 함수에 따라 환경 스테이트가 시간에 따라 어떻게 변하는지를 나타낸다. 로봇 환경은 확률적이기 때문에 $p(x_t \mid x_{t-1}, u_t)$는 확률 분포를 따른다. 즉, 결정론적 함수가 아니다. 때로는 스테이트 전이에 대한 확률 분포가 시간 인덱스 t와 무관한 경우가 있는데, 이때는 $p(x' \mid u, x)$로 표현할 수 있다. 여기서 x'는 후속 스테이트이고,

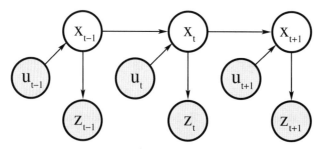

그림 2.2 제엇값, 스테이트, 측정값의 단계적 변화를 보여주는 다이내믹 베이즈 네트워크의 예

x는 선행 스테이트를 의미한다.

확률 $p(z_t \mid x_t)$를 **측정 확률**^{measurement probability}이라고 한다. 또한 시간 인덱스 t와 무관할 수도 있는데, 이럴 경우 $p(z \mid x)$로 표현한다. 측정 확률은 로봇 환경 스테이트 x로부터 측정값 z가 생성되는지에 따라 확률 법칙을 규정한다. 즉, 측정값을 스테이트에 노이즈가 반영된 결과로 보면 된다.

스테이트 전이 확률과 측정 확률 모두 로봇과 로봇 환경의 동적 확률 시스템에 관한 정보를 제공한다. 그림 2.2는 이러한 확률을 통해 정의된 스테이트와 측정값의 에볼루션, 즉 단계적 변화를 보여준다. 시간 t에서의 스테이트는 시간 $t - 1$에서의 스테이트와 제엇값 u_t를 기반으로 확률적으로 결정된다. 측정값 z_t는 시간 t에서의 스테이트를 기반으로 확률적으로 결정된다. 이러한 시간 생성 모델을 **은닉 마르코프 모델**^{HMM, hidden Markov model} 또는 **다이내믹 베이즈 네트워크**^{DBN, dynamic Bayes network}라고도 한다.

2.3.4 빌리프 분포

확률론적 로보틱스의 또 다른 주요 개념으로 **빌리프**^{belief}가 있다. 빌리프는 로봇 환경의 스테이트에 대해 로봇의 내부 지식을 반영한다. 앞에서는 스테이트가 바로 측정될 수 없다는 것을 배웠다. 예를 들어, 전역 좌표계에서 로봇의 포즈가 $x_t = \langle 14.12,$ $12.7,\ 45°\rangle$일 수 있다. 문제는 (심지어 GPS를 사용하더라도) 이러한 포즈가 직접 측정이 안 되기 때문에 대개는 포즈를 알 수 없다는 점이다. 이에 대한 대안으로 로봇은 데이터를 통해 포즈를 추론해야 한다. 따라서 진짜 스테이트와 (이 진짜 스테이트라고 간주해서 얻은) 내부 빌리프를 구분할 필요가 있다. 여기서 말하는 빌리프는 지식 스테이트state of knowledge 및 **정보 스테이트**information state라고 보면 된다(뒤에서 설명할 정보 벡터 및 정보 행렬과 혼동하지 말 것).

확률론적 로보틱스는 조건부 확률 분포를 통해 빌리프를 표현한다. 빌리프 확률 분포는 진짜 스테이트와 관련하여 생각할 수 있는 가설들 각각에 확률값(또는 확률 밀도값)을 할당한다. 다시 말하면, 사용 가능한 데이터가 주어졌을 때 스테이트에 대한 사후확률을 빌리프 분포라고 정의할 수 있다. 스테이트 변수 x_t에 대한 빌리프 $bel(x_t)$를 수학적으로 정리해보자. $bel(x_t)$는 사후확률을 줄여서 표현한 것으로 다음과 같다.

$$bel(x_t) \quad = \quad p(x_t \mid z_{1:t}, u_{1:t}) \tag{2.33}$$

이 사후확률은 시간 t에서의 스테이트 x_t에 대한 확률 분포로, 모든 이전 측정값 $z_{1:t}$와 모든 이전 제엇값 $u_{1:t}$에 따라 결정된다.

여기서 여러분은 우리가 '측정값을 반영한 후에 빌리프 결과를 얻는다'라고 가정했음을 알아차렸을 것이다. 때때로, 제어를 실행한 직후에 z_t를 반영하기 전에 사후확률을 계산하는 것이 훨씬 효율적일 수도 있다. 이때 사후확률은 다음과 같이 표현할 수 있다.

$$\overline{bel}(x_t) \quad = \quad p(x_t \mid z_{1:t-1}, u_{1:t}) \tag{2.34}$$

이와 같은 확률 분포를 확률론적 필터링 관점에서 예측prediction이라고 하기도 한다. 여기서 말하는 예측이란, $\overline{bel}(x_t)$가 시간 t에서 측정값을 반영하기 전에 이전 스테이트의 사후확률을 근거로 시간 t에서의 스테이트를 예측한다는 뜻이다. $\overline{bel}(x_t)$로부터 $bel(x_t)$를 계산하는 과정을 보정correction 또는 측정 업데이트measurement update라고 한다.

2.4 베이즈 필터

2.4.1 베이즈 필터 알고리즘

빌리프를 계산하는 가장 일반적인 알고리즘으로 베이즈 필터$^{\text{Bayes filter}}$ 알고리즘이 있다. 이 알고리즘은 측정값과 제어 데이터로 빌리프 분포 bel을 계산한다. 우선 기본 알고리즘을 설명하고, 예제를 통해 좀 더 자세히 알아보겠다. 그런 다음 앞에서 만든 여러 가지 가정 사항을 수학적으로 유도해보자.

표 2.1은 의사코드$^{\text{pseudo code}}$로 작성된 베이즈 필터 알고리즘을 보여준다. 베이즈 필터는 재귀적인 특성을 보이고 있다. 즉, 시간 t의 빌리프 $bel(x_t)$를 시간 $t-1$의 빌리프 $bel(x_{t-1})$을 가지고 계산한다. 입력값은 시간 $t-1$에서 빌리프 bel인데, 이는 가장 최근의 제엇값 u_t와 가장 최근의 측정값 z_t를 따른다. 표 2.1은 베이즈 필터 알고리즘의 반복 과정인 업데이트 규칙$^{\text{update rule}}$을 보여주고 있다. 앞 단계에서 계산했던 빌리프 $bel(x_{t-1})$을 이용하여 빌리프 $bel(x_t)$를 계산하기 위해, 업데이트 규칙은 재귀 형태로 적용된다.

베이즈 필터 알고리즘은 두 가지 단계가 포함되어 있다. 알고리즘의 3행에서 제엇값 u_t를 처리한다. 이는 스테이트 x_{t-1}과 제엇값 u_t를 가지고 생성된 앞 단계의 빌리프를 이용해 스테이트 x_t의 빌리프 계산을 통해서 가능하다. 특히, 로봇이 스테이트 x_t에 할당한 빌리프 $\overline{bel}(x_t)$는 다음 두 가지 확률 분포를 곱한 결과에 대해 적분(합)을 계산해서 얻을 수 있다. (1) 스테이트 x_{t-1}에 할당된 사전확률값, (2) 제엇값 u_t가 스테이

1:      **Algorithm Bayes_filter(**$bel(x_{t-1}), u_t, z_t$**):**
2:         *for all* x_t *do*
3:            $\overline{bel}(x_t) = \int p(x_t \mid u_t, x_{t-1}) \, bel(x_{t-1}) \, dx_{t-1}$
4:            $bel(x_t) = \eta \, p(z_t \mid x_t) \, \overline{bel}(x_t)$
5:         *endfor*
6:         *return* $bel(x_t)$

표 2.1 베이즈 필터링 알고리즘

트 x_{t-1}에서 스테이트 x_t로 전이할 확률. 아마도 식 (2.12)를 통해 이 업데이트 과정이 비슷하다고 느꼈을 것 같다. 앞에서 설명했듯이, 이러한 업데이트 과정을 제어 업데이트 또는 예측^{prediction}이라고 한다.

베이즈 필터의 두 번째 단계를 측정 업데이트^{measurement update}라고 한다. 알고리즘의 4행에서 베이즈 필터 알고리즘은 빌리프 $\overline{bel}(x_t)$에 측정값 z_t가 나타날 확률을 곱한다. 즉, (확률, 통계의) 가설을 기반으로 한 사후의 스테이트 x_t 각각에 대해 이 작업을 수행한다. 뒤에서 좀 더 구체적으로 설명하겠지만, 실제로 베이즈 필터 수식을 유도하는 과정에서 얻는 곱셈 결과는 일반적으로 확률이 아니다. 즉, 이들 결과의 전체 합이 (확률의 전체 합을 의미하는) 1이 아닐 수 있다. 따라서 결과는 정규화 상수 η에 의해 정규화가 이뤄져야 한다. 이를 통해 최종 빌리프 $bel(x_t)$를 얻을 수 있으며, 알고리즘상의 6행을 통해 결과가 리턴된다.

사후 빌리프를 재귀적으로 계산할 때, 기본 조건으로 시간 $t = 0$의 빌리프인 $bel(x_0)$가 알고리즘에서 필요하다. x_0 값을 확실하게 알고 있다면, 빌리프 $bel(x_0)$는 x_0의 올바른 값에 대한 모든 확률 질량을 중심으로 하고, 그 외에 나머지는 확률값을 0으로 할당하는 포인트 질량 분포로 초기화돼야 한다. 동시에 이 외에는 확률값을 0으로 할당한다. 초깃값 x_0를 알 수 없는 상태인 경우, x_0 도메인을 통한 균등 분포(또는 디리클레^{Dirichlet} 계열의 확률 분포와 관련된 분포)를 사용해 빌리프 $bel(x_0)$를 초기화할 수 있다. 초깃값 x_0의 부분 지식은 비균등 분포를 통해 표현이 가능하다. 그러나 실제로는 확실하게 알고 있든지, 아니면 아예 모르든지 둘 중 하나에 해당하는 게 일반적이다.

베이즈 필터 알고리즘은 매우 간단한 추정 문제의 경우에만 여기에 설명한 방법으로 구현이 가능하다. 특히, 3행의 적분 계산과 4행의 곱셈 연산을 실행 단위로 처리할 수 있어야 한다. 또는 유한한 스테이트 공간에 대해 제약을 가해야 한다. 이러면 알고리즘 3행의 적분 계산에서 (유한한) 결과가 나온다.

2.4.2 예제

카메라를 이용해 문의 스테이트를 추정하는 로봇을 보여주는 그림 2.3의 시나리오를 가지고 베이즈 필터 알고리즘을 구체적으로 알아보자. 문제를 단순화하기 위해 가능

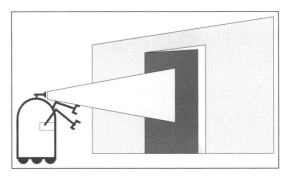

그림 2.3 문의 스테이트를 추정하는 모바일 로봇

한 스테이트는 문이 열려 있는 경우^{open}와 닫혀 있는 경우^{closed} 두 가지 중 하나라고 가정한다. 또한 문의 스테이트는 로봇만 변경할 수 있다고 가정한다. 추가로, 로봇은 문의 초기 상태를 알지 못한다고 가정한다. 단, 문에서 발생할 수 있는 두 가지 스테이트(열림 또는 닫힘)의 사전확률은 0.5로 동일하다.

$$bel(X_0 = \textbf{open}) \quad = \quad 0.5$$
$$bel(X_0 = \textbf{closed}) \quad = \quad 0.5$$

이제 로봇 센서에 노이즈가 있다고 가정해보자. 노이즈는 다음과 같은 조건부 확률을 따른다.

$$p(Z_t = \textbf{sense\_open} \mid X_t = \textbf{is\_open}) \quad = \quad 0.6$$
$$p(Z_t = \textbf{sense\_closed} \mid X_t = \textbf{is\_open}) \quad = \quad 0.4$$

그리고

$$p(Z_t = \textbf{sense\_open} \mid X_t = \textbf{is\_closed}) \quad = \quad 0.2$$
$$p(Z_t = \textbf{sense\_closed} \mid X_t = \textbf{is\_closed}) \quad = \quad 0.8$$

이 결과를 보면 로봇의 센서가 닫혀 있는 문을 탐지할 때가 열려 있는 문을 탐지할 때보다 훨씬 더 낫다는 사실을 알 수 있다. 닫혀 있는 문을 (열려 있다고) 잘못 탐지할 확률은 0.2인 반면, 열려 있는 문을 (닫혀 있다고) 잘못 탐지할 확률은 0.4이기 때문이다.

끝으로 로봇은 문을 밀어서 열 수 있는 매니퓰레이터^{manipulator}를 사용한다고 가정한다. 문이 이미 열려 있을 경우 열려 있는 상태 그대로 둔다. 반대로 닫혀 있을 경우 매니퓰레이터를 통해 문을 열 확률은 0.8이다. 이를 확률식으로 표현하면 다음과 같다.

$$
\begin{aligned}
p(X_t = \text{is\_open} \mid U_t = \text{push}, X_{t-1} = \text{is\_open}) &= 1 \\
p(X_t = \text{is\_closed} \mid U_t = \text{push}, X_{t-1} = \text{is\_open}) &= 0 \\
p(X_t = \text{is\_open} \mid U_t = \text{push}, X_{t-1} = \text{is\_closed}) &= 0.8 \\
p(X_t = \text{is\_closed} \mid U_t = \text{push}, X_{t-1} = \text{is\_closed}) &= 0.2
\end{aligned}
$$

매니퓰레이터를 사용하지 않게 할 수도 있다. 이럴 경우 월드의 스테이트는 변화 없이 같은 상태를 유지한다. 이는 다음과 같은 조건부 확률로 표현할 수 있다.

$$
\begin{aligned}
p(X_t = \text{is\_open} \mid U_t = \text{do\_nothing}, X_{t-1} = \text{is\_open}) &= 1 \\
p(X_t = \text{is\_closed} \mid U_t = \text{do\_nothing}, X_{t-1} = \text{is\_open}) &= 0 \\
p(X_t = \text{is\_open} \mid U_t = \text{do\_nothing}, X_{t-1} = \text{is\_closed}) &= 0 \\
p(X_t = \text{is\_closed} \mid U_t = \text{do\_nothing}, X_{t-1} = \text{is\_closed}) &= 1
\end{aligned}
$$

시간이 $t = 1$일 때 로봇이 아무 제어 액션도 취하지 않았지만 문이 열려 있음을 감지했다고 가정해보자. 이때 사후 빌리프는 베이즈 필터를 통해 계산할 수 있으며, 여기에 사용되는 입력값은 사전 빌리프 $bel(X_0)$와 제엇값 $u_1 = \text{do\_nothing}$, 측정값 sense_open이다. 스테이트 공간은 유한하므로, 알고리즘 의사코드의 3행에 있는 적분 계산도 유한한 합을 결과로 리턴한다.

$$
\begin{aligned}
\overline{bel}(x_1) & \\
&= \int p(x_1 \mid u_1, x_0)\, bel(x_0)\, dx_0 \\
&= \sum_{x_0} p(x_1 \mid u_1, x_0)\, bel(x_0) \\
&= p(x_1 \mid U_1 = \text{do\_nothing}, X_0 = \text{is\_open})\, bel(X_0 = \text{is\_open}) \\
&\quad + p(x_1 \mid U_1 = \text{do\_nothing}, X_0 = \text{is\_closed})\, bel(X_0 = \text{is\_closed})
\end{aligned}
$$

이제 스테이트 변수 X_1에 대해 두 가지 가능한 값을 바꿔 넣을 수 있다. $X_1 = $ **is_open** 이라고 가정하면, 다음과 같은 결과를 얻을 수 있다.

$$
\begin{aligned}
\overline{bel}(X_1 &= \text{is\_open}) \\
&= p(X_1 = \text{is\_open} \mid U_1 = \text{do\_nothing}, X_0 = \text{is\_open}) \\
&\quad bel(X_0 = \text{is\_open}) \\
&\quad + p(X_1 = \text{is\_open} \mid U_1 = \text{do\_nothing}, X_0 = \text{is\_closed}) \\
&\quad bel(X_0 = \text{is\_closed}) \\
&= 1 \cdot 0.5 + 0 \cdot 0.5 = 0.5
\end{aligned}
$$

마찬가지로 $X_1 = $ **is_closed**일 경우 결과는 다음과 같다.

$$
\begin{aligned}
\overline{bel}(X_1 &= \text{is\_closed}) \\
&= p(X_1 = \text{is\_closed} \mid U_1 = \text{do\_nothing}, X_0 = \text{is\_open}) \\
&\quad bel(X_0 = \text{is\_open}) \\
&\quad + p(X_1 = \text{is\_closed} \mid U_1 = \text{do\_nothing}, X_0 = \text{is\_closed}) \\
&\quad bel(X_0 = \text{is\_closed}) \\
&= 0 \cdot 0.5 + 1 \cdot 0.5 = 0.5
\end{aligned}
$$

빌리프 $\overline{bel}(x_t)$가 사전 빌리프 $bel(x_0)$와 같다는 건 사실 당연한 결과다. 액션 **do_nothing**이 월드의 스테이트에 아무 영향을 끼치지 않았기 때문이다. 이 예제에서는 시간의 흐름에 따라 월드 자체가 바뀌는 것도 없다.

하지만 측정값을 반영하면 빌리프 결과가 달라진다. 베이즈 필터 알고리즘의 4행에는 다음과 같은 속성이 포함되어 있다.

$$
bel(x_1) = \eta\, p(Z_1 = \text{sense\_open} \mid x_1)\, \overline{bel}(x_1)
$$

$X_1 = $ **is_open**인 경우와 $X_1 = $ **is_closed**인 경우에 대해 다음과 같이 계산할 수 있다.

$$
\begin{aligned}
bel(X_1 &= \text{is\_open}) \\
&= \eta\, p(Z_1 = \text{sense\_open} \mid X_1 = \text{is\_open})\, \overline{bel}(X_1 = \text{is\_open}) \\
&= \eta\, 0.6 \cdot 0.5 = \eta\, 0.3
\end{aligned}
$$

그리고

$$bel(X_1 = \textbf{is\_closed})$$
$$= \ \eta \, p(Z_1 = \textbf{sense\_open} \mid X_1 = \textbf{is\_closed}) \, \overline{bel}(X_1 = \textbf{is\_closed})$$
$$= \ \eta \, 0.2 \cdot 0.5 \ = \ \eta \, 0.1$$

위의 결과를 이용해 정규화 변수 η를 다음과 같이 쉽게 계산할 수 있다.

$$\eta \ = \ (0.3 + 0.1)^{-1} \ = \ 2.5$$

결과는 다음과 같다.

$$bel(X_1 = \textbf{is\_open}) \ = \ 0.75$$
$$bel(X_1 = \textbf{is\_closed}) \ = \ 0.25$$

이 계산 결과는 다음 단계에 손쉽게 반영된다. $u_2 = \textbf{push}$와 $z_2 = \textbf{sense\_open}$에 대해 결과는 다음과 같다.

$$\overline{bel}(X_2 = \textbf{is\_open}) \ = \ 1 \cdot 0.75 + 0.8 \cdot 0.25 \ = \ 0.95$$
$$\overline{bel}(X_2 = \textbf{is\_closed}) \ = \ 0 \cdot 0.75 + 0.2 \cdot 0.25 \ = \ 0.05$$

그리고

$$bel(X_2 = \textbf{is\_open}) \ = \ \eta \, 0.6 \cdot 0.95 \ \approx \ 0.983$$
$$bel(X_2 = \textbf{is\_closed}) \ = \ \eta \, 0.2 \cdot 0.05 \ \approx \ 0.017$$

위의 결과는 로봇이 0.983의 확률로 문이 열려 있다고 믿고 있음을 보여준다.

얼핏 생각해봤을 때 이 확률값은 월드 스테이트와 액션에 따라 (문이 열려 있다는) 가설을 충분히 유의미한 확률로 채택할 수 있음을 나타낸다. 하지만 이런 식의 방법은 불필요한 높은 손실을 유발할 수 있다. 만약 열려 있는 문을 닫혔다고 잘못 파악해서 손실이 발생한다면(예: 로봇이 문을 부숴버려서), 의사결정 프로세스에서 이러한 손실이 가장 발생하지 않도록 가설들을 반드시 고려해야 한다. 자동 비행 시 사고가 일어나지 않을 확률이 98.3%인 조건하에서 항공기가 비행 중인 상황을 한번 상상해보기 바란다![1]

---

1 사고 발생 확률이 1.7%일 경우, 정말 사고가 일어나지 않을 수준인지 잘 판단해보라는 의미 – 옮긴이

2.4.3 베이즈 필터의 수학적 유도

베이즈 필터 알고리즘이 문제없이 동작하는지 여부는 귀납법을 통해 증명할 수 있다. 이를 위해, 바로 이전 단계의 관련 사후확률인 $p(x_{t-1} \mid z_{1:t-1}, u_{1:t-1})$을 바탕으로 어떻게 사후확률 $p(x_t \mid z_{1:t}, u_{1:t})$를 계산하는지 알아보자. 이는 $t = 0$에서 사전 빌리프 $bel(x_0)$를 올바르게 초기화했다는 가정을 바탕으로 귀납법을 통해 검증할 수 있다.

귀납법을 이용한 검증 과정에서 우선 2.3.1절에서 설명했던 스테이트 완전성, 즉 스테이트 x_t는 완전하다는 가정이 필요하다. 또 제엇값은 임의로 선택한다는 가정도 필요하다. 베이즈 필터의 식을 유도하기 위한 첫 번째 단계로 사후확률에 베이즈 법칙(식 (2.16))이 수반된다. 다음 식을 통해 확인해보자.

$$
\begin{aligned}
p(x_t \mid z_{1:t}, u_{1:t}) &= \frac{p(z_t \mid x_t, z_{1:t-1}, u_{1:t})\, p(x_t \mid z_{1:t-1}, u_{1:t})}{p(z_t \mid z_{1:t-1}, u_{1:t})} \\
&= \eta\, p(z_t \mid x_t, z_{1:t-1}, u_{1:t})\, p(x_t \mid z_{1:t-1}, u_{1:t})
\end{aligned}
\tag{2.35}
$$

이제 스테이트가 완전성을 만족한다는 가정을 활용해보자. 2.3.1절에서는 스테이트 x_t보다 앞 단계에 있는 모든 변수가 x_t보다 이후에 있는 스테이트에 대해 확률적으로 어떤 변화가 일어나는 데에 아무 영향도 끼치지 못할 경우, '스테이트 x_t는 완전성을 만족한다'라고 정의했다. 특히 우리가 이미 스테이트 x_t를 알고 있는 상태에서 측정값 z_t를 예측하려고 할 경우, 과거의 모든 측정값 내지는 제엇값은 아무 도움이 안 된다. 조건부 확률을 이용하면 이를 수학적으로 표현할 수 있다. 다음 식을 보자.

$$
p(z_t \mid x_t, z_{1:t-1}, u_{1:t}) = p(z_t \mid x_t)
\tag{2.36}
$$

이 식은 조건부 독립 모습을 갖추고 있다. 식 (2.35)를 간단하게 표현하면 다음과 같다.

$$
p(x_t \mid z_{1:t}, u_{1:t}) = \eta\, p(z_t \mid x_t)\, p(x_t \mid z_{1:t-1}, u_{1:t})
\tag{2.37}
$$

그리고 이에 따라 다음을 알 수 있다.

$$
bel(x_t) = \eta\, p(z_t \mid x_t)\, \overline{bel}(x_t)
\tag{2.38}
$$

이 식은 표 2.1의 베이즈 필터 알고리즘 4행에 구현돼 있다.

다음으로 식 (2.12)를 이용하여 $\overline{bel}(x_t)$를 전개해보자.

$$\overline{bel}(x_t) = p(x_t \mid z_{1:t-1}, u_{1:t}) \tag{2.39}$$
$$= \int p(x_t \mid x_{t-1}, z_{1:t-1}, u_{1:t})\, p(x_{t-1} \mid z_{1:t-1}, u_{1:t})\, dx_{t-1}$$

다시 한번 스테이트는 완전하다는 가정을 활용해보자. 즉, 우리가 이전 스테이트 x_{t-1}을 알고 있으면, 과거의 측정값과 제엇값에는 현재 스테이트 x_t에 대해 고려한 정보가 아무것도 반영되어 있지 않을 것이다. 이를 통해 다음을 알 수 있다.

$$p(x_t \mid x_{t-1}, z_{1:t-1}, u_{1:t}) = p(x_t \mid x_{t-1}, u_t) \tag{2.40}$$

여기서 제어 변수 u_t는 그대로 유지한다. 왜냐하면 스테이트 x_{t-1}을 활용하지 않았기 때문이다. 사실 여러분은 이미 $p(x_t \mid x_{t-1}, u_t) \neq p(x_t \mid x_{t-1})$이라는 사실을 알아차렸을 것이다.

끝으로 제어 변수를 임의로 선택하기 때문에 $p(x_{t-1} \mid z_{1:t-1}, u_{1:t})$에서 제어 변수 u_t는 조건부 변수에서 제외해도 별문제는 없다. 이를 통해 재귀형 업데이트 방정식은 다음과 같이 정리할 수 있다.

$$\overline{bel}(x_t) = \int p(x_t \mid x_{t-1}, u_t)\, p(x_{t-1} \mid z_{1:t-1}, u_{1:t-1})\, dx_{t-1} \tag{2.41}$$

이미 쉽게 알아차렸겠지만, 이 식은 표 2.1의 베이즈 필터 알고리즘 3행에 구현되어 있다.

정리해보자. 베이즈 필터 알고리즘은 시간 t까지 확보한 측정값과 제엇값을 가지고 스테이트 x_t에 대한 사후확률을 계산한다. 이 알고리즘에서 유도한 계산식은 다음 두 가지 가정사항을 내포하고 있다. (1) 월드는 마르코프 성격을 따른다. (2) 스테이트는 완전성을 지닌다.

이 알고리즘의 구현에는 초기 빌리프 $p(x_0)$, 측정 확률 $p(z_t \mid x_t)$, 스테이트 전이 확률 $p(x_t \mid u_t, x_{t-1})$이 필요하다. 아직은 실제 로봇 시스템을 위해 이들 세 가지 확률 분포를 지정하지 않았다. 하지만 5장에서 $p(x_t \mid u_t, x_{t-1})$을, 6장에서 $p(z_t \mid x_t)$를 다룰 예정이다. 아울러 3장과 4장에서 설명할 빌리프 $bel(x_t)$를 위한 표현도 필요하다.

2.4.4 마르코프 가정

이 책에서 소개하는 핵심 내용 중 하나인 **마르코프 가정**Markov assumption(또는 완전 스테이트 가정complete state assumption)을 알아보자. 마르코프 가정은 현재 스테이트 x_t를 안다면 과거와 미래의 데이터가 독립적이라고 가정한다. 가정이 얼마나 영향도가 높은지 알아보기 위해 모바일 로봇 로컬화 예를 생각해보자. 모바일 로봇의 위치 추정에서 x_t는 로봇의 포즈이며, 베이즈 필터는 고정된 맵에 대한 포즈를 추정하기 위해 적용된다. 다음 요인들은 센서 판독 결과에 영향을 미칠 수 있으며, 마르코프 가정의 위반을 유발할 수도 있다.

- x_t에 포함되지 않은 환경의 모델링되지 않은 동역학(예: 이동하는 사람과 로컬화 예제에서 센서 측정에 미치는 영향)
- 확률 모델 $p(z_t \mid x_t)$ 및 $p(x_t \mid u_t, x_{t-1})$의 부정확성(예: 로컬화 로봇에 대한 맵의 오차)
- 빌리프 함수의 근사화 표현(예: 아래에서 설명할 그리드 또는 가우시안)을 사용할 때의 근사화 오차
- 여러 제어에 영향을 미치는 로봇 제어 소프트웨어의 소프트웨어 변수(예: 변수 '타깃 위치'는 일반적으로 제어 명령의 전체 시퀀스에 영향을 미침)

원칙적으로 이러한 변수들 중 상당수는 스테이트 표현에 포함될 수 있다. 그러나 베이즈 필터 알고리즘의 계산 복잡도를 줄이기 위해서는 불완전한 스테이트 표현이 (좀 더 완전한 표현과 비교했을 때) 더 나을 수 있다. 실제로, 베이즈 필터는 이런 식의 접근 방법이 놀라울 만큼 노이즈에 영향을 덜 받는, 즉 로버스트하다는 결과를 보여줬다. 그러나 일반적으로, 스테이트 x_t를 정의할 때 주의를 기울여야 하므로 모델링되지 않은 스테이트 변수의 결과는 거의 랜덤 기반 결과와 비슷하다고 볼 수 있다.

2.5 표현과 계산

확률론적 로보틱스에서 베이즈 필터는 여러 가지 방법으로 구현된다. 3장과 4장에서 소개하겠지만, 베이즈 필터에서 파생된 다양한 기술과 알고리즘이 많이 연구되어 있다. 이러한 기술들은 측정 및 스테이트 전이 확률과 초기 빌리프에 관한 각기 다른 가정에 따른다. 이 가정은 다양한 형태의 사후 분포를 야기하며, 계산을 위한 알고리즘은 다른 계산 특성을 갖는다. 무엇보다도, 빌리프를 계산하기 위한 정확한 기술은 매우 특화된 경우에만 존재한다. 일반적으로 로보틱스 문제에서 빌리프는 근사화로 계산이 되어야 한다. 근사화의 특성은 알고리즘의 복잡성에 중요한 영향을 미친다. 적합한 근사치를 찾는 문제는 대체로 매우 어려운데 모든 로보틱스 문제에 대해 유일무이하면서 가장 좋기까지 한 답을 내주는 해결책이란 없기 때문이다.

근사화 방법을 선택할 때 속성을 어디까지 잡을지 범위를 정하는 것은 매우 중요하다. 다음을 보자.

1. **계산 효율성**: 뒤에서 더 자세히 설명하겠지만, 선형 가우시안 근사화 기법 같은 일부 근사화 기법은 스테이트 공간의 차원 내에서 다항식 수준의 시간 복잡도 time complexity로 빌리프 계산이 가능하다. 다른 기법들의 경우 기하급수적으로 시간 복잡도가 늘어날 수 있다. 뒤에서 설명할 입자 기반 기법의 경우, 계산 효율성과 정확성을 모두 고려해 최적의 조합을 찾을 수 있게 해주는 애니타임any-time 기능을 지니고 있다.

2. **근사화의 정확도**: 근사화 기법은 다른 기법들에 비해 좀 더 넓은 범위의 분포를 더 확실하게 근사화할 수 있다. 예를 들어, 선형 가우시안 근사화 기법은 유니모달 unimodal 확률 분포로 제한되는 반면, 히스토그램 표현은 제한된 정확도로 멀티모달multi-modal 확률 분포를 근사화할 수 있다. 입자 표현은 광범위한 확률 분포를 근사화할 수 있지만, 원하는 정확도를 얻는 데 필요한 입자의 수는 클 수 있다.

3. **구현의 용이함**: 확률적 알고리즘의 구현은 측정값 확률 $p(z_t \mid x_t)$와 스테이트 전이 확률 $p(x_t \mid u_t, x_{t-1})$의 형태와 같은 다양한 요소에 따라 어려울 수도 있고 쉬울 수도 있다. 입자 표현은 종종 복잡한 비선형 시스템에 대해 놀라울 만큼 간

단한 구현 결과를 만들어내기도 한다. 이 때문에 최근 많은 인기를 얻고 있기도 하다.

이 장에 이어서 3장과 4장에서는 앞에서 설명한 기준과 상당히 다른 방식으로 구현 가능한 구체적인 알고리즘을 소개한다.

2.6 요약

2장에서는 환경 및 로봇의 스테이트를 추정하는 방법으로 로봇에 포함되어 있는 베이즈 필터의 기본 아이디어를 소개했다.

- 로봇과 환경의 인터랙션은 로봇이 제엇값을 선택해서 환경을 조작하고 센서를 통해 환경을 인식할 수 있는 결합된 동적 시스템으로 모델링된다.

- 확률론적 로보틱스에서 로봇과 그 환경의 다이내믹스는 스테이트 전이 분포와 측정 분포라는 두 가지 확률론적 법칙의 형태로 표현할 수 있다. 스테이트 전이 분포는 로봇 제어의 효과로 인해 시간이 지남에 따라 상태가 어떻게 변하는지를 나타낸다. 측정 분포는 측정값이 스테이트에 의해 어떻게 관리되는지를 나타낸다. 두 법칙 모두 확률론적이고, 스테이트 진화 및 감지에 내재된 불확실성을 고려하고 있다.

- 로봇의 빌리프는 과거의 모든 센서 측정 및 과거의 모든 제어가 주어진 로봇 환경 스테이트(로봇의 스테이트 포함)에 대한 사후확률 분포로 정의할 수 있다. 베이즈 필터는 로봇에 대한 빌리프를 계산하기 위한 주요 알고리즘이다. 베이즈 필터는 재귀적 성격을 지니고 있다. 즉, 시간 t에서의 빌리프는 시간 $t-1$에서의 빌리프를 통해 계산된다.

- 베이즈 필터는 스테이트가 과거에 대한 완전한 요약 정보에 해당하는 마르코프 가정을 만들어낸다. 이 가정은 빌리프가 로봇의 과거 이력을 나타내는 데 충분하다는 것을 의미한다. 로보틱스에서 마르코프 가정은 대개 근삿값인데, 이것이 지켜지지 않는 조건들을 확인했다.

- 베이즈 필터는 실용적인 알고리즘이 아니다. 이는 디지털 컴퓨터에서 구현할 수 없다는 점을 내포하고 있으며, 이 때문에 확률적 알고리즘에서 다루기 쉬운 근사 기법을 사용한다. 이러한 근사화 기법은 정확성, 효율성 및 구현의 용이성과 관련해 기준이 전부 다르므로 잘 따져볼 필요가 있다.

3장과 4장에서는 베이즈 필터에서 파생된 두 가지 재귀 스테이트 추정 기법을 설명한다.

2.7 참고문헌

2장에서 소개한 기초 통계 자료는 대부분의 확률 통계 입문 교재에서 다루고 있다. DeGroot(1975), Subrahmaniam(1979), Thorp(1966) 같은 고전 서적을 참고하기 바란다. 심화 학습을 원한다면 Feller(1968), Casella and Berger(1990), Tanner(1996), Devroye et al.(1996), Duda et al.(2000)을 참고하기 바란다. 로봇 환경 인터랙션 패러다임은 로보틱스에서 공통으로 사용된다. 이에 관한 자세한 내용은 스튜어트 러셀, 피터 노빅의 『인공지능: 현대적 접근방식』(제이펍, 2016)을 참고하기 바란다.

2.8 연습문제

1. 0m에서 3m까지 범위를 측정할 수 있는 센서를 사용하고 있는 로봇이 있다. 문제를 간단하게 하기 위해, 실제 범위는 이 3m 간격 내에서 균등하게 분포해 있다고 가정한다. 그리고 유감스럽게도 센서에 결함이 있을 수 있다. 센서에 결함이 있으면 센서의 측정 범위에서 실제 범위와 관계없이 1m 미만의 범위를 지속적으로 출력한다. 센서의 결함률은 $p = 0.01$이다.

    로봇이 센서를 N번 조회했고, 매번 측정값은 1m 미만이라고 가정한다. $N = 1, 2, \ldots, 10$에 대한 센서 결함의 사후확률을 구해보자. 해당 확률 모델을 수식으로 표현해보자.

2. 우리가 살고 있는 곳의 날씨가 맑음, 흐림, 비, 세 가지 중 하나라고 가정해보
    자. 기상 변화 함수는 다음과 같은 변환 표의 정보를 갖는 마르코프 체인이다.

		내일의 날씨		
		맑음	흐림	비
	맑음	.8	.2	0
오늘의 날씨	흐림	.4	.4	.2
	비	.2	.6	.2

(a) 1일 차의 날씨가 맑다고 가정해보자. 이때 이후 일일 날씨가 2일 차 = '흐
    림', 3일 차 = '흐림', 4일 차 = '비'로 이어질 확률을 구해보자.

(b) 문제의 (마르코프 체인 기반) 스테이트 전이 함수를 이용해 '날씨' 시퀀스를
    임의로 생성할 수 있는 시뮬레이터를 만들어보자.

(c) 앞에서 만든 시뮬레이터를 이용해 문제에서 주어진 마르코프 체인의 정적
    분포stationary distribution를 결정해보기 바란다. 정적 분포는 임의의 일자에 대
    한 날씨가 '맑음', '흐림', '비'일 확률을 측정한다.

(d) 문제에서 주어진 스테이트 전이 행렬을 바탕으로 정적 분포를 계산하는 식
    을 만들어보자.

(e) 정적 분포의 엔트로피를 구해보자.

(f) 베이즈 법칙을 사용해, 오늘 날씨가 주어졌을 때 어제의 날씨에 대한 확
    률 표(즉, 문제에서 주어진 마르코프 체인 기반 스테이트 전이 행렬)를 작성해보자
    (확률값은 숫자로 표시한다. 이 연습문제에 이전 문제를 풀면서 구한 답을 활용해도
    좋다).

(g) 우리가 만든 모델에 계절을 더했다고 가정해보자. 문제에서 주어진 스테이
    트 전이 함수는 여름에만 적용되는 반면, 다른 스테이트는 겨울, 봄, 가을
    에 적용된다. 이때 이 프로세스가 마르코프 속성을 위반할지 설명해보라.

3. 날씨를 직접 관찰할 수는 없는 대신 센서를 통해 관찰한다고 가정해보자. 문제
    는 센서 측정 결과에 노이즈값이 포함된다는 점이다. 측정 결과는 다음 표의 측
    정 모델에 의해 결정된다.

		센서가 추정한 날씨		
		맑음	흐림	비
실제 날씨	맑음	.6	.4	0
	흐림	.3	.7	0
	비	0	0	1

(a) 1일 차 날씨는 맑음(이건 이미 알고 있는 사실)이고, 향후 4일에 대한 센서의 추정 결과가 흐림, 흐림, 비, 맑음이라고 가정하자. 센서의 예측대로 5일 차 날씨가 실제로 맑을 확률은 얼마인가?

(b) 다시 한번, 1일 차 날씨는 맑다고 가정해보자. 2일 차에서 4일 차까지, 센서의 추정 결과는 맑음, 맑음, 비다. 2일 차부터 4일 차까지 가장 가능성이 높은 날씨의 시퀀스를 구해보자. 다음 두 가지 형태로 답해보기 바란다. (1) 문제에서 제공된 데이터만 사용하는 방법, (2) 미래의 일자를 통해 사용 가능한 데이터를 활용하는 방법

(c) 동일한 상황을 생각해보자(1일 차: 맑음, 2일 차: 맑음, 3일 차: 맑음, 4일 차: 비). 2일에서 4일까지 가장 가능성이 높은 날씨 시퀀스와 확률을 구해보자.

4. 이번 문제에서는 가우시안 분포에 베이즈 법칙을 적용해보기로 한다. 장거리상에서 움직이고 있는 모바일 로봇이 있다고 가정해보자. 현재 위치 x는 길 위의 위치를 나타낸다. 초깃값으로 로봇의 위치가 x_{init} = 1,000m라고 믿고 있지만, 이 추정값은 확실한 것은 아니라고 가정한다. 이러한 불확실성을 바탕으로, σ^2_{init} = 900m^{2}이라는 분산값을 갖는 가우시안 분포 초기 빌리프를 모델링해보자.

우리의 위치를 더 알아내기 위해 GPS 리시버를 이용하기로 한다. GPS는 현재 우리 위치가 z_{GPS} = 1,100m라고 알려주고 있다. 이 GPS 리시버의 오차는 σ^2_{init} = 100m^{2}으로 알려져 있다.

(a) 사전확률 $p(x)$의 확률 밀도 함수와 측정값 $p(z \mid x)$를 구해보자.

(b) 베이즈 법칙을 사용해 사후확률 $p(x \mid z)$를 구해보자. 가우시안 분포를 따르는지도 증명해보자.

(c) 앞에서 주어진 측정값 x_{GPS} = 1,100m와 GPS 리시버의 오차 확률이 얼마나 차이가 있는지 구해보자.

힌트: 이 문제를 통해 2차 방정식 표현 방법을 익히기 바란다.

5. 식 (2.17)과 본문에서 설명한 확률 법칙을 이용해 식 (2.18)과 식 (2.19)를 유도해보자.

6. 식 (2.25)를 증명해보자. 이러한 동치성이 어떻게 성립하는지 구체적으로 설명해보기 바란다.

03

가우시안 필터

3.1 개요

3장에서는 재귀적 스테이트 추정에서 가장 중요한 기법 중 하나인 가우시안 필터^{Gaussian} filter를 설명한다. 가우시안 필터는 연속형 공간에 대한 베이즈 필터 기법에서 가장 초기에 만들어졌다. 몇 가지 단점이 있지만 오늘날에도 가장 많이 사용되고 있다.

가우시안 기술은 다변량 정규 분포^{multivariate normal distribution}로 빌리프를 표현하는 것이 기본 아이디어다. 다변량 정규 분포는 식 (2.4)에서 이미 정의했지만, 이해를 돕기 위해 다시 쓰면 다음과 같다.

$$p(x) \quad = \quad \det (2\pi\Sigma)^{-\frac{1}{2}} \exp\left\{ -\tfrac{1}{2}(x-\mu)^T \Sigma^{-1}(x-\mu) \right\} \qquad (3.1)$$

여기서 변수 x의 확률 밀도 함수는 두 가지 파라미터 집합인 평균 μ와 공분산 Σ로 구성된다. 평균 μ는 스테이트 x와 동일한 차원의 벡터로 표현된다. 공분산은 양의 준정부호^{positive semidefinite} 성질을 만족하는 2차원 대칭^{symmetric} 행렬이다. 공분산 Σ의 차원은 스테이트 x 차원의 제곱에 비례한다.

가우시안을 통해 사후확률을 표현할 수 있다는 점은 매우 중요한 의미를 지닌다.

특히 주의 깊게 볼 것 중 하나로 가우시안은 확률 분포상에서 최고점이 하나만 있는 유니모달unimodal 성질을 지니고 있다는 점이다. 이를 통해 불확실성에 대한 마진이 작은 진짜 스테이트에 가깝게 사후확률을 얻을 수 있고, 결국 로보틱스에서 다양한 추적 관련 문제에 이러한 사후확률을 잘 적용할 수 있다. 하지만 여러 가지 가설이 포함되어 있고, 이들 각각에 대한 사후확률이 따로따로 있는 글로벌 추정 문제의 경우 가우시안 사후확률은 적절하지 않다.

평균과 공분산으로 가우시안 파라미터를 구성하는 방법을 모멘트 파라미터화moments parameterization라고 한다. 이렇게 부르는 이유는 평균과 공분산이 확률 분포의 1차 모멘트, 2차 모멘트이기 때문이다. 이 장에서는 모멘트 파라미터화 외에 캐노니컬 파라미터화canonical parameterization, 내추럴 파라미터화natural parameterization 같은 파라미터화 기법도 알아볼 예정이다. 모멘트 파라미터화 기법과 캐노니컬 파라이터화 기법은 기능 면에서 동일하며, 따라서 둘 중 하나의 기법에서 다른 기법으로 상호 변경이 가능하다. 뒤에서 설명하겠지만, 캐노니컬 파라미터화와 내추럴 파라미터화는 둘을 함께 묶어서 생각했을 때 가장 좋은 방법이라고 할 수 있다. 왜냐하면 한쪽 파라미터화 기법에서 계산이 쉬운 부분이 다른 쪽 파라미터화 기법에도 관련되어 있기 때문이다.

3장에서는 두 가지 가우시안 필터 알고리즘을 설명한다.

- 3.2절에서는 칼만 필터를 설명한다. 칼만 필터는 선형 다이내믹스와 측정 함수를 지닌 특정 부류의 문제를 해결하기 위해 모멘트 파라미터화 기법을 이용해 구현된 베이즈 필터 방법이다.
- 3.3절에서는 칼만 필터를 비선형 문제에 적용해 확장형 칼만 필터를 설명한다.
- 3.4절에서는 또 다른 비선형 칼만 필터인 분산점 칼만 필터를 설명한다.
- 3.5절에서는 정보 필터를 설명한다. 정보 필터는 가우시안 속성을 지닌 캐노니컬 파라미터화 기법을 이용한 칼만 필터다.

3.2 칼만 필터

3.2.1 선형 가우시안 시스템

베이즈 필터를 구현하기 위한 가장 좋은 연구 기법은 아마도 칼만 필터^{KF, Kalman filter}가 아닐까 한다. 칼만 필터는 선형 가우시안 시스템^{linear Gaussian system}에서 필터링 및 예측을 위한 기술로 스월링(Swerling, 1958)과 칼만(Kalman, 1960)에 의해 발명됐다. 칼만 필터의 정의는 뒤에서 자세히 설명한다. 칼만 필터는 연속형 스테이트상에서 빌리프 계산 방법을 구현한 것으로, 이산형 스테이트 또는 하이브리드 스테이트 공간에는 칼만 필터를 적용할 수 없다.

칼만 필터는 모멘트 파라미터화를 통해 빌리프를 표현한다. 시간 t에서 빌리프는 평균 μ_t와 공분산 Σ_t로 표현된다. 베이즈 필터의 마르코프 가정 외에 다음에 설명하는 세 가지 속성이 있는 경우 사후확률은 가우시안^{Gaussian}이다.

1. 스테이트 전이 확률 $p(x_t \mid u_t, x_{t-1})$은 첨가된 가우시안 노이즈 입력 인자를 갖는 선형 함수^{linear function}여야 한다. 수학적으로 표현하면 다음과 같다.

$$x_t \;\; = \;\; A_t x_{t-1} + B_t u_t + \varepsilon_t \tag{3.2}$$

여기서 x_t와 x_{t-1}은 스테이트 벡터를 의미한다. u_t는 시간 t에서 제어 벡터를 의미한다. 이 벡터는 다음과 같이 세로 모양의 열 벡터다.

$$x_t \;\; = \;\; \begin{pmatrix} x_{1,t} \\ x_{2,t} \\ \vdots \\ x_{n,t} \end{pmatrix} \quad \text{그리고} \quad u_t \;\; = \;\; \begin{pmatrix} u_{1,t} \\ u_{2,t} \\ \vdots \\ u_{m,t} \end{pmatrix} \tag{3.3}$$

식 (3.2)에서 A_t와 B_t는 행렬이다. A_t는 $n \times n$ 크기의 정방 행렬이며, 여기서 n은 스테이트 벡터 x_t의 차원과 같다. B_t는 $n \times m$ 크기의 행렬로, 여기서 m은 제어 벡터 u_t의 차원과 같다. 스테이트 전이 함수의 입력 인자인 행렬 A_t와 스테이트 벡터를 곱하고 B_t와 제어 벡터를 곱한 결과를 모두 반영하면, 스테이트 전이 함수의 최종 결과는 선형 함수가 된다. 이를 통해 칼만 필터는 선형 시스템 다이내믹스^{linear system dynamics}라고 가정한다.

식 (3.2)에 있는 확률 변수 ε_t는 스테이트 전이 과정에서 나타날 수 있는 불확실성을 모델링한 가우시안 랜덤 벡터이며, 스테이트 벡터와 동일한 차원(n)을 갖는다. ε_t의 평균은 0, 공분산은 R_t로 표현한다. 식 (3.2)에서 스테이트 전이 확률을 선형 가우시안^{linear Gaussian}이라고 하는데, 이는 가우시안 노이즈를 추가 입력 인자로 갖는 선형 함수라는 결과가 반영됐기 때문이다. 기술적으로는, 식 (3.2)에 상수 항을 추가해도 괜찮다. 다만 여기서는 상수 항이 딱히 하는 역할이 없어서 추가하지 않았다.

식 (3.4)는 스테이트 전이 확률 $p(x_t \mid u_t, x_{t-1})$을 정의한다. 이 확률은 식 (3.2)에 다변량 정규 분포를 정의한 식 (3.1)을 반영해서 구할 수 있다. 사후 스테이트의 평균은 $A_t x_{t-1} + B_t u_t$와 공분산 R_t로 구할 수 있다. 다음 식을 보자.

$$
\begin{aligned}
p(x_t \mid u_t, x_{t-1}) \;=\; & \det\left(2\pi R_t\right)^{-\frac{1}{2}} \\
& \exp\left\{-\tfrac{1}{2}(x_t - A_t x_{t-1} - B_t u_t)^T R_t^{-1}(x_t - A_t x_{t-1} - B_t u_t)\right\}
\end{aligned} \tag{3.4}
$$

2. 측정 확률 $p(z_t \mid x_t)$는 입력 인자와 가우시안 노이즈에 따라 다음과 같이 선형 함수 형태여야 한다.

$$
z_t \;=\; C_t x_t + \delta_t \tag{3.5}
$$

여기서 C_t는 $k \times n$ 크기의 행렬로, k는 측정값 벡터 z_t의 차원을 나타낸다. δ_t는 측정 노이즈로, 평균 0과 공분산 Q_t인 다변량 가우시안 분포를 따른다. 이상의 결과들을 종합해서 측정 확률^{measurement probability}을 다음과 같은 다변량 정규 분포로 표현할 수 있다.

$$
p(z_t \mid x_t) \;=\; \det\left(2\pi Q_t\right)^{-\frac{1}{2}} \exp\left\{-\tfrac{1}{2}(z_t - C_t\, x_t)^T Q_t^{-1}(z_t - C_t\, x_t)\right\} \tag{3.6}
$$

3. 초기 빌리프 $bel(x_0)$는 반드시 정규 분포를 따라야 한다. 초기 빌리프 $bel(x_0)$를 평균 μ_0와 공분산 Σ_0를 이용해 표현하면 다음과 같다.

$$bel(x_0) \;=\; p(x_0) \;=\; \det(2\pi\Sigma_0)^{-\frac{1}{2}} \exp\left\{-\tfrac{1}{2}(x_0-\mu_0)^T\Sigma_0^{-1}(x_0-\mu_0)\right\} \quad (3.7)$$

이상의 세 가지 가정이 만족돼야 사후 빌리프 $bel(x_t)$는 시간 t에 대해 가우시안 분포를 따른다고 할 수 있다. 이에 관한 수학적 증명은 3.2.4절에서 설명한다.

3.2.2 칼만 필터 알고리즘

표 3.1에서 칼만 필터 알고리즘을 소개했다. 칼만 필터는 시간 t에서 평균 μ_t와 공분산 Σ_t인 빌리프 $bel(x_t)$를 나타낸다. 칼만 필터의 입력값은 μ_{t-1}과 Σ_{t-1}로 표현되는 시간 t − 1에서의 빌리프다. 칼만 필터에 제엇값 u_t와 측정값 z_t를 이용해 이러한 파라미터를 업데이트할 수 있다. 결과는 μ_t와 Σ_t로 표현되는 시간 t에서의 빌리프다.

알고리즘의 2행과 3행에서, 예측한 빌리프의 $\bar{\mu}$와 $\bar{\Sigma}$는 빌리프 $bel(x_t)$의 다음 단계를 나타내도록 계산되는데, 이를 위해 측정값 z_t가 반영돼야 한다. 아울러 제엇값 u_t도 빌리프 계산에 반영돼야 한다. 평균은 스테이트 전이 함수(식 (3.2))의 결정론적 버전을 사용해 업데이트되는데, 여기에는 스테이트 x_{t-1}을 대체하는 평균값 μ_{t-1}이 사용된다. 공분산 업데이트 작업은 스테이트가 선형 행렬 A_t를 통해 이전 스테이트와 연관되어 있다는 점을 고려한다. 이 행렬은 공분산이 2차 행렬이기 때문에 공분산에 두 번 곱해진다.

1:	**Algorithm Kalman_filter($\mu_{t-1}, \Sigma_{t-1}, u_t, z_t$):**
2:	$\bar{\mu}_t = A_t\,\mu_{t-1} + B_t\,u_t$
3:	$\bar{\Sigma}_t = A_t\,\Sigma_{t-1}\,A_t^T + R_t$
4:	$K_t = \bar{\Sigma}_t\,C_t^T(C_t\,\bar{\Sigma}_t\,C_t^T + Q_t)^{-1}$
5:	$\mu_t = \bar{\mu}_t + K_t(z_t - C_t\,\bar{\mu}_t)$
6:	$\Sigma_t = (I - K_t\,C_t)\,\bar{\Sigma}_t$
7:	*return* μ_t, Σ_t

표 3.1 선형 가우시안 스테이트 전이와 측정값을 기반으로 한 칼만 필터 알고리즘

빌리프 $\overline{bel}(x_t)$는 측정값 z_t를 반영해 알고리즘의 4행에서 6행까지 원하는 빌리프 $bel(x_t)$로 순차적으로 계산이 이뤄진다. 4행에서 계산된 변수 K_t를 칼만 이득$^{Kalman\ gain}$이라고 한다. 칼만 이득은 측정값이 새로운 스테이트 추정값에 반영되게 하는 정도를 지정하는데, 이에 관해서는 3.2.4절에서 더 자세히 설명한다. 알고리즘의 5행은 칼만 이득 K_t와 실제 측정값 z_t의 편차, 그리고 측정 확률(식 (3.5))에 따라 예측된 측정값에 비례해서 조정되도록 평균을 계산한다. 여기에서 핵심 개념은 알고리즘의 5행에 있는 실제 측정값 z_t와 예상 측정값 $C_t\mu_t$ 간의 차이로, 이를 혁신^{innovation}이라고 한다. 마지막으로, 사후 빌리프의 새 공분산값은 알고리즘의 6행에서 계산되며, 측정값을 얻을 수 있도록 정보 이득$^{information\ gain}$을 조정한다.

칼만 필터는 계산상으로는 매우 효율적이다. 오늘날 가장 좋은 성능을 보이는 알고리즘의 경우 역행렬 계산의 복잡도는 $d \times d$ 크기의 행렬에 대해 대략 $O(d^{2.4})$ 정도다. 여기서 설명한 것처럼, 칼만 필터 알고리즘의 각 반복 실행은 (대략) 최소한 $O(k^{2.4})$의 계산 복잡도를 요구하는데, 여기서 k는 측정 벡터 z_t의 차원에 해당한다. 알고리즘의 4행에서 수행하는 역행렬 계산은 (대략) 3차원($O(n^3)$ 같은) 수준의 계산 복잡도를 요구한다. 한편 이 장의 후반부에서 설명하겠지만, 알고리즘의 6행에 있는 행렬 곱셈 연산 때문에(행렬 K_tC_t가 희소 행렬$^{sparse\ matrix}$일 수 있다) 희소 행렬의 업데이트조차도 최소한 $O(n^2)$의 계산 복잡도를 요구한다. 여기서 n은 스테이트 공간의 차원을 의미한다. 이후의 장들에서 설명할 로봇 매핑 애플리케이션 같은 다양한 애플리케이션에서 측정 공간은 스테이트 공간에 비해 훨씬 더 작으며, 업데이트는 $O(n^2)$의 계산 복잡도를 요구한다.

3.2.3 칼만 필터의 상세 설명

그림 3.1은 간단한 1차원 로컬화 시나리오를 이용해 칼만 필터 알고리즘을 아주 자세하게 설명하고 있다. 우선 그림 3.1의 시나리오에서 로봇이 수평축을 따라 이동한다고 가정한다. 로봇의 위치에 대한 사전확률은 그림 3.1(a)에 나타나 있는 정규 분포를 따른다. 로봇은 자신의 위치(예: GPS 시스템)에서 센서를 쿼리하고, 그 센서는 그림

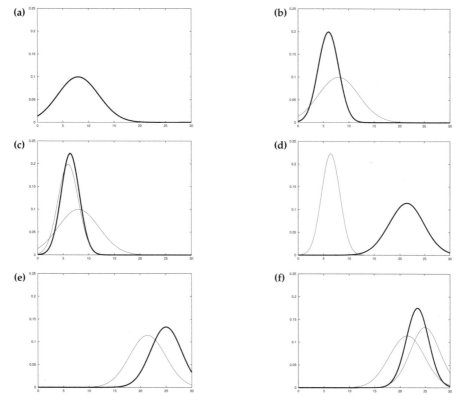

그림 3.1 다양한 칼만 필터의 예: (a) 초기 빌리프, (b) 불확실성을 포함한 측정값(굵은 선), (c) 칼만 필터 알고리즘을 이용해 측정값에 빌리프를 합친 후의 빌리프 결과, (d) (불확실성을 도입하는 차원에서) 오른쪽으로 이동시킨 후의 빌리프 결과, (e) (d)의 결과에 불확실성이 포함된 새로운 측정값(굵은 선), (f) 최종 빌리프 결과

3.1(b)에 굵은 선으로 표시된 가우시안 분포도상에서 가장 높은 중심값을 측정 결과로 리턴한다. 즉, 굵은 선으로 표시되어 있는 가우시안 분포는 측정값을 의미한다. 여기서 가장 높은 중심값^{peak}은 센서에서 예측한 값이고, 너비(분산)는 측정값의 불확실성을 의미한다. 표 3.1에서 소개한 칼만 필터 알고리즘의 4행부터 6행의 코드를 통해 계산한 사전확률과 측정값을 결합하면 그림 3.1(c)에 있는 굵은 선의 가우시안 분포가 만들어진다. 이 빌리프의 평균은 원래의 두 평균값 사이에 있으며, 불확실성의 반경은 여기에 관련된 가우시안 분포의 분산값보다는 작다. 나머지 불확실성이 영향을 끼치는 가우시안보다 작다는 사실은 직관적이지 않을 수 있겠지만 칼만 필터 내에서 정

보를 통합하는 일반적인 특징이라고 할 수 있다.

　다음으로 로봇이 오른쪽으로 이동한다고 가정해보자. 스테이트 전이가 확률적이라는 사실 때문에 이에 대한 불확실성은 증가한다. 칼만 필터 알고리즘의 2행과 3행의 실행 결과는 그림 3.1(d)에 굵게 표시된 가우시안 분포로 나타난다. 이 가우시안 분포는 로봇이 움직이는 만큼 이동되며, 앞에서 설명한 이유 때문에 이전에 비해 폭이 더 넓게 나타난다. 자, 이제 로봇은 그림 3.1(e)에서 굵은 가우시안 분포로 표시된 두 번째 측정값을 받는다. 이 측정값을 통해 그림 3.1(f)에 굵은 선으로 표시된 사후확률을 결과로 얻는다.

　이 예제에서 알 수 있듯이, 칼만 필터는 센서 데이터가 현재 빌리프에 통합된 **측정 업데이트 단계**measurement update step(알고리즘 5~7행)와 **예측 단계**prediction step(또는 제어 업데이트 단계)를 번갈아 실행한다. 예측 단계에서는 액션에 맞춰 빌리프를 조정한다. 로봇의 빌리프에 대한 불확실성이 업데이트 단계에서는 감소하는 반면 예측 단계에서는 증가한다.

3.2.4 칼만 필터의 수학적 유도

표 3.1의 칼만 필터 알고리즘을 수학적으로 유도해보자. 이 절을 처음 읽는다면 일단 건너뛰어도 된다.

　우선, 칼만 필터의 공식 유도는 대체로 2차 방정식을 다루는 문제라고 보면 된다. 예를 들어, 두 가우시안 함수의 곱셈을 계산할 때 제곱 항이 추가되는 식이다. 양쪽 함수의 제곱 항 모두 2차 항이므로, 이를 더한 결과도 역시 2차 항이 된다. 나머지 부분은 인수분해 작업을 통해 구할 수 있으며, 원하는 파라미터를 파악하는 것도 가능하다.

파트 1: 예측

알고리즘의 2행과 3행에서 칼만 필터의 식 유도 작업이 시작되는데, 여기서는 빌리프 $\overline{bel}(x_t)$가 앞 단계의 빌리프인 $bel(x_{t-1})$로부터 계산이 이뤄진다. 2행과 3행은 식

(2.41)에서 설명한 업데이트 단계를 구현한 것이다. 이해를 돕기 위해 다시 쓰면 다음과 같다.

$$\overline{bel}(x_t) \;=\; \int \underbrace{p(x_t \mid x_{t-1}, u_t)}_{\sim \mathcal{N}(x_t; A_t x_{t-1}+B_t u_t, R_t)} \; \underbrace{bel(x_{t-1})}_{\sim \mathcal{N}(x_{t-1}; \mu_{t-1}, \Sigma_{t-1})} \; dx_{t-1} \qquad (3.8)$$

빌리프 $bel(x_{t-1})$은 평균 μ_{t-1}과 공분산 Σ_{t-1}로 표현된다. 스테이트 전이 확률 $p(x_t \mid x_{t-1}, u_t)$는 식 (3.4)에서 설명한 정규 분포를 따른다. 좀 더 구체적으로 설명하면 스테이트 x_t상에서 평균이 $A_t x_{t-1} + B_t u_t$이고 공분산이 R_t인 정규 분포를 따른다는 뜻이다. 이를 통해, 식 (3.8)의 결과는 표 3.1에서 설명한 것처럼 평균이 $\bar{\mu}_t$이고 공분산이 $\bar{\Sigma}_t$인 가우시안 분포를 따른다.

식 (3.8)을 가우시안 함수로 다시 써보자.

$$\overline{bel}(x_t) \qquad\qquad\qquad\qquad\qquad\qquad\qquad\qquad\qquad (3.9)$$
$$= \; \eta \int \exp\left\{ -\tfrac{1}{2}\,(x_t - A_t\,x_{t-1} - B_t\,u_t)^T\,R_t^{-1}\,(x_t - A_t\,x_{t-1} - B_t\,u_t) \right\}$$
$$\exp\left\{ -\tfrac{1}{2}\,(x_{t-1} - \mu_{t-1})^T \Sigma_{t-1}^{-1} (x_{t-1} - \mu_{t-1}) \right\}\; dx_{t-1}$$

이를 줄여서 표현하면 다음과 같다.

$$\overline{bel}(x_t) \;=\; \eta \int \exp\left\{ -L_t \right\}\, dx_{t-1} \qquad\qquad (3.10)$$

여기서 L_t는 다음과 같다.

$$L_t \;=\; \tfrac{1}{2}\,(x_t - A_t\,x_{t-1} - B_t\,u_t)^T\,R_t^{-1}\,(x_t - A_t\,x_{t-1} - B_t\,u_t) \qquad (3.11)$$
$$+ \tfrac{1}{2}\,(x_{t-1} - \mu_{t-1})^T\,\Sigma_{t-1}^{-1}\,(x_{t-1} - \mu_{t-1})$$

L_t가 x_{t-1}의 2차 항이라는 점에 주목해보자. 마찬가지로 x_t에 대해서도 2차 방정식을 만족한다.

식 (3.10)에는 적분 연산이 포함되어 있다. 언뜻 봐서는 이해가 잘 안 될 수 있으니 이 적분식의 해를 구하기 위해 식을 표현하는 항들을 재정리해보자. 우선 L_t는 2개의 함수 $L_t(x_{t-1}, x_t)$와 $L_t(x_t)$로 표현할 수 있다는 점에 주목해보자.

$$L_t = L_t(x_{t-1}, x_t) + L_t(x_t) \qquad (3.12)$$

이렇게 분해하면 L_t 항으로 간단하게 재정리된다. 이러한 분해 단계의 핵심 목표는 L_t의 변수가 두 집합으로 분할되는 것이다. 이 2개 중 하나만 변수 x_{t-1}과 관련이 있다. 다른 부분인 $L_t(x_t)$는 x_{t-1}과 무관하다. 결국 변수 x_{t-1}에 대해 $L_t(x_t)$의 변수를 적분 계산에서 제외할 수 있다.

다음 변환식으로 더 자세히 알아보자.

$$
\begin{aligned}
\overline{bel}(x_t) &= \eta \int \exp\{-L_t\} \, dx_{t-1} \qquad (3.13) \\
&= \eta \int \exp\{-L_t(x_{t-1}, x_t) - L_t(x_t)\} \, dx_{t-1} \\
&= \eta \exp\{-L_t(x_t)\} \int \exp\{-L_t(x_{t-1}, x_t)\} \, dx_{t-1}
\end{aligned}
$$

물론 이 조건을 만족하면서 L_t를 2개의 집합으로 분해하는 방법은 여러 가지가 있다. 핵심은 식 (3.13)의 적분 계산 결과가 x_t와 무관하도록 $L_t(x_{t-1},\ x_t)$를 선정해야 한다는 것이다. 만약 이러한 $L_t(x_{t-1},\ x_t)$ 함수를 잘 정의했다면, $L_t(x_{t-1},\ x_t)$의 전체 적분 계산 결과는 간단하게 x_t의 빌리프 분포를 추정하는 문제에 대한 상숫값으로 나타날 것이다. 이 결과는 대체로 정규화 상수 η로 나타나는데, 행렬이 분해된 상태에서 이 상수에 η를 포함시킬 수 있다. 이럴 경우 앞에서 설명한 η와는 실제 값이 약간 차이가 날수 있다. 다음 식을 보자.

$$\overline{bel}(x_t) = \eta \exp\{-L_t(x_t)\} \qquad (3.14)$$

따라서 분해식을 통해 빌리프 식 (3.10)에 포함되어 있던 적분 연산을 제거할 수 있다. 이 결과는 가우시안 형태인 2차 함수상의 정규화된 지수항이다.

이제 행렬 분해를 구체적으로 알아보자. 우리는 함수 $L_t(x_{t-1},\ x_t)$가 x_{t-1}의 2차 방정식인지 알아보려 한다(이 함수에는 x_t 항도 포함되어 있지만, 여기서는 고려하지 않기로 한다). 이 함수의 2차원 항 계수를 얻기 위해 L_t를 1차 미분한 결과와 2차 미분한 결과를 다음과 같이 계산할 수 있다.

$$\frac{\partial L_t}{\partial x_{t-1}} \;=\; -A_t^T \, R_t^{-1} \, (x_t - A_t \, x_{t-1} - B_t \, u_t) + \Sigma_{t-1}^{-1} \, (x_{t-1} - \mu_{t-1}) \quad (3.15)$$

$$\frac{\partial^2 L_t}{\partial x_{t-1}^2} \;=\; A_t^T \, R_t^{-1} \, A_t + \Sigma_{t-1}^{-1} \;=: \; \Psi_t^{-1} \quad\quad\quad\quad (3.16)$$

여기서 함수 $L_t(x_{t-1}, x_t)$의 곡률^{curvature}을 Ψ_t로 정의한다. L_t의 1차 미분 결과를 0이라고 놓으면 식 (3.17)과 같이 평균을 얻을 수 있다.

$$A_t^T \, R_t^{-1} \, (x_t - A_t \, x_{t-1} - B_t \, u_t) \;=\; \Sigma_{t-1}^{-1} \, (x_{t-1} - \mu_{t-1}) \quad\quad (3.17)$$

이 식의 해는 x_{t-1} 항을 통해 구할 수 있다. 다음을 보자.

$$
\begin{aligned}
\Longleftrightarrow \quad & A_t^T \, R_t^{-1} \, (x_t - B_t \, u_t) - A_t^T \, R_t^{-1} \, A_t \, x_{t-1} \;=\; \Sigma_{t-1}^{-1} \, x_{t-1} - \Sigma_{t-1}^{-1} \, \mu_{t-1} \quad (3.18)\\
\Longleftrightarrow \quad & A_t^T \, R_t^{-1} \, A_t \, x_{t-1} + \Sigma_{t-1}^{-1} \, x_{t-1} \;=\; A_t^T \, R_t^{-1} \, (x_t - B_t \, u_t) + \Sigma_{t-1}^{-1} \, \mu_{t-1}\\
\Longleftrightarrow \quad & (A_t^T \, R_t^{-1} \, A_t + \Sigma_{t-1}^{-1}) \, x_{t-1} \;=\; A_t^T \, R_t^{-1} \, (x_t - B_t \, u_t) + \Sigma_{t-1}^{-1} \, \mu_{t-1}\\
\Longleftrightarrow \quad & \Psi_t^{-1} \, x_{t-1} \;=\; A_t^T \, R_t^{-1} \, (x_t - B_t \, u_t) + \Sigma_{t-1}^{-1} \, \mu_{t-1}\\
\Longleftrightarrow \quad & x_{t-1} \;=\; \Psi_t \, [A_t^T \, R_t^{-1} \, (x_t - B_t \, u_t) + \Sigma_{t-1}^{-1} \, \mu_{t-1}]
\end{aligned}
$$

자, 이렇게 해서 2차 함수 $L_t(x_{t-1}, x_t)$를 다음과 같이 유도했다.

$$
\begin{aligned}
L_t(x_{t-1}, x_t) \;=\; & \tfrac{1}{2}(x_{t-1} - \Psi_t \, [A_t^T \, R_t^{-1} \, (x_t - B_t \, u_t) + \Sigma_{t-1}^{-1} \, \mu_{t-1}])^T \, \Psi^{-1} \quad (3.19)\\
& (x_{t-1} - \Psi_t \, [A_t^T \, R_t^{-1} \, (x_t - B_t \, u_t) + \Sigma_{t-1}^{-1} \, \mu_{t-1}])
\end{aligned}
$$

이 외에도 식 (3.12)에서 행렬 분해 조건을 만족하는 2차 함수는 여러 가지가 있을 수 있다. 그러나 $L_t(x_{t-1}, x_t)$ 함수가 정규 분포의 일반적인 확률 밀도 함수 형태를 띠고 있다는 점에서 의미가 있다. 실제 함수를 보면 다음과 같다.

$$\det(2\pi\Psi)^{-\frac{1}{2}} \, \exp\{-L_t(x_{t-1}, x_t)\} \quad\quad\quad\quad (3.20)$$

식 (3.20)은 확률 변수 x_{t-1}의 확률 밀도 함수 형태를 띠고 있다. 여러분도 쉽게 파악했겠지만 이 함수는 식 (3.1)에서 정의한 형태다. 또, 이 확률 밀도 함수의 전체 합이 1이라는 사실도 이미 알고 있다. 따라서 다음과 같은 식이 성립한다.

$$\int \det(2\pi\Psi)^{-\frac{1}{2}} \exp\{-L_t(x_{t-1}, x_t)\} \, dx_{t-1} \quad = \quad 1 \tag{3.21}$$

이를 통해 다음과 같은 식을 유도할 수 있다.

$$\int \exp\{-L_t(x_{t-1}, x_t)\} \, dx_{t-1} \quad = \quad \det(2\pi\Psi)^{\frac{1}{2}} \tag{3.22}$$

여기서 중요한 사실은 적분 계산 결과가 타깃 변수인 x_t와 무관하다는 점이다. 따라서 x_t의 확률 분포를 계산할 때 이 적분 수식은 상수로 취급할 수 있다. 이러한 상수를 정규화 상수 η에 포함시키면, 식 (3.13)은 다음과 같이 다시 정리할 수 있다.

$$\begin{aligned} \overline{bel}(x_t) &= \eta \, \exp\{-L_t(x_t)\} \int \exp\{-L_t(x_{t-1}, x_t)\} \, dx_{t-1} \\ &= \eta \, \exp\{-L_t(x_t)\} \end{aligned} \tag{3.23}$$

이렇게 분해한 결과는 식 (3.14)와도 일관성을 보인다. 다시 한번 강조하지만, 각각의 수식에 있는 정규화 상수 η는 동일한 값이 아님을 기억하기 바란다.

이제 함수 $L_t(x_t)$를 구해보자. 이는 식 (3.11)의 L_t와 식 (3.19)의 $L_t(x_{t-1}, x_t)$의 차이를 계산해서 얻을 수 있다.

$$\begin{aligned} L_t(x_t) &= L_t - L_t(x_{t-1}, x_t) \\ &= \tfrac{1}{2} (x_t - A_t \, x_{t-1} - B_t \, u_t)^T \, R_t^{-1} \, (x_t - A_t \, x_{t-1} - B_t \, u_t) \\ &\quad + \tfrac{1}{2} (x_{t-1} - \mu_{t-1})^T \, \Sigma_{t-1}^{-1} \, (x_{t-1} - \mu_{t-1}) \\ &\quad - \tfrac{1}{2} (x_{t-1} - \Psi_t \, [A_t^T \, R_t^{-1} \, (x_t - B_t \, u_t) + \Sigma_{t-1}^{-1} \, \mu_{t-1}])^T \, \Psi^{-1} \\ &\qquad (x_{t-1} - \Psi_t \, [A_t^T \, R_t^{-1} \, (x_t - B_t \, u_t) + \Sigma_{t-1}^{-1} \, \mu_{t-1}]) \end{aligned} \tag{3.24}$$

함수 $L_t(x_t)$가 x_{t-1}과 무관한지를 확인해보자. 우선 $\Psi_t = (A_t^T \, R_t^{-1} \, A_t + \Sigma_{t-1}^{-1})^{-1}$를 적용한 다음, 이 항들을 전부 곱한다. 여러분이 이해하기 쉽도록 x_{t-1}이 포함된 항들은 밑줄 표시를 했다(x_{t-1}의 2차 항에는 두 줄짜리 밑줄로 표시했다).

$$L_t(x_t) \quad = \quad \underline{\underline{\tfrac{1}{2} \, x_{t-1}^T A_t^T \, R_t^{-1} \, A_t \, x_{t-1}}} - \underline{x_{t-1}^T A_t^T \, R_t^{-1} \, (x_t - B_t \, u_t)} \tag{3.25}$$

$$+\tfrac{1}{2} \, (x_t - B_t \, u_t)^T \, R_t^{-1} \, (x_t - B_t \, u_t)$$

$$+\underline{\underline{\tfrac{1}{2} \, x_{t-1}^T \, \Sigma_{t-1}^{-1} \, x_{t-1}}} - \underline{x_{t-1}^T \, \Sigma_{t-1}^{-1} \, \mu_{t-1}} \; + \tfrac{1}{2} \, \mu_{t-1}^T \, \Sigma_{t-1}^{-1} \, \mu_{t-1}$$

$$\underline{\underline{-\tfrac{1}{2} \, x_{t-1}^T \, (A_t^T \, R_t^{-1} \, A_t + \Sigma_{t-1}^{-1}) \, x_{t-1}}}$$

$$+\underline{x_{t-1}^T \, [A_t^T \, R_t^{-1} \, (x_t - B_t \, u_t) + \Sigma_{t-1}^{-1} \, \mu_{t-1}]}$$

$$-\tfrac{1}{2} \, [A_t^T \, R_t^{-1} \, (x_t - B_t \, u_t) + \Sigma_{t-1}^{-1} \, \mu_{t-1}]^T \, (A_t^T \, R_t^{-1} \, A_t + \Sigma_{t-1}^{-1})^{-1}$$

$$[A_t^T \, R_t^{-1} \, (x_t - B_t \, u_t) + \Sigma_{t-1}^{-1} \, \mu_{t-1}]$$

이렇게 하면 x_{t-1}이 포함된 모든 항을 쉽게 배제할 수 있다. 별로 놀랄 것도 없이 이 결과는 함수 $L_t(x_{t-1}, x_t)$의 전개식과 동일하다.

$$
\begin{aligned}
L_t(x_t) \quad = \quad &+\tfrac{1}{2} \, (x_t - B_t \, u_t)^T \, R_t^{-1} \, (x_t - B_t \, u_t) + \tfrac{1}{2} \, \mu_{t-1}^T \, \Sigma_{t-1}^{-1} \, \mu_{t-1} \qquad (3.26)\\
&-\tfrac{1}{2} \, [A_t^T \, R_t^{-1} \, (x_t - B_t \, u_t) + \Sigma_{t-1}^{-1} \, \mu_{t-1}]^T \, (A_t^T \, R_t^{-1} \, A_t + \Sigma_{t-1}^{-1})^{-1}\\
&[A_t^T \, R_t^{-1} \, (x_t - B_t \, u_t) + \Sigma_{t-1}^{-1} \, \mu_{t-1}]
\end{aligned}
$$

더욱이 $L_t(x_t)$는 x_t의 2차 함수 형태를 띤다. 이 사실은 $\overline{bel}(x_t)$가 정규 분포를 따른다는 것을 의미한다. 이 확률 분포의 평균과 공분산은 $L_t(x_t)$의 최솟값과 곡률을 의미하며, 이는 x_t에 대한 $L_t(x_t)$의 1차 도함수와 2차 도함수를 계산해서 쉽게 얻을 수 있다. 다음을 보자.

$$
\begin{aligned}
\frac{\partial L_t(x_t)}{\partial x_t} \quad = \quad & R_t^{-1} \, (x_t - B_t \, u_t) \; - R_t^{-1} \, A_t \, (A_t^T \, R_t^{-1} \, A_t + \Sigma_{t-1}^{-1})^{-1} \qquad (3.27)\\
& [A_t^T \, R_t^{-1} \, (x_t - B_t \, u_t) + \Sigma_{t-1}^{-1} \, \mu_{t-1}]\\
= \quad & [R_t^{-1} - R_t^{-1} \, A_t \, (A_t^T \, R_t^{-1} \, A_t + \Sigma_{t-1}^{-1})^{-1} A_t^T \, R_t^{-1}] \, (x_t - B_t \, u_t)\\
& - R_t^{-1} \, A_t \, (A_t^T \, R_t^{-1} \, A_t + \Sigma_{t-1}^{-1})^{-1} \, \Sigma_{t-1}^{-1} \, \mu_{t-1}
\end{aligned}
$$

표 3.2에서 설명한 역행렬 정리$^{inversion\ lemma}$를 통해 식 (3.27)의 첫 번째 항을 다음과 같이 정리할 수 있다.

$$R_t^{-1} - R_t^{-1} \, A_t \, (A_t^T \, R_t^{-1} \, A_t + \Sigma_{t-1}^{-1})^{-1} A_t^T \, R_t^{-1} \quad = \quad (R_t + A_t \, \Sigma_{t-1} \, A_t^T)^{-1} \quad (3.28)$$

이를 통해 우리가 원하는 도함수를 다음과 같이 구할 수 있다.

역행렬 정리. 역행렬이 존재하는 2차원 행렬 R과 Q에 대해, 그리고 적절한 차원을 지닌 모든 행렬 P에 대해 다음은 항상 참이다.

$$(R + P\,Q\,P^T)^{-1} \;=\; R^{-1} - R^{-1}\,P\,(Q^{-1} + P^T\,R^{-1}\,P)^{-1}\,P^T\,R^{-1}$$

단, 위의 모든 행렬은 설명한 대로 역행렬이 존재한다.

증명. $\Psi = (Q^{-1} + P^T\,R^{-1}\,P)^{-1}$로 정의한다. 이를 통해 다음을 보일 수 있다.

$$(R^{-1} - R^{-1}\,P\,\Psi\,P^T\,R^{-1})\,(R + P\,Q\,P^T) \;=\; I$$

이는 다음과 같은 일련의 변환 작업을 통해 계산할 수 있다.

$$\begin{aligned}
&= \underbrace{R^{-1}\,R}_{=\,I} + R^{-1}\,P\,Q\,P^T - R^{-1}\,P\,\Psi\,P^T\,\underbrace{R^{-1}\,R}_{=\,I} \\
&\quad - R^{-1}\,P\,\Psi\,P^T\,R^{-1}\,P\,Q\,P^T \\
&= I + R^{-1}\,P\,Q\,P^T - R^{-1}\,P\,\Psi\,P^T - R^{-1}\,P\,\Psi\,P^T\,R^{-1}\,P\,Q\,P^T \\
&= I + R^{-1}\,P\,[Q\,P^T - \Psi\,P^T - \Psi\,P^T\,R^{-1}\,P\,Q\,P^T] \\
&= I + R^{-1}\,P\,[Q\,P^T - \Psi\,\underbrace{Q^{-1}\,Q}_{=\,I}\,P^T - \Psi\,P^T\,R^{-1}\,P\,Q\,P^T] \\
&= I + R^{-1}\,P\,[Q\,P^T - \underbrace{\Psi\,\Psi^{-1}}_{=\,I}\,Q\,P^T] \\
&= I + R^{-1}\,P\,\underbrace{[Q\,P^T - Q\,P^T]}_{=\,0} \;=\; I
\end{aligned}$$

표 3.2 역행렬 정의: 셔먼/모리슨(Sherman/Morrison) 공식이라고도 한다.

$$\begin{aligned}
\frac{\partial L_t(x_t)}{\partial x_t} &= (R_t + A_t\,\Sigma_{t-1}\,A_t^T)^{-1}\,(x_t - B_t\,u_t) \\
&\quad - R_t^{-1}\,A_t\,(A_t^T\,R_t^{-1}\,A_t + \Sigma_{t-1}^{-1})^{-1}\,\Sigma_{t-1}^{-1}\,\mu_{t-1}
\end{aligned} \tag{3.29}$$

$L_t(x_t)$의 최솟값은 1차 도함수가 0이 될 때 구할 수 있다. 다음 식을 보자.

$$\begin{aligned}
&(R_t + A_t\,\Sigma_{t-1}\,A_t^T)^{-1}\,(x_t - B_t\,u_t) \\
&= R_t^{-1}\,A_t\,(A_t^T\,R_t^{-1}\,A_t + \Sigma_{t-1}^{-1})^{-1}\,\Sigma_{t-1}^{-1}\,\mu_{t-1}
\end{aligned} \tag{3.30}$$

타깃 변수 x_t에 대해 이 식의 해를 구하면 다음과 같이 놀라운 결과를 얻을 수 있다.

$$
\begin{aligned}
x_t &= B_t\,u_t + \underbrace{(R_t + A_t\,\Sigma_{t-1}\,A_t^T)R_t^{-1}\,A_t}_{A_t + A_t\,\Sigma_{t-1}\,A_t^T R_t^{-1}\,A_t}\ \underbrace{(A_t^T\,R_t^{-1}\,A_t + \Sigma_{t-1}^{-1})^{-1}\,\Sigma_{t-1}^{-1}}_{(\Sigma_{t-1}A_t^T\,R_t^{-1}\,A_t + I)^{-1}}\,\mu_{t-1} \\
&= B_t\,u_t + A_t\ \underbrace{(I + \Sigma_{t-1}\,A_t^T R_t^{-1}\,A_t)\,(\Sigma_{t-1}A_t^T\,R_t^{-1}\,A_t + I)^{-1}}_{=\,I}\,\mu_{t-1} \\
&= B_t\,u_t + A_t\,\mu_{t-1} \tag{3.31}
\end{aligned}
$$

결국 모션 명령 u_t를 반영했을 때 빌리프 $\overline{bel}(x_t)$의 평균은 $B_t\,u_t + A_t\,\mu_{t-1}$이 된다. 이는 표 3.1에서 설명한 칼만 필터 알고리즘의 2행과도 일관성을 유지한다.

3행은 $L_t(x_t)$의 2차 도함수를 계산해서 구할 수 있다.

$$
\frac{\partial^2 L_t(x_t)}{\partial x_t^2} = (A_t\,\Sigma_{t-1}\,A_t^T + R_t)^{-1} \tag{3.32}
$$

이 식은 2차 함수 $L_t(x_t)$의 곡률을 나타내며, 이 값의 역행렬을 계산하면 빌리프 $\overline{bel}(x_t)$의 공분산에 해당한다.

정리하면, 칼만 필터 알고리즘의 2행과 3행의 예측 단계가 실제로 베이즈 필터 예측 단계를 구현한 것임을 알 수 있었다. 이를 위해, 우선 빌리프 $\overline{bel}(x_t)$의 지수 항을 $L_t(x_{t-1}, x_t)$와 $L_t(x_t)$의 두 함수로 분해했다. 그런 다음 $L_t(x_{t-1}, x_t)$가 정규화 상수 η에 포함될 수 있는 상수 인자를 통해서만 예측된 빌리프 $\overline{bel}(x_t)$ 값을 변경할 수 있다는 사실도 확인했다. 마지막으로는 함수 $L_t(x_t)$를 결정하고, 이것이 칼만 필터 예측 $\overline{bel}(x_t)$의 평균 $\bar{\mu}_t$와 공분산 $\bar{\Sigma}_t$로 이어진다는 결과를 얻었다.

파트 2: 측정 업데이트

이제 표 3.1의 칼만 필터 알고리즘 4, 5, 6행에 있는 측정 업데이트 연산을 수학적으로 유도해보자. 우선, 측정값을 반영하는 일반 베이즈 필터 메커니즘부터 시작한다. 식 (2.38)을 다시 써보면 다음과 같다.

$$
bel(x_t) = \eta\ \underbrace{p(z_t \mid x_t)}_{\sim\mathcal{N}(z_t;\,C_t x_t,\,Q_t)}\ \underbrace{\overline{bel}(x_t)}_{\sim\mathcal{N}(x_t;\,\bar{\mu}_t,\,\bar{\Sigma}_t)} \tag{3.33}
$$

$\overline{bel}(x_t)$의 평균은 μ_t, 공분산은 Σ_t이다. 식 (3.6)에서 정의한 측정 확률 $p(z_t \mid x_t)$ 역

시 평균 $C_t x_t$, 공분산 Q_t의 정규 분포를 따른다. 따라서 지수 항은 다음과 같이 쓸 수 있다.

$$bel(x_t) \;=\; \eta \, \exp\{-J_t\} \tag{3.34}$$

여기서

$$J_t \;=\; \tfrac{1}{2}\,(z_t - C_t x_t)^T\, Q_t^{-1}\,(z_t - C_t x_t) + \tfrac{1}{2}\,(x_t - \bar{\mu}_t)^T\, \bar{\Sigma}_t^{-1}\,(x_t - \bar{\mu}_t) \tag{3.35}$$

이 함수는 x_t에 대한 2차 함수다. 따라서 $bel(x_t)$는 가우시안 함수다. $bel(x_t)$의 파라미터를 계산하기 위해 x_t에 대한 J_t의 1차 도함수와 2차 도함수를 다시 계산해보자.

$$\frac{\partial J}{\partial x_t} \;=\; -C_t^T\, Q_t^{-1}\,(z_t - C_t x_t) + \bar{\Sigma}_t^{-1}\,(x_t - \bar{\mu}_t) \tag{3.36}$$

$$\frac{\partial^2 J}{\partial x_t^2} \;=\; C_t^T\, Q_t^{-1}\, C_t + \bar{\Sigma}_t^{-1} \tag{3.37}$$

두 번째 항은 $bel(x_t)$의 공분산에 대한 역행렬과 같다.

$$\Sigma_t \;=\; (C_t^T\, Q_t^{-1}\, C_t + \bar{\Sigma}_t^{-1})^{-1} \tag{3.38}$$

$bel(x_t)$의 평균은 2차 함수의 최솟값에 해당되는데, 이는 J_t의 1차 도함수를 0으로 놓고 x_t를 μ_t로 변경한 다음 이에 대한 해를 구하면 된다.

$$C_t^T\, Q_t^{-1}\,(z_t - C_t \mu_t) \;=\; \bar{\Sigma}_t^{-1}\,(\mu_t - \bar{\mu}_t) \tag{3.39}$$

등식의 좌변 항은 다음과 같이 변환할 수 있다.

$$
\begin{aligned}
& C_t^T\, Q_t^{-1}\,(z_t - C_t \mu_t) \\
&= \; C_t^T\, Q_t^{-1}\,(z_t - C_t\,\mu_t + C_t\,\bar{\mu}_t - C_t\,\bar{\mu}_t) \\
&= \; C_t^T\, Q_t^{-1}\,(z_t - C_t\bar{\mu}_t) - C_t^T\, Q_t^{-1}\, C_t\,(\mu_t - \bar{\mu}_t)
\end{aligned}
\tag{3.40}
$$

다시 식 (3.39)에 식 (3.40)의 결과를 반영해보자.

$$C_t^T \, Q_t^{-1} \, (z_t - C_t \bar{\mu}_t) \;\; = \;\; \underbrace{(C_t^T \, Q_t^{-1} \, C_t + \bar{\Sigma}_t^{-1})}_{= \, \Sigma_t^{-1}} (\mu_t - \bar{\mu}_t) \tag{3.41}$$

이상의 결과들을 통해 다음을 얻을 수 있다.

$$\Sigma_t \, C_t^T \, Q_t^{-1} \, (z_t - C_t \, \bar{\mu}_t) \;\; = \;\; \mu_t - \bar{\mu}_t \tag{3.42}$$

이제 칼만 이득을 다음과 같이 정의해보자.

$$K_t \;\; = \;\; \Sigma_t \, C_t^T \, Q_t^{-1} \tag{3.43}$$

그러면 다음과 같은 결과를 얻을 수 있다.

$$\mu_t \;\; = \;\; \bar{\mu}_t + K_t \, (z_t - C_t \, \bar{\mu}_t) \tag{3.44}$$

여기서 앞의 결과가 표 3.1에 있는 칼만 필터 알고리즘의 5행과 일치함을 알 수 있다.

식 (3.43)에서 정의한 칼만 이득은 Σ_t 함수다. 알고리즘의 6행에서 Σ_t를 계산하기 위해 K_t를 활용하는 것이 약간 의외일 수는 있다. 그렇지만 일단 K_t를 Σ_t와는 다른 공분산 항으로 어떻게 표현하는지 알아보기로 한다. 다시 식 (3.43)의 K_t 정의를 가지고 시작해보자.

$$
\begin{aligned}
K_t \;\; &= \;\; \Sigma_t \, C_t^T \, Q_t^{-1} \tag{3.45} \\
&= \;\; \Sigma_t \, C_t^T \, Q_t^{-1} \underbrace{(C_t \, \bar{\Sigma}_t \, C_t^T + Q_t)(C_t \, \bar{\Sigma}_t \, C_t^T + Q_t)^{-1}}_{= \, I} \\
&= \;\; \Sigma_t \, (C_t^T \, Q_t^{-1} \, C_t \, \bar{\Sigma}_t \, C_t^T + C_t^T \, \underbrace{Q_t^{-1} \, Q_t}_{= \, I}) \, (C_t \, \bar{\Sigma}_t \, C_t^T + Q_t)^{-1} \\
&= \;\; \Sigma_t \, (C_t^T \, Q_t^{-1} \, C_t \, \bar{\Sigma}_t \, C_t^T + C_t^T) \, (C_t \, \bar{\Sigma}_t \, C_t^T + Q_t)^{-1} \\
&= \;\; \Sigma_t \, (C_t^T \, Q_t^{-1} \, C_t \, \bar{\Sigma}_t \, C_t^T + \underbrace{\bar{\Sigma}_t^{-1} \, \bar{\Sigma}_t}_{= \, I} \, C_t^T) \, (C_t \, \bar{\Sigma}_t \, C_t^T + Q_t)^{-1} \\
&= \;\; \Sigma_t \, \underbrace{(C_t^T \, Q_t^{-1} \, C_t + \bar{\Sigma}_t^{-1})}_{= \, \Sigma_t^{-1}} \, \bar{\Sigma}_t \, C_t^T \, (C_t \, \bar{\Sigma}_t \, C_t^T + Q_t)^{-1} \\
&= \;\; \underbrace{\Sigma_t \, \Sigma_t^{-1}}_{= \, I} \, \bar{\Sigma}_t \, C_t^T \, (C_t \, \bar{\Sigma}_t \, C_t^T + Q_t)^{-1} \\
&= \;\; \bar{\Sigma}_t \, C_t^T \, (C_t \, \bar{\Sigma}_t \, C_t^T + Q_t)^{-1}
\end{aligned}
$$

이 식은 칼만 필터 알고리즘의 4행과 일치함을 알 수 있다.

알고리즘의 6행은 칼만 이득 K_t를 가지고 공분산을 표현해 증명할 수 있다. 여기서 표 3.2에서 설명한 역행렬 정리를 다시 한번 이용해 변환 작업을 한다. 식 (3.38)의 수식을 이용해 다시 써보면 다음과 같다.

$$(\bar{\Sigma}_t^{-1} + C_t^T Q_t^{-1} C_t)^{-1} \;=\; \bar{\Sigma}_t - \bar{\Sigma}_t C_t^T (Q_t + C_t \bar{\Sigma}_t C_t^T)^{-1} C_t \bar{\Sigma}_t \qquad (3.46)$$

이렇게 하면 공분산에 대해 다음과 같이 기술할 수 있다.

$$
\begin{aligned}
\Sigma_t &= (C_t^T Q_t^{-1} C_t + \bar{\Sigma}_t^{-1})^{-1} \\
&= \bar{\Sigma}_t - \bar{\Sigma}_t C_t^T (Q_t + C_t \bar{\Sigma}_t C_t^T)^{-1} C_t \bar{\Sigma}_t \\
&= [I - \underbrace{\bar{\Sigma}_t C_t^T (Q_t + C_t \bar{\Sigma}_t C_t^T)^{-1}}_{= K_t,\ \text{식 (3.45) 참조}} C_t] \bar{\Sigma}_t \\
&= (I - K_t C_t) \bar{\Sigma}_t
\end{aligned}
\qquad (3.47)
$$

위의 결과를 통해 칼만 필터 알고리즘 6행의 일관성도 확인했다. 이렇게 해서 알고리즘의 일관성에 대한 증명을 완료했다.

3.3 확장형 칼만 필터

3.3.1 선형화 작업의 필요성

칼만 필터의 정확성에 결정적인 요소로 다음 두 가지 가정이 있다. (1) 관찰값이 스테이트의 선형 함수다. (2) 다음 스테이트가 이전 스테이트의 선형 함수다. 모든 가우시안 확률 변수가 다른 가우시안 확률 변수로 선형 변환이 가능하다는 점은 칼만 필터 알고리즘의 도함수 유도에 있어 매우 중요한 속성이다. 즉, 변환 결과로 얻어지는 가우시안 함수의 파라미터가 닫힌 형태로 계산될 수 있다는 사실 때문에 칼만 필터가 효율적이라고 얘기할 수 있다.

3장을 포함한 몇 장에 걸쳐서, 1차원 가우시안 확률 변수의 변환 기법을 사용해 다양한 확률 밀도 함수를 어떻게 표현하는지 자세히 설명한다. 그림 3.2(a)는 그러한 확

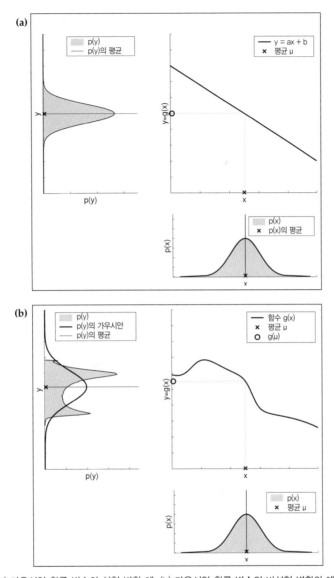

그림 3.2 (a) 가우시안 확률 변수의 선형 변환 예, (b) 가우시안 확률 변수의 비선형 변환의 예. 오른쪽 아래 그래프는 원본 확률 변수 X의 밀도를 나타난다. 이 확률 변수는 오른쪽 위 그래프에 나타난 함수를 통해 변환된다(평균의 변환 결과는 점선으로 표시되어 있다). 결과 확률 변수 Y의 밀도는 왼쪽 위 그래프를 통해 확인할 수 있다.

률 변수의 선형 변환 결과를 보여주고 있다. 그림 3.2(a)의 오른쪽 아래 그래프는 확률 변수 $X \sim \mathcal{N}(x; \mu, \sigma^2)$의 확률 밀도를 보여준다. 오른쪽 상단 그래프에 표시된 것처럼 X가 선형 함수 $y = ax + b$를 통과한다고 가정해보자. 결과 확률 변수 Y는 평균 $a\mu + b$와 분산 $a^2\sigma^2$을 갖는 가우시안 분포를 따른다. 이 가우시안 함수는 그림 3.2(a)의 왼쪽 위 그래프에서 회색 영역으로 표시되어 있다. 이 예제를 통해 $X = x_{t-1}$ 및 $Y = x_t$이지만 추가 노이즈 변수가 없는 칼만 필터의 다음 스테이트 업데이트와 밀접하게 관련되어 있음을 알 수 있다. 이와 관련해서 식 (3.2)도 참조하기 바란다.

안타깝게도 스테이트 전이와 측정은 실제로는 대체로 비선형적이다. 예를 들어, 일정한 평행 이동 속도(병진 속도) 및 회전 속도로 움직이는 로봇의 경우 일반적으로 선형 스테이트 전이로는 설명할 수 없는 원형 궤도를 따라 움직인다. 이러한 점은 유니모달 빌리프의 가정에 따라 앞에서 설명한 일반적인 칼만 필터를 렌더링하지만, 대부분의 사소한 로보틱스 문제에는 적용할 수 없다.

확장형 칼만 필터^{extended Kalman filter}, 즉 EKF는 선형 가정^{linearity assumption}을 완화해서 적용한다. 여기서 스테이트 전이 확률과 측정 확률은 각각 비선형 함수 g와 h에 의해 결정된다는 가정이 있다.

$$
\begin{aligned}
x_t &= g(u_t, x_{t-1}) + \varepsilon_t & (3.48) \\
z_t &= h(x_t) + \delta_t & (3.49)
\end{aligned}
$$

이 모델은 식 (3.2)와 식 (3.5)에서 가정한 칼만 필터의 기본이 되는 선형 가우시안 모델의 조건을 엄격하게 준수하고 있다. 함수 g는 식 (3.2)의 행렬 A_t 및 B_t를 대체한다. 또 h는 식 (3.5)의 행렬 C_t를 대체한다. 만약 임의의 함수 g와 h를 사용하면, 더 이상 가우시안 함수라고 할 수 없다. 실제로 빌리프 업데이트를 정확하게 수행하는 것은 비선형 함수 g와 h에서는 대체로 불가능하며, 베이즈 필터에는 닫힌 형식의 답을 얻을 수 없다.

그림 3.2(b)는 가우시안 확률 변수에 대한 비선형 변환의 결과를 보여준다. 오른쪽 하단 그래프와 오른쪽 상단 그래프는 각각 확률 변수 X와 비선형 함수 g를 보여주고 있다. 변형된 확률 변수 $Y = g(X)$의 밀도는 그림 3.2(b)의 왼쪽 위 그래프에서 회색

영역으로 표시되어 있다. 이 밀도는 닫힌 형태로 계산할 수 없기 때문에 $p(x)$에 따라 50만 개의 샘플을 생성해서 함수 g를 통과시킨 다음 g의 범위에서 히스토그램을 작성해 추정했다. 보다시피, Y는 가우시안 함수가 아니다. g의 비선형성이 X의 밀도를 왜곡했고 그 결과로 가우시안 분포의 모양이 망가졌기 때문이다.

확장형 칼만 필터[EKF]는 실제 빌리프에 대한 가우시안 근사화 해를 계산한다. 그림 3.2(b)의 왼쪽 상단 그래프에서 점선으로 표시된 곡선은 확률 변수 Y의 밀도에 대한 가우시안 근사화 해를 보여준다. 따라서 EKF는 시간 t에서 평균 μ_t와 공분산 Σ_t에 의한 빌리프 $bel(x_t)$를 나타낸다. 따라서 EKF는 칼만 필터에서 기본 빌리프 표현을 따르지만, 이 빌리프는 칼만 필터의 경우와 비교했을 때 거의 같지 않은 근삿값이라는 점에서 차이가 있다. 따라서 EKF의 목표는 정확한 사후확률을 계산할 때 그 평균과 공분산을 효율적으로 추정하는 쪽으로 생각할 필요가 있다. 그러나 이러한 통계치는 닫힌 형식으로 계산할 수 없기 때문에 EKF는 추가 근사화 기법을 사용해야 한다.

3.3.2 테일러 전개를 통한 선형화

EKF 근사의 기본 아이디어는 선형화[linearization]다. 이에 관한 기본 개념을 그림 3.3에서 보여준다. 선형화는 비선형 함수 g를 가우시안의 평균에서 g에 접하는 선형 함수로 근사화한다(오른쪽 위 그래프의 점선). 이 선형 근사화를 통해 가우시안 함수를 투영[projection]하면 왼쪽 상단 그래프에서 곡선으로 표시된 가우시안 밀도가 된다. 왼쪽 위 그래프의 실선은 몬테카를로[Monte-Carlo] 근사화의 평균과 공분산을 나타낸다. 이 두 가우시안 함수에서 나타난 차이는 g의 선형 근사화로 인한 오차를 의미한다.

선형화의 주요 이점은 효율성에 있다. 가우시안 함수의 몬테카를로 추정은 비선형 함수 g를 통해 50만 개의 포인트를 전달한 후 평균 및 공분산을 계산해 얻은 것이다. 반면 EKF를 적용한 선형화의 경우 결과 가우시안[Gaussian] 분포의 닫힌 형태 계산 작업 후 선형 근사치를 결정하기만 하면 된다. 사실 g가 선형화되면 EKF의 빌리프 전파 메커니즘은 칼만 필터의 메커니즘과 동일하다.

또한 측정 함수 h가 포함될 때 가우시안 함수의 곱셈 연산에 이 기술이 적용된다.

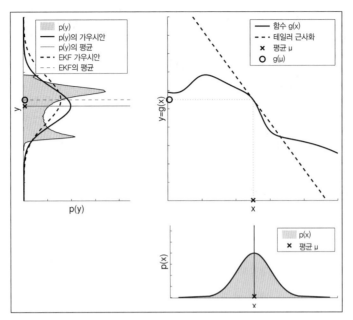

그림 3.3 EKF가 적용된 선형화 결과. 비선형 함수 g를 가우시안에 전달하는 대신 g의 선형 근삿값을 전달한다. 선형 함수는 원래 가우시안의 평균에서 g에 접한다. 결과 가우시안은 왼쪽 상단 그래프에서 점선으로 표시되어 있다. 선형화된 가우시안 함수(점선으로 표시)와 매우 정확한 몬테카를로 추정(실선으로 표시)으로부터 계산된 가우시안 함수가 일치하지 않는다고 나타난 것처럼, 선형화는 근사화 오차를 유발한다.

다시 말하면 EKF는 h에 대한 접선 함수에 의해 h를 근사하고, 따라서 사후 빌리프의 가우시안 특성은 유지된다.

비선형 함수의 선형화를 위한 많은 기술이 있다. EKF는 (1차) 테일러 전개^{Taylor} ^{expansion}라는 방법을 사용한다. 테일러 전개는 g의 도함수 계산 결과와 기울기를 바탕으로 함수 g에 대한 선형 근삿값을 생성한다. 기울기는 다음과 같은 편미분을 통해 구한다.

$$g'(u_t, x_{t-1}) \quad := \quad \frac{\partial g(u_t, x_{t-1})}{\partial x_{t-1}} \tag{3.50}$$

g의 값과 기울기는 g의 입력 인자에 따라 달라짐을 확실히 알 수 있다. 입력 인자를 선택하는 합리적인 방안은 선형화를 할 때에 가장 가능성이 있다고 판단되는 스테이트를 선택하는 것이다. 가우시안의 경우 가장 가능성 있는 스테이트는 사후확률 μ_{t-1}

의 평균이다. 즉, g는 μ_{t-1}(및 u_t)에서의 값으로 근사되며, 선형 외삽 연산^{extrapolation}은 μ_{t-1} 및 μ_t에서 g의 그레이디언트^{gradient}에 비례하는 항에 의해 구할 수 있다.

$$g(u_t, x_{t-1}) \approx g(u_t, \mu_{t-1}) + \underbrace{g'(u_t, \mu_{t-1})}_{=:\, G_t} (x_{t-1} - \mu_{t-1}) \qquad (3.51)$$
$$= g(u_t, \mu_{t-1}) + G_t (x_{t-1} - \mu_{t-1})$$

가우시안 조건에 맞춰 정리된 스테이트 전이 확률은 다음과 같이 계산할 수 있다.

$$p(x_t \mid u_t, x_{t-1}) \qquad\qquad\qquad\qquad\qquad\qquad (3.52)$$
$$\approx \det{(2\pi R_t)}^{-\frac{1}{2}} \exp\left\{ -\tfrac{1}{2} [x_t - g(u_t, \mu_{t-1}) - G_t (x_{t-1} - \mu_{t-1})]^T \right.$$
$$\left. R_t^{-1} [x_t - g(u_t, \mu_{t-1}) - G_t (x_{t-1} - \mu_{t-1})] \right\}$$

G_t는 크기 $n \times n$의 행렬이고, 여기서 n은 스테이트의 차원을 나타낸다. 이 행렬을 보통 **자코비안 행렬**^{Jacobian matrix}이라고 한다. 자코비안 행렬의 값은 u_t과 μ_{t-1}에 관련되어 있어서, 시간의 변화에 따라 달라진다.

EKF는 측정 함수 h에 대해 동일한 선형화를 구현한다. 여기서 테일러 급수는 μ_t에서 전개되며, 스테이트는 h를 선형화했을 때 로봇에서 가장 가능성이 높다고 간주한다. 이를 수학적으로 표현하면 다음과 같다.

$$h(x_t) \approx h(\bar{\mu}_t) + \underbrace{h'(\bar{\mu}_t)}_{=:\, H_t} (x_t - \bar{\mu}_t) \qquad (3.53)$$
$$= h(\bar{\mu}_t) + H_t (x_t - \bar{\mu}_t)$$

여기서 $h'(x_t) = \frac{\partial h(x_t)}{\partial x_t}$이다. 가우시안 함수 형태로 기술되어 있으므로, 다음과 같은 결과를 얻을 수 있다.

$$p(z_t \mid x_t) = \det{(2\pi Q_t)}^{-\frac{1}{2}} \exp\left\{ -\tfrac{1}{2} [z_t - h(\bar{\mu}_t) - H_t (x_t - \bar{\mu}_t)]^T \right. \qquad (3.54)$$
$$\left. Q_t^{-1} [z_t - h(\bar{\mu}_t) - H_t (x_t - \bar{\mu}_t)] \right\}$$

3.3.3 EKF 알고리즘

표 3.3은 EKF 알고리즘의 의사코드를 보여준다. 이 알고리즘은 표 3.1에서 설명한 칼

```
1:      Algorithm Extended_Kalman_filter($\mu_{t-1}, \Sigma_{t-1}, u_t, z_t$):
2:          $\bar{\mu}_t = g(u_t, \mu_{t-1})$
3:          $\bar{\Sigma}_t = G_t \, \Sigma_{t-1} \, G_t^T + R_t$
4:          $K_t = \bar{\Sigma}_t \, H_t^T (H_t \, \bar{\Sigma}_t \, H_t^T + Q_t)^{-1}$
5:          $\mu_t = \bar{\mu}_t + K_t(z_t - h(\bar{\mu}_t))$
6:          $\Sigma_t = (I - K_t \, H_t) \, \bar{\Sigma}_t$
7:      return $\mu_t, \Sigma_t$
```

표 3.3 확장형 칼만 필터(EKF) 알고리즘

만 필터 알고리즘과 많은 부분에서 유사하다. 가장 중요한 차이점을 다음 표에 정리했다.

	칼만 필터	EKF
스테이트 예측(2행)	$A_t \, \mu_{t-1} + B_t \, u_t$	$g(u_t, \mu_{t-1})$
측정값 예측(5행)	$C_t \, \bar{\mu}_t$	$h(\bar{\mu}_t)$

즉, 칼만 필터의 선형 예측을 EKF의 비선형 일반화로 대체한다는 뜻이다. 또한 EKF는 칼만 필터의 선형 시스템 행렬인 A_t, B_t, C_t 대신 자코비안 행렬인 G_t와 H_t를 사용한다. 자코비안 행렬 G_t는 행렬 A_t, B_t와 관련이 있고, 자코비안 행렬 H_t는 행렬 C_t와 관련이 있다. EKF의 자세한 예는 7장에서 소개한다.

3.3.4 EKF의 수학적 유도

EKF의 수학적 유도 과정은 3.2.4절에서 살펴본 칼만 필터의 수학적 유도 과정과 비슷하다. 따라서 여기서는 개념만 간략하게 소개한다. 예측값은 다음과 같이 계산할 수 있다(식 (3.8) 참고).

$$\overline{bel}(x_t) \;=\; \int \;\; \underbrace{p(x_t \mid x_{t-1}, u_t)}_{\sim \mathcal{N}(x_t;\, g(u_t, \mu_{t-1}) + G_t(x_{t-1} - \mu_{t-1}),\, R_t)} \;\; \underbrace{bel(x_{t-1})}_{\sim \mathcal{N}(x_{t-1};\, \mu_{t-1}, \Sigma_{t-1})} \;\; dx_{t-1} \quad (3.55)$$

이 확률 분포는 식 (3.8)에서 설명한 칼만 필터 알고리즘의 예측 분포에 대한 EKF 버전이라고 할 수 있다. 가우시안 함수 $p(x_t \mid x_{t-1}, u_t)$는 식 (3.52)에서 확인할 수 있다. 함수 L_t는 다음과 같다(식 (3.11) 참고).

$$
\begin{aligned}
L_t \;=\; & \tfrac{1}{2}\,(x_t - g(u_t, \mu_{t-1}) - G_t(x_{t-1} - \mu_{t-1}))^T \\
& R_t^{-1}\,(x_t - g(u_t, \mu_{t-1}) - G_t(x_{t-1} - \mu_{t-1})) \\
& + \tfrac{1}{2}\,(x_{t-1} - \mu_{t-1})^T \, \Sigma_{t-1}^{-1} \,(x_{t-1} - \mu_{t-1})
\end{aligned}
\tag{3.56}
$$

여기서 x_{t-1}과 x_t 항 모두 2차 함수다. 식 (3.12)와 같이, L_t를 $L_t(x_{t-1}, x_t)$와 $L_t(x_t)$로 분해한다.

$$
\begin{aligned}
& L_t(x_{t-1}, x_t) \\
& = \; \tfrac{1}{2}\,(x_{t-1} - \Phi_t\,[G_t^T\,R_t^{-1}\,(x_t - g(u_t, \mu_{t-1}) + G_t\mu_{t-1}) + \Sigma_{t-1}^{-1}\mu_{t-1}])^T \; \Phi^{-1} \\
& \quad (x_{t-1} - \Phi_t\,[G_t^T\,R_t^{-1}\,(x_t - g(u_t, \mu_{t-1}) + G_t\mu_{t-1}) + \Sigma_{t-1}^{-1}\mu_{t-1}])
\end{aligned}
\tag{3.57}
$$

여기서

$$
\Phi_t \;=\; (G_t^T\,R_t^{-1}\,G_t + \Sigma_{t-1}^{-1})^{-1}
\tag{3.58}
$$

따라서

$$
\begin{aligned}
L_t(x_t) \;=\; & \tfrac{1}{2}\,(x_t - g(u_t, \mu_{t-1}) + G_t\mu_{t-1})^T\,R_t^{-1}\,(x_t - g(u_t, \mu_{t-1}) + G_t\mu_{t-1}) \\
& + \tfrac{1}{2}\,(x_{t-1} - \mu_{t-1})^T\,\Sigma_{t-1}^{-1}\,(x_{t-1} - \mu_{t-1}) \\
& - \tfrac{1}{2}\,[G_t^T\,R_t^{-1}\,(x_t - g(u_t, \mu_{t-1}) + G_t\mu_{t-1}) + \Sigma_{t-1}^{-1}\mu_{t-1}]^T \\
& \quad \Phi_t\,[G_t^T\,R_t^{-1}\,(x_t - g(u_t, \mu_{t-1}) + G_t\mu_{t-1}) + \Sigma_{t-1}^{-1}\mu_{t-1}]
\end{aligned}
\tag{3.59}
$$

여러분도 쉽게 이해했겠지만, $L_t(x_t)$의 1차 도함수를 0으로 놓고 이를 통해 업데이트 평균 $\mu_t = g(u_t, \mu_{t-1})$을 구할 수 있다. 이는 식 (3.27)부터 식 (3.31)에서 본 과정과 비슷하다. 2차 도함수를 통해 $(R_t + G_t\,\Sigma_{t-1}\,G_t^T)^{-1}$를 구할 수 있다(식 (3.32) 참조).

측정 업데이트 역시 3.2.4절의 칼만 필터 유도 과정과 비슷하다. 식 (3.33)과 마찬가지로 다음과 같은 EKF를 얻는다.

$$bel(x_t) \;=\; \eta \quad \underbrace{p(z_t \mid x_t)}_{\sim \mathcal{N}(z_t; h(\bar{\mu}_t) + H_t \, (x_t - \bar{\mu}_t), Q_t)} \quad \underbrace{\overline{bel}(x_t)}_{\sim \mathcal{N}(x_t; \bar{\mu}_t, \bar{\Sigma}_t)} \qquad (3.60)$$

이 결과에서는 식 (3.53)의 선형화한 스테이트 전이 함수를 사용했다. 이를 통해 다음과 같은 식을 얻을 수 있다(식 (3.35) 참조).

$$
\begin{aligned}
J_t \;=\;& \tfrac{1}{2}\,(z_t - h(\bar{\mu}_t) - H_t\,(x_t - \bar{\mu}_t))^T \, Q_t^{-1} \, (z_t - h(\bar{\mu}_t) - H_t\,(x_t - \bar{\mu}_t)) \qquad (3.61)\\
&+ \tfrac{1}{2}(x_t - \bar{\mu}_t)^T \bar{\Sigma}_t^{-1}(x_t - \bar{\mu}_t)
\end{aligned}
$$

여기서 평균과 공분산은 다음과 같이 구할 수 있다.

$$\mu_t \;=\; \bar{\mu}_t + K_t(z_t - h(\bar{\mu}_t)) \qquad (3.62)$$

$$\Sigma_t \;=\; (I - K_t \, H_t)\, \bar{\Sigma}_t \qquad (3.63)$$

여기서 칼만 필터 이득은 다음과 같다.

$$K_t \;=\; \bar{\Sigma}_t \, H_t^T \, (H_t \, \bar{\Sigma}_{t-1} \, H_t^T + Q_t)^{-1} \qquad (3.64)$$

이 식의 유도 과정은 식 (3.36)부터 식 (3.47)까지의 과정과 비슷하다.

3.3.5 실제 활용 시 고려사항

EKF는 로보틱스에서 스테이트 추정 작업에 가장 많이 사용되는 툴이다. 아마도 간결함과 계산 성능의 효율성 때문이 아닐까 한다. 칼만 필터의 경우와 마찬가지로, 각 업데이트에는 $O(k^{2.4} + n^2)$의 시간이 필요하다. 여기서 k는 측정 벡터 z_t의 차원이고, n은 스테이트 벡터 x_t의 차원이다. 뒤에서 설명할 입자 필터 같은 알고리즘은 n의 지수exponent만큼 계산 시간이 필요할 수 있다.

EKF는 다변량 가우시안 분포를 이용해 빌리프를 표현하기 때문에 계산상의 효율성을 지니고 있다. 가우시안 함수는 유니모달 분포를 따르며, 이는 불확정성 타원 곡선을 이용해 얻은 한 가지 추측 결과라고 볼 수도 있다. 여러 가지 문제에서 가우시안 함수는 노이즈에 강한 추정 결과를 보여준다. 칼만 필터를 1,000차원 이상의 스테이트 공간에 적용하는 방법은 이 책의 뒷부분에서 다룰 예정이다. EKF는 내재되어 있는 가정을 위반하는 여러 가지 스테이트 추정 문제에서 성공적인 결과를 보였다.

선형 테일러 전개를 사용해 스테이트 전이와 측정의 근삿값을 구한다는 사실에서 EKF의 중요한 한계가 나타난다. 대부분의 로보틱스 문제에서 스테이트 전이와 측정은 비선형 함수다. EKF에 의해 적용되는 선형 근사화의 장점은 (1) 불확실성의 정도와 (2) 근사화되는 함수의 로컬 비선형성의 정도라는 두 가지 주요 인자에 달려 있다. 그림 3.4에서 불확실성 정도에 따른 변화를 자세히 알아보자. 우선 2개의 가우시안 확률 변수는 비선형 함수의 모습이 동일하다(그림 3.3 참조). 두 가우시안이 동일한 평균값을 갖지만, 그림 3.4(b)의 확률 변수에 비해 그림 3.4(a)의 확률 변수가 더 높은 불확실도를 보인다. 테일러 전개는 오직 평균값에 따라 달라지므로, 두 가우시안 모두 동일한 선형 근사치를 보인다. 그림 각각의 왼쪽 상단 그래프 회색 영역은 몬테카를로 추정에 의한 결과 확률 변수의 밀도를 나타낸다. 분포도가 더 넓은 가우시안에서 나온 밀도와 비교했을 때, 분포도가 좁고 불확실도가 낮은 가우시안을 통해 얻은 밀도보다 왜곡 정도가 훨씬 더 크다. 이들 확률 변수 밀도의 가우시안 근삿값은 그림에 실선으로 표시되어 있다. 점선 그래프는 선형화에 의해 추정된 가우시안 분포를 보여준다. 몬테카를로 근사법으로 인한 가우시안과 비교해보면 높은 불확실성으로 인해 일반적으로 결과 확률 변수의 평균과 공분산에 대한 예측이 덜 정확하다는 사실을 알 수 있다.

선형 가우시안 근사화 품질에 대한 두 번째 요소는 그림 3.5에 나와 있는 것처럼 함수 g의 로컬 비선형성이다. 그림에서 2개의 가우시안 함수 모두 동일한 분산값을 가지며 동일한 비선형 함수의 모습을 보인다. 그림 3.5(a)에서 가우시안의 평균은 그림 3.5(b)보다 함수 g의 비선형 영역에 놓여 있다. 가우시안 함수(왼쪽 위 그래프에서 실선으로 표시)와 선형 근사화(점선으로 표시)의 정확한 몬테카를로 추정값이 일치하지 않으므로, 비선형성이 높을수록 근사화 오차는 더 커질 수 있음을 알 수 있다. 확실히 EKF 가우시안은 결과 밀도 함수의 분포 범위가 작다.

간혹 여러 가지 가설을 다뤘으면 하는 경우도 있을 수 있다. 예를 들어, 로봇이 어디에 있는지에 대해 두 가지 뚜렷한 가설을 세워볼 수 있지만 이러한 가설의 산술 평균은 별로 쓸 만하지는 않을 것 같다. 이러한 경우 사후 빌리프에 대한 멀티모달 표현

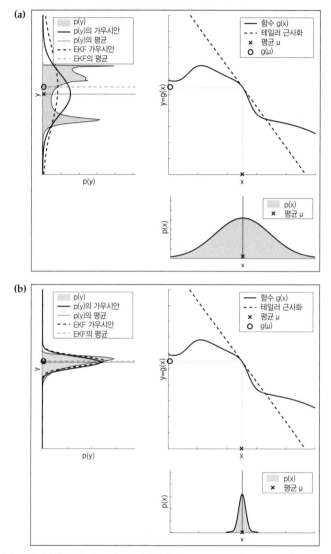

그림 3.4 근사화 품질의 불확실성 정도 의존성. (a), (b)의 가우시안 함수(오른쪽 하단) 모두 동일한 공분산을 가지며, 동일한 비선형 함수(오른쪽 상단 그래프 참조)로 표현된다. 왼쪽 가우시안의 높은 불확실성은 결과 확률 변수(왼쪽 위 그래프의 회색 영역)의 더 좁은 밀도를 생성한다. 그림 좌측 상단 그래프의 실선은 이 밀도에서 추출된 가우시안을 보여준다. 점선은 EKF에 의해 적용된 선형화에 의해 생성된 가우시안을 나타낸다.

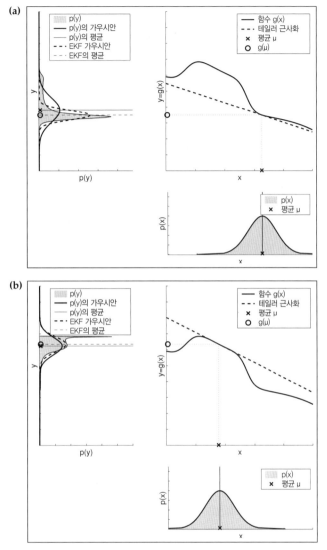

그림 3.5 함수 g의 로컬 비선형성에 대한 근사화 품질의 의존성. 두 가우시안(두 패널 각각의 오른쪽 하단)은 동일한 공분산을 가지며 같은 함수(오른쪽 위)를 통과한다. EKF에 의해 적용된 선형 근삿값은 오른쪽 위의 그래프에서 점선으로 표시되어 있다. 왼쪽 위 그래프의 실선은 매우 정확한 몬테카를로 추정값에서 추출한 가우시안을 보여준다. 점선은 EKF 선형화에 의해 생성된 가우시안 분포를 나타내고 있다.

이 방법일 수 있다. 여기에 설명된 형태의 EKF는 그러한 복합적인 빌리프를 나타낼 수 없다. EKF의 일반적인 확장은 가우시안 혼합 또는 합계 연산을 사용해 사후확률을 표현한다. 가우시안 혼합 함수는 다음과 같은 형태일 수 있다.

$$
bel(x_t) \quad = \frac{1}{\sum_l \psi_{t,l}} \sum_l \psi_{t,l} \det \left(2\pi \Sigma_{t,l} \right)^{-\frac{1}{2}} \exp \left\{ -\tfrac{1}{2} (x_t - \mu_{t,l})^T \Sigma_{t,l}^{-1} (x_t - \mu_{t,l}) \right\}
$$

$$(3.65)$$

여기서 $\psi_{t,l}$은 $\psi_{t,l} \geq 0$인 가우시안 혼합 함수의 파라미터다. 이 파라미터는 가우시안 혼합 함수에서 가중치 역할을 하며, 관련된 가우시안에서 조건부 관찰값의 유사가능도likelihood로부터 추정값을 구한다. 이렇게 가우시안 혼합 함수의 표현을 이용하는 EKF를 다중 가설 (확장형) 칼만 필터multi-hypothesis (extended) Kalman filters, 즉 MHEKF라고 한다.

요약하면, 비선형 함수가 추정값의 평균에 대략 선형적으로 나타내면 EKF 근사화는 일반적으로 좋은 결과를 보이며, EKF는 충분한 정확도로 사후 빌리프 근삿값을 구할 수 있다. 또한 로봇의 정확성이 낮을수록, 가우시안의 빌리프 범위가 넓어질수록, 스테이트 전이와 측정 함수는 더욱 비선형성을 띠게 된다. 따라서 EKF를 적용할 때 스테이트 추정의 불확실성을 작게 유지하는 것이 중요하다.

3.4 분산점 칼만 필터

EKF에 적용된 테일러 급수 전개는 가우시안 함수 변환을 선형화하는 방법 중 하나일 뿐이다. 다른 방법의 경우 훨씬 나은 결과를 보여주기도 한다. 하나는 모멘트 매칭moments matching이라고 알려져 있으며(결과 필터는 가정 밀도 필터ADF, assumed density filter로 알려져 있음), EKF에 해당하지 않는 사후 분포의 실제 평균값과 실제 공분산값을 유지하는 형태로 선형화 계산이 이뤄진다. 또 다른 선형화 방법으로 가중치를 반영하는 통계적 선형 회귀 분석 프로세스를 이용해 확률적 선형화를 수행하는 분산점 칼만 필터UKF, unscented Kalman filter가 있다. 여기서는 수학적 유도에 관한 설명은 생략하고 바로 UKF 알고리즘을 설명한다. 이 장 맨 뒤에 있는 다양한 참고문헌을 자세히 읽어보기 바란다.

3.4.1 분산점 칼만 필터를 통한 선형화 작업

그림 3.6은 UKF를 적용한 선형화 과정을 자세히 설명하고 있다. 이러한 기법을 분산점 변환unscented transformation이라고 한다. 테일러 급수 전개를 통해 함수 g의 근삿값을 구하는 대신, UKF는 가우시안 함수로부터 시그마 포인트sigma point라는 값을 추출하고 이를 함수 g로 넘긴다. 일반적으로 이 시그마 포인트는 평균값에 위치하며, 공분산의 메인 축(즉, 차원당 2개)을 따른다. 평균 μ와 공분산 Σ를 갖는 n차원의 가우시안 함수의 경우, 다음과 같은 규칙을 통해 $2n + 1$개의 시그마 포인트 $\mathcal{X}^{[i]}$를 갖는다.

$$
\begin{aligned}
\mathcal{X}^{[0]} &= \mu & &(3.66)\\
\mathcal{X}^{[i]} &= \mu + \left(\sqrt{(n+\lambda)\,\Sigma}\right)_i & i &= 1,\dots,n\\
\mathcal{X}^{[i]} &= \mu - \left(\sqrt{(n+\lambda)\,\Sigma}\right)_{i-n} & i &= n+1,\dots,2n
\end{aligned}
$$

여기서 $\lambda = \alpha^2(n + \kappa) - n$이고, α와 κ는 시그마 포인트들이 평균에서 얼마나 멀리 퍼져 있는지를 결정하는 스케일링 파라미터다. 시그마 포인트 $\mathcal{X}^{[i]}$ 각각은 이 두 가지 값에 대한 가중치를 갖는다. 가중치 $w_m^{[i]}$는 평균을 계산할 때 사용되고, $w_c^{[i]}$는 가우시안 함수의 공분산을 복원할 때 사용된다.

$$
\begin{aligned}
w_m^{[0]} &= \frac{\lambda}{n+\lambda} & &(3.67)\\
w_c^{[0]} &= \frac{\lambda}{n+\lambda} + (1 - \alpha^2 + \beta)\\
w_m^{[i]} &= w_c^{[i]} = \frac{1}{2(n+\lambda)} & i &= 1,\dots,2n
\end{aligned}
$$

파라미터 β는 가우시안 표현에 내포되어 있는 확률 분포에 대한 (높은 차원의) 지식을 인코딩할 때 선택할 수도 있다. 확률 분포가 정확하게 가우시안 분포를 따를 경우, $\beta = 2$로 하는 것이 가장 이상적이다.

그런 다음 시그마 포인트는 함수 g로 전달되고, 이를 통해 g가 가우시안 함수의 모양을 어떻게 변경하는지 파악할 수 있다. 다음 식을 보자.

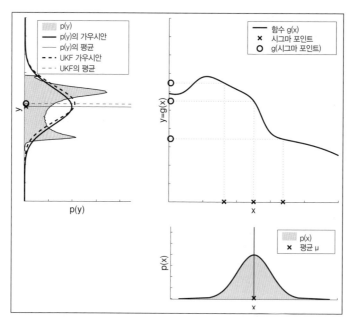

그림 3.6 UKF를 적용한 선형화의 예. 필터는 먼저 n차원 가우시안 함수에서 $2n + 1$개의 (가중치가 반영된) 시그마 포인트를 추출한다. 이 그림에서는 $n = 1$로 설명한다. 이 시그마 포인트는 비선형 함수 g로 전달된다. 그런 다음 선형화된 가우시안 함수는 매핑된 시그마 포인트를 통해 추출된다(그림 오른쪽 위의 작은 동그라미로 표시). EKF와 마찬가지로, 선형화 과정에서 근사화 오차가 일어날 수 있다. 즉, 그림의 그래프상에서 (점선으로 표시한) 선형화된 가우시안 함수와 높은 정확도를 갖는 몬테카를로 추정값(실선으로 표시) 간에 일치하지 않는 부분을 비교해보기 바란다.

$$\mathcal{Y}^{[i]} \;\; = \;\; g(\mathcal{X}^{[i]}) \tag{3.68}$$

앞의 결과에서 얻은 가우시안 함수의 파라미터(μ', Σ')는 시그마 포인트 $\mathcal{Y}^{[i]}$와 매핑해서 추출할 수 있다. 다음 식을 보자.

$$\mu' \;\; = \;\; \sum_{i=0}^{2n} w_m^{[i]} \, \mathcal{Y}^{[i]} \tag{3.69}$$

$$\Sigma' \;\; = \;\; \sum_{i=0}^{2n} w_c^{[i]} \, (\mathcal{Y}^{[i]} - \mu')(\mathcal{Y}^{[i]} - \mu')^T$$

그림 3.7은 변환 전 가우시안 함수의 불확실성과 분산점 변환과의 관련성을 설명하

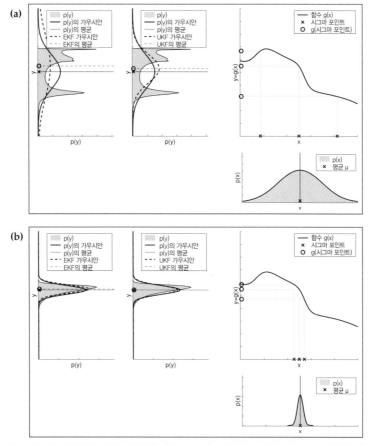

그림 3.7 변경 전 가우시안 함수의 불확실성에 따른 UKF 알고리즘의 선형화 결과. EKF 선형화 결과도 비교할 수 있도록 그림에 함께 넣었다(그림 3.4 참고). 점선과 실선으로 표시된 가우시안 분포 사이에 더 유사도가 높아진 것에서 알 수 있듯이, 분산점 변환 기법은 근사화 오차를 줄여준다.

고 있다. EKF 테일러 급수 전개를 이용한 결과를 UKF 결과와 함께 표시했다.

그림 3.8에서는 UKF와 EKF 근사화의 결과를 비교했다. 여기서는 함수 g의 로컬 비선형성에 대한 관련도를 보여주고 있다. 그림에 나타난 것처럼 분산점 변환을 이용한 결과가 (EKF에 적용된) 1차원 테일러 급수 전개를 이용한 결과보다 정확도가 높음을 알 수 있다. 사실, 분산점 변환은 테일러 급수 전개의 첫 2개 항에서는 정확하지만, EKF의 경우 첫 번째 항에 대해서만 값을 구할 수 있다(하지만 EKF와 UFK 모두 더 높은 항을 구하기 위해 변경할 수 있다는 점은 꼭 기억하기 바란다).

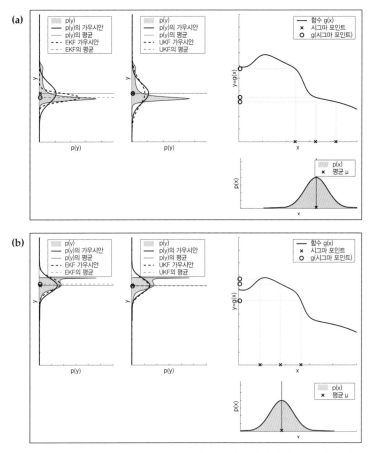

그림 3.8 변환 전 가우시안 함수의 평균을 고려한 UKF 알고리즘의 선형화 결과. EKF 선형화의 결과도 비교할 수 있도록 그림에 반영했다(그림 3.5 참고). 점선과 실선으로 표시된 가우시안 분포 사이에 더 유사도가 높아진 것에서 알 수 있듯이, 시그마 포인트 선형화 결과는 근사화 오차를 줄여준다.

3.4.2 UKF 알고리즘

표 3.4에서 분산점 변환 기법을 활용한 UKF 알고리즘에 대해 알아보자. 입력값과 출력 결과는 EKF 알고리즘과 동일하다. 2행의 코드는 $\sqrt{n+\lambda}$를 γ로 정의한 식 (3.66)을 이용해 이전 스테이트 빌리프의 시그마 포인트를 결정한다. 이 시그마 포인트는 알고리즘의 3행에서 노이즈에 영향받지 않는 스테이트 예측을 통해 전파된다. 4행과 5행에서는 결과 시그마 포인트를 이용해 예측하려는 평균과 분산을 계산한다. 또한

```
1:      Algorithm Unscented_Kalman_filter(μ_{t-1}, Σ_{t-1}, u_t, z_t):
```

$$2: \quad \mathcal{X}_{t-1} = (\mu_{t-1} \quad \mu_{t-1} + \gamma\sqrt{\Sigma_{t-1}} \quad \mu_{t-1} - \gamma\sqrt{\Sigma_{t-1}})$$

$$3: \quad \bar{\mathcal{X}}_t^* = g(u_t, \mathcal{X}_{t-1})$$

$$4: \quad \bar{\mu}_t = \sum_{i=0}^{2n} w_m^{[i]} \bar{\mathcal{X}}_t^{*[i]}$$

$$5: \quad \bar{\Sigma}_t = \sum_{i=0}^{2n} w_c^{[i]} (\bar{\mathcal{X}}_t^{*[i]} - \bar{\mu}_t)(\bar{\mathcal{X}}_t^{*[i]} - \bar{\mu}_t)^T + R_t$$

$$6: \quad \bar{\mathcal{X}}_t = (\bar{\mu}_t \quad \bar{\mu}_t + \gamma\sqrt{\bar{\Sigma}_t} \quad \bar{\mu}_t - \gamma\sqrt{\bar{\Sigma}_t})$$

$$7: \quad \bar{\mathcal{Z}}_t = h(\bar{\mathcal{X}}_t)$$

$$8: \quad \hat{z}_t = \sum_{i=0}^{2n} w_m^{[i]} \bar{\mathcal{Z}}_t^{[i]}$$

$$9: \quad S_t = \sum_{i=0}^{2n} w_c^{[i]} (\bar{\mathcal{Z}}_t^{[i]} - \hat{z}_t)(\bar{\mathcal{Z}}_t^{[i]} - \hat{z}_t)^T + Q_t$$

$$10: \quad \bar{\Sigma}_t^{x,z} = \sum_{i=0}^{2n} w_c^{[i]} (\bar{\mathcal{X}}_t^{[i]} - \bar{\mu}_t)(\bar{\mathcal{Z}}_t^{[i]} - \hat{z}_t)^T$$

$$11: \quad K_t = \bar{\Sigma}_t^{x,z} S_t^{-1}$$

$$12: \quad \mu_t = \bar{\mu}_t + K_t(z_t - \hat{z}_t)$$

$$13: \quad \Sigma_t = \bar{\Sigma}_t - K_t S_t K_t^T$$

```
14:      return μ_t, Σ_t
```

표 3.4 분산점 칼만 필터 알고리즘. 변수 n은 스테이트 벡터의 차원을 의미한다.

모델에 예측 노이즈 불확실성이 첨가되도록 5행에서 시그마 포인트 공분산에 R_t를 더한다(표 3.3의 EKF 알고리즘 3행과 비교해보라). 예측 노이즈 R_t는 가산적additive 속성을 지니고 있다고 가정한다. 예측 및 노이즈 항을 조금 더 정확하게 추정하는 UKF 알고리즘은 7장에서 알아보기로 한다.

알고리즘 6행에서는 예측하려는 가우시안 함수에서 새로운 시그마 포인트 집합을 추출한다. 즉, 예측 단계를 완료한 후 전체 불확실성을 시그마 포인트 집합 $\mathcal{X}_t$에 할당한다. 알고리즘 7행에서는 각 시그마 포인트에 대해 예측하려는 관찰값을 계산한다.

결과로 얻은 관찰 시그마 포인트 $\bar{Z}_t$는 예측된 관찰값 $\hat{z}_t$와 그 불확실성을 계산하는 데 사용된다. 행렬 Q_t는 첨가할 측정 노이즈를 의미하는 공분산 행렬이다. S_t는 표 3.3 의 EKF 알고리즘 4행에서 $H_t \Sigma_t H_t^T + Q_t$와 동일한 불확실성 정도를 나타낸다. 10행 에서는 스테이트와 관찰값 사이의 교차 공분산을 결정한다. 이 결과는 알고리즘 11행 에서 칼만 이득 K_t를 계산하는 데 사용된다. 교차 공분산 $\Sigma_t^{x,z}$는 EKF 알고리즘 4행의 $\Sigma_t H_t^T$ 항에 해당한다. 이를 고려한다면 알고리즘 12행과 13행에서 수행되는 추정 업 데이트가 EKF 알고리즘에 의해 수행되는 업데이트와 동일하다는 사실을 간단하게 증 명할 수 있다.

UKF 알고리즘의 계산 복잡도는 EKF와 동일하다. 실제로는 EKF가 UKF보다 약간 빠르다. 심지어 상수 인자에 의해 알고리즘 속도가 약간 느려지더라도 UKF는 여전 히 효율적인 알고리즘이다. 게다가 UKF는 선형화에 대한 분산점 변환의 이점도 그대 로 이어받는다. 순수한 선형 함수로만 이뤄진 시스템의 경우, UKF를 통해 생성된 추 정값과 칼만 필터를 통해 생성된 추정값이 동일하다는 사실을 알 수 있다. 비선형 시 스템의 경우 UKF는 EKF보다 나은 결과를 내주는데, 이는 이전 스테이트 불확실성 의 비선형성 및 스프레드spread에 따라 결정된다. 하지만 많은 실제 애플리케이션에서 EKF와 UKF의 차이는 무시해도 된다.

UKF의 또 다른 장점은 일부 영역에서는 결정하기 어려운 자코비안 행렬 계산이 필 요 없다는 것이다. 그래서 UKF를 '미분 계산이 없는 필터'라고도 한다.

마지막으로 분산점 변환은 4장에서 설명할 입자 필터에 의해 사용된 샘플 기반 표 현과 닮았다. 그러나 중요한 차이점은 분산점 변환의 시그마 포인트는 결정론적으로 결정되는 반면, 입자 필터는 샘플을 임의로 추출한다. 여기에는 중요한 의미가 담겨 있다. 확률 분포가 대략적으로 봤을 때 가우시안 분포를 따를 경우 UKF 표현은 입자 필터 표현보다 훨씬 효율적이다. 하지만 빌리프가 가우시안 분포를 따른다고 보기 어 려울 경우, UKF 알고리즘은 상당히 제약이 심해서 필터를 원하는 대로 사용할 수 없다.

3.5 정보 필터

칼만 필터의 또 다른 버전으로 정보 필터$^{IF, \text{information filter}}$가 있다. KF와 KF의 비선형 버전인 EKF와 UKF처럼, 정보 필터는 가우시안에 의한 빌리프를 나타낸다. 따라서 정보 필터는 칼만 필터의 기본 가정과 동일하다. 칼만 필터^{KF}와 정보 필터^{IF}의 가장 큰 차이는 가우시안 빌리프를 표현하는 방법에 달려 있다. 칼만 필터 계열 알고리즘들에서 가우시안 함수는 (평균, 공분산 같은) 모멘트들로 표현되지만, 정보 필터는 정보 행렬과 정보 벡터로 구성된 캐노니컬 파라미터들로 가우시안 함수를 표현한다. 이러한 파라미터의 차이로 인해 업데이트 계산식도 달라진다. 즉, 한쪽 파라미터에서 계산이 복잡하면 다른 파라미터에서는 계산이 간단해진다(반대의 경우도 마찬가지다). 캐노니컬 파라미터와 모멘트 파라미터는 종종 함께 고려한다. 칼만 필터와 정보 필터를 함께 고려하는 것도 같은 이유다.

3.5.1 캐노니컬 파라미터

다변량 가우시안 함수의 캐노니컬 파라미터는 행렬 Ω와 벡터 ξ로 주어진다. 행렬 Ω는 공분산 행렬의 역행렬이다.

$$\Omega = \Sigma^{-1} \tag{3.70}$$

여기서 Ω를 정보 행렬$^{\text{information matrix}}$이라고 하며, 정밀도 행렬$^{\text{precision matrix}}$이라고도 한다. 벡터 ξ는 정보 벡터$^{\text{information vector}}$라고 하며, 다음과 같이 정의한다.

$$\xi = \Sigma^{-1} \mu \tag{3.71}$$

행렬 Ω와 벡터 ξ가 완전성을 만족하는 가우시안 함수의 파라미터라는 사실은 쉽게 확인할 수 있다. 특히, 가우시안 함수의 평균과 공분산은 식 (3.70)과 식 (3.71)의 역행렬 또는 역수를 이용해 캐노니컬 파라미터를 계산하면 쉽게 구할 수 있다. 다음 식을 보자.

$$\Sigma = \Omega^{-1} \tag{3.72}$$

$$\mu \;=\; \Omega^{-1}\,\xi \tag{3.73}$$

캐노니컬 파라미터는 가우시안 함수의 지수 항에서 곱셈 연산을 통해 얻을 수 있다. 식 (3.1)에서 정의한 다변량 정규 분포 함수를 다시 한번 보자.

$$p(x) \;=\; \det\left(2\pi\Sigma\right)^{-\frac{1}{2}} \exp\left\{-\tfrac{1}{2}(x-\mu)^T \Sigma^{-1}(x-\mu)\right\} \tag{3.74}$$

간단한 변환 작업을 통해 다음과 같은 파라미터 계산 결과를 얻을 수 있다.

$$
\begin{aligned}
p(x) \;&=\; \det\left(2\pi\Sigma\right)^{-\frac{1}{2}} \exp\left\{-\tfrac{1}{2}x^T \Sigma^{-1} x + x^T \Sigma^{-1}\mu - \tfrac{1}{2}\mu^T \Sigma^{-1}\mu\right\} \\
&=\; \underbrace{\det\left(2\pi\Sigma\right)^{-\frac{1}{2}} \exp\left\{-\tfrac{1}{2}\mu^T \Sigma^{-1}\mu\right\}}_{\text{상수}} \exp\left\{-\tfrac{1}{2}x^T \Sigma^{-1} x + x^T \Sigma^{-1}\mu\right\}
\end{aligned} \tag{3.75}
$$

여기서 '상수'라고 표시한 항은 타깃 변수 x와 관련된 것이 없다. 따라서 이 부분을 정규화 상수 η로 바꿔보자.

$$p(x) \;=\; \eta\, \exp\left\{-\tfrac{1}{2}x^T\, \Sigma^{-1}\, x + x^T\, \Sigma^{-1}\, \mu\right\} \tag{3.76}$$

이 결과를 통해 캐노니컬 파라미터 Ω와 ξ를 이용한 가우시안 함수의 파라미터를 구할 수 있다.

$$p(x) \;=\; \eta\, \exp\left\{-\tfrac{1}{2}x^T\, \Omega\, x + x^T\, \xi\right\} \tag{3.77}$$

많은 경우에서 캐노니컬 파라미터는 모멘트 파라미터보다 훨씬 낫다. 특히 가우시안 함수에 -1을 곱하고 로그를 취하면 캐노니컬 파라미터 Ω와 ξ를 갖는 x의 2차 함수 형태로 변환된다. 다음 식을 보자.

$$-\log p(x) \;=\; \text{상수} + \tfrac{1}{2}x^T\, \Omega\, x - x^T\, \xi \tag{3.78}$$

여기서 상수 항에는 η를 쓰면 안 된다는 점을 주의하자. 왜냐하면 확률에 -1을 곱하고 로그를 취한 결과는 1로 정규화되지 않기 때문이다. 앞에서 정의한 확률 분포 $p(x)$에 -1을 곱하고 로그를 취하면 2차 항 Ω와 1차 항 ξ를 갖는 x의 2차 함수 형태를 띤다. 사실 가우시안 함수에서 Ω는 양의 준정부호여야 하므로 $-\log p(x)$는 평균 $\mu = \Omega^{-1}\xi$를 갖는 2차 항 거리 함수 distance function다. 식 (3.78)의 1차 도함수를 0으로 놓으면 이 성질을 쉽게 증명할 수 있다. 다음 식을 보자.

$$\frac{\partial[-\log p(x)]}{\partial x} \;=\; 0 \;\Longleftrightarrow\; \Omega x - \xi \;=\; 0 \;\Longleftrightarrow\; x = \Omega^{-1}\xi \qquad (3.79)$$

행렬 Ω는 거리 함수가 변수 x의 다른 차원에서 증가하는 비율을 결정한다. 행렬 Ω에 가중치가 반영된 2차 항의 거리 함수를 마할라노비스 거리 함수 Mahalanobis distance function라고 한다.

3.5.2 정보 필터 알고리즘

표 3.5는 정보 필터라고 부르는 업데이트 알고리즘을 설명하고 있다. 입력값은 캐노니컬 파라미터 ξ_{t-1}과 Ω_{t-1}의 가우시안 함수로, 이는 시간 $t-1$의 빌리프를 의미한다. 베이즈 필터처럼 입력값에는 제엇값 u_t와 측정값 z_t도 포함되어 있다. 알고리즘의 출력값은 가우시안 함수의 업데이트 버전으로, ξ_t와 Ω_t를 리턴한다.

업데이트 결과에는 행렬 A_t, B_t, C_t, R_t, Q_t가 포함되어 있다. 이들에 관한 수학적 정의는 3.2절을 참고하기 바란다. 정보 필터는 스테이트 전이와 측정값 확률이 식 (3.80)과 식 (3.81)에서 정의한 선형 가우시안 방정식을 따른다고 가정한다(참고로, 선

1:       **Algorithm Information_filter($\xi_{t-1}, \Omega_{t-1}, u_t, z_t$):**

2:       $\bar{\Omega}_t = (A_t\,\Omega_{t-1}^{-1}\,A_t^T + R_t)^{-1}$

3:       $\bar{\xi}_t = \bar{\Omega}_t(A_t\,\Omega_{t-1}^{-1}\,\xi_{t-1} + B_t\,u_t)$

4:       $\Omega_t = C_t^T\,Q_t^{-1}\,C_t + \bar{\Omega}_t$

5:       $\xi_t = C_t^T\,Q_t^{-1}\,z_t + \bar{\xi}_t$

6:       *return* ξ_t, Ω_t

표 3.5 정보 필터 알고리즘

형 가우시안 방정식은 식 (3.2)와 식 (3.5)에서 이미 정의했다).

$$x_t = A_t x_{t-1} + B_t u_t + \varepsilon_t \tag{3.80}$$
$$z_t = C_t x_t + \delta_t \tag{3.81}$$

여기서 R_t와 Q_t는 평균이 0인 노이즈 변수 ε_t와 δ_t에 대한 공분산을 의미한다.

칼만 필터와 마찬가지로 정보 필터는 예측 단계와 측정 업데이트 단계를 거쳐 업데이트된다. 예측 단계는 표 3.5의 알고리즘 2행과 3행에 구현되어 있다. 한편 제엇값 u_t는 반영되고 측정값 z_t는 반영되지 않은 상태에서 x_t에 대한 가우시안 함수의 빌리프는 파라미터 ξ_t와 Ω_t로 표현한다. 측정값 z_t의 반영 작업은 알고리즘 4행과 5행을 통해 수행된다. 여기에서 빌리프는 측정값 z_t를 가지고 업데이트가 이뤄진다.

이 두 가지 업데이트 단계는 특히 스테이트 공간의 차원이 높을 경우 계산이 매우 복잡할 수 있다. 표 3.5에서 설명한 예측 단계는 크기가 $n \times n$인 두 행렬의 역행렬을 포함하며, 여기서 n은 스테이트 공간의 차원을 의미한다. 이 역행렬 연산의 계산 복잡도는 약 $O(n^{2.4})$이다. 칼만 필터에서 업데이트 단계는 가산적이며, 계산 복잡도는 최대 $O(n^2)$이다. 다만, 확률 변수의 서브셋만 제엇값에 의해 영향을 받는 경우와 확률 변수 전이가 서로 독립적인 경우 계산 시간이 줄어들 수 있다. 이 역할들은 측정 업데이트 단계에서 서로 바뀐다. 정보 필터에서 측정 업데이트는 가산적이고 계산 복잡도는 최대 $O(n^2)$이다. 또, 측정이 한 번에 모든 스테이트 변수의 서브셋에 대한 정보만 전달할 경우 훨씬 효율적이다. 측정 업데이트는 칼만 필터에서 어려운 단계다. 계산 복잡도가 $O(n^{2.4})$인 역행렬 연산 작업을 수행해야 한다. 이를 통해 칼만 필터와 정보 필터의 이중 특성을 알 수 있다.

3.5.3 정보 필터 알고리즘의 수학적 유도

정보 필터의 수학적 유도 과정은 칼만 필터에서 했던 것과 비슷하다.

우선 표 3.5의 알고리즘 2행과 3행에 해당하는 예측 단계^{prediction step}를 수학적으로 유도해보자. 표 3.1의 알고리즘 2행과 3행에서 설명한 칼만 필터의 업데이트 방정식을 참고해보자. 편의상 다시 써보면 다음과 같다.

$$\bar{\mu}_t = A_t\,\mu_{t-1} + B_t\,u_t \tag{3.82}$$

$$\bar{\Sigma}_t = A_t\,\Sigma_{t-1}\,A_t^T + R_t \tag{3.83}$$

정보 필터의 예측 단계는 모멘트 μ와 Σ를 캐노니컬 파라미터 ξ와 Ω로 변환해 수행된다. 캐노니컬 파라미터 ξ와 Ω는 식 (3.72)와 식 (3.73)에서 이미 정의했다. 다음 식을 보자.

$$\mu_{t-1} = \Omega_{t-1}^{-1}\,\xi_{t-1} \tag{3.84}$$

$$\Sigma_{t-1} = \Omega_{t-1}^{-1} \tag{3.85}$$

식 (3.82)와 식 (3.83)을 변환해 다음과 같은 예측 방정식을 유도할 수 있다.

$$\bar{\Omega}_t = (A_t\,\Omega_{t-1}^{-1}\,A_t^T + R_t)^{-1} \tag{3.86}$$

$$\bar{\xi}_t = \bar{\Omega}_t(A_t\,\Omega_{t-1}^{-1}\,\xi_{t-1} + B_t\,u_t) \tag{3.87}$$

이 식은 표 3.5의 알고리즘에 있는 식들과 똑같다. 금방 이해했겠지만 예측 단계는 엄청나게 큰 행렬에 대해 역행렬 계산을 두 번이나 해야 한다. 하지만 모션 업데이트에 영향을 주는 스테이트 변수가 많지 않을 경우 역행렬 계산을 안 할 수도 있다. 이에 관해서는 뒤에서 자세히 설명한다.

측정 업데이트^{measurement update}의 수학적 유도 과정은 훨씬 단순하다. 우선 시간 t상에서 빌리프의 가우시안 함수를 이용해 시작해보자. 이에 관한 정의는 식 (3.35)에서 소개했지만, 편의상 다시 한번 써보자.

$$bel(x_t) \tag{3.88}$$

$$= \eta\,\exp\left\{-\tfrac{1}{2}\,(z_t - C_t x_t)^T\,Q_t^{-1}\,(z_t - C_t x_t) - \tfrac{1}{2}\,(x_t - \bar{\mu}_t)^T\,\bar{\Sigma}_t^{-1}\,(x_t - \bar{\mu}_t)\right\}$$

이 확률 분포 함수의 캐노니컬 형태에서 표현되어 있는 가우시안 함수는 다음과 같이 정의할 수 있다.

$$bel(x_t) \tag{3.89}$$

$$= \eta\,\exp\left\{-\tfrac{1}{2}\,x_t^T\,C_t^T\,Q_t^{-1}\,C_t\,x_t + x_t^T\,C_t^T\,Q_t^{-1}\,z_t - \tfrac{1}{2}\,x_t^T\,\bar{\Omega}_t x_t + x_t^T\bar{\xi}_t\right\}$$

지수 항을 다시 정리하면 다음과 같아진다.

$$bel(x_t) = \eta \exp \left\{ -\tfrac{1}{2} \, x_t^T \, [C_t^T \, Q_t^{-1} \, C_t + \bar{\Omega}_t] \, x_t + x_t^T \, [C_t^T \, Q_t^{-1} \, z_t + \bar{\xi}_t] \right\} \quad (3.90)$$

식 (3.90)의 대괄호 안에 있는 항들을 다음과 같은 식으로 대체하면 측정 업데이트 방정식을 간단하게 축약할 수 있다.

$$\xi_t = C_t^T \, Q_t^{-1} \, z_t + \bar{\xi}_t \quad (3.91)$$

$$\Omega_t = C_t^T \, Q_t^{-1} \, C_t + \bar{\Omega}_t \quad (3.92)$$

이들은 표 3.5의 알고리즘 4행과 5행에 있는 측정 업데이트 방정식과 동일함을 알 수 있다.

3.5.4 확장형 정보 필터 알고리즘

확장형 정보 필터$^{EIF, \text{ extended information filter}}$는 정보 필터를 비선형 케이스로 확장한 것으로, EKF가 칼만 필터의 비선형 확장과 동일한 방식이라고 보면 된다. 표 3.6에 EIF 알고리즘을 정리했다. 예측은 2~4행에서, 측정 업데이트는 5~7행에서 수행된다. 알고리즘의 업데이트 방정식은 선형 정보 필터와 비슷하다. 함수 g와 h(그리고 g와 h의 자코비안 행렬 G_t와 H_t)를 선형 모델 A_t, B_t, C_t의 파라미터로 대체한 점을 보면 쉽게 이해가 갈 것이다. 앞에서 설명한 것처럼 g와 h는 비선형 스테이트 전이 함수와 측정 함수를 의미한다. 이 식은 다음과 같으며, 참고로 식 (3.48)과 식 (3.49)에서 이미 정의했었다.

$$x_t = g(u_t, x_{t-1}) + \varepsilon_t \quad (3.93)$$

$$z_t = h(x_t) + \delta_t \quad (3.94)$$

EIF의 한 가지 단점이 있는데, 함수 g와 h는 입력값으로 스테이트를 필요로 한다는 점이다. 이로 인해 캐노니컬 파라미터에서 스테이트 추정값 μ를 복구해야 한다. 복구 작업은 알고리즘 2행에서 수행되며, 스테이트 μ_{t-1}은 Ω_{t-1}과 ξ_{t-1}을 이용해 계산이 이

```
1:      Algorithm Extended_information_filter($\xi_{t-1}, \Omega_{t-1}, u_t, z_t$):

2:          $\mu_{t-1} = \Omega_{t-1}^{-1}\, \xi_{t-1}$
3:          $\bar{\Omega}_t = (G_t\, \Omega_{t-1}^{-1}\, G_t^T + R_t)^{-1}$
4:          $\bar{\xi}_t = \bar{\Omega}_t\, g(u_t, \mu_{t-1})$
5:          $\bar{\mu}_t = g(u_t, \mu_{t-1})$
6:          $\Omega_t = \bar{\Omega}_t + H_t^T\, Q_t^{-1}\, H_t$
7:          $\xi_t = \bar{\xi}_t + H_t^T\, Q_t^{-1}\, [z_t - h(\bar{\mu}_t) + H_t\, \bar{\mu}_t]$
8:          return $\xi_t, \Omega_t$
```

표 3.6 확장형 정보 필터 알고리즘

뤄진다. 알고리즘 5행은 EKF에서 배운 것과 매우 유사한 방정식을 이용해 스테이트 $\bar{\mu}_t$를 계산한다(표 3.3의 알고리즘 2행 참조). 얼핏 생각하면, 스테이트 추정값을 복구해야 하는 작업은 캐노니컬 파라미터를 사용해 필터를 표현하는 것과는 정반대로 보여서 이해가 잘 안 갈 수도 있을 듯하다. 로보틱스 관점에서 확장형 정보 필터를 어떻게 사용하는지 설명할 때 이에 관해서도 다시 살펴보기로 한다.

3.5.5 확장형 정보 필터 알고리즘의 수학적 유도

확장형 정보 필터는 앞에서 설명한 확장형 칼만 필터의 선형화 기법을 그대로 활용해서 손쉽게 유도할 수 있다. 식 (3.51) 및 식 (3.53)과 마찬가지로 확장형 정보 필터는 테일러 전개를 이용해 함수 g와 h의 근삿값을 구한다. 다음 식을 보자.

$$g(u_t, x_{t-1}) \quad \approx \quad g(u_t, \mu_{t-1}) + G_t\, (x_{t-1} - \mu_{t-1}) \tag{3.95}$$

$$h(x_t) \quad \approx \quad h(\bar{\mu}_t) + H_t\, (x_t - \bar{\mu}_t) \tag{3.96}$$

여기서 G_t는 평균 μ_{t-1}에서 함수 g의 자코비안 행렬을 의미하며, 마찬가지로 H_t는 평균 $\bar{\mu}_t$에서 함수 h의 자코비안 행렬을 의미한다.

$$G_t \;=\; g'(u_t, \mu_{t-1}) \tag{3.97}$$

$$H_t \;=\; h'(\bar{\mu}_t) \tag{3.98}$$

이 정의는 EKF에서 정의한 것들과 동일하다. 예측 단계는 표 3.3의 EKF 알고리즘 2행과 3행을 통해 유도할 수 있는데, 다시 써보면 다음과 같다.

$$\bar{\Sigma}_t \;=\; G_t\,\Sigma_{t-1}\,G_t^T + R_t \tag{3.99}$$

$$\bar{\mu}_t \;=\; g(u_t, \mu_{t-1}) \tag{3.100}$$

Σ_{t-1}을 Ω_{t-1}^{-1}로 대체하고, $\bar{\mu}_t$를 $\bar{\Omega}_t^{-1}\bar{\xi}_t$로 대체해서 확장형 정보 필터의 예측 방정식을 다음과 같이 구할 수 있다.

$$\bar{\Omega}_t \;=\; (G_t\,\Omega_{t-1}^{-1}\,G_t^T + R_t)^{-1} \tag{3.101}$$

$$\bar{\xi}_t \;=\; \bar{\Omega}_t\,g(u_t, \Omega_{t-1}^{-1}\,\xi_{t-1}) \tag{3.102}$$

측정 업데이트는 식 (3.60)과 식 (3.61)을 통해 유도할 수 있다. 특히, 식 (3.61)은 다음의 가우시안 사후확률을 정의하고 있다.

$$bel(x_t) \;=\; \eta\,\exp\left\{ -\tfrac{1}{2}\,(z_t - h(\bar{\mu}_t) - H_t\,(x_t - \bar{\mu}_t))^T\,Q_t^{-1} \right. \tag{3.103}$$
$$\left. (z_t - h(\bar{\mu}_t) - H_t\,(x_t - \bar{\mu}_t)) - \tfrac{1}{2}(x_t - \bar{\mu}_t)^T\bar{\Sigma}_t^{-1}(x_t - \bar{\mu}_t) \right\}$$

지수 항의 곱셈 연산과 각 항을 정리하면, 사후확률에 대해 다음과 같은 결과를 얻을 수 있다.

$$
\begin{aligned}
bel(x_t) \;=\;& \eta\,\exp\Big\{ -\tfrac{1}{2}\,x_t^T\,H_t^T\,Q_t^{-1}\,H_t\,x_t + x_t^T\,H_t^T\,Q_t^{-1}\,[z_t - h(\bar{\mu}_t) + H_t\,\bar{\mu}_t] \\
& -\tfrac{1}{2}x_t^T\,\bar{\Sigma}_t^{-1}\,x_t + x_t^T\,\bar{\Sigma}_t^{-1}\,\bar{\mu}_t \Big\} \\
\;=\;& \eta\,\exp\Big\{ -\tfrac{1}{2}\,x_t^T\,[H_t^T\,Q_t^{-1}\,H_t + \bar{\Sigma}_t^{-1}]\,x_t \\
& + x_t^T\,[H_t^T\,Q_t^{-1}\,[z_t - h(\bar{\mu}_t) + H_t\,\bar{\mu}_t] + \bar{\Sigma}_t^{-1}\,\bar{\mu}_t] \Big\}
\end{aligned} \tag{3.104}
$$

여기서 $\bar{\Sigma}_t^{-1} = \bar{\Omega}_t$를 이용해 다음과 같은 식의 해를 구할 수 있다.

$$bel(x_t) = \eta \, \exp \left\{ -\tfrac{1}{2} \, x_t^T \, \left[H_t^T \, Q_t^{-1} \, H_t + \bar{\Omega}_t \right] \, x_t \right. \tag{3.105}$$
$$+ x_t^T \left[H_t^T \, Q_t^{-1} \, \left[z_t - h(\bar{\mu}_t) + H_t \, \bar{\mu}_t \right] + \bar{\xi}_t \right]$$

여기서 대괄호로 묶인 항에 대해 다음과 같이 변환 작업을 통해서 측정 업데이트를 간단하게 표현할 수 있다.

$$\Omega_t = \bar{\Omega}_t + H_t^T \, Q_t^{-1} \, H_t \tag{3.106}$$
$$\xi_t = \bar{\xi}_t + H_t^T \, Q_t^{-1} \, \left[z_t - h(\bar{\mu}_t) + H_t \, \bar{\mu}_t \right] \tag{3.107}$$

3.5.6 실제 활용 시 고려사항

로보틱스 문제에 적용할 때, 정보 필터는 칼만 필터에 비해 몇 가지 장점이 있다. 예를 들어, 정보 필터는 글로벌 불확실성을 단순하게 표현할 수 있다. 즉, 간단히 $\Omega = 0$ 으로 설정하기만 하면 된다. 모멘트를 사용할 때, 글로벌 불확실성은 마치 크기가 무한대인 공분산 행렬과 같다. 이는 로보틱스에서 종종 발생하는 상황 중 하나인데, 모든 스테이트 변수의 엄격한 서브셋에 대한 정보가 센서 측정값을 통해 전달될 때 특히 문제가 된다. EKF 알고리즘에서 일어날 수 있는 이러한 상황을 처리하기 위한 특별한 방안이 필요하다. 한편, 이 책의 뒷부분에서 설명할 많은 애플리케이션에서 정보 필터는 칼만 필터보다 수치적으로 안정적인 경향이 있다.

뒤에서 다루겠지만, 정보 필터와 정보 필터의 확장 알고리즘을 통해 로봇은 정보를 확률로 바로 분석하지 않고도 정보를 통합할 수 있다. 이는 (확률 변수의 개수가 수백 개에서 수백만 개에 이르는) 복잡한 추정 문제를 해결할 때 큰 장점일 수 있다. 이러한 대규모 문제에서 칼만 필터를 이용해 정보를 통합하려고 할 경우 심각한 계산 복잡도 문제를 야기할 수 있다. 왜냐하면 (기존에는 알 수 없었던) 새로운 형태의 정보가 이러한 대규모 확률 변수 시스템을 통해 전파돼야 하기 때문이다. 반면 정보 필터의 경우는 시스템에 (전체가 아닌) 부분적으로 새 정보를 추가함으로써 이 문제를 상대적으로 쉽게 해결할 수 있다. 그러나 이 방법은 이 장에서 설명한 정보 필터 버전에는 포함되어 있지 않다. 정보 필터 확장에 관한 자세한 사항은 12장에서 설명한다.

칼만 필터와 비교했을 때 정보 필터가 지닌 또 다른 장점은 다중 로봇 문제$^{multi-robot}$ ^{problem}에 아주 잘 맞는다는 점이다. 다중 로봇 문제에는 종종 여러 곳에서 분산되어 수집한 센서 데이터의 통합 과정이 포함되어 있다. 이러한 통합은 일반적으로 베이즈 법칙을 통해 수행된다. 특히 로그 형태로 표현하면 베이즈 법칙은 덧셈 연산으로 구성된다. 위에서 설명했듯이, 정보 필터의 캐노니컬 파라미터는 로그 형태로 확률을 표현한다. 따라서 정보 통합은 여러 로봇의 정보를 합산함으로써 얻을 수 있다. 덧셈 연산은 교환 법칙 속성을 만족하기 때문에 정보 필터는 임의의 순서로, 때로는 조금 늦게, 그리고 완전히 분산된 방식으로 정보를 통합할 수 있다. 모멘트 파라미터를 사용해 동일한 작업을 수행할 수도 있다. 하지만 이렇게 하는 데 필요한 오버헤드가 훨씬 더 크다(어차피 결과는 동일한데 말이다). 이러한 장점이 있긴 하지만, 다중 로봇 시스템에서 정보 필터를 사용하는 방법에 대해서는 아직 미해결된 연구가 많이 남아 있다. 다중 로봇에 관해서는 12장에서 다시 살펴보기로 하자.

정보 필터에는 앞에서 설명한 장점이 있지만, 중요하게 고려해야 하는 단점도 있다. 확장형 정보 필터의 주요 단점은, 비선형 시스템에 적용할 때 업데이트 단계에서 스테이트 추정을 복구해야 한다는 것이다. 이 책에서 설명한 대로 구현됐을 경우, 이 단계에서는 정보 행렬의 역행렬 계산을 필요로 한다. 또한 정보 필터의 예측 단계를 위한 역행렬 계산이 필요하다. 많은 로보틱스 문제에서 확장형 칼만 필터에는 비슷한 크기의 역행렬 계산 작업이 포함되어 있지 않다. (확률 변수의 개수가 많은 것을 의미하는) 고차원의 스테이트 공간에 대해, 정보 필터는 일반적으로 칼만 필터보다 계산상으로 성능이 떨어진다고 알려져 있다. 사실 이 때문에 확장형 칼만 필터가 확장형 정보 필터보다 훨씬 많이 사용되고 있다.

이 책의 뒷부분에서 다루겠지만, 정보 필터의 이러한 제약사항이 정보 행렬이 특정 구조를 갖는 문제에 반드시 적용되는 것은 아니다. 많은 로보틱스 문제에서 스테이트 변수의 상호작용은 로컬 범위에서 일어난다. 이로 인해, 정보 행렬은 희소 행렬 형태로 나타날 수 있다. 여기서 말하는 희소성^{sparseness}은 공분산의 희소성과는 다른 의미다.

정보 필터는 스테이트가 연결된 그래프로 생각할 수 있다. 정보 행렬의 대응하는 대각선상에 있는 행렬 요소들을 제외한 나머지 행렬 요소들이 0이 아닌 경우, 희소 정보 행렬sparse information matrix은 희소 그래프sparse graph에 해당한다. 사실, 이러한 그래프를 일반적으로 가우시안 마르코프 랜덤 필드Markov random field라고 한다. 이러한 필드에 기본 업데이트 및 추정 방정식을 효율적으로 수행할 알고리즘이 엄청나게 많은데, 이러한 알고리즘을 통상 루피 빌리프 전파loopy belief propagation라고 한다. 이 책에서는 정보 행렬이 (거의) 희소한 상태인 일종의 매핑 문제를 다룰 것이다. 또한 칼만 필터와 희소하지 않은 정보 필터보다 훨씬 더 효율적인 확장형 정보 필터 알고리즘을 개발할 것이다.

3.6 요약

3장에서는 다변량 가우시안 함수를 이용한 사후확률을 표현하는 효율적인 베이즈 필터 알고리즘을 소개했다. 주요 내용을 요약 정리해보자.

- 가우시안 함수는 모멘트 파라미터와 캐노니컬 파라미터라는 두 가지 방식으로 표현할 수 있다. 모멘트 파라미터는 가우시안 함수의 평균(1차 모멘트)과 공분산(2차 모멘트)으로 구성된다. 캐노니컬 파라미터(또는 내추럴 파라미터)는 정보 행렬과 정보 벡터로 구성된다. 모멘트 파라미터와 캐노니컬 파라미터 모두 2개 항목으로 구성되어 있으며, 각 파라미터는 역행렬 계산을 통해 다른 파라미터에서 복원 가능하다.

- 파라미터 추정값 계산을 위한 베이즈 필터를 구현할 수 있다. 모멘트 파라미터를 사용한 결과로 나타난 필터를 칼만 필터라고 한다. 캐노니컬 파라미터의 사후확률을 나타내는 정보 필터가 있다. 참고로 정보 필터는 칼만 필터의 복제본이다. 제엣값을 가지고 칼만 필터를 업데이트하는 것은 계산 측면에서는 간단하지만 측정값을 반영하기가 어렵다. 정보 필터는 이와는 정반대다. 즉, 정보 필터에서는 측정값을 반영하는 것이 쉽고 간단하지만 제엣값을 기반으로 필터를 업데이트하는 것은 어렵다.

- 두 필터 모두 정확한 사후확률을 계산하려면 다음과 같은 세 가지 가정을 만

족해야 한다. 첫째, 초기 빌리프는 가우시안 분포를 따라야 한다. 둘째, 스테이트 전이 확률은 다음 조건을 만족하는 선형 함수로 만들어져야 한다. '독립적인 가우시안 확률 분포를 따르는 노이즈가 첨가된 입력 인자에 포함돼 있어야 한다.' 셋째, 측정 확률에 대해서도 앞의 가정들이 동일하게 적용된다. 또한 가우시안 노이즈가 첨가되어 입력 인자가 선형이어야 한다. 이러한 가정을 충족시키는 시스템을 선형 가우시안 시스템이라고 한다.

- 칼만 필터, 정보 필터 모두 비선형 문제에 확장시킬 수 있다. 비선형 함수의 접선 기울기를 계산하는(즉, 도함수를 계산하는) 기법을 이 장에서 설명했다. 접선의 기울기는 선형이기 때문에 칼만 필터든 정보 필터든 적용이 가능하다. 이러한 접선의 기울기를 찾는 방법을 테일러 전개라고 한다. 테일러 전개를 하려면 우선 주어진 함수의 1차 도함수를 계산한 다음, 특정 시점에 대한 1차 도함수의 값을 구해야 한다. 이렇게 해서 얻은 결과를 자코비안 행렬이라고 한다. 또 이렇게 해서 얻은 필터를 확장extended 필터라고 한다.

- 분산점 칼만 필터는 분산점 변환unscented transform이라는 다른 선형화 기법을 사용한다. 이 함수는 선택된 점에서 선형화할 함수를 탐색하고 이 결과를 기반으로 선형적 근삿값을 계산한다. 분산점 칼만 필터는 자코비안 행렬 연산 없이 구현할 수 있으며, 이를 도함수(미분) 계산이 필요 없음derivative-free이라고도 한다. 분산점 칼만 필터는 선형 시스템의 칼만 필터와 동일하지만, 종종 비선형 시스템에 대해서는 더 나은 예측 결과를 제공한다. 분산점 칼만 필터의 계산 복잡도는 확장형 칼만 필터의 계산 복잡도와 같다.

- 테일러 급수 전개 및 분산점 변환의 정확도는 시스템의 비선형성 정도와 사후확률이 분포하는 범위의 폭에 따라 다르게 나타날 수 있다. (EKF, EIF 같은) 확장 필터들은 시스템의 스테이트가 비교적 높은 정확도로 나타나면 공분산은 작아지므로 좋은 결과를 내주는 경향이 있다. 불확실성 정도가 클수록, 선형화로 인한 오차가 점점 커질 수 있다.

- 가우시안 필터의 주요 장점 중 하나로 계산 효율성을 생각해볼 수 있다. 업데이트 연산의 경우 스테이트 공간의 차원(변수의 개수)에서 다항식 수준의 계산

복잡도를 필요로 한다. 참고로 4장에서 설명할 기법들 모두에 이런 성질이 해당되지는 않는다. 가장 큰 단점은 (최고점이 하나만 존재하는) 유니모달 가우시안 확률 분포에 대한 제약이라 하겠다.

- 가우시안 함수를 멀티모달 사후확률로 확장한 버전을 다중 가설 칼만 필터라고 한다. 이 필터링 알고리즘은 가우시안 혼합 모델에 의한 사후확률을 결과로 보여준다. 이 필터를 업데이트하기 위해서는 개별 가우시안 함수들을 따로 분리하거나 합치는 작업을 포함해서, 일부 함수를 제거하는 등의 메커니즘이 필요하다. 다중 가설 칼만 필터는 로보틱스에서 일반적으로 발생하는 이산형 데이터의 연관성 문제에 특히 잘 맞는 것으로 알려져 있다.

- 다변량 가우시안 필터 계열의 두 가지 알고리즘인 칼만 필터 및 정보 필터는 서로 반대되는 성격의 강점과 약점을 지니고 있다. 그러나 칼만 필터와 비선형 확장 버전인 확장형 칼만 필터는 정보 필터보다 훨씬 많이 활용되고 있다.

3장에서 소개한 참고문헌은 오늘날 로보틱스 분야에서 가장 인기 있는 기술을 대상으로 선정됐다. 기존의 필터링 알고리즘의 다양한 제약사항과 단점을 해결하기 위한 가우시안 필터 알고리즘의 다양한 버전과 확장형 알고리즘이 매우 많다.

이 책의 많은 알고리즘은 가우시안 필터를 기반으로 하고 있다. 여러 가지 실무 로보틱스 문제의 경우 (희소 행렬 같은) 희소 구조sparse structure 또는 사후확률의 인수분해 등을 활용하는 확장 기법이 필요할 수 있다.

3.7 참고문헌

칼만 필터는 Swerling(1958)과 Kalman(1960)이 최초로 고안했다. 대체로 최소 제곱법least squares을 적용했을 때 구할 수 있는 최적의 추정값을 많이 사용하며, 사후확률 분포를 계산하는 방법은 상대적으로 적게 활용되고 있다. 하지만 사실 적절한 가정하에서는 이 두 가지 기법의 결과가 동일하다. 칼만 필터와 정보 필터에 관해서는 Maybeck(1990)과 Jazwinsky(1970) 등의 저서를 참고하기 바란다. 데이터 연관성을 고려한 칼만 필터의 최신 처리 기법에 관해서는 Bar-Shalom and Fortmann(1988), Bar-

Shalom and Li(1998) 자료를 참고하기 바란다.

역행렬 계산 보조 정리는 Golub and Loan(1986)을 참고하면 된다. Coppersmith and Winograd(1990)에 따르면 역행렬 계산의 복잡도는 최대 $O(n^{2.376})$이다. 이는 확률 변수를 제거하는 알고리즘의 계산 복잡도인 $O(n^3)$보다 향상된 성능을 보이는 관련 연구 결과들 중 가장 최신 성과로 알려져 있다. 참고로 관련 연구들 중 가장 먼저 발표된 것은 Strassen(1969)의 논문으로, 알고리즘의 계산 복잡도는 최대 $O(n^{2.807})$이다. Cover and Thomas(1991)는 정보 이론을 소개하고 있지만, 이산형 시스템discrete system에 대해서만 설명하고 있다. 분산점 칼만 필터는 Julier and Uhlmann(1997)에 의해 발표됐다. 다양한 스테이트 추정 문제에서 EKF와 UKF의 비교 결과는 van der Merwe(2004)에서 확인할 수 있다. Minka(2001)는 모멘트 매칭 기법을 처리하는 방법을 제공했으며, 여기에는 가우시안 혼합 분포에 대한 확률 밀도 함수 필터링을 전제로 했다.

3.8 연습문제

1. 선형 환경에서 선형적 동력을 이용해 움직이는 자동차가 있다고 생각해보자. 이 문제에서는 앞에서 소개한 아주 간단한 동력 시스템(자동차)을 위한 칼만 필터를 설계해보려고 한다. 우선 문제를 단순하게 하기 위해 $\Delta t = 1$이라고 가정해보자. 시간 t에서 자동차의 위치는 x_t라고 하자. 아울러, $\dot{x}_t$는 속도, $\ddot{x}_t$는 가속도라고 하자. 특히, 가속도의 경우 평균은 0이고 공분산 $\sigma^2 = 1$인 가우시안 분포를 따르는 조건하에서 매 시간 임의로 설정된다고 가정한다.

   (a) 칼만 필터를 위한 최소한의 스테이트 벡터를 구해보자(결과 시스템이 마르코프 성질을 만족하는가?).

   (b) 스테이트 벡터에 대해, 스테이트 전이 확률 $p(x_t \mid u_t, x_{t-1})$을 설계해보자. 힌트: 이 전이 함수는 선형 행렬 A, B와 노이즈 공분산 행렬 R 등으로 구성되어 있을 것이다(식 (3.4)와 표 3.1을 참고하기 바란다).

   (c) 칼만 필터의 스테이트 예측 단계를 구현해보자. 시간 $t = 0$에서 다음과 같다고 가정한다. $x_0 = \dot{x}_0 = \ddot{x}_0 = 0$. 시간 $t = 1, 2, \dots, 5$에 대한 스테이트

분포도 계산해보자.

(d) 시간 t에서의 값 각각에 대해 x와 $\dot{x}$의 결합 사후확률[joint posterior]을 그래프로 표현해보자. 여기서 x는 수평축으로, $\dot{x}$는 수직축으로 놓는다. 사후확률 각각에 대해 불확실성 타원 곡선[uncertainty ellipse]을 그려야 한다고 가정해보자. 여기서 타원곡선 각각의 점은 평균값 대비 표준 편차를 의미한다. 힌트: 수학 관련 라이브러리를 사용할 수 없을 경우, 공분산 행렬의 고윳값[eigenvalue]을 분석해서 해당 타원 곡선을 그릴 수 있다.

(e) 시간 t가 무한대로 진행된다고 가정해보자. 이때 x_t와 $\dot{x}_t$의 상관관계는 어떻게 될까?

2. 앞에서 만든 칼만 필터에 측정값을 추가하려고 한다. 시간 t에서, x의 노이즈값이 포함되어 있을 수 있다. 그리고 센서가 정확한 위치를 측정한 것으로 믿고 있다. 하지만 이 측정값은 공분산 $\sigma^2 = 10$을 갖는 가우시안 노이즈 분포 때문에 오차가 있다. 이러한 조건하에서 다음 문제들을 생각해보자.

(a) 측정값 모델을 정의해보자. 힌트: 행렬 C와 행렬 Q를 정의해야 한다(식 (3.6)과 표 3.1을 참조하기 바란다).

(b) 측정 업데이트 식을 구현해보자. 시간 $t = 5$에서 측정값은 $z = 5$라고 가정해보자. 칼만 필터를 업데이트하기 전과 후의 가우시안 추정값에 대한 파라미터들을 구해보자. 또한 측정값을 반영하기 전과 후의 불확실성 타원 곡선을 그래프로 표현해보자(불확실성 타원 곡선을 그리는 방법은 연습문제 1번을 참조하기 바란다).

3. 3.2.4절에서는 칼만 필터의 예측 단계를 어떻게 유도하는지 배웠다. 예측 단계는 컨벌루션 정리를 이용해 Z 변환, 푸리에 변환 등을 통해 수학적으로 유도할 수 있다. 이들 변환 기법을 이용해 예측 단계를 유도해보자. 주의: 이 문제는 변환 기법과 컨벌루션 정리에 대한 사전 지식이 있어야 하며, 이에 관한 자세한 내용은 이 책에서 다루지 않고 있다. 따라서 다른 참고 자료를 통해 익히기 바란다.

4. EKF 선형화가 근삿값을 구하는 작업이라는 점에 주목해보자. 이러한 근사화 작

업이 얼마나 좋지 않은지 다음과 같은 예제를 통해 알아보려고 한다. 우선, 평면 환경에서 모바일 로봇을 조종하고 있다고 가정해보자. 평면 환경은 x-y 좌표로 위치를 표현하고, 글로벌 기준으로 모바일 로봇의 방향은 θ로 표현한다. 모바일 로봇의 x와 y 좌표는 거의 확실하게 알고 있는 반면, 방향 θ는 모른다고 가정한다. 이를 초기 추정값으로 표현하면 다음과 같다.

$$\mu = \begin{pmatrix} 0 & 0 & 0 \end{pmatrix} \quad \text{그리고} \quad \Sigma = \begin{pmatrix} 0.01 & 0 & 0 \\ 0 & 0.01 & 0 \\ 0 & 0 & 10000 \end{pmatrix}$$

(a) 로봇이 $d = 1$만큼 앞으로 이동한 후, 로봇의 포즈에 대한 사후확률의 가장 좋은 모델을 그래프로 그려보자. 이 문제를 위해, 로봇의 이동 과정에서 노이즈는 전혀 없었다고 가정한다. 이때 모션을 취한 후 로봇 위치의 기댓값은 다음과 같다.

$$\begin{pmatrix} x' \\ y' \\ \theta' \end{pmatrix} = \begin{pmatrix} x + \cos\theta \\ y + \sin\theta \\ \theta \end{pmatrix}$$

그래프를 그릴 때 x-y 좌표에 사후확률만 표시하고 θ는 무시해도 된다.

(b) 앞에서 설정한 로봇의 모션을 EKF의 예측 단계에서 구현해보자. 이를 위해 스테이트 전이 함수를 정의하고 이를 선형화해야 한다. 그런 다음 선형화 작업을 거친 모델을 이용해 로봇의 포즈에 대한 새로운 가우시안 추정값을 구해야 한다. 이러한 단계 각각에 대해 정확한 수식을 만들고, 그 결과를 가우시안 함수로 정리해야 한다.

(c) 가우시안 분포에 대한 불확실성 타원 곡선을 그려보자. 그리고 여러분이 직관적으로 생각했던 결과와 비교해보자.

(d) 이제 측정값을 반영해보자. 우리의 측정값은 로봇의 공분산 $Q = 0.01$의 값을 갖는 x 좌표상에 투영된 결과다. 측정값 모델을 구체적으로 표현해보자. 다음으로 표준 EKF 알고리즘을 이용한 EKF 추정값에 측정값을 적용

해보자. 아울러, 여러분이 직관적으로 생각한 사후확률도 측정값에 적용해
보자. EKF의 정확한 결과를 구해보고 직관적인 분석을 통해 얻은 결과와
비교해보자.

(e) 사후확률의 추정값과 EKF를 통해 생성된 가우시안 추정값의 차이점을 설
명해보자. 차이가 얼마나 심하게 나타나는가? 근삿값 계산을 더 정확하게
만들려면 무엇을 바꾸면 될까? 초기 방향을 알고 있지만 로봇의 y 좌표는
모른다고 가정했을 때 어떤 일이 발생할지 생각해보자.

5. 표 3.1의 칼만 필터는 모션과 측정 모델에 상수 추가 항이 빠져 있다. 이 상수
추가 항이 포함되도록 알고리즘을 확장해보자.

6. d차원의 다변량 가우시안 함수가 있고, 이 함수의 d개 확률 변수 모두 ε이 1에
가까운 상관계수를 갖는다고 가정해보자. 이때 d차원의 다변량 가우시안 함수
에 희소 정보 행렬이 존재함을 증명해보자. 참고로, 행렬을 구성하는 요소들 중
(전부는 아니고) 특정 개수만큼 0으로 되어 있을 경우 정보 행렬이 희소하다sparse
고 한다.

04

비모수 필터

가우시안 기법의 대체 방법 중 많이 쓰이는 것으로 비모수 필터nonparametric filter가 있다. 비모수 필터는 가우시안 함수처럼 사후확률에 대해 일종의 고정된 형태를 띠는 함수를 필요로 하지는 않는다. 대신, 비모수 필터는 스테이트 공간의 특정 영역에 엇비슷하게 대응되는 값들 몇 개를 이용해 사후확률의 근삿값을 구한다. 일부 비모수 베이즈 필터는 스테이트 공간을 분해하는 연산을 필요로 하며, 이를 통해 계산된 각 값들은 스테이트 공간의 부분 영역에 대한 사후확률 밀도 함수를 누적한 결과와 같다. 이외의 필터들은 사후확률 분포에서 추출된 랜덤 샘플을 통해 스테이트 공간의 근삿값을 구한다. 사후확률을 근사화하는 데 쓰이는 파라미터의 개수는 그때그때 다를 수 있다. 근사화 결과의 성능도 사후확률을 나타내는 데 사용되는 파라미터의 개수에 따라 달라진다. 파라미터의 개수가 무한대로 늘어날수록, 비모수 기법은 정확한 사후확률에 균일하게 수렴하는 특징을 보인다(하지만 이는 특정한 스무드니스smoothness 상태를 가정했을 때만 해당된다).

4장에서는 매우 많은 값이 포함되어 있는 연속형 공간에 대한 사후확률의 근삿값을 구하는 두 가지 비모수 필터를 알아본다. 첫 번째 기법은 스테이트 공간을 유한한 개수의 여러 영역으로 분할하고, 히스토그램을 이용해 이에 대한 사후확률을 표현한다. 여기서 히스토그램은 각 영역당 누적 확률을 하나씩 할당한다. 이렇게 해서 얻은 결과는 연속형 확률 밀도 함수 각각에 대한 상수 형태의 근삿값으로 간주할 수 있다. 두 번째 기법은 매우 많은 샘플을 사용해 사후확률을 표현한다. 이에 대한 결과를 입자 필터^{particle filter}라고 하는데, 로보틱스 분야에서 많이 사용되고 있다.

두 가지 유형의 기술인 히스토그램 및 입자 필터는 사후확률 밀도 함수에 대해 파라미터 관련 전제 조건을 심하게 두지는 않는다. 특히, 이들 필터 기법은 복잡한 멀티모달 빌리프를 잘 표현할 수 있다. 이 때문에 로봇이 글로벌 불확실성의 단계에 대처해야 할 때나 명확한 가설을 제시하는 어려운 데이터 연관 문제가 주어졌을 때는 이에 맞는 필터를 잘 선택해야 한다. 그러나 이러한 기술을 표현할 때 계산 복잡도가 올라갈 수 있다는 점도 함께 고려해야 한다.

다행히 4장에서 설명할 두 가지 비모수 기법을 사용하면 사후확률에서 (예상되는) 복잡도를 고려해 파라미터의 개수를 조절할 수 있다. 사후확률의 복잡도가 낮을 경우 (예를 들어, 불확실성이 작은 단일 스테이트에 초점을 맞춘 경우), 이 책에서 소개하는 비모수 기법은 적은 수의 파라미터만을 사용한다. 스테이트 공간상에서 멀티모달 형태를 띠는 복잡한 사후확률 분포의 경우, 파라미터의 개수는 더 늘어날 수밖에 없다.

사후확률 온라인^{posterior online}을 나타내는 파라미터의 개수를 조절할 수 있는 기술을 적응형 기법^{adaptive technique}이라고 한다. 빌리프 계산에 사용할 수 있는 계산용 자원을 조절할 수 있을 경우, 이러한 계열의 기법은 자원 적응형 기법^{resource-adaptive technique}이라고 한다. 자원 적응형 기법은 로보틱스에서 대단히 중요한 역할을 한다. 이 기법은 로봇이 사용할 수 있는 계산용 자원에 상관없이 실시간으로 의사결정을 내릴 수 있다. 입자 필터는 사용 가능한 계산용 자원을 기반으로 입자 수를 온라인으로 조정해 자원 적응형 알고리즘으로 구현되는 경우가 많다.

4.1 히스토그램 필터

히스토그램 필터^{histogram filter} 알고리즘은 스테이트 공간을 여러 개의 영역으로 분할하고 이들 영역 각각이 하나의 확률값을 갖는 사후확률들의 전체 합으로 표현한다. 보통 유한한 공간에 적용하는 필터링 기법을 이산형 베이즈 필터^{discrete Bayes filter}라고 하며, 연속형 공간에 적용하는 필터링 기법은 히스토그램 필터라고 한다. 우선 이산형 베이즈 필터를 설명한 다음, 연속형 스테이트 공간에서 이를 어떻게 사용하는지 알아보기로 한다.

4.1.1 이산형 베이즈 필터 알고리즘

이산형 베이즈 필터 알고리즘은 유한한^{finite} 스테이트 공간을 대상으로 한 문제에 이용된다. 여기서 유한한 스테이트 공간은 확률 변수 X_t가 유한한 개수의 값을 갖는 공간을 의미한다. 이산형 베이즈 필터 알고리즘에 대해서는 이미 2.4.2절에서 '문이 열려 있는 확률을 추정하는 로봇 문제'를 설명할 때 한 번 소개했었다. 뒤에서 다룰 로보틱스 매핑 문제들 중에도 이산형 확률 변수를 포함하는 것들이 있다. 예를 들어, 점유 그리드 매핑 알고리즘^{occupancy grid mapping algorithm}의 경우 환경 내에 있는 특정 위치의 값이 점유^{occupied} 또는 비점유^{free} 중 하나를 갖는다고 가정한다. 즉, 둘 중 하나의 값을 갖는 이진 확률 변수라고 얘기할 수 있다. 이는 유한한 스테이트 공간이 로보틱스에서 매우 중요하다는 점을 내포하고 있다.

표 4.1을 통해 이산형 베이즈 필터 알고리즘을 알아보자. 이 의사코드는 표 2.1의 베이즈 필터를 기반으로 유도한 결과다. 단순하게 표 2.1에서 소개한 베이즈 필터의 적분 계산식을 이산형 값들의 전체 합 계산식으로 변환한 것이다. 여기서 변수 x_i, x_k

---

1:     **Algorithm Discrete_Bayes_filter($\{p_{k,t-1}\}, u_t, z_t$):**
2:         *for all k do*
3:         $\bar{p}_{k,t} = \sum_i p(X_t = x_k \mid u_t, X_{t-1} = x_i)\, p_{i,t-1}$
4:         $p_{k,t} = \eta\, p(z_t \mid X_t = x_k)\, \bar{p}_{k,t}$
5:         *endfor*
6:         *return* $\{p_{k,t}\}$

표 4.1 이산형 베이즈 필터 알고리즘. 여기서 x_i, x_k는 각각 개별 스테이트를 의미한다.

는 각각 개별 스테이트를 나타내며, 이들의 개수는 유한하다. 시간 t에서 빌리프는 스테이트 x_k에 대한 확률값을 의미하며, $p_{k,t}$로 표현한다. 따라서 이 알고리즘의 입력은 이산형 확률 분포 $\{p_{k,t-1}\}$이다. 또한 가장 최신 제엇값은 u_t로, 최신 측정값은 z_t로 표현한다. 현재 제엇값을 가지고 새로운 스테이트에 대한 예측값과 빌리프 계산은 알고리즘 3행에서 수행한다. 이렇게 얻은 예측값은 알고리즘 4행에서 측정값을 추가 반영해 업데이트된다. 이산형 베이즈 필터 알고리즘은 신호 처리signal processing 분야에서 매우 폭넓게 활용되고 있으며, 보통 은닉 마르코프 모델HMM, hidden Markov model의 포워드 패스forward pass 버전으로 많이 알려져 있다.

4.1.2 연속형 스테이트

한 가지 흥미로운 점이 있는데, 연속형continuous 스테이트 공간을 추론하는 근사화 기법으로 이산형discrete 베이즈 필터를 사용하고 있다는 것이다. 앞에서 설명한 것처럼 이러한 계열의 필터 알고리즘을 히스토그램 필터histogram filter라고 한다. 그림 4.1에서 히스토그램 필터 알고리즘이 어떻게 확률 변수를 표현하고, 이에 대한 비선형 변환은 어떻게 하는지 등을 자세하게 소개하고 있다. 그림에서 알 수 있듯이 비선형 함수를 통해 히스토그램 가우시안 함수에 사영(프로젝션projection) 연산이 이뤄지고 있다. 변환 전 가우시안 분포는 10개의 구간으로 구성되어 있다. 프로젝션 과정을 거친 확률 분포도 10개의 구간으로 구성되어 있지만, 이들 중 2개는 확률값이 0에 가까워서 그림상에서는 거의 보이지 않는다. 한편, 그림 4.1에서 연속형 확률 분포와 비교도 해보기 바란다.

히스토그램 필터는 연속형 스테이트 공간을 유한한 개수의 구간bin 또는 영역region으로 나눈다. 다음 식을 보자.

$$\mathrm{dom}(X_t) \quad = \quad \mathbf{x}_{1,t} \cup \mathbf{x}_{2,t} \cup \dots \mathbf{x}_{K,t} \tag{4.1}$$

여기서 X_t는 시간 t에서 로봇의 스테이트를 나타내는 확률 변수다. 함수 $\mathrm{dom}(X_t)$는 스테이트 공간으로, X_t의 가능한 값들 전체를 의미한다. $\mathbf{x}_{k,t}$는 컨벡스 영역convex region을 나타낸다. 이 영역은 스테이트 공간을 서로 겹치지 않게 분할하고 있다. 이를 수학적으로 표현하면, $i \neq k$에 대해 $\mathbf{x}_{i,t} \cap \mathbf{x}_{k,t} = \phi$이고 $\cup_k \mathbf{x}_{k,t} = \mathrm{dom}(X_t)$이다.

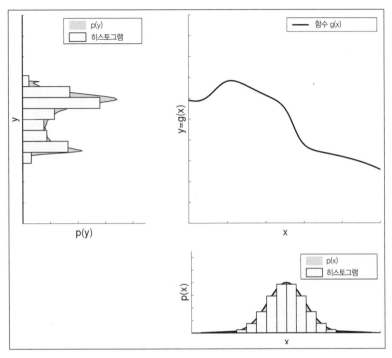

그림 4.1 연속형 확률 변수의 히스토그램. 오른쪽 아래 그래프에서 회색으로 표시된 영역은 연속형 확률 변수 X 의 확률 밀도 함수를 의미한다. 이 확률 밀도 함수의 히스토그램 근사화 결과를 밝은 회색으로 겹치도록 표시했다. 확률 변수는 그림 오른쪽 상단의 그래프로 나타나는 함수 $g(x)$를 통해 전달된다. 이 과정을 통해 얻은 확률 밀도 함수와 결과 확률 변수의 히스토그램 근사화 값인 Y는 왼쪽 상단의 그래프를 참조한다. 변환 과정을 거친 확률 변수의 히스토그램은 비선형 함수를 통해 X의 히스토그램 구간별로 여러 개의 값을 전달받아 계산이 이뤄진다.

연속형 스테이트 공간을 분할한 결과는 다차원 그리드 형태로 나타나는데, 앞의 수식에서 $\mathbf{x}_{k,t}$를 그리드 셀grid cell로 보면 된다. 분할을 얼마나 세밀하게 하느냐에 따라 정확도와 계산 복잡도가 달라지므로, 이 중에서 가장 적절한 수준을 잘 찾을 필요가 있다. 세밀하게 분할하면 조금 큼직한 단위로 분할했을 때보다 근사화 오차는 작아지겠지만 그만큼 계산 복잡도가 높아질 수 있기 때문이다.

앞에서 설명한 것처럼 이산형 베이즈 필터는 영역 $\mathbf{x}_{k,t}$ 각각에 확률값 $p_{k,t}$를 할당한다. 이산형 베이즈 필터는 이들 영역 각각에 대한 빌리프 분포와 관련해 아무 정보도 없다. 따라서 사후확률은 각 영역 x 안의 각 스테이트 x가 균등 확률인 개별 상수 확률 밀도 함수^{PDF}가 된다. 다음 식을 보자.

$$p(x_t) \quad = \quad \frac{p_{k,t}}{|\mathbf{x}_{k,t}|} \tag{4.2}$$

여기서 $|\mathbf{x}_{k,t}|$는 영역 $\mathbf{x}_{k,t}$의 크기를 의미한다.

스테이트 공간이 이산형일 경우, 조건부 확률 $p(\mathbf{x}_{k,t} \mid u_t, \mathbf{x}_{i,t-1})$과 $p(z_t \mid \mathbf{x}_{k,t})$가 이미 잘 정의돼 있으므로 이를 이용해 알고리즘을 구현할 수 있다. 반면 스테이트 공간이 연속형일 경우, 각각의 스테이트에 대해 정의된 확률 밀도 함수 $p(x_t \mid u_t, x_{t-1})$과 $p(z_t \mid x_t)$가 대체로 주어지므로 이들을 이용하면 된다(스테이트 공간 내에 있는 특정 영역에 주어지는 것이 아님을 주의하기 바란다). 영역 $\mathbf{x}_{k,t}$가 충분히 작고 이들이 모두 균등한 크기일 경우, 확률 밀도 함수는 이 영역을 표현하는 $x_{k,t}$를 이용한 것과 비슷하다. 예를 들어, $\mathbf{x}_{k,t}$에서 평균값 스테이트$^{mean\ state}$를 이용해 단순히 '탐침 작업^{probe}'을 할 수도 있다. 다음 식을 보자.

$$\hat{x}_{k,t} \quad = \quad |\mathbf{x}_{k,t}|^{-1} \int_{\mathbf{x}_{k,t}} x_t \, dx_t \tag{4.3}$$

다음으로 수식 변환 작업을 해보자.

$$p(z_t \mid \mathbf{x}_{k,t}) \quad \approx \quad p(z_t \mid \hat{x}_{k,t}) \tag{4.4}$$

$$p(\mathbf{x}_{k,t} \mid u_t, \mathbf{x}_{i,t-1}) \quad \approx \quad \eta \, |\mathbf{x}_{k,t}| \, p(\hat{x}_{k,t} \mid u_t, \hat{x}_{i,t-1}) \tag{4.5}$$

이러한 근사화 작업을 통해 식 (4.2)에서 정의한 이산형 베이즈 필터와 EKF에서 사용된 테일러 근사화를 통해 분할한 영역이 균등하게 구성될 수 있음을 알 수 있다.

4.1.3 히스토그램 근사화 기법의 수학적 유도

식 (4.4)의 근사화 결과가 수학적으로 문제가 없는지 알아보자. 우선 $p(z_t \mid \mathbf{x}_{k,t})$를 다음과 같이 적분식으로 표현할 수 있다.

$$p(z_t \mid \mathbf{x}_{k,t}) \quad = \quad \frac{p(z_t, \mathbf{x}_{k,t})}{p(\mathbf{x}_{k,t})} \tag{4.6}$$

$$= \frac{\displaystyle\int_{\mathbf{x}_{k,t}} p(z_t, x_t)\, dx_t}{\displaystyle\int_{\mathbf{x}_{k,t}} p(x_t)\, dx_t}$$

$$= \frac{\displaystyle\int_{\mathbf{x}_{k,t}} p(z_t \mid x_t)\, p(x_t)\, dx_t}{\displaystyle\int_{\mathbf{x}_{k,t}} p(x_t)\, dx_t}$$

$$\stackrel{(4.2)}{=} \frac{\displaystyle\int_{\mathbf{x}_{k,t}} p(z_t \mid x_t)\, \frac{p_{k,t}}{|\mathbf{x}_{k,t}|}\, dx_t}{\displaystyle\int_{\mathbf{x}_{k,t}} \frac{p_{k,t}}{|\mathbf{x}_{k,t}|}\, dx_t}$$

$$= \frac{\dfrac{p_{k,t}}{|\mathbf{x}_{k,t}|} \displaystyle\int_{\mathbf{x}_{k,t}} p(z_t \mid x_t)\, dx_t}{\dfrac{p_{k,t}}{|\mathbf{x}_{k,t}|} \displaystyle\int_{\mathbf{x}_{k,t}} 1\, dx_t}$$

$$= \frac{\displaystyle\int_{\mathbf{x}_{k,t}} p(z_t \mid x_t)\, dx_t}{\displaystyle\int_{\mathbf{x}_{k,t}} 1\, dx_t}$$

$$= |\mathbf{x}_{k,t}|^{-1} \int_{\mathbf{x}_{k,t}} p(z_t \mid x_t)\, dx_t$$

이는 식 (4.2)의 균등 분포 조건하에서 구하려는 확률을 정확하게 정의하고 있다. 이제 $x_t \in \mathbf{x}_{k,t}$에 대해 $p(z_t \mid \mathbf{x}_{k,t})$를 이용해 $p(z_t \mid x_t)$의 근삿값을 계산하면 다음과 같은 결과를 얻을 수 있다.

$$
\begin{aligned}
p(z_t \mid \mathbf{x}_{k,t}) &\approx |\mathbf{x}_{k,t}|^{-1} \int_{\mathbf{x}_{k,t}} p(z_t \mid \hat{x}_{k,t})\, dx_t \qquad (4.7) \\
&= |\mathbf{x}_{k,t}|^{-1}\, p(z_t \mid \hat{x}_{k,t}) \int_{\mathbf{x}_{k,t}} 1\, dx_t \\
&= |\mathbf{x}_{k,t}|^{-1}\, p(z_t \mid \hat{x}_{k,t})\, |\mathbf{x}_{k,t}| \\
&= p(z_t \mid \hat{x}_{k,t})
\end{aligned}
$$

이는 식 (4.4)에서 설명한 근사화 수식 결과와 같다.

식 (4.5)의 $p(\mathbf{x}_{k,t} \mid u_t, \mathbf{x}_{i,t-1})$에 대한 근사화 유도 과정은 약간 복잡할 수 있다. 왜냐하면 영역을 의미하는 변수들이 조건부 확률을 표현하는 |의 왼쪽과 오른쪽에 모두 있기 때문이다. 앞에서 정의한 변환식을 참고해 다음과 같은 결과를 얻을 수 있다.

$$p(\mathbf{x}_{k,t} \mid u_t, \mathbf{x}_{i,t-1}) \tag{4.8}$$

$$= \frac{p(\mathbf{x}_{k,t}, \mathbf{x}_{i,t-1} \mid u_t)}{p(\mathbf{x}_{i,t-1} \mid u_t)}$$

$$= \frac{\int_{\mathbf{x}_{k,t}} \int_{\mathbf{x}_{i,t-1}} p(x_t, x_{t-1} \mid u_t) \, dx_t, dx_{t-1}}{\int_{\mathbf{x}_{i,t-1}} p(x_{t-1} \mid u_t) \, dx_{t-1}}$$

$$= \frac{\int_{\mathbf{x}_{k,t}} \int_{\mathbf{x}_{i,t-1}} p(x_t \mid u_t, x_{t-1}) \, p(x_{t-1} \mid u_t) \, dx_t, dx_{t-1}}{\int_{\mathbf{x}_{i,t-1}} p(x_{t-1} \mid u_t) \, dx_{t-1}}$$

이제 마르코프 가정$^{\text{Markov assumption}}$을 활용해보자. 즉, x_{t-1}과 u_t 간의 독립성을 내포하고 있고, 이에 따라 $p(x_{t-1} \mid u_t) = p(x_{t-1})$이 성립한다.

$$p(\mathbf{x}_{k,t} \mid u_t, \mathbf{x}_{i,t-1}) \tag{4.9}$$

$$= \frac{\int_{\mathbf{x}_{k,t}} \int_{\mathbf{x}_{i,t-1}} p(x_t \mid u_t, x_{t-1}) \, p(x_{t-1}) \, dx_t, dx_{t-1}}{\int_{\mathbf{x}_{i,t-1}} p(x_{t-1}) \, dx_{t-1}}$$

$$= \frac{\int_{\mathbf{x}_{k,t}} \int_{\mathbf{x}_{i,t-1}} p(x_t \mid u_t, x_{t-1}) \, \frac{p_{i,t-1}}{|\mathbf{x}_{i,t-1}|} \, dx_t, dx_{t-1}}{\int_{\mathbf{x}_{i,t-1}} \frac{p_{i,t-1}}{|\mathbf{x}_{i,t-1}|} \, dx_{t-1}}$$

$$= \frac{\int_{\mathbf{x}_{k,t}} \int_{\mathbf{x}_{i,t-1}} p(x_t \mid u_t, x_{t-1}) \, dx_t, dx_{t-1}}{\int_{\mathbf{x}_{i,t-1}} 1 \, dx_{t-1}}$$

$$= |\mathbf{x}_{i,t-1}|^{-1} \int_{\mathbf{x}_{k,t}} \int_{\mathbf{x}_{i,t-1}} p(x_t \mid u_t, x_{t-1}) \, dx_t, dx_{t-1}$$

다음으로 앞에서 했던 것처럼 $p(\mathbf{x}_{k,t} \mid u_t, \mathbf{x}_{i,t-1})$을 이용해 $p(x_t \mid u_t, x_{t-1})$의 근삿값을

계산하면 다음과 같은 근사화 결과를 얻을 수 있다. 특히, 근사화 결과가 올바른 확률 분포가 되도록 정규화 상수 η가 꼭 필요하다.

$$p(\mathbf{x}_{k,t} \mid u_t, \mathbf{x}_{i,t-1}) \tag{4.10}$$

$$\approx \quad \eta \, |\mathbf{x}_{i,t-1}|^{-1} \int_{\mathbf{x}_{k,t}} \int_{\mathbf{x}_{i,t-1}} p(\hat{x}_{k,t} \mid u_t, \hat{x}_{i,t-1}) \, dx_t, dx_{t-1}$$

$$= \quad \eta \, |\mathbf{x}_{i,t-1}|^{-1} \, p(\hat{x}_{k,t} \mid u_t, \hat{x}_{i,t-1}) \int_{\mathbf{x}_{k,t}} \int_{\mathbf{x}_{i,t-1}} 1 \, dx_t, dx_{t-1}$$

$$= \quad \eta \, |\mathbf{x}_{i,t-1}|^{-1} \, p(\hat{x}_{k,t} \mid u_t, \hat{x}_{i,t-1}) |\mathbf{x}_{k,t}| \, |\mathbf{x}_{i,t-1}|$$

$$= \quad \eta \, |\mathbf{x}_{k,t}| \, p(\hat{x}_{k,t} \mid u_t, \hat{x}_{i,t-1})$$

모든 영역이 동일한 크기를 갖는다면(즉, $|\mathbf{x}_{k,t}|$가 k에 대해 모두 같은 값이면), $|\mathbf{x}_{k,t}|$를 생략해도 된다. 왜냐하면 정규화 상수로 대체할 수 있기 때문이다. 앞의 결과로 얻은 이산형 베이즈 필터는 표 4.1에서 설명한 알고리즘과 동일하다. 앞에서 설명한 대로 알고리즘을 구현했다면 임의의 파라미터 p_k는 확률 분포를 따르지 않는데, 그 이유는 정규화가 안 됐기 때문이다(식 (4.10)의 세 번째 줄과 비교해보라). 그러나 4번째 줄에서 정규화 작업이 이뤄지고, 따라서 최종 파라미터 결과는 유효한 확률 분포를 따른다.

4.1.4 분해/분리 기술

로보틱스에서 연속적인 스테이트 공간을 분해decomposition하는 기법은 크게 정적static 방식과 동적dynamic 방식 두 가지로 나눌 수 있다. 정적 기법은 근사화 작업을 통한 사후확률이 어떤 형태이든 사전에 선정된 고정된 분해식fixed decomposition을 이용한다. 동적 기법은 사후확률 분포의 특정 형태에 분해를 적용한다. 정적 기법은 일반적으로 구현하기가 더 쉽지만 계산 자원을 낭비할 수 있다는 단점이 있다.

동적 분해 기법의 주요 예로 밀도 트리density tree가 있다. 밀도 트리는 스테이트 공간을 재귀적으로 분해하며, 이 과정에서 사후확률 질량posterior probability mass을 분해하는 방식을 이용한다. 직관적으로 이 분해 기법을 통한 분해의 세부 결과들이 사후확률의 함수라는 것을 알 수 있다. 영역의 개수가 적을수록 분해 세밀도는 낮아진다. 그림 4.2에서 정적 그리드 표현과 밀도 트리 표현의 차이점을 보여주고 있다. 좀 더 컴팩트

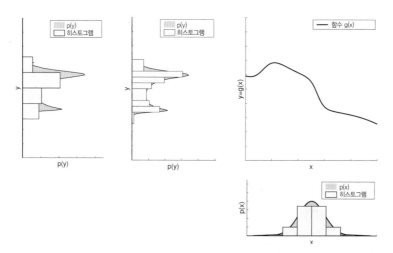

그림 4.2 동적 분해와 정적 분해. 상단 맨 왼쪽 그래프는 확률 변수 Y의 정적 히스토그램 근사화 결과를 보여준다. Y 값의 전체 도메인(domain)을 10개의 구간으로 나눴다(이 중 6개는 확률값이 거의 0에 가깝다). 상단의 가운데 그래프는 확률 변수 Y를 동일한 개수(10개)의 구간을 이용해 왼쪽의 결과를 좀 더 상세하게 표현한 결과다.

한 표현을 통해 밀도 트리가 동일한 개수의 구간을 사용했음에도 더 높은 근사화 결과를 얻을 수 있음을 알 수 있다. 밀도 트리 같은 동적 기법의 경우 종종 정적 기법에 비해 계산 복잡도를 크게 줄일 수 있다는 장점이 있지만, 부가적인 구현 작업이 필요할 수 있다.

동적 분해 기법과 비슷한 효과를 얻을 수 있는 방법 중 하나로 선택적 업데이트 기법 selective updating이 있다. 그리드로 표현된 사후 스테이트를 업데이트할 때 선택적 업데이트 기법은 모든 그리드 셀 중 일부만 업데이트를 수행한다. 이 방법을 실제로 구현할 때는 사후확률이 사용자가 지정한 임곗값보다 높은 그리드 셀만 업데이트하는 방법을 많이 사용한다.

선택적 업데이트 기법은 스테이트 공간을 (1) 세분화된 그리드와 (2) 선택적 업데이트 과정에서 선정되지 못한 모든 영역이 포함된 큰 집합으로 분해하는 일종의 하이브리드 분해 기법이라고 할 수 있다. 또는 선택적 업데이트 기법을 동적 분해 기법으로 생각할 수도 있는데, 업데이트 과정에서 고려하는 그리드 셀을 사후확률 분포의 모양을 기반으로 온라인상에서 결정하기 때문이다. 선택적 업데이트 기법은 빌리프를 업데이트하는 데 필요한 계산량을 줄일 수 있다. 3차원 이상의 공간에서 그리드를 분해하는 데도 사용 가능하다.

모바일 로보틱스 관련 학술 자료에서는 종종 공간에 대한 **토폴로지 관점**의 표현과 측정 관점의 표현을 다르게 본다. 이러한 용어의 명확한 정의가 존재하지는 않지만, 토폴로지 관점의 표현을 종종 공간 해상도가 낮은 그래프 형태의 표현으로 보기도 한다. 이럴 경우 그래프의 노드는 환경에서 중요한 장소(또는 피처)에 해당한다. 환경이 실내라면 교차로, T모양의 나들목, 막다른 곳 등이 이러한 장소의 예가 될 수 있다. 따라서 이러한 것들을 분해해야 하는 경우 성능은 환경의 구조에 따라 모두 다르게 나타날 수 있다. 또는 규칙적으로 간격을 둔 그리드를 사용해 스테이트 공간을 분해하는 것도 가능하다. 이러한 분해 기법은 환경적 피처의 형태와 위치에 영향을 받지 않는다. 그리드 표현은 종종 메트릭으로 보는 경향이 있지만, 엄격히 말하면 분해가 아닌 메트릭 임베딩 공간이라고 봐야 한다. 모바일 로봇에서 그리드 표현의 공간 해상도는 토폴로지 관점의 표현의 공간 해상도보다 높다. 예를 들어, 7장의 예제 중 일부는 셀 크기가 10cm 이하인 그리드 분해를 사용한다. 이와 같이 정확도가 높아질수록 계산 비용이 증가하게 된다.

4.2 정적 스테이트를 이용한 이진 베이즈 필터

로보틱스의 문제들 중 어떤 것은 시간에 따라 변하지 않는 이진 스테이트를 이용한 추정 문제로 가장 잘 정의할 수 있다. 이러한 문제는 이진 베이즈 필터^{binary Bayes filter}를 통해 해결할 수 있다. 또한 이러한 유형의 문제는 로봇이 일련의 센서 측정값을 통해 로봇 환경에서 변경 없는 이진값을 추정하려고 할 때 만들어진다. 예를 들어 센서 감지 과정에서 문의 스테이트에 변화가 없다고 했을 때, 문이 열려 있거나 닫혀 있는지를 로봇이 알아내려고 할 수 있다. 정적 스테이트를 가진 이진 베이즈 필터의 또 다른 예는 점유 그리드 맵^{occupancy grid map}이다.

스테이트가 정적인 경우 빌리프는 측정값만 갖는 함수로 표현할 수 있다.

$$bel_t(x) = p(x \mid z_{1:t}, u_{1:t}) = p(x \mid z_{1:t}) \qquad (4.11)$$

여기서 스테이트는 x와 $\neg x$로 표시되는 2개의 값 중 하나를 갖는다. 특히 $bel_t(\neg x) = 1 - bel_t(x)$이다. 스테이트 x에 대해 시간 관련 인덱스 t가 없는 것은 스테이트에 변화가 없음을 의미한다.

당연히 이 유형의 이진 추정 문제는 표 4.1의 이산 베이즈 필터를 사용해 해결할 수 있다. 그러나 빌리프는 일반적으로 로그 오즈 비율^{log odds ratio}로 구현된다. 스테이트 x의 오즈^{odds}는 이 사건이 발생할 확률을 발생하지 않을 확률로 나눈 비율로 정의된다.

$$\frac{p(x)}{p(\neg x)} \;\; = \;\; \frac{p(x)}{1 - p(x)} \tag{4.12}$$

위의 식에 로그를 취하면 로그 오즈가 된다.

$$l(x) \;\; := \;\; \log \frac{p(x)}{1 - p(x)} \tag{4.13}$$

로그 오즈의 값의 범위는 $-\infty$에서 ∞까지라고 가정한다. 빌리프 업데이트를 위한 베이즈 필터를 로그 오즈 식을 이용해 표현하면 계산하는 데 있어 매우 효과적이다. 확률 값이 0 또는 1에 가까워질 때 발생하는 절단 문제^{truncation}를 방지할 수 있다.

표 4.2에 업데이트 알고리즘의 기본 버전을 정리했다. 이 알고리즘은 부가 연산 속성을 지니고 있다. 실제로 측정값에 대한 결과로 변수를 증가 및 감소시키는 알고리즘은 일종의 로그 오즈 형태를 띤 베이즈 필터로 볼 수 있다. 이러한 이진 베이즈 필터는 우리에게 친숙한 포워드 모델^{forward model} $p(z_t \mid x)$ 대신 **역 측정값 모델**^{inverse measurement model} $p(x \mid z_t)$를 사용한다. 역 측정값 모델은 측정값 z_t의 함수로 (이진) 스

1:       **Algorithm binary_Bayes_filter(l_{t-1}, z_t):**
2:       $l_t = l_{t-1} + \log \frac{p(x|z_t)}{1-p(x|z_t)} - \log \frac{p(x)}{1-p(x)}$
3:       $return\ l_t$

표 4.2 역 측정값 모델을 이용한 로그 오즈 형태의 이진 베이즈 필터. 여기서는 시간에 따라 달라지지 않는 이진 스테이트 확률 변수에 대한 사후 빌리프의 로그 오즈를 l_t로 정의했다.

테이트 변수에 대한 분포를 지정한다.

역 모델inverse model은 측정값이 이진 스테이트일 때보다 더 복잡한 상황에서 자주 사용된다. 이러한 상황의 예로 카메라 이미지에서 문이 닫혔는지 여부를 추정하는 문제를 생각해볼 수 있다. 여기서 스테이트는 매우 간단하지만, 전체 측정값 공간은 매우 크다. 문이 닫혔음을 보여주는 모든 카메라 이미지에 대한 분포를 설명하는 것보다 카메라 이미지에서 닫힐 확률을 계산하는 기능을 고안하는 것이 더 쉽다. 즉, 순방향 센서 모델보다 역방향 모델을 구현하는 것이 더 쉽다.

로그 오즈 관련 수식 (4.13)의 정의를 통해 쉽게 검증할 수 있는 것처럼, 로그 오즈 비율 l_t로부터 빌리프 $bel_t(x)$를 복구할 수 있다. 다음 식이 그 핵심이다.

$$bel_t(x) \quad = \quad 1 - \frac{1}{1 + \exp\{l_t\}} \tag{4.14}$$

이진 베이즈 필터 알고리즘의 정확성을 검증하기 위해, 베이즈 정규화를 사용해 기본 필터 방정식을 다시 써보자.

$$
\begin{aligned}
p(x \mid z_{1:t}) \quad &= \quad \frac{p(z_t \mid x, z_{1:t-1})\, p(x \mid z_{1:t-1})}{p(z_t \mid z_{1:t-1})} \\
&= \quad \frac{p(z_t \mid x)\, p(x \mid z_{1:t-1})}{p(z_t \mid z_{1:t-1})}
\end{aligned}
\tag{4.15}
$$

이제 측정 모델 $p(z_t \mid x)$에 베이즈 법칙을 적용한다.

$$p(z_t \mid x) \quad = \quad \frac{p(x \mid z_t)\, p(z_t)}{p(x)} \tag{4.16}$$

이를 통해 다음 결과를 도출할 수 있다.

$$p(x \mid z_{1:t}) \quad = \quad \frac{p(x \mid z_t)\, p(z_t)\, p(x \mid z_{1:t-1})}{p(x)\, p(z_t \mid z_{1:t-1})} \tag{4.17}$$

마찬가지로, 정반대의 사건인 $\neg x$에 대해서는 다음과 같이 계산할 수 있다.

$$p(\neg x \mid z_{1:t}) \quad = \quad \frac{p(\neg x \mid z_t)\, p(z_t)\, p(\neg x \mid z_{1:t-1})}{p(\neg x)\, p(z_t \mid z_{1:t-1})} \tag{4.18}$$

식 (4.17)을 식 (4.18)로 나누면, 다음과 같이 복잡하고 어려운 확률 계산과 관련된 상당 부분을 없앨 수 있다.

$$
\begin{aligned}
\frac{p(x \mid z_{1:t})}{p(\neg x \mid z_{1:t})} &= \frac{p(x \mid z_t)}{p(\neg x \mid z_t)} \frac{p(x \mid z_{1:t-1})}{p(\neg x \mid z_{1:t-1})} \frac{p(\neg x)}{p(x)} \\
&= \frac{p(x \mid z_t)}{1 - p(x \mid z_t)} \frac{p(x \mid z_{1:t-1})}{1 - p(x \mid z_{1:t-1})} \frac{1 - p(x)}{p(x)}
\end{aligned} \tag{4.19}
$$

빌리프 $bel_t(x)$를 $l_t(x)$로 나누면 로그 오즈 형태로 표현할 수 있다. 시간 t에서 로그 오즈 빌리프는 식 (4.19)에 로그를 취해서 구할 수 있다. 다음 수식 전개 과정을 보자.

$$
\begin{aligned}
l_t(x) &= \log \frac{p(x \mid z_t)}{1 - p(x \mid z_t)} + \log \frac{p(x \mid z_{1:t-1})}{1 - p(x \mid z_{1:t-1})} + \log \frac{1 - p(x)}{p(x)} \\
&= \log \frac{p(x \mid z_t)}{1 - p(x \mid z_t)} - \log \frac{p(x)}{1 - p(x)} + l_{t-1}(x)
\end{aligned} \tag{4.20}
$$

여기서 $p(x)$는 스테이트 x의 사전확률^prior probability을 의미한다. 식 (4.20)처럼, 각 측정 업데이트는 (로그 오즈 식으로 표현되어 있는) 이전 스테이트의 추가 항이 반영되어 있다. 이전 스테이트 역시 초기 빌리프의 로그 오즈를 정의한 후 센서 측정값을 처리한다. 다음 식을 참고하자.

$$
l_0(x) = \log \frac{p(x)}{1 - p(x)} \tag{4.21}
$$

4.3 입자 필터

4.3.1 기본 알고리즘

입자 필터^particle filter는 베이즈 필터의 비모수 버전 중 하나다. 히스토그램 필터 알고리즘처럼, 입자 필터는 한정된 수의 파라미터를 이용해 사후 스테이트의 근삿값을 계산한다. 그러나 이들은 파라미터가 생성되는 방식과 스테이트 공간을 채우는 방식에서 서로 차이가 있다. 입자 필터의 핵심 아이디어는 이 사후 스테이트에서 추출된 임의의 스테이트 샘플 집합을 이용해 사후 스테이트 빌리프인 $bel(x_t)$를 표현하는 것이다.

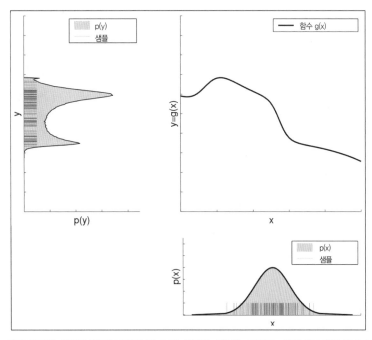

그림 4.3 입자 필터에 사용된 '입자' 표현의 예. 그림 하단의 오른쪽 그래프는 가우시안 확률 변수 X를 바탕으로 만들어진 샘플값을 보여준다. 이 샘플값은 그림 상단의 오른쪽 그래프로 표현된 비선형 함수를 통해 변환된다. 이를 통해 만들어진 결과 샘플값은 확률 변수 Y에 맞게 분포하게 된다.

그림 4.3은 가우시안에 대해 이 아이디어를 어떻게 사용하면 되는지 보여주고 있다. 입자 필터는 확률 분포에서 추출한 샘플 집합을 기준으로 분포를 나타낸다. 즉, (정규 분포의 확률 밀도 함수를 정의하는 지수 함수인) 파라미터들을 이용해 확률 분포를 표현하는 방식을 사용하지 않는다. 이러한 표현은 근사화된 결과이지만 비모수적 특성을 지니고 있다. 이런 이유로 가우시안 분포보다 훨씬 넓은 분포 공간을 표현할 수 있다. 샘플 기반 표현의 또 다른 이점은 그림 4.3에서와 같이 확률 변수의 비선형 변환을 모델링할 수 있다는 점이다.

입자 필터에서 사후 스테이트 분포의 샘플을 입자particle라고 하며, 다음과 같이 표현한다.

$$\mathcal{X}_t \quad := \quad x_t^{[1]}, x_t^{[2]}, \ldots, x_t^{[M]} \tag{4.22}$$

여기서 각 입자 $x_t^{[m]}(1 \leq m \leq M)$은 시간 t에서 스테이트의 실제 값을 의미한다. 즉, 입자는 시간 t에서 실제 월드 스테이트가 무엇인지를 설명하는 가설이라고 생각하면 된다. 여기서 M은 입자 집합 $\mathcal{X}_t$에 포함된 입자의 개수를 나타낸다. 실제로, 입자 M의 개수는 종종 $M = 1,000$ 정도로 큰 수다. 한편 입자 필터 구현 버전들 중, 입자 집합 M을 빌리프 $bel(x_t)$와 관련된 t 또는 다른 수치를 기반으로 한 함수로 표현하기도 한다.

입자 필터의 기본 개념은 입자 $\mathcal{X}_t$에 의한 빌리프 $bel(x_t)$를 근사화하는 것이다. 이 상적으로는, 스테이트 가설 x_t가 입자 집합 $\mathcal{X}_t$에 포함될 가능성은 베이즈 필터 사후 빌리프 $bel(x_t)$에 비례한다. 다음 식을 보자.

$$x_t^{[m]} \quad \sim \quad p(x_t \mid z_{1:t}, u_{1:t}) \tag{4.23}$$

식 (4.23)의 결과로 스테이트 공간의 높은 밀도를 지닌 일부 영역이 샘플값을 통해 채워질수록 실제 스테이트가 이 영역에 놓여 있을 가능성은 더 높아진다. 뒤에서 설명하겠지만, 식 (4.23)에는 표준 입자 필터 알고리즘에 대해 M이 무한대로 증가할 때 수학적으로 문제없이 잘 성립한다. 반면 M이 유한한 값을 갖는 경우 입자는 약간 다른 확률 분포로 표현될 수 있다. 하지만 실제로는 입자의 개수가 너무 적지만 않으면 (이를테면, $M \geq 100$), 이 차이는 무시해도 된다.

지금까지 설명한 다른 모든 베이즈 필터 알고리즘과 마찬가지로 입자 필터 알고리즘은 (빌리프 $bel(x_t)$의 바로 앞 단계인) 빌리프 $bel(x_{t-1})$로부터 재귀적 방법을 이용해 빌리프 $bel(x_t)$를 구성한다. 한편 이 결과는 입자 필터 알고리즘이 입자 집합 $\mathcal{X}_{t-1}$로부터 재귀적 방법을 이용해 입자 집합 $\mathcal{X}_t$를 구성한다고도 할 수 있는데, 그 이유는 빌리프를 입자 집합으로 표현하기 때문이다.

입자 필터 알고리즘의 가장 기본적인 변형 버전을 표 4.3에서 보여준다. 이 알고리즘의 입력값은 가장 최근의 제엇값 u_t, 가장 최근의 측정값 z_t, 그리고 입자 집합 $\mathcal{X}_{t-1}$이다. 다음으로, 알고리즘은 먼저 빌리프 $\overline{bel}(x_t)$를 나타내는 임시 입자 집합 $\bar{\mathcal{X}}$를 구성한다. 이를 통해 입력 입자 집합 $\mathcal{X}_{t-1}$의 각 입자들 $x_{t-1}^{[m]}$을 시스템 형태로 처리가 가능해진다. 이를 통해, 사후 스테이트 분포 $bel(x_t)$에 가장 가깝도록 이 입자들을 입자

```
1:        Algorithm Particle_filter($\mathcal{X}_{t-1}, u_t, z_t$):
2:            $\bar{\mathcal{X}}_t = \mathcal{X}_t = \emptyset$
3:            for $m = 1$ to $M$ do
4:                sample $x_t^{[m]} \sim p(x_t \mid u_t, x_{t-1}^{[m]})$
5:                $w_t^{[m]} = p(z_t \mid x_t^{[m]})$
6:                $\bar{\mathcal{X}}_t = \bar{\mathcal{X}}_t + \langle x_t^{[m]}, w_t^{[m]} \rangle$
7:            endfor
8:            for $m = 1$ to $M$ do
9:                draw $i$ with probability $\propto w_t^{[i]}$
10:               add $x_t^{[i]}$ to $\mathcal{X}_t$
11:           endfor
12:           return $\mathcal{X}_t$
```

표 4.3 입자 필터 알고리즘: 중요 샘플링을 기반으로 한 베이즈 필터 알고리즘의 변형 버전 중 하나다.

집합 $\mathcal{X}_t$로 변환한다. 이 과정을 자세히 설명하면 다음과 같다.

1. 4행은 입자 $x_{t-1}^{[m]}$과 제엇값 u_t를 이용해 시간 t에 대한 가상의 스테이트 $x_t^{[m]}$을 생성한다. 결과 샘플에는 m으로 인덱스값이 부여되며, 이는 $\mathcal{X}_{t-1}$에서 m번째 입자로부터 생성됐음을 나타낸다. 이 단계는 스테이트 전이 분포 $p(x_t \mid u_t, x_{t-1})$로부터 샘플링을 포함한다. 이 단계를 구현하려면 이 분포를 기반으로 샘플을 추출할 수 있어야 한다. M번 반복 수행 후 얻는 입자 집합은 빌리프 $\overline{bel}(x_t)$의 필터 표현이다.

2. 5행은 각 입자 $x_t^{[m]}$에 $w_t^{[m]}$로 표시된 소위 중요도 인자$^{importance\ factor}$를 계산한다. 측정값 z_t를 입자 집합에 반영하는 데 중요도 인자를 사용한다. 따라서 입자 $x_t^{[m]}$가 주어졌을 때 측정값 z_t의 확률이라고 할 수 있으며, 이를 정리하면 $w_t^{[m]} = p(z_t \mid x_t^{[m]})$로 표현할 수 있다. $w_t^{[m]}$는 입자의 가중치^{weight}를 의미하고, 가중치가 반영된 입자의 집합은 베이즈 필터의 사후 빌리프 $bel(x_t)$를 (근삿값으로) 나타낸다.

3. 입자 필터 알고리즘의 실제 '핵심 구현 아이디어'는 표 4.3의 8~11행에 있다. 이 부분을 리샘플링^{resampling} 또는 중요도 샘플링$^{importance\ sampling}$이라고 한다. 이 알

고리즘은 임시 집합 $\bar{\mathcal{X}}_t$에서 M개의 입자를 대체할 값들을 추출한다. 각 입자를 추출할 확률은 중요도 가중치에 의해 결정된다. 그리고 리샘플링 작업을 통해 M개의 입자를 동일한 크기의 다른 입자 집합으로 변환한다. 중요도 가중치를 리샘플링 과정에 통합함으로써 입자의 분포에 변경이 일어나는데, 자세히 설명하면 다음과 같다. 리샘플링 단계 전에는 입자들이 빌리프 $\overline{bel}(x_t)$에 따라 분포되는 반면, 리샘플링 단계 후에는 사후 빌리프인 $bel(x_t) = \eta \ p(z_t \mid x_t^{[m]}) \overline{bel}(x_t)$에 따라 입자들이 분포하게 된다. 실제로 보면 결과 샘플 집합에서 보통 중복이 많이 일어나는데, 이는 입자가 교체 과정을 통해 추출되기 때문이다. 한편, 더 중요한 것은 $\bar{\mathcal{X}}_t$에 포함되지 않은 입자들인데 이들은 낮은 중요도 가중치가 반영된 입자일 가능성이 높다.

리샘플링 단계는 입자를 사후 빌리프 $bel(x_t)$로 되돌려놓는 중요한 기능을 한다. 실제로, 입자 필터의 대안적인(그리고 일반적으로 확률이 낮은) 버전은 결코 다시 샘플링되지 않겠지만, 대신 각 입자별 중요도 가중치를 다음 두 가지 작업을 통해 유지한다. (1) 1로 초기화한다. (2) 식 (4.24)의 곱셈 연산을 이용해 업데이트한다.

$$w_t^{[m]} \quad = \quad p(z_t \mid x_t^{[m]}) \ w_{t-1}^{[m]} \tag{4.24}$$

이러한 입자 필터 알고리즘은 여전히 사후 스테이트 근삿값을 계산하지만, 많은 입자는 낮은 사후 스테이트 확률의 영역에서 끝날 것이다. 이는 많은 입자가 필요하다는 얘기인데, 얼마나 많이 필요한지는 사후 스테이트 확률 분포의 형태에 따라 다르다. 리샘플링 단계는 적자 생존과 관련된 다윈의 아이디어를 확률론적으로 구현한 것이다. 이는 스테이트 공간에서 사후 스테이트 확률값이 높은 입자 집합에 다시 샘플링이 이뤄지게 한다. 그렇게 함으로써, 필터 알고리즘의 계산 자원을 스테이트 공간 내에서 가장 중요한 영역에 집중시킨다.

4.3.2 중요도 샘플링
입자 필터의 수학적 유도를 위해 리샘플링 단계를 좀 더 자세히 다루는 것이 좋을 것 같다.

직관적으로 보면 확률 밀도 함수 f의 기댓값을 계산하는 문제를 풀어야 하지만, 실상은 f가 아닌 다른 확률 밀도 함수인 g로부터 생성된 샘플 데이터만 주어진다. 예를 들어 $x \in A$의 기댓값을 구한다고 생각해보자. 이때 g의 기댓값으로 확률을 표현할 수 있다. 참고로 식 (4.25)에서 I는 입력 인자가 참^{true}이면 1을, 거짓^{false}이면 0을 리턴하는 함수다(이러한 함수 I를 지시 함수^{indicator function}라고 한다).

$$
\begin{aligned}
E_f[I(x \in A)] &= \int f(x)\, I(x \in A)\, dx \qquad (4.25)\\
&= \int \underbrace{\frac{f(x)}{g(x)}}_{=:w(x)}\, g(x)\, I(x \in A)\, dx \\
&= E_g[w(x)\, I(x \in A)]
\end{aligned}
$$

여기서 $w(x) = \frac{f(x)}{g(x)}$는 함수 f와 함수 g 사이에 매칭이 되지 않은 경우에 대한 가중치를 의미한다. 이 식이 수학적으로 성립하려면 $f(x) > 0 \longrightarrow g(x) > 0$이어야 한다.

중요도 샘플링 알고리즘에서 이 변환식(식 (4.25))을 사용한다. 그림 4.4(a)는 확률 분포의 밀도 함수를 나타내며, 이를 타깃 분포^{target distribution}라고 한다. 앞에서와 같이, 우리의 목표는 함수 f에서 샘플을 얻는 것이다. 그러나 함수 f에서 직접 샘플링하는 것이 불가능하므로, 그 대안으로 그림 4.4(b)의 밀도 함수 g에서 입자를 생성한다. 밀도 함수 g에 해당하는 분포를 제안 분포^{proposal distribution}라고 한다. 밀도 함수 g는 $f(x) > 0$이면 $g(x) > 0$이라는 성질을 만족해야 한다. 이는 결국 함수 f에서 샘플링하여 생성될 수 있는 모든 스테이트에 대한 샘플링을 함수 g에서 했을 때, 입자가 생성될 확률이 0이 아님을 의미한다. 그러나 그림 4.4(b)의 하단에 있는 결과 입자 집합은 함수 f가 아니라 함수 g에 맞춰 분포되어 있다. $A \subseteq \mathrm{dom}(X)$(또는 더 일반적으로는 보렐 집합^{Borel set} A)에 해당하는 모든 구간에 대해 A에 속하는 입자의 실험적 개수는 A를 밑수로 하는 함수 g의 적분값에 수렴한다.

$$
\frac{1}{M} \sum_{m=1}^{M} I(x^{[m]} \in A) \quad \longrightarrow \quad \int_A g(x)\, dx \qquad (4.26)
$$

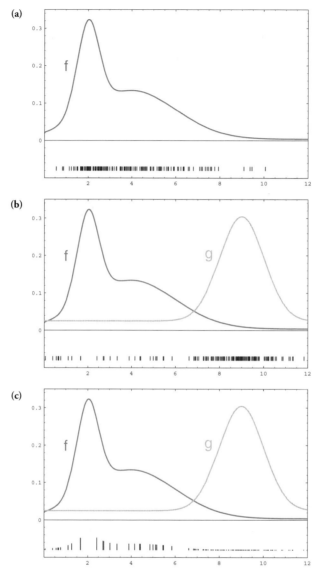

그림 4.4 입자 필터의 중요도 인자: (a) 타깃 밀도 함수 f를 근사화한 결과를 찾고 있다. (b) 함수 f로부터 샘플을 바로 추출하는 대신, 다른 밀도 함수인 g로부터 샘플 데이터를 생성한다. g로부터 추출한 샘플은 그림 아래에 표시되어 있다. (c) 함수 f의 샘플은 각 샘플 데이터 x에 대해 가중치 $f(x)/g(x)$를 반영해서 구한다. 입자 필터에서 함수 f는 빌리프 $bel(x_t)$와 관련이 있고, g는 빌리프 $\overline{bel}(x_t)$와 관련이 있다.

함수 f와 g 간의 차이를 보정하기 위해 다음과 같은 분수식을 이용해 입자 $x^{[m]}$에 가중치를 부여한다.

$$w^{[m]} \;=\; \frac{f(x^{[m]})}{g(x^{[m]})} \tag{4.27}$$

이 식에 관해서는 그림 4.4(c)에서 자세히 설명하고 있다. 그림 4.4(c)의 아래쪽에 있는 세로 막대들은 중요도 가중치의 강도를 의미한다. 중요도 가중치는 정규화 작업이 반영되지 않은 입자들 각각의 확률 질량값이다. 다음 식을 보자.

$$\left[\sum_{m=1}^{M} w^{[m]}\right]^{-1} \sum_{m=1}^{M} I(x^{[m]} \in A)\, w^{[m]} \quad \longrightarrow \quad \int_{A} f(x)\, dx \tag{4.28}$$

여기서 첫째 항은 모든 중요도 가중치에 대한 정규화 값이다. 다른 말로 설명하면, 우리는 밀도 함수 g를 통해 입자 샘플 데이터를 생성했지만, 함수 f를 잘 커버할 수 있도록 입자 샘플 데이터에 가중치를 적절하게 부여한다. 이러한 완화 조건하에서 이 근삿값은 임의의 집합 A에 대한 기댓값 $E_f[I(x \in A)]$로 수렴한다. 그리고 대부분의 경우에서 수렴 비율은 $O(\frac{1}{\sqrt{M}})$이며, 여기서 M은 샘플의 개수를 의미한다. 상수 인자는 함수 $f(x)$와 $g(x)$의 유사도에 따라 달라질 수 있다.

입자 필터에서 밀도 함수 f는 타깃 빌리프 $bel(x_t)$와 관련이 있다 $\mathcal{X}_{t-1}$에 포함되어 있는 입자들이 빌리프 $bel(x_{t-1})$에 따라 분포한다고 가정했을 때, 밀도 함수 g는 다음과 같은 결합 확률과 관련이 있다.

$$p(x_t \mid u_t, x_{t-1})\, bel(x_{t-1}) \tag{4.29}$$

다시 한번 강조하지만, 이 확률 분포는 제안 분포다.

4.3.3 입자 필터의 수학적 유도

입자 필터를 수학적으로 유도할 때 스테이트 시퀀스의 샘플을 입자로 다루면 상당히 유용하다. 다음 식을 보자.

$$x_{0:t}^{[m]} \quad = \quad x_0^{[m]}, x_1^{[m]}, \ldots, x_t^{[m]} \tag{4.30}$$

그 이유는 알고리즘을 손쉽게 수정, 변경할 수 있기 때문이다. 단순하게 $x_{0:t-1}^{[m]}$만큼 생성된 스테이트 샘플의 시퀀스에 입자 $x_t^{[m]}$을 추가하는 것이다. 이렇게 한 후 입자 필터는 빌리프 $bel(x_t) = p(x_t \mid u_{1:t}, z_{1:t})$를 사용하는 대신, 다음 식에서 표현하는 모든 스테이트 시퀀스에 대한 사후확률을 계산한다.

$$bel(x_{0:t}) \quad = \quad p(x_{0:t} \mid u_{1:t}, z_{1:t}) \tag{4.31}$$

모든 스테이트 시퀀스에 대한 공간이 어마어마하게 크기 때문에 입자 샘플을 이용해 이를 모두 커버하겠다는 것은 좋은 아이디어가 아니다. 하지만 그렇다고 여기서 주저앉아서야 되겠는가! 표 4.3에서 설명한 입자 필터 알고리즘을 유도하기 위해서는 입자 필터의 정의만 있으면 된다.

사후 빌리프 $bel(x_{0:t})$는 2.4.3절에서 살펴본 빌리프 $bel(x_t)$의 유도 방법과 유사하다. 좀 더 구체적으로 정리하면 다음과 같다.

$$
\begin{aligned}
p(x_{0:t} \mid z_{1:t}, u_{1:t}) & \tag{4.32}\\
\overset{\text{베이즈}}{=} \quad & \eta \, p(z_t \mid x_{0:t}, z_{1:t-1}, u_{1:t}) \, p(x_{0:t} \mid z_{1:t-1}, u_{1:t})\\
\overset{\text{마르코프}}{=} \quad & \eta \, p(z_t \mid x_t) \, p(x_{0:t} \mid z_{1:t-1}, u_{1:t})\\
= \quad & \eta \, p(z_t \mid x_t) \, p(x_t \mid x_{0:t-1}, z_{1:t-1}, u_{1:t}) \, p(x_{0:t-1} \mid z_{1:t-1}, u_{1:t})\\
\overset{\text{마르코프}}{=} \quad & \eta \, p(z_t \mid x_t) \, p(x_t \mid x_{t-1}, u_t) \, p(x_{0:t-1} \mid z_{1:t-1}, u_{1:t-1})
\end{aligned}
$$

이 유도식에서 적분 기호가 없다는 점을 눈여겨볼 필요가 있다. 이는 사후 빌리프의 모든 스테이트를 유지한 결과를 의미한다. 즉, 2.4.3절에서 했던 것처럼 가장 최근 값만 취하는 것과는 완전히 다르다.

수학적 귀납법을 이용해 입자 필터를 유도할 수 있다. 초기 조건은 매우 단순하다. 사전확률 $p(x_0)$의 샘플링을 통해 최초의 입자 집합을 생성한다. 다음으로 시간 $t - 1$에서 입자 집합이 빌리프 $bel(x_{0:t-1})$에 따라 분포한다고 가정한다. m번째 입자인 $x_{0:t-1}^{[m]}$에 대해 알고리즘의 4단계에서 생성된 샘플 데이터 $x_t^{[m]}$은 다음 식에서 소개하는 제안 분포를 통해 생성된다.

$$p(x_t \mid x_{t-1}, u_t) \, bel(x_{0:t-1}) \quad = \quad p(x_t \mid x_{t-1}, u_t) \, p(x_{0:t-1} \mid z_{1:t-1}, u_{1:t-1}) \quad (4.33)$$

여기서

$$w_t^{[m]} \quad = \quad \frac{\text{타깃 분포}}{\text{제안 분포}} \quad\quad\quad\quad (4.34)$$

$$= \quad \frac{\eta \, p(z_t \mid x_t) \, p(x_t \mid x_{t-1}, u_t) \, p(x_{0:t-1} \mid z_{1:t-1}, u_{1:t-1})}{p(x_t \mid x_{t-1}, u_t) \, p(x_{0:t-1} \mid z_{1:t-1}, u_{1:t-1})}$$

$$= \quad \eta \, p(z_t \mid x_t)$$

특히, 여기서 상수 η는 아무 역할도 하지 않는다. 그 이유는 중요도 가중치와 비례하는 확률값을 가지고 리샘플링이 이뤄지기 때문이다. $w_t^{[m]}$에 비례하는 확률을 기반으로 입자 데이터를 리샘플링하면, 그 결과로 얻은 입자 집합은 제안 분포의 결합 분포와 중요도 가중치를 기반으로 분포하게 된다. 이와 관련한 수식은 다음과 같다.

$$\eta \, w_t^{[m]} \, p(x_t \mid x_{t-1}, u_t) \, p(x_{0:t-1} \mid z_{1:t-1}, u_{1:t-1}) \quad = \quad bel(x_{0:t}) \quad\quad (4.35)$$

(식 (4.34)와 식 (4.35)에 있는 η는 동일한 의미와 값을 지닌 상수 인자가 아니라는 점에 주의하기 바란다.) 표 4.4에서 설명한 알고리즘의 경우 관련 샘플 $x_{0:t}^{[m]}$은 단순히 빌리프 $bel(x_{0:t})$의 분포를 따른다고 가정하면 스테이트 샘플 $x_t^{[m]}$은 빌리프 $bel(x_t)$를 따른다는 것을 의미한다.

뒤에서 더 자세히 설명하겠지만, 앞에서 소개한 입자 필터의 수학적 유도 과정은 $M \uparrow \infty$인 경우에만 성립한다. 정규화 상수에 대한 모호성 때문에 그렇다. 하지만 M이 유한한 값이더라도 입자 필터의 직관적 개념은 충분히 설명 가능하다.

4.3.4 입자 필터의 실제 활용 시 고려사항과 특징들

밀도 추출

입자 필터가 유지하는 샘플 집합은 연속성을 지닌 빌리프에 대한 이산적 근사화 형태를 띤다. 그러나 많은 애플리케이션에서는 연속성 데이터의 추정값에 대한 가용성을 갖추고 있어야 한다. 여기서 말하는 추정값은 입자를 통해 표현되는 스테이트에 대한 추정값뿐만 아니라 스테이트 공간 내에 있는 모든 위치에 대한 추정값도 해당된다. 이러한 성질을 만족하는 샘플에서 연속형 확률 밀도를 추출하는 문제를 밀도 추정 density estimation이라고 한다. 여기서는 밀도 추정의 몇 가지 방법을 설명한다(수학적 유도 는 생략).

그림 4.5는 입자에서 밀도를 추출하는 다양한 방법을 보여준다. 가장 왼쪽의 그래 프는 그림 4.3의 예제에서 변환된 가우시안 분포의 입자와 밀도를 보여주고 있다. 입 자에서 밀도를 추출하는 간단하고 매우 효율적인 방법으로 가우시안 근사화 기법이 있다 (그림 4.5(b)의 점선으로 표시되어 있다). 이 경우, 입자들로부터 추출된 가우시안은 (실선으 로 표시된) 밀도의 가우시안 근사법과 사실상 동일하다.

당연히 가우시안 근사법은 밀도의 기본 속성만 잡아낸다. 그리고 가우시안 근사법 은 밀도가 유니모달인 경우에만 적합하다. 멀티모달 샘플 분포는 가우시안의 혼합 모 델을 사용해 밀도를 근사화하는 k 평균 클러스터링$^{k\text{-means clustering}}$ 같은 좀 더 복잡한 기 법을 필요로 한다. 그림 4.5(c)에서는 다른 기법을 소개하고 있다. 여기서는 스테이트 공간 위에 이산형 히스토그램을 겹쳐놓았으며, 각 구간의 확률은 해당 범위에 속한 입 자들의 가중치를 합산해 계산한다. 히스토그램 필터와 마찬가지로, 이 기법의 중요한 단점은 차원의 증가에 따라 공간 복잡도가 지수적으로 증가한다는 점이다. 반면 히스 토그램은 멀티모달 분포를 나타낼 수 있고, 계산도 매우 효율적이다. 그리고 모든 스 테이트의 밀도를 입자 개수에 관계없이 시간 내에 추출할 수 있다.

입자들로부터 밀도 트리$^{density\ tree}$를 생성해서 히스토그램 표현의 공간 복잡성을 크게 줄일 수 있다(이에 관해서는 4.1.4절에서 설명했다). 그러나 스테이트 공간 내에서 임의의 지점에 대해 밀도를 추출할 경우 밀도 트리는 결과를 찾을 때 계산 복잡도가 더 높다 (밀도 트리의 깊이^{depth}에 로그를 취한 결과와 같다).

커널 밀도 추정$^{kernel\ density\ estimation}$은 입자 집합을 연속 밀도로 변환하는 또 다른 방법 중 하나다. 여기서 각 입자는 소위 커널의 중심으로 사용되고, 전체 밀도는 커널 밀도 를 혼합해 구한다. 그림 4.5(d)는 각 입자에 가우시안 커널을 배치한 결과의 혼합 밀 도$^{mixture\ density}$를 보여주고 있다. 커널 밀도 추정의 장점은 매끄러움과 알고리즘의 간

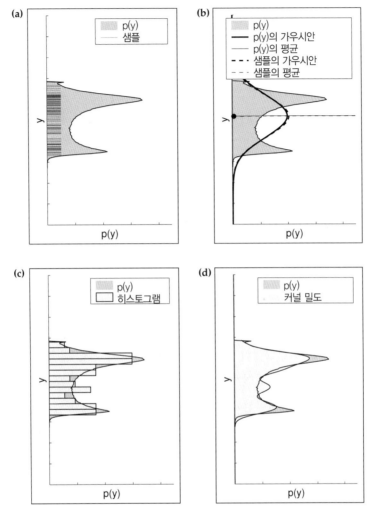

그림 4.5 입자들로부터 확률 밀도를 추출하는 여러 가지 방법: (a) 확률 밀도와 샘플 집합의 근사화, (b) 가우시안 근사화(평균, 분산), (c) 히스토그램 근사화, (d) 커널 밀도 추정 기법. 어떤 근사화 기법을 선택하는지는 대상 애플리케이션이 무엇인지와 필요한 계산 복잡도 내지는 계산량이 얼마나 되는지를 보고 판단한다.

결성에 있다. 그러나 임의의 지점에서 밀도를 계산하는 복잡도는 입자 또는 커널 수에 선형적으로 비례한다.

그러면 실제로 어떤 밀도 추출 기술을 사용해야 할까? 이건 문제를 보고 판단해야 한다. 예를 들어 많은 로보틱스 애플리케이션을 생각해보면, 처리 능력은 매우 제한적이고 입자의 평균은 로봇을 제어하는 데 충분한 정보를 제공한다. 액티브 로컬화 active localization 같은 애플리케이션의 경우 스테이트 공간의 불확실성에 대한 좀 더 복잡한 정보에 영향을 받게 된다. 이러한 문제에는 히스토그램 또는 가우시안 혼합을 이용하는 편이 더 나을 수 있다. 여러 로봇들이 수집한 데이터를 조합할 경우 때로는 서로 다른 샘플 집합의 통계적 기반이 되는 밀도 함수의 곱셈 연산을 필요로 할 수도 있다. 이런 문제에는 밀도 트리 또는 커널 밀도 추정 기법이 적절하다.

샘플링 분산

입자 필터 오차의 중요한 원인 중 하나는 랜덤 샘플링에 내재되어 있는 변이 variation와 관련이 있다. 확률 밀도로부터 유한한 개수의 샘플을 추출할 때마다 이 샘플에서 추출된 통계량은 원본 샘플의 통계량과 약간씩 차이를 보인다. 예를 들어 가우시안 확률 변수로 샘플을 만들었을 경우 샘플의 평균과 분산은 원래 확률 변수의 평균 및 분산과 다를 수 있다. 랜덤 샘플링으로 인한 가변성을 샘플러의 분산 variance이라고 한다.

가우시안 빌리프를 지닌 2개의 똑같은 로봇이 (노이즈도 없는) 같은 액션을 수행한다고 상상해보자. 이럴 경우 당연히 두 로봇 모두 액션을 수행한 후에 빌리프가 동일해야 한다. 이 상황을 시뮬레이션하기 위해 샘플을 가우시안 밀도 함수에서 반복하여 비선형 변환을 통해 전달한다. 그림 4.6의 그래프는 실제 결과(회색 영역)와 함께 결과 샘플과 커널 밀도를 보여준다. 왼편의 그래프는 가우시안에서 25개의 샘플을 생성한 결과다. 당초 원했던 결과와는 달리 커널 밀도 추정값 중 일부는 실제 밀도와 크게 다르며, 커널 밀도 간에 큰 차이가 있다. 다행스러운 건, 샘플링 분산 sampling variance이 샘플 개수에 따라 작아지고 있다는 점이다. 그림 4.6의 오른쪽 그래프는 250개의 샘플로 얻은 일반적인 결과를 보여준다. 확실히 샘플 개수가 많을수록 변동폭이 적은 정확한 근삿값을 얻을 수 있음을 알 수 있다. 실제로 샘플의 양이 충분하다면 로봇에 의한 관찰값은 실제 빌리프에 '충분히 가까운' 샘플 기반 빌리프를 유지하게 된다.

리샘플링

샘플링 분산은 리샘플링 resampling이 반복될수록 점점 커진다. 이는 스테이트에 전혀

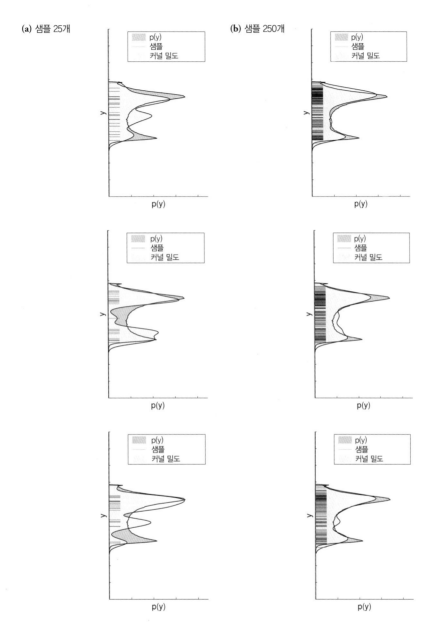

그림 4.6 랜덤 샘플링에 의한 분산. 샘플 데이터는 가우시안 분포를 통해 만들어지고 비선형 함수 형태를 띤다. 그림에서 왼쪽 그래프는 샘플 개수가 25개인 경우, 오른쪽 그래프는 샘플 개수가 250개인 경우의 샘플 추정값과 커널 추정값을 보여준다. 모든 결과는 무작위 실험을 시행해 구한 것이다.

변화가 없는 로봇 같은 극단적인 경우를 생각해보면 쉽게 이해할 수 있을 것이다. 이런 경우 간혹 $x_t = x_{t-1}$이 성립한다는 것도 알고 있다. 아울러 이에 관한 좋은 예로, 움직이지 않는 로봇에 대한 모바일 로봇의 위치 파악 문제를 생각해보자. 우선 로봇에 센서가 없어서 스테이트 추정이 불가능하다고 가정해보자. 이런 경우 로봇은 그 위치에 관한 어떤 것도 절대로 발견할 수 없으므로, 시간 t에서의 추정값은 시간 t에서 임의의 시점에 대한 초기 추정값과 동일해야 한다.

안타깝게도 이것은 바닐라 입자 필터의 결과가 아니다. 처음에는 입자 집합이 사전 스테이트에서 생성되고 입자는 스테이트 공간 전체에 확산된다. 그러나 (알고리즘 8행의) 리샘플링 단계에서 간혹 스테이트 샘플 $x^{[m]}$을 재생산하지 못할 수 있다. 스테이트 전이가 결정론적이기 때문에 포워드 샘플링 단계(4행)에서 새로운 스테이트를 생성하지 못한다. 시간이 갈수록 새 입자는 만들어지지 않고 리샘플링 단계의 무작위 특성으로 인해 점점 더 많은 입자가 제거된다. 결국 나중에는 남은 게 거의 없을 것이다. 확률이 1이면, 임의의 단일 입자와 똑같은 복사본 M개만 남아 있을 것이다. 리샘플링이 반복됐기 때문에 다양성이 사라질 것이다. 이 결과를 밖에서 봤다면 로봇이 월드 스테이트를 단 한 가지로 결정했다고 비춰질 수 있는데, 이는 (앞에 가정한) 로봇에 센서가 없다는 것과 완전히 모순되는 결과다.

이 예제는 입자 필터 알고리즘에서 중요하고 실질적인 파급 효과가 있는 또 다른 한계가 있음을 보여주고 있다. 특히 근사화 오차에 따라 입자의 모집단 자체가 그대로 드러나므로 리샘플링 과정에서 입자 모집단의 다양성이 사라진다. 입자 집합 자체의 분산값은 작아지지만 실제 빌리프의 추정값을 의미하는 입자 집합의 분산은 증가한다. 따라서 실제 구현 과정에서 이러한 입자 필터의 분산값(또는 오차)을 제어하는 방안이 꼭 필요하다.

분산 감소^variance reduction를 위한 두 가지 기법을 알아보자. 첫째, 리샘플링이 발생하는 빈도를 낮출 수 있다. 스테이트가 정적일 경우, 즉 $x_t = x_{t-1}$이면 리샘플링을 하지 않는 것이다. 예를 들어, 앞에서 설명한 모바일 로봇 로컬화 문제를 생각해보자. 로봇이 정지하면, 리샘플링 작업도 멈춰야 한다(측정값이 반영되는 것도 중지하는 것이 좋다). 스테이트가 변경되더라도 리샘플링의 빈도를 줄이는 것이 좋다. 앞에서 설명한 중요도 인자를 곱셈 연산을 통해 업데이트해서 여러 측정값을 함께 반영할 수도 있다. 좀 더 구체적으로 설명하면, 다음 식을 참고해 메모리에 중요도 가중치를 유지하거나 업데이트를 한다는 뜻이다.

$$w_t^{[m]} = \begin{cases} 1 & \text{리샘플링이 수행될 경우} \\ p(z_t \mid x_t^{[m]})\, w_{t-1}^{[m]} & \text{리샘플링이 수행되지 않을 경우} \end{cases} \tag{4.36}$$

언제 리샘플링을 할지 판단하는 데는 복잡하고 실질적인 경험이 필요하다. 리샘플링을 너무 자주 하면 다양성을 잃을 위험이 커진다. 반면 리샘플링 빈도가 너무 낮을 경우, 낮은 확률을 갖는 영역에서는 많은 샘플 데이터가 낭비될 수 있다. 리샘플링을 수행할지 여부를 결정하려면 중요도 가중치의 분산을 측정하면 된다. 가중치의 분산은 샘플 기반 표현의 효율성과 관련이 있다. 즉, 모든 가중치가 동일하면 분산은 0이며 리샘플링을 수행하지 않아야 한다. 반면, 가중치가 소수 샘플에 집중되는 경우에는 가중치 분산이 높고 리샘플링을 수행해야 한다.

샘플링 오차를 줄이기 위한 두 번째 방법으로 낮은 분산 샘플링^{low variance sampling}이 있다. 표 4.4를 통해 낮은 분산 샘플링 알고리즘을 자세히 알아보자. 기본 개념은 리샘플링 과정에서 서로 독립적으로 샘플 데이터를 선택하는 대신 (표 4.3의 기본 입자 필터의 경우와 마찬가지로) 순차적 확률 프로세스를 기반으로 샘플 데이터를 선택하는 것이다.

M개의 난수를 선택하고 난수에 해당하는 입자를 선택하는 대신 이 알고리즘은 하나의 난수를 구하고 이 숫자에 따라 샘플을 선택한다. 아울러 샘플을 선택할 때 샘플 가중치에 비례하는 확률을 고려한다. 이는 구간 $[0; M^{-1}]$에서 임의의 수 r개를 추출해서 생성한다. 여기서 M은 시간 t에서 그려지는 샘플의 개수다. 그런 다음 표 4.4의 알고리즘은 r에 고정량 M^{-1}을 반복적으로 추가하고 결과 숫자에 해당하는 입자를 선택한다. 예를 들어 $[0; 1]$은 정확하게 하나의 입자, 즉 입자 i를 가리킨다. 다음 식을 보자.

$$i = \operatorname*{argmin}_{j} \sum_{m=1}^{j} w_t^{[m]} \geq U \tag{4.37}$$

```
1:          Algorithm Low_variance_sampler($\mathcal{X}_t, \mathcal{W}_t$):
2:              $\bar{\mathcal{X}}_t = \emptyset$
3:              $r = \text{rand}(0; M^{-1})$
4:              $c = w_t^{[1]}$
5:              $i = 1$
6:              for $m = 1$ to $M$ do
7:                  $U = r + (m - 1) \cdot M^{-1}$
8:                  while $U > c$
9:                      $i = i + 1$
10:                     $c = c + w_t^{[i]}$
11:                 endwhile
12:                 add $x_t^{[i]}$ to $\bar{\mathcal{X}}_t$
13:             endfor
14:             return $\bar{\mathcal{X}}_t$
```

표 4.4 입자 필터를 위한 낮은 분산 리샘플링 기법. 입자 집합 $\mathcal{X}$와 관련 가중치 $\mathcal{W}$를 이용해 샘플을 추출하기 위해 난수 1개를 사용한다. 다만 리샘플된 입자의 확률은 가중치에 비례한다. 이 방법은 상당히 효율적이다. M개의 입자를 샘플링하는 데 필요한 계산 복잡도는 $O(M)$이다.

표 4.4의 while 루프는 식 (4.37)의 오른쪽 항에 있는 총합을 계산하고 i가 해당 가중치 합이 U보다 큰 첫 번째 입자의 인덱스인지 여부를 추가로 확인한다. 선택 작업은 알고리즘 12행에서 수행된다. 그림 4.7에서도 이 과정을 설명하고 있다.

낮은 분산 샘플러low-variance sampler의 장점은 크게 세 가지를 생각해볼 수 있다. 첫째, 독립 랜덤 샘플러independent random sampler에 비해 더 체계적인 방식으로 샘플 공간을 커버한다. 이를 통해 의존형 샘플러dependent sampler가 입자를 독립적이고 무작위로

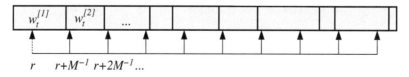

그림 4.7 낮은 분산 리샘플링 프로시저의 원리. r개의 난수를 선정한 후, $u = r + (m - 1) \cdot M^{-1}$, $m = 1, \dots, M$에 해당하는 입자들을 선택한다.

선택하지 않고 모든 입자를 체계적으로 돌아가면서 선택한다는 사실을 알 수 있다. 둘째, 모든 샘플의 중요도가 동일할 경우, 결과 샘플 집합 $\mathcal{X}_t$는 $\mathcal{X}_t$와 동일하다. 이는 $\mathcal{X}_t$로 관찰값을 통합하지 않고 리샘플링을 할 경우 모든 샘플을 유지할 수 있음을 의미한다. 셋째, 낮은 분산 샘플러의 계산 복잡도는 $O(M)$이다. 독립 샘플러에서 동일한 계산 복잡도를 얻는 것은 어렵다. 왜냐하면 임의의 수를 하나 생성한 다음 특정 입자를 탐색하는 데 $O(\log M)$의 계산 복잡도를 필요로 하므로, 전체 리샘플링 작업을 위한 계산 복잡도는 $O(M \log M)$이 되기 때문이다. 따라서 입자 필터를 사용할 때 계산 시간은 반드시 고려해야 하며, 때때로 리샘플링 과정을 효율적으로 구현하면 실제 성능에서 큰 차이를 낼 수도 있다. 이러한 이유로 로보틱스에서 입자 필터를 구현할 때 앞에서 설명한 것과 같은 메커니즘을 활용하기도 한다.

효율적인 샘플링 방법을 다룬 참고문헌은 엄청나게 많다. 우리가 생각할 수 있는 또 다른 옵션으로 **층화 샘플링**stratified sampling(층화추출법)이 있는데, 입자들을 여러 개의 서브셋으로 그룹화한다. 이 서브셋들을 기반으로 2단계 절차를 거쳐 샘플링을 수행한다. 먼저, 첫 번째 단계에서는 서브셋에 포함된 입자의 전체 가중치를 근거로 각 서브셋에서 추출한 샘플의 수를 결정한다. 두 번째 단계에서는 낮은 분산 리샘플링 같은 기법을 이용해 서브셋 각각에서 샘플 데이터를 임의로 추출한다. 이렇게 하면 샘플링 분산을 낮출 수 있다. 아울러 로봇이 단일 입자 필터를 가지고 여러 가지 가설을 추적할 때 대체로 잘 동작하는 특징이 있다.

샘플링 바이어스

유한한 개수의 입자만 사용한다는 점은 사후 스테이트를 추정하는 과정에서 바이어스를 유발할 수 있다. 예를 들어, 입자의 개수가 $M = 1$인 극단적인 경우를 생각해보자. 이때 표 4.3의 알고리즘 3~7행에 해당하는 루프문loop statement은 단 한 번만 실행된다. 이를 통해 생성된 결과 집합 $\mathcal{X}_t$에는 모션 모델에서 샘플링된 입자 데이터 1개만 있을 것이다. 이제부터가 중요한데, 표 4.3의 알고리즘 8~11행에 있는 리샘플링 단계에서 이 샘플을 중요도 가중치 $w_t^{[m]}$와 관계없이 결정론적으로(즉, 앞에서 만들어진 것을 그대로) 수용한다. 따라서 측정값 확률 $p(z_t \mid x_t^{[m]})$과 z_t 모두 업데이트 결과에 아무런 영향을 주지 않는다. 결국 $M = 1$이면 입자 필터는 기대 확률 $p(x_t \mid u_{1:t}, z_{1:t})$가 아닌 확률 $p(x_t \mid u_{1:t})$를 기반으로 입자를 생성하게 된다. 한마디로 모든 측정값을 무시해버린다. 어떻게 이런 일이 일어날 수 있을까?

범인은 바로 정규화, 구체적으로 보면 리샘플링 단계에 있다. 표 4.3의 알고리즘 9행을 보자. 중요도 가중치 $w_t^{[m]}$에 비례해서 샘플링을 할 경우 $M = 1$일 때 정규화 결과는 다음 식과 같다.

$$p(9\text{행에서 } x_t^{[m]}\text{을 추출}) \;=\; \frac{w_t^{[m]}}{w_t^{[m]}} \;=\; 1 \tag{4.38}$$

일반적으로 M차원 공간에서 정규화되지 않은 중요도 가중치 $w_t^{[m]}$을 생성하지만, 정규화 과정 후 $M - 1$차원 공간에 이들을 올리는 것에서 문제가 발생한다. 이는 정규화 과정 후 m번째 중요도 가중치를 $M - 1$개의 다른 가중치를 통해 복원할 수 있기 때문이다(복원은 $M - 1$개의 다른 가중치들에서 1을 빼면 된다). 다행스러운 점은 M이 클수록 차원(또는 자유도)의 손실 문제는 점점 작아진다는 것이다.

입자 결핍 문제

입자가 충분히 많은데도 올바른 스테이트와 가까운 영역 내에 입자가 하나도 없는 현상이 있을 수 있다. 이러한 문제를 입자 결핍 문제particle deprivation problem라고 한다. 이는 입자의 수가 너무 적어 높은 유사가능도를 갖는 모든 관련 영역을 커버할 수 없을 때 주로 발생한다. 그러나 입자 집합 크기 M에 관계없이 궁극적으로 모든 입자 필터에서 발생해야 한다고 주장하는 견해도 있다.

입자 결핍 문제는 랜덤 샘플링의 분산이 원인일 수 있다. 운이 나쁘면 생성된 난수들을 통해 삭제 대상이 된 입자들이 트루 스테이트true state에 가까운 것들일 수도 있기 때문이다. 매 샘플링 단계에서 이러한 결과가 나타날 확률은 0보다 크다(일반적으로 입자 집합 크기 M에 대해 기하급수적으로 작기는 하지만 말이다). 따라서 우리는 입자 필터를 충분히 오래 실행해야 한다. 어찌 되든 결국엔 정확하지 않은 임의의 추정값을 생성하게 된다.

실제로 이러한 성격의 문제는 높은 유사가능도를 갖는 모든 스테이트의 공간에 비해 M이 상대적으로 작을 때 발생하기 쉽다. 입자 결핍 문제를 해결하고자 할 때, 보통은 모션 명령 및 측정 명령의 실제 순서와 상관없이 각각의 리샘플링 과정을 수행하고 나중에 무작위로 생성된 입자 몇 개를 입자 집합에 추가한다. 이렇게 하면 입자 결핍 문제 발생을 (해결까지는 아니지만) 줄일 수는 있다. 반면 잘못된 사후 스테이트 추정값이 정확하지 않다는 점은 감수해야 한다. 랜덤 샘플을 추가하는 방법의 장점은 한마디로 간단명료함이라고 할 수 있다. 입자 필터에 랜덤 샘플을 추가하는 데 소프트웨어 수정 작업은 매우 적다. 경험상 랜덤 샘플을 추가하는 방법은 최후의 수단으로 고려하기 바란다. 즉, 입자 결핍 문제를 해결하고자 다른 모든 기술을 시도했음에도 실패했을 경우에만 적용해야 한다. 입자 결핍 문제를 다루기 위한 또 다른 기법들은 로봇 로컬화 주제를 가지고 8장에서 설명한다.

이상의 설명을 통해 샘플 기반 표현의 퀄리티가 샘플 개수에 따라 증가한다는 사실을 알 수 있었다. 그러므로 중요한 질문은 특정 추정 문제에 얼마나 많은 샘플을 사용해야 하는지 여부다. 하지만 이 질문에 대한 완벽한 답은 없으며, 필요한 샘플 수 결정은 종종 사용자의 몫으로 남겨지곤 한다. 경험상 샘플 개수는 스테이트 공간의 차원과 입자 필터로 근사화된 분포의 불확실성에 따라 결정된다. 예를 들어, 균등 분포 (균일 분포)일 경우 스테이트 공간 내에 있는 작은 영역에 집중된 분포보다 많은 샘플을 필요로 한다. 샘플 크기에 대한 더 자세한 설명은 이후의 장들에서 로봇 로컬화 및 매핑 관련 주제를 통해 설명한다.

4.4 요약

4장에서는 두 가지의 비모수 베이즈 필터, 히스토그램 필터 및 입자 필터를 알아봤다. 비모수 필터는 사후 스테이트의 값을 유한한 근삿값으로 계산한다. 시스템 모델과 사후 스테이트의 모양에 대한 다소 깐깐하지 않은 가정하에서 둘 다 사후 스테이트를 나타내기 위해 사용된 값의 수가 무한대로 갈수록 근사화 오차가 0으로 균일하게 수렴한다는 특성을 갖는다.

- 히스토그램 필터는 스테이트 공간을 매우 많은 컨벡스 영역으로 분해한다. 또한 히스토그램 필터는 각 지역의 누적 사후 스테이트 확률을 단일 수치로 표현한다.

- 로보틱스 분야에서 사용되는 많은 분해 기술이 있다. 특히, 분해의 세분성 granularity은 로봇 환경의 구조에 따라 영향을 받기도 한다. 만약 로봇 환경의 구조에 맞춰 분해의 세분성이 결정됐을 경우, 이를 '토폴로지 알고리즘'이라고 한다.

- 분해 기술은 크게 정적 분해와 동적 분해로 나눌 수 있다. 정적 분해는 빌리프의 형태와 관계없이 미리 만들어진다. 동적 분해의 경우 종종 사후 스테이트 확률에 비례하여 공간 해상도(분해능)를 증가시키려고 시도한다. 이 때문에 동적 분해는 스테이트 공간을 분해할 때, 로봇 빌리프의 특성에 영향을 받는 경향이 있다. 동적 분해는 정직 분해보다 결과는 더 좋은 반면, 구현은 더 어렵다.

- 다른 비모수적인 기술로 입자 필터가 있다. 입자 필터는 사후 스테이트에서 추출한 스테이트의 랜덤 샘플을 이용해 사후 스테이트를 표현한다. 여기서 말하는 샘플 데이터를 입자라고 한다. 입자 필터는 구현하기가 매우 쉽고, 이 책에서 소개한 모든 베이즈 필터 알고리즘 중에서 가장 폭넓게 사용되고 있다.

- 입자 필터의 오차를 줄이기 위한 방법이 있다. 널리 사용되는 대표적인 방법 두 가지를 요약하면, (1) 알고리즘의 랜덤성 때문에 발생하는 추정값의 분산을 줄이는 기법과, (2) 사후 스테이트의 복잡도에 따라 입자 개수를 조정하는 기법이 있다.

3장과 4장에서 설명한 필터 알고리즘은 뒤에서 설명할 많은 확률론적 알고리즘의 기초가 된다. 여기서 소개한 자료는 오늘날 많이 사용되고 있는 알고리즘과 확률론적 로봇의 표현이라고 보면 된다.

4.5 참고문헌

West and Harrison(1997)은 3장과 4장에서 설명한 여러 기술에 대한 심화 기법을 소개하고 있다. 히스토그램은 수십 년 동안 통계학 분야에서 사용돼왔다. Sturges(1926)에서는 히스토그램 근사법의 해상도resolution를 선택하기 위한 초기 규칙 중 하나를 제공하고 있다. 이에 관한 후속 연구 결과로 Freedman and Diaconis(1981)가 있다. 아울러 Scott(1992)에서 소개하는 분석 결과도 참고하기 바란다. 일단 스테이트 공간이 이산 히스토그램으로 매핑되면, 결과적인 시간 추론 문제는 많이들 알고 있는 이산 은닉 마르코프 모델HMM로 해결이 가능하다. 이는 Rabiner and Juang(1986)에 의해 소개되었다. MacDonald and Zucchini(1997)와 Elliott et al.(1995)에서 이에 관한 후속 연구 결과를 확인할 수 있다.

입자 필터는 몬테카를로 방법을 처음 소개한 Metropolis and Ulam(1949)의 논문에서 시작됐다고 볼 수 있다. 이후 Rubinstein(1981)에서 좀 더 현대적인 기법을 소개했다. 입자 필터 기법의 부분 중 하나인 샘플링 중요도 리샘플링 기술에 관해서는 Rubin(1988)과 Smith and Gelfand(1992)라는 2개의 논문에서 제안됐다. 층화 샘플링은 Neyman(1934)에 의해 처음으로 고안됐다. 지난 몇 년 동안 입자 필터는 베이지안 통계학 분야에서 광범위하게 연구돼왔다(Doucet, 1998; Kitagawa, 1996; Liu and Chen, 1998; Pitt and Shephard, 1999). 인공지능 분야에서 입자 필터는 적자 생존survival of the fittest이라는 이름으로 재발명됐다(Kanazawa et al., 1995). 컴퓨터 비전computer vision에서 Isard and Blake(1998)의 응축condenstation 알고리즘은 이러한 문제를 추적하는 데 사용되고 있다. 입자 필터에 관한 최신 연구 결과로 Doucet et al.(2001)이 있다.

4.6 연습문제

1. 이 문제에서는 3장에서 연구한 선형 동적 시스템에 대한 히스토그램 필터를 구현해본다.

    (a) 3장 연습문제 1에서 설명한 동적 시스템에 대한 히스토그램 필터를 구현해

보자. 이 필터를 사용해 $t = 1, 2, \ldots, 5$에 대한 사후 스테이트의 분포를 예측해보자. 또한 시간 t 각각에 대해, x와 x에 대한 결합 사후확률을 그래프로 표현해보라. 여기서 x는 수평축, x는 수직축에 표시한다.

(b) 3장 연습문제 2의 설명을 참고해 측정 업데이트 단계를 히스토그램 필터에 구현해보라. 시간 $t = 5$라고 가정한다. 이때 $z = 5$의 측정값을 관찰하고 있다. 히스토그램 필터를 업데이트하기 전과 후의 사후 스테이트를 표현해보라. 그리고 그래프로도 설명해보라.

2. 3장 연습문제 4에서 설명한 비선형 히스토그램 필터를 구현해보라. 여기서는 세 가지 스테이트 변수와 다음과 같은 결정론적 스테이트 전이 관계를 갖는다고 정의된 비선형 시스템을 대상으로 한다.

$$\begin{pmatrix} x' \\ y' \\ \theta' \end{pmatrix} = \begin{pmatrix} x + \cos\theta \\ y + \sin\theta \\ \theta \end{pmatrix}$$

초기 스테이트 추정값은 다음과 같다.

$$\mu = \begin{pmatrix} 0 & 0 & 0 \end{pmatrix} \text{ 그리고 } \Sigma = \begin{pmatrix} 0.01 & 0 & 0 \\ 0 & 0.01 & 0 \\ 0 & 0 & 10000 \end{pmatrix}$$

(a) 가우시안 사전확률의 스테이트 지식을 반영해, 히스토그램 필터의 초기 추정값을 구해보라.

(b) 히스토그램 필터를 구현하고 예측 단계를 실행해보라. 결과로 만들어진 사후 스테이트를 EKF^{extended Kalman filter}에서 얻은 결과와 직관적인 분석 결과를 비교해보자. 히스토그램 필터에서 x-y 좌표와 방향 θ의 해상도에 대해 무엇을 알 수 있었는가?

(c) 이제 추정값에 측정값을 반영해보자. 앞에서 했던 것처럼 측정값은 로봇의 x 좌표상에서 공분산 $Q = 0.01$인 노이즈가 포함되어 있다. 이 부분에 해당하는 과정을 구현하고, 결과를 계산하고, 그래프로 그리고, EKF 및 직관

적인 분석 결과와 비교해보기 바란다.

주의사항: 히스토그램 필터의 결과를 그래프로 그릴 때 모든 θ 값의 공간에서 이산형 부분 공간 각각에 대해 하나씩(다 합치면 여러 개의) 밀도 그래프를 그릴 수 있다.

3. 앞에서는 하나의 입자를 사용했을 때의 효과에 대해 이야기했다. 입자 필터링에서 $M = 2$ 입자를 사용하면 어떤 효과가 있을까? 사후 스테이트에 바이어스가 일어나는 예로 어떤 것이 있을까? 만약 있다면 어느 정도 될까?

4. 히스토그램을 사용하는 대신, 입자 필터를 이용해 연습문제 1을 구현해보자. 그리고 그 결과를 그래프로 그리고 앞에서 다룬 내용을 이용해 종합적으로 비교, 분석해본다.

5. 히스토그램 대신에 입자 필터를 사용해 연습문제 2를 구현해보고, 그 결과를 논의해보라. 한편 결과에 다양한 수의 입자가 영향을 끼치는 경우에 대해서도 알아보자.

05

로봇 모션

5.1 개요

5장과 6장에서는 이제까지 설명했던 필터 알고리즘을 구현하기 위한 나머지 2개의 구성요소인 모션과 측정값 모델을 다룬다. 5장에서는 모션 모델을 설명한다. 모션 모델 motion model이란 스테이트 전이 확률 $p(x_t \mid u_t, x_{t-1})$로 구성되는데, 이 확률값은 베이즈 필터의 예측 단계에 필수 요소다. 이 장에서는 실제 로보틱스 구현에 쓰이는 확률적 모션 모델을 자세히 설명한다. 이어서 6장에서는 센서 측정값 $p(z_t \mid x_t)$의 확률 모델을 설명한다. 센서 측정값 확률은 측정 업데이트 단계에서 꼭 필요한 정보다. 여기서 소개하는 자료는 이후 뒤에서 공부할 모든 알고리즘을 구현implementing할 때 꼭 필요하므로, 잘 이해해두기 바란다.

　이 책에서 다루는 주요 주제 중 하나인 로봇 키네마틱스는 수십 년간 활발하게 연구돼왔다. 하지만 거의 모든 연구에서 결정론적 형태를 다뤘다. 확률론적 로보틱스는 제어 노이즈 또는 모델로 만들어지지 않은 (외부에서 발생한) 결과들 때문에 제어 결과가 불확실성을 갖는다는 사실에 대한 키네마틱 방정식을 일반화한 것이다. 뒤에서 다룰 주제 역시 확률론에 관한 것이다. 제어의 결과는 사후 스테이트 확률을 통해 정의된다. 따라서 앞에서 설명했던 확률론적 스테이트 추정 기술에 대해 이러한 결과 모델을 훨씬 손쉽게 다룰 수 있을 것이다.

여기서는 2차원 평면 환경에서 동작하는 로봇을 위한 모바일 로봇 키네마틱스를 중점적으로 설명한다. 이는 키네마틱스의 최신 기법과 비교했을 때 훨씬 더 구체적이다. 매니퓰레이터 키네마틱스 모델과 로봇 다이내믹스의 모델에 대해서는 다루지 않는다. 그러나 그렇다고 해서 확률론적 아이디어가 모바일 로봇의 단순한 키네마틱 모델에만 국한된다고 오해하지 않았으면 한다. 오히려 최신 기술을 소개한다고 보는 것이 더 타당할 수 있는데, 그 이유는 확률론적 기술이 5장에서 설명할 여러 가지 (관점에 따라 기초 수준이라고 볼 수 있는) 모델들을 이용해 모바일 로봇에서 가장 큰 성공을 거두었기 때문이다. 로봇 다이내믹스의 확률론적 모델 같은 좀 더 정교한 확률론적 모델의 활용 방안은 기존 연구에서 여전히 미해결 과제들 중 하나다. 그렇다고 해도 이러한 주제가 터무니없는 것은 아니다. 이 장에서 자세히 설명하겠지만, 로봇 액추에이션에서 나타나는 불확실성의 유형을 특징짓는 노이즈 변수를 추가해 결정론적 로봇 액추에이터 모델deterministic robot actuator model이 '확률론적' 모습을 갖추게 한다.

이론상으로는, 확률 모델이 제대로 만들어졌는지를 판단할 때 로봇 액추에이션 및 인식perception에서 파악할 수 있는 특정 유형의 불확실성이 정확하게 모델링됐는지 여부로 생각할 수도 있다. 하지만 실제로는, 모델이 얼마나 정확하게 만들어졌는지 여부보다 처음부터 불확실한 결과가 나타나는지 여부를 더 중요하게 여길 수 있다. 실제 활용이 가능함을 제대로 입증한 많은 모델은 불확실성의 규모를 과대 평가하는 경우가 많다. 이렇게 해서 결과 알고리즘은 모델링되지 않은 스테이트 및 알고리즘 근사 효과 같은 마르코프 가정(2.4.4절)을 위반할 때보다 로버스트하다. 뒤에서 확률론적 알고리즘의 실제 구현을 설명할 때 이러한 결과를 더 자세히 다룰 것이다.

5.2 기본 정보

5.2.1 키네마틱 환경 설정

키네마틱스^{kinematics}는 로봇 환경 설정^{configuration}에서 제어 액션의 결과를 설명하는 계산 작업으로 정의할 수 있다. 리지드 모바일 로봇은 일반적으로 (데카르트 좌표라고도 하는) 3차원 직교 좌표, 그리고 외부 좌표계와 관련된 3개의 오일러 각^{Euler angle} 정보(롤^{roll}, 피치^{pitch}, 요^{yaw})라는 총 여섯 가지 변수를 구성 정보로 갖는다. 이 책은 2차원 평면 환경에서 작동하는 모바일 로봇에 주로 한정되어 있으며, 이 로봇의 키네마틱 스테이트는 '포즈^{pose}'라는 좌표계의 세 가지 변수로 요약할 수 있다.

2차원 평면에서 작동하는 모바일 로봇의 포즈를 그림 5.1에서 살펴보자. 여기서 포즈는 외부 좌표계에 대한 2차원 평면 좌표와 각도 방향^{angular orientation}을 포함하고 있다. 2차원 평면 좌표를 x와 y(스테이트 변수 x_t와 헷갈리지 말 것)로 하고, 각도를 θ로 표시하면 로봇의 포즈는 식 (5.1)과 같은 벡터로 표현할 수 있다.

$$\begin{pmatrix} x \\ y \\ \theta \end{pmatrix} \tag{5.1}$$

앞에서 설명한 로봇의 방향^{orientation}을 방위^{bearing}, 또는 지향점^{heading direction}이라고도 한다. 그림 5.1을 예로 들면 x축에서는 방향이 $\theta = 0$으로, y축에서는 방향이 $\theta = 0.5\pi$로 표현될 수 있다.

포즈에 방향값이 없을 경우, 이를 위치^{location}라고 한다. 위치의 개념은 다음 장에서 설명할 로봇 환경을 설명하기 위한 측정 작업에서 매우 중요한 내용이다. 개념을 단

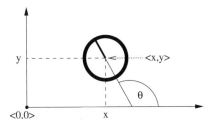

그림 5.1 전역 좌표계에서 로봇 포즈의 예

순화하기 위해, 이 책에서는 위치를 2차원 벡터로 표현한다. 구체적으로는 식 (5.2)와 같이 x-y 좌표계를 활용한다.

$$\begin{pmatrix} x \\ y \end{pmatrix} \tag{5.2}$$

환경 내에서 객체의 포즈와 위치를 이용해 로봇 환경 시스템의 키네마틱 스테이트 x_t 를 표현할 수도 있다.

5.2.2 확률론적 키네마틱스

모션 모델$^{\text{motion model}}$이라고도 부르는 확률론적 키네마틱 모델은 모바일 로보틱스에서 스테이트 전이 모델 역할을 담당하고 있다. 이 모델은 다음과 같은 조건부 확률 밀도 함수와 밀접한 관련이 있다.

$$p(x_t \mid u_t, x_{t-1}) \tag{5.3}$$

여기서 x_t와 x_{t-1}은 (x축 및 그 외의 변수들을 포함한) 로봇의 포즈를 의미하고, u_t는 모션 명령을 의미한다. x_{t-1}에서 모션 명령 u_t를 실행할 때 로봇이 가정하는 키네마틱 스테이트에 대한 사후 분포를 이 모델에서 표현하고 있다. 구현 단계에서 u_t는 때때로 로봇의 오도메트리를 통해 확보할 수 있다. 그러나 개념상의 이유로 u_t를 제엇값으로 참고할 것이다.

그림 5.2에서 2차원 평면 환경에서 작동하는 리지드 모바일 로봇의 키네마틱 모델을 설명하는 두 가지 예를 살펴보자. 두 경우 모두 로봇의 초기 포즈는 x_{t-1}이다. 확률 분포 $p(x_t \mid u_t, x_{t-1})$은 어두운 영역으로 표시되어 있다. 포즈가 어두울수록 그 가능성이 더 높음을 의미한다. 이 그림에서 사후 포즈 확률은 x-y 좌표 공간으로 투영된다. 그림에서는 로봇의 방향에 관련된 차원이 빠져 있다. 그림 5.2(a)에서 로봇은 일정 거리만큼 앞으로 이동하며, 그 과정에서 그림에 나타난 것처럼 병진^{translation} 및 회전^{rotation} 오차가 발생할 수 있다. 그림 5.2(b)는 좀 더 큰 불확실성의 폭을 보이는 그림 5.2(a)의 예에 비해 더 복잡한 모션 명령의 결과를 보여준다.

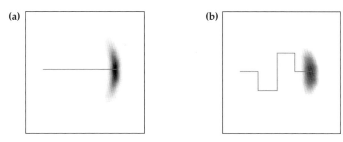

그림 5.2 모션 모델: 실선으로 표시된 그래프는 모션 명령을 실행한 로봇 포즈의 사후확률을 의미한다. 위치가 어두울수록 해당 지점에 위치할 확률이 더 높음을 의미한다. 이 그림은 원래 로봇의 진행 방향 θ를 고려해 3차원으로 되어 있는 것을 2차원 평면에 투영한 것이다.

이 장에서는 평면 환경에서 움직이는 모바일 로봇을 위한 두 가지 특정 확률론적 모션 모델 $p(x_t \mid u_t, x_{t-1})$에 관한 자세한 내용을 소개한다. 두 모델 모두 처리되는 모션 타입 정보를 약간 보완한 버전이다. 첫 번째 모델에서는 모션 데이터 u_t가 로봇의 모터에 주어진 속도 명령을 지정한다고 가정한다. 차동 드라이브^{differential drive}, 싱크로 드라이브^{synchro drive} 같은 많은 상업용 모바일 로봇은 독립적인 병진 속도 및 회전 속도에 의해 작동하며, 이러한 방식으로 작동하는 것이 가장 바람직하다고 본다. 두 번째 모델에서는 오도메트리에 대한 액세스 권한이 있다고 가정한다. 대부분의 상업용 기자재는 이동한 거리, 전환한 각도 같은 키네마틱 정보를 사용해 오도메트리를 제공한다. 이러한 정보를 통합하는 결과 확률 모델은 속도 모델과 약간 차이가 있다.

실제로 오도메트리 모델은 속도 모델보다 높은 정확도를 보이는데, 그 이유는 다음과 같다. 대부분의 상업용 로봇의 경우, 로봇 바퀴의 회전 수를 측정해 얻을 수 있는 정확도를 이용하여 속도 명령을 실행하지 않는다. 그러나 오도메트리는 모션 명령을 실행한 후에만 사용할 수 있다. 결국 모션 플래닝에 이를 사용할 수 없다. 충돌 방지 같은 플래닝 알고리즘은 모션의 결과를 예측해야 한다. 따라서 오도메트리 모델은 일반적으로 추정을 위해 적용되는 반면, 속도 모델은 확률론적 모션 플래닝에 사용된다.

5.3 속도 모션 모델

속도 모션 모델velocity motion model에서는 우리가 회전 속도와 병진 속도를 통해 로봇을 제어할 수 있다고 가정한다. 많은 상업용 로봇에서는 프로그래머가 속도를 지정할 수 있도록 제어 인터페이스를 제공하고 있다. 그리고 이들을 통해 공통으로 제어되는 드라이브 트레인drive train으로 차동 드라이브, 애커먼 드라이브Ackerman drive, 싱크로 드라이브가 있다. 우리 모델에서 다루지 않는 드라이브 시스템으로는 논홀로노믹non-holonomic 제약이 없는 시스템이 있다. 대표적인 예로 메카넘Mecanum 휠을 갖고 있는 로봇, 다리를 이용하는 로봇legged robot 등이 있다.

시간 t상에서 병진 속도translational velocity와 회전 속도rotational velocity를 각각 v_t와 w_t로 표현할 수 있다. 다음 식을 보자.

$$u_t = \begin{pmatrix} v_t \\ \omega_t \end{pmatrix} \tag{5.4}$$

회전 속도 w_t의 값이 0보다 크면 (왼쪽으로 도는) 반시계 방향을 의미한다. 병진 속도 v_t가 0보다 클 경우 앞으로 나아가는 전진 모션을 의미한다.

5.3.1 닫힌 형태 계산

표 5.1은 확률 $p(x_t \mid u_t, x_{t-1})$을 계산하는 알고리즘을 보여준다. 입력값으로는 초기 포즈 $x_{t-1} = (x\ y\ \theta)^T$, 제엇값 $u_t = (v\ w)^T$, 통계적 가설을 통한 후속 포즈 $x_t = (x'\ y'\ \theta')^T$가 있다. 일정한 크기의 시간 간격 Δt 동안 제어가 이뤄진다고 가정했을 때, 결괏값은 스테이트 x_{t-1}에서 시작해서 제엇값 u_t를 실행한 후 x_t일 때의 확률 $p(x_t \mid u_t, x_{t-1})$이다. 파라미터 α_1부터 α_6는 로봇에 특화된 모션 오차 파라미터다. 표 5.1의 알고리즘은 우선 오차가 없는 로봇의 제엇값을 계산한다. 이를 통해 각각의 변수들이 갖는 의미가 유도 과정에서 좀 더 명확해진다. 관련 파라미터로 v, w이 있다.

함수 **prob**(x, b^2)은 모션 오차를 모델링한다. 평균이 0이고 분산이 b^2인 확률 변수에 대한 파라미터 x의 확률을 계산한다. 이 알고리즘의 구현 버전으로 (1) 정규 분포

1:   **Algorithm motion_model_velocity**(x_t, u_t, x_{t-1}):

2:   $\mu = \dfrac{1}{2} \dfrac{(x - x')\cos\theta + (y - y')\sin\theta}{(y - y')\cos\theta - (x - x')\sin\theta}$

3:   $x^* = \dfrac{x + x'}{2} + \mu(y - y')$

4:   $y^* = \dfrac{y + y'}{2} + \mu(x' - x)$

5:   $r^* = \sqrt{(x - x^*)^2 + (y - y^*)^2}$

6:   $\Delta\theta = \operatorname{atan2}(y' - y^*, x' - x^*) - \operatorname{atan2}(y - y^*, x - x^*)$

7:   $\hat{v} = \dfrac{\Delta\theta}{\Delta t} r^*$

8:   $\hat{\omega} = \dfrac{\Delta\theta}{\Delta t}$

9:   $\hat{\gamma} = \dfrac{\theta' - \theta}{\Delta t} - \hat{\omega}$

10:   *return* $\mathbf{prob}(v - \hat{v}, \alpha_1 v^2 + \alpha_2 \omega^2) \cdot \mathbf{prob}(\omega - \hat{\omega}, \alpha_3 v^2 + \alpha_4 \omega^2)$
      $\cdot\, \mathbf{prob}(\hat{\gamma}, \alpha_5 v^2 + \alpha_6 \omega^2)$

표 5.1 속도 정보를 기반으로 확률 $p(x_t \mid u_t, x_{t-1})$을 계산하는 알고리즘. 여기서 x_{t-1}은 벡터 $(x\ y\ \theta)^T$로 표현한다. x_t는 $(x'\ y'\ \theta')^T$로 표현한다. u_t는 속도 벡터 $(v\ w)^T$로 표현한다. 함수 $\mathbf{prob}(a, b^2)$은 평균이 0이고 분산이 b^2인 확률 분포에 대해 입력 인자 a의 확률을 계산한다. 표 5.2의 알고리즘을 사용해 구현이 가능하다.

를 따르는 오차 변수와 (2) 삼각 분포$^{triangular\ distribution}$를 고려한 두 가지를 생각해볼 수 있다. 이에 관한 자세한 내용은 표 5.2를 참고한다.

그림 5.3은 속도 모션 모델의 예를 $x\text{-}y$ 좌표 공간에 투영해 보여준다. 세 가지 경우 모두, 로봇의 병진 속도와 각속도$^{angular\ velocity}$는 동일하다. 그림 5.3(a)는 적절한 오차

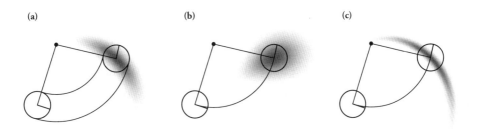

그림 5.3 여러 가지 노이즈 파라미터에 대한 속도 모션 모델의 예

표 5.2 평균이 0인 정규 분포와 분산이 b^2인 삼각 분포의 확률 밀도를 계산하는 알고리즘

파라미터 α_1부터 α_6를 이용한 결과 분포를 보여준다. 그림 5.3(b)는 (그림 5.3(a)의 모델과 비교했을 때) 각 오차(관련 파라미터 α_3, α_4)는 더 작은 반면 병진 오차(관련 파라미터 α_1, α_2)는 더 클 경우의 결과 분포를 보여준다. 그림 5.3(c)는 각은 더 크고 병진 오차는 더 작을 경우의 결과 분포를 보여준다.

5.3.2 샘플링 알고리즘

입자 필터(4.3절 참고)에서는 임의의 x_t, u_t, x_{t-1}에 대한 사후 스테이트를 계산하지 않고 모션 모델 $p(x_t \mid u_t, x_{t-1})$로부터 샘플을 받는다. 조건부 확률 밀도 함수를 통한 샘플링sampling은 밀도 함수를 계산하는 것과는 다르다. 샘플링에서는 u_t와 x_{t-1}이 주어진다. 그리고 모션 모델 $p(x_t \mid u_t, x_{t-1})$에 의해 랜덤 샘플 x_t를 생성한다. 한편 밀도 함수를 계산할 경우, 다른 평균값들을 통해 생성된 x_t가 주어진다. 그리고 $p(x_t \mid u_t, x_{t-1})$하에서 x_t의 확률을 계산한다.

표 5.3의 알고리즘 **sample_motion_model_velocity**는 고정된 제엇값 u_t와 포즈값 x_{t-1}에 대해 $p(x_t \mid u_t, x_{t-1})$로부터 랜덤 샘플을 생성한다. 또 입력값으로 x_{t-1}과 u_t를 받아서 확률 분포 $p(x_t \mid u_t, x_{t-1})$에 따라 랜덤 포즈 x_t를 생성한다. 2~4행까지는 키네마틱 모션 모델의 오차 파라미터로부터 유도된 노이즈를 이용해 제엇값 파라미터를 계산한다. 노이즈값은 샘플의 새로운 포즈를 생성하는 데 사용되며, 이와 관련된

1:   **Algorithm sample_motion_model_velocity(u_t, x_{t-1}):**

2: $\hat{v} = v + \mathbf{sample}(\alpha_1 v^2 + \alpha_2 \omega^2)$

3: $\hat{\omega} = \omega + \mathbf{sample}(\alpha_3 v^2 + \alpha_4 \omega^2)$

4: $\hat{\gamma} = \mathbf{sample}(\alpha_5 v^2 + \alpha_6 \omega^2)$

5: $x' = x - \frac{\hat{v}}{\hat{\omega}} \sin \theta + \frac{\hat{v}}{\hat{\omega}} sin(\theta + \hat{\omega} \Delta t)$

6: $y' = y + \frac{\hat{v}}{\hat{\omega}} \cos \theta - \frac{\hat{v}}{\hat{\omega}} cos(\theta + \hat{\omega} \Delta t)$

7: $\theta' = \theta + \hat{\omega} \Delta t + \hat{\gamma} \Delta t$

8: $return\ x_t = (x', y', \theta')^T$

표 5.3 포즈값 $x_{t-1} = (x\ y\ \theta)^T$와 제엇값 $u_t = (v\ w)^T$로부터 포즈값 $x_t = (x'\ y'\ \theta')^T$를 샘플링하는 알고리즘. 랜덤 항인 γ를 추가해 최종 방향에 변화를 주는 점에 주목하기 바란다. 변수 α_1에서 α_6는 모션 노이즈 파라미터다. 함수 **sample**(b^2)은 평균이 0이고 분산이 b^2인 확률 분포로부터 랜덤 샘플을 생성한다. 이와 관련한 알고리즘은 표 5.4와 같이 구현할 수 있다.

1:   **Algorithm sample_normal_distribution(b^2):**

2: $return\ \dfrac{1}{2} \displaystyle\sum_{i=1}^{12} \mathbf{rand}(-b, b)$

3:   **Algorithm sample_triangular_distribution(b^2):**

4: $return\ \dfrac{\sqrt{6}}{2} \left[\mathbf{rand}(-b, b) + \mathbf{rand}(-b, b)\right]$

표 5.4 평균 0, 분산 b^2인 정규 분포와 삼각 분포로부터 샘플링하는 알고리즘. 자세한 내용은 Winkler(1995)를 참고하기 바란다. 함수 rand(x, y)는 $[x, y]$ 구간에서 균등 분포를 기반으로 한 난수 생성기다.

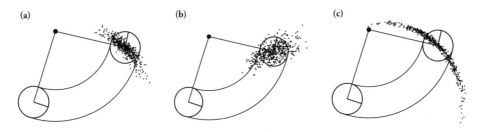

그림 5.4 그림 5.3과 동일한 파라미터를 이용해 속도 모션 모델로부터 샘플링한 결과. 각 결과는 500개의 샘플을 보여준다.

코드는 5~7행에 해당한다. 샘플링 프로시저는 간단한 물리적 로봇 모델을 가장 명확한 형태로 구현하고 있다. 여기서 말하는 물리적 로봇 모션 모델은 예측 단계에서 제어 관련 노이즈를 반영한다. 그림 5.4를 통해 샘플링 모듈의 결과를 좀 더 자세히 알아보자. 여기서는 500개의 샘플 데이터를 **sample_motion_model_velocity**를 이용해 생성했다. 그림 5.3에서 설명한 확률 밀도 함수를 이용한 결과와 비교해보기 바란다.

x_t가 주어졌을 때 확률 밀도 함수를 계산하는 것보다 x_t의 샘플을 구하는 것이 훨씬 쉬운 경우가 많다. 왜냐하면 물리적 모션 모델의 시뮬레이션만 수행하면 샘플 데이터를 구할 수 있기 때문이다. 가설을 기반으로 한 포즈의 확률을 계산하려면 오차 파라미터에 대한 추측을 소급 적용해야 하는데, 이로 인해 물리적 모션 모델의 역행렬 계산 과정이 필요하다. 입자 필터에서 샘플링 과정은 구현 단계에서 매우 유리한 부분이라 하겠다.

5.3.3 속도 모션 모델의 수학적 유도

이 절에서는 **motion_model_velocity** 알고리즘과 **sample_motion_model_velocity** 알고리즘을 수학적으로 유도해본다. 수학적인 내용에 아직 흥미가 없는 분들은 이 절을 나중에 다시 공부하기로 약속하고 5.4절로 넘어가도 좋다. 우선 로봇 모션의 생성 모델부터 시작해본다. 그런 다음 임의의 x_t, u_t, x_{t-1}에 대해 샘플링하는 작업과, 확률 밀도 함수 $p(x_t \mid u_t, x_{t-1})$을 계산하는 작업에 대한 수식도 유도해보자.

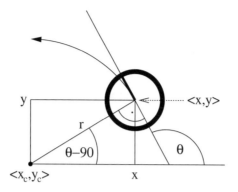

그림 5.5 $(x\ y\ \theta)^T$로 시작해서 상숫값의 속도 v와 w로 이동하는 노이즈값이 없는 로봇에 의해 수행된 모션의 예

정확한 모션의 경우

확률 계산으로 넘어가기에 앞서, 이상적인 예로 노이즈가 없는 로봇에 대한 키네마틱 스부터 알아보자. $u_t = (v\ w)^T$는 시간 t에서의 제엇값을 나타낸다. 두 속도 v와 w가 시간 $(t-1,\ t]$ 동안 고정된 값을 유지하면 로봇은 식 (5.5)의 반지름이 있는 원을 따라 이동한다.

$$r = \left| \frac{v}{\omega} \right| \tag{5.5}$$

식 (5.5)를 통해 반지름이 r인 원 모양의 경로상에서 움직이는 임의의 객체에 대한 병진 속도 v와 회전 속도 w 간의 일반적인 연관관계를 만들어낼 수 있다. 다음 식을 보자.

$$v = \omega \cdot r \tag{5.6}$$

식 (5.5)는 직선으로 움직이는 로봇의 경우처럼 로봇이 방향 전환을 하지 않는(즉, $w = 0$) 점을 내포하고 있다. 여기서 말하는 '직선'을 반지름이 무한대인 원이라고 볼 수 있으므로 r의 값이 무한대가 될 수도 있다는 뜻이다.

$x_{t-1} = (x,\ y,\ \theta)^T$를 로봇의 최초 포즈로 놓자. 그리고 Δt에 대해 상숫값의 속도 $(v\ w)^T$를 유지한다고 가정하자. 이때 원의 중심은 다음과 같이 구할 수 있다.

$$x_c = x - \frac{v}{\omega}\sin\theta \tag{5.7}$$

$$y_c = y + \frac{v}{\omega}\cos\theta \tag{5.8}$$

변수 $(x_c, y_c)^T$는 좌표를 나타낸다. 모션이 일어난 Δt 시간 후, (이상적인) 로봇의 포즈는 $x_t = (x', y', \theta')^T$가 될 것이다. 이에 관해 각 항을 좀 더 자세히 풀어 쓰면 다음과 같다.

$$\begin{pmatrix} x' \\ y' \\ \theta' \end{pmatrix} = \begin{pmatrix} x_c + \frac{v}{\omega}\sin(\theta + \omega\Delta t) \\ y_c - \frac{v}{\omega}\cos(\theta + \omega\Delta t) \\ \theta + \omega\Delta t \end{pmatrix} \tag{5.9}$$

$$= \begin{pmatrix} x \\ y \\ \theta \end{pmatrix} + \begin{pmatrix} -\frac{v}{\omega}\sin\theta + \frac{v}{\omega}\sin(\theta + \omega\Delta t) \\ \frac{v}{\omega}\cos\theta - \frac{v}{\omega}\cos(\theta + \omega\Delta t) \\ \omega\Delta t \end{pmatrix}$$

이 식은 단순히 삼각법^{trigonometry}(삼각함수)을 이용해 쉽게 유도할 수 있다. 단위 시간 Δt 후, 노이즈가 섞이지 않은 로봇은 원의 궤적을 따라 $v \cdot \Delta t$만큼 이동한다. 이를 통해 $w \cdot \Delta t$만큼 방향의 변화도 일어난다. 동시에 x와 y 좌표는 다음 두 가지를 이용해 구할 수 있다. 우선 $(x_c\ y_c)^T$에 대한 원의 교차점이 필요하다. 그리고 $(x_c\ y_c)^T$를 시작점으로 하고 $w \cdot \Delta t$에 수직인 직선이 필요하다. 두 번째 변환 과정은 식 (5.8)을 모션 방정식으로 대체하기만 하면 된다.

물론 실제 로봇에서 속도의 변화는 연속성을 띠므로, 시간 간격에 대해 상숫값의 속도를 유지한다는 건 어려울 수 있다. 따라서 상숫값이 아닌 속도를 갖는 키네마틱스를 계산하려면 Δt에 작은 값을 사용해야 한다. 또한 각 시간 간격 안에서 상숫값을 이용해 실제 속도를 근사화한다. 이렇게 근사화 작업을 통해 구한 최종 포즈는 앞에서 설명한 수식을 이용해 원 모양의 이동 경로를 계산하여 구할 수 있다.

실제 모션

실제로 로봇 모션은 노이즈에 영향을 받는다. 실제 속도 역시 입력받은 속도(또는 로봇이 속도를 측정하는 센서를 통해 값을 취할 경우 측정되는 값)와는 차이를 보인다. 평균이 0이고 분산은 유한한 값인 확률 변수를 이용해 이러한 차이를 모델링해보자. 좀 더 구체적으로 실제 속도가 다음과 같다고 가정해보자.

$$\begin{pmatrix} \hat{v} \\ \hat{\omega} \end{pmatrix} = \begin{pmatrix} v \\ \omega \end{pmatrix} + \begin{pmatrix} \varepsilon_{\alpha_1 v^2 + \alpha_2 \omega^2} \\ \varepsilon_{\alpha_3 v^2 + \alpha_4 \omega^2} \end{pmatrix} \tag{5.10}$$

여기서 ε_{b^2}은 평균이 0이고 분산은 b^2인 오차 변수를 의미한다. 이런 식으로 입력받은 속도에 약간의 오찻값(노이즈)을 추가해 실제 속도가 같아지게 한다. 우리가 만든 모델에서 오차(노이즈)의 표준 편차는 입력받은 속도에 비례한다. 파라미터 α_1에서 α_4는 로봇에 관련된 오차 파라미터다(참고로 $i = 1, \dots, 4$에 대해 $\alpha_i \geq 0$이다). 이들은 로봇의 정확도를 모델링하는 데 활용된다. 로봇의 정확도가 낮을수록 이 파라미터들의 값이 커진다.

오찻값 ε_{b^2}에는 보통 정규 분포와 삼각 분포가 많이 사용된다.

평균이 0이고 분산이 b^2인 **정규 분포**normal distribution는 다음과 같은 확률 밀도 함수로 표현할 수 있다.

$$\varepsilon_{b^2}(a) = \frac{1}{\sqrt{2\pi\ b^2}}\ e^{-\frac{1}{2}\frac{a^2}{b^2}} \tag{5.11}$$

그림 5.6(a)는 분산이 b^2인 정규 분포의 확률 밀도 함수를 보여준다. 정규 분포는 연속성을 갖는 확률적 프로세스continuous stochastic process에서 노이즈를 모델링하는 데 많이 사용된다. ($p(a) > 0$인 데이터 a의 집합을 의미하는) 서포트support는 $\Re$이다.

평균이 0이고 분산이 b^2인 **삼각 분포**triangular distribution는 다음과 같은 확률 밀도 함수

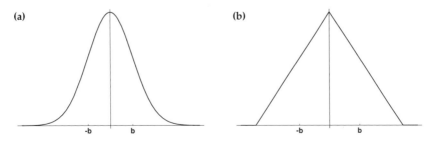

그림 5.6 분산값 b^2을 갖는 확률 밀도 함수: (a) 정규 분포, (b) 삼각 분포

로 표현할 수 있다.

$$\varepsilon_{b^2}(a) \;=\; \max\left\{ 0, \frac{1}{\sqrt{6}\,b} - \frac{|a|}{6\,b^2} \right\} \tag{5.12}$$

이 함수는 $(-\sqrt{6b},\ \sqrt{6b})$에서만 0이 아닌 값을 갖는다. 그림 5.6(b)에서 알 수 있듯이, 확률 밀도 함수는 대칭 삼각형symmetric triangle의 모양을 띤다(이런 이유로 삼각 분포라는 이름이 붙었다).

$x_{t-1} = (x\ y\ \theta)^T$에서 모션 명령 $u_t = (v\ w)^T$를 시행한 후 실제 포즈 $x_t = (x'\ y'\ \theta')^T$를 좀 더 정교하게 모델링한 결과는 다음과 같다.

$$\begin{pmatrix} x' \\ y' \\ \theta' \end{pmatrix} \;=\; \begin{pmatrix} x \\ y \\ \theta \end{pmatrix} + \begin{pmatrix} -\frac{\hat{v}}{\hat{\omega}}\sin\theta + \frac{\hat{v}}{\hat{\omega}}\sin(\theta + \hat{\omega}\Delta t) \\ \frac{\hat{v}}{\hat{\omega}}\cos\theta - \frac{\hat{v}}{\hat{\omega}}\cos(\theta + \hat{\omega}\Delta t) \\ \hat{\omega}\Delta t \end{pmatrix} \tag{5.13}$$

이 식은 입력받은 속도 $u_t = (v\ w)^T$를 노이즈가 반영된 모션인 식 (5.9)의 $(v\ w)^T$로 대체하여 구할 수 있다. 하지만 이 모델 역시 현실적이라고 말하기엔 여전히 부족한 면이 있다. 왜 그런지 뒤에서 좀 더 자세히 알아보자.

최종 방향

반지름 $r = \frac{v}{w}$ 크기의 정확한 원형 궤적을 따라서 로봇이 실제로 움직인다고 가정했을 때, 앞에서 설명한 두 가지 방정식 모두 로봇의 최종 위치를 정확하게 표현한다. 원형 세그먼트의 반지름과 이동한 거리가 제멋값 노이즈에 영향을 받는 과정에서 이동 경로가 정확하게 원을 그리지 않게 된다. 이 때문에 앞에서 원형 모션이라고 가정한 것을 조정할 필요가 있다. 특히, 확률 밀도 함수 $p(x_t \mid u_t, x_{t-1})$의 서포트support는 3차원 임베딩 포즈 공간 내에서 2차원으로 투영한 결과다. 우리가 v와 w라는 2개의 노이즈 변수만 사용했기 때문에 모든 사후 스테이트 포즈가 3차원 포즈 공간 내에서 2차원 매니폴드에 나타나게 된다. 불행히도, 이는 베이즈 필터를 스테이트 추정에 적용할 때 중요한 파급 효과를 일으킨다.

실제로, 의미 있는 사후 스테이트 분포는 당연히 이런 문제와는 무관하고, x, y 및 θ의 3차원 공간에서 포즈를 구할 수 있다. 모션 모델을 일반화하기 위해, 로봇이 최종 포즈에 도달했을 때 회전 γ를 수행한다고 가정한다. 이렇게 하면 식 (5.13)을 이용해 θ'를 계산하는 대신, 다음과 같은 식을 이용해 계산할 수 있다.

$$\theta' \;=\; \theta + \hat{\omega}\Delta t + \hat{\gamma}\Delta t \tag{5.14}$$

γ는 다음과 같다.

$$\hat{\gamma} \;=\; \varepsilon_{\alpha_5 v^2 + \alpha_6 \omega^2} \tag{5.15}$$

여기서 α_5와 α_6는 추가 회전 노이즈의 분산값을 결정하기 위해 로봇에 특별히 첨가된 파라미터다. 최종 모션 모델의 결과는 다음과 같다.

$$\begin{pmatrix} x' \\ y' \\ \theta' \end{pmatrix} \;=\; \begin{pmatrix} x \\ y \\ \theta \end{pmatrix} + \begin{pmatrix} -\frac{\hat{v}}{\hat{\omega}}\sin\theta + \frac{\hat{v}}{\hat{\omega}}\sin(\theta + \hat{\omega}\Delta t) \\ \frac{\hat{v}}{\hat{\omega}}\cos\theta - \frac{\hat{v}}{\hat{\omega}}\cos(\theta + \hat{\omega}\Delta t) \\ \hat{\omega}\Delta t + \hat{\gamma}\Delta t \end{pmatrix} \tag{5.16}$$

$p(x_t \mid u_t,\, x_{t-1})$의 계산

표 5.1의 **motion_model_velocity** 알고리즘에서 주어진 값 $x_{t-1} = (x\ y\ \theta)^T$, $u_t = (v\ w)^T$, $x_t = (x'\ y'\ \theta')^T$가 주어졌을 때 $p(x_t \mid u_t,\, x_{t-1})$을 계산하는 과정을 구현했다. 이 알고리즘의 유도 결과는 역 모션 모델을 효과적으로 구현했으며, 이 때문에 약간 복잡하다. 특히, **motion_model_velocity**는 적절한 최종 회전값 γ와 포즈 x_{t-1}, x_t를 이용해 모션 파라미터 $u_t = (v\ w)^T$를 결정한다. 여기서 최종 회전값이 꼭 필요한데, 그 이유는 다음과 같다. 최종 회전을 적용하지 않을 경우 x_{t-1}, u_t, x_t의 거의 모든 값에 대해 모션 확률이 0이 돼버리기 때문이다.

Δt 시간 동안 포즈 $x_{t-1} = (x\ y\ \theta)^T$에서 포즈 $x_t = (x'\ y'\ \theta')^T$까지 로봇이 이동하는 제어 액션 $u_t = (v\ w)^T$의 확률 $p(x_t \mid u_t,\, x_{t-1})$을 계산해보자. 이를 위해 로봇의 최종 방향과는 관계없이 로봇을 x_{t-1}에서 위치 $(x'\ y')$로 이동시키는 데 필요한 제엇값 $u = (v\ w)^T$부터 먼저 결정한다. 그런 다음, 로봇이 방향 θ'를 얻기 위해 필요한 최종 회전 γ를 결정할 것이다. 이러한 계산 과정을 바탕으로 확률 $p(x_t \mid u_t,\, x_{t-1})$을 쉽게 계산할 수 있다.

한편 앞에서 모델을 만들 때 로봇이 Δt 동안 일정한 속도로 이동해 원형 궤적을 만들어낸다고 가정했었다. $x_{t-1} = (x\ y\ \theta)^T$에서 $x_t = (x'\ y')^T$로 (원의 궤적을 그리며) 이동한 로봇에 대해, (궤적에 해당하는) 원의 중심 $(x^*\ y^*)^T$를 다음과 같이 정의한다.

$$\begin{pmatrix} x^* \\ y^* \end{pmatrix} = \begin{pmatrix} x \\ y \end{pmatrix} + \begin{pmatrix} -\lambda\sin\theta \\ \lambda\cos\theta \end{pmatrix} = \begin{pmatrix} \frac{x+x'}{2} + \mu(y-y') \\ \frac{y+y'}{2} + \mu(x'-x) \end{pmatrix} \quad (5.17)$$

여기서 미지수 $\lambda,\ \mu \in \Re$이다. 식 (5.17)의 첫 번째 방정식을 통해 원의 중심이 로봇의 최초 방향과 직교한다는 사실을 알 수 있다. 식 (5.17)의 두 번째 방정식은 원의 중심이 $(x\ y)^T$와 $(x'\ y')^T$ 사이 중간 지점을 지나는 직선상에 존재하고, 이들 좌표를 지나는 직선과 직교한다는 조건이 있음을 보여준다.

보통 식 (5.17)은 해가 하나만 존재한다. 단, 예외가 있는데 $w = 0$인 경우로, 이때는 원의 중심이 무한대에 있게 된다. 이 식의 해는 다음과 같이 구할 수 있다.

$$\mu = \frac{1}{2} \frac{(x-x')\cos\theta + (y-y')\sin\theta}{(y-y')\cos\theta - (x-x')\sin\theta} \quad (5.18)$$

그리고 이에 따라 다음과 같은 중간 계산 결과를 얻을 수 있다.

$$\begin{pmatrix} x^* \\ y^* \end{pmatrix} = \begin{pmatrix} \frac{x+x'}{2} + \frac{1}{2}\frac{(x-x')\cos\theta + (y-y')\sin\theta}{(y-y')\cos\theta - (x-x')\sin\theta}(y-y') \\ \frac{y+y'}{2} + \frac{1}{2}\frac{(x-x')\cos\theta + (y-y')\sin\theta}{(y-y')\cos\theta - (x-x')\sin\theta}(x'-x) \end{pmatrix} \quad (5.19)$$

원의 반지름은 유클리드 거리$^{\text{Euclidean distance}}$ 함수로 표현할 수 있다.

$$r^* = \sqrt{(x-x^*)^2 + (y-y^*)^2} = \sqrt{(x'-x^*)^2 + (y'-y^*)^2} \quad (5.20)$$

이제 이동 방향의 변화 정도를 계산할 수 있다.

$$\Delta\theta = \text{atan2}(y'-y^*, x'-x^*) - \text{atan2}(y-y^*, x-x^*) \quad (5.21)$$

여기서 atan2는 $\Re^2$로 확장된 y/x의 아크탄젠트의 확장 버전이다(대부분의 프로그래밍 언어에서는 이를 함수로 제공한다).

$$
\mathrm{atan2}(y, x) \;\; = \;\; \begin{cases} \mathrm{atan}(y/x) & x > 0 \text{인 경우} \\ \mathrm{sign(y)}\,(\pi - \mathrm{atan}(|\mathrm{y/x}|)) & x < 0 \text{인 경우} \\ 0 & x = y = 0 \text{인 경우} \\ \mathrm{sign(y)}\,\pi/2 & x = 0, y \neq 0 \text{인 경우} \end{cases} \tag{5.22}
$$

로봇이 원형 궤적을 따라 움직인다고 가정했으므로, 원의 궤적상에 있는 x_t와 x_{t-1} 사이의 병진 거리$^{\text{translational distance}}$는 다음과 같다.

$$
\Delta\mathrm{dist} = r^* \cdot \Delta\theta \tag{5.23}
$$

$\Delta\mathrm{dist}$와 $\Delta\theta$로부터, 속도 v와 w를 쉽게 계산할 수 있다.

$$
\hat{u}_t \;\; = \;\; \begin{pmatrix} \hat{v} \\ \hat{\omega} \end{pmatrix} \;\; = \;\; \Delta t^{-1} \begin{pmatrix} \Delta\mathrm{dist} \\ \Delta\theta \end{pmatrix} \tag{5.24}
$$

시간 간격 Δt 동안 $(x'\ y')$에서 로봇의 최종 진행 방향 θ'를 얻기 위해 필요한 회전 속도 γ는 식 (5.14)를 통해 결정할 수 있다. 다음 식을 보자.

$$
\hat{\gamma} \;\; = \;\; \Delta t^{-1}(\theta' - \theta) - \hat{\omega} \tag{5.25}
$$

모션 오차$^{\text{motiom error}}$는 입력받은 속도 $u_t = (v\ w)^T$와 $\gamma = 0$으로부터 u_t와 γ를 미분한 결과다. 이에 관해서는 식 (5.24)와 식 (5.25)를 참조한다. 다음 식을 보자.

$$
v_{\mathrm{err}} \;\; = \;\; v - \hat{v} \tag{5.26}
$$

$$
\omega_{\mathrm{err}} \;\; = \;\; \omega - \hat{\omega} \tag{5.27}
$$

$$
\gamma_{\mathrm{err}} \;\; = \;\; \hat{\gamma} \tag{5.28}
$$

식 (5.10)과 식 (5.15)에서 설명한 것처럼 오차 모델에 대해 다음과 같은 확률을 계산할 수 있다.

$$
\varepsilon_{\alpha_1 v^2 + \alpha_2 \omega^2}(v_{\mathrm{err}}) \tag{5.29}
$$

$$
\varepsilon_{\alpha_3 v^2 + \alpha_4 \omega^2}(\omega_{\mathrm{err}}) \tag{5.30}
$$

$$
\varepsilon_{\alpha_5 v^2 + \alpha_6 \omega^2}(\gamma_{\mathrm{err}}) \tag{5.31}
$$

여기서 ε_{b^2}은 평균 0, 분산 b^2인 오차 확률 변수를 의미한다. 여러 오찻값들이 서로 독립이라고 가정했으므로, 예상하는 확률 $p(x_t \mid u_t, x_{t-1})$은 각각의 오차들을 곱한 것과 같다. 다음 식을 보자.

$$p(x_t \mid u_t, x_{t-1}) \quad = \quad \varepsilon_{\alpha_1 v^2 + \alpha_2 \omega^2}(v_{\text{err}}) \cdot \varepsilon_{\alpha_3 v^2 + \alpha_4 \omega^2}(\omega_{\text{err}}) \cdot \varepsilon_{\alpha_5 v^2 + \alpha_6 \omega^2}(\gamma_{\text{err}}) \quad (5.32)$$

표 5.1의 **motion_model_velocity** 알고리즘의 정확성을 확인하기 위해, 이 알고리즘에 식 (5.32)를 구현했다는 점에 주목하기 바란다. 좀 더 자세히 말하면 알고리즘 2~9행까지는 식 (5.18), (5.19), (5.20), (5.21), (5.24), (5.25)에 해당한다. 10행은 식 (5.32)를 구현한 것이다. 앞에서 봤던 것처럼 식 (5.32)는 식 (5.29), (5.30), (5.31)로 오차 항을 대체한 결과다.

$p(x' \mid u, x)$로부터 샘플링

표 5.3의 샘플링 알고리즘 **sample_motion_model_velocity**는 이 절의 앞부분에서 설명한 것처럼 포워드 모델forward model을 구현한 것이다. 알고리즘의 5~7행은 식 (5.16)에 해당한다. 알고리즘 2~4행에서 계산된 노이즈값은 식 (5.10)과 식 (5.15)에 해당한다.

표 5.4의 **sample_normal_distribution** 알고리즘은 정규 분포로부터 샘플링하는 일반적인 근사화 작업을 구현한 것이다. 이 근삿값은 중심 극한 정리central limit theorem를 이용하는데, 이는 정상적인non-degenerated 임의의 확률 변수의 평균이 정규 분포로 수렴한다는 것을 나타낸다.[1] 12개의 균등 분포uniform distribution에 대한 평균값을 구해서, **sample_normal_distribution**은 정규 분포에 가까운 근삿값을 생성한다. 기술적으로 결괏값은 항상 $[-2b, 2b]$ 내에 존재한다. 끝으로 표 5.4의 **sample_triangular_distribution**은 삼각 분포를 위한 샘플러를 구현한 것이다.

---

[1] 관련 정보로 퇴화 분포(degenerate distribution, https://en.wikipedia.org/wiki/Degenerate_distribution)를 참고하기 바란다. – 옮긴이

5.4 오도메트리 모션 모델

지금까지 설명한 속도 모션 모델은 로봇의 속도를 사용해 포즈상의 사후 스테이트를 계산한다. 한편, 시간의 경과에 따른 로봇 모션을 계산하기 위한 기준으로 오도메트리 측정값odometry measurement을 사용할 수도 있다. 오도메트리는 일반적으로 휠 인코더 정보를 통합해 얻는다. 대부분의 상업용 로봇은 이렇게 통합한 포즈 추정값을 주기적인 시간 간격(예: 10분의 1초마다 한 번씩)으로 이용할 수 있게 한다. 이를 통해 이 절에서 설명한 두 번째 모션 모델인 오도메트리 모션 모델odometry motion model을 만들어낼 수 있다. 오도메트리 모션 모델은 제엇값 대신 오도메트리 측정값을 사용한다.

실용적인 경험에 비추어볼 때, 오도메트리는 여전히 오차가 있긴 하지만 일반적으로 속도보다 높은 정확도를 보인다. 오도메트리와 속도 모두 드리프트drift와 미끄러짐slippage 등에 영향을 받는다. 그러나 속도는 실제 모션 컨트롤러와 그 (거친) 수학적 모델 간의 불일치로 인해 더 어려운 점이 있다. 그러나 오도메트리는 로봇이 움직인 후에만 이전 상황을 되돌아볼 수 있다. 이것은 뒤에서 설명할 로컬화 알고리즘과 매핑 알고리즘 같은 필터 알고리즘에서는 별문제가 되지 않는다. 그러나 정확한 모션 플래닝 및 제어를 위해서는 이 정보를 사용할 수 없다.

5.4.1 닫힌 형태 계산

기술 관점에서 오도메트릭 정보는 센서 측정값이다(제엇값은 해당되지 않는다). 측정값으로 오도메트리를 모델링하기 위해, 베이즈 필터는 (스테이트 공간의 차원이 증가하는) 스테이트 변수로 실제 속도를 포함시킨다. 따라서 스테이트 공간을 작게 유지하려면 제어 신호처럼 오도메트리 데이터를 고려해야 한다. 이 절에서는 제엇값처럼 오도메트리 측정값을 처리한다. 결과 모델은 가장 좋은 성능을 보이는 확률론적 로봇 시스템의 핵심 요소로 활용된다.

우선 제어 정보의 포맷부터 정의하자. 시간 t에서 로봇의 정확한 포즈는 확률 변수 x_t로 모델링한다. 로봇 오도메트리는 이 포즈를 추정한다. 하지만 드리프트와 슬라이딩 등으로 인해 로봇의 내부 오도메트리를 사용한 좌표와 물리적 환경 내에서 좌표

간에 좌푯값 변환transformation이 존재하게 된다. 사실 이러한 좌표 변환 현상을 알아내는 것이 로봇 로컬화 문제를 해결하는 것이라 할 수 있다!

로봇의 내부 오도메트리를 측정하는 것처럼, 오도메트리 모델은 상대적 모션 정보 relative motion information를 사용한다. 좀 더 구체적으로 설명하면, 시간 간격 $(t-1, t]$에서 로봇의 이동은 포즈 x_{t-1}에서 x_t로 이뤄진다. 오도메트리는 $x_{t-1} = (x\ y\ \theta)^T$에서 $x_t = (x'\ y'\ \theta')^T$로 이동했음을 우리에게 알려준다. 여기서 각 요소에 바bar를 씌운 것은 로봇 내부 좌표에 임베딩된 오도메트리 측정값이 있음을 의미한다. 좀 더 자세히 설명하면 로봇 내부 좌표와 전역 환경 좌표와의 관계는 모르는 상태다. 스테이트 추정에서 이 정보를 활용하기 위한 핵심 요소는 x_{t-1}과 x_t 사이의 상대적 격차라 할 수 있다. 적절하게 '격차difference'라는 용어를 정의했다면, '상대적 격차'는 실질적인 포즈 x_{t-1}과 x_t 사이의 격차에 대한 좋은 추정값이라고 할 수 있다. 그래서 모션 정보 u_t는 다음과 같은 쌍으로 표현할 수 있다.

$$u_t\ =\ \begin{pmatrix} \bar{x}_{t-1} \\ \bar{x}_t \end{pmatrix} \tag{5.33}$$

상대적 오도메트리를 추출하기 위해 u_t는 회전rotation, 직선 모션straight line motion(병진 모션), 또 다른 회전이라는 3단계의 순서로 변환된다. 그림 5.7에서 이를 단계별로 분해해 보여준다. 초기 회전은 δ_{rot1}, 이동 δ_{trans} 및 두 번째 회전 δ_{rot2}이다. 위치 $(s\ s')$는 고

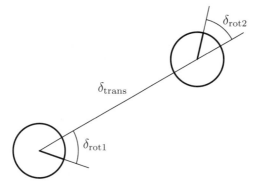

그림 5.7 오도메트리 모델: 시간 $(t-1, t]$에서 로봇 모션은 δ_{rot1}의 근삿값만큼 회전하고, δ_{trans}만큼 병진이 일어나며, δ_{rot2}의 근삿값만큼의 두 번째 회전으로 구성된다. 회전과 병진 각각의 단계에는 노이즈가 포함되어 있다.

유한 파라미터 벡터 $(\delta_{rot1}\ \delta_{trans}\ \delta_{rot2})^T$를 갖는다. 이 파라미터는 s와 s' 사이의 상대적인 모션을 재구성하는 데 충분하다. 따라서 δ_{rot1}, δ_{trans}, δ_{rot2}는 오도메트리를 통해 인코딩된 상대적 모션에 대해 충분한 통계치를 만들어낸다.

확률론적 모션 모델은 이 3개의 파라미터가 독립성을 지닌 노이즈에 의해 손상됐다고 가정하고 있다. 눈치챘을 수도 있겠지만 오도메트리 모션은 앞에서 정의한 속도 벡터보다 파라미터를 하나 더 사용하는데, 이를 통해 '최종 회전final rotation'의 정의로 귀결되는 동일한 디제너러시degeneracy 상황을 피할 수 있다.

수학적 관점에서 좀 더 파악하기에 앞서, 닫힌 형태에서 확률 밀도를 계산하는 기본 알고리즘을 알아보자. 표 5.5는 오도메트리로부터 $p(x_t \mid u_t,\ x_{t-1})$을 계산하기 위한 알고리즘이다. 알고리즘의 입력값은 초기 포즈값 x_{t-1}, 로봇의 오도메트리로부터 얻어진 포즈 쌍 $u_t = (x_{t-1}\ x_t)^T$와 가설로 세운 최종 포즈 x_t이다. 알고리즘의 계산 결과는 확률 $p(x_t \mid u_t,\ x_{t-1})$이다.

1: **Algorithm motion_model_odometry(x_t, u_t, x_{t-1}):**

2: $\quad \delta_{rot1} = \mathrm{atan2}(\bar{y}' - \bar{y}, \bar{x}' - \bar{x}) - \bar{\theta}$

3: $\quad \delta_{trans} = \sqrt{(\bar{x} - \bar{x}')^2 + (\bar{y} - \bar{y}')^2}$

4: $\quad \delta_{rot2} = \bar{\theta}' - \bar{\theta} - \delta_{rot1}$

5: $\quad \hat{\delta}_{rot1} = \mathrm{atan2}(y' - y, x' - x) - \theta$

6: $\quad \hat{\delta}_{trans} = \sqrt{(x - x')^2 + (y - y')^2}$

7: $\quad \hat{\delta}_{rot2} = \theta' - \theta - \hat{\delta}_{rot1}$

8: $\quad p_1 = \mathbf{prob}(\delta_{rot1} - \hat{\delta}_{rot1}, \alpha_1 \hat{\delta}_{rot1}^2 + \alpha_2 \hat{\delta}_{trans}^2)$

9: $\quad p_2 = \mathbf{prob}(\delta_{trans} - \hat{\delta}_{trans}, \alpha_3 \hat{\delta}_{trans}^2 + \alpha_4 \hat{\delta}_{rot1}^2 + \alpha_4 \hat{\delta}_{rot2}^2)$

10: $\quad p_3 = \mathbf{prob}(\delta_{rot2} - \hat{\delta}_{rot2}, \alpha_1 \hat{\delta}_{rot2}^2 + \alpha_2 \hat{\delta}_{trans}^2)$

11: $\quad return\ p_1 \cdot p_2 \cdot p_3$

표 5.5 오도메트리 정보를 이용해 $p(x_t \mid u_t, x_{t-1})$을 계산하는 알고리즘. 여기서 제엇값 u_t는 $(x_{t-1}\ x_t)^T$로 주어진다(x_{t-1} $= (x\ y\ \theta)$, $x_t = (x'\ y'\ \theta')$).

표 5.5 알고리즘의 2~4행에서는 오도메트리로부터 얻은 값을 가지고 상대적 모션 파라미터 $(\delta_{rot1}\ \delta_{trans}\ \delta_{rot2})^T$를 복원한다. 앞에서 했던 것처럼 이 부분에서 역 모션 모델 inverse motion model을 구현하고 있다. 포즈 x_{t-1}과 x_t가 주어졌을 때 이에 대응하는 상대적 모션 파라미터 $(\delta_{rot1}\ \delta_{trans}\ \delta_{rot2})^T$는 알고리즘의 5~7행에서 계산이 이뤄진다. 알고리즘 8~10행에서는 모션 파라미터 각각에 대한 오차 확률을 계산한다. 앞에서와 마찬가지로, 함수 **prob**$(a,\ b^2)$은 평균 0, 분산 b^2을 가지고 a에 대한 오차 분포를 구현한다. 특히 이 부분을 구현할 때 모든 각도의 차이는 $[-\pi,\ \pi]$ 사이에 있어야 한다는 점을 기억해야 한다.

따라서 δ_{rot2} − δ_{rot2}의 결과는 앞의 제약 조건에 맞춰 처리돼야 하는데 이 부분은 디버깅이 어려울 수 있는 일반적인 오차에 해당한다. 끝으로, 알고리즘의 11행은 오차 확률 p_1, p_2, p_3 각각을 곱해서 구한 결합된 오차 확률combined error probability을 계산한다. 이 마지막 단계에서는 여러 가지 오찻값들이 통계학 관점에서 서로 독립이라는 점을 가정하고 있다. 변수 α_1~α_4는 로봇 모션의 노이즈를 지정하는 파라미터다.

그림 5.8은 오차 파라미터 α_1~α_4의 서로 다른 값에 대해 우리가 만든 오도메트리 모션 모델의 예를 보여준다. 그림 5.8(a)의 분포는 일반적인 분포다. 반면 그림 5.8(b)와 그림 5.8(c)의 분포는 비정상적으로 큰 병진(또는 직선) 오차 및 회전 오차를 나타내고 있다. 그림 5.3에서 설명한 다이어그램과 자세히 비교해보기 바란다. 연속으로 두 번 측정한 값 사이의 시간이 짧을수록 서로 다른 모션 모델의 유사도는 더 높아진다. 따라서 빌리프가 빈번하게 업데이트된다면(통상적인 실내 로봇의 경우 0.1초 정도에 해당한다), 이 모션 모델들 사이의 차이는 그다지 크지 않다고 볼 수 있다.

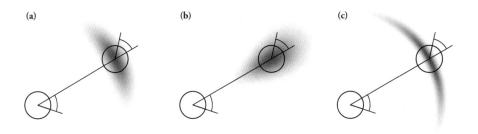

그림 5.8 여러 가지 노이즈 파라미터 설정값에 대한 오도메트리 모션 모델

5.4.2 샘플링 알고리즘

입자 필터가 로컬화에 사용되면 $p(x_t \mid u_t, x_{t-1})$로부터 샘플링하는 알고리즘이 필요할 것이다. 4.3절에서 소개한 입자 필터 알고리즘에서 $p(x_t \mid u_t, x_{t-1})$의 샘플이 필요했던 점을 기억해보자. 좀 더 자세히 설명하면 x_{t-1}, u_t, x_t에 대한 확률 $p(x_t \mid u_t, x_{t-1})$을 계산하는 닫힌 형태 표현이 아니다. 표 5.6의 **sample_motion_model_odometry** 알고리즘에서 샘플링 기법을 구현하고 있다. 초기 포즈 x_{t-1}과 오도메트리 측정값 u_t를 입력으로 받아서 $p(x_t \mid u_t, x_{t-1})$을 기반으로 한 확률 분포 x_t를 결과로 얻는다. 이 알고리즘은 앞에서 본 알고리즘과 다음과 같은 차이점이 있다. 우선 x_t가 주어졌을 때 확률을 계산하는 게 아니라 포즈 x_t를 임의로 추측한다. 이에 관해서는 알고리즘 5~10행을 참조한다. 앞에서와 마찬가지로 역 모델을 위한 부가적인 단계를 필

1:     **Algorithm sample_motion_model_odometry(u_t, x_{t-1}):**

2:     $\delta_{\text{rot1}} = \text{atan2}(\bar{y}' - \bar{y}, \bar{x}' - \bar{x}) - \bar{\theta}$
3:     $\delta_{\text{trans}} = \sqrt{(\bar{x} - \bar{x}')^2 + (\bar{y} - \bar{y}')^2}$
4:     $\delta_{\text{rot2}} = \bar{\theta}' - \bar{\theta} - \delta_{\text{rot1}}$

5:     $\hat{\delta}_{\text{rot1}} = \delta_{\text{rot1}} - \textbf{sample}(\alpha_1 \delta_{\text{rot1}}^2 + \alpha_2 \delta_{\text{trans}}^2)$
6:     $\hat{\delta}_{\text{trans}} = \delta_{\text{trans}} - \textbf{sample}(\alpha_3 \delta_{\text{trans}}^2 + \alpha_4 \delta_{\text{rot1}}^2 + \alpha_4 \delta_{\text{rot2}}^2)$
7:     $\hat{\delta}_{\text{rot2}} = \delta_{\text{rot2}} - \textbf{sample}(\alpha_1 \delta_{\text{rot2}}^2 + \alpha_2 \delta_{\text{trans}}^2)$

8:     $x' = x + \hat{\delta}_{\text{trans}} \cos(\theta + \hat{\delta}_{\text{rot1}})$
9:     $y' = y + \hat{\delta}_{\text{trans}} \sin(\theta + \hat{\delta}_{\text{rot1}})$
10:    $\theta' = \theta + \hat{\delta}_{\text{rot1}} + \hat{\delta}_{\text{rot2}}$

11:    $return \ x_t = (x', y', \theta')^T$

표 5.6 오도메트리 정보를 이용해 $p(x_t \mid u_t, x_{t-1})$로부터 샘플링을 수행하는 알고리즘. 시간 t에서 포즈는 $x_{t-1} = (x \ y \ \theta)^T$로 표현한다. 제엇값은 우선 수학적으로 표현하면 $u_t = (x_{t-1} \ x_t)^T$이다. 여기서 x_{t-1}과 x_t는 로봇의 오도미터(odometer)를 가지고 구한 2개의 포즈 추정값을 의미하며, 수식으로 표현하면 $x_{t-1} = (x \ y \ \theta)$, $x_t = (x' \ y' \ \theta')$이다.

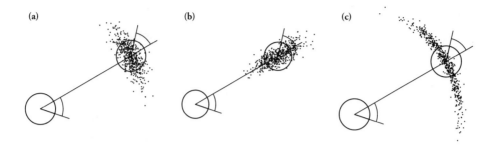

그림 5.9 그림 5.8과 동일한 파라미터를 이용한 오도메트리 모션 모델에서 샘플링한 결과. (a), (b), (c) 모두 500개씩 생성됐다.

요로 하는 닫힌 형태 알고리즘인 **motion_model_odometry**와 비교했을 때 **sample_motion_model_odometry** 알고리즘은 구현이 약간 더 쉽다.

그림 5.9는 **sample_motion_model_odometry** 알고리즘을 통해 생성한 샘플 집합의 예를 보여준다. 여기에 사용된 파라미터는 그림 5.8의 모델에서 사용한 것과 동일하다. 그림 5.10은 여러 단계에서 생성한 샘플 집합을 강제로 반영한 '동작 중인' 모션 모델을 보여준다. 이 데이터는 표 4.3에서 설명한 **particle_filter** 알고리즘의 모션 업데이트 방정식을 사용해 생성했다. 여기서 로봇의 오도메트리 측정은 그림에서 직선으로 표시된 경로를 따라서 이뤄졌다고 가정한다. 이 그림을 통해 로봇이 이동하는 데 따라 불확실성이 어떻게 증가하는지를 알 수 있다. 샘플 데이터가 점진적으로 넓은 공간으로 흩어지는 모습을 확인할 수 있다.

5.4.3 오도메트리 모션 모델의 수학적 유도

알고리즘의 수학적 유도는 상대적으로 간단하다. 이 책을 처음 읽는다면 이 부분은 나중에 공부하고 지금은 건너뛰어도 된다. 오도메트리를 이용해 확률론적 모션 모델을 유도하기 위해, 우리는 앞에서 두 포즈 간의 상대적인 차이를 3개의 기본 모션(회전 1, 직선 모션(병진 모션), 회전 2)을 이어붙여서 표현했다. 오도메트리 측정값 $u_t = (x_{t-1}$ $x_t)^T$, $x_{t-1} = (x\ y\ \theta)$, $x_t = (x'\ y'\ \theta')$를 이용해 세 가지 기본 모션의 값을 어떻게 계산하는지 다음 수식을 통해 알아보자.

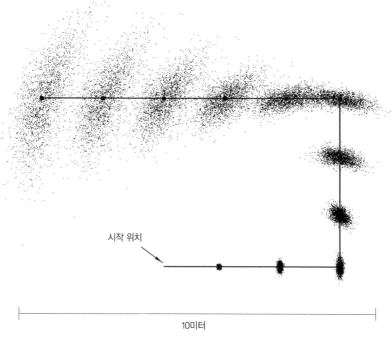

시작 위치

10미터

그림 5.10 센서가 없는 로봇을 위한 위치 빌리프의 근삿값을 샘플링하는 예. 그림에 표시된 직선은 로봇의 액션을 나타낸다. 샘플 데이터는 각 시점에서 로봇의 빌리프를 표현한다.

$$\delta_{\text{rot1}} \quad = \quad \text{atan2}(\bar{y}' - \bar{y}, \bar{x}' - \bar{x}) - \bar{\theta} \qquad (5.34)$$

$$\delta_{\text{trans}} \quad = \quad \sqrt{(\bar{x} - \bar{x}')^2 + (\bar{y} - \bar{y}')^2} \qquad (5.35)$$

$$\delta_{\text{rot2}} \quad = \quad \bar{\theta}' - \bar{\theta} - \delta_{\text{rot1}} \qquad (5.36)$$

모션 오차를 모델링하기 위해서는 회전과 병진(직선) 모션의 '실제' 값을 구해야 한다. 이는 평균 0, 분산 b^2인 노이즈 ε_{b^2}을 각각의 모션에서 빼도록 수식을 구성해 계산할 수 있다. 다음 식을 보자.

$$\hat{\delta}_{\text{rot1}} \quad = \quad \delta_{\text{rot1}} - \varepsilon_{\alpha_1 \delta_{\text{rot1}}^2 + \alpha_2 \delta_{\text{trans}}^2} \qquad (5.37)$$

$$\hat{\delta}_{\text{trans}} \quad = \quad \delta_{\text{trans}} - \varepsilon_{\alpha_3 \, \delta_{\text{trans}}^2 + \alpha_4 \, \delta_{\text{rot1}}^2 + \alpha_4 \, \delta_{\text{rot2}}^2} \qquad (5.38)$$

$$\hat{\delta}_{\text{rot2}} \quad = \quad \delta_{\text{rot2}} - \varepsilon_{\alpha_1 \delta_{\text{rot2}}^2 + \alpha_2 \delta_{\text{trans}}^2} \qquad (5.39)$$

앞에서 설명한 것처럼 ε_{b^2}은 평균 0, 분산 b^2을 갖는 노이즈 변수다. 파라미터 $\alpha_1 \sim \alpha_4$는 로봇에 관련된 오차 파라미터이며, 모션과 관련된 오차를 지정하는 역할을 한다.

이제 실제 위치 x_t는 각도가 δ_{rot1}인 회전 1을 이용해 x_{t-1}로부터 구할 수 있다. 마찬가지로 거리가 δ_{trans}인 병진 모션(직선 모션)과 각도가 δ_{rot2}인 회전 2에 대해서도 값을 구할 수 있다. 다음 식을 보자.

$$
\begin{pmatrix} x' \\ y' \\ \theta' \end{pmatrix} = \begin{pmatrix} x \\ y \\ \theta \end{pmatrix} + \begin{pmatrix} \hat{\delta}_{trans} \, \cos(\theta + \hat{\delta}_{rot1}) \\ \hat{\delta}_{trans} \, \sin(\theta + \hat{\delta}_{rot1}) \\ \hat{\delta}_{rot1} + \hat{\delta}_{rot2} \end{pmatrix} \tag{5.40}
$$

sample_motion_model_odometry 알고리즘에서는 식 (5.34)부터 식 (5.40)까지 구현했다.

motion_model_odometry 알고리즘에서 5~7행은 초기 포즈 x_{t-1} 대비 가설을 기반으로 한 상대적인 포즈 x_t에 대해 모션 파라미터 δ_{rot1}, δ_{trans}, δ_{rot2}를 계산한다. 초기 포즈 x_{t-1}과 상대적 포즈 x_t 간의 차이는 다음과 같다.

$$
\delta_{rot1} - \hat{\delta}_{rot1} \tag{5.41}
$$

$$
\delta_{trans} - \hat{\delta}_{trans} \tag{5.42}
$$

$$
\delta_{rot2} - \hat{\delta}_{rot2} \tag{5.43}
$$

이 값들은 오도메트리의 오차를 나타낸다. 물론 실제 최종 포즈가 x_t임을 가정하고 있다. 오차 모델 (5.37), (5.38), (5.39)에는 오찻값의 확률이 다음과 같다는 점이 포함되어 있다.

$$
p_1 = \varepsilon_{\alpha_1 \delta_{rot1}^2 + \alpha_2 \delta_{trans}^2} (\delta_{rot1} - \hat{\delta}_{rot1}) \tag{5.44}
$$

$$
p_2 = \varepsilon_{\alpha_3 \, \delta_{trans}^2 + \alpha_4 \, \delta_{rot1}^2 + \alpha_4 \, \delta_{rot2}^2} (\delta_{trans} - \hat{\delta}_{trans}) \tag{5.45}
$$

$$
p_3 = \varepsilon_{\alpha_1 \delta_{rot2}^2 + \alpha_2 \delta_{trans}^2} (\delta_{rot2} - \hat{\delta}_{rot2}) \tag{5.46}
$$

여기서 ε은 앞에서 정의한 것과 동일하다. 이 확률값들은 **motion_model_odometry** 알고리즘의 8~10행에서 계산이 이뤄진다. 오찻값들은 서로 독립적이라고 가정했으므로, 오차의 결합 확률은 알고리즘의 11행에 나와 있는 것처럼 $p_1 \cdot p_2 \cdot p_3$로 표현할 수 있다.

5.5 모션과 맵

$p(x_t \mid u_t, x_{t-1})$을 고려해 진공 상태^{vacuum}에서 로봇 모션을 정의했다. 특히, 이 모델은 로봇 환경의 특성에 대한 지식이 없는 로봇 모션을 설명하고 있다. 많은 경우 맵 m이 함께 주어지는데, 여기에는 로봇이 갈 수 있는 장소, 갈 수 없는 장소에 관한 정보가 포함되어 있다. 예를 들어, 9장에서 설명할 점유 맵$^{occupancy\ map}$은 이미 위치한 곳과 비어 있는(즉, 이동 가능한) 곳을 구분하고 있다. 로봇의 포즈는 항상 빈 공간에 있어야 한다. 그러므로 맵 m을 알면 제엇값 u_t를 실행하기 전, 실행하는 동안, 실행한 후 각각에 대한 로봇 포즈 x_t의 추가 정보를 얻을 수 있다.

이 고려사항은 맵 m을 계산에 반영하는 모션 모델을 필요로 한다. 이 모델을 $p(x_t \mid u_t, x_{t-1}, m)$으로 표현하는데, 이는 표준 변수에 맵 m을 추가해야 한다는 의미다. 맵 m에 포즈 추정과 관련된 정보가 포함되어 있다면, 다음과 같은 결과를 얻을 수 있다.

$$p(x_t \mid u_t, x_{t-1}) \quad \neq \quad p(x_t \mid u_t, x_{t-1}, m) \tag{5.47}$$

모션 모델 $p(x_t \mid u_t, x_{t-1}, m)$은 맵이 없는 모델 $p(x_t \mid u_t, x_{t-1})$보다 더 나은 결과를 제공한다. $p(x_t \mid u_t, x_{t-1}, m)$을 맵 기반 모션 모델$^{map\text{-}based\ motion\ model}$이라고 한다. 맵 m이 있는 월드 안에 있는 로봇이 포즈 x_{t-1}에서 액션 u_t를 시행했을 때 포즈 x_t에 도달할 유사가능도를 맵 기반 모션 모델에서 계산한다. 하지만 닫힌 형태로 맵 기반 모션 모델을 계산하는 건 매우 어렵다. 왜냐하면 액션 u_t가 실행된 후 포즈가 x_t일 유사가능도를 계산하려면 x_{t-1}과 x_t 사이에 지나오지 않은 경로가 존재할 확률을 반영해야 하기 때문이다. 그뿐 아니라 로봇이 제엇값 u_t를 실행할 때 과거에 거쳤던 적이 없는 경로에 따라 움직였을 수도 있다. 즉, 매우 복잡한 연산이 포함되어 있을 수 있다는 얘기다.

다행히 맵 기반 모션 모델에 대해 효과적으로 근사화하는 기법이 있다. 이 기법은 x_{t-1}과 x_t 간의 거리가 작을 때 잘 동작한다. 여기서 말하는 '작다'는, 예를 들면 로봇 직경의 절반 이하 정도를 생각해볼 수 있다. 근사화 기법은 맵 기반 모션 모델을 2개의 구성요소로 분해한다. 다음 식을 보자.

$$p(x_t \mid u_t, x_{t-1}, m) \quad = \quad \eta \, \frac{p(x_t \mid u_t, x_{t-1}) \, p(x_t \mid m)}{p(x_t)} \qquad (5.48)$$

여기서 η는 통상적인 정규화 항이다. 보통 $p(x_t)$는 균일하고, 따라서 이를 상수 정규화 항으로 대체할 수도 있다. 이렇게 하면 맵이 없는 경우의 추정값 $p(x_t \mid u_t, x_{t-1})$과 $p(x_t \mid m)$을 곱하기만 하면 된다. 참고로 $p(x_t \mid m)$은 맵 m이 주어졌을 때 포즈 x_t의 '일관성consistency'을 의미한다. 사용 중인 맵의 경우, 맵 내에서 사용 중인 그리드 셀에 로봇이 위치해 있을 때만 $p(x_t \mid m) = 0$이고, 그 외의 모든 경우는 상숫값을 갖는다고 가정한다. $p(x_t \mid u_t, x_{t-1})$과 $p(x_t \mid m)$을 곱해서, 모든 확률 질량을 맵에 있는 포즈 x_t에 일관되게 할당하고, 그 외에는 $p(x_t \mid u_t, x_{t-1})$과 동일한 모양을 갖는 분포를 얻을 수 있다. η는 정규화 항으로 계산할 수 있으므로, 맵 기반 모션 모델의 근사화 결과는 맵이 없는 모션 모델과 비교했을 때 특별히 과다한 오버헤드 없이 효과적으로 계산이 가능하다.

표 5.7은 맵 기반 모션 모델로부터 샘플링하고 계산하는 데 활용한 기본 알고리즘을 설명하고 있다. 샘플링 알고리즘은 가중치가 반영된 샘플을 결과로 리턴하는데, 이 샘플에는 $p(x_t \mid m)$과 비례하는 중요도 인자가 포함되어 있다. 루프의 실행이 무한 반복되지 않도록 샘플 버전을 잘 생각해서 구현해야 한다. 모션 모델의 예를 그림 5.11에서 보여준다. 그림 5.11(a)의 밀도는 $p(x_t \mid u_t, x_{t-1})$이며, 이는 속도 모션 모델에 따라 계산된다. 이제 그림 5.11(b)처럼 맵 m에 긴 사각형의 장애물이 포함되어 있다고 가정해보자. 이때 모든 포즈 x_t에서 확률 $p(x_t \mid m)$은 0이다. 왜냐하면 로봇이 장애물과 마주칠 수밖에 없기 때문이다. 지금 다루고 있는 예제 로봇은 원형이므로, 이 영역은 로봇의 반지름 크기의 장애물과 동일하다. 이는 워크스페이스workspace로부터 로봇의 환경 설정 공간configuration space 또는 포즈 공간pose space으로 장애물을 매핑하는 것과 같다. 그림 5.11(b)에 나와 있는 결과 확률 $p(x_t \mid u_t, x_{t-1}, m)$은 $p(x_t \mid m)$과 $p(x_t \mid u_t, x_{t-1})$의 정규화 곱이다. 확장된 장애물 영역은 0이고 나머지 영역은 $p(x_t \mid u_t, x_{t-1})$에 비례한다.

그림 5.11은 우리의 근사화 기법을 이용하는 문제를 설명하고 있다. (*)로 표시된 영역은 0이 아닌 유사가능도를 갖는데, $p(x_t \mid u_t, x_{t-1})$과 $p(x_t \mid m)$ 모두 이 영역에

표 5.7 환경의 맵 m을 활용하는 $p(x_t \mid u_t, x_{t-1}, m)$을 계산하는 알고리즘. 맵 m 내에서 이미 사용 중인 공간에는 로봇이 위치할 수 없다는 점을 고려하도록 모델을 만들기 위해 이 알고리즘은 표 5.1, 5.3, 5.5, 5.6에서 설명한 모션 모델을 부트스트래핑한다.

서는 0이 아니기 때문이다. 그러나 특정 영역에 있는 로봇의 경우 벽을 통과해야 하는데, 실제 상황에서는 불가능하다. 이는 최종 포즈 x_t에서만 모델 일관성을 확인한 결과 나타나는 오차다. 실제로는 최종 목표에 도달하기 위한 로봇의 경로에 대해 일관성을 유지하는지 검증해야 한다. 하지만 실제로 이러한 오차는 모션값 u_t가 상대적으로 클 경우에만 발생한다. 그리고 업데이트 빈도가 높을수록 이 오차는 무시할 수

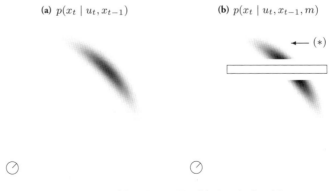

(a) $p(x_t \mid u_t, x_{t-1})$　　　　　　　**(b)** $p(x_t \mid u_t, x_{t-1}, m)$

$\longleftarrow (*)$

그림 5.11 속도 모션 모델: (a) 맵이 없는 경우, (b) 맵 m이 있는 경우

있다.

근사화 기법의 본질을 좀 더 깊이 있게 파악하기 위해, 짧게 이 알고리즘의 내용을 수학적으로 유도해보자. 식 (5.48)은 베이즈 법칙을 적용해서 구할 수 있다.

$$p(x_t \mid u_t, x_{t-1}, m) \;\; = \;\; \eta \, p(m \mid x_t, u_t, x_{t-1}) \, p(x_t \mid u_t, x_{t-1}) \qquad (5.49)$$

$p(m \mid x_t, u_t, x_{t-1})$과 $p(m \mid x_t)$를 근사화하고 예상하는 사후 스테이트에 대해 상대적인 상수가 $p(m)$임을 관찰했다면 기댓값은 다음 식을 통해 구할 수 있다.

$$
\begin{aligned}
p(x_t \mid u_t, x_{t-1}, m) \;\; &= \;\; \eta \, p(m \mid x_t) \, p(x_t \mid u_t, x_{t-1}) \qquad (5.50)\\[2mm]
&= \;\; \eta \, \frac{p(x_t \mid m) \, p(m)}{p(x_t)} \, p(x_t \mid u_t, x_{t-1})\\[2mm]
&= \;\; \eta \, \frac{p(x_t \mid m) \, p(x_t \mid u_t, x_{t-1})}{p(x_t)}
\end{aligned}
$$

여기서 η는 정규화 항이다(주의할 점은 η의 값은 변환 단계에 따라 모두 다를 수 있다는 것이다). 간략히 분석한 결과를 통해 맵 기반 모델은 다음과 같은 가정하에서 동작한다는 사실을 알 수 있다.

$$p(m \mid x_t, u_t, x_{t-1}) \;\; = \;\; p(m \mid x_t) \qquad (5.51)$$

분명히 알 수 있듯이, 식 (5.51)의 좌우 항이 동일하지는 않다. m에 대한 조건부 확률을 계산할 때 우리의 근사화 알고리즘은 u_t와 x_{t-1}이라는 2개의 항을 생략한다. 이를 생략하면, x_t까지 이어지는 로봇의 경로와 관련된 정보가 삭제된다. 결국 우리가 아는 것은 최종 포즈가 x_t라는 것이다. 우리는 벽 위의 포즈가 0이 아닌 유사가능도를 가질 수 있다는 것을 관찰할 때 앞의 예에서 누락된 결과를 이미 알아냈다. 대략적인 맵 기반 모션 모델은 초기 및 최종 포즈가 비어 있는 공간에 있는 한 로봇이 벽을 통과했다고 잘못 추측할 수 있다. 말할 것도 없이 엄청나게 위험한 사안이다! 위에서 언급했듯이 이는 업데이트 간격에 따라 다르다. 실제로 충분히 높은 업데이트 속도와 모션 모델의 노이즈 변수가 한정되어 있다고 가정하면 근삿값을 까다롭게 계산할 것이고 이 효과가 발생하지 않을 것이라고 보장할 수 있다.

이 분석은 알고리즘 구현과 관련된 미묘한 통찰을 보여주고 있다. 특히 업데이트 빈도에 주의를 기울여야 한다. 자주 업데이트되는 베이즈 필터는 가끔씩 업데이트되는 베이즈 필터와 근본적으로 다른 결과를 가져올 수 있다.

5.6 요약

5장에서는 평면에서 동작하는 모바일 로봇을 위한 두 가지 주요 확률론적 모션 모델을 알아봤다.

- 우리는 고정된 시간 간격 Δt에서 실행된 병진(직선) 속도와 각속도에 의해 제엇값 u_t를 표현하는 확률론적 모션 모델 $p(x_t \mid u_t, x_{t-1})$을 위한 알고리즘을 유도했다. 모델 구현 과정에서 두 가지 제어 노이즈 파라미터가 필요한데, 하나는 병진 속도(직선 속도)를 위한 것이고 다른 하나는 각속도를 위한 것이다. 하지만 이들만으로는 공간을 채우는 사후 스테이트를 생성할 수 없다. 따라서 세 번째 노이즈 파라미터로 노이즈값이 포함된 '최종 회전'을 추가했다.

- 로봇의 오도메트리를 입력으로 사용하는 또 다른 모션 모델을 소개했다. 오도메트릭 측정값은 초기 회전, 병진(직선), 최종 회전이라는 세 가지 파라미터로 표현됐다. 확률론적 모션 모델을 구현할 때 이 세 파라미터에 노이즈가 섞여 있다고 가정했다. 오도메트리값은 기술적으로 제어되지 않음을 유의한다. 하지만 제엇값처럼 이들을 사용해 추정값 문제를 좀 더 단순하게 만들 수 있다.

- 두 가지 모션 모델 각각에 대해, 두 가지 형태로 구현할 수 있음을 알 수 있었다. 하나는 확률 $p(x_t \mid u_t, x_{t-1})$을 닫힌 형태로 계산하는 버전이고, 다른 하나는 $p(x_t \mid u_t, x_{t-1})$을 기반으로 샘플 데이터를 생성하는 버전이다. 닫힌 형태의 버전은 x_t, u_t, x_{t-1}을 입력값으로 받아서 확률값을 결과로 리턴한다. 이 확률을 계산하기 위해 알고리즘은 효과적으로 모션 모델을 변환한다. 이렇게 하면 실제 제어 파라미터와 입력받은 제어 파라미터의 비교가 가능하다. 샘플링 모델에서는 역변환^{inversion} 같은 작업이 필요 없다. 그 대신 모션 모델 $p(x_t \mid u_t, x_{t-1})$의 포워드 모델을 구현한다. u_t와 x_{t-1}을 입력값으로 받아서

$p(x_t \mid u_t, x_{t-1})$에 따라 임의로 (확률적으로) 생성된 x_t를 결과로 리턴한다. 닫힌 형태 모델은 일부 확률론적 알고리즘에는 꼭 필요하다. 그 외의 모델들(대부분 입자 필터 알고리즘)은 샘플링 모델을 활용한다.

- 끝으로 환경의 맵을 모든 모션 모델에 반영했다. 결과 확률 $p(x_t \mid u_t, x_{t-1}, m)$은 맵 m을 조건에 활용한다. 이렇게 하면 로봇이 있을 수 있는 위치를 맵에 지정할 수 있고, 포즈 x_{t-1}에서 x_t로 이동하는 것도 결과로 얻을 수 있다. 결과 알고리즘은 근사화 버전인데, 이는 최종 포즈의 유효성만 검사하기 때문이다.

5장에서 설명한 모션 모델은 단지 예일 뿐이다. 로봇 액추에이터 분야는 평평한 곳에서 작동하는 모바일 로봇보다 훨씬 풍부하다. 모바일 로봇 분야에도 여기에 설명된 모델에서 다루지 않는 여러 가지 디바이스가 있다. 예를 들면 사람이 다니는 길로 움직일 수 있는 홀로노믹 로봇holonomic robot, 현가 장치suspension가 있는 자동차 등을 생각해볼 수 있다. 한편 이 장에서 설명한 내용은 고속도로를 달리는 자동차처럼 빠르게 움직이는 차량에 중요한 로봇 다이내믹스에 대해서는 고려하지 않는다. 이러한 로봇 대부분은 비슷한 형태로 모델링할 수 있다. 그저 로봇 모션의 물리적 법칙을 지정하고 적절한 노이즈 파라미터를 지정하면 된다. 동적 모델의 경우, 차량의 동적 스테이트를 포착하는 속도 벡터를 이용해 로봇 스테이트를 확장해야 한다. 여러 가지 방법을 통해 이를 간단하게 해결할 수 있다.

에고 모션ego-motion을 측정할 경우, 오도메트리를 대체하거나 보강하는 용도로 관성 센서inertial sensor를 이용해 많은 로봇이 모션을 측정한다. 기존의 모든 책은 관성 센서를 사용한 필터 설계에만 집중해왔다. 오도메트리가 충분하지 않은 경우 더 많은 모델과 센서를 포함시키는 것이 좋다.

5.7 참고문헌

Cox and Wilfong(1990)은 특정 유형의 모바일 로봇에서 사용하는 기본 키네마틱 방정식을 확률적 구성요소로 확장했다. 이 책에서 다룬 모델은 차동 드라이브, 애커

먼 드라이브, 싱크로 드라이브이며 이에 관해서는 Borenstein et al.(1996)을 참고하기 바란다. 논홀로노믹 제약이 없는 드라이브 시스템은 우리 모델에서 다루지 않았다(Latombe, 1991). 홀로노믹 드라이브 시스템의 대표적인 예로 Ilon(1975)의 메카넘 휠 같은 특수한 바퀴를 장착한 로봇 또는 다리를 이용하는 로봇 같은 것을 생각해볼 수 있다. 아울러 이에 관한 초기 논문으로 Raibert et al.(1986), Railbert(1991), Saranli and Koditschek(2002) 등이 있다.

로보틱스 분야는 로봇 모션과 로봇 환경과의 상호작용을 훨씬 더 깊이 있게 연구해 왔다. 키네마틱스와 다이내믹스를 다루는 모바일 로봇에 대한 최신 내용은 Murphy(2000c), Dudek and Jenkin(2000), Siegwart and Nourbakhsh(2004)를 참고한다. Cox and Wilfong(1990)은 발표 당시 연구 성과들을 조사, 정리했다. 이 외에 Kortenkamp et al.(1998)도 연구 조사 결과로 참고하기 바란다. 로봇 키네마틱스와 다이내믹스에 대한 고전적인 해결 방안은 Craig(1989), Vukobratović(1989), Paul(1981), Yoshikawa(1990)를 참고하기 바란다. 로봇 다이내믹스와 관련해 더 최근 자료로 Featherstone(1987)이 있다. 환경 상호작용의 한 형태인 준수 모션compliant motion은 Mason(2001)에 의해 연구되었다. 바퀴가 장착된 로봇과 지면의 상호작용을 연구하는 소위 테라메카닉스Terramechanics에 관해서는 Bekker(1956, 1969)와 Wong(1989)을 참고하기 바란다. 휠 그라운드wheel-ground 상호작용에 관해서는 Iagnemma and Dubowsky(2004)에서 자세히 알 수 있다. 향후 유망한 연구 주제로, 이러한 모델을 확률론적 프레임워크로 일반화하는 것을 생각해볼 수 있다.

5.8 연습문제

1. 5장에서 설명한 모든 로봇 모션은 키네마틱스였다. 이 문제에서는 다이내믹스를 지닌 로봇을 생각해보자. 1차원 좌표계에서 동작하는 로봇이 있다고 가정해보자. 이 로봇의 위치는 x로 표현되고, 속도는 $\dot{x}$로, 가속도는 $\ddot{x}$로 표현한다. 제어는 가속도 $\ddot{x}$로만 가능하다고 한다. 이때 최초 포즈 x와 속도 $\dot{x}$에서 포즈 x'와 속도 $\dot{x}'$의 사후확률을 계산하는 수학적 모션 모델을 만들어보자. 여기서 가속도

$\ddot{x}$는 평균이 0이고 분산이 σ^2인 가우시안 노이즈 항과 입력받은 가속도의 합이라고 가정한다(추가로 실제 가속도는 시뮬레이션 시간인 Δt 동안은 일정한 속도를 유지한다고 가정한다). 사후확률에서 x'와 $\dot{x}'$가 서로 연관관계가 있는가? 그 이유를 설명해보자.

2. 연습문제 1의 다이내믹스 로봇을 한 번 더 생각해보자. 로봇의 최초 위치는 x, 속도는 $\dot{x}$에서 최종 포즈는 x', 최종 속도는 $\dot{x}'$가 되었을 때 사후확률 분포를 계산하는 수식을 작성해보자. 이 사후확률에서 눈여겨볼 것이 있는가?

3. 임의의 큰 수인 T만큼의 시간 동안 임의의 가속도를 갖는 로봇을 제어한다고 가정해보자. 최종 위치 x와 속도 $\dot{x}$의 값이 서로 연관관계가 있는가? 만약 있다면 $T \uparrow \infty$일 때 완전한 연관관계를 보이는가(즉, 상관계수가 1인가)? 이는 한 변수가 다른 변수에 따라 완벽하게 결정되는 함수와 같음을 의미한다.

4. 이제 상태가 완벽한 자전거의 간단한 키네마틱 모델을 생각해보자. 타이어의 지름은 d이고 이들은 길이가 l인 프레임에 달려 있다. 앞 타이어는 수직축을 기준으로 좌우 회전이 가능한데, 이 각도를 α라고 놓는다. 뒤 타이어는 자전거 프레임과 평행한 상태를 유지하며 좌우로 움직이지 않는다.

   이 문제를 위해 자전거의 포즈를 x-y 좌표축상에 표시하는 앞 타이어의 중심 위치 (x 값, y 값)과 외부 좌표 프레임 대비 상대적인 자전거 프레임의 진행 방향 각도 θ(요^{yaw})라는 3개의 변수로 정의한다. 제엇값은 자전거의 전진 속도 v, 회전 각도는 α로 놓는다. 매번 예측 과정에서 v와 α는 상숫값을 유지한다고 가정한다.

   시간 간격 Δt에 대한 예측 모델을 수학적으로 표현해보자. 참고로 이 모델에는 회전 각도가 α이고 전진 속도는 v인 가우시안 노이즈가 포함되어 있다고 가정한다. 이 모델은 이미 알고 있는 스테이트에서 시작해서 Δt만큼 시간이 지난 후 자전거의 사후확률을 계산해야 한다. 만약 정확한 모델을 만들 수 없으면 근사화 모델을 만들어보라. 그리고 적용한 근사화 기법을 설명해보자.

5. 연습문제 4에서 설명한 자전거의 키네마틱스 모델을 생각해보자. 노이즈에 관

한 가정이 모두 같다고 했을 때 자전거의 사후 포즈를 위한 샘플링 함수를 구현해보라.

시뮬레이션을 위해 $l = 100\text{cm}$, $d = 80\text{cm}$, $\Delta t = 1\text{sec}$, $|\alpha| \leq 80°$, $v \in [0; 100]\text{cm/sec}$이다. 회전 각도의 분산은 $\sigma_\alpha^2 = 25^{0^2}$이고, 속도의 분산은 $\sigma_v^2 = 50\text{cm}^2/\text{sec}^2 \cdot v^2$이다. 특히 속도의 분산은 입력받은 속도와 관련이 있음을 유의한다.

시작 지점에서 출발하는 자전거에 대한 제어 파라미터의 결과 샘플값이 다음과 같을 때 이를 그래프로 그려보라.

문제 번호	α	v
1	$25°$	$20cm/sec$
2	$-25°$	$20cm/sec$
3	$25°$	$90cm/sec$
4	$80°$	$10cm/sec$
1	$85°$	$90cm/sec$

그래프의 모든 점은 단위별로 좌표상에 나타나야 한다.

6. 연습문제 4의 자전거에 대해 키네마틱스 모델을 다시 한번 생각해보자. 초기 스테이트 x, y, θ와 최종 스테이트 x', y'(하지만 θ'는 없음) 등이 주어졌을 때, α, v, θ'의 가장 근삿값을 결정하기 위한 수식을 작성해보라. 만약 닫힌 형태의 해를 구할 수 없으면, 기댓값에 가장 가까운 근을 구하기 위한 기술을 제시해보라.

7. 실내에서 동작하는 로봇은 보통 **홀로노믹** 형태의 드라이브를 한다. 홀로노믹 로봇은 환경 설정(또는 포즈) 공간의 차원에 따라 제어할 수 있는 자유도가 증가한다. 이 문제에서는 평면에서 동작하는 홀로노믹 로봇의 속도 모델을 일반화해본다. 로봇은 전진 속도와 좌우 방향의 속도, 회전 속도를 조절할 수 있다. 그리고 왼쪽 방향 모션을 0보다 큰 값으로, 오른쪽 방향 모션을 0보다 작은 값으로 준다.

- 제엇값에 독립성을 지닌 가우시안 노이즈가 반영되어 있다고 가정했을 때, 로봇의 수학적 모델을 작성해보라.

- $p(x_t \mid u_t, x_{t-1})$을 계산하기 위한 프로시저를 작성해보라.

- $x_t \sim p(x_t \mid u_t, x_{t-1})$을 샘플링하는 프로시저를 작성해보라.

8. 식 (5.12)에 있는 삼각 분포의 평균은 0, 분산은 b^2임을 증명해보라. 표 5.4에 있는 샘플링 알고리즘에 대해서도 동일한 내용을 증명해보라.

06

로봇 인식

6.1 개요

확률론적 로보틱스에서 도메인 특화형 모델로 모션 모델 외에 환경 측정 모델environment measurement model이 있다. 여기서 측정 모델은 실제 세계에서 센서 측정값을 생성하는 프로세스와 관련이 있다. 오늘날 만들어지는 로봇은 촉각 센서, 거리 센서, 카메라 같은 다양한 센서 방식을 사용한다. 모델의 특성specifics은 센서에 따라 모두 다를 수 있다. 이미징 센서는 사영 기하학projective geometry을 이용해 모델링한 결과가 가장 좋은 반면, 소나 센서sonar sensor의 경우는 음파 및 환경에서 표면의 반사를 설명하도록 모델링하는 것이 가장 좋다.

확률론적 로보틱스는 센서 측정에서 노이즈를 명확하게 모델링한다. 이러한 모델은 로봇의 센서에 내재된 불확실성을 고려한다. 수식을 이용해 측정 모델을 정의하면 조건부 확률 분포인 $p(z_t \mid x_t, m)$과 같다. 여기서 x_t는 로봇의 포즈, z_t는 시간 t에서의 측정값, m은 환경 맵을 의미한다. 6장에서는 범위 센서range-sensor를 주로 다루지만, 근본 원리와 방정식은 이러한 유형의 센서에 국한되지 않는다. 기본 원리는 카메라 또는 바코드로 작동되는 랜드마크 탐지기 같은 모든 종류의 센서에 적용될 수

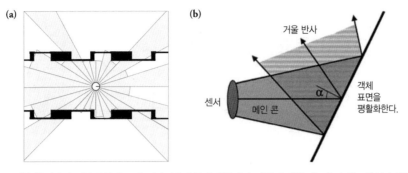

그림 6.1 (a) 환경에서 로봇 초음파 스캔 결과, (b) 초음파 센싱에서 잘못 측정한 예. 이 결과는 센서의 열린 각도의 ½보다 큰 각도 α로 소나 신호가 반사 표면을 향할 때 발생한다.

있다.

그림 6.1(a)는 센서를 사용해 자신의 환경을 인식하는 모바일 로봇의 기본 문제를 설명하기 위해 24개의 초음파 센서가 주기적으로 배열된 모바일 로봇을 사용해 복도에서 얻은 일반적인 소나 범위 스캔^{sonar range scan}을 보여준다. 개별 센서에 의해 측정된 거리는 밝은 회색으로 표시되어 있고, 환경 맵은 검은색으로 표시되어 있다. 이 측정의 대부분은 측정 콘^{cone}(원뿔)에서 가장 가까운 물체의 거리에 해당한다. 그러나 일부 측정에서는 어떠한 물체도 탐지하지 못했다.

가까운 객체에 대해 소나가 신뢰성 있게 범위를 측정하지 못하는 현상을 종종 센서 노이즈라고 한다. 기술적으로 이러한 노이즈는 꽤 예측이 가능하다. (벽 같은) 부드러운 표면을 측정할 때, 반사 결과는 대체로 예상이 가능하다. 그리고 벽은 효과적으로 음파에 대해 거울 역할을 한다. 이는 특정 각도에서 부드러운 표면을 때릴 경우 문제가 될 수 있다. 예를 들어 그림 6.1(b)처럼 메아리는 소나 센서와는 다른 방향으로 퍼져나갈 수 있다. 이는 콘 모양의 가장 가까운 객체에 대한 실질적인 거리와 비교해서 큰 거리를 측정할 경우 종종 일어난다. 이와 관련한 유사가능도는 표면 재질, 표면과 센서 콘과의 각도, 표면의 범위, 메인 센서 콘의 너비, 소나 센서의 민감도 같은 여러 가지 속성에 따라 다 다르게 나타날 수 있다. 그뿐 아니라 여러 센서들 간의 교차 통신 과정에서 짧은 판독값^{short reading} 같은 문제가 발생할 수 있다(음파의 속도가 느리기 때문이다!). 또 사람처럼 로봇과 근접한 객체가 모델링되어 있지 않은 경우도 오차의

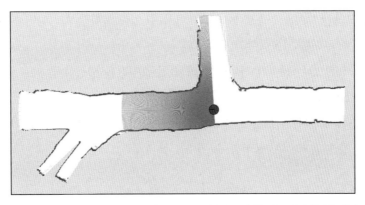

그림 6.2 일반적인 레이저 범위 스캔의 예(SICK LMS 레이저를 이용). 이 그림의 환경은 석탄 광산이다.
출처: Dirk Hähnel, University of Freiburg

원인일 수 있다.

그림 6.2는 2차원의 레이저 범위 파인더laser range finder를 이용한 레이저 범위 스캔laser range scan을 보여준다. 레이저는 소나(초음파)와 비슷한데, 그 이유는 레이저도 신호를 발생시키고, 메아리를 남기기 때문이다. 하지만 레이저 신호는 광 신호라는 점에서 다르다. 소나와 레이저의 주요 차이점은 레이저는 훨씬 더 집중도가 높은 광선이라는 것이다. 그림 6.2에 있는 레이저는 전파 시간(傳播 時間, time-of-flight)을 측정한 것으로, 측정값은 1도 증가한 공간이다.

경험상으로는 센서 모델의 정확도가 높을수록 결과도 더 좋아진다. 사실 이는 2.4.4절에서 이미 설명했던 중요한 개념이다. 하지만 실제로는 물리적 현상의 복잡도로 인해 정확하게 센싱하는 모델을 만드는 건 불가능하다.

종종 센서의 응답 특성은 확률론적 로보틱스 알고리즘에서 지정하지 않으려는 변수들이 무엇이냐에 따라 달라진다. 참고로 이런 변수의 예로 (특별한 이유가 없을 경우 보통 로봇 매핑에서 고려하지 않는) 벽의 표면 재질 등을 생각해볼 수 있다. 확률론적 로보틱스는 확률적인 측면에서 센서 모델의 불확실성을 수용한다. 결정론적 함수 $z_t = f(x_t)$가 아니라 조건부 확률 밀도 $p(z_t \mid x_t)$로 측정 과정을 모델링해서, 센서 모델은 모델의 비결정론적 측면에서 수용될 수 있다. 여기에는 고전 로봇에 비해 확률론적 기법의 핵심 이점이 있는데, 실제로 매우 조잡한 모델을 없앨 수 있다. 그러나 확률론적 모델을 고안할 때, 센서 측정에 영향을 미칠 수 있는 불확실성의 여러 가지 유형을 포착하기 위해 주의를 기울여야 한다.

쿼리를 받으면 많은 센서가 하나 이상의 수치 측정값을 생성한다. 예를 들어, 카메라는 전체 값 배열(밝기, 채도, 색상)을 생성한다. 마찬가지로 범위 파인더는 대개 전체 범위 스캔을 생성한다. 측정값 z_t에 포함된 측정값의 개수를 K로 놓자. 이를 바탕으로 측정값 z_t를 다음과 같이 표현할 수 있다.

$$z_t = \{z_t^1, \ldots, z_t^K\} \tag{6.1}$$

각 측정값(범위값 하나하나씩)을 참조할 때는 z_t^k를 사용한다.

확률값 $p(z_t \mid x_t, m)$은 각 측정값에 대한 유사가능도의 전체 곱으로 구할 수 있다. 다음 식을 보자.

$$p(z_t \mid x_t, m) = \prod_{k=1}^{K} p(z_t^k \mid x_t, m) \tag{6.2}$$

기술적으로 이 결과는 각각의 측정 빔에 포함된 노이즈 사이에 **독립성**을 가정한 상태에서 얻은 것이다. 마치 시간상에서 독립적인 노이즈를 가정하는 마르코프 가정처럼 말이다(2.4.4절 참고). 이 가정은 이상적인 상황에서만 성립한다. 2.4.4절에서 의존성을 갖는 노이즈의 원인을 이미 설명했다. 다시 정리하면, 의존성은 보통 존재할 수밖에 없는데 그 이유는 다음과 같은 다양한 요인들 때문이다. (1) 센서 옆에 있어서 정확한 측정에 영향을 주는 사람, (2) 모델 m에 포함된 오차, (3) 사후확률의 근삿값 등. 그러나 이에 관해서는 뒤에서 다루기로 하고, 지금 당장은 독립성 가정에 맞지 않는 경우는 고민하지 않기로 하자.

6.2 맵

측정값을 생성하는 프로세스를 표현하려면 측정값을 생성하는 환경부터 지정해야 한다. 환경의 맵은 환경 내에 있는 객체와 이들의 위치 리스트다. 5장에서는 월드 내에서 서로 다른 위치에 있음을 고려한 로봇 모션 모델을 개발했는데, 이 과정에서 맵에 대해 이미 배웠다. 맵 m은 환경 내에 있는 객체의 리스트로, 수학적으로 다음과 같은 속성이 있다.

$$m = \{m_1, m_2, \ldots, m_N\} \tag{6.3}$$

여기서 N은 환경 내에 있는 객체의 전체 수를 의미한다. 그리고 $1 \leq n \leq N$을 만족하는 m_n 각각은 속성을 의미한다. 맵은 보통 피처 기반feature-based 또는 위치 기반location-based이라는 두 가지 방법 중 하나로 인덱스를 붙인다. 위치 기반 맵의 경우 인덱스 n은 특정 위치를 가리킨다. 평면 맵에서는 보통 m_n보다는 $m_{x,y}$로 맵 요소를 표현하는데, 월드의 특정 좌표인 $(x\ y)$를 명확하게 나타내기 때문이다.

앞의 두 가지 맵 타입 모두 장단점이 있다. 위치 기반 맵은 볼류메트릭volumetric 성질을 지니고 있는데, 그 이유는 월드 내의 모든 위치에 대해 레이블을 제공하기 때문이다. 볼류메트릭 맵volumetric map은 환경 내에 있는 객체에 대한 정보뿐만 아니라, (빈 공간 같은) 객체가 없는 경우에 대한 정보도 갖고 있다. 이는 피처 기반 맵과 확연히 다르다. 피처 기반 맵feature-based map은 특정 위치에서 환경의 모양, 즉 맵에 포함된 객체의 위치에 대한 정보만 갖고 있다. 피처 표현을 이용하면 객체의 위치를 훨씬 더 쉽게 조정할 수 있다. 예를 들면, 센싱 정보를 더 첨가하는 식이다. 이 때문에 피처 기반 맵은 센서 데이터를 기반으로 맵을 구축하는 로봇 매핑 분야에서 아주 많이 사용되고 있다. 이 책에서는 두 가지 맵 모두 설명한다. 가끔 한쪽에서 다른 쪽으로 넘어가기도 한다.

고전적인 방식의 맵 표현을 점유 그리드 맵occupancy grid map이라고도 하는데, 이에 관한 자세한 내용은 9장에서 설명한다. 점유 맵은 위치 기반 맵이다. 점유 맵은 임의의 위치에 객체가 있는지 여부를 나타내는 이진 형태의 점유값occupancy value을 x-y 좌표에 할당한 것이다. 점유 그리드 맵은 모바일 로봇 내비게이션에 매우 적합하다. 즉, 사용되지 않은 공간을 통해 경로를 찾아내기 쉽다.

이 책에서는 실제 세계와 맵을 구분하지 않을 것이다. 기술적으로 센서 측정은 물리적 객체를 통해 일어나는 것이지 객체의 맵에서는 일어나지 않는다. 그러나 맵 m

에서 센서 모델을 고려하는 것이 전통이므로, 측정값이 맵과 관련이 있음을 나타내는 표기법을 쓰기로 한다.

6.3 레이저 범위 파인더의 빔 모델

범위 파인더는 로보틱스에서 가장 많이 사용되는 센서 중 하나다. 따라서 이 장에서 가장 먼저 설명할 측정 모델measurement model은 아마도 범위 파인더의 물리적 모델일 것 같다. 범위 파인더는 객체 가까운 곳의 거리를 측정한다. 범위 측정은 크게 두 가지 방법을 생각해볼 수 있다. 하나는 레이저 범위 파인더를 이용하는 좋은 모델 중 하나인 빔beam을 통해 측정하는 것이고, 다른 하나는 초음파 센서를 이용하는 모델인 콘cone을 통해 측정하는 것이다.

6.3.1 기본 측정 알고리즘

우리 모델에는 네 가지 측정 오차를 반영한다. 이들은 모두 모델이 동작하도록 하는데 꼭 필요한 것들로 (1) 작은 측정 노이즈, (2) 예측 불가한 객체로 인한 오차, (3) 객체를 탐지하지 못해서 일어나는 오차, (4) 설명할 수 없는 랜덤 노이즈다. 결과적으로 우리가 원하는 모델 $p(z_t \mid x_t, m)$은 이 네 가지 밀도 함수의 혼합 형태이며, 밀도 함수 각각은 오차 타입과 관련이 있다.

1. **로컬 측정 노이즈를 이용한 정확한 거리**: 이상적인 월드에서 범위 파인더는 항상 측정 필드에서 가장 가까운 물체(객체)에 대한 올바른 범위를 측정한다. z_t^k로 측정된 객체의 '실제' 범위를 z_t^{k*}를 이용해 표현하기로 한다. 위치 기반 맵에서 범위 z_t^{k*}는 레이 캐스팅ray casting을 이용해 결정할 수 있다. 피처 기반 맵에서는 보통 측정 콘에서 가장 가까운 피처를 검색해 구한다. 그러나 센서가 가장 가까운 물체(객체)의 범위를 정확하게 측정하더라도 리턴값에서 오차가 발생할 수 있다. 이 오차는 해상도에 한계가 있는 범위 센서, 대기가 측정 신호에 미치는 영향 등으로 인해 발생한다. 이 측정 노이즈measurement noise는 평균 z_t^{k*}와 표준 편차 σ_{hit}를 갖

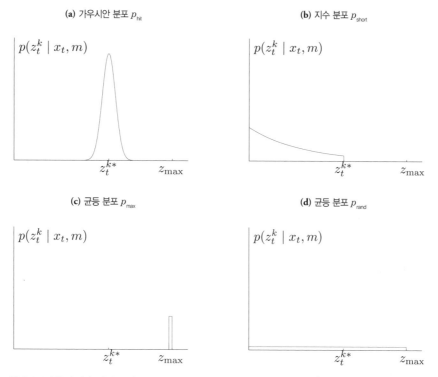

(a) 가우시안 분포 p_{hit}

$p(z_t^k \mid x_t, m)$

z_t^{k*} $z_{\max}$

(b) 지수 분포 p_{short}

$p(z_t^k \mid x_t, m)$

z_t^{k*} $z_{\max}$

(c) 균등 분포 $p_{\max}$

$p(z_t^k \mid x_t, m)$

z_t^{k*} $z_{\max}$

(d) 균등 분포 p_{rand}

$p(z_t^k \mid x_t, m)$

z_t^{k*} $z_{\max}$

그림 6.3 범위 파인더 센서 모델의 구성요소. 각 그림에서 가로축은 측정값 z_t^k를 의미하고, 수직축은 유사가능도를 의미한다.

는 소위 '좁은' 가우시안 분포를 이용해 모델링된다. 우리는 이 가우시안 분포를 p_{hit}로 표현한다. 그림 6.3(a)는 z_t^{k*}의 특정 값에 대한 확률 밀도 함수 p_{hit}를 보여준다.

실제로 범위 센서로 측정한 값은 $[0; z_{\max}]$ 구간 내에 존재하며, 여기서 $z_{\max}$는 최대 센서 범위를 의미한다. 측정 확률 모델은 다음과 같다.

$$p_{\text{hit}}(z_t^k \mid x_t, m) \;=\; \begin{cases} \eta\, \mathcal{N}(z_t^k; z_t^{k*}, \sigma_{\text{hit}}^2) & 0 \le z_t^k \le z_{\max}\text{인 경우} \\ 0 & \text{그 외} \end{cases} \tag{6.4}$$

여기서 z_t^{k*}는 x_t, 레이 캐스팅을 통한 m을 가지고 계산된다. $\mathcal{N}(z_t^k;\ z_t^{k*},\ \sigma_{\text{hit}}^2)$은 평균 z_t^{k*}와 표준 편차 σ_{hit}인 일변량^{univariate}(단변량) 정규 분포를 의미한다. 다음

식을 보자.

$$\mathcal{N}(z_t^k; z_t^{k*}, \sigma_{\text{hit}}^2) \;\; = \;\; \frac{1}{\sqrt{2\pi\sigma_{\text{hit}}^2}}\, e^{-\frac{1}{2}\frac{(z_t^k - z_t^{k*})^2}{\sigma_{\text{hit}}^2}} \qquad (6.5)$$

정규화 상수 η는 다음과 같다.

$$\eta \;\; = \;\; \left(\int_0^{z_{\max}} \mathcal{N}(z_t^k; z_t^{k*}, \sigma_{\text{hit}}^2)\, dz_t^k\right)^{-1} \qquad (6.6)$$

표준 편차 σ_{hit}는 측정 모델의 내부 노이즈 파라미터다. 이 파라미터의 설정 방법은 뒤에서 계속 설명한다.

2. **예기치 않은 물체(객체):** 모바일 로봇의 환경은 예측 불가인 반면, 맵 m은 정적이다. 따라서 맵에 포함되지 않은 물체(객체)는 범위 파인더가 (적어도 맵과 비교했을 때) 엄청나게 짧은 범위를 만들어낼 수 있게 해준다. 움직이는 물체의 전형적인 예로 로봇이 작동하는 공간을 공유하는 사람들을 생각해볼 수 있다. 이러한 물체를 다루기 위해 이들을 스테이트 벡터의 일부로 처리하고 위치를 추정하는 방법을 쓰기도 한다. 또는 훨씬 더 간단한 방법으로 이들을 센서 노이즈로 취급하기도 한다. 센서 노이즈로 간주되는 모델링되지 않은 객체는 범위가 z_t^{k*}보다 짧아지고 더 이상 길어지지 않도록 하는 속성을 갖는다.

예기치 않은 물체를 감지할 가능성은 범위에 따라 감소한다. 근접 센서proximity sensor의 인식 영역perceptual field에 두 사람이 있고, 이들의 존재 확률은 독립적이고 동일하다고 상상해보자. 첫 번째 사람의 범위는 r_1이고, 두 번째 사람의 범위는 r_2이다. 일반성을 잃지 않으면서WLOG, without loss of generality $r_1 < r_2$라고 가정해보자. 이때 우리는 r_2보다 r_1을 측정할 가능성이 더 높다. 첫 번째 사람이 있을 때마다 센서는 r_1을 측정한다. 그러나 r_2를 측정하려면 두 번째 사람이 있어야 하며 첫 번째 사람은 없는 상태여야 한다.

수학적으로 이러한 상황에 대한 범위 측정 확률은 지수 분포exponential distribution로 설명할 수 있다. 이 분포의 파라미터인 λ_{short}는 측정 모델의 고유한 파라미터다.

지수 분포의 정의에 따라 $p_{\text{short}}(z_t^k \mid x_t, m)$을 다음과 같이 쓸 수 있다.

$$p_{\text{short}}(z_t^k \mid x_t, m) = \begin{cases} \eta \, \lambda_{\text{short}} \, e^{-\lambda_{\text{short}} z_t^k} & 0 \le z_t^k \le z_t^{k*} \text{인 경우} \\ 0 & \text{그 외} \end{cases} \tag{6.7}$$

앞에서와 마찬가지로 정규화 항 η가 필요하다. 왜냐하면 지수 항의 구간이 $[0; z_t^{k*}]$로 제한되어 있기 때문이다. 이 구간의 누적 확률은 다음과 같이 구할 수 있다.

$$\begin{aligned} \int_0^{z_t^{k*}} \lambda_{\text{short}} \, e^{-\lambda_{\text{short}} z_t^k} \, dz_t^k &= -e^{-\lambda_{\text{short}} z_t^{k*}} + e^{-\lambda_{\text{short}} 0} \\ &= 1 - e^{-\lambda_{\text{short}} z_t^{k*}} \end{aligned} \tag{6.8}$$

이를 통해 η는 다음과 같이 구할 수 있다.

$$\eta = \frac{1}{1 - e^{-\lambda_{\text{short}} z_t^{k*}}} \tag{6.9}$$

그림 6.3(b)는 이 밀도 함수를 그래프로 나타내었다. 밀도 함수는 범위 z_t^k에서 지수 형태를 보인다.

3. **실패**: 때때로 장애물을 완전히 놓칠 수 있다. 예를 들어, 이러한 현상은 소나 센서에서 예측한 반사 작용의 결과로 자주 나타난다. 실패는 아무것도 안 보이는 상태를 감지했을 때, 물체(객체)가 빛을 흡수할 때 레이저 범위 파인더에서 발생한다. 또 밝은 태양광에서 물체(객체)를 측정하는 일부 레이저 시스템에서도 실패가 일어날 수 있다. 일반적인 센서 실패^sensor failure의 결과로 최대 범위 측정^max-range measurement이 있다. 센서 결괏값이 측정 허용치의 최대에 해당하는 $z_{\max}$가 되어버린다는 얘기다. 이러한 현상이 꽤 자주 일어나기 때문에 측정 모델에서 최대 범위 측정값^max-range measurement을 명확하게 해둘 필요가 있다.

$z_{\max}$를 중심으로 포인트 질량 분포를 다음과 같이 모델링하자.

$$p_{\max}(z_t^k \mid x_t, m) = I(z = z_{\max}) = \begin{cases} 1 & z = z_{\max} \text{인 경우} \\ 0 & \text{그 외} \end{cases} \tag{6.10}$$

여기서 I는 입력 인자가 참이면 1을, 그렇지 않을 경우 0을 리턴하는 함수를 의미한다. 기술적으로 p_{max}는 확률 밀도 함수를 포함하고 있지 않다. 이 때문에 p_{max}는 이산 확률 분포라고 할 수 있다. 그러나 이 때문에 걱정할 부분은 없다. 센서 측정의 확률을 평가하는 수학적 모델이 밀도 함수가 없는 것에 영향을 받지 않기 때문이다(그림에서, 단순하게 z_{max}를 중심으로 매우 좁은 구간의 균등 분포를 보이도록 p_{max}를 그리면 된다. 이를 통해 밀도가 존재하는 것처럼 나타낼 수 있다).

4. **랜덤 측정**: 끝으로 범위 파인더가 가끔씩 전체적으로 설명이 불가능한 측정값 unexplainable masurements을 만들어낸다. 예를 들어, 소나(초음파)가 벽에 반사되지 않았을 경우 유령을 읽어냈다는 결과를 만들어내는 식이다. 또는 서로 다른 센서들 간의 상호 통신에 영향을 받는 경우도 생각해볼 수 있다. 이러한 것들이 복잡해지지 않도록, 측정값을 전체 센서 측정값 범위 $[0; z_{max}]$상에서 균등 분포를 이용해 모델링한다. 다음 식을 보자.

$$p_{rand}(z_t^k \mid x_t, m) \quad = \quad \begin{cases} \frac{1}{z_{max}} & 0 \le z_t^k < z_{max} \text{인 경우} \\ 0 & \text{그 외} \end{cases} \qquad (6.11)$$

확률 분포 p_{rand}의 밀도 함수 결과는 그림 6.3(d)를 참조하기 바란다.

앞의 네 가지 확률 분포를 이제 하나로 혼합해보자. 이때 z_{hit}, z_{short}, z_{max}, z_{rand}의 가중치 평균을 이용한다. 특히 $z_{hit} + z_{short} + z_{max} + z_{rand} = 1$이다.

$$p(z_t^k \mid x_t, m) \quad = \quad \begin{pmatrix} z_{hit} \\ z_{short} \\ z_{max} \\ z_{rand} \end{pmatrix}^T \cdot \begin{pmatrix} p_{hit}(z_t^k \mid x_t, m) \\ p_{short}(z_t^k \mid x_t, m) \\ p_{max}(z_t^k \mid x_t, m) \\ p_{rand}(z_t^k \mid x_t, m) \end{pmatrix} \qquad (6.12)$$

식 (6.12)와 같은 각각의 밀도 함수를 선형 조합으로 만든 일반적인 결과를 그림 6.4에서 확인해보기 바란다(작은 균등 밀도 함수로 포인트 질량 분포 p_{max}를 시각화한 결과다). 여러분도 느꼈겠지만 네 가지 확률 분포 모델의 기본적인 특징이 조합을 통해 만든 밀도 함수 내에 그대로 나타남을 알 수 있다.

표 6.1은 알고리즘 **beam_range_finder_model**을 구현한 것이다. 알고리즘 입력값

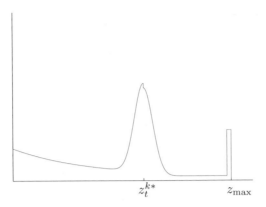

그림 6.4 일반적인 혼합 분포 $p(z_t^k \mid x_t, m)$의 밀도 함수 분포 결과

1:        **Algorithm beam_range_finder_model(z_t, x_t, m):**

2:        $q = 1$

3:        *for $k = 1$ to K do*

4:        *compute z_t^{k*} for the measurement z_t^k using ray casting*

5:        $p = z_{\mathrm{hit}} \cdot p_{\mathrm{hit}}(z_t^k \mid x_t, m) + z_{\mathrm{short}} \cdot p_{\mathrm{short}}(z_t^k \mid x_t, m)$

6:        $+ z_{\mathrm{max}} \cdot p_{\mathrm{max}}(z_t^k \mid x_t, m) + z_{\mathrm{rand}} \cdot p_{\mathrm{rand}}(z_t^k \mid x_t, m)$

7:        $q = q \cdot p$

8:        *return q*

표 6.1 범위 스캔 z_t의 유사가능도를 계산하기 위한 알고리즘. 스캔 과정에서 각각의 범위 측정값들은 서로 조건부 독립(conditional independence)이라고 가정한다.

은 범위 스캔값 z_t, 로봇 포즈 x_t, 맵 m이다. 알고리즘 2~7행의 루프문에서는 식 (6.2)에서 설명한 각각의 센서 빔 z_t^k의 유사가능도를 모두 곱한다. 4행에서는 특정 센서 측정값에 대해 노이즈가 없는 범위를 계산하도록 레이 캐스팅을 적용한다. 각각의 범위 측정값 z_t^k의 유사가능도는 5행에서 계산하는데, 이와 관련된 식은 식 (6.12)를 참조한다. z_t 내에 있는 모든 센서 측정 z_t^k를 반복한 후 알고리즘에서 구하려는 확률 $p(z_t \mid x_t, m)$을 계산해 리턴한다.

6.3.2 내재된 모델 파라미터 조정

이제까지 다루지 않았던 것 중 하나인 센서 모델의 다양한 파라미터를 선정하는 방법을 알아보자. 이 파라미터는 z_{hit}, z_{short}, z_{max}, z_{rand}를 혼합한 결과를 포함하고 있다. 또 σ_{hit}, λ_{short}도 포함되어 있다. 이 파라미터 전체를 Θ로 놓자. 모든 센서 측정값의 유사 가능도는 Θ의 함수로 표현할 수 있다. 따라서 이제부터 모델 파라미터 조정adjusting model parameters 알고리즘에 대해 설명한다.

내재된 파라미터를 결정할 때 데이터를 활용하는 방법이 있다. 그림 6.5에서는 모바일 로봇이 일반적인 오피스 환경을 돌아다니면서 수집한 10,000개의 측정값 집합 두 가지를 보여준다. 두 그림 모두 약 3m 정도(2.9~3.1m)만 측정되어 있다. 왼쪽 그림은 소나 센서를 통해 확보한 데이터이고, 오른쪽 그림은 레이저 센서를 통해 얻은 데이터다. 두 그림 모두 x축은 수집 횟수(1부터 10,000까지)를, y축은 센서를 통해 측정된 값의 범위를 나타낸다.

대부분의 측정값은 양쪽 센서 모두 올바른 범위에 가깝게 모여 있는 반면, 측정값들의 패턴은 큰 차이를 보이고 있다. 초음파 센서는 더 많은 측정 노이즈와 추적 오차에 영향을 받았음을 알 수 있다. 장애물을 탐지하는 데 매우 빈번하게 실패했으며, 이로 인해 범위 최댓값으로 측정했음을 알 수 있다. 반면 레이저 범위 파인더는 상대적으로 훨씬 정확하다. 그러나 간혹 잘못된 범위 결과를 보여주고 있다.

내재된 파라미터 Θ를 설정할 때 가장 좋은 방법은 손으로 직접 하는 것이다. 즉,

(a) 소나 데이터   **(b)** 레이저 데이터

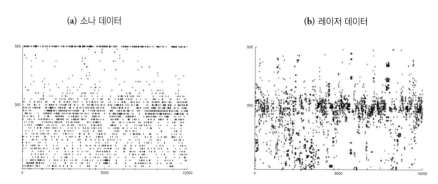

그림 6.5 (a) 소나 센서를 이용해 구한 데이터, (b) 레이저 범위 센서를 이용해 구한 데이터. 일반적인 오피스 환경에서 측정했으며, 측정 범위는 300cm(최대 500cm)이다.

단순히 여러분의 경험에 부합할 때까지 결과 밀도를 눈으로 보는 것이다. 이보다 좀 더 원론적인 방법은 실제 데이터로부터 파라미터를 학습시키는 것이다. 이는 데이터 셋 $Z = \{z_i\}$, 관련 위치 $X = \{x_i\}$, 맵 m의 최대 유사가능도를 통해 구할 수 있다. 여기서 z_i는 실제 측정값을, x_i는 측정값을 얻었을 때의 포즈를, m은 맵을 의미한다. 데이터 Z의 유사가능도는 다음과 같다.

$$p(Z \mid X, m, \Theta) \tag{6.13}$$

우리의 목표는 이 유사가능도가 최대가 되는 파라미터 Θ를 찾아내는 것이다. 이렇게 데이터의 유사가능도가 최대가 되는 추정값이나 알고리즘을 최대 유사가능도 추정기 ML(maximum likelihood) estimator라고 한다.

표 6.2에서 내재된 파라미터의 최대 유사가능도 추정기를 계산하는 **learn_intrinsic_parameters** 알고리즘을 소개하고 있다. 최대 유사가능도 파라미터를 추정하기 위한 반복 프로시저인 EM^expectation maximization 알고리즘 계열이다.

표 6.2에서 알고리즘 **learn_intrinsic_parameters**는 σ_{hit}와 λ_{short}의 좋은 초깃값을 필요로 한다. 3~9행까지는 임의의 변수를 추정한다. $e_{i,xxx}$는 xxx에서 발생한 측정값 z_i의 확률값을 의미한다. 여기서 'xxx'는 hit, short, max, random의 네 가지 센서 모델 중 하나에 해당한다. 이어서, 10~15행에서 파라미터를 추정한다. 그러나 파라미터는 앞에서 계산한 기댓값의 함수다. 내재된 파라미터를 조정하면 기댓값이 바뀐다. 이러한 이유로 알고리즘을 반복 수행해야 한다. 그러나 실제로는 반복 작업을 통해 결과가 신속하게 수렴하며, 대략 12번 정도 반복하면 충분히 좋은 결과를 얻는다.

그림 6.6은 **learn_intrinsic_parameters**로 계산된 최대 유사가능도 측정 모델과 4개의 데이터에 대한 예제를 보여준다. 첫 번째 행은 초음파 센서를 이용해 기록한 데이터의 근사화 결과를 보여준다. 두 가지 결과 모두 서로 다른 실제 범위^true range와 관련되어 있다. 데이터는 히스토그램으로 정리했다. 다른 그래프들 간의 차이를 명확히 볼 수 있을 것이다. 범위 z_t^{k*}가 작을수록 측정값은 더 정확해진다. 두 가지 센서 모두 가우시안은 더 긴 측정값보다는 짧은 범위에서 더 좁은 결과를 보인다. 더욱이, 레이저 범위 파인더는 초음파 센서보다 더 정확하다. 가우시안의 폭이 더 좁고 최대 범위

1:      **Algorithm learn_intrinsic_parameters(Z, X, m):**

2:      *repeat until convergence criterion satisfied*

3:      *for all z_i in Z do*

4:
$$\eta = [\, p_{\text{hit}}(z_i \mid x_i, m) + p_{\text{short}}(z_i \mid x_i, m)$$
$$+\, p_{\text{max}}(z_i \mid x_i, m) + p_{\text{rand}}(z_i \mid x_i, m)\,]^{-1}$$

5:      *calculate z_i^**

6:      $e_{i,\text{hit}} = \eta\, p_{\text{hit}}(z_i \mid x_i, m)$

7:      $e_{i,\text{short}} = \eta\, p_{\text{short}}(z_i \mid x_i, m)$

8:      $e_{i,\text{max}} = \eta\, p_{\text{max}}(z_i \mid x_i, m)$

9:      $e_{i,\text{rand}} = \eta\, p_{\text{rand}}(z_i \mid x_i, m)$

10:      $z_{\text{hit}} = |Z|^{-1} \sum_i e_{i,\text{hit}}$

11:      $z_{\text{short}} = |Z|^{-1} \sum_i e_{i,\text{short}}$

12:      $z_{\text{max}} = |Z|^{-1} \sum_i e_{i,\text{max}}$

13:      $z_{\text{rand}} = |Z|^{-1} \sum_i e_{i,\text{rand}}$

14:      $\sigma_{\text{hit}} = \sqrt{\dfrac{1}{\sum_i e_{i,\text{hit}}} \sum_i e_{i,\text{hit}} (z_i - z_i^*)^2}$

15:      $\lambda_{\text{short}} = \dfrac{\sum_i e_{i,\text{short}}}{\sum_i e_{i,\text{short}}\, z_i}$

16:      *return* $\Theta = \{z_{\text{hit}}, z_{\text{short}}, z_{\text{max}}, z_{\text{rand}}, \sigma_{\text{hit}}, \lambda_{\text{short}}\}$

표 6.2 빔 기반 센서 모델의 파라미터를 학습하는 알고리즘

측정값의 수가 더 적기 때문이다. 그 밖의 중요한 사항은 short와 random 측정값의 상대적으로 높은 유사가능도다. 이러한 큰 오차 유사가능도는 장단점이 있다. 우선 hit와 random 측정값 사이의 유사가능도 차이가 작기 때문에 각 센서 판독값의 정보가 감소한다는 단점이 있다. 반면 이 모델은 오랜 시간 동안 로봇의 경로를 차단하는 사람처럼 모델링되지 않은 시스템상의 작은 변화에 덜 민감하다는 장점이 있다.

그림 6.7은 동작 중인 학습된 센서 모델을 보여준다. 그림 6.7(a)에서는 180도 범위 스캔 결과를 보여주고 있다. 로봇은 실제 포즈에서 (앞에서 구한) 점유 그리드 맵에 위

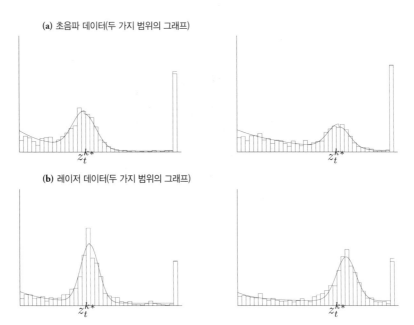

(a) 초음파 데이터(두 가지 범위의 그래프)

(b) 레이저 데이터(두 가지 범위의 그래프)

그림 6.6 (a) 초음파 데이터로 만든 빔 모델의 근사화 결과, (b) 레이저 범위 데이터로 만든 빔 모델의 근사화 결과. 왼쪽의 센서 모델은 그림 6.5에서 설명한 데이터셋에 대해 최대 유사가능도를 구한 것이다.

치해 있다. 그림 6.7(b)는 (방향 θ를 최대화해서) x-y 공간으로 투영된 이 범위 스캔의 유사가능도 $p(z_t \mid x_t, m)$과 함께 환경 맵을 그려준다. 어두운 위치일수록 더 많은 가능성이 있다. 보면 바로 알겠지만, 높은 유사가능도를 갖는 모든 지역은 복도 쪽에 위치해 있다. 이는 당연한 결과다. 그 이유는 특정 스캔이 방 안의 모든 위치보다 복도 위치에서 기하학적으로 더 일관성이 있기 때문이다. 확률 질량이 복도 전체에 퍼져 있다는 사실은 단일 센서 스캔이 로봇의 정확한 포즈를 결정하는 데 충분하지 않다는 것을 암시한다. 이것은 주로 복도의 대칭성 때문이다. 사후 스테이트가 2개의 좁은 수평 대역으로 구성된다는 사실은 로봇의 방향이 알려지지 않았다는 사실에 기인한다. 이 두 대역은 로봇이 살아남은 두 가지 진행 방향 중 하나에 해당한다.

6.3.3 빔 모델의 수학적 유도

최대 유사가능도 추정기를 유도하기 위해, 대응 변수인 임의의 변수 c_i를 도입하면 유

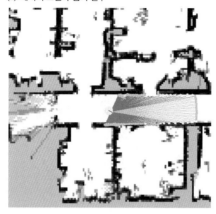

(a) 레이저 스캔과 맵의 일부

(b) 각기 다른 위치의 유사가능도

그림 6.7 인식의 확률론적 모델: (a) 이전에 구해놓은 맵으로 투영한 레이저 범위 스캔. (b) $p(z_i \mid x_t, m)$의 유사가능도(회색으로 표시). 위치가 어둡게 표시되어 있을수록, $p(z_i \mid x_t, m)$의 값이 더 크다.

용하다는 것을 먼저 증명해보자. c_i 각각은 hit, short, max, random의 네 가지 값 중 하나에 해당하며, 이는 측정값 z_i를 생성한 네 가지 메커니즘과 관련이 있다.

우선 c_i'를 알고 있는 경우를 생각해보자. 우리는 앞에서 설명한 4개의 메커니즘 중 어느 것과 측정값 z_i가 관련되어 있는지 알고 있다. c_i'의 값을 기반으로 Z를 4개의 서로 겹치지 않는 집합인 Z_{hit}, Z_{short}, Z_{max}, Z_{rand}로 분해한다. 참고로 이들은 Z를 구성하는 요소들이다. 내재된 파라미터인 z_{hit}, z_{short}, z_{max}, z_{rand}에 대한 최대 유사가능도 추정기는 간단하게 다음과 같은 정규화 비율로 정리할 수 있다.

$$
\begin{pmatrix} z_{\text{hit}} \\ z_{\text{short}} \\ z_{\text{max}} \\ z_{\text{rand}} \end{pmatrix} = |Z|^{-1} \begin{pmatrix} |Z_{\text{hit}}| \\ |Z_{\text{short}}| \\ |Z_{\text{max}}| \\ |Z_{\text{rand}}| \end{pmatrix}
\tag{6.14}
$$

나머지 내재된 파라미터인 σ_{hit}와 λ_{short}는 다음과 같은 식을 통해 구할 수 있다.

데이터셋 Z_{hit}에 대해 식 (6.5)를 통해 다음 결과를 얻는다.

$$
\begin{aligned}
p(Z_{\text{hit}} \mid X, m, \Theta) &= \prod_{z_i \in Z_{\text{hit}}} p_{\text{hit}}(z_i \mid x_i, m, \Theta) \\
&= \prod_{z_i \in Z_{\text{hit}}} \frac{1}{\sqrt{2\pi\sigma_{\text{hit}}^2}} \, e^{-\frac{1}{2}\frac{(z_i - z_i^*)^2}{\sigma_{\text{hit}}^2}}
\end{aligned}
\tag{6.15}
$$

여기서 z_i^*는 '참' 범위이고, 포즈 x_i와 맵 m을 이용해 계산한다. 최대 유사가능도 추정의 고전적인 트릭 중 하나로 유사가능도를 바로 쓰지 않고 유사가능도에 로그를 취한 값을 최대화하는 방법이 있다. 로그 함수는 강한 단조 함수strictly monotonic function이므로, 로그 유사가능도의 최댓값 역시 원래 유사가능도의 최댓값이다. 로그 유사가능도는 다음과 같다.

$$
\log p(Z_{\text{hit}} \mid X, m, \Theta) = \sum_{z_i \in Z_{\text{hit}}} \left[-\frac{1}{2}\log 2\pi\sigma_{\text{hit}}^2 - \frac{1}{2}\frac{(z_i - z_i^*)^2}{\sigma_{\text{hit}}^2} \right]
\tag{6.16}
$$

이 식은 다음과 같이 쉽게 변환할 수 있다.

$$
\begin{aligned}
&\log p(Z_{\text{hit}} \mid X, m, \Theta) \\
&= -\frac{1}{2} \sum_{z_i \in Z_{\text{hit}}} \left[\log 2\pi\sigma_{\text{hit}}^2 + \frac{(z_i - z_i^*)^2}{\sigma_{\text{hit}}^2} \right] \\
&= -\frac{1}{2} \left[|Z_{\text{hit}}| \log 2\pi + 2|Z_{\text{hit}}| \log \sigma_{\text{hit}} + \sum_{z_i \in Z_{\text{hit}}} \frac{(z_i - z_i^*)^2}{\sigma_{\text{hit}}^2} \right] \\
&= 상수 - |Z_{\text{hit}}| \log \sigma_{\text{hit}} - \frac{1}{2\sigma_{\text{hit}}^2} \sum_{z_i \in Z_{\text{hit}}} (z_i - z_i^*)^2
\end{aligned}
\tag{6.17}
$$

내재된 파라미터 σ_{hit}에 포함된 식의 도함수는 다음과 같이 구할 수 있다.

$$\frac{\partial \log p(Z_{\text{hit}} \mid X, m, \Theta)}{\partial \sigma_{\text{hit}}} = -\frac{|Z_{\text{hit}}|}{\sigma_{\text{hit}}} + \frac{1}{\sigma_{\text{hit}}^3} \sum_{z_i \in Z_{\text{hit}}} (z_i - z_i^*)^2 \tag{6.18}$$

로그 유사가능도의 최댓값은 앞에서 계산한 도함수를 0으로 놓으면 구할 수 있다. 최대 유사가능도 추정 문제의 해를 구해보자.

$$\sigma_{\text{hit}} = \sqrt{\frac{1}{|Z_{\text{hit}}|} \sum_{z_i \in Z_{\text{hit}}} (z_i - z_i^*)^2} \tag{6.19}$$

내재된 파라미터 λ_{short}의 추정은 앞에서와 동일한 과정으로 계산하면 된다. 데이터 Z_{short}의 사후확률은 다음과 같다.

$$\begin{aligned}
p(Z_{\text{short}} \mid X, m, \Theta) &= \prod_{z_i \in Z_{\text{short}}} p_{\text{short}}(z_i \mid x_i, m) \\
&= \prod_{z_i \in Z_{\text{short}}} \lambda_{\text{short}} \, e^{-\lambda_{\text{short}} z_i}
\end{aligned} \tag{6.20}$$

여기에 로그를 취하면 다음과 같다.

$$\begin{aligned}
\log p(Z_{\text{short}} \mid X, m, \Theta) &= \sum_{z_i \in Z_{\text{short}}} \log \lambda_{\text{short}} - \lambda_{\text{short}} z_i \\
&= |Z_{\text{short}}| \log \lambda_{\text{short}} - \lambda_{\text{short}} \sum_{z_i \in Z_{\text{short}}} z_i
\end{aligned} \tag{6.21}$$

내재된 파라미터 λ_{short}에 대한 이 식의 1차 도함수는 다음과 같다.

$$\frac{\partial \log p(Z_{\text{short}} \mid X, m, \Theta)}{\partial \lambda_{\text{short}}} = \frac{|Z_{\text{short}}|}{\lambda_{\text{short}}} - \sum_{z_i \in Z_{\text{short}}} z_i \tag{6.22}$$

이 결과를 0으로 놓으면 내재된 파라미터 λ_{short}에 대한 최대 유사가능도 추정값을 구할 수 있다.

$$\lambda_{\text{short}} = \frac{|Z_{\text{short}}|}{\sum_{z_i \in Z_{\text{short}}} z_i} \tag{6.23}$$

이 도함수는 파라미터 c_i에 대해 알고 있다고 가정했다. 이제 c_i'를 모르는 경우까지 확장해보자. 최대 유사가능도 추정 문제는 닫힌 형태$^{closed-form}$의 해법이 없다. 그러나 우리는 두 가지 단계를 반복하는 기술을 만들 수 있다. 첫 번째는 c_i'의 기대치를 계산하는 단계이고, 두 번째는 이 기대치에 대한 내재된 모델 파라미터를 계산하는 단계다. 앞에서도 설명했지만, 결과 알고리즘은 EM$^{expectation\ maximization}$ 알고리즘의 원리와 같다.

EM을 유도하기 위해서는 데이터 Z의 유사가능도를 먼저 정의하는 것이 좋다.

$$\log p(Z \mid X, m, \Theta) \tag{6.24}$$
$$= \sum_{z_i \in Z} \log p(z_i \mid x_i, m, \Theta)$$
$$= \sum_{z_i \in Z_{\text{hit}}} \log p_{\text{hit}}(z_i \mid x_i, m) + \sum_{z_i \in Z_{\text{short}}} \log p_{\text{short}}(z_i \mid x_i, m)$$
$$+ \sum_{z_i \in Z_{\text{max}}} \log p_{\text{max}}(z_i \mid x_i, m) + \sum_{z_i \in Z_{\text{rand}}} \log p_{\text{rand}}(z_i \mid x_i, m)$$

이 식은 변수 c_i를 이용해 다음과 같이 정리할 수 있다.

$$\log p(Z \mid X, m, \Theta) = \sum_{z_i \in Z} I(c_i = \text{hit}) \, \log p_{\text{hit}}(z_i \mid x_i, m) \tag{6.25}$$
$$+ I(c_i = \text{short}) \, \log p_{\text{short}}(z_i \mid x_i, m)$$
$$+ I(c_i = \text{max}) \, \log p_{\text{max}}(z_i \mid x_i, m)$$
$$+ I(c_i = \text{rand}) \, \log p_{\text{rand}}(z_i \mid x_i, m)$$

여기서 I는 지시 함수$^{indicator\ function}$다. c_i 값들을 모르기 때문에 통상 이들을 하나로 합친다. 즉, EM 알고리즘은 기댓값 $E[\log p(Z \mid X, m, \Theta)]$가 최대가 되도록 한다. 여기서 말하는 기댓값은 값을 모르는 변수들 c_i를 대상으로 취한 것이다. 다음 식을 보자.

$$E[\log p(Z \mid X, m, \Theta)] \tag{6.26}$$
$$= \sum_i p(c_i = \text{hit}) \, \log p_{\text{hit}}(z_i \mid x_i, m) + p(c_i = \text{short}) \, \log p_{\text{short}}(z_i \mid x_i, m)$$
$$+ p(c_i = \text{max}) \, \log p_{\text{max}}(z_i \mid x_i, m) + p(c_i = \text{rand}) \, \log p_{\text{rand}}(z_i \mid x_i, m)$$

$$=: \sum_i e_{i,\text{hit}} \ \log p_{\text{hit}}(z_i \mid x_i, m) + e_{i,\text{short}} \ \log p_{\text{short}}(z_i \mid x_i, m)$$
$$+ e_{i,\text{max}} \ \log p_{\text{max}}(z_i \mid x_i, m) + e_{i,\text{rand}} \ \log p_{\text{rand}}(z_i \mid x_i, m)$$

여기서 변수 e의 정의를 이용한다. 이 식은 2단계를 거쳐 최댓값을 계산한다. 첫 번째 단계에서는 내재된 파라미터 σ_{hit}와 λ_{short}에 주어진 값을 고려하고, 이를 바탕으로 변수 c_i에 대한 기댓값을 계산한다.

$$\begin{pmatrix} e_{i,\text{hit}} \\ e_{i,\text{short}} \\ e_{i,\text{max}} \\ e_{i,\text{rand}} \end{pmatrix} := \begin{pmatrix} p(c_i = \text{hit}) \\ p(c_i = \text{short}) \\ p(c_i = \text{max}) \\ p(c_i = \text{rand}) \end{pmatrix} = \eta \begin{pmatrix} p_{\text{hit}}(z_i \mid x_i, m) \\ p_{\text{short}}(z_i \mid x_i, m) \\ p_{\text{max}}(z_i \mid x_i, m) \\ p_{\text{rand}}(z_i \mid x_i, m) \end{pmatrix} \quad (6.27)$$

정규화 항은 다음과 같다.

$$\begin{aligned} \eta = \ & [\, p_{\text{hit}}(z_i \mid x_i, m) + p_{\text{short}}(z_i \mid x_i, m) \\ & + p_{\text{max}}(z_i \mid x_i, m) + p_{\text{rand}}(z_i \mid x_i, m)\,]^{-1} \end{aligned} \quad (6.28)$$

이 단계를 'E단계$^{\text{E-step}}$'라고 하며 ('잠재 변수$^{\text{latent variable}}$'라고도 부르는) 내재된 파라미터 c_i의 기댓값을 계산한다. 나머지 단계는 상대적으로 간단하다. 해당 기댓값은 센서 모델의 여러 구성요소 사이에 있는 의존관계, 연관관계를 분해하기 때문이다. 우선 최대 유사가능도 혼합 모델 파라미터를 단순히 정규화한 기댓값으로 변환한다. 다음 식을 보자.

$$\begin{pmatrix} z_{\text{hit}} \\ z_{\text{short}} \\ z_{\text{max}} \\ z_{\text{rand}} \end{pmatrix} = |Z|^{-1} \sum_i \begin{pmatrix} e_{i,\text{hit}} \\ e_{i,\text{short}} \\ e_{i,\text{max}} \\ e_{i,\text{rand}} \end{pmatrix} \quad (6.29)$$

최대 유사가능도 모델 파라미터 σ_{hit}와 λ_{short}도 유사한 방식으로 구할 수 있다. 식 (6.19)와 식 (6.23)에서 값 자체를 할당한 것을 기댓값의 가중치가 반영된 값을 할당하는 식으로 대체한다. 다음 식을 보자.

$$\sigma_{\text{hit}} = \sqrt{\frac{1}{\sum_{z_i \in Z} e_{i,\text{hit}}} \sum_{z_i \in Z} e_{i,\text{hit}}(z_i - z_i^*)^2} \quad (6.30)$$

그리고

$$\lambda_{\text{short}} \;=\; \frac{\sum_{z_i \in Z} e_{i,\text{short}}}{\sum_{z_i \in Z} e_{i,\text{short}}\, z_i} \tag{6.31}$$

6.3.4 실제 활용 시 고려사항

실제로 모든 센서 판독값의 밀도를 계산하는 것은 계산적인 관점에서 상당히 복잡할 수 있다. 예를 들어 레이저 범위 스캐너는 한 번 스캔할 때 수백 개의 값을 리턴하는데, 이 스캔 작업을 초당 여러 번 수행한다. 스캔의 각 빔 및 가능한 모든 포즈에 대해 레이 캐스팅 작업을 수행해야 하므로 현재의 빌리프로 전체 스캔을 통합하는 일이 항상 실시간으로 수행될 수는 없다. 이 문제를 해결하기 위한 일반적인 접근법 중 하나로 모든 측정값(예: 360 대신 레이저 범위 스캔당 8개의 동일한 간격으로 측정)의 작은 서브셋만 통합한다. 이렇게 하면 범위 스캔의 인접 빔은 종종 독립적이지 않기 때문에 스테이트 추정 프로세스는 인접 측정에서 상관관계가 있는 노이즈의 영향을 덜 받는다는 장점이 있다.

인접 측정^{adjacent measurement} 사이의 의존성이 강한 경우, 최대 유사가능도 모델은 로봇을 과신하게 만들어서 최적이 아닌 결과를 만들 가능성이 있다. 이에 대한 간단한 해결 방법 중 하나는 $\alpha < 1$인 경우 $p(z_t^k \mid x_t,\, m)$을 '더 약한' 버전 $p(z_t^k \mid x_t,\, m)^{\alpha}$로 대체하는 것이다. 이 방법은 직관적으로 설명하면 α의 인자로 추출된 정보를 줄이는 것이다(이 확률의 로그는 $\alpha \log p(z_t^k \mid x_t,\, m)$에 의해 주어진다). 한편 애플리케이션 관점에서 내재된 파라미터를 학습하는 방법도 있다. 예를 들어, 모바일 로컬화에서 멀티 타임 단계에 걸쳐 좋은 로컬화 결과를 얻기 위해 그레이디언트 하강 기법을 통해 내재된 파라미터를 학습하는 것이 가능하다. 이러한 멀티타임 단계 방법론은 앞에서 설명한 싱글타임 단계 최대 유사가능도 추정기와 상당히 큰 차이가 있다. 실제 구현에서는 멀티타임 단계 방법론의 결과가 매우 우수하다고 알려져 있다. 자세한 내용은 Thrun(1998a)을 참조한다.

빔 기반 모델의 계산 시간의 대부분은 레이 캐스팅 작업에서 소요된다. 레이 캐스팅 알고리즘을 사전 캐싱^{pre-caching}하고 이 결과를 메모리에 저장해 $p(z_t \mid x_t,\, m)$을 계산하는 데 드는 런타임 비용을 크게 줄일 수 있다. 이 과정을 통해 레이 캐스팅 작업을 (훨씬 빨라진) 테이블 조회로 대체할 수 있기 때문이다. 이 아이디어는 스테이트 공간을 세분화된 3차원 그리드로 분해하고, 각 그리드 셀에 대해 범위 z_t^{k*}를 미리 계산하는 식으로 구현한다. 참고로 이 개념은 4.1절에서 이미 다뤘다. 그리드의 해상도에 따라 메모리가 얼마나 필요한지 여부도 중요할 수 있다. 모바일 로봇 로컬화 문제에서는 15cm, 2도의 그리드 해상도로 사전 계산하는 것이 실내 로컬화 문제에 적합하다는 사실을 확인했다. 이렇게 하면 적절한 사양의 컴퓨터 메모리(RAM)에 잘 맞으며 레이 캐스팅을 온라인으로 전송하는 방식의 구현 결과보다 훨씬 속도를 높여준다.

6.3.5 빔 모델의 한계

빔 기반 센서 모델은 범위 파인더의 기하학 및 물리학과 밀접한 관련이 있지만 두 가지 주요 단점이 있다.

우선, 빔 기반 모델은 스무드니스가 부족하다. 작은 크기의 장애물이 많은 어수선한 환경에서, 확률 분포 $p(z_t^k \mid x_t, m)$은 x_t에서 매우 매끄럽지 않을 수 있다. 예를 들어, 의자와 테이블이 많은 환경(예: 일반적인 회의실)을 생각해보자. 1장에서 설명한 것과 같은 로봇이 장애물의 다리를 감지한다. 분명히 로봇 포즈 x_t의 작은 변화는 센서 빔의 올바른 범위에 엄청난 영향을 줄 수 있다. 결과적으로, 측정 모델 $p(z_t^k \mid x_t, m)$은 x_t에서 매우 불연속적이다. 특히 진행 방향 θ_t가 영향을 받는데, 그 이유는 방향이 약간만 바뀌어도 범위에서 x-y 공간의 큰 변위를 일으킬 수 있기 때문이다.

스무드니스 부족으로 인해 발생하는 두 가지 문제가 있다. 첫째, 근사화된 빌리프 표현이 올바른 스테이트를 놓칠 위험이 있다. 왜냐하면 근사화된 스테이트가 현저히 다른 사후 스테이트 유사가능도를 가질 수 있기 때문이다. 이에 대해 근삿값의 정확도에 제약을 가한다. 만약 이것이 충족되지 않을 경우 사후 스테이트에서 결과적인 오차가 커지기 때문이다. 둘째, 가장 가능성 있는 스테이트를 찾는 힐 클라이밍hill-climbing 기법은 극소점local minima 문제에 빠지기 쉽다. 왜냐하면 스무드니스가 없는 이러한 모델에서는 극대점local maxima이 여러 개 있을 수 있기 때문이다.

빔 기반 모델은 또한 여러 가지 계산 작업을 포함하고 있다. 각각의 단일 센서 측정 값 z_t^k에 대해 $p(z_t^k \mid x_t, m)$을 계산하는 것은 레이 캐스팅과 관련되어 있는데, 이 작업은 계산 비용이 많이 든다. 위에서 설명했듯 이 문제는 포즈 공간에서 이산 그리드를 통해 범위를 사전 계산해 부분적으로 해결할 수 있다. 이러한 방법은 계산을 초기에는 오프라인 단계로 전환해서 알고리즘이 런타임에 더 빠르다는 이점을 제공한다. 그러나 결과 테이블은 큰 3차원 공간을 포함하기 때문에 매우 크다. 따라서 사전 계산 범위는 계산 비용이 많이 들고 상당한 메모리를 필요로 한다.

6.4 범위 파인더를 위한 유사가능도 필드

6.4.1 기초 알고리즘

앞에서 설명한 제약사항을 극복하는 유사가능도 필드^{likelihood field}라 불리는 대안 모델에 대해 알아보자. 이 모델은 그럴듯한 물리적 설명이 부족하다. 물리적 센서에서 의미 있는 생성 모델이 무엇이든 그와 관련된 조건부 확률을 반드시 계산할 필요는 없는 '임시' 알고리즘이다. 그러나 이 방법은 실제로는 잘 작동한다. 이를 통해 결과로 얻은 사후 스테이트는 복잡한 공간에서도 훨씬 부드럽고 계산도 더 효율적이다.

핵심 아이디어는 먼저 센서 스캔의 끝점을 맵의 전역 좌표 공간으로 투영하는 것이다. 이를 위해서는 로봇의 로컬 좌표계가 어디에 있는지, 로봇에서 센서 빔이 어디서 발생하는지, 그리고 센서가 가리키는 곳이 어디인지를 알아야 한다. 앞에서 하던 대로 시간 t에서의 로봇 포즈를 $x_t = (x\ y\ \theta)^T$로 놓자. 월드의 2차원 뷰^{view}를 유지하면서, 로봇의 고정된 로컬 좌표계에서 센서의 상대적 위치를 $(x_{k,\text{sens}}\ y_{k,\text{sens}})^T$로 놓자. 그리고 로봇의 진행 방향에 상대적인 센서 빔의 각도 방향을 $\theta_{k,\text{sens}}$로 놓자. 이 값들은 센서마다 모두 다르다. 측정값 z_t^k의 끝점은 이제 명백한 삼각 변환을 통해 전역 좌표계로 매핑된다.

$$
\begin{pmatrix} x_{z_t^k} \\ y_{z_t^k} \end{pmatrix} = \begin{pmatrix} x \\ y \end{pmatrix} + \begin{pmatrix} \cos\theta & -\sin\theta \\ \sin\theta & \cos\theta \end{pmatrix} \begin{pmatrix} x_{k,\text{sens}} \\ y_{k,\text{sens}} \end{pmatrix} + z_t^k \begin{pmatrix} \cos(\theta + \theta_{k,\text{sens}}) \\ \sin(\theta + \theta_{k,\text{sens}}) \end{pmatrix}
$$

$$(6.32)$$

이들 좌표는 센서가 장애물을 탐지할 때만 의미가 있다. 범위 센서값이 최댓값인 z_t^k = z_{max}이면, 이들 좌표는 (측정값이 정보를 전달하지만) 실제 세계에서 아무 의미가 없다. 유사가능도 필드 측정 모델은 단순하게 최대 범위 판독값을 버린다.

앞에서 설명한 빔 모델처럼 노이즈와 불확실성의 세 가지 원인을 가정해보자.

1. **측정값 노이즈**: 측정 프로세스에서 발생하는 노이즈는 가우시안을 사용해 모델링된다. x-y 공간에서는 맵에서 가장 가까운 장애물을 찾는다. $dist$는 측정 좌표 $(x_{z_t^k}\ y_{z_t^k})^T$와 맵 m에서 가장 가까운 대상 사이의 유클리드 거리를 나타낸다. 그러면 센서 측정의 확률은 센서 노이즈를 포착하는 0을 중심으로 하는 가우시안에 의해 주어진다. 다음 식을 보자.

$$p_{\text{hit}}(z_t^k \mid x_t, m) \quad = \quad \varepsilon_{\sigma_{\text{hit}}}(dist) \tag{6.33}$$

그림 6.8(a)는 예제 맵이다. 그리고, 그림 6.8(b)는 2차원 공간에서 측정 포인트 $(x_{z_t^k}\ y_{z_t^k})^T$에 대한 해당 가우시안 확률분포다. 해당 위치가 밝을수록 거리 측정기로 물체를 측정할 확률이 높아진다. 밀도 p_{hit}는 이제 유사가능도 필드를 센서

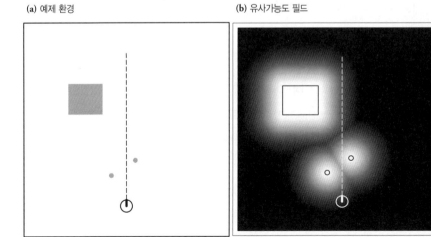

(a) 예제 환경　　　　　　　　**(b)** 유사가능도 필드

그림 6.8 (a) 3개의 장애물(회색으로 표시)이 있는 환경의 예. 로봇은 그림의 아래쪽에 위치하며, 점선으로 표시된 대로 z_t^k를 측정한다. (b) 이 장애물 환경에 대한 유사가능도 필드: 어두운 위치일수록 장애물을 감지할 가능성이 낮다. 특정 센서 빔에 대한 확률 $p(z_t^k \mid x_t, m)$은 그림 6.9와 같다.

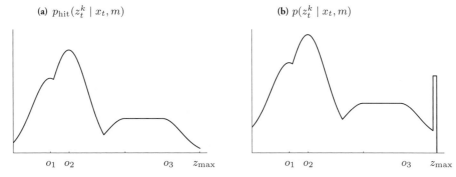

(a) $p_{\text{hit}}(z_t^k \mid x_t, m)$

(b) $p(z_t^k \mid x_t, m)$

$o_1 \quad o_2 \qquad\qquad o_3 \quad z_{\max}$

$o_1 \quad o_2 \qquad\qquad o_3 \quad z_{\max}$

그림 6.9 (a) 그림 6.8의 상황에 대한 측정값 z_t^k의 함수로 나타낸 확률 $p_{\text{hit}}(z_t^k)$. 여기서 센서 빔은 가장 가까운 점부터 순서대로 o_1, o_2, o_3의 장애물 3개를 통과한다. (b) 2개의 균등 분포를 더해서 구한, 그림 6.8에서 보여주는 상황에 대해 구한 센서 확률 $p(z_t^k \mid x_t, m)$

축과 교차시키고 정규화하여 얻는다(그림 6.8의 점선으로 표시). 결과 함수는 그림 6.9(a)와 같다.

2.   **실패**: 앞에서와 같이 최대 범위 판독값이 뚜렷한 큰 확률을 갖고 있다고 가정한다. 이전과 마찬가지로 이것은 포인트 질량 분포인 $p_{\max}$ 분포에 의해 모델링된다.

3.   **설명되지 않은 랜덤 측정값**: 마지막으로 균일 분포 p_{rand}는 인식의 랜덤 노이즈를 모델링하는 데 사용된다.

빔 기반 센서 모델과 마찬가지로 기대 확률 $p(z_t^k \mid x_t, m)$은 다음과 같이 3개의 확률 분포를 모두 통합한다.

$$z_{\text{hit}} \cdot p_{\text{hit}} + z_{\text{rand}} \cdot p_{\text{rand}} + z_{\max} \cdot p_{\max} \tag{6.34}$$

이 식에는 앞에서 많이 설명한 혼합 가중치 z_{hit}, z_{rand}, $z_{\max}$가 사용됐다. 그림 6.9(b)는 측정 빔에 따른 결과 분포 $p(z_t^k \mid x_t, m)$의 예를 보여준다. 이 분포는 그림 6.9(a)와 같이 p_{hit}와 $p_{\max}$ 및 p_{rand} 분포를 결합한다는 사실을 쉽게 알 수 있을 것이다. 혼합 파라미터를 조정하는 것에 관해 우리가 말한 대부분은 새로운 센서 모델로 넘어간다. 혼합 파라미터들은 손으로 직접 조절하거나 최대 유사가능도 추정기를 사용해 학습시킬 수 있다. 그림 6.8(b)와 같은 표현을 유사가능도 필드^{likelihood field}라고 하며, 장애물 탐

표 6.3 최근접 이웃(nearest neighbor)에 대한 유클리드 거리를 이용해 범위 파인더 스캔의 유사가능도를 계산하는 알고리즘. 함수 prob($dist$, σ_{hit})는 중심이 0이고 표준 편차가 σ_{hit}인 가우시안 분포를 따르는 거리의 확률을 계산한다.

지 유사가능도를 전역 *x-y* 좌표의 함수로 나타낸 것이다.

표 6.3은 유사가능도 필드를 사용해 측정 확률을 계산하기 위한 알고리즘이다. 여러분은 이미 다른 센서 빔의 노이즈 간 독립성을 가정해 $p(z_t^k \mid x_t, m)$의 개별 값을 곱하는 외부 루프를 잘 알고 있어야 한다. 4행에서는 센서 판독값이 최대 범위 판독값인지 체크한다. 이 경우 센서 판독값은 무시한다. 5~8행까지는 흥미로운 경우를 다루고 있다. 여기서는 *x-y* 공간에서 가장 가까운 장애물까지의 거리가 계산되고(7행), 8행에서 정규 분포와 균일 분포를 섞어 결과를 얻는다. 앞에서 했던 것처럼, 함수 **prob**($dist$, σ_{hit})는 표준 편차 σ_{hit}를 갖는 0을 중심으로 하는 가우시안 분포에서 $dist$의 확률을 계산한다.

맵에서 최근접 이웃 검색(7행 참조)은 **likelihood_field_range_finder_model** 알고리즘에서 가장 많은 계산을 필요로 하는 작업이다. 이 검색 속도를 높이기 위해서는 유사가능도 필드를 사전 계산하는 것이 유리하므로 측정 확률을 계산할 때 테이블 변환 후 좌표 변환이 발생한다. 물론 이산 그리드가 사용되는 경우 조회의 결과는 대략적인 것이며 장애물 좌표가 잘못 리턴될 수 있다. 그러나 확률 $p(z_t^k \mid x_t, m)$에 미치는 효과는 보통 코스 그리드^{course grid}의 경우조차도 작다.

6.4.2 확장 알고리즘

앞에서 설명한 빔 기반 모델의 유사가능도 필드 모델의 장점은 스무드니스다. 유클리드 거리의 스무드니스 때문에, 로봇 포즈 x_t의 작은 변화는 결과 확률 분포 $p(z_t^k \mid x_t, m)$에 작은 영향만 끼친다. 또 다른 장점은 사전 계산이 3차원이 아닌 2차원에서 일어난다는 점이다. 이는 사전 계산된 정보의 압축률을 높여준다.

그러나 현재 모델에는 세 가지 주요 단점이 있다. 첫째, 짧은 판독값을 초래할 수 있는 사람 및 다이내믹스를 명시적으로 모델링하지 않는다. 둘째, 마치 벽을 통해 볼 수 있는 것처럼 센서를 처리한다. 이는 레이 캐스팅 연산을 최근접 이웃nearest neighbor 함수로 대체했기 때문이다. 이 최근접 이웃 함수는 포인트의 경로가 맵의 장애물에 의해 차단되는지 여부를 판단할 수 없다. 셋째, 맵의 불확실성을 고려하지 않는다. 특히 맵이 매우 불확실하거나 지정되지 않은, 즉 탐사되지 않은unexplored 영역을 다룰 수 없다.

기본 알고리즘 **likelihood_field_range_finder_model**을 확장해 이러한 제한사항의 영향을 줄일 수 있다. 예를 들어, 맵 점웃값을 '점유된occupied', '점유되지 않은free', '미지의unknown'라는 세 가지 범주로 정렬할 수 있다. 센서 측정값 z_t^k가 '미지의' 카테고리에 있을 때, 확률 $p(z_t^k \mid x_t, m)$은 상숫값 $\frac{1}{z_{max}}$로 가정한다. 결과 확률 모델은 아직 완전하지 않다. 탐사되지 않은 공간에서 모든 센서 측정값이 똑같다고 가정한다.

그림 6.10은 맵과 해당 유사가능도 필드를 보여준다. 여기서도 x-y 좌표의 그레이 레벨은 센서를 수신할 유사가능도를 나타낸다. 가장 가까운 장애물까지의 거리가 탐색된 지형에 해당하는 맵 '내부에서만' 사용된다는 사실을 알 수 있다. 바깥쪽의 유사가능도 $p(z_t^k \mid x_t, m)$은 상수다. 세분화된 2차원 그리드에 대해 최근접 이웃을 사전 계산하는 것은 계산 측면에서 매우 효율적이다.

가시권 공간에 대한 유사가능도 필드 역시도 가장 최근의 스캔을 위해 정의할 수 있으며, 실제로는 로컬 맵을 정의한다. 그림 6.11은 그러한 유사가능도 필드를 보여준다. 이는 개별 스캔을 정렬하는 기술에서 중요한 역할을 한다.

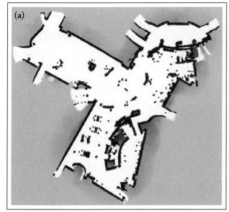
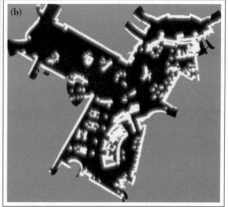

그림 6.10 (a) 산호세 기술 박술관의 점유 그리드 맵, (b) 사전 프로세스를 거친 유사가능도 필드

(a) 센서 스캔

(b) 유사가능도 필드

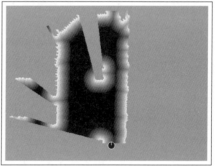

그림 6.11 (a) 센서 스캔 조감도. 로봇은 이 그림의 아래에 있으며, 로봇 앞에 180개의 점으로 구성된 근접 스캔 (proximity scan)을 생성한다. (b) 센서 스캔으로 생성된 유사가능도 함수. 어두운 영역일수록 대상을 감지할 확률 이 낮아진다. 막힌 영역은 흰색이므로 페널티가 없음을 알 수 있다.

6.5 상관관계 기반 측정 모델

측정값과 맵 사이의 상관관계를 측정하는 다양한 범위 센서 모델 연구 결과들이 있다. 가장 일반적인 기술로 맵 매칭$^{map matching}$이 있다. 이 책의 뒷부분에서 설명하겠지만 맵 매칭에는 스캔 결과를 점유 맵으로 변환하는 기능이 필요하다. 일반적으로 맵 매칭은 몇 개의 연속적 스캔을 로컬 맵$^{local map}$ m_{local}로 컴파일한다. 그림 6.12는 이러

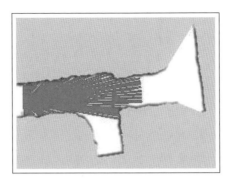

그림 6.12 10개의 범위 스캔에서 생성된 로컬 맵의 예(그림은 이들 중 하나임)

한 로컬 맵을 보여준다(여기서는 점유 맵 그리드 형태로 나타나 있다). 센서 측정 모델은 로컬 맵 m_{local}과 전역 맵 m을 비교한다. 이를 통해 m 및 m_{local}의 유사도가 높을수록 $p(m_{\text{local}} \mid x_t, m)$이 더 커진다. 로컬 맵은 로봇 위치를 기준으로 표시되기 때문에 이 비교에서는 로컬 맵의 셀이 글로벌 맵의 좌표 프레임워크로 변환돼야 한다. 이러한 변환은 유사가능도 필드 모델에서 사용된 센서 측정의 좌표 변환식 (6.32)와 유사하게 수행될 수 있다. 로봇이 위치 x_t에 있을 경우, 전역 좌표에서 $(x\ y)^T$에 해당하는 로컬 맵의 그리드 셀을 $m_{x,y,\text{local}}(x_t)$로 놓는다. 두 맵이 동일한 참조 프레임에 있으면 맵 상관 함수를 사용해 식 (6.35)와 같이 정의할 수 있다.

$$\rho_{m,m_{\text{local}},x_t} \;=\; \frac{\sum_{x,y}(m_{x,y}-\bar{m})\cdot(m_{x,y,\text{local}}(x_t)-\bar{m})}{\sqrt{\sum_{x,y}(m_{x,y}-\bar{m})^2 \sum_{x,y}(m_{x,y,\text{local}}(x_t)-\bar{m})^2}} \tag{6.35}$$

여기서 총합은 두 가지 맵에서 정의된 셀을 계산한 것이다. 그리고 m은 맵의 평균값이다.

$$\bar{m} \;=\; \frac{1}{2N}\sum_{x,y}(m_{x,y}+m_{x,y,\text{local}}) \tag{6.36}$$

여기서 N은 로컬 맵과 글로벌 맵 간에 오버랩되는 항목의 개수를 의미한다. 상관계수 $\rho_{m,m_{\text{local}},x_t}$는 ± 1 사이의 값을 갖는다. 맵 매칭 기법은 결괏값을 식 (6.37)과 같이 글로벌 맵 m과 로봇 포즈 x_t라는 조건하에서 로컬 맵의 확률로 해석한다. 다음 식을 보자.

$$p(m_{\text{local}} \mid x_t, m) \quad = \quad \max\{\rho_{m,m_{\text{local}},x_t}, 0\} \tag{6.37}$$

로컬 맵이 싱글 범위 스캔 z_t에서 생성됐으면 이 확률값을 측정값 확률 $p(z_t \mid x_t, m)$ 으로 대체한다.

맵 매칭 기법은 여러 가지 장점이 있다. 포즈 파라미터 x_t에서 스무드 확률을 따르지는 않지만, 유사가능도 필드처럼 계산이 쉽다. 유사가능도 필드를 근사화하고 스무드니스smoothness를 구하기 위한 방법 중 하나로 가우시안 스무드니스 커널을 이용해 맵 m을 컨벌루션하고, 이렇게 스무드한 맵상에서 맵 매칭을 수행한다.

유사가능도 필드에 대한 맵 매칭의 주요 이점은 두 맵을 평가할 때 점유되지 않은 공간을 명확하게 고려한다는 점이다. 점유 공간(또는 노이즈)에 해당하는 정의에 따라 유사가능도 필드 기법은 스캔의 끝 지점만을 고려한다. 반면에 많은 매핑 기법은 센서의 범위를 넘어서 로컬 맵을 구축한다. 예를 들어 로봇 주위에 원형 맵을 만드는 기술이 많은데, 이때 실제 센서 측정 범위보다 크도록 영역을 0.5로 설정한다. 이럴 경우 맵 매칭 결과에 센서가 '벽을 통해 볼 수 있는 것처럼' 실제 측정 범위를 벗어난 영역이 통합될 위험이 있다. 이러한 부작용은 구현된 여러 맵 매칭 기법에서 발견된다.

맵 매칭의 또 다른 단점은 그럴듯한 물리적 설명이 없다는 것이다. 상관관계는 맵 간의 정규화된 2차 거리이며 범위 센서의 노이즈 특성은 아니다.

6.6 피처 기반 측정 모델

6.6.1 피처 추출

지금까지 설명한 센서 모델은 모두 원시 센서 측정값을 기반으로 한다. 다른 방법으로 측정값에서 피처feature를 추출하는 방법이 있다. 피처 추출기를 함수 f로 나타내면 범위 측정에서 추출된 피처는 $f(z_t)$로 표시된다. 대부분의 피처 추출기는 고차원 센서 측정에서 소수의 피처를 추출한다. 이 접근법은 계산 복잡도를 엄청나게 줄여준다는 장점이 있다. 고차원 측정 공간에서의 추론은 비용이 많이 들지만 저차원 공간에서의 추론은 훨씬 더 효율적이다.

피처 추출을 위한 특정 알고리즘에 대한 논의는 이 책에서 다루지 않는다. 참고문헌을 통해 다양한 센서에 대해 광범위한 피처를 확인할 수 있다. 범위 센서의 경우 벽, 모서리 또는 나무 줄기와 같은 물체에 해당하는 범위 스캔에서 선, 모서리 또는 국지적 최소점을 식별하는 것이 일반적이다. 카메라를 내비게이션에 사용할 경우, 카메라 이미지의 처리는 컴퓨터 비전의 영역에 속한다. 컴퓨터 비전은 카메라 이미지로부터 무수히 많은 피처 추출 기술을 만들어냈다. 많이 사용되는 피처로 에지, 코너, 여러 패턴, 여러 모양의 물체(객체)가 있다. 로보틱스에서는 복도, 교차로와 같이 장소를 피처로 정의하는 것이 일반적이다.

6.6.2 랜드마크 측정

많은 로보틱스 애플리케이션에서 피처는 실제 세계에 있는 각각의 객체에 해당한다. 예를 들어, 실내 환경의 피처로 문설주 또는 창턱을 생각해볼 수 있다. 실외에서는 나무 줄기, 건물 구석 등이 해당된다. 로보틱스에서는 로봇 내비게이션을 위해 사용됨을 나타내는 물리적 객체 랜드마크^{landmark}를 호출하는 것이 일반적이다.

랜드마크를 처리하기 위한 가장 일반적인 모델의 경우, 센서가 로봇의 지역 좌표 프레임을 기준으로 랜드마크의 범위와 방위를 측정할 수 있다고 가정한다. 이러한 센서를 **범위/방위 센서**^{range and bearing sensor}라고 한다. 범위/방위 센서가 있다는 건 터무니 없는 가정은 아니다. 범위 스캔에서 추출된 모든 로컬 피처는 범위/방위 정보와 함께 제공되며, 스테레오 비전에 의해 탐지되는 시각적 기능도 있다. 또한 피처 추출기는 시그니처^{signature}를 생성하기도 한다. 이 책에서 시그니처는 수치(예: 평균 색상)로 표현한다고 가정한다. 이 값은 관찰된 랜드마크의 유형을 특징짓는 정수일 수도 있고, (높이 및 색상처럼) 랜드마크를 특징짓는 다차원 벡터일 수도 있다.

범위를 r, 방위를 ϕ, 시그니처를 s로 놓았을 때, 피처 벡터는 삼중항의 벡터로 표현할 수 있다. 다음 식을 보자.

$$f(z_t) \;=\; \{f_t^1, f_t^2, \ldots\} \;=\; \left\{ \begin{pmatrix} r_t^1 \\ \phi_t^1 \\ s_t^1 \end{pmatrix}, \begin{pmatrix} r_t^2 \\ \phi_t^2 \\ s_t^2 \end{pmatrix}, \ldots \right\} \tag{6.38}$$

각 시간 단계별로 파악된 피처의 개수는 모두 다를 수 있다. 그러나 많은 확률론적 로보틱스 알고리즘에서는 피처들 간에 조건부 독립성^{conditional independence}이 있음을 가정하고 있다.

$$p(f(z_t) \mid x_t, m) \quad = \quad \prod_i p(r_t^i, \phi_t^i, s_t^i \mid x_t, m) \tag{6.39}$$

개별 측정값 $(r_t^i \; \phi_t^i \; s_t^i)^T$의 노이즈가 다른 측정값 $(r_t^j \; \phi_t^j \; s_t^j)^T$(여기서 $i \neq j$)의 노이즈와 독립일 경우 조건부 독립성을 적용한다. 범위 측정 모델에서 했던 것처럼, 조건부 독립이라는 가정하에서 우리는 한 번에 하나의 피처를 처리할 수 있다. 이렇게 하면 확률론적 측정 모델을 구현하는 알고리즘을 더 쉽게 개발할 수 있다.

피처를 위한 센서 모델을 만들어보자. 이 장의 앞부분에서 피처 기반 맵과 위치 기반 맵이라는 두 가지 타입의 맵을 구분했다. 랜드마크 측정 모델은 보통 피처 기반 맵을 위해서만 정의된다. 이 맵들은 피처의 리스트 $m = \{m_1, m_2, \dots \}$로 구성되어 있음을 기억하기 바란다. 피처 각각은 시그니처와 위치 좌표^{location coordinate}를 포함하고 있을 수도 있다. 피처의 위치는 맵의 전역 좌표 프레임 내의 좌표 $m_{i,x}$와 $m_{i,y}$로 간단히 표현할 수 있다.

노이즈가 없는 랜드마크 센서에 대한 측정값 벡터는 표준 기하학 법칙으로 쉽게 정의할 수 있다. 범위, 방위, 시그니처에 대해 독립적인 가우시안 노이즈를 이용해 랜드마크 인식에서 노이즈를 모델링한다. 결과 측정 모델은 시간 t에서 i번째 피처가 맵에서 j번째 랜드마크에 해당할 경우로 수식화할 수 있다. 앞에서와 마찬가지로 로봇 포즈를 $x_t = (x \; y \; \theta)^T$로 놓는다.

$$\begin{pmatrix} r_t^i \\ \phi_t^i \\ s_t^i \end{pmatrix} = \begin{pmatrix} \sqrt{(m_{j,x} - x)^2 + (m_{j,y} - y)^2} \\ \mathrm{atan2}(m_{j,y} - y, m_{j,x} - x) - \theta \\ s_j \end{pmatrix} + \begin{pmatrix} \varepsilon_{\sigma_r^2} \\ \varepsilon_{\sigma_\phi^2} \\ \varepsilon_{\sigma_s^2} \end{pmatrix} \tag{6.40}$$

여기서 ε_{σ_r}, $\varepsilon_{\sigma_\phi}$, ε_{σ_s}는 평균이 0이고 표준 편차가 σ_r, σ_ϕ, σ_s인 가우시안 오차 변수다.

6.6.3 알려진 대응 변수를 지닌 센서 모델

범위/방위 센서의 핵심 문제를 데이터 연관 문제^{data association problem}라고도 한다. 이 문제는 랜드마크가 고유하게 식별될 수 없을 때 일어난다. 그 결과로 일부 잔류해 있는 불확실성과 랜드마크의 ID^{identity} 사이에 연관관계가 존재한다. 범위/방위 센서 모델을 개발하기 위해서는 피처 f_t^i와 랜드마크 m_j 사이에 대응 변수^{correspondence variable}를 맵에 도입하면 유용하다. 이 변수를 c_t^i로 표현하며, 여기서 $c_t^i \in \{1, \dots, N + 1\}$이고, N은 맵 m의 랜드마크 개수다. 만약 $c_t^i = j \leq N$이면, 시간 t에서 관찰된 i번째 피처는 맵의 j번째 랜드마크에 대응된다. 즉, c_t^i는 관찰된 피처의 진짜 ID다. 유일한 예외 상황은 $c_t^i = N + 1$에서 발생한다. 이 경우 피처 관찰값은 맵 m의 어떤 피처에도 대응하지 않는다. 이 경우는 가짜 랜드마크를 처리하는 데 중요하다. 또한 로봇 매핑 주제와도 큰 관련이 있는데, 이전에는 관찰되지 않은 랜드마크를 찾을 수도 있기 때문이다.

표 6.4는 알려진 대응 변수 $c_t^i \leq N$을 갖는 피처 f_t^i의 확률을 계산하기 위한 알고리즘을 나타낸다. 3행과 4행은 랜드마크에 대한 실제 범위와 방위를 계산한다. 측정된 범위와 방위의 확률은 5행에서 계산되며, 노이즈는 독립적이라고 가정한다. 이 알고리즘은 식 (6.40)을 구현한 것이다.

1: **Algorithm landmark_model_known_correspondence**(f_t^i, c_t^i, x_t, m):

2:   $j = c_t^i$

3:   $\hat{r} = \sqrt{(m_{j,x} - x)^2 + (m_{j,y} - y)^2}$

4:   $\hat{\phi} = \mathrm{atan2}(m_{j,y} - y, m_{j,x} - x) - \theta$

5:   $q = \mathbf{prob}(r_t^i - \hat{r}, \sigma_r) \cdot \mathbf{prob}(\phi_t^i - \hat{\phi}, \sigma_\phi) \cdot \mathbf{prob}(s_t^i - s_j, \sigma_s)$

6:   *return* q

표 6.4 랜드마크 측정값의 유사가능도를 계산하는 알고리즘. 입력값은 관찰된 피처 $f_t^i = (r_t^i, \phi_t^i, s_t^i)^T$, 피처 c_t^i의 진짜 ID, 로봇 포즈 $x_t = (x\ y\ \theta)^T$, 맵 m이다. 결괏값은 확률 $p(f_t^i \mid c_t^i, m, x_t)$이다.

6.6.4 샘플링 포즈

때로는 피처 ID c_t^i와 측정값 f_t^i에 해당하는 로봇 포즈 x_t를 샘플링하는 것이 바람직하다. 이미 이전 장에서 이러한 샘플링 알고리즘을 공부했으며, 로봇 모션 모델에 대해 설명했다. 이러한 샘플링 모델은 센서 모델에도 바람직하다. 예를 들어 로봇을 전역적으로 로컬화(localizing globally)하는 경우, 로봇 포즈의 초기 추측값을 생성하는 센서 측정을 통합한 샘플 포즈를 생성하는 것이 유용하다.

일반적으로 센서 측정 z_t에 해당하는 포즈 x_t를 샘플링하는 것은 어렵지만, 우리의 랜드마크 모델에는 실제로 효율적인 샘플링 알고리즘을 제공할 수 있다. 그러나 이러한 샘플링은 가정사항들이 더 많을 경우에만 가능하다. 특히, 사전확률값 $p(x_t \mid c_t^i, m)$을 알아야 한다. 단순화 차원에서 이 사전확률은 균등하다고 가정한다(일반적으로는 그렇지 않다!). 이때 베이즈 법칙을 적용하면 다음과 같다.

$$
\begin{aligned}
p(x_t \mid f_t^i, c_t^i, m) &= \eta\, p(f_t^i \mid c_t^i, x_t, m)\, p(x_t \mid c_t^i, m) \qquad (6.41)\\
&= \eta\, p(f_t^i \mid c_t^i, x_t, m)
\end{aligned}
$$

$p(x_t \mid f_t^i, c_t^i, m)$으로부터 샘플링하는 작업은 센서 모델 $p(f_t^i \mid c_t^i, x_t, m)$의 '역함수'를 통해 구할 수 있다. 표 6.5는 포즈 x_t를 샘플링하는 알고리즘이다. 이 알고리즘에는 약간 트릭이 포함되어 있다. 노이즈가 없는 경우에도 랜드마크 관찰값은 로봇의

1:　　**Algorithm sample_landmark_model_known_correspondence(f_t^i, c_t^i, m):**

2:　　　　$j = c_t^i$

3:　　　　$\hat{\gamma} = \mathrm{rand}(0, 2\pi)$

4:　　　　$\hat{r} = r_t^i + \mathbf{sample}(\sigma_r)$

5:　　　　$\hat{\phi} = \phi_t^i + \mathbf{sample}(\sigma_\phi)$

6:　　　　$x = m_{j,x} + \hat{r}\cos\hat{\gamma}$

7:　　　　$y = m_{j,y} + \hat{r}\sin\hat{\gamma}$

8:　　　　$\theta = \hat{\gamma} - \pi - \hat{\phi}$

9:　　　　$return\ (x\ \ y\ \ \theta)^T$

표 6.5 알려진 ID c_t^i를 가진 랜드마크 측정값 $f_t^i = (r_t^i\ \phi_t^i\ s_t^i)^T$로부터 포즈를 샘플링하는 알고리즘

위치를 고유하게 결정하지 않는다. 대신, 로봇은 랜드마크를 중심으로 원 모양의 범위 내 어딘가에 있을 수 있다. 로봇 포즈의 불확정성은 또한 범위와 방위가 로봇 포즈의 3차원 공간에서 두 가지 제약 조건을 제공한다는 사실에 따른다.

포즈 샘플러를 구현하기 위해서는 로봇 주변의 원의 영역을 결정하는 나머지 자유 파라미터를 샘플링해야 한다. 이 파라미터는 표 6.5에서 γ라고 부르며 3행에서 임의로 선택된다. 4행과 5행은 평균값과 측정값이 가우시안에서 대칭적으로 취급된다는 사실을 이용해 측정된 범위와 방위를 교란시킨다. 마지막으로 6~8행은 γ, r, ϕ에 해당하는 포즈를 복구한다.

그림 6.13은 포즈 분포 $p(x_t \mid f_t^i, c_t^i, m)$(왼쪽 그림)과, 우리의 알고리즘 **sample_landmark_model_known_correspondence**(오른쪽 그림)로 그려진 샘플의 예다. 사후확률은 x-y 공간으로 투영되어 측정된 범위 r_t^i 주위의 원이 된다. 3차원 포즈 공간에서는 각도 θ로 링을 펼쳐놓은 나선형을 나타낸다.

6.6.5 추가 고려사항

랜드마크 기반 측정을 위한 두 가지 알고리즘 모두 알려진 대응 변수를 가정하고 있다. 알려지지 않은 대응 변수의 경우에 대해서는 뒤에서 자세히 설명하겠다(구체적으

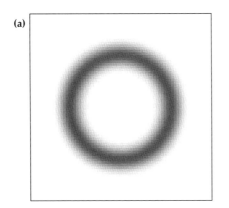
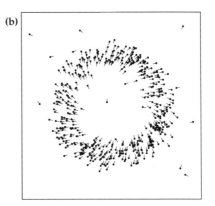

그림 6.13 랜드마크 탐지 모델: (a) 5m 거리와 30도의 상대 방위(2차원상에 투영된)의 랜드마크를 탐지한 경우 로봇 포즈의 사후 분포, (b) 이러한 탐지를 통해 생성된 샘플 로봇 포즈. 그림상에 나타난 선들은 포즈의 방향을 나타낸다.

로 말하면 알려지지 않은 대응 변수에서 로컬화 및 매핑을 위한 알고리즘을 다루는 부분).

이제 랜드마크 시그니처를 다룰 차례다. 이미 발표된 알고리즘 대부분은 외양 피처를 명시적으로 사용하지 않는다. 시그니처가 제공되지 않으면 모든 랜드마크가 동일하게 보이고 대응 변수를 추정하는 데이터 연관 문제는 더 어렵다. 센서 측정에서 쉽게 추출할 수 있는 중요한 정보원이기 때문에 모델에 시그니처를 포함시켰다.

앞에서 언급했듯이 전체 측정값 벡터 대신 피처를 사용하려는 주된 이유는 본질적으로 계산 때문이다. 몇백 개의 범위 측정보다 몇백 개의 피처를 관리하는 편이 훨씬 쉽다. 여기에 제시된 모델은 매우 조잡하며 센서 형성 프로세스의 기초가 되는 물리적 법칙을 명확하게 포착하지 않는다. 그럼에도 불구하고 이 모델은 많은 애플리케이션에서 잘 작동하는 경향이 있다.

측정값을 피처로 축소시키는 데 그만한 계산 비용이 든다는 점은 매우 중요하다. 로보틱스 연구 문헌을 보면, 측정값 벡터 z_t에 대한 **충분한 통계치**^{sufficient statistics}를 얻기 위해 피처를 자주 (잘못) 가져온다. X를 관심 변수(예: 맵, 포즈)로, Y가 가져올 수 있는 다른 정보(예: 과거의 센서 측정값)를 X라고 하자. 그러면 f는 다음 조건을 만족할 때 z_t에 대한 충분한 통계치라고 할 수 있다.

$$p(X \mid z_t, Y) \;=\; p(X \mid f(z_t), Y) \tag{6.42}$$

그러나 전체 측정값 벡터 대신 피처를 이용하기 때문에 실제로 많은 정보가 손실된다. 이렇게 손실된 정보는 문제를 더욱 어렵게 만든다. 이를테면 과거에 탐사했던 위치를 로봇이 다시 찾을지 여부를 결정하는 데이터 연관 문제 같은 것이다. 일종의 '자아 성찰^{introspection}'을 생각하면 피처 추출의 효과를 쉽게 이해할 수 있을 것이다. 다음 예를 보자. 여러분이 눈을 떴을 때 보이는 환경의 시각적 이미지는 아마도 여러분이 어디 있는지 명확하게 알려주는 데 충분할 것이다. 반면, 문설주와 창턱의 상대적 위치처럼 특정 피처만 감지한다면, 아마도 여러분이 어디에 있는지에 대한 확신이 훨씬 덜할 것이다. 정보가 글로벌 로컬화에 충분하지 않을 수도 있다.

빠른 컴퓨터의 출현으로 피처는 로보틱스 분야에서 점차 중요성을 잃어가고 있다. 특히 범위 센서를 사용할 때, 대부분의 최첨단 알고리즘은 밀도가 높은 측정값 벡터를 활용하며 밀도가 높은 위치 기반 맵을 사용해 환경을 표현한다. 그럼에도 불구하고 피처는 여전히 교육 목적으로는 유용하다. 피처를 이용해 확률론적 로보틱스의 기본 개념을 설명할 수 있고, 밀집된 스캔 포인트 집합으로 맵이 구성되어 있는 경우에도 대응 문제correspondence problem 등을 적절한 처리 방법을 통해 해결할 수 있다. 이러한 이유 때문에 이 책에서 설명하는 여러 가지 알고리즘도 우선 피처 표현을 설명한 후, 원시 센서 측정값을 사용하는 알고리즘으로 확장했다.

6.7 실제 활용 시 고려사항

6장에서는 다양한 측정 모델을 알아봤다. 로보틱스 분야에서의 중요성 때문에 범위 파인더 모델에 중점을 두었으나, 여기서 논의한 모델은 훨씬 광범위한 확률론적 모델의 대표적인 예일 뿐이다. 올바른 모델을 선택할 때는 이러한 모델을 사용하는 알고리즘이 바람직하다고 볼 수 있는 속성을 지닌 물리적 현실주의realism 장단점을 따져보는 것이 중요하다. 예를 들어, 물리적으로 현실적인 범위 센서 모델은 로봇 포즈가 부드럽지 않은 확률값을 만들어낼 가능성이 있으며 입자 필터 같은 알고리즘에서 문제를 일으킬 수 있다. 따라서 물리적 현실주의는 올바른 센서 모델을 선택하는 유일한 기준은 아니다. 이를 활용하는 알고리즘에 대한 모델의 적합성 역시 똑같이 중요한 기준이다.

일반적으로 모델은 정확할수록 좋다. 특히 센서 측정에서 추출할 수 있는 정보가 많을수록 좋다. 피처 기반 모델의 경우 피처 추출기가 고차원 센서 측정을 저차원의 공간으로 투영하기 때문에 상대적으로 정보를 거의 추출하지 않는다. 결과적으로 피처 기반 기법은 성능이 낮은 결과를 리턴하는 경향이 있다. 하지만 피처 기반 표현의 뛰어난 계산 속성 덕분에 이러한 단점은 어느 정도 보완이 된다.

측정 모델의 내재된 파라미터를 조정할 때 불확실성을 인위적으로 팽창시키는 것이 종종 유용할 수 있다. 이는 확률론적 접근법의 중요한 한계 때문에 발생한다. 확률론적 기법을 계산적으로 다루기 쉽도록 만들기 위해서는 실제 세계에 존재하는 종속성과 이러한 종속성을 야기하는 수많은 잠재 변수를 무시해야 한다. 이러한 종속성이 모델링되지 않은 경우 여러 측정에서 얻은 증거를 통합하는 알고리즘이 신뢰도 측면에서 지나치게 과다할 수 있다. 이렇게 과잉 신뢰^{overconfidence}는 궁극적으로 결과에 부정적인 영향을 미치는 잘못된 결론을 도출할 수 있다. 센서에 의해 전달되는 정보를 줄이는 것이 실질적인 측면에서 좋다. 이를 위해 측정값을 저차원의 피처 공간으로 투영하는 방법을 생각해볼 수 있다. 그러나 앞에서 설명한 한계가 여전히 남아 있다. 6.3.4절에서 설명한 것처럼 파라미터 α로 측정 모델을 지수화하여 정보를 균일하게 감쇠시키는 것은 확률론적 알고리즘의 결과에 추가적인 변화를 가져오지 않는다는 점에서 훨씬 좋은 방법이다.

6.8 요약

6장에서는 확률론적 측정 모델을 알아봤다.

- 범위 파인더(구체적으로는 레이저 범위 파인더) 모델을 시작으로 측정값 모델 $p(z_t^k \mid x_t, m)$에 대해 자세히 학습했다. 첫 번째 모델은 특정 맵 m 및 포즈 x_t에 대해 $p(z_t^k \mid x_t, m)$의 모양을 결정하기 위해 레이 캐스팅을 사용했다. 우리는 범위 측정에 영향을 줄 수 있는 다양한 유형의 노이즈를 처리하는 혼합 모델을 고안했다.

- 측정 모델의 내부 노이즈 파라미터를 식별하기 위한 최대 유사가능도 기법을 고안했다. 측정 모델은 혼합 모델$^{mixture\ model}$이기 때문에, 최대 유사가능도 추정을 위한 반복적인 프로세스를 만들었다. 우리의 접근 방법은 EM$^{expectation\ maximization}$ 알고리즘의 한 종류로, 측정값의 기본 유형에 대한 기댓값을 계산하는 E^{expectation}단계와 이러한 기댓값에 비례하는 가장 좋은 내재된 파라미터 집합을 닫힌 형태로 찾는 M^{maximization}단계를 번갈아 수행한다.

- 범위 파인더의 대체 측정 모델은 유사가능도 필드를 기반으로 한다. 이 기법은 2차원 좌표에서 가장 가까운 거리를 사용해 확률 $p(z_t^k \mid x_t, m)$을 모델링했다. 또 이 접근법은 매끄러운 분포 $p(z_t^k \mid x_t, m)$을 생성하는 경향이 있다. 유사가능도 필드 기술은 점유되지 않은 공간에 관한 정보를 무시하고 범위

측정의 해석에서 막힌 부분을 고려하지 못한다는 단점이 있다.

- 세 번째 측정 모델은 맵 매칭을 기반으로 한다. 맵 매칭은 센서 스캔을 로컬 맵으로 매핑하고 해당 맵을 글로벌 맵과 연관시킨다. 이 방법은 물리적 모티브는 없지만 매우 효율적으로 구현할 수 있다.

- 사전 계산을 통해 런타임 시 계산상의 부담을 어떻게 줄일 수 있는지 살펴봤다. 빔 기반 측정 모델에서 사전 계산은 3차원으로 수행된다. 유사가능도 필드에서는 2차원의 사전 계산만 필요하다.

- 로봇이 주변 랜드마크의 범위, 방위 및 시그니처를 추출하는 피처 기반 센서 모델을 소개했다. 피처 기반 기술은 원시 센서에서 고유한 피처를 추출한다. 이를 통해 센서 측정의 차원을 몇 배로 줄일 수 있다.

- 이 장의 마지막 부분에서는 실제 구현 시 발생할 수 있는 몇 가지 문제를 살펴봤다.

6.9 참고문헌

6장에서는 센서의 물리적 모델링에 관한 많은 참고문헌을 다루지는 않았다. 더 정확한 소나 범위 센서 모델은 Blahut et al.(1991), Grunbaum et al.(1992), Etter(1996)에서 찾아볼 수 있다. 레이저 범위 파인더의 모델은 Rees(2001)를 참고하기 바란다. 적절한 노이즈 모델에 대한 실증적 논의는 Sahin et al.(1998)에서 찾을 수 있다. 참고로 이와 관련해 이 장에서 소개한 모델은 기본 수준 모델이다.

범위 센서의 빔 모델에 대한 초기 연구 성과로 Moravec(1988)이 있다. 이와 유사한 모델이 이후 Burgard et al.(1996)에서 모바일 로봇 로컬화에 적용됐다. 이 장에서 설명한 것과 같은 빔 기반 모델과 범위 측정의 사전 캐싱은 Fox et al.(1999b)에서 자세히 설명하고 있다. 유사가능도 필드는 Thrun(2001)에 의해 처음 소개됐다. 하지만 스캔 매칭 기법과 밀접하게 관련이 있는 많은 연구 결과가 있다. 이에 대해서는 Besl and McKay(1992)를 참고한다. 이들은 Konolige and Chou(1999)에서 설명된 상관 모델을 약간 변형한 버전이라고 볼 수 있다. 점유 그리드 맵 간의 상관관계를 계산하는 방법

또한 꽤 유명하다. Thrun(1993)에서는 두 그리드 맵의 개별 셀 간에 오차 제곱의 합을 계산하는 방법을 제시했다. Schiele and Crowley(1994)는 상관관계 기반 접근법을 포함한 여러 모델의 비교를 제시했다. Yamauchi and Langley(1997)는 동적 환경에 대한 맵 매칭의 로버스트니스를 분석했다. Duckett and Nehmzow(2001)는 로컬 점유 그리드를 더 효율적으로 매칭할 수 있는 히스토그램으로 변환하는 방법을 소개했다.

포인트 랜드마크의 범위, 방위 측정은 SLAM에서 매우 많이 인용되고 있다. 처음 인용된 사례는 아마도 Leonard and Durrant-Whyte(1991)에서 찾을 수 있을 것이다. 기존 연구 중 Crowley(1989)는 직선 물체에 대한 측정 모델을 고안했다.

6.10 연습문제

1. 피처를 사용하는 많은 초창기 로봇 내비게이션은 인식하기 쉬운 환경에서 인공으로 만든 랜드마크를 사용했다. 그러한 마커를 탑재하기에 좋은 장소 중 하나는 천장이다(왜일까?). 이에 관한 전형적인 예로 비주얼 마커가 있다. 천장에 다음과 같은 마커를 붙인다고 가정해보자.

월드 내에서 마커의 좌표를 x_m 및 y_m으로 놓고 전역 좌표계에 대해 상대적 방향을 θ_m이라고 가정하자. 이때 로봇의 포즈를 x_r, y_r, θ_r로 놓자.

이제 우리는 원근 카메라perspective camera의 이미지 평면에서 마커를 탐지할 수 있는 루틴이 있다고 가정한다. x_i 및 y_i는 이미지 평면에서 마커의 좌표를 나타내며, θ_i는 각도 방향을 의미한다. 카메라의 초점 거리는 f이다. 투영 기하학projective geometry을 통해, x-y 공간의 각 변위displacement d가 이미지 평면에서 $d \cdot \dfrac{f}{h}$에 비례하는 변위로 투영된다는 사실을 알고 있다(여러분은 좌표계에 대해 몇 가지 선택을 하고, 왜 그런 선택을 했는지 명확한 설명을 할 수 있어야 한다).

다음 질문에 답하라.

(a) 이미지 좌표가 x_i, y_i, θ_i이고 로봇이 x_r, y_r, θ_r에 있을 때 (전역 좌표 x_m, y_m, θ_m 내에서) 마커의 예상 위치를 수학적으로 설명하라.

(b) 로봇 포즈 x_r, y_r, θ_r 및 마커 좌표 x_m, y_m, θ_m으로부터 이미지 좌표 x_i, y_i, θ_i를 계산하기 위한 방정식을 작성해보라.

(c) 이제 실제 마커 좌표 x_m, y_m, θ_m과 이미지 좌표 x_i, y_i, θ_i를 알고 있다고 가정하고 로봇 좌표 x_r, y_r, θ_r을 결정하기 위한 방정식을 작성해보라.

(d) 앞에서는 단일 마커만 있다고 가정했다. 이제 앞에서 본 마커가 여러 개 있다고 가정해보자. 로봇이 특정 포즈를 식별하려면 이러한 마커를 얼마나 많이 볼 수 있어야 할까? 관련된 환경 설정 정보를 작성하고, 왜 그 정도면 충분한지도 설명해보라.

힌트: 이 질문의 답을 작성하는 데 있어 측정의 불확실성을 고려할 필요는 없다. 또한 마커는 대칭이다. 이는 이러한 질문의 답에 있어 중요한 조건이다!

2. 이번 문제에서는 앞에서 계산했던 문제에 대해 오차 공분산을 포함시킨 확장 버전을 생각해보기로 한다. 계산이 복잡해지지 않도록, 다음과 같은 절대 방향을 추정할 수 있는 비대칭 마커를 가정해보자.

또한 문제를 단순화하기 위해 방향에 노이즈가 없어야 한다고 가정한다. 그러나 이미지 평면에서 x-y 추정값은 노이즈값이 있을 것이다. 특히, 측정값은 0보다 큰 σ^2에 대해 평균은 0이고 공분산은 다음과 같은 가우시안 노이즈에 영향을 받는다고 하자.

$$\Sigma = \begin{pmatrix} \sigma^2 & 0 & 0 \\ 0 & \sigma^2 & 0 \\ 0 & 0 & 0 \end{pmatrix}$$

앞에서와 같은 공분산에 대해 다음 3개의 문제를 계산해보라.

(a) 이미지 좌표가 x_i, y_i, θ_i이고 로봇의 좌표가 x_r, y_r, θ_r일 때 x_m, y_m, θ_m에 대한 오차 공분산을 계산해보자.

(b) 로봇 좌표 x_r, y_r, θ_r 및 마커 공분산 x_m, y_m, θ_m이 주어졌을 때, x_i, y_i, θ_i에 대한 오차 공분산은 얼마인가?

(c) 이제 실제 마커 x_m, y_m, θ_m과 이미지 좌표 x_i, y_i, θ_i를 알고 있다고 가정하고, x_r, y_r, θ_r에 대한 오차 공분산을 계산해보라.

모든 분포가 가우시안이 아닐 수도 있다. 이 문제에서는 가우시안 사후확률을 구하기 위해 테일러 급수 전개를 적용하는 것이 좋다. 하지만 어떻게 적용했는지 구체적으로 설명할 수 있어야 한다.

3. 이제 여러분은 마커 x_m, y_m, θ_m의 위치와 이미지 평면 x_i, y_i, θ_i에서 인지된 마커의 위치를 입력으로 받아들이는 알고리즘인 **sample_marker_model**을 구현해야 한다고 가정한다. 로봇 포즈의 출력 결과 샘플은 x_r, y_r, θ_r이다. 마커는 연습 문제 1에서 사용했던 것과 같다(모호성이 포함되어 있다).

다음 표와 같은 파라미터 정보를 이용해 로봇 좌표 x_r 및 y_r에 대한 샘플 그래프를 생성해보라(그래프에서 방향 θ_r은 무시할 수 있다).

문제 #	x_m	y_m	θ_m	x_i	y_i	θ_i	h/f	σ^2
#1	$0cm$	$0cm$	$0°$	$0cm$	$0cm$	$0°$	200	$0.1cm^2$
#2	$0cm$	$0cm$	$0°$	$1cm$	$0cm$	$0°$	200	$0.1cm^2$
#3	$0cm$	$0cm$	$0°$	$2cm$	$0cm$	$45°$	200	$0.1cm^2$
#4	$0cm$	$0cm$	$0°$	$2cm$	$0cm$	$45°$	200	$1.0cm^2$
#5	$50cm$	$150cm$	$10°$	$1cm$	$6cm$	$200°$	250	$0.5cm^2$

모든 그래프의 좌표축에는 단위를 표시해야 한다. 주의사항: 정확한 샘플러를 만들 수 없다면 대략적인 샘플러를 제공하고 근삿값을 설명해보라.

4. 이번 문제에서는 실내 로보틱스에서 자주 사용되는 유형인 소나 센서를 사용해 로봇에 액세스해야 한다고 가정한다. 범위 d와 각도 ϕ에서 평평한 벽 앞에 센서를 놓는다. 이때 센서가 벽을 감지하는 빈도를 측정해보라. d에 대해 (0.5m를 증가시킨) 다른 값 및 ϕ에 대해 (5도 증가시킨) 다른 값을 적용했을 때 센서가 벽을 감지하는 빈도를 그래프로 그려보라. 무엇을 파악할 수 있는가?

2부

로컬화

07

모바일 로봇 로컬화: 마르코프와 가우시안

7장에서는 모바일 로봇 로컬화를 위한 여러 가지 알고리즘을 배울 것이다. 모바일 로컬화는 주어진 환경 맵 안에서 로봇의 상대적 위치를 판단하는 문제로, 위치 추정position estimation이라고도 한다. 모바일 로봇 로컬화는 일반적인 로컬화 문제 중 한 케이스로, 로보틱스에서 가장 기본 개념에 해당한다. 거의 모든 로보틱스 해결 과제를 보면 조작되는 물체(객체)의 위치에 대한 정보/지식을 필요로 한다. 7장과 8장에서는 객체 로컬화 과제에 동일하게 적용할 수 있는 기술을 설명한다.

그림 7.1을 통해 모바일 로봇 로컬화 문제를 알아보자. 로봇이 환경 맵 안에 있다. 이 로봇의 목표는 주어진 환경에 대한 상대적인 위치와 이동 등을 결정하는 것이다.

모바일 로봇 로컬화는 좌표 변환 문제로 볼 수도 있다. 맵은 전역 좌표계로 기술되는데, 이는 로봇의 포즈와는 전혀 상관이 없다. 로컬화는 맵 좌표계와 로봇의 로컬 좌표계 간의 상호 연관관계를 만드는 과정이다. 이러한 좌표 변환 시스템을 이해하고 있으면 로봇이 자체적으로 갖고 있는 좌표 프레임 내에서 관심 대상인 물체(객체)의 위치를 표현할 수 있다. 특히 로봇 자체가 보유한 좌표 프레임은 로봇 내비게이션에서는 필수 요소다. 로봇의 포즈 $x_t = (x \; y \; \theta)^T$는 좌표 변환을 결정하는 데 충분하다. 다만 포즈가 맵과 동일한 좌표 프레임으로 표현돼야 한다는 전제 조건이 있다.

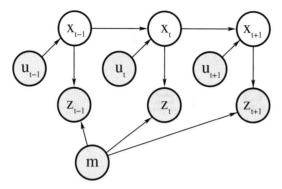

그림 7.1 모바일 로봇 로컬화의 그래픽 모델. 색으로 표시된 노드의 값인 맵 m, 측정값 z, 제엇값 u는 이미 알려 진 것들이다. 로컬화의 목표는 로봇 포즈 변수 x를 추론하는 것이다.

하지만 (여기서는 모바일 로봇 로컬화 문제에서 다루는) 포즈는 보통 바로 감지할 수 없 다. 무슨 얘기냐면 대부분의 로봇은 포즈를 측정할 때 센서에 노이즈가 포함되어 있 다. 따라서 포즈는 데이터로부터 유추해내야 한다. 하지만 단일 센서 측정으로는 포 즈를 결정하기에 충분하지 않기 때문에 이는 매우 어렵다. 그래서 이렇게 하는 대신 포즈를 결정하기 위해 로봇은 시간을 두고 데이터를 통합해야 한다. 왜 이렇게 해야 할까? 수많은 복도가 있는 빌딩 안에 위치해 있는 로봇을 머릿속에 떠올려보자. 여 기서 (범위 스캔 같은) 특정 복도를 구분해내기엔 단일 센서 측정값만으로는 많이 부족 하다.

로컬화 기술은 광범위한 맵 표현^{map representation} 세트를 위해 개발됐다. 이미 두 가 지 유형의 맵(피처 기반 및 위치 기반)을 공부했다. 위치 기반의 예로는 이 책의 뒤에서 다룰 점유 그리드 맵이 있다. 그림 7.2에서는 여러 가지 유형의 맵을 보여준다. 좀 더 자세히 설명하면 손으로 그린 메트릭 2차원 맵, 그래프 같은 토폴로지 맵, 점유 그리 드 맵, 천장의 이미지 모자이크(맵으로도 사용될 수 있음) 등이다. 이 책의 뒤에서 특정 맵 유형을 알아보고, 데이터에서 맵을 얻기 위한 알고리즘도 설명한다. 우선 로컬화 에서는 정확한 맵을 사용할 수 있다고 가정한다.

이번 장과 8장에서는 모바일 로컬화를 위한 확률론적 기본 알고리즘을 소개하는데, 이 알고리즘은 2장에서 설명한 기본 베이즈 필터의 변형 버전이다. 각 표현 및 관련

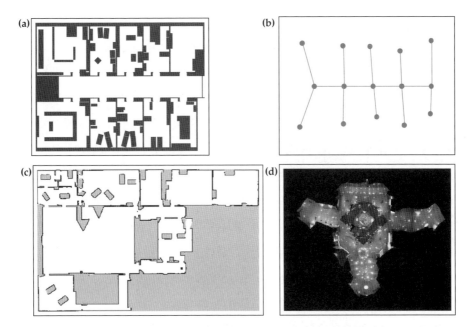

그림 7.2 로봇 로컬화에 사용된 맵의 예: (a) 손으로 직접 그린 2차원 메트릭 레이아웃, (b) 그래프 형태로 표현한 토폴로지 맵, (c) 점유 그리드 맵, (d) 천장의 이미지 모자이크, (d) 출처: Frank Dellaert, Georgia Institute of Technology

알고리즘의 장단점을 자세히 알아보기로 하자. 이 장에서는 또한 여러 가지 로컬화 문제도 다룬다. 로컬화 문제를 위해 정의한 분류법을 이어서 자세히 알아보자.

7.1 로컬화 문제의 분류

모든 로컬화 문제가 어려운 것은 아니다. 로컬화 문제의 난이도를 이해하기 위해 우선 로컬화 문제를 어떻게 분류하는지 간략히 알아보자. 참고로 로컬화 문제의 분류는 다음 두 가지를 유지하는 중요한 차원dimension들에 맞춰 이뤄졌다. (1) 환경의 속성, (2) 로봇이 로컬화 문제에 대해 갖출 수 있는 초기 지식.

로컬 대 글로벌 로컬화   로컬화 문제는 초기 및 런타임에 사용할 수 있는 지식 유형에 따라 정리할 수 있다. 이 책에서는 문제의 난이도에 따라 세 가지 유형으로 로컬화 문제를 구분했다.

위치 추적position tracking은 초기initial 로봇 포즈를 알고 있다고 가정한다. 로봇의 모션에 노이즈를 반영해 로봇의 로컬화 결과를 얻을 수 있다. 이러한 노이즈의 영향은 대체로 크지 않다. 그러므로 위치 추적을 위한 방법은 종종 포즈 오차가 작다는 가정을 기반으로 한다. 포즈 불확실성은 종종 (가우시안 같은) 유니모달 분포에 의해 근사화된다. 불확실성은 로컬에 해당하고 로봇의 실제 포즈 근처의 지역region으로 한정되어 있기 때문에 위치 추적 문제는 **로컬**local 문제다.

글로벌 로컬화global localization에서 로봇의 초기 포즈는 알 수 없다. 로봇은 처음에는 환경의 어딘가에 배치되지만, 위치에 대한 지식은 부족하다. 글로벌 로컬화 관련 해결 방안의 경우 포즈 오차의 경계를 추정할 수 없다. 이 장의 뒷부분에서 볼 수 있듯이 유니모달 확률 분포는 대개 부적절하다. 글로벌 로컬화는 위치 추적보다 어렵다. 사실 글로벌 로컬화는 위치 추적 문제를 포함한다.

납치된 로봇 문제kidnapped robot problem는 글로벌 로컬화 문제의 변형이지만, 더욱 어려운 문제다. 작동 중에 로봇이 다른 지역으로 납치를 당해 순간 이동이 일어날 수 있다. 납치된 로봇 문제는 글로벌 로컬화 문제보다 더 어렵다. 로봇은 로봇이 움직이지 않는 곳을 알고 있다고 믿을 수도 있다. 글로벌 로컬화에서 로봇은 자신이 어디에 있는지 알지 못한다. 로봇이 실제로 납치당할 일이 거의 없다고 주장할 수도 있다. 그러나 이 문제가 중요한 이유는 최첨단 로컬화 알고리즘 대부분이 실패할 가능성이 있기 때문이다. 진정한 자율 로봇이라면 장애를 복구하는 능력을 반드시 장착하고 있어야 한다. 로봇이 납치되는 것을 이용하여 로컬화 알고리즘을 테스트하면 글로벌 로컬화가 실패했을 때 복구하는 능력을 측정할 수 있다.

정적 대 동적 환경　로컬화의 어려움에 엄청난 영향을 미치는 두 번째 차원은 환경이다. 환경은 정적 또는 동적일 수 있다.

정적 환경static environment은 유일한 변수인 스테이트가 로봇의 포즈인 환경이다. 즉, 정적 환경에서는 로봇만 움직이고 다른 모든 객체는 동일한 위치에 영원히 그대로 있다는 얘기다. 정적 환경은 효율적인 확률론적 추정에 도움이 되는 훌륭한 수학적 속성을 지니고 있다.

동적 환경$^{dynamic\ environment}$에는 시간의 흐름에 따라 위치 또는 환경 설정 등이 변하는 객체들이 포함되어 있다. 참고로 여기서 말하는 물체(객체)는 로봇과는 다른 것이다. 특히 관심 있게 볼 점은 시간의 흐름에 따라 변화가 지속적으로 일어나며, 이는 단일 센서 판독값 이상의 영향을 준다는 것이다. 측정할 수 없는 변경사항은 물론 로컬화와 관련이 없으며, 단일 센서 측정에만 영향을 주는 변경사항은 노이즈로 가장 잘 처리된다(2.4.4절 참고). 지속적인 변화의 예로 인물, (카메라가 장착된 로봇의 경우) 일광(햇빛)^{daylight}, 움직일 수 있는 가구, 문 등이 있다. 대부분의 실제 환경은 동적이며, 스테이트 변화는 다양한 속도로 일어난다.

로컬화는 정적 환경보다 동적 환경에서 더 어렵다. 다이내믹스를 수용하기 위한 두 가지 주요 접근 방식이 있다. 첫째, 동적 엔티티가 스테이트 벡터에 포함될 수 있다. 이럴 경우 결과적으로 마르코프 가정은 성립될 수 있다. 하지만 계산 및 모델링의 복잡도가 증가할 수 있음을 감수해야 한다. 둘째, 특정 상황에서 센서 데이터를 필터링할 수 있다. 이렇게 하면 모델링되지 않은 다이내믹스에서 초래되는 영향을 없앨 수 있다. 이에 관한 내용은 8.4절에서 자세히 설명한다.

수동적 대 능동적 접근법   여러 가지 로컬화 문제를 특징짓는 세 번째 차원은 로컬화 알고리즘이 로봇의 모션을 제어하는지 여부와 관계가 있다. 여기서는 다음과 같이 두 가지로 구분한다.

패시브 로컬화$^{passive\ localization}$의 경우, 로컬화 모듈은 로봇 작동을 관찰한다^{observe}. 또한 로봇은 다른 수단을 통해 제어되며, 로봇의 모션은 로컬화를 용이하게 하기 위한 것이 아니다. 예를 들어, 로봇이 무작위로 움직이거나 일상적인 작업을 수행할 수 있다.

액티브 로컬화$^{active\ localization}$ 알고리즘은 로컬화 오차를 최소화하거나 불완전하게 로컬화된 로봇을 위험한 장소로 이동시키는 데 드는 비용을 최소화하도록 로봇을 제어한다.

액티브 로컬화 기법은 일반적으로 패시브 로컬화 방법보다 더 나은 로컬화 결과를 만들어낸다. 이에 관해서는 이미 이 책의 앞부분에서 '해안 내비게이션'이라는 예제를

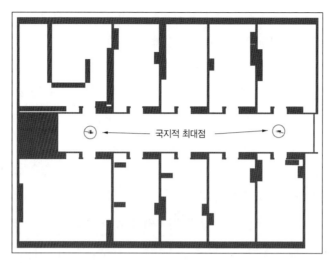

그림 7.3 로컬 대칭성을 지닌 환경에서 글로벌 로컬화 과정 중 전형적인 빌리프 스테이트를 보여주는 예. 로봇이 위치를 결정하려면 여러 방들 중 하나로 들어가야 한다.

이용해 알아봤다. 두 번째 상황은 그림 7.3을 보면 더 쉽게 이해할 수 있을 것이다. 여기서 로봇은 좌우가 동일한 복도 안에 위치해 있고 잠시 복도를 다닌 후 빌리프는 2개의 (대칭형) 포즈의 중앙에 있다. 로컬 대칭성^{local symmetry}을 지닌 환경은 로봇이 복도 안에 있는 동안 로컬화를 불가능하게 만든다. 오직 방 안으로 들어가는 경우에만 모호성을 없애고 포즈를 결정할 수 있다. 액티브 로컬화가 훨씬 더 나은 결과를 가져오는 상황이다. 로봇이 우발적으로 방 안으로 이동할 때까지 기다리지 않고 액티브 로컬화를 수행하면 장애물을 인식하고 탈출할 수 있다.

그러나 능동적 로컬화의 가장 뼈아픈 한계는 로봇에 대한 제어가 필요하다는 것이다. 따라서 실제적으로 능동적 로컬화 기술만으로는 부족할 수 있다. 로봇은 로컬화 이외의 작업을 수행할 때도 스스로 로컬화할 수 있어야 한다. 일부 액티브 로컬화 기법은 패시브 로컬화 위에 구축된다. 그 외의 액티브 로컬화 기법은 로봇을 제어할 때 성능 목표치와 로컬화 목표를 결합한다.

이 장에서는 패시브 로컬화 알고리즘만 다룬다. 액티브 로컬화는 17장에서 설명한다.

단일 로봇 대 다중 로봇　　로컬화 문제의 네 번째 차원은 포함되어 있는 로봇의 수와 관련되어 있다.

단일 로봇 로컬화^{single-robot localization}는 가장 일반적인 로컬화 연구 기법이다. 당연한 얘기지만 단일 로봇만 다룬다. 단일 로봇 로컬화는 모든 데이터가 단일 로봇 플랫폼에서 수집된다는 편리함을 제공하며 통신 문제는 없다.

다중 로봇 로컬화^{multi-robot localization} 문제는 로봇이 팀을 이뤘을 때 발생한다. 언뜻 보기에 각 로봇은 개별적으로 로컬화될 수 있으므로 단일 로봇 로컬화를 통해 다중 로봇 로컬화 문제를 해결할 수도 있다. 그러나 로봇이 서로를 탐지할 수 있다면 문제를 더 잘 해결할 수 있는 기회가 있다. 이것은 두 로봇의 상대적 위치에 대한 정보가 있는 경우 한 로봇의 빌리프를 사용해 다른 로봇의 빌리프를 편향^{bias}시킬 수 있기 때문이다. 다중 로봇 로컬화 문제는 빌리프의 표현과 그것들 사이의 소통의 본질에 대한 흥미롭고 사소한 문제를 야기한다.

이 네 가지 차원은 모바일 로봇 로컬화 문제의 네 가지 가장 중요한 특징을 포착한다. 로봇 측정에 의해 제공된 정보 및 모션을 통해 손실된 정보와 같이 문제의 경도에 영향을 미치는 여러 가지 특성이 존재한다. 또한 대칭 환경은 애매한 정도 때문에 비대칭 환경보다 더 어렵다.

7.2 마르코프 로컬화

확률론적 로컬화 알고리즘은 베이즈 필터의 파생 알고리즘이다. 이렇게 로컬화 문제에 대한 베이즈 필터 기반 애플리케이션을 마르코프 로컬화^{Markov localization}라고 한다. 표 7.1에서 이에 관한 기본 알고리즘을 소개하고 있다. 이 알고리즘은 표 2.1의 **Bayes_filter** 알고리즘을 바탕으로 만든 것이다. **Markov_localization** 알고리즘 역시 맵 m을 입력값으로 받는다. 맵은 4행의 측정 모델 $p(z_t \mid x_t, m)$에 필요하다. 또한 3행의 모션 모델 $p(x_t \mid u_t, x_{t-1}, m)$에서도 맵을 종종 활용하고 있다(매번 쓰는 건 아니다). 베이즈 필터처럼, 마르코프 로컬화 알고리즘은 시간 $t-1$의 확률론적 빌리프를 시간 t의 빌리프로 변환한다. 마르코프 로컬화는 정적 환경에서 글로벌 로컬화 문제, 위치 추

```
1:      Algorithm Markov_localization($bel(x_{t-1}), u_t, z_t, m$):
2:          for all $x_t$ do
3:              $\overline{bel}(x_t) = \int p(x_t \mid u_t, x_{t-1}, m)\, bel(x_{t-1})\, dx_{t-1}$
4:              $bel(x_t) = \eta\, p(z_t \mid x_t, m)\, \overline{bel}(x_t)$
5:          endfor
6:          return $bel(x_t)$
```

표 7.1 마르코프 로컬화

적 문제, 납치된 로봇 문제를 다룬다.

초기 빌리프 $bel(x_0)$는 로봇의 포즈 관련 최초 지식을 반영한다. 이는 로컬화 문제의 유형에 따라 모두 다르게 설정한다.

- **위치 추적**: 초기 포즈가 알려져 있다면, $bel(x_0)$는 포인트 질량 분포에 의해 초기화된다. (알려진) 초기 포즈를 $\bar{x}_0$로 놓는다. 그러면 $bel(x_0)$는 다음과 같다.

$$bel(x_0) = \begin{cases} 1 & x_0 = \bar{x}_0 \text{인 경우} \\ 0 & \text{그 외} \end{cases} \tag{7.1}$$

포인트 질량 분포는 이산 분포이므로 밀도를 포함하지 않는다.

실제로 초기 포즈는 종종 근사화 기법을 통해 알 수 있다. 빌리프 $bel(x_0)$는 대체로 평균이 $\bar{x}_0$인 좁은^{narrow} 가우시안 분포로 초기화된다. 참고로 가우시안 함수는 식 (2.4)에 정의되어 있다.

$$bel(x_0) = \underbrace{\det(2\pi\Sigma)^{-\frac{1}{2}} \exp\left\{-\frac{1}{2}(x_0 - \bar{x}_0)^T \Sigma^{-1}(x_0 - \bar{x}_0)\right\}}_{\sim \mathcal{N}(x_0; \bar{x}_0, \Sigma)} \tag{7.2}$$

여기서 Σ는 초기 포즈 불확실성의 공분산값이다.

- **글로벌 로컬화**: 초기 포즈가 알려져 있지 않은 경우, $bel(x_0)$는 맵 안의 모든 공

식적인 포즈 공간에 대한 균등 분포에 의해 초기화된다. 다음 식을 보자.

$$bel(x_0) \;=\; \frac{1}{|X|} \tag{7.3}$$

여기서 $|X|$는 맵 내의 모든 포즈를 포함하는 공간의 규모(르베그 측도^{Lebesgue} ^{measure})를 의미한다.

- **기타**: 로봇 위치에 대해 일부 지식만 있을 경우 보통은 적절한 초기 분포로 쉽게 변환할 수 있다. 예를 들어 로봇이 문 옆에서 움직이기 시작한다고 알려져 있으면, 문 근처의 위치를 제외한 나머지 확률 밀도 함수의 값이 0인 $bel(x_0)$를 초기화할 수 있다. 아울러 이 확률 밀도 함수가 균등 분포일 수도 있다. 만약 로봇이 복도의 특정 지점에 위치해 있다고 알려져 있을 경우, 복도 영역은 균등 분포가 되도록 하고 나머지 영역은 0이 되도록 $bel(x_0)$를 초기화할 수도 있다.

7.3 그림을 통한 마르코프 로컬화의 이해

마르코프 로컬화에 대해서는 이 책의 앞부분에서 이미 알아봤다. 이제 수학적 유도 과정을 이용해 예제를 다시 한번 다뤄보자. 그림 7.4는 모양이 동일한 문 3개가 있는 1차원 복도를 보여준다. 초기 빌리프 $bel(x_0)$는 그림 7.5(a)에서 균일한 밀도로 나타낸 것처럼 모든 포즈에 대해 균일하다. 로봇이 센서에 쿼리해서 문들 중 하나에 인접해 있다는 사실을 알게 되면 알고리즘의 4행에 나와 있는 대로 빌리프 $bel(x_0)$에 $p(z_t \mid x_t, m)$을 곱한다. 그림 7.5(b)의 위쪽 확률 밀도 함수는 복도 예제에서 $p(z_t \mid x_t, m)$

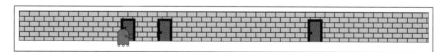

그림 7.4 모바일 로봇 로컬화를 설명하기 위해 사용한 예제 환경: 3개의 동일한 모양을 지닌 문이 있는 1차원 복도 환경이다. 맨 처음 로봇은 자신이 어디를 향할지만 알고 위치는 모른다. 목표는 자신의 위치를 찾아내는 것이다.

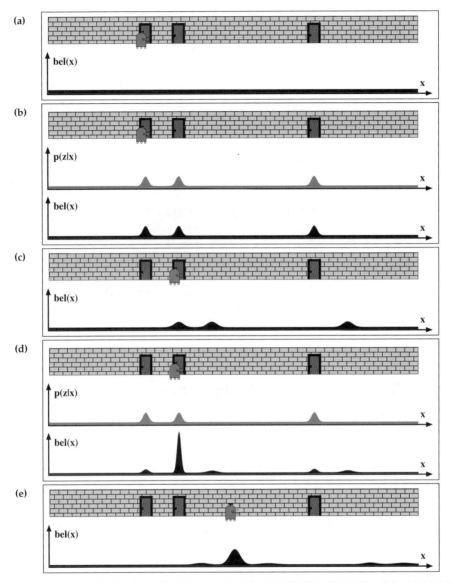

그림 7.5 마르코프 로컬화 알고리즘. 그림 각각은 복도에서 로봇의 위치와 해당 위치에서의 *bel(x)*를 나타내고 있다. (b)와 (d)는 관찰 모델 $p(z_t \mid x_t)$를 추가로 보여주는데, 복도 내의 다른 지점에서 문을 관찰할 확률을 의미한다.

을 시각화한 결과다. 그림 7.5(b)의 아래쪽 확률 밀도 함수는 로봇의 균일한 사전 빌리프에 이 확률 밀도 함수를 곱한 결과다. 다시 말하면, 결과는 로봇의 잔차 불확실성을 반영한 멀티모달이다.

그림 7.5(c)에서 볼 수 있듯이 로봇이 오른쪽으로 이동하면 마르코프 로컬화 알고리즘의 3행은 모션 모델 $p(x_t \mid u_t, x_{t-1})$에 대한 빌리프를 계산한다. 모션 모델 $p(x_t \mid u_t, x_{t-1})$은 단일 포즈가 아니라 노이즈 없는 모션의 예상된 결과를 중심으로 전체 포즈의 연속체에 초점을 맞추고 있다. 이 결과가 그림 7.5(c)이다. 잘 보면 컨벌루션의 결과에 따라 빌리프가 이동했고 분포도 평평해졌음을 알 수 있다.

최종 측정값은 그림 7.5(d)에 나와 있다. 여기서 마르코프 로컬화 알고리즘은 현재의 빌리프에 인지 확률 $p(z_t \mid x_t)$를 곱한다. 이 시점에서 확률 질량의 대부분은 올바른 포즈에 초점을 맞추고 있으며, 로봇은 자체적으로 확실하게 로컬화되어 있다. 그림 7.5(e)는 복도에서 더 내려간 로봇의 빌리프를 보여준다.

우리는 이미 마르코프 로컬화가 스테이트 공간의 표현과 무관하다는 점에 주목했다. 사실 마르코프 로컬화는 2장에서 공부한 표현 중 하나를 사용해 구현될 수 있다. 이제는 세 가지 표현을 고려하고 실시간으로 모바일 로봇을 로컬화할 수 있는 실용적인 알고리즘을 만들어보기로 한다. 우선 1차 모멘트와 2차 모멘트로 빌리프를 표현하는 칼만 필터를 가지고 시작해보자. 그런 다음, 이산성 그리드 표현 방법과 입자 필터를 사용하는 알고리즘을 순서대로 설명한다.

7.4 EKF 로컬화

확장형 칼만 필터 로컬화extended Kalman filter localization 알고리즘, 즉 EKF 로컬화는 마르코프 로컬화의 특수한 경우다. EKF 로컬화는 1차 모멘트와 2차 모멘트에서 평균 μ_t와 공분산 Σ_t에 의한 빌리프 $bel(x_t)$를 나타낸다. 기본 EKF 알고리즘은 3.3절의 표 3.3에 설명되어 있다. EKF 정의는 실제 로보틱스 문제의 맥락에서 EKF를 처음으로 구현한 것이다.

우리가 만든 EKF 로컬화 알고리즘은 맵이 피처의 모음으로 표현되어 있다고 가정한다. 시간 t에 (맵 내의) 어느 지점에서 로봇은 가까운 피처 $z_t = \{z_t^1, z_t^2, \ldots\}$에 대한 범위 및 방위의 벡터를 관찰하게 된다. 모든 피처를 고유하게 식별할 수 있는 로컬화 알고리즘부터 시작한다. 문제가 조금 더 단순해지도록 식별 가능한 피처가 유일하다고 가정한다. 예를 들어, 파리 전역에서 볼 수 있고 다른 랜드마크와 거의 헷갈릴 일이 없는 에펠탑이 좋은 예다. 피처의 아이디는 각 피처 벡터 z_t^i에 대해 하나씩, c_t^i라고 표시된 일련의 대응 변수^{correspondence variable}로 표현된다. 대응 변수는 6.6절에서 이미 설명했다. 우선 이 대응 변수들은 알려져 있다고 가정해보자. 그런 다음 피처들 간의 모호성을 허용하는 좀 더 일반적인 버전으로 진행해보기로 한다. 두 번째, 좀 더 일반적인 버전은 잠재적인 대응 변수의 값을 추정하기 위해 최대 유사가능도 추정을 적용하고, 이 추정 결과를 마치 실제 정보처럼 사용한다.

7.4.1 상세 설명

그림 7.6은 1차원 복도 환경에서 모바일 로봇 로컬화의 예를 사용한 EKF 로컬화 알고리즘을 보여준다(그림 7.4 참고). EKF에 대한 빌리프의 유니모달 모양^{unimodal shape}을 수용하기 위해, 우리는 두 가지 편리한 가정을 한다. 첫째, 대응 관계가 알려져 있다고 가정한다. 각 문(1, 2, 3)에 고유한 레이블을 붙이고, $p(z_t \mid x_t, m, c_t)$로 측정 모델을 나타낸다. 여기서 m은 맵이고, $c_t \in \{1, 2, 3\}$은 시간 t에서 관찰된 문의 아이디다. 둘째, 초기 포즈는 비교적 잘 알려져 있다고 가정한다. 전형적인 초기 빌리프는 문 1 근처의 영역을 중심으로 한 그림 7.6(a)에 표시된 가우시안 분포와 해당 그림에 표시된 것처럼 가우시안 불확실성으로 표현된다. 로봇이 오른쪽으로 움직일 때, 로봇의 빌리프는 모션 모델과 얽혀 있다. 결과 빌리프는 그림 7.6(b)와 같이 증가된 너비만큼 이동한 가우시안이다.

이제 로봇이 문 $c_t = 2$ 앞에 있음을 탐지했다고 가정해보자. 그림 7.6(c)의 위쪽 확률 밀도 함수는 이 관찰(이 역시 가우시안이다)에 대해 $p(z_t \mid x_t, m, c_t)$를 시각화한다. 이 측정 확률을 로봇의 빌리프에 반영하면 그림 7.6(c)와 같은 사후확률이 만들어진다. 결과 빌리프의 분산은 로봇의 이전 빌리프와 관찰 확률 밀도 함수의 분산보다 작

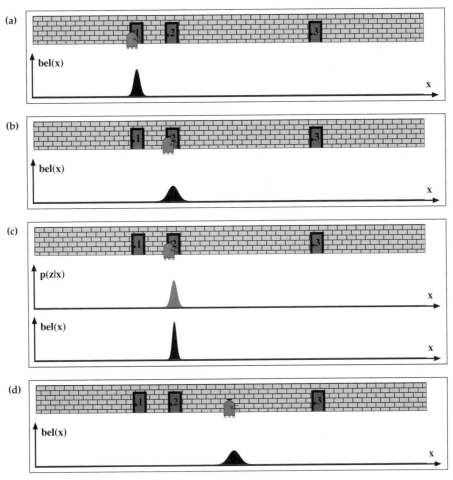

그림 7.6 모바일 로봇 로컬화에 대한 칼만 필터 알고리즘의 애플리케이션 예. 모든 밀도 함수는 유니모달 가우시안으로 표현되어 있다.

다는 점에 유의하기 바란다. 이는 어찌 보면 당연한데, 이유는 서로 독립인 두 추정값을 통합한 것이 따로따로 있는 것보다 로봇이 더 확실하기 때문이다. 복도를 내려간 후 로봇의 위치에 대한 불확실성이 다시 증가하는데, 이는 EKF가 로봇의 빌리프에서 모션의 불확실성을 계속해서 포함시키기 때문이다. 그림 7.6(d)는 이러한 빌리프 중 하나다. 여기서 제한된 설정의 칼만 필터를 확인할 수 있다.

7.4.2 EKF 로컬화 알고리즘

지금까지 설명한 내용은 매우 추상적이었다. 적절한 모션 및 측정 모델의 사용 가능성을 암묵적으로 가정했으며, EKF 업데이트에서 주요 변수를 지정하지 않았다. 이제 피처 기반 맵을 위한 EKF를 어떻게 구현하는지 알아보자. 우리의 피처 기반 맵은 6.2절에서 이미 설명한 것처럼 포인트 랜드마크로 구성된다. 이러한 포인트 랜드마크에 대해서는 6.6절에서 설명한 공통 측정 모델을 사용한다. 5.3절에서 정의된 속도 모션 모델을 채택한다. 이어지는 내용을 공부하기 전에 잠시 이 장에서 설명한 기본 측정 및 모션 방정식을 다시 확인해보기 바란다.

표 7.2는 알려진 대응 변수로 로컬화를 수행하는 EKF 알고리즘인 **EKF_localization_known_correspondences**를 설명하고 있다. 이 알고리즘은 3장의 표 3.3에 있는 EKF의 파생 버전이다. 입력으로 시간 $t-1$일 때 평균 μ_{t-1}과 공분산 Σ_{t-1}인 로봇 포즈의 가우시안 추정값을 필요로 한다. 또한 이 알고리즘은 대응 변수 $c_t = \{c_t^1, c_t^2, \ldots\}$와 함께 제어 u_t, 맵 m 및 시간 t에서 측정된 피처 집합 $z_t = \{z_t^1, z_t^2, \ldots\}$를 필요로 한다. 출력은 새로운, 그리고 수정된 추정값 μ_t, Σ_t이며, 피처 관찰값의 유사가능도 p_{z_t}와 함께 나타난다. 이 알고리즘은 $w_t = 0$인 직선 모션의 경우를 처리하지 않는다. 이 특별한 경우의 처리는 연습문제로 남겨둔다.

이 알고리즘에서 수행되는 계산 작업을 더 자세히 알아보자. 3행과 4행은 선형 모션 모델에 필요한 자코비안을 계산한다. 5행은 제엇값을 이용해 모션 노이즈 공분산 행렬을 결정한다. 6행과 7행은 익숙한 모션 업데이트를 구현했다. 모션 후의 예상 포즈는 6행에서 μ_t로 계산되고, 7행은 해당 불확실성 타원을 계산한다. 측정 업데이트(조정 단계)는 8~21행에 걸쳐 구현했다. 이 업데이트의 핵심은 시간 t에서 관찰된 모든 피처 i를 다루는 루프문이다. 10행에서는 j에 측정값 벡터의 i번째 피처 대응 변수를 할당한다. 그런 다음 측정된 모델의 예측된 측정값 $\hat{z}_t^i$와 자코비안 H_t^i를 계산한다. 이 자코비안을 사용해 알고리즘은 예측된 측정값 $\hat{z}_t^i$에 해당하는 불확실성 S_t^i를 결정한다. 칼만 이득^{Kalman gain} K_t^i는 15행에서 계산된다. 추정값은 16행과 17행에서 각 피처별로 한 번씩 업데이트가 이뤄진다. 19행 및 20행은 새로운 포즈 추정값을 설정하고, 21행에서 측정 유사가능도 계산을 수행한다. 이 알고리즘에서는 결과가 2π만큼 떨어

1: **Algorithm EKF_localization_known_correspondences($\mu_{t-1}, \Sigma_{t-1}, u_t, z_t, c_t, m$):**

2: $\quad \theta = \mu_{t-1,\theta}$

3: $\quad G_t = \begin{pmatrix} 1 & 0 & -\frac{v_t}{\omega_t}\cos\theta + \frac{v_t}{\omega_t}\cos(\theta + \omega_t\Delta t) \\ 0 & 1 & -\frac{v_t}{\omega_t}\sin\theta + \frac{v_t}{\omega_t}\sin(\theta + \omega_t\Delta t) \\ 0 & 0 & 1 \end{pmatrix}$

4: $\quad V_t = \begin{pmatrix} \frac{-\sin\theta + \sin(\theta + \omega_t\Delta t)}{\omega_t} & \frac{v_t(\sin\theta - \sin(\theta + \omega_t\Delta t))}{\omega_t^2} + \frac{v_t\cos(\theta + \omega_t\Delta t)\Delta t}{\omega_t} \\ \frac{\cos\theta - \cos(\theta + \omega_t\Delta t)}{\omega_t} & -\frac{v_t(\cos\theta - \cos(\theta + \omega_t\Delta t))}{\omega_t^2} + \frac{v_t\sin(\theta + \omega_t\Delta t)\Delta t}{\omega_t} \\ 0 & \Delta t \end{pmatrix}$

5: $\quad M_t = \begin{pmatrix} \alpha_1 v_t^2 + \alpha_2 \omega_t^2 & 0 \\ 0 & \alpha_3 v_t^2 + \alpha_4 \omega_t^2 \end{pmatrix}$

6: $\quad \bar{\mu}_t = \mu_{t-1} + \begin{pmatrix} -\frac{v_t}{\omega_t}\sin\theta + \frac{v_t}{\omega_t}\sin(\theta + \omega_t\Delta t) \\ \frac{v_t}{\omega_t}\cos\theta - \frac{v_t}{\omega_t}\cos(\theta + \omega_t\Delta t) \\ \omega_t\Delta t \end{pmatrix}$

7: $\quad \bar{\Sigma}_t = G_t \, \Sigma_{t-1} \, G_t^{\ T} + V_t \, M_t \, V_t^{\ T}$

8: $\quad Q_t = \begin{pmatrix} \sigma_r^2 & 0 & 0 \\ 0 & \sigma_\phi^2 & 0 \\ 0 & 0 & \sigma_s^2 \end{pmatrix}$

9: $\quad$ *for all observed features $z_t^i = (r_t^i \ \phi_t^i \ s_t^i)^T$ do*

10: $\quad\quad j = c_t^i$

11: $\quad\quad q = (m_{j,x} - \bar{\mu}_{t,x})^2 + (m_{j,y} - \bar{\mu}_{t,y})^2$

12: $\quad\quad \hat{z}_t^i = \begin{pmatrix} \sqrt{q} \\ \text{atan2}(m_{j,y} - \bar{\mu}_{t,y}, m_{j,x} - \bar{\mu}_{t,x}) - \bar{\mu}_{t,\theta} \\ m_{j,s} \end{pmatrix}$

13: $\quad\quad H_t^i = \begin{pmatrix} -\frac{m_{j,x} - \bar{\mu}_{t,x}}{\sqrt{q}} & -\frac{m_{j,y} - \bar{\mu}_{t,y}}{\sqrt{q}} & 0 \\ \frac{m_{j,y} - \bar{\mu}_{t,y}}{q} & -\frac{m_{j,x} - \bar{\mu}_{t,x}}{q} & -1 \\ 0 & 0 & 0 \end{pmatrix}$

14: $\quad\quad S_t^i = H_t^i \, \bar{\Sigma}_t \, [H_t^i]^T + Q_t$

15: $\quad\quad K_t^i = \bar{\Sigma}_t \, [H_t^i]^T [S_t^i]^{-1}$

16: $\quad\quad \bar{\mu}_t = \bar{\mu}_t + K_t^i(z_t^i - \hat{z}_t^i)$

17: $\quad\quad \bar{\Sigma}_t = (I - K_t^i \, H_t^i) \, \bar{\Sigma}_t$

18: $\quad$ *endfor*

19: $\quad \mu_t = \bar{\mu}_t$

20: $\quad \Sigma_t = \bar{\Sigma}_t$

21: $\quad p_{z_t} = \prod_i \det\left(2\pi S_t^i\right)^{-\frac{1}{2}} \exp\left\{-\frac{1}{2}\left(z_t^i - \hat{z}_t^i\right)^T [S_t^i]^{-1}\left(z_t^i - \hat{z}_t^i\right)\right\}$

22: $\quad$ *return μ_t, Σ_t, p_{z_t}*

표 7.2 확장형 칼만 필터(EKF) 로컬화 알고리즘. 여기서는 (1) 피처 기반 맵과 (2) 범위, 방위를 측정하기 위한 센서를 장착한 로봇을 수식으로 표현했다. 이 알고리즘은 정확한 대응 변수를 알고 있다고 가정한다.

져 있을 수 있으므로 두 각도의 차이를 계산할 때 주의를 기울여야 한다.

7.4.3 EKF 로컬화의 수학적 유도

예측 단계(3~7행) EKF 로컬화 알고리즘은 식 (5.13)에서 정의한 모션 모델을 이용한다. 식을 다시 한번 간단히 정리해보자.

$$
\begin{pmatrix} x' \\ y' \\ \theta' \end{pmatrix} = \begin{pmatrix} x \\ y \\ \theta \end{pmatrix} + \begin{pmatrix} -\frac{\hat{v}_t}{\hat{\omega}_t}\sin\theta + \frac{\hat{v}_t}{\hat{\omega}_t}\sin(\theta + \hat{\omega}_t\Delta t) \\ \frac{\hat{v}_t}{\hat{\omega}_t}\cos\theta - \frac{\hat{v}_t}{\hat{\omega}_t}\cos(\theta + \hat{\omega}_t\Delta t) \\ \hat{\omega}_t\Delta t \end{pmatrix} \tag{7.4}
$$

여기서 $x_{t-1} = (x\ y\ \theta)^T$와 $x_t = (x'\ y'\ \theta')^T$는 시간 $t-1$과 t의 스테이트 벡터를 의미한다. 실제 모션은 병진 속도 v_t, 회전 속도 w_t를 이용해 표현되어 있다. 식 (5.10)에서 설명한 것처럼, 이 속도들은 모션 제어 $u_t = (v_t\ w_t)^T$와 가우시안 노이즈를 통해 생성된다. 다음 식을 보자.

$$
\begin{pmatrix} \hat{v}_t \\ \hat{\omega}_t \end{pmatrix} = \begin{pmatrix} v_t \\ \omega_t \end{pmatrix} + \begin{pmatrix} \varepsilon_{\alpha_1 v_t^2 + \alpha_2 \omega_t^2} \\ \varepsilon_{\alpha_3 v_t^2 + \alpha_4 \omega_t^2} \end{pmatrix} = \begin{pmatrix} v_t \\ \omega_t \end{pmatrix} + \mathcal{N}(0, M_t) \tag{7.5}
$$

EKF 로컬화 알고리즘이 평균은 μ_{t-1}, 공분산은 Σ_{t-1}로 표현되는 스테이트의 로컬 사후 추정값을 유지한다는 사실을 3장에서 이미 배웠다. 아울러 EKF 알고리즘에서 모션 모델과 측정 모델을 선형화하는 데 '트릭'이 적용됐다는 것도 알고 있다. 이를 위해, 모션 모델을 노이즈 없는 부분과 랜덤 노이즈 구성요소로 분해한다.

$$
\underbrace{\begin{pmatrix} x' \\ y' \\ \theta' \end{pmatrix}}_{x_t} = \underbrace{\begin{pmatrix} x \\ y \\ \theta \end{pmatrix} + \begin{pmatrix} -\frac{v_t}{\omega_t}\sin\theta + \frac{v_t}{\omega_t}\sin(\theta + \omega_t\Delta t) \\ \frac{v_t}{\omega_t}\cos\theta - \frac{v_t}{\omega_t}\cos(\theta + \omega_t\Delta t) \\ \omega_t\,\Delta t \end{pmatrix}}_{g(u_t, x_{t-1})} + \mathcal{N}(0, R_t) \tag{7.6}
$$

식 (7.6)은 식 (7.4)를 근사화한 것이다. 구체적으로 설명하면 실제 모션값 $(v_t\ w_t)^T$를 실행된 제엇값 $(v_t\ w_t)^T$로 바꾸고, 여기에 평균이 0인 가우시안에서 모션 노이즈를 첨가했다. 식 (7.6)의 왼쪽 항은 로봇의 실제 모션의 경우처럼 제엇값을 처리한다. 앞서 3.3절의 EKF 선형화 알고리즘에서는 테일러 급수로 함수 g를 근사화했다. 다음 식을 보자.

$$g(u_t, x_{t-1}) \quad \approx \quad g(u_t, \mu_{t-1}) + G_t \, (x_{t-1} - \mu_{t-1}) \tag{7.7}$$

함수 $g(u_t, \mu_{t-1})$은 정확한 스테이트 x_{t-1}(이건 우리가 모른다)을 기대치 μ_{t-1}(이건 우리가 알고 있다)로 바꿔서 구할 수 있다. 자코비안 G_t는 u_t와 μ_{t-1}에서 측정된 x_{t-1}을 기준으로 함수 g의 도함수를 구한 것이다.

$$G_t \quad = \quad \frac{\partial g(u_t, \mu_{t-1})}{\partial x_{t-1}} \quad = \quad \begin{pmatrix} \frac{\partial x'}{\partial \mu_{t-1,x}} & \frac{\partial x'}{\partial \mu_{t-1,y}} & \frac{\partial x'}{\partial \mu_{t-1,\theta}} \\ \frac{\partial y'}{\partial \mu_{t-1,x}} & \frac{\partial y'}{\partial \mu_{t-1,y}} & \frac{\partial y'}{\partial \mu_{t-1,\theta}} \\ \frac{\partial \theta'}{\partial \mu_{t-1,x}} & \frac{\partial \theta'}{\partial \mu_{t-1,y}} & \frac{\partial \theta'}{\partial \mu_{t-1,\theta}} \end{pmatrix} \tag{7.8}$$

여기서 $\mu_{t-1} = (\mu_{t-1,x} \ \mu_{t-1,y} \ \mu_{t-1,\theta})^T$는 세 가지 값 각각에 대해 평균 추정값을 나타내고 있다. $\frac{\partial x'}{\partial \mu_{t-1,x}}$는 μ_{t-1}의 x를 기준으로 x'에 대한 함수 g의 도함수를 간략히 표현한 것이다. 식 (7.6)에서 도함수 계산은 다음과 같다.

$$G_t \quad = \quad \begin{pmatrix} 1 & 0 & \frac{v_t}{\omega_t}(-\cos\mu_{t-1,\theta} + \cos(\mu_{t-1,\theta} + \omega_t \Delta t)) \\ 0 & 1 & \frac{v_t}{\omega_t}(-\sin\mu_{t-1,\theta} + \sin(\mu_{t-1,\theta} + \omega_t \Delta t)) \\ 0 & 0 & 1 \end{pmatrix} \tag{7.9}$$

첨가된 모션 노이즈인 $\mathcal{N}(0, R_t)$의 공분산을 계산해보자. 우선 제어 공간^{control space}에서 노이즈의 공분산 행렬 M_t를 결정한다. 이는 식 (7.5)의 모션 모델에서 바로 구할 수 있다.

$$M_t \quad = \quad \begin{pmatrix} \alpha_1 v_t^2 + \alpha_2 \omega_t^2 & 0 \\ 0 & \alpha_3 v_t^2 + \alpha_4 \omega_t^2 \end{pmatrix} \tag{7.10}$$

식 (7.6)의 모션 모델은 스테이트 공간^{state space}으로 모션 모델을 매핑해야 한다. 제어 공간을 스테이트 공간으로 변환하는 작업은 선형 근사화를 통해 수행된다. 이러한 근사화를 위해 필요한 자코비안 V_t는 모션 파라미터를 기준으로 모션 함수 g의 u_t와

μ_{t-1}에 대한 도함수와 같다. 다음 식을 보자.

$$V_t = \frac{\partial g(u_t, \mu_{t-1})}{\partial u_t} \tag{7.11}$$

$$= \begin{pmatrix} \frac{\partial x'}{\partial v_t} & \frac{\partial x'}{\partial \omega_t} \\ \frac{\partial y'}{\partial v_t} & \frac{\partial y'}{\partial \omega_t} \\ \frac{\partial \theta'}{\partial v_t} & \frac{\partial \theta'}{\partial \omega_t} \end{pmatrix}$$

$$= \begin{pmatrix} \frac{-\sin\theta + \sin(\theta + \omega_t \Delta t)}{\omega_t} & \frac{v_t(\sin\theta - \sin(\theta + \omega_t \Delta t))}{\omega_t^2} + \frac{v_t \cos(\theta + \omega_t \Delta t)\Delta t}{\omega_t} \\ \frac{\cos\theta - \cos(\theta + \omega_t \Delta t)}{\omega_t} & -\frac{v_t(\cos\theta - \cos(\theta + \omega_t \Delta t))}{\omega_t^2} + \frac{v_t \sin(\theta + \omega_t \Delta t)\Delta t}{\omega_t} \\ 0 & \Delta t \end{pmatrix}$$

$V_t \, M_t \, V_t^T$의 곱셈 연산을 통해 제어 공간의 모션 노이즈와 스테이트 공간상의 모션 노이즈를 근삿값으로 매핑한 결과를 얻을 수 있다. 이 수식 유도 결과를 이용해 EKF 알고리즘의 6행과 7행은 표 3.3에서 설명한 일반적인 EKF 알고리즘의 예측 업데이트와 정확하게 매핑된다.

조정 단계(8~20행) 조정 단계에서도 EKF 로컬화 알고리즘에서는 가우시안 노이즈가 첨가된 선형 측정 모델이 필요하다. 피처 기반 맵을 위한 측정 모델은 6.6절의 식 (6.40)을 약간 변형한 것으로 대응 변수 c_t를 통해 랜드마크 ID의 지식이 있다고 사전에 가정한다. $j = c_t^i$를 랜드마크 ID로 놓자. 구체적으로 설명하면, j는 측정 벡터에서 i번째 구성요소를 의미한다. 다음 식을 보자.

$$\underbrace{\begin{pmatrix} r_t^i \\ \phi_t^i \\ s_t^i \end{pmatrix}}_{z_t^i} = \underbrace{\begin{pmatrix} \sqrt{(m_{j,x} - x)^2 + (m_{j,y} - y)^2} \\ \text{atan2}(m_{j,y} - y, m_{j,x} - x) - \theta \\ m_{j,s} \end{pmatrix}}_{h(x_t, j, m)} + \mathcal{N}(0, Q_t) \tag{7.12}$$

여기서 $(m_{j,x} \ m_{j,y})^T$는 시간 t에서 i번째 랜드마크를 탐지한 좌표다. $m_{j,s}$는 $(m_{j,x} \ m_{j,y})^T$의 (정확한) 시그니처를 의미한다. 이 측정 모델의 테일러 근사화는 다음과 같다.

$$h(x_t, j, m) \approx h(\bar{\mu}_t, j, m) + H_t^i (x_t - \bar{\mu}_t) \tag{7.13}$$

여기서 H^i_t는 로봇 위치를 기준으로 함수 h의 자코비안을 의미한다. 예측 평균값이 μ_t 일 때 H^i_t는 다음과 같이 계산할 수 있다.

$$H^i_t = \frac{\partial h(\bar{\mu}_t, j, m)}{\partial x_t} = \begin{pmatrix} \frac{\partial r^i_t}{\partial \bar{\mu}_{t,x}} & \frac{\partial r^i_t}{\partial \bar{\mu}_{t,y}} & \frac{\partial r^i_t}{\partial \bar{\mu}_{t,\theta}} \\ \frac{\partial \phi^i_t}{\partial \bar{\mu}_{t,x}} & \frac{\partial \phi^i_t}{\partial \bar{\mu}_{t,y}} & \frac{\partial \phi^i_t}{\partial \bar{\mu}_{t,\theta}} \\ \frac{\partial s^i_t}{\partial \bar{\mu}_{t,x}} & \frac{\partial s^i_t}{\partial \bar{\mu}_{t,y}} & \frac{\partial s^i_t}{\partial \bar{\mu}_{t,\theta}} \end{pmatrix} \tag{7.14}$$

$$= \begin{pmatrix} -\frac{m_{j,x} - \bar{\mu}_{t,x}}{\sqrt{q}} & -\frac{m_{j,y} - \bar{\mu}_{t,y}}{\sqrt{q}} & 0 \\ \frac{m_{j,y} - \bar{\mu}_{t,y}}{q} & -\frac{m_{j,x} - \bar{\mu}_{t,x}}{q} & -1 \\ 0 & 0 & 0 \end{pmatrix}$$

여기서 q는 $(m_{j,x} - \mu_{t,x})^2 + (m_{j,y} - \mu_{t,y})^2$을 간단하게 표현한 것이다. H^i_t의 마지막 행이 모두 0이라는 점에 주목하자. 이는 시그니처가 로봇 포즈와 관련이 없기 때문이다. 이러한 디제너러시degeneracy의 효과는 관찰된 시그니처 s^i_t가 EKF 업데이트 결과에 아무 영향을 미치지 않는 것이다. 그 이유는 정확한 대응 변수 c^i_t를 알고 있으면 관찰된 시그니처가 완전히 정보가 없는 것과 같아지기 때문이다.

식 (7.12)에 첨가된 측정 노이즈의 공분산 Q_t는 식 (6.40)을 이용해 다음과 같이 바로 구할 수 있다.

$$Q_t = \begin{pmatrix} \sigma^2_r & 0 & 0 \\ 0 & \sigma^2_\phi & 0 \\ 0 & 0 & \sigma^2_s \end{pmatrix} \tag{7.15}$$

마지막으로 우리의 피처 기반 로컬화 알고리즘이 한 번에 여러 개의 측정값을 처리하는 반면 3.2절에서 설명한 EKF는 오직 하나의 센서 항목만을 처리했다는 점에 주목할 필요가 있다. 우리가 만든 알고리즘은 암묵적인 조건부 독립 가정에 의존한다. 이 가정은 6.6절의 식 (6.39)에서 간략히 논의했다. 본질적으로 모든 피처 측정 확률이 포즈 x_t, 랜드마크 ID c_t 및 맵 m을 고려해 독립적이라고 가정한다.

$$p(z_t \mid x_t, c_t, m) = \prod_i p(z^i_t \mid x_t, c^i_t, m) \tag{7.16}$$

이렇게 가정하는 것이 대체로 좋고, 월드가 정적인 경우 특히 적절하다. 표 7.2의

9~18행에 나와 있는 대로 여러 피저의 정보를 점진적으로 필터에 추가할 수 있다. 그렇지 않으면 알고리즘이 잘못된 관찰 예측값을 계산하기 때문에 포즈 추정값이 루프의 각 반복에서 업데이트된다는 점에 주의해야 한다(직관적으로 이 루프는 제로 모션이 있는 여러 관찰 업데이트에 해당한다). 이를 염두에 두면 알고리즘의 8~20행에서 실제로 일반적인 EKF 조정 단계를 구현한 결과가 쉽게 이해될 것이다.

측정 유사가능도(21행) 21행은 측정값 z_t의 유사가능도 $p(z_t \mid c_{1:t}, m, z_{1:t-1}, u_{1:t})$를 계산한다. 이 유사가능도는 EKF 업데이트에 필수적인 것은 아니지만 이상치 제거 또는 알려지지 않은 대응 변수의 경우에 유용하다. 각 피처 벡터들 사이의 독립성을 가정할 때, 유사가능도를 개별 피처 벡터로 제한하고 식 (7.16)과 유사한 전체 유사가능도를 계산할 수 있다. 알려진 데이터 연관 $c_{1:t}$에 대해 유사가능도는 예측된 빌리프 $\overline{bel}(x_t)$ $= \mathcal{N}(x_t; \mu_t, \Sigma_t)$로부터 계산할 수 있다. 이를 위해 포즈 x_t에 대한 적분 연산과, 관련 없는 조건 변수를 생략하는 작업이 동반된다. 다음 식을 보자.

$$p(z_t^i \mid c_{1:t}, m, z_{1:t-1}, u_{1:t}) \tag{7.17}$$
$$= \int p(z_t^i \mid x_t, c_{1:t}, m, z_{1:t-1}, u_{1:t}) \, p(x_t \mid c_{1:t}, m, z_{1:t-1}, u_{1:t}) \, dx_t$$
$$= \int p(z_t^i \mid x_t, c_t^i, m) \, p(x_t \mid c_{1:t-1}, m, z_{1:t-1}, u_{1:t}) \, dx_t$$
$$= \int p(z_t^i \mid x_t, c_t^i, m) \, \overline{bel}(x_t) \, dx_t$$

최종 적분식의 왼쪽 항은 로봇 위치 x_t에 대한 지식을 가정한 측정 유사가능도. 이 유사가능도는 위치 x_t에서 예상되는 측정에서의 평균을 갖는 가우시안에 의해 주어진다. 이 측정은 z_t^i로 표시되며, 측정 함수 h에 의해 제공된다. 가우시안의 공분산은 측정 노이즈 Q_t에 의해 주어진다.

$$p(z_t^i \mid x_t, c_t^i, m) \sim \mathcal{N}(z_t^i; h(x_t, c_t^i, m), Q_t) \tag{7.18}$$
$$\approx \mathcal{N}(z_t^i; h(\bar{\mu}_t, c_t^i, m) + H_t(x_t - \bar{\mu}_t), Q_t)$$

식 (7.18)을 보면 테일러 급수(식 (7.13))가 h에 적용되어 있다. 이 식을 다시 식 (7.17)

에 대입하고 $\overline{bel}\,(x_t)$를 가우시안 형태로 대체하면 다음과 같은 측정 유사가능도를 얻는다.

$$p(z_t^i \mid c_{1:t}, m, z_{1:t-1}, u_{1:t}) \tag{7.19}$$
$$\approx \quad \mathcal{N}(z_t^i;\; h(\bar{\mu}_t, c_t^i, m) + H_t\,(x_t - \bar{\mu}_t),\, Q_t) \;\otimes\; \mathcal{N}(x_t;\; \bar{\mu}_t, \bar{\Sigma}_t)$$

여기서 $\otimes$는 이미 잘 알고 있는 변수 x_t의 컨벌루션 연산을 의미한다. 이 방정식은 유사가능도 함수가 두 가우시안의 컨벌루션임을 나타낸다. 하나는 측정 노이즈를 나타내고, 다른 하나는 스테이트 불확실성을 나타낸다. 칼만 필터와 EKF의 모션 업데이트를 유도한 이 형식의 적분을 3.2절에서 이미 보았다. 이 적분에 대한 닫힌 형태의 해는 그 도함수 결과와 완전히 유사하다. 특히, 식 (7.19)에 의해 정의된 가우시안은 평균 $h(\boldsymbol{\mu}_t, c_t^i, m)$과 공분산 $H_t\,\Sigma_t\,H_t^T + Q_t$를 갖는다. 따라서 측정 유사가능도에 대한 선형 근삿값은 다음과 같이 정리할 수 있다.

$$p(z_t^i \mid c_{1:t}, m, z_{1:t-1}, u_{1:t}) \quad \sim \quad \mathcal{N}(z_t^i;\; h(\bar{\mu}_t, c_t^i, m),\, H_t\,\bar{\Sigma}_t\,H_t^T + Q_t) \tag{7.20}$$

이를 다시 정리하면 다음과 같다.

$$p(z_t^i \mid c_{1:t}, m, z_{1:t-1}, u_{1:t}) \tag{7.21}$$
$$= \quad \eta \exp\left\{ -\frac{1}{2}(z_t^i - h(\bar{\mu}_t, c_t^i, m))^T\,[H_t\,\bar{\Sigma}_t\,H_t^T + Q_t]^{-1}\,(z_t^i - h(\bar{\mu}_t, c_t^i, m)) \right\}$$

이 식의 평균 및 공분산을 각각 $\boldsymbol{z}_t^i$ 및 S_t로 대체함으로써 표 7.2에서 EKF 알고리즘의 21행을 얻을 수 있다.

이제 EKF 로컬화 알고리즘에서 이상치를 처리하도록 쉽게 수정할 수 있다. 표준 해결 방법은 유사가능도가 임곗값 테스트를 통과하는 랜드마크만 허용하는 것이다. 이것은 일반적으로 좋은 아이디어다. 가우시안 함수가 기하급수적으로 떨어지고, 단일 이상치가 포즈 추정에 큰 영향을 줄 수 있다. 실제로 임곗값은 알고리즘에 중요한 계층을 하나 더하는데, 만약 이것이 없으면 EKF 로컬화가 취약해지는 경향이 있다.

7.4.4 알고리즘의 실제 구현

RoboCup 축구장에서 로컬화된 4족 AIBO 로봇의 시뮬레이션을 사용해 EKF 알고리즘을 설명한다. 여기서 로봇은 필드 주위에 위치한 6개의 고유한 색상 마커를 사용해 로컬화한다(그림 7.7 참조). 표 7.2에 주어진 EKF 알고리즘과 마찬가지로, 모션 제엇값 $u_t = (v_t \; w_t)^T$는 병진 속도 및 회전 속도로 관찰되며, 관찰값 $z_t = (r_t \; \phi_t \; s_t)^T$는 마커에 대한 상대 거리 및 방위를 측정한다. 문제를 단순화하기 위해 로봇은 한 번에 하나의 랜드마크만 탐지한다고 가정한다.

예측 단계(3~7행) 그림 7.8은 EKF 위치 파악 알고리즘의 예측 단계를 보여준다. 알고리즘의 5행에서 사용된 다른 모션 노이즈 파라미터인 $\alpha_1 - \alpha_4$로부터 예측 불확실성이 나타난다. 파라미터 α_2 및 α_3는 모든 시각화 결과에서 5%로 설정된다. 주된 병진 노이즈 및 회전 노이즈 파라미터 α_1과 α_4는 각각 〈10%, 10%〉, 〈30%, 10%〉, 〈10%, 30%〉, 〈30%, 30%〉이다(그림 7.8의 왼쪽 위에서 오른쪽 아래로). 각 플롯에서 로봇은 제엇값 $u_t = $ 〈10cm/sec, 5°/sec〉를 9초 동안 실행해 길이가 90cm이고 회전이 45°인 원호를 만든다. 로봇의 이전 위치 추정값은 평균 $\mu_{t-1} = $ 〈80, 100, 0〉을 중심으로 한 타원으로 표시된다.

EKF 알고리즘은 6행의 노이즈가 없는 모션이라는 가정하에서 이전의 추정값을 이

그림 7.7 RoboCup 축구 경기장에 있는 AIBO 로봇들. 6개의 랜드마크가 경기장의 하프라인과 구석 등에 위치해 있다.

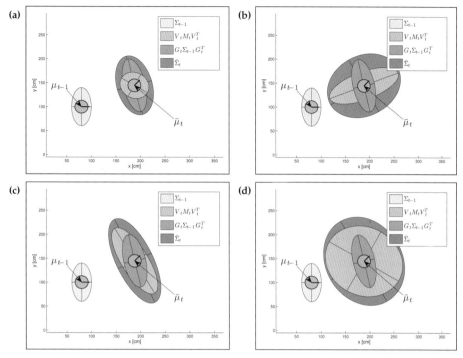

그림 7.8 EKF 알고리즘의 예측 단계. 네 가지 결과는 모두 각각 다른 모션 노이즈 파라미터를 이용해 생성됐다. 로봇의 초기 추정값은 μ_{t-1}을 중심으로 하는 타원으로 표현된다. 왼쪽으로 45도 회전한 상태에서 90cm 길이의 원 곡선만큼 이동한 후의 예상 위치는 $\bar\mu_{t-1}$를 중심으로 표시되어 있다. (a)는 모션 노이즈가 병진 속도와 회전 속도 모두에서 상대적으로 작은 경우를 보여준다. 나머지는 다음과 같다. (b)는 병진 속도의 노이즈가 높은 경우, (c)는 회전 속도의 노이즈가 높은 경우, (d)는 병진 속도와 회전 속도 모두에서 노이즈가 높은 경우다.

동시킴으로써 예측된 평균 μ_t를 계산한다. 해당 불확실성 타원 Σ_t는 다음과 같은 2개의 구성요소로 이뤄져 있다. 하나는 초기 위치 불확실성으로 인한 불확실성을 추정하는 것이고, 다른 하나는 모션 노이즈로 인한 불확실성을 추정하는 것이다(알고리즘 7행). 첫 번째 구성요소인 $G_t\Sigma_{t-1}G_t^T$는 모션 노이즈를 무시하고 모션 함수의 선형 근사를 통해 이전의 불확실성 Σ_{t-1}을 투영한다. 식 (7.8)과 식 (7.9)로부터 이 선형 근사가 행렬 G_t에 의해 표현됨을 기억하기 바란다. 이것은 이전 로봇 위치 관점에서 모션 함수의 자코비안이다.

결과 노이즈 타원은 모션 노이즈를 고려하지 않기 때문에 4개의 패널 모두에서 동일한 결과를 보여주고 있다. 모션 노이즈로 인한 불확실성은 $V_t\,M_t\,V_t^T$(알고리즘 7행)

에 의해 주어진 Σ_t의 두 번째 구성요소로 모델링된다. 행렬 M_t는 제어 공간 내의 모션 노이즈를 나타낸다(알고리즘 5행 참조). 이 모션 노이즈 행렬은 V_t와 곱셈 연산을 통해 스테이트 공간에 매핑된다. 참고로 V_t는 모션 제엇값에 대한 모션 함수의 자코비안이다(알고리즘 4행 참조). 결과에서 볼 수 있듯이, 타원 곡선은 모션 방향(그림 7.8의 오른쪽 결과들)에 따른 큰 불확실성을 이용한 큰 병진 속도 오차(α_1 = 30%)를 나타내고 있다. 큰 회전 속도 오차(α_4 = 30%)는 모션 방향에 직교하는 큰 불확실성을 나타낸다(그림 7.8의 아래쪽 그림들 참조). 예측값 Σ_t의 전체적인 불확실성은 앞에서 설명한 두 가지 불확실성 구성요소를 더해서 구할 수 있다.

조정 단계: 측정값 예측(알고리즘 8~14행)   조정 단계의 첫 번째 부분에서 EKF 알고리즘은 측정값 z_t를 예측한다. 이를 위해, 예측된 로봇 위치 및 이에 대한 불확실성을 이

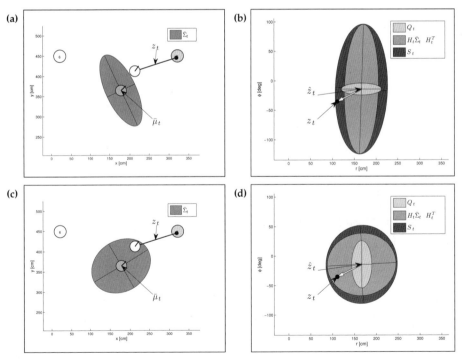

그림 7.9 측정값 예측. 왼쪽 그림들은 불확실성 타원 곡선으로 로봇의 예측 위치를 보여준다. 실제 로봇의 위치는 흰색 원으로 표시했고, 관찰값은 굵은 선으로 표시했다. 오른쪽 그림들은 측정값 예측 결과를 보여준다. 흰색 화살표는 얼마나 변화가 있었는지, 즉 관찰 결과와 예측 측정값 간의 차이를 보여준다.

용한다. 그림 7.9를 통해 측정값 예측을 좀 더 자세히 알아보자. 왼쪽 그림은 불확실성 타원 곡선과 함께 예측된 로봇 위치를 보여준다. 실제 로봇 위치는 흰색 원으로 표시되어 있다. 이제 로봇이 굵은 선으로 표시된 대로 오른쪽 앞의 랜드마크를 관찰한다고 가정해보자. 오른쪽 패널은 측정 공간에서 해당 예측 및 실제 측정을 보여주고 있다. 예측된 측정값 z_t는 예측된 평균 μ_t와 관찰된 랜드마크 사이의 상대적인 거리와 방정식을 통해 계산된다(알고리즘 12행). 이 예측의 불확실성은 타원 S_t로 표현할 수 있다. 스테이트 예측과 마찬가지로 이 불확실성은 두 가우시안의 컨벌루션에서 비롯된다. 타원 Q_t는 측정값의 노이즈로 인한 불확실성을 나타내며(타원형), 타원 $H_t \Sigma_t H_t^T$는 로봇 위치의 불확실성으로 인한 불확실성을 나타낸다. 로봇 위치 불확실성 Σ_t는 H_t와의 곱셈에 의해 측정 불확실성으로 매핑된다. 여기서 로봇 위치를 기준으로 한 H_t는 측정 함수의 자코비안을 의미한다(알고리즘 13행). 전체 측정 예측 불확실성인 S_t는 이 두 타원의 합계다(알고리즘 14행). 오른쪽 패널의 흰 화살표는 소위 혁신 벡터innovation vector $z_t - \hat{z}_t$를 보여주며, 이는 관찰된 측정값과 예측된 측정값의 단순한 차이다. 이 벡터는 후속 업데이트 단계에서 중요한 역할을 한다. 그것은 또한 공분산 S_t(21행)를 갖는 평균이 0인 가우시안하에서 혁신 벡터의 유사가능도에 의해 주어지는 측정 z_t의 유사가능도를 제공한다. 즉, 혁신 벡터가 '좀 더 짧을수록'(마할라노비스 거리Mahalanobis distance의 의미에서), 측정값의 유사가능도는 높아진다.

조정 단계: 추정값 업데이트(알고리즘 15~21행)　　EKF 로컬화 알고리즘의 조정 단계는 혁신 벡터 및 측정 예측 불확실성을 기반으로 위치 추정값을 업데이트한다. 그림 7.10에서 이 단계를 자세히 알 수 있다. 편의상 왼쪽의 패널은 측정 예측을 다시 보여준다. 오른쪽의 패널은 흰색 화살표로 표시된 위치 추정값의 결과 정정을 나타낸다. 이러한 조정 벡터는 측정값 혁신 벡터measurement innovation vector(왼쪽 패널의 흰색 화살표)를 스테이트 공간(알고리즘 16행)으로 스케일 매핑해 계산된다. 이 매핑 및 스케일링은 알고리즘 15행에서 계산된 칼만 이득 행렬 K_t에 의해 수행된다. 직관적으로 측정값 혁신은 예측된 측정값과 관찰된 측정값 사이의 오프셋을 제공한다. 이 오프셋은 스테이트 공간으로 매핑되고 측정값 혁신을 감소시키는 방향으로 위치 추정값을 이동시키

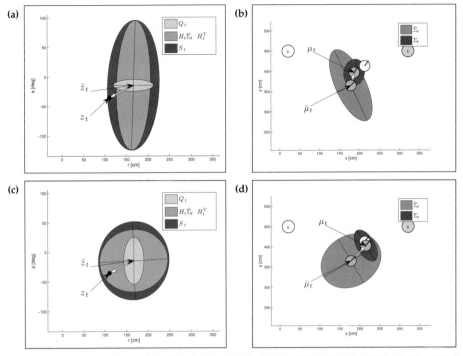

그림 7.10 EKF 알고리즘의 조정 단계. 왼쪽 패널의 그림들은 측정값 예측을 보여준다. 오른쪽 패널의 그림들은 조정 결과를 나타내는데, 이 조정 결과에서 평균 추정값은 업데이트가 이뤄지고 위치의 불확실성에 대한 타원 곡선 영역은 작아진다.

는 데 사용된다. 칼만 이득은 혁신 벡터를 추가로 스케일링하여 측정 예측의 불확실성을 고려한다. 관찰값이 명확할수록 칼만 이득이 높아지며, 결과적으로 위치 조정이 강해진다. 위치 추정의 불확실성을 나타내는 타원 곡선은 유사한 추론 방법을 이용해 업데이트된다(알고리즘 17행).

예제 시퀀스　　그림 7.11은 각기 다른 관찰 불확실성을 사용한 EKF 업데이트의 두 시퀀스를 보여준다. 왼쪽 패널은 모션 제어(점선) 및 결과 실제 궤적(실선)에 따라 로봇의 궤적을 보여준다. 랜드마크 탐지는 가는 선으로 표시되며 상단 패널의 측정값은 노이즈가 적다. 오른쪽 패널의 점선은 EKF 로컬화 알고리즘에 의해 추정된 경로를 그린 결과다. 예상대로, 위쪽 행에서 측정 불확실성이 작을수록 불확실성 타원이 작아지고 추정 오차가 더 작아진다.

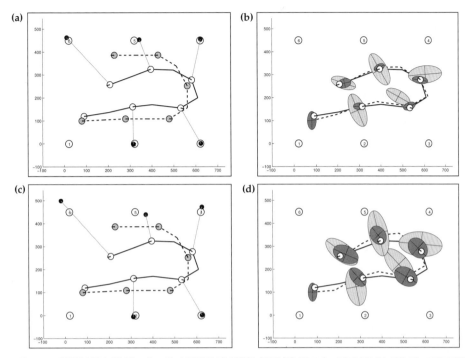

그림 7.11 정확한 (상단 행) 랜드마크 탐지 센서와 덜 정확한 (하단 행) 랜드마크 탐지 센서를 사용하는 EKF 기반의 로컬화. 왼쪽 패널의 점선은 모션 제어에서 추정한 로봇 궤적을 나타낸다. 실선은 이러한 제어로 인한 실제 로봇 모션을 나타낸다. 5개 지점의 랜드마크 탐지는 가는 선으로 표시되어 있다. 오른쪽 패널의 점선은 획기적인 로봇 궤적을 표시하고 랜드마크 탐지를 통합하기 전의 불확실성(밝은 회색, Σ_t) 및 후의 불확실성(어두운 회색, Σ_t)을 보여준다.

7.5 대응 변수 추정

7.5.1 알려지지 않은 대응 변수를 이용한 EKF 로컬화

지금까지 설명한 EKF 로컬화는 랜드마크 대응 변수가 절대적인 확실성으로 결정될 수 있을 때만 적용된다. 실제로 이것은 드문 경우다. 따라서 대부분의 구현은 로컬화 중에 랜드마크의 ID를 결정한다. 이 책 전반에 걸쳐, 대응 변수 문제에 대처할 수 있는 많은 전략을 배울 것이다. 이들 중 가장 간단한 버전을 최대 유사가능도 대응^{maximum likelihood correspondence}이라고 하며, 대응 변수의 가장 가능성 있는 값을 먼저 결정한 다음 이 값을 당연한 것으로 간주한다.

대응 변수에 대해 유사가능도가 동일한 가설이 많은 경우 최대 유사가능도 기술은 잘 통하지 않는다. 그러나 이러한 경우가 아니라면 해를 구하는 시스템을 설계할 수 있다. 잘못된 데이터 연관을 주장할 위험을 줄이기 위해 기본적으로 두 가지 기술이 있다. 첫째, 서로 혼동을 일으킬 가능성이 낮도록 충분히 구별이 가능하고 서로 충분히 멀리 떨어져 있는 랜드마크를 선택한다. 둘째, 로봇의 포즈 불확실성이 작은지 확인한다. 불행히도 이 두 가지 전략은 서로 상반되며, 환경에서 적절한 랜드마크를 찾는 것은 어찌 보면 예술에 가깝다.

그럼에도 불구하고 최대 유사가능도 기술은 매우 실용적이다. 표 7.3은 대응 변수에 대한 최대 유사가능도 추정기가 있는 EKF 로컬화 알고리즘을 나타낸다. 알고리즘 2~7행까지의 모션 업데이트는 표 7.2의 알고리즘과 동일하다. 주요 차이점은 측정 업데이트에 있다. 각 관찰값에 대해, 먼저 맵에서 모든 랜드마크 k에 대해 가장 가능도가 높은 대응 변수(알고리즘 10~15행)를 결정할 수 있는 수량을 계산한다. 대응 변수 $j(i)$는 맵에서 가능한 모든 랜드마크 m_k가 주어질 때 측정값 z_t^i의 유사가능도를 최대화함으로써 16행에서 선택된다. 이 유사가능도 함수는 알려진 대응 변수에 대해 EKF 알고리즘이 사용한 유사가능도 함수와 동일하다는 점에 유의하기 바란다. 알고리즘 18행과 19행의 EKF 업데이트는 가장 가능도가 높은 내용만을 포함한다.

표 7.3의 알고리즘은 효율적이지 않을 수 있다. 알고리즘 10행에서 좀 더 세련되게 랜드마크를 선택하는 방법을 통해 개선이 가능하다. 대부분의 설정에서 로봇은 한 번에 아주 적은 수의 랜드마크만 볼 수 있다. 간단한 테스트를 통해 맵에 존재하지 않을 수 있는 많은 랜드마크를 거부할 수 있다.

7.5.2 최대 유사가능도 데이터 연관의 수학적 유도

최대 유사가능도 추정값은 데이터 유사가능도를 최대화하는 대응 변수를 결정한다. 다음 식을 보자.

$$\hat{c}_t = \underset{c_t}{\mathrm{argmax}}\, p(z_t \mid c_{1:t}, m, z_{1:t-1}, u_{1:t}) \tag{7.22}$$

여기서 c_t는 시간 t에서 대응 변수 벡터를 의미한다. 앞에서와 같이 벡터 $z_t = \{z_t^1, z_t^2,$

1: **Algorithm EKF_localization**($\mu_{t-1}, \Sigma_{t-1}, u_t, z_t, m$)**:**

2: $\quad \theta = \mu_{t-1,\theta}$

3: $\quad G_t = \begin{pmatrix} 1 & 0 & -\frac{v_t}{\omega_t}\cos\theta + \frac{v_t}{\omega_t}\cos(\theta + \omega_t\Delta t) \\ 0 & 1 & -\frac{v_t}{\omega_t}\sin\theta + \frac{v_t}{\omega_t}\sin(\theta + \omega_t\Delta t) \\ 0 & 0 & 1 \end{pmatrix}$

4: $\quad V_t = \begin{pmatrix} \frac{-\sin\theta + \sin(\theta + \omega_t\Delta t)}{\omega_t} & \frac{v_t(\sin\theta - \sin(\theta + \omega_t\Delta t))}{\omega_t^2} + \frac{v_t\cos(\theta + \omega_t\Delta t)\Delta t}{\omega_t} \\ \frac{\cos\theta - \cos(\theta + \omega_t\Delta t)}{\omega_t} & -\frac{v_t(\cos\theta - \cos(\theta + \omega_t\Delta t))}{\omega_t^2} + \frac{v_t\sin(\theta + \omega_t\Delta t)\Delta t}{\omega_t} \\ 0 & \Delta t \end{pmatrix}$

5: $\quad M_t = \begin{pmatrix} \alpha_1 v_t^2 + \alpha_2 \omega_t^2 & 0 \\ 0 & \alpha_3 v_t^2 + \alpha_4 \omega_t^2 \end{pmatrix}$

6: $\quad \bar{\mu}_t = \mu_{t-1} + \begin{pmatrix} -\frac{v_t}{\omega_t}\sin\theta + \frac{v_t}{\omega_t}\sin(\theta + \omega_t\Delta t) \\ \frac{v_t}{\omega_t}\cos\theta - \frac{v_t}{\omega_t}\cos(\theta + \omega_t\Delta t) \\ \omega_t\Delta t \end{pmatrix}$

7: $\quad \bar{\Sigma}_t = G_t\,\Sigma_{t-1}\,G_t^T + V_t\,M_t\,V_t^T$

8: $\quad Q_t = \begin{pmatrix} \sigma_r^2 & 0 & 0 \\ 0 & \sigma_\phi^2 & 0 \\ 0 & 0 & \sigma_s^2 \end{pmatrix}$

9: $\quad$ *for all observed features $z_t^i = (r_t^i \ \phi_t^i \ s_t^i)^T$ do*

10: $\quad\quad$ *for all landmarks k in the map m do*

11: $\quad\quad\quad q = (m_{k,x} - \bar{\mu}_{t,x})^2 + (m_{k,y} - \bar{\mu}_{t,y})^2$

12: $\quad\quad\quad \hat{z}_t^k = \begin{pmatrix} \sqrt{q} \\ \text{atan2}(m_{k,y} - \bar{\mu}_{t,y}, m_{k,x} - \bar{\mu}_{t,x}) - \bar{\mu}_{t,\theta} \\ m_{k,s} \end{pmatrix}$

13: $\quad\quad\quad H_t^k = \begin{pmatrix} -\frac{m_{k,x} - \bar{\mu}_{t,x}}{\sqrt{q}} & -\frac{m_{k,y} - \bar{\mu}_{t,y}}{\sqrt{q}} & 0 \\ \frac{m_{k,y} - \bar{\mu}_{t,y}}{q} & -\frac{m_{k,x} - \bar{\mu}_{t,x}}{q} & -1 \\ 0 & 0 & 0 \end{pmatrix}$

14: $\quad\quad\quad S_t^k = H_t^k\,\bar{\Sigma}_t\,[H_t^k]^T + Q_t$

15: $\quad\quad$ *endfor*

16: $\quad\quad j(i) = \underset{k}{\text{argmax}} \ \det\left(2\pi S_t^k\right)^{-\frac{1}{2}} \exp\left\{-\frac{1}{2}\left(z_t^i - \hat{z}_t^k\right)^T [S_t^k]^{-1}\left(z_t^i - \hat{z}_t^k\right)\right\}$

17: $\quad\quad K_t^i = \bar{\Sigma}_t\,[H_t^{j(i)}]^T[S_t^{j(i)}]^{-1}$

18: $\quad\quad \bar{\mu}_t = \bar{\mu}_t + K_t^i(z_t^i - \hat{z}_t^{j(i)})$

19: $\quad\quad \bar{\Sigma}_t = (I - K_t^i\,H_t^{j(i)})\,\bar{\Sigma}_t$

20: $\quad$ *endfor*

21: $\quad \mu_t = \bar{\mu}_t$

22: $\quad \Sigma_t = \bar{\Sigma}_t$

23: $\quad$ *return μ_t, Σ_t*

표 7.3 알려지지 않은 대응 변수를 이용한 확장형 칼만 필터(EKF) 로컬화 알고리즘. 대응 변수 $j(i)$는 최대 유사가능도 추정 함수를 통해 추정값이 계산된다.

...}는 시간 t에서 피처의 목록 및 랜드마크 z_t^i를 포함한 측정값 벡터다.

식 (7.22)에서 argmax 연산자는 측정값의 유사가능도를 최대화하는 대응 변수 e_t를 선택한다. 이 식이 $c_{1:t-1}$의 이전 대응 변수가 조건부로 반영된다는 점에 유의한다. 이전 업데이트 단계에서 이들이 추정됐지만, 최대 유사가능도 기법은 항상 정확한 것처럼 이들을 처리한다. 여기에는 두 가지 중요한 파급 효과가 있는데, 먼저 필터를 점진적으로 업데이트할 수 있다. 그러나 이것은 또한 필터에 취약성을 발생시키며, 대응 추정값이 잘못됐을 때 발산하는 경향이 있다.

알려진 사전 대응 변수의 가정하에서조차도 식 (7.22)의 최댓값 계산에는 잠재적으로 많은 항이 포함되어 있다. 측정 때마다 탐지된 랜드마크의 수가 많으면 가능한 대응 변수의 개수가 실제 구현 과정에서 너무 커질 수 있다. 이렇게 기하급수적으로 증가하는 복잡성을 피하기 위한 가장 일반적인 기법은 측정 벡터 z_t의 개별 피처 z_t^i에 대해 개별적으로 최대화를 수행하는 것이다. 우리는 이미 알려진 대응 변수를 위한 EKF 로컬화 알고리즘의 유도에서 개별 피처에 대한 유사가능도 함수를 유도했다. 식 (7.17)~식 (7.20)에 따라 각 피처의 대응 변수는 다음과 같다.

$$
\begin{aligned}
\hat{c}_t^i &= \underset{c_t^i}{\operatorname{argmax}}\ p(z_t^i \mid c_{1:t}, m, z_{1:t-1}, u_{1:t}) \\
&\approx \underset{c_t^i}{\operatorname{argmax}}\ \mathcal{N}(z_t^i;\ h(\bar{\mu}_t, c_t^i, m),\ H_t\,\bar{\Sigma}_t\,H_t^T + Q_t)
\end{aligned}
\tag{7.23}
$$

이 식의 계산은 표 7.3의 알고리즘 16행에 있다. 이렇게 구성요소별로 최적화하는 방법은 보통 편의상 적용되는 가정인 각각의 피처 벡터가 조건부 독립임을 알고 있는 경우에만 가능하다. 이러한 가정하에서 식 (7.22)는 각 항들 최적의 파라미터를 가질 때 이들을 곱해서 최댓값을 구할 수 있다. 즉, 식 (7.23)과 같이 각각의 요소가 최대일 때 이 최댓값이 유지되기 때문이다. 이 최대 유사가능도 데이터 연관성을 사용해, 알고리즘의 정확성은 알려진 대응 변수를 갖는 EKF 로컬화 알고리즘의 정확성과 직접적으로 관련이 있다.

7.6 다중 가설 추적

올바른 데이터 연관성을 유의미한 신뢰도로 결정할 수 없는 상황을 수용하기 위한 기본 EKF 알고리즘의 확장 버전은 여러 가지가 있다. 이 기술 중 몇몇은 이 책의 뒷부분에서 설명하므로 여기서는 간략하게 설명하기로 한다.

데이터 연관성의 어려움을 극복하는 고전적인 기술로 다중 가설 추적^{multi-hypothesis}^{tracking} 필터, 즉 MHT가 있다. MHT는 여러 가우시안에 의한 빌리프를 표현할 수 있으며, 다음과 같은 가우시안 혼합을 이용해 사후 분포를 표현한다. 다음 식을 보자.

$$bel(x_t) \quad = \frac{1}{\sum_l \psi_{t,l}} \sum_l \psi_{t,l} \det\left(2\pi\Sigma_{t,l}\right)^{-\frac{1}{2}} \exp\left\{ -\frac{1}{2}(x_t - \mu_{t,l})^T \Sigma_{t,l}^{-1}(x_t - \mu_{t,l}) \right\}$$
$$(7.24)$$

여기서 l은 가우시안 혼합 구성요소의 인덱스다. MHT 전문 용어의 각 구성요소 및 '트랙'은 그 자체로 평균 $\mu_{t,l}$ 및 공분산 $\Sigma_{t,l}$을 갖는 가우시안이다. 스칼라 $\psi_{t,l} \geq 0$은 가우시안 혼합 가중치^{mixture weight}다. 이것은 사후 분포의 l번째 혼합 구성요소의 가중치를 결정한다. 사후 분포가 $\sum_l \psi_{t,l}$에 의해 정규화되기 때문에 각각의 $\psi_{t,l}$은 상대적 가중치이며, l번째 가우시안 혼합 구성요소의 기여도는 다른 모든 가우시안 혼합 가중치의 강도에 따라 모두 다르다.

MHT 알고리즘을 설명할 때 가우시안 혼합의 각 구성요소는 고유한 데이터 연관 결정 시퀀스와 깊은 관련이 있다. 따라서 l번째 트랙과 연관되어 있는 데이터 연관 벡터에 대한 $c_{t,l}$ 및 l번째 가우시안 혼합 구성요소와 관련된 모든 과거 및 현재 데이터 연관에 대한 $c_{1:t,l}$을 기입하는 것이 합리적이다. 이 표기법을 통해 가우시안 혼합 구성요소가 고유한 데이터 연관 시퀀스의 조건하에서 로컬 빌리프 함수를 제공한다고 볼 수 있다. 다음 식을 보자.

$$bel_l(x_t) \quad = \quad p(x_t \mid z_{1:t}, u_{1:t}, c_{1:t,l}) \tag{7.25}$$

여기서 $c_{1:t,l} = \{c_{1,l}, c_{2,l}, \ldots, c_{t,l}\}$은 l번째 트랙과 관련된 대응 벡터들의 시퀀스를 나타낸다.

MHT를 설명하기 전에 MHT가 파생된 완전히 다루기 힘든 알고리즘에 대해 먼저 알아보자. 이 알고리즘은 알 수 없는 데이터 연결에서 EKF의 전체 베이지안 구현 버전인데, 놀라울 만큼 단순하다. 가장 유사가능도가 높은 데이터 연관 벡터를 선택하지 않고 우리가 만든 알고리즘은 데이터 연관 벡터 전체를 유지한다. 구체적으로 설명하면, 시간 t에서 각각의 가우시안 혼합은 다수의 새로운 가우시안 혼합으로 분할되고, 각각은 고유한 대응 벡터 c_t를 조건으로 한다. 새로운 가우시안 중 하나의 인덱스를 m으로 놓는다. 또한 대응 변수 $c_{t,l}$에 대해 이 새로운 가우시안이 유도된 인덱스를 l로 놓는다. 이 새로운 가우시안 혼합의 가중치는 다음 식을 통해 구할 수 있다.

$$\psi_{t,m} \quad = \quad \psi_{t,l} \, p(z_t \mid c_{1:t-1,l}, c_{t,m}, z_{1:t-1}, u_{1:t}) \tag{7.26}$$

이는 새로운 구성요소를 유도한 가우시안 가중치 $\psi_{t,l}$와, 새로운 가우시안 혼합 구성요소를 이끌어낸 특정 대응 벡터가 주어졌을 때 측정값의 유사가능도 z_t를 곱한 것이다. 다시 말해, 대응 변수를 잠재 변수로 취급하고 가우시안 혼합 구성요소가 올바른 사후 유사가능도를 계산한다. 이 접근법의 좋은 점은 식 (7.26)에서 측정 유사가능도 $p(z_t \mid c_{1:t-1,l}, c_{t,m}, z_{1:t-1}, u_{1:t})$를 계산하는 방법을 이미 알고 있다는 것이다. 알려진 데이터 연관에 대한 EKF 로컬화 알고리즘의 21행에서 계산된 측정의 유사가능도일 뿐이다(표 7.2). 따라서 새 구성요소 각각의 혼합 가중치를 점진적으로 계산할 수 있다. 이 알고리즘의 유일한 단점은 시간이 지남에 따라 가우시안 혼합 구성요소 또는 트랙의 수가 기하급수적으로 증가한다는 것이다.

MHT 알고리즘은 혼합 구성요소의 수를 작게 유지함으로써 이 알고리즘을 근사화한다. 이 과정을 프루닝pruning이라고 한다. 식 (7.26)의 상대적 가우시안 혼합 가중치가 임계치 ψ_{min}보다 작으면 모든 구성요소에 대해 프루닝은 중단된다.

$$\frac{\psi_{t,l}}{\sum_m \psi_{t,m}} \tag{7.27}$$

가우시안 혼합 구성요소의 수는 항상 최대 ψ_{min}^{-1}임을 쉽게 알 수 있다. 따라서 MHT는 효율적으로 업데이트될 수 있도록 간결한 사후 분포를 유지한다. 그것은 매우 작은 수의 가우시안을 유지한다는 점에서 근사적이지만, 실질적으로 그럴듯한 로봇 위치의 수는 대개 매우 적다.

이제 MHT 알고리즘에 대한 이론적인 설명은 생략하고, 많은 관련 알고리즘을 소개해보려고 한다. MHT를 구현할 때보다 우선순위가 낮은 트랙을 식별하기 위한 전략을 세우는 것이 유용하다.

7.7 UKF 로컬화

UKF 로컬화는 분산점 칼만 필터^{UKF, unscented Kalman filter}를 사용한 피처 기반 로봇 위치 파악 알고리즘이다. 3.4절에서 설명한 것처럼 UKF는 분산점 변환^{unscented transform}을 사용해 모션 및 측정 모델을 선형화한다. 이러한 모델의 도함수를 계산하는 대신, 분산점 변환은 가우시안을 시그마 포인트로 나타내며 모델을 통해 이를 전달한다. 표 7.4는 랜드마크 기반 로봇 로컬화를 위한 UKF 알고리즘을 요약한 것이다. 이는 단지 하나의 랜드마크 탐지가 관찰값 z_t에 포함되어 있고 랜드마크의 ID가 알려져 있다고 가정한다.

7.7.1 UKF 로컬화의 수학적 유도

표 3.4에 제공된 로컬화 버전과 일반적인 UKF의 주요 차이점은 예측 및 측정 노이즈 처리에 있다. 표 3.4의 UKF는 예측 및 측정 노이즈가 부가적임을 전제로 한다. 이로 인해 예측 항과 측정 불확실성에 공분산 R_t와 Q_t를 단순히 추가함으로써 노이즈 항을 고려할 수 있게 됐다(표 3.4의 5행과 9행).

UKF_localization은 추정 과정에 대한 노이즈의 영향을 고려하기 위한 대안적이고 좀 더 정확한 접근법을 제공한다. 핵심 '트릭'은 제어 및 측정 노이즈를 나타내는 추가 구성요소로 스테이트를 증강하는 것이다. 증강 스테이트의 차원 L은 스테이트, 제엇값 및 측정값 차원의 합으로 주어지며 이 예제의 경우 3 + 2 + 2 = 7이다(단순화를 위해 피처 측정의 시그니처는 무시했다). 평균이 0인 가우시안 노이즈를 가정하기 때문에, 증강 스테이트 추정의 평균 μ_{t-1}^a은 제어 노이즈 및 측정 노이즈(4행)에 대한 위치 추정값, μ_{t-1} 및 제로 벡터의 평균에 의해 주어진다. 증강 스테이트 추정의 공분산 Σ_{t-1}^a은

1: **Algorithm UKF_localization($\mu_{t-1}, \Sigma_{t-1}, u_t, z_t, m$):**

    증강된 평균값과 공분산값을 생성한다.

2:    $M_t = \begin{pmatrix} \alpha_1 v_t^2 + \alpha_2 \omega_t^2 & 0 \\ 0 & \alpha_3 v_t^2 + \alpha_4 \omega_t^2 \end{pmatrix}$

3:    $Q_t = \begin{pmatrix} \sigma_r^2 & 0 \\ 0 & \sigma_\phi^2 \end{pmatrix}$

4:    $\mu_{t-1}^a = (\mu_{t-1}^T \quad (0 \ 0)^T \quad (0 \ 0)^T)^T$

5:    $\Sigma_{t-1}^a = \begin{pmatrix} \Sigma_{t-1} & \mathbf{0} & \mathbf{0} \\ \mathbf{0} & M_t & \mathbf{0} \\ \mathbf{0} & \mathbf{0} & Q_t \end{pmatrix}$

    시그마 포인트를 생성한다.

6:    $\mathcal{X}_{t-1}^a = (\mu_{t-1}^a \quad \mu_{t-1}^a + \gamma \sqrt{\Sigma_{t-1}^a} \quad \mu_{t-1}^a - \gamma \sqrt{\Sigma_{t-1}^a})$

    모션 모델을 통해 시그마 포인트를 전달하고 가우시안 통계량을 계산한다.

7:    $\bar{\mathcal{X}}_t^x = g(u_t + \mathcal{X}_t^u, \mathcal{X}_{t-1}^x)$

8:    $\bar{\mu}_t = \sum_{i=0}^{2L} w_i^{(m)} \bar{\mathcal{X}}_{i,t}^x$

9:    $\bar{\Sigma}_t = \sum_{i=0}^{2L} w_i^{(c)} (\bar{\mathcal{X}}_{i,t}^x - \bar{\mu}_t)(\bar{\mathcal{X}}_{i,t}^x - \bar{\mu}_t)^T$

    시그마 포인트에서 관찰값을 예측하고 가우시안 통계량을 계산한다.

10:    $\bar{\mathcal{Z}}_t = h(\bar{\mathcal{X}}_t^x) + \mathcal{X}_t^z$

11:    $\hat{z}_t = \sum_{i=0}^{2L} w_i^{(m)} \bar{\mathcal{Z}}_{i,t}$

12:    $S_t = \sum_{i=0}^{2L} w_i^{(c)} (\bar{\mathcal{Z}}_{i,t} - \hat{z}_t)(\bar{\mathcal{Z}}_{i,t} - \hat{z}_t)^T$

13:    $\Sigma_t^{x,z} = \sum_{i=0}^{2L} w_i^{(c)} (\bar{\mathcal{X}}_{i,t}^x - \bar{\mu}_t)(\bar{\mathcal{Z}}_{i,t} - \hat{z}_t)^T$

    평균값과 공분산값을 업데이트한다.

14:    $K_t = \Sigma_t^{x,z} S_t^{-1}$

15:    $\mu_t = \bar{\mu}_t + K_t(z_t - \hat{z}_t)$

16:    $\Sigma_t = \bar{\Sigma}_t - K_t S_t K_t^T$

17:    $p_{z_t} = \det(2\pi S_t)^{-\frac{1}{2}} \exp\left\{ -\frac{1}{2}(z_t - \hat{z}_t)^T S_t^{-1}(z_t - \hat{z}_t) \right\}$

18:    *return* μ_t, Σ_t, p_{z_t}

표 7.4 피처 기반 맵을 위해 공식화된 분산점 칼만 필터(UKF) 로컬화 알고리즘과 범위 및 방위 측정을 위한 센서가 장착된 로봇. 이 버전은 단일 피처 관찰값만을 처리하며, 정확한 대응 변수의 지식을 전제로 한다. L은 스테이트, 제어 및 측정 차원의 합계에 의해 제공되는 증강 스테이트 벡터의 차원이다.

5행에서와 같이 위치 공분산 Σ_{t-1}, 제어 노이즈 공분산 M_t 및 측정 노이즈 공분산 Q_t 를 결합해 주어진다.

증강 스테이트 추정값의 시그마 포인트 표현은 분산점 변환식 (3.66)을 사용해 알고리즘 6행에서 생성된다. 이 예에서 $\mathcal{X}_{t-1}^a$는 $2L + 1 = 15$ 시그마 포인트를 포함하고 있고, 각각은 스테이트, 제어, 측정 공간의 구성요소를 갖는다. 다음 식을 보자.

$$\mathcal{X}_{t-1}^a = \begin{pmatrix} \mathcal{X}_{t-1}^{x}{}^T \\ \mathcal{X}_{t}^{u}{}^T \\ \mathcal{X}_{t}^{z}{}^T \end{pmatrix} \tag{7.28}$$

$\mathcal{X}_{t-1}^x$가 x_{t-1}을 나타내고, 제어 및 측정 구성요소는 각각 u_t 및 z_t를 나타내도록 혼합된 시간 인덱스를 선택한다.

이들 시그마 포인트의 위치 구성요소 $\mathcal{X}_{t-1}^x$는 식 (5.9)에서 정의한 속도 모션 모델 g를 통해 전달된다. 알고리즘 7행은 식 (5.13)에서 정의한 속도 모션 모델에 적용해 예측 단계를 수행한다. 그리고 이 과정에서 각 시그마 포인트에 첨가된 제어 노이즈 구성요소인 $\mathcal{X}_{i,t}^u$를 갖는 제어 u_t를 이용한다. 다음 식을 보자.

$$\bar{\mathcal{X}}_{i,t}^x = \mathcal{X}_{i,t-1}^x + \begin{pmatrix} -\frac{v_{i,t}}{\omega_{i,t}} \sin\theta_{i,t-1} + \frac{v_{i,t}}{\omega_{i,t}} \sin(\theta_{i,t-1} + \omega_{i,t}\Delta t) \\ \frac{v_{i,t}}{\omega_{i,t}} \cos\theta_{i,t-1} - \frac{v_{i,t}}{\omega_{i,t}} \cos(\theta_{i,t-1} + \omega_{i,t}\Delta t) \\ \omega_{i,t}\Delta t \end{pmatrix} \tag{7.29}$$

여기서 $v_{i,t}$, $w_{i,t}$, $\theta_{i,t-1}$은 다음과 같다.

$$v_{i,t} = v_t + \mathcal{X}_{i,t}^{u[v]} \tag{7.30}$$

$$\omega_{i,t} = \omega_t + \mathcal{X}_{i,t}^{u[\omega]} \tag{7.31}$$

$$\theta_{i,t-1} = \mathcal{X}_{i,t-1}^{x[\theta]} \tag{7.32}$$

이들은 제어 $u_t = (v_t \ w_t)^T$와 시그마 포인트의 개별 구성요소로부터 생성된다. 예를 들어, $\mathcal{X}_{i,t}^{u[v]}$는 i번째 시그마 포인트의 병진 속도 v_t를 나타낸다. 예측된 시그마 포인트 $\mathcal{X}_t^x$는 따라서 로봇 위치의 집합이다. 각 위치는 이전 위치와 제엇값의 각기 다른 조합을 통해 만들어진다.

알고리즘 8행과 9행은 분산점 변환 기술을 사용해 예측된 로봇 위치의 평균과 공분산을 계산한다. 9행은 표 3.4의 알고리즘에서 필요한 모션 노이즈 항을 추가할 필요가 없다. 이것은 이미 모션 노이즈를 통합한 예측 시그마 포인트를 결과로 만들어내는 스테이트 증강으로 인한 것이다. 이 사실은 추가로 예측된 가우시안으로부터 시그마 포인트를 다시 그리게 한다(표 3.4 알고리즘의 6행 참조).

알고리즘 10행에서 예측된 시그마 포인트는 6.6절의 식 (6.40)에 정의된 측정 모델을 기반으로 측정 시그마 포인트를 생성하는 데 사용된다. 다음 식을 보자.

$$\bar{\mathcal{Z}}_{i,t} = \begin{pmatrix} \sqrt{(m_x - \bar{\mathcal{X}}_{i,t}^{x[x]})^2 + (m_y - \bar{\mathcal{X}}_{i,t}^{x[y]})^2} \\ \text{atan2}(m_y - \bar{\mathcal{X}}_{i,t}^{x[y]}, m_x - \bar{\mathcal{X}}_{i,t}^{x[x]}) - \bar{\mathcal{X}}_{i,t}^{x[\theta]}) \end{pmatrix} + \begin{pmatrix} \mathcal{X}_{i,t}^{z[r]} \\ \mathcal{X}_{i,t}^{z[\phi]} \end{pmatrix} \quad (7.33)$$

이 경우에는 관찰 노이즈를 부가적인 것으로 가정한다.

나머지 업데이트된 단계는 표 3.4의 일반적인 UKF 알고리즘과 동일하다. 11행과 12행은 예측된 측정의 평균과 공분산을 계산한다. 로봇 위치와 관찰 사이의 상호 공분산은 13행에서 결정된다. 14~16행에서는 위치 추정을 업데이트한다. 측정값의 유사가능도는 표 7.2에 주어진 EKF 로컬화 알고리즘과 마찬가지로 혁신과 예측된 측정 불확실성을 이용해 계산한다.

7.7.2 상세 설명

이제 EKF 로컬화 알고리즘에 사용된 것과 동일한 예제를 사용해 UKF 로컬화 알고리즘을 설명한다. 이 절에서 설명하는 그림과 7.4.4절의 결과를 잘 비교해보기 바란다.

예측 단계(2~9행) 그림 7.12는 다양한 모션 노이즈 파라미터에 대한 UKF 예측 단계를 보여준다. 이전 빌리프에서 생성된 시그마 포인트의 위치 구성요소 $\mathcal{X}_{t-1}^x$는 μ_{t-1} 주변에 대칭으로 위치한 십자 기호로 표시되어 있다. 15개의 시그마 포인트에는 7개의 다른 로봇 위치가 있으며, 이 중 5개의 위치만 x-y 투영에 표시되어 있다.

각기 다른 로봇 방향을 나타내는 점 2개가 평균 시그마 포인트의 '위'와 '아래'에 추가로 표시되어 있다. 원호는 7행에서 수행된 모션 예측을 나타낸다. 이전 위치와 모션 노이즈의 다양한 조합으로 인해 11가지 다른 예측 결과가 생성된다. 그림 7.12의 각 결과를 통해 모션 노이즈가 이러한 업데이트에 미치는 영향을 알 수 있다. 예측된 로봇 위치의 평균 μ_t와 불확실성 타원 Σ_t는 예측된 시그마 포인트로부터 생성된다.

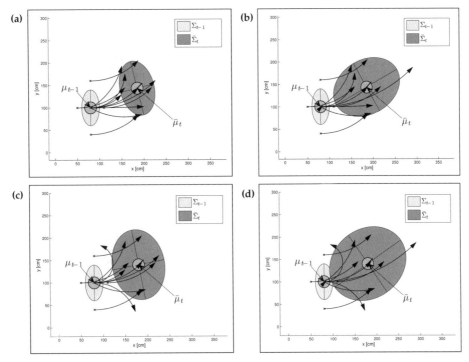

그림 7.12 UKF 알고리즘의 예측 단계. 그래프는 다른 모션 노이즈 파라미터로 생성됐다. 로봇의 초기 추정값은 μ_{t-1}을 기준으로 한 타원으로 표시했다. 로봇은 90cm 길이의 원호를 타고 45도 왼쪽으로 이동한다. (a)에서 모션 노이즈는 병진 및 회전 모두에서 상대적으로 작다. 나머지의 경우, (b)는 높은 병진 노이즈, (c)는 높은 회전 노이즈, (d)는 병진 및 회전 둘 다 높은 경우를 보여준다.

측정 예측(10~12행) 측정 예측 단계에서 예측된 로봇 위치 $\mathcal{X}_t^x$는 측정 시그마 포인트 $\bar{z}_t$(10행)를 생성하는 데 사용된다. 그림 7.13의 왼쪽 그림에서 검은색 십자 기호는 위치 시그마 포인트를 나타낸다. 그림 7.13의 오른쪽 그림에서 흰색 십자 기호는 결과 측정 시그마 포인트를 나타낸다. 11개의 위치 시그마 포인트는 15개의 측정값을 생성하는데, 이는 알고리즘 10행에서 추가된 여러 가지 측정 노이즈 구성요소 $\mathcal{X}_t^z$ 때문이다. 아울러 이 그림에서는 알고리즘 11행과 12행을 통해 추출한 예측된 측정값의 평균 $\bar{z}_t$와 불확실성 타원 S_t도 확인할 수 있다.

조정 단계: 추정 업데이트(14~16행) UKF 로컬화 알고리즘의 조정 단계는 EKF 조정 단계와 거의 동일하다. 혁신 벡터와 측정 예측 불확실성은 그림 7.14에서 흰색 화살표

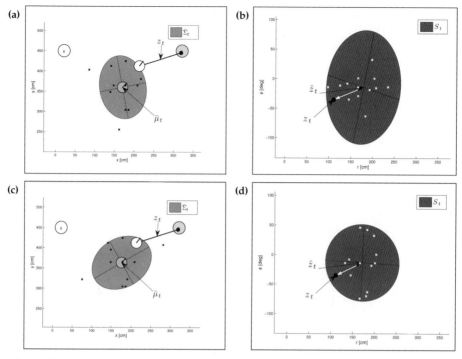

그림 7.13 측정 예측. 왼쪽은 결과 불확실성 타원과 함께 2회의 모션 업데이트로 예측된 시그마 포인트다. 진정한 로봇과 관찰은 각각 흰색 원과 굵은 선으로 표시되어 있다. 오른쪽은 결과 측정 시그마 포인트다. 흰색 화살표는 혁신, 즉 관찰된 측정과 예측된 측정의 차이를 보여준다.

로 표시된 것처럼 추정값을 업데이트하는 데 사용된다.

예제   그림 7.15는 입자 필터(오른쪽 위), EKF(왼쪽 아래) 및 UKF(오른쪽 아래)에 의해 생성된 위치 추정값의 시퀀스를 보여준다. 왼쪽 위의 (a) 그래프는 모션 제어(점선)와 실제 궤적(실선)에 따른 로봇의 궤적을 보여준다. 랜드마크 추적은 가는 선으로 표시했다. 나머지 (b), (c), (d)의 그래프는 다른 기법으로 추정한 경로를 보여준다. 입자 필터 추정값의 공분산은 측정 업데이트 전후의 입자 필터 샘플 집합을 통해 추출된다 (표 8.2 참조). 입자 필터는 선형화 근사를 작성하지 않으므로 여기서는 참조용으로 표시했다. 보다시피, EKF와 UKF의 추정값은 UKF가 약간 더 가까울수록 이러한 기준 추정값에 매우 가깝다.

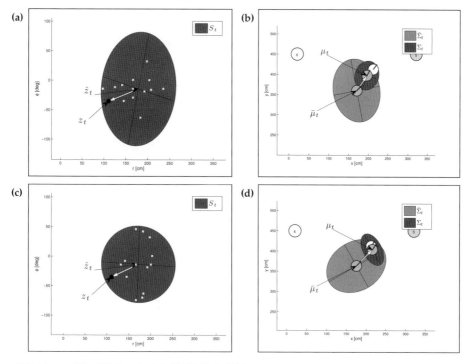

그림 7.14 UKF 알고리즘의 조정 단계. 왼쪽은 측정 예측을 보여주고, 오른쪽은 결과를 수정해 평균 추정값을 업데이트하고 위치 불확실성 타원을 줄이는 과정을 보여준다.

그림 7.16에서 향상된 선형화를 UKF에 적용했을 때의 결과를 더욱 명확히 알 수 있다. 여기서 로봇은 가는 선으로 표시된 원을 따라 두 가지 모션 제어를 수행한다. 그림에서 두 모션 후에 불확실성 타원을 볼 수 있다(로봇은 아무런 관찰도 하지 않는다). 여기서도 마찬가지로, 정확한 샘플 기반 모션 업데이트에서 추출된 공분산은 참조용으로 표시했다. 참조 샘플은 표 5.3의 **sample_motion_model_velocity** 알고리즘을 사용해 생성됐다. EKF 선형화로 인해 평균의 위치와 공분산의 '모양' 둘 다 오차가 매우 크게 나타났지만 UKF 추정값은 기준 추정값과 거의 동일하다. 또한 이 예제를 통해 EKF와 UKF 예측 간의 미묘한 차이를 알 수 있다. EKF에 의해 예측된 평균은 (표 7.2 의 알고리즘 6행에 있는) 제엇값으로부터 예측된 위치에 항상 정확하게 존재한다. 반면 UKF 평균은 시그마 포인트에서 추출되므로 제엇값에 의해 예측된 평균으로부터 벗어날 수 있다(표 7.4 알고리즘의 7행).

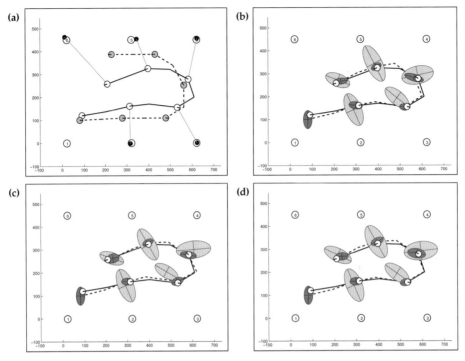

그림 7.15 UKF와 EKF 추정값의 비교: (a) 모션 제어에 따른 로봇 궤적(점선)과 실제 궤적(실선). 랜드마크 탐지는 가는 선으로 표시했다. (b) 입자 필터에 의해 생성된 참조 추정값. (c) EKF 및 (d) UKF 추정값

7.8 실제 활용 시 고려사항

EKF 로컬화 알고리즘 및 이와 높은 연관성을 지닌 MHT 로컬화 알고리즘은 위치 추적에 널리 사용되는 기술이다. 이러한 알고리즘은 효율성과 로버스트니스^{robustness} 향상이 목적이며 여러 가지 버전이 있다.

- **효율적인 검색**: 첫째, 알려지지 않은 대응 변수를 위한 EKF 로컬화 알고리즘처럼 맵의 모든 랜드마크 k를 반복하는 것은 종종 비실용적이다. 이럴 경우 종종 그럴듯한 후보 랜드마크를 식별하는 간단한 테스트를 이용하며(예를 들면, 측정을 x-y 좌표 공간으로 단순히 투영함으로써), 일정한 수의 후보를 제외한 모든 것을 배제할 수 있게 한다. 이러한 알고리즘은 우리가 만든 기본 성능 수준의

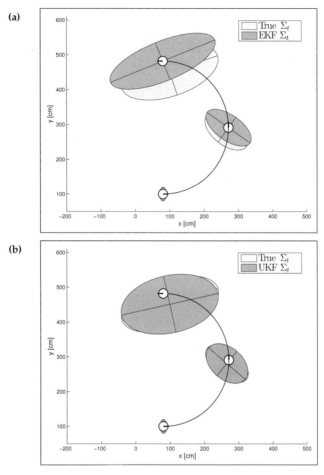

그림 7.16 선형화로 인한 근사화 오차. 로봇이 원을 그리며 이동한다. (a) EKF 예측을 기반으로 한 추정값, (b) UKF 예측을 기반으로 한 추정값. 참조 공분산값은 정확한 샘플 기반 예측을 통해 추출된다.

구현 결과보다 훨씬 빠르게 진행될 수 있다.

- **상호 배타**: 우리가 구현한 알고리즘의 가장 큰 한계는 EKF(및 EKF의 상속 버전인 MHT)에서 피처 노이즈의 독립성을 가정한 결과에서 찾을 수 있다. 식 (7.16)을 다시 연상해보자. 이는 피처들 각각을 순차적으로 처리할 수 있게 하여, 모든 대응 벡터의 공간에서 잠재적인 기하급수적 검색을 피할 수 있게 한다. 하지만 이러한 접근 방법은 $i \neq j$인 z_t^i와 z_t^j 같은 다중 관찰 피처를 맵상에서

동일한 랜드마크, 즉 $e_t^i = e_t^j$에 할당하게 한다는 문제가 있다. 많은 센서의 경우 이러한 대응 변수 할당은 기본적으로 잘못된 것이다. 예를 들어 피처 벡터가 단일 카메라 이미지에서 추출되는 경우, 이미지 공간 내에 있는 2개의 각기 다른 영역이 실제 세계의 다른 위치와 대응돼야 한다는 사실을 기본적으로 알고 있다. 즉, 대개 $i \neq j \rightarrow e_t^i \neq e_t^j$임을 알고 있다. 이 (엄격한!) 제약 조건은 데이터 연관의 상호 배타 원칙mutual exclusion principle in data association이라고 한다. 이는 가능한 모든 대응 벡터의 공간을 줄여준다. 좀 더 발전된 구현 버전에서는 이 제약 조건을 고려한다. 예를 들어, 먼저 EKF 로컬화 알고리즘과 같이 대응 변수를 개별적으로 검색한 다음 이에 따라 대응 변숫값을 변경해 상호 배타 원칙 위반을 해결하는 '수습repair' 단계를 수행할 수 있다.

- **이상치 기각**: 또한 우리의 구현 결과는 이상치 문제를 해결하지 못한다. 6.6절에서 $c = N + 1$이라는 대응 변수를 허용한다는 점을 다시 떠올려보기 바란다. 여기서 N은 맵의 랜드마크 개수다. 이러한 이상치 테스트는 EKF 로컬화 알고리즘에 쉽게 추가될 수 있다. 특히 π_{N+1}을 이상치의 사전확률로 설정할 경우, EKF 로컬화(표 7.3)의 16행에 있는 argmax 단계는 (이상치가 측정 벡터를 가장 잘 설명할 수 있다는 가정하에서) 기본 설정값을 $N + 1$로 놓을 수 있다. 확실히, 이상치는 로봇의 포즈에 대한 정보를 제공하지 않는다. 이런 이유로 표 7.3 알고리즘의 18행과 19행에서 포즈 관련 항은 생략했다.

EKF 및 UKF 로컬화 알고리즘은 위치 추적 문제에만 적용 가능하다. 일반적으로 선형 가우시안 기술은 위치 불확실성이 작은 경우에만 잘 작동하는 경향이 있는데, 그 이유는 다음과 같다.

- 유니모달 가우시안unimodal Gaussian은 흔히 추적의 불확실성을 잘 나타내지만 좀 더 일반적인 글로벌 로컬화 문제는 아니다.
- 추적 중에도 유니모달 가우시안은 '로봇이 벽에 가깝지만 벽 안쪽에 있을 수는 없다'와 같은 어려운 공간 제약 조건을 나타내는 데는 적합하지 않다. 이러한 제한은 로봇 위치의 불확실성에 맞춰 심각한 정도가 증가한다.

- 가우시안 분포가 좁을수록 대응 변수가 잘못 결정될 위험도가 낮아진다. 이는 특히 EKF에서 중요하다. 대응변수 하나에서 오차가 생기면 로컬화 및 대응변수가 전체 스트림에서도 오차가 생겨서 추적기가 엉뚱한 방향으로 갈 수 있기 때문이다.

- 선형화는 일반적으로 선형화 포인트에 아주 근접한 경우에만 유효하다. 일반적으로, 방향 θ의 표준 편차가 ± 20도보다 큰 경우 선형화 효과로 인해 EKF 및 UKF 알고리즘이 모두 실패할 수 있다.

MHT 알고리즘은 이와 같은 문제를 많이 개선했지만 계산 복잡도가 높다는 단점이 있다.

- 여러 가우시안 가설을 사용해 빌리프를 초기화함으로써 글로벌 로컬화 문제를 해결할 수 있다. 가설은 첫 번째 측정값에 따라 초기화될 수 있다.

- 납치된 로봇 문제는 가우시안 혼합 모델에 가설을 추가해 해결할 수 있다.

- 어려운 공간 제약 조건은 여전히 모델링하기 어렵지만 다중 가우시안을 사용하면 근삿값을 더 잘 구할 수 있다.

- MHT는 잘못된 대응 변수의 문제에 대해 훨씬 로버스트한 성질을 지니고 있다. 그러나 올바른 대응 변수가 가우시안 혼합 모델에서 유지되고 있는 대응 변수들 사이에 있지 않을 경우 마찬가지로 실패할 수 있다.

- MHT 알고리즘에 EKF와 동일한 선형화가 적용됐기 때문에 비슷한 근사화 결과에서 문제가 있을 수 있다. MHT는 각 가설에 대해 UKF를 써서 구현할 수도 있다.

가우시안 로컬화 알고리즘에 적합한 피처를 설계하는 것은 일종의 예술이라고 볼 수 있다. 여러 경쟁 목표를 충족해야 하기 때문이다. 한편, 환경에서 충분히 많은 피처를 원하기 때문에 로봇의 포즈 추정의 불확실성은 작게 유지될 수 있다. 작은 불확실성은 절대적으로 중요하다. 이미 설명한 여러 가지 이유를 생각해보면 잘 알 것이다. 다른 한편으로는, 랜드마크가 서로 혼동되거나 랜드마크 탐지기가 가짜 피처를 탐지할 가능성을 최소화하려고 한다. 많은 환경은 높은 신뢰도로 탐지할 수 있을 만큼 과

다하게 많은 포인트 랜드마크가 환경에 있는 경우가 별로 없으므로, 상대적으로 넓게 분산되어 있는 랜드마크를 활용하는 구현 버전이 많다. 여기서 MHT는 데이터 연관 오차에 대해 더 강력하다는 점에서 분명한 이점이 있다. 일반적으로 EKF와 UKF조차도 많은 수의 랜드마크가 작은 수보다 잘 작동하는 경향이 있다. 그러나 랜드마크가 밀집된 경우, 데이터 연관에 상호 배타 원칙을 적용하는 것이 중요하다.

마지막으로, EKF 및 UKF 로컬화는 센서 측정에서 모든 정보의 서브셋만 처리한다. 원시 측정에서 피처로 이동하면 처리 중인 정보의 양이 이미 크게 감소한다. 또한 EKF 및 UKF 로컬화는 부정적인 정보$^{negative\ information}$를 처리할 수 없다. 부정적인 정보는 피처가 없는 것과 관련이 있다. 분명히 특정 피처가 관련 정보를 담고 있다고 생각할 때 피처를 보지 못한다. 예를 들어, 파리의 에펠탑이 안 보인다는 건 에펠탑 바로 옆에 있기 때문일 수도 있다는 얘기다. 부정적인 정보의 문제는 평균 및 분산으로 표현할 수 없는 논가우시안$^{non-Gaussian}$ 빌리프를 유도한다는 점이다. 이러한 이유로 EKF와 UKF 구현은 단순히 부정적인 정보의 문제를 무시하고 대신 관찰된 피처의 정보만 통합한다. 표준 MHT 알고리즘도 부정적인 정보를 입력으로 취급하지는 않는다. 그러나 가우시안 혼합 모델에서 랜드마크를 제대로 파악하지 못하면 가우시안 혼합 모델 구성요소의 가중치에 부정적 정보가 반영될 가능성이 있다.

이러한 모든 제한사항 때문에 가우시안 기법은 취약한 로컬화 기법이라고 해야 할까? 대답은 '그렇지 않다'이다. EKF와 UKF, 그리고 특히 MHT는 선형 시스템 가정의 위반에 대해 놀라울 정도로 로버스트하다. 실제로 성공적인 로컬화의 핵심은 성공적인 데이터 연관에 있다. 이 책의 뒷부분에서는 지금까지 논의한 것보다 좀 더 정교한 대응 기술을 접하게 될 것이다. 이 기법들 중 상당수는 가우시안 표현에 적용 가능하며, 결과 알고리즘은 가장 유명한 알고리즘 중 하나다.

7.9 요약

7장에서는 모바일 로봇 로컬화 문제를 소개하고 이를 해결하기 위한 실용적인 알고리즘을 고안해냈다.

- 로컬화 문제는 알려진 환경 맵에 비례해 로봇의 포즈를 추정하는 문제다.

- 위치 추적은 초기 포즈가 알려진 로봇의 로컬 불확실성을 해결하는 문제를 다룬다. 글로벌 로컬화는 처음부터 로봇을 로컬화하는 좀 더 일반적인 문제다. 납치 문제는 잘 정돈된 로봇이 말을 듣지 않고 비밀리에 다른 곳으로 순간 이동하는 로컬화 문제다. 이는 세 가지 로컬화 문제 중 가장 어렵다.

- 로컬화 문제의 어려움은 시간이 지남에 따라 환경이 변화하는 정도의 함수로 볼 수도 있다. 지금까지 논의된 모든 알고리즘은 환경이 정적이라고 가정했다.

- 패시브 로컬화 접근법은 필터 기법이다. 즉, 로봇에 의해 수집된 데이터를 처리하지만 로봇을 제어하지는 않는다. 액티브 기술은 로봇의 불확실성을 최소화하기 위해 로컬화 과정에서 로봇을 제어한다. 지금까지 우리는 패시브 알고리즘만을 연구했다. 액티브 알고리즘은 17장에서 설명한다.

- 마르코프 로컬화는 모바일 로봇 로컬화 문제에 적용된 베이즈 필터의 다른 이름이다.

- EKF 로컬화는 확장형 칼만 필터를 로컬화 문제에 적용한다. EKF 로컬화는 기본적으로 피처 기반 맵에 적용된다.

- 대응 문제를 다루기 위한 가장 일반적인 기법으로 최대 유사가능도 추정 기법이 있다. 이 방법은 각 시점에서 가장 유사가능도가 높은 대응 변수가 옳다고 가정한다.

- 다중 가설 추적MHT 알고리즘은 사후 분포를 표현하기 위해 가우시안 혼합을 사용해 다중 일치를 추구한다. 가우시안 혼합 구성요소는 동적으로 생성되며 총 확률이 사용자 지정 임계치 아래로 나타날 경우 종료된다.

- MHT는 EKF보다 데이터 연관 문제에 더 강한 반면, 계산 복잡도가 훨씬 높다. MHT는 개별 가설에 대해 UKF를 사용해 구현할 수도 있다.

- UKF 로컬화는 분산점 변환을 사용해 로컬화 문제에서 모션 및 측정 모델을 선형화한다.

- 모든 가우시안 필터는 제한된 불확실성과 별개의 피처가 있는 환경에서 로컬

위치 추적 문제에 매우 적합하다. EKF와 UKF는 대부분의 객체가 비슷하게 보이는 글로벌 로컬화 또는 환경에 덜 적용된다.

- 가우시안 필터의 피처 선택에는 기술이 필요하다. 피처는 혼동될 가능성을 최소화하기 위해 모호하지 않아야 하며, 로봇이 피처를 자주 접할 정도로 충분해야 한다.

- 가우시안 로컬화 알고리즘의 성능은 데이터 연관에서 상호 배타를 시행하는 등 여러 가지 방법으로 향상할 수 있다.

8장에서는 로봇 빌리프의 다양한 표현을 사용해 EKF의 한계를 다루는 것을 목표로 하는 대체 로컬화 기술을 설명한다.

7.10 참고문헌

로컬화는 '자율 기능을 갖춘 모바일 로봇을 제공하는 데 있어 가장 근본적인 문제'라고 불려왔다(Cox, 1991). 실외 로봇 공학에서의 스테이트 추정을 위한 EKF 사용은 Dickmanns and Graefe(1988)에 의해 처음 소개됐다. Dickmanns and Graefe(1988)는 카메라 이미지의 고속도로 곡률을 추정하기 위해 EKF를 사용했다. Borenstein et al.(1996)은 실내 모바일 로봇의 위치 파악에 관한 초기 작업을 대부분 조사했다(Feng et al., 1994 참조). Cox and Wilfong(1990)은 모바일 로봇의 최신 기술에 대한 초기 연구 결과를 제공하며, 여기에는 로컬화도 포함된다. 초기 기술의 대부분은 인공 비컨beacon을 통한 환경 수정이 필요했다. 예를 들어, Leonard and Durrant-Whyte(1991)는 소나 센서에서 추출한 기하학적 비컨을 환경의 기하학적 맵에서 예측된 비컨과 일치시키는 과정에서 EKF를 사용했다. 인공 마커를 사용하는 관행은 현재까지도 계속되고 있으며(Salichs et al., 1999), 종종 환경의 수정이 실행 가능하고 경제적이기 때문에 계속된다. 다른 초기 연구자들은 수정되지 않은 환경을 스캔하기 위해 레이저를 사용했다(Hinkel and Knieriemen, 1988).

포인트 피처 외에 많은 연구자가 로컬화를 위한 기하학적 기술을 개발했다. 예를 들어, Cox(1991)는 적외선 센서로 측정한 거리를 일치시키는 알고리즘과 환경에 대한 선분을 설명하는 알고리즘을 개발했다. Weiss et al.(1994)은 로컬화를 위한 상관된 범위 측정값을 제공한다. 맵 매칭map matching(특히, 로컬 점유 맵 그리드와 글로벌 환경 맵의 비교)의 아이디어는 Moravec(1988)을 통해 소개됐다. 이 아이디어를 바탕으로 한 그레이디언트 하강 로컬화 알고리즘은 Thrun(1993)이 제시했으며, 1992년에 첫 AAAI 경진대회에서 사용됐다(Simmons et al., 1992). Schiele and Crowley(1994)는 점유 그리드 맵과 초음파 센서를 기반으로 로봇의 위치를 추적하기 위해 전략을 체계적으로 비교했다. 그들은 글로벌 그리드 맵과 일치하는 로컬 점유율 그리드 맵은 두 맵에서 추출된 피처를 기반으로 매칭되는 것처럼 유사한 로컬화 성능을 나타낸다. Shaffer et al.(1992)은 맵 매칭과 피처 기반 기법의 로버스트니스를 비교해 두 실험의 조합이 최상의 경험적 결과를 산출해낼 수 있음을 보여줬다. Yamauchi and Langley(1997)는 환경 변화에 대한 맵 매칭의 로버스트니스를 보였다. 로봇 매칭에서 로컬화를 위해 스캔 매칭을 사용한다는 생각은 Lu and Milios(1994)를 참고한다. Gutmann and Schlegel(1996) 및 Lu and Milios(1998)의 기본 원칙이 다른 분야에서 널리 사용됐지만(Besl and McKay, 1992), Arras and Vestli(1998)는 스캔 매칭을 통해 로봇을 매우 정확하게 위치시킬 수 있음을 보여준 유사한 기법을 제안했다. Ortin et al.(2004)은 레이저 스트라이프를 따라 카메라 데이터를 사용하면 범위 스캔 매칭의 로버스트니스가 증가한다는 사실을 발견했다.

또 다른 연구 성과로 로컬화를 위한 기하학적 기법이 있다(Betke and Gurvits, 1994). '납치된 로봇 문제'라는 용어는 Engelson and McDermott(1992)에서 소개됐다. '마르코프 로컬화'라는 용어는 Simmons and Koenig(1995)에 의해 도입됐으며, 로컬라이저는 사후확률을 나타내기 위해 그리드를 사용했다. 그러나 이 결과의 원천 기술은 Nourbakhsh et al.(1995)에서 찾을 수 있는데, 여기서는 모바일 로봇 로컬화를 위한 '확실성 인자'에 대한 아이디어를 개발했다. 확실성 인자에 대한 업데이트 규칙이 확률 법칙을 정확히 따르지는 않았지만 다중 가설 추정의 핵심 개념을 포착했다. Cox and Leonard(1994)가 작성한 정성적 논문은 로컬화 로봇에 대한 가설을 동적으로 유지하는 형태로 이 아이디어를 개발했다. 퍼지 로직fuzzy logic 기술은 모바일 로컬화를 위해 Saffiotti(1997)에 의해 제안됐다. Driankov and Saffiotti(2001)도 참조하기 바란다.

7.11 연습문제

1. 로봇이 거리를 측정하고 랜드마크를 지탱하는 센서를 갖추고 있다고 가정해보자. 또한 문제를 단순화하기 위해 로봇이 랜드마크 ID를 감지할 수도 있다고 가정한다(ID 센서에는 노이즈가 없다). 우리는 EKF를 통해 글로벌 로컬화를 수행하고자 한다. 단일 마커를 볼 때, 사후확률은 보통 가우시안으로는 잘 근사화되지 않는다. 그러나 동시에 2개 이상의 랜드마크를 감지했을 때, 사후확률은 종종 가우시안으로 근사치를 잘 구할 수 있다.

   (a) 왜 그런지 설명해보자.

   (b) 식별 가능한 랜드마크의 범위와 방위에 대해 k개의 동시 측정값이 주어지면 균일한 초기 로봇에 대한 가우시안 포즈 추정값을 계산하는 절차를 만들어보라. 6.6절에서 제공된 범위/방위 측정 모델을 이용해 시작해야 한다.

2. 이 문제에서는 글로벌 로컬화를 위한 어려운 환경을 설계하고자 한다. 교차하지 않는 n개의 직선 부분 중에서 평면 환경을 작성할 수 있다고 가정한다. 환경의 여유 공간은 제한돼야 한다. 그러나 맵 안에 점유된 지형의 섬이 있을 수 있다. 이 문제를 위해 로봇에는 360개의 범위 파인더가 포함된 원형 배열이 있고 이 파인더는 결코 오차가 없다고 가정한다.

   (a) 글로벌 로컬화 로봇이 빌리프 함수로 구할 수 있는 모드의 종류는 최대 얼마일까? $n = 3, \ldots, 8$에 대해 최악의 경우 환경의 예를 그림으로 그려보라. 또한 모드의 개수를 최대화하는 가능한 빌리프도 함께 표현해보라.

   (b) 범위 파인더의 오차가 허용되면 분석 결과도 변경될까? 특히, 그럴듯한 모드 개수가 위에 나온 것보다 큰 $n = 4$인 경우의 사례를 보여줄 수 있는가? (잘못된) 범위 스캔 및 사후확률과 함께 그러한 환경을 나타내보라.

3. 이 문제에서는 간단한 잠수형 로봇에 대한 EKF 로컬화 알고리즘을 유도해보기로 한다. 로봇은 3차원 공간에 있으며 완벽한 나침반이 장착되어 있다(항상 방향을 알고 있음). 문제를 단순화하기 위해, 속도를 x, y, z로 설정해 세 가지 직교 좌표(x, y, z)에서 로봇이 독립적으로 움직인다고 가정한다. 모션 노이즈는 가우시

안이고 모든 방향에서 독립적이다.

로봇은 음향 신호를 방출하는 다수의 비컨으로 둘러싸여 있다. 각 신호의 생성 시간은 이미 알고 있다고 가정한다. 또한 로봇은 신호를 생성하는 비컨의 ID를 결정할 수 있다(따라서 대응 문제는 없다). 로봇은 또한 모든 비컨의 위치를 알고 있으며, 각 신호의 도착 시간을 측정하는 데 정확한 시계가 제공된다. 그러나 로봇은 신호를 받은 방향을 감지할 수는 없다.

(a) 이 로봇에 대해 EKF 로컬화 알고리즘을 만들어보라. 여기에는 테일러 근사화와 함께 모션 및 측정 모델의 수학적 도함수도 포함된다. 또한 알려진 EKF 알고리즘의 진술과 관련이 있다.

(b) EKF 알고리즘과 환경 시뮬레이션을 구현해보라. 세 가지 로컬화 문제, 즉 글로벌 로컬화, 위치 추적, 납치된 로봇 문제와 관련해 EKF 로컬라이저의 정확성과 실패 모드에 대해서도 설명해보라.

4. 다음과 같은 여섯 가지 그리드 스타일 환경에서 단순화된 글로벌 로컬화를 생각해보자.

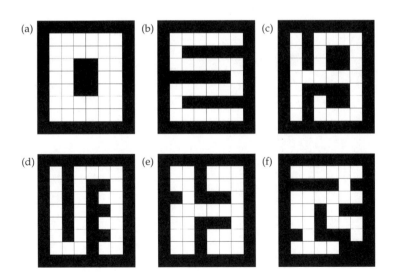

각 환경에서 로봇은 북쪽을 향한 임의의 위치에 배치된다. 다음 명령 시퀀스가 포함된 개방 루프 로컬화 전략을 고안하기 위해 고안됐다.

액션 L: 왼쪽으로 90도 회전

액션 R: 오른쪽으로 90도 회전

액션 M: 장애물을 칠 때까지 앞으로 이동

이 전략이 끝나면 로봇은 예측 가능한 위치에 있어야 한다. 이러한 각 환경에 대해 가장 짧은 시퀀스를 작성해보라('M' 액션 수만). 액션 시퀀스를 실행한 후 로봇이 어디에 있을지 설명해보라. 그런 시퀀스가 없다면 이유를 설명해보라.

5. 이제 앞의 문제에서 'M' 액션을 실행하는 동안 로봇이 걸리는 단계 수를 감지할 수 있다고 가정해보자. 로봇이 위치를 결정할 수 있는 가장 짧은 개방 루프 시퀀스는 무엇인가? 답과 함께 이유를 설명해보라.

주의사항: 이 문제의 경우 로봇의 최종 위치가 시작 위치의 함수가 될 수 있다. 문제의 핵심은 로봇이 스스로 위치를 알아내는 것이다.

08

모바일 로봇 로컬화:
그리드와 몬테카를로

8.1 개요

8장에서는 글로벌 로컬화 문제를 해결할 수 있는 두 가지 로컬화 알고리즘을 알아본다. 여기서 설명하는 알고리즘은 7장에서 설명한 유니모달 가우시안 기법과 많은 차이가 있다.

- 원시 센서 측정을 처리할 수 있다. 센서값에서 피처를 추출할 필요가 없다. 이를 바탕으로 유추해보면 부정적인 정보도 처리할 수 있다.
- 비모수 성질, 즉 파라미터가 없다. 특히 EKF 로컬라이저의 경우처럼 유니모달 분포에 구속되지 않는다.
- 글로벌 로컬화 및 경우에 따라 납치된 로봇 문제를 해결할 수 있다. EKF 알고리즘은 이러한 문제를 해결할 수 없지만 MHT(다중 가설 추적)를 수정해 글로벌 로컬화 문제를 해결할 수 있다.

여기에 제시된 기술은 많은 현장 로봇 시스템에서 우수한 성능을 보였다.

첫 번째 방법은 그리드 로컬화grid localization라고 하는데, 사후 빌리프를 나타내기 위해 히스토그램 필터를 사용한다. 그리드 로컬화 구현 과정에서 다음과 같은 여러 가지 문제가 발생한다. 세분화된 그리드를 사용하면 기초적인 구현에 필요한 계산으로 인해 알고리즘이 과도하게 느려질 수 있다. 덜 세분화된 그리드의 경우, 이산화 discretization를 통한 추가 정보 손실은 필터에 부정적인 영향을 미치며 적절하게 처리되지 않으면 필터가 작동하지 않을 수도 있다.

두 번째 접근법은 몬테카를로 로컬화MCL, Monte Carlo localization 알고리즘으로, 오늘날까지 가장 널리 사용되는 로컬화 알고리즘이라고 할 수 있다. 입자 필터를 사용해 로봇 포즈에 대한 사후확률을 추정한다. MCL의 여러 가지 단점을 알아보고, 납치된 로봇 문제 및 동적 환경에 적용하기 위한 기술도 설명한다.

8.2 그리드 로컬화

8.2.1 기본 알고리즘

그리드 로컬화는 포즈 공간의 그리드 분해에 히스토그램 필터histogram filter를 사용해 사후확률을 근사화한다. 이산 베이즈 필터는 4.1절에서 이미 폭넓게 살펴봤으며, 알고리즘은 표 4.1에서 확인할 수 있다. 그것은 이산 확률값들의 집합을 사후확률로 유지한다.

$$bel(x_t) \quad = \quad \{p_{k,t}\} \tag{8.1}$$

여기서 각각의 확률 $p_{k,t}$는 그리드 셀 $\mathbf{x}_k$를 대상으로 정의되어 있다. 전체 그리드 셀의 집합은 모든 정당한 포즈의 공간 파티션을 만들어낸다. 이를 수학적으로 표현하면 다음과 같다.

$$\text{domain}(X_t) \quad = \quad \mathbf{x}_{1,t} \cup \mathbf{x}_{2,t} \cup \ldots \mathbf{x}_{K,t} \tag{8.2}$$

그리드 로컬화의 가장 기본적인 버전에서, 모든 포즈의 공간을 파티셔닝하는 것은 시간 불변이고 각 그리드 셀은 같은 크기다. 많은 실내 환경에서 사용되는 일반적인 입도는 x축 및 y축의 경우 15cm이고 회전축은 5도다. 더 세밀한 표현은 더 나은 결과를

```
1:      Algorithm Grid_localization($\{p_{k,t-1}\}, u_t, z_t, m$):
2:          for all k do
3:              $\bar{p}_{k,t} = \sum_i p_{i,t-1}\, \text{motion\_model}(\text{mean}(\mathbf{x}_k), u_t, \text{mean}(\mathbf{x}_i))$
4:              $p_{k,t} = \eta\, \bar{p}_{k,t}\, \text{measurement\_model}(z_t, \text{mean}(\mathbf{x}_k), m)$
5:          endfor
6:          return $\{p_{k,t}\}$
```

표 8.1 이산 베이즈 필터의 변형인 그리드 로컬화 알고리즘. 함수 **motion_model**은 모션 모델 중 하나를 구현하고, **measurement_model**은 센서 모델을 모델링한다. 함수 mean은 그리드 셀 x$_k$의 질량 중심(center-of-mass)을 리턴한다.

구할 수 있지만 계산량이 증가한다.

그리드 로컬화는 기본 히스토그램 필터 알고리즘의 파생 버전이므로 기본 히스토그램 필터와 대체로 동일하다. 표 8.1은 가장 기본적인 구현을 위한 코드를 제공한다. 가장 최근의 측정, 제어 및 맵과 함께 불연속 확률값 $\{p_{t-1,k}\}$를 입력으로 필요로 한다. 내부 루프는 모든 그리드 셀을 반복한다. 알고리즘의 3행은 모션 모델 업데이트를 구현하고, 4행에서는 측정 업데이트를 구현했다. 최종 확률은 4행의 정규화 변수 η를 통해 정규화된다. **motion_model**과 **measurement_model** 함수는 5장의 모션 모델과 6장의 측정 모델로 각각 구현될 수 있다. 표 8.1의 알고리즘은 각 셀이 동일한 볼륨을 소유한다고 가정한다.

그림 8.1은 1차원 복도 예제에서의 그리드 로컬화를 보여준다. 이 다이어그램은 표현의 이산적 특성을 제외하고는 일반적인 베이즈 필터의 다이어그램과 동일하다. 앞에서와 마찬가지로, 로봇은 균일한 히스토그램으로 표시되는 글로벌 불확실성으로 시작한다. 그것이 감지되면 해당 그리드 셀은 확률값을 올린다. 이 예제는 그리드 로컬화를 사용해 멀티모달 분포를 나타내는 기능을 강조한다.

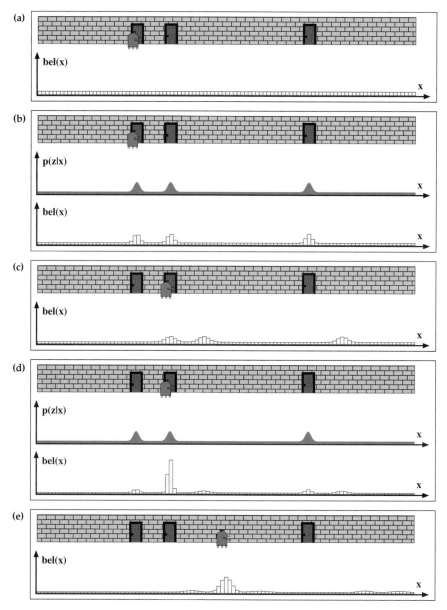

그림 8.1 파인 그레인드 그리드 메트릭 분해를 이용한 그리드 로컬화의 예. 그리드상에서 히스토그램으로 표현되는 빌리프 *bel(xₜ)*를 이용해 복도 어디쯤 로봇이 위치해 있는지 보여주고 있다.

8.2.2 그리드 해상도

그리드 로컬라이저의 핵심 변수는 그리드의 해상도다. 표면상으로는 매우 사소한 것처럼 보일 수 있다. 그러나 적용할 수 있는 센서 모델 유형, 빌리프 업데이트에 포함된 계산 및 예상되는 유형 결과는 그리드 해상도에 따라 다르게 나타날 수 있다.

두 가지 표현을 보면 사실 정반대인데, 둘 다 로보틱스 시스템 분야에서 성공적인 결과를 보여왔다.

그리드를 정의하는 일반적인 방법으로 **토폴로지**^{topology} 기반 정의가 있다. 이를 통해 만들어진 결과 그리드의 해상도가 낮아지는 경향이 있고 그 해상도는 환경 구조에 영향을 받을 수 있다. 토폴로지 기반 표현은 모든 포즈의 공간을 환경의 '중요한 장소'에 해당하는 영역으로 분해한다. 이러한 장소는 문, 창문 같은 특정 랜드마크의 존재(또는 부재)에 의해 정의될 수 있다. 복도 환경을 예로 들면 교차점, T 형태의 나들목, 막다른 곳 등이 있을 수 있다. 토폴로지 기반 표현은 해상도가 낮은 경향이 있으며 환경을 분해하는 것은 환경의 구조에 따라 다르다. 그림 8.5는 1차원 복도에 대해 해상도가 낮은 표현의 예다.

훨씬 더 세분화된 표현은 일반적으로 **메트릭 표현**^{metric representation}을 통해 알 수 있다. 이러한 표현은 스테이트 공간을 균일한 크기의 미세한 셀로 분해한다. 그러한 분해의 해상도는 일반적으로 토폴로지 그리드의 해상도보다 훨씬 높다. 예를 들어, 7장

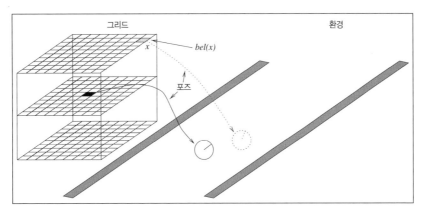

그림 8.2 로봇의 포즈 변수인 x, y, θ상에서 고정 해상도 그리드의 예. 각 그리드 셀은 환경에서 로봇 포즈를 의미한다. 로봇의 다른 방향은 그리드의 다른 평면에 해당한다(여기서는 세 가지 방향만 있다).

의 예제 중 일부는 셀 크기가 15cm 이하인 그리드 분해를 사용한다. 그러므로 그것들은 더 정확하지만, 계산 비용이 증가한다. 그림 8.2는 그러한 고정 해상도 그리드를 보여준다. 이러한 정밀한 해상도는 일반적으로 공간의 메트릭 표현과 관련이 있다.

굵은, 즉 단위가 큰 해상도에 대해 그리드 로컬화를 구현할 때 센서 및 모션 모델에서 해상도를 보정하는 것은 매우 중요하다. 특히 레이저 범위 파인더 같은 고해상도 센서의 경우, 측정 모델 $p(z_t \mid x_t)$의 값은 각 그리드 셀 $\mathbf{x}_{k,t}$에서 크게 다를 수 있다. 이 경우 질량 중심에서 평가하면 일반적으로 좋지 않은 결과가 만들어진다. 마찬가지로, 질량 중심으로부터 로봇 운동을 예측하는 것은 좋지 않은 결과를 가져올 수 있다. 10cm/sec로 움직이는 로봇의 경우 1초 간격으로 모션이 업데이트되고 그리드 해상도가 1m인 경우, 기본 수준의 구현 버전에서는 스테이트 전환이 절대 일어나지 않는다! 이것은 그리드 셀의 질량 중심으로부터 약 10cm 떨어진 모든 위치가 여전히 동일한 그리드 셀에 속하기 때문이다.

이 결과를 보완하기 위해 보통은 노이즈의 양을 늘려서 측정 모델과 모션 모델을 모두 수정한다. 예를 들어, 범위 파인더 모델의 주요 가우시안 콘의 분산은 그리드 셀 직경의 절반으로 확대될 수 있다. 이렇게 하면 새로운 모델은 훨씬 더 매끄러워지고 이에 대한 해석도 정확한 로봇 위치에 대한 샘플 포인트의 정확한 위치에 덜 민감해진다. 그러나 이 수정된 측정 모델은 센서 측정에서 추출한 정보를 줄여준다.

마찬가지로 모션 모델은 모션 아크의 길이에 비례하는 확률을 갖는 셀의 직경으로 나눠진 인접한 셀로의 랜덤 전이를 예측할 수 있다. 이러한 팽창된 모션 모델의 결과는 연속적인 업데이트 사이의 모션이 그리드 셀 크기에 비해 상대적으로 작더라도 로봇이 실제로 한 셀에서 다른 셀로 이동할 수 있다는 것이다. 그러나 결과로 나타나는 사후 스테이트는 잘못됐다. 왜냐하면 로봇이 각 모션 업데이트 시에 셀을 변경한다는 가설에 비상식적으로 큰 확률이 할당되고 이로 인해 실제 지시받은 것보다 훨씬 빠르게 움직이기 때문이다.

그림 8.3과 그림 8.4는 두 가지 유형의 범위 센서에 대한 해상도의 함수로서 그리드 로컬화의 성능을 보여준다. 예상되는 바와 같이, 해상도가 감소함에 따라 위치 파악 오차가 증가하고 있다. 그림 8.4와 같이 그리드의 해상도 단위가 커지면 로봇을 로컬화하는 데 필요한 총 시간이 줄어든다.

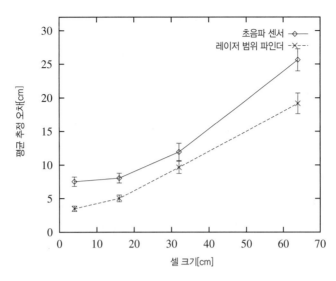

그림 8.3 그리드 셀 크기의 함수 기준 평균 로컬화 오차. 여기서는 초음파 센서와 레이저 범위 파인더를 대상으로 했다.

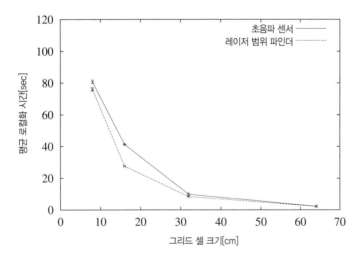

그림 8.4 글로벌 로컬화를 위해 필요한 평균 CPU 처리 시간 기준 그리드 해상도 함수 그래프. 여기서는 초음파 센서와 레이저 범위 파인더를 대상으로 했다.

8.2.3 계산상의 고려사항

앞 절에서 설명한 일부 메트릭 그리드와 같이 세분화된 그리드를 사용하면 기본 알고리즘을 실시간으로 실행할 수 없다. 잘못하면 모션 및 측정 업데이트가 모두 발생한다. 모션 업데이트에는 컨벌루션 연산이 필요하다. 컨벌루션은 3D 그리드의 경우 6D 작업이 된다. 측정 업데이트는 3D 작업이지만 전체 스캔의 유사가능도를 계산하는 것은 비용이 많이 드는 작업일 수 있다.

그리드 로컬화의 계산 복잡도를 줄이기 위한 많은 기법이 존재한다. 모델 사전 캐싱 model pre-caching은 특정 측정 모델의 계산에 비용이 많이 드는 문제에 큰 기여를 했다. 예를 들어, 측정 모델의 계산에는 레이 캐스팅이 필요할 수 있다. 레이 캐스팅은 고정된 맵에 대해 사전 캐싱할 수 있다. 6.3.4절에서 설명했듯이, 일반적인 전략은 측정 업데이트를 용이하게 하는 필수 통계를 각 그리드 셀에 대해 계산하는 것이다. 특히, 빔 모델을 사용할 때 각 그리드 셀에 대해 올바른 범위를 캐시해두는 것이 일반적이다. 또한 센서 모델은 가능한 범위의 미세한 배열에 대해 사전 계산이 가능하다. 측정 모델의 계산은 두 테이블 룩업으로 줄어들어 훨씬 더 빨라진다.

센서 서브 샘플링sensor subsampling은 모든 범위의 서브셋에 대해서만 측정 모델을 평가

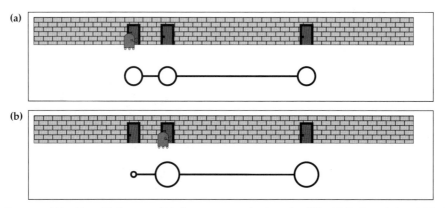

그림 8.5 모바일 로봇 로컬화에 코스 그레인드(coarse-grained) 토폴로지 표현을 적용한 예. 스테이트 각각은 환경의 독특한 장소(이 경우에는 문)에 해당한다. 로봇이 특정 스테이트에 있다는 빌리프 *bel*(x_t)는 원의 크기로 표시되어 있다. (a) 초기 빌리프는 모든 포즈에 대해 균일하다. (b)는 로봇이 하나의 스테이트 전이를 해서 문을 감지한 후의 빌리프를 보여준다. 이 예에서는 로봇이 여전히 왼쪽 위치에 있지 않을 가능성이 높다.

함으로써 더 빠른 속도 향상을 가능하게 한다. 일부 시스템에서는 360개의 레이저 범위 측정 중 8개만 사용하고도 여전히 우수한 결과를 얻고 있다. 서브 샘플링은 시간적 및 공간적으로 발생할 수 있다.

지연 모션 업데이트delayed motion update는 로봇의 제어 또는 측정 주파수보다 낮은 주파수로 모션 업데이트를 적용한다. 이를 위해 제어, 오도메트리 판독을 기하학적으로 짧은 시간 내에 통합한다. 지연 모션 업데이트 성능이 좋은 기술을 사용하면 매그니튜드 정도에 따라 알고리즘의 속도를 손쉽게 높일 수 있다.

선택적 업데이트selective updating는 4.1.4절에서 이미 설명했다. 그리드를 업데이트할 때 선택 기술은 모든 그리드 셀 중 일부만 업데이트한다. 이 기법은 보통 사후확률이 사용자가 지정한 임계치를 벗어나는 그리드 셀만 업데이트 하도록 구현한다. 선택적 업데이트 기술은 빌리프를 업데이트하는 데 필요한 계산 작업을 여러 단계로 줄일 수 있다. 납치된 로봇 문제에 이 접근법을 적용하려 할 때 낮은 유사가능도 그리드 셀을 다시 활성화하려면 특별한 주의를 기울여야 한다.

이러한 수정을 통해 그리드 로컬화는 실제로 매우 효율적으로 될 수 있다. 심지어 사양이 낮은 1990년대의 PC를 사용하더라도 이 장에서 확인한 결과를 만들어줄 만큼 충분히 빠르다. 그러나 일부 수정사항으로 인한 추가 프로그래밍 작업이 있으니 프로그래머들은 이해해주기 바란다. 최종 구현 결과는 표 8.1의 짧은 알고리즘보다 더 복잡하다.

8.2.4 상세 설명

그림 8.6은 15cm의 공간 해상도와 5도의 각도 해상도에서 메트릭 그리드를 사용한 마르코프 로컬화의 예를 보여준다. 2개의 레이저 범위 파인더가 장착된 모바일 로봇이 처음부터 로컬화되는 글로벌 로컬화 실행이 있다. 6.3절에서 설명한 범위 파인더의 확률 모델은 빔 모델을 이용해 계산할 수 있다. 빔 모델에 관해서는 6.3절과 표 8.1을 참고한다.

시작 단계에서 로봇의 빌리프는 포즈 공간에 균일하게 분포되어 있다. 그림 8.6(a)는 로봇의 시작 위치에서 찍은 레이저 범위 파인더를 보여준다. 여기서는 최대 범

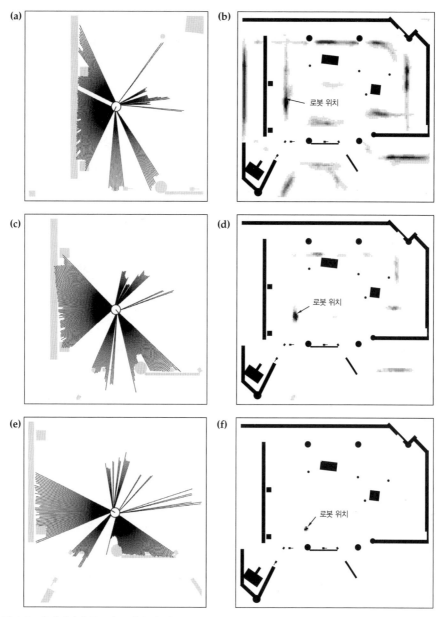

그림 8.6 맵 내에서의 글로벌 로컬화 예. 여기서는 레이저 범위 파인더 데이터가 사용됐다. (a) 로봇의 시작 위치에서 레이저 범위 파인더를 스캔한다(최대 범위 판독값은 생략함). (b) 균일한 분포로 시작하여 이 레이저 스캔을 통합한 후의 상황, (c) 두 번째 스캔, (d) (c)의 결과로 얻은 빌리프. (e)에 나와 있는 최종 스캔을 통합한 후 로봇의 빌리프는 실제 위치에 있다((f) 참조).

위 측정이 생략되고 지도의 관련 부분이 회색 음영으로 표시되어 있다. 이 센서 스캔을 통합한 후에는 로봇의 위치가 그림 8.6(b)의 회색조로 표시된 것처럼 매우 비대칭인 공간의 일부 영역에만 집중되어 있다. 빌리프는 x-y 공간에 투영된다. 진짜 빌리프는 이 그림과 다음 그림에서 생략된 로봇의 방향 θ인 3차원에 걸쳐 정의된다. 그림 8.6(d)는 로봇이 2m 이동한 후의 빌리프를 보여주며, 그림 8.6(c)에 표시된 두 번째 범위 스캔을 통합한 것이다. 위치 추정의 확실도^{certainty}는 증가하고 빌리프의 글로벌 최댓값은 이미 로봇의 실제 위치와 일치한다. 다른 스캔을 빌리프에 통합한 후 로봇은 최종적으로 그림 8.6(e)에 표시된 센서 스캔을 감지한다. 사실상 모든 확률 질량^{probability mass}은 실제 로봇 포즈의 중앙에 위치한다(그림 8.6(f) 참조). 직관적으로 생각했을 때 로봇이 성공적으로 자신을 로컬화했다고 볼 수 있다. 이 예제를 통해 그리드 로컬화가 로봇을 전체적으로 효율적으로 위치시킬 수 있음을 알 수 있다.

두 번째 예가 그림 8.7에 나와 있다. 자세한 사항은 그림 설명을 참조하기 바란다. 여기서 환경은 부분적으로 대칭이며, 이로 인해 대칭 모드가 로컬화 과정에 나타난다.

물론 글로벌 로컬화는 일반적으로 몇 가지 센서 스캔 이상을 필요로 하는데, 대칭 환경에서 센서가 레이저 센서보다 정확하지 않은 경우에 특히 그렇다. 그림 8.8 ~ 그림 8.10은 소나 센서가 장착된 모바일 로봇을 사용하고, 거의 동일한 너비의 복도가 있는 환경에서의 글로벌 로컬화를 보여준다. 점유율 그래프는 그림 8.8과 같다. 그림 8.9(a)는 복도 중 하나를 따라 이동한 다음 다른 복도로 이동해 얻은 데이터셋을 보여준다. 그림 8.9(a)의 각 측정 빔은 소나 측정에 해당한다. 이 특별한 환경에서는 벽이 매끄러워서 소나 판독값의 대부분이 손상된다. 다시 말하지만, 센서 판독값의 확률적 모델은 6.3절에 설명된 빔 기반 모델이다. 그림 8.9는 그림 8.9(a)에서 A, B, C로 표시된 세 가지 다른 시점에 대한 빌리프를 추가로 보여준다. 로봇이 5개의 소나 스캔을 통합하는 동안 약 3m를 이동한 후에 빌리프는 그림 8.9(b)와 같이 거의 동일한 크기의 모든 복도를 따라 균일하게 퍼진다. 몇 초 후 빌리프는 그림 8.9(c)처럼 몇 가지 별개의 가설에 초점을 맞추고 있다. 마지막으로 로봇이 모서리를 돌면서 C로 표시된 지점에 도달하면 이제 센서 데이터가 로봇 위치를 고유하게 결정하는 데 충분하다. 그림 8.9(d)의 빌리프는 이제 실제 로봇 포즈 주변에 밀접하게 집중되어 있다. 이 예

(a) 경로와 참조 포즈

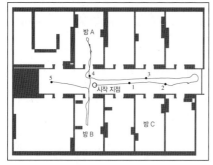

(b) 참조 포즈 1에서의 빌리프

(c) 참조 포즈 2에서의 빌리프

(d) 참조 포즈 3에서의 빌리프

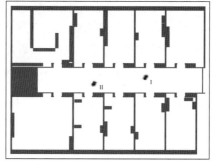

(e) 참조 포즈 4에서의 빌리프

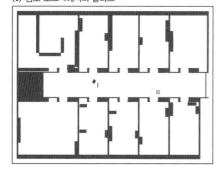

(f) 참조 포즈 5에서의 빌리프

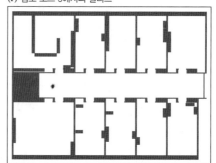

그림 8.7 사무실 환경에서의 글로벌 로컬화 예. 여기서는 소나 데이터가 사용됐다. (a) 로봇의 경로, (b) 로봇이 위치 1을 지날 때의 빌리프, (c) 로봇이 몇 미터 움직인 후, 로봇은 복도에 있음을 인지한다. (d) 로봇이 위치 3에 도달하면 복도의 끝을 소나 센서로 스캔하므로 분포가 2개의 국지적 최대점에 집중된다. 최대 레이블 I가 로봇의 실제 위치를 나타내지만 두 번째 최댓값은 복도가 대칭으로 생겼기 때문에 발생한다(위치 II는 위치 I에 대해 180° 회전함). (e) 방 A를 통해 이동한 후 올바른 위치 I에 있을 확률은 이제 위치 II에 있을 확률보다 높다. (f) 최종적으로 로봇의 빌리프는 정확한 포즈에 있게 된다.

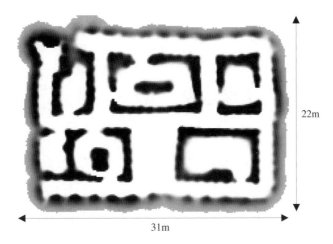

그림 8.8 1994 AAAI 모바일 로봇 경기장의 점유 그리드 지도

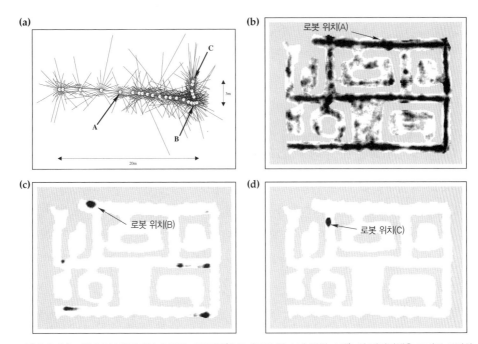

그림 8.9 (a) 그림 8.8의 환경에서 수집된 데이터셋(오도메트리 및 소나 범위 스캔). 이 데이터셋은 그리드 로컬화를 사용하는 글로벌 로컬화에 충분하다. A, B, C로 표시된 지점의 빌리프는 (b), (c), (d)에 나와 있다.

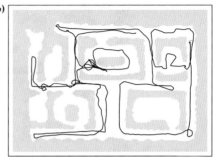

그림 8.10 (a) 오도메트리 정보, (b) 보정된 로봇의 경로

제를 통해, 노이즈가 높은 소나 데이터와 글로벌 로컬화 중에 여러 가설을 유지해야하는 대칭 환경에서 그리드 표현이 잘 작동함을 알 수 있다.

그림 8.10은 소나 데이터를 점유 그리드 맵과 일치시킴으로써 누적된 추측 항법 dead-reckon 오차를 교정하는 그리드 접근법의 능력을 보여준다. 그림 8.10(a)는 240m 길이 궤적의 원시 오도메트리 데이터를 보여준다. 명확히 오도메트리의 회전 오차가 빠르게 증가한다. 겨우 40m를 이동한 후, 방향에서 누적된 오차(원시 오도메트리)는 약 50도다. 그림 8.10(b)는 그리드 로컬라이저에 의해 추정된 로봇의 경로를 보여준다.

당연한 얘기지만 이산 표현의 해상도는 그리드 마르코프 로컬화의 핵심 파라미터다. 충분한 컴퓨팅 및 메모리 자원이 주어지면 일반적으로 코스 그레인드 coarse-grained 방식보다 파인 그레인드 fine-grained 접근 방식을 더 선호한다. 특히, 충분한 계산 시간과 메모리를 사용할 수 있다고 가정할 때 파인 그레인드 접근 방식은 코스 그레인드 접근 방식보다 우수하다. 2.4.4절에서 이미 설명한 바와 같이 히스토그램으로 표현하면 베이즈 필터의 마르코프 가정을 위반할 수도 있는 시스템 관점의 에러가 일어날수 있다. 해상도가 높을수록 오차가 작아지고 결과가 좋다. 파인 그레인드 근사화 역시도 로봇의 빌리프가 실제 위치와 심하게 다른 재앙 수준의 실패로 인한 피해가 상대적으로 덜하다.

8.3 몬테카를로 로컬화

이제 입자에 의한 빌리프 $bel(x_t)$를 나타내는 인기 있는 로컬화 알고리즘을 자세히 알아보자. 해당 알고리즘은 몬테카를로 로컬화^{Monte Carlo Localization}, 즉 MCL이라고 한다. 그리드 기반 마르코프 로컬화와 마찬가지로 MCL은 로컬 및 글로벌 로컬화 문제에 모두 적용할 수 있다. MCL은 다른 알고리즘에 비해 새로운 편임에도 이미 로보틱스 분야에서 가장 인기 있는 로컬화 알고리즘 중 하나가 됐다. 구현하기 쉽고 다양한 로컬화 문제에서 잘 작동한다.

8.3.1 상세 설명

그림 8.11은 1차원 복도 예제를 사용하는 MCL을 보여준다. 초기 글로벌 불확실성은 그림 8.11(a)와 같이 전체 포즈 공간에 걸쳐 임의로 균일하게 그려지는 일련의 포즈 입자를 통해 이뤄진다. 로봇이 문을 감지하면 MCL은 각 입자에 중요도 인자를 부여한다. 결과 입자 집합은 그림 8.11(b)에 나와 있다. 이 그림에서 각 입자의 높이는 중요도 가중치를 나타낸다. 이 입자 집합은 그림 8.11(a)의 것과 동일하다는 점에 유의해야 한다. 측정 업데이트로 수정된 것은 중요도 가중치뿐이다.

그림 8.11(c)는 리샘플링과 로봇 모션을 통합한 후의 입자 집합 결과다. 이것은 동일한 중요도 가중치를 가진 새로운 입자 집합으로 이끌지만, 3개의 가능한 장소 근처의 입자 수가 증가한다. 새로운 측정은 그림 8.11(d)와 같이 비균일한 중요도 가중치를 입자 집합에 할당한다. 이 시점에서 누적 확률 질량의 대부분은 가장 가능성이 높은 두 번째 문에 집중된다. 추가 모션은 또 다른 리샘플링 단계로 이어지고, 모션 모델에 따라 새로운 입자 집합이 생성된다(그림 8.11(e)). 이 예제에서 분명히 알 수 있듯이, 입자 집합은 정확한 베이즈 필터에 의해 계산된 것처럼 정확한 사후확률의 근삿값을 계산한다.

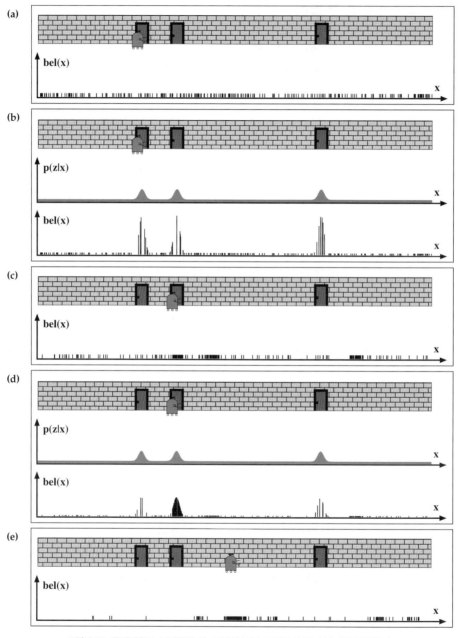

그림 8.11 몬테카를로 로컬화의 예. 모바일 로봇 로컬화에 입자 필터를 적용했다.

```
1:      Algorithm MCL($\mathcal{X}_{t-1}, u_t, z_t, m$):
2:          $\bar{\mathcal{X}}_t = \mathcal{X}_t = \emptyset$
3:          for $m = 1$ to $M$ do
4:              $x_t^{[m]} = $ **sample_motion_model**$(u_t, x_{t-1}^{[m]})$
5:              $w_t^{[m]} = $ **measurement_model**$(z_t, x_t^{[m]}, m)$
6:              $\bar{\mathcal{X}}_t = \bar{\mathcal{X}}_t + \langle x_t^{[m]}, w_t^{[m]} \rangle$
7:          endfor
8:          for $m = 1$ to $M$ do
9:              draw $i$ with probability $\propto w_t^{[i]}$
10:             add $x_t^{[i]}$ to $\mathcal{X}_t$
11:         endfor
12:         return $\mathcal{X}_t$
```

표 8.2 입자 필터를 이용한 로컬화 알고리즘인 몬테카를로 로컬화(MCL)

8.3.2 MCL 알고리즘

표 8.2는 적절한 확률론적 모션과 인식 모델perceptual model을 **particle_filters** 알고리즘 (표 4.3 참조)으로 대체해 얻은 기본 MCL 알고리즘을 보여준다. 기본 MCL 알고리즘 은 M개의 입자 집합 $\mathcal{X}_t = \{x_t^{[1]}, x_t^{[2]}, ..., x_t^{[M]}\}$에 의한 빌리프 $bel(x_t)$를 나타낸다. 알고리즘(표 8.2)의 4행은 현재 빌리프의 입자를 시작점으로 사용해 모션 모델의 샘플을 만든다. 그런 다음 측정 모델을 5행에 적용해 해당 입자의 중요도 가중치를 결정한다. 초기 빌리프 $bel(x_0)$는 사전 분포 $p(x_0)$로부터 M개의 입자를 임의로 생성하고, 각 입 자에 균일한 중요도 인자 M^{-1}을 할당함으로써 얻어진다. 그리드 로컬화와 마찬가지 로, **motion_model** 및 **measurement_model** 함수는 5장의 모션 모델과 6장의 측정 모 델을 통해 구현할 수 있다.

8.3.3 구현

7장의 랜드마크 로컬화 시나리오를 위한 MCL 알고리즘을 구현하는 것이 손쉬울 것 같다. 이를 위해 표 8.2의 알고리즘 4행에 있는 샘플링 절차를 표 5.3의 **sample_**

motion_model_velocity 알고리즘을 사용해 구현한다. 예측된 샘플의 가중치를 측정하기 위해 알고리즘 5행에서 사용된 유사가능도 모델에는 표 6.4의 **landmark_model_known_correspondence** 알고리즘을 사용한다.

그림 8.12는 이 버전의 MCL 알고리즘이다. 시나리오는 그림 7.15와 동일하다. 편의상, 그림 8.12(a)에 로봇 경로 및 측정 그림을 다시 표시했다. 그림 8.12(c)는 MCL 알고리즘에 의해 생성된 일련의 샘플 집합이다. 실선은 로봇의 실제 경로를 나타내고, 점선은 제어 정보를 기반으로 한 경로를 나타낸다. 대시 형태의 점선은 MCL 알고리즘에 의해 추정된 평균 경로를 나타낸다. 각기 다른 시점의 예상 샘플 집합 $\mathcal{X}_t$는

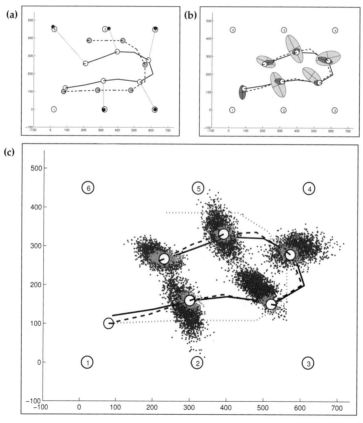

그림 8.12 랜드마크 기반 로컬화를 위한 MCL 알고리즘: (a) 모션 제어(점선)와 실제 궤적(실선)에 따른 로봇의 궤적. 랜드마크 탐지는 가는 선으로 표시되어 있다. (b) 리샘플링 전과 후의 샘플 집합의 공분산, (c) 리샘플링 전후 샘플 집합

어둡게 표시했다. 리샘플링 단계 후의 샘플 $\mathcal{X}_t$는 밝은 회색으로 표시했다. 각 입자 집합은 3차원 포즈 공간에 정의되지만 각 입자의 x 좌표 및 y 좌표만 표시했다. 이 집합에서 추출된 평균과 공분산이 그림 8.12(b)에 나와 있다.

그림 8.13은 소나 범위 파인더가 장착된 로봇의 실제 사무실 환경에서 MCL을 적용한 결과다. 이 버전의 MCL은 표 6.1에 주어진 알고리즘 **beam_range_finder_**

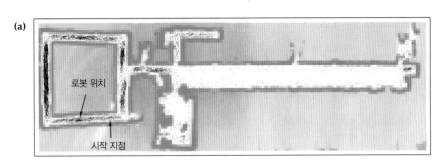

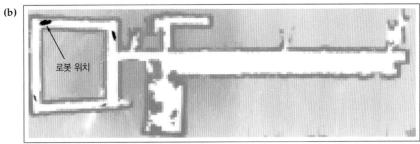

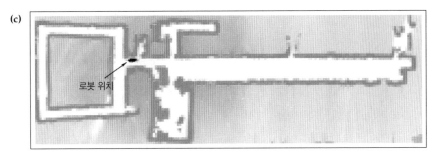

그림 8.13 몬테카를로 로컬화 그림: 54m × 18m 크기의 사무실 환경에서 작동하는 로봇이 여기에 표시되어 있다. (a) 5m 이동 후, 로봇은 여전히 그 위치가 글로벌하게 불확실하고 입자는 빈 공간의 주요 부분을 통해 퍼진다. (b) 로봇이 맵의 왼쪽 상단 모서리에 도달하더라도, 그 빌리프는 여전히 4개의 가능한 위치 주변에 집중되어 있다. (c) 마지막으로 약 55m를 이동한 후 모호성이 해결되고 로봇이 어디 있는지 알 수 있다. 모든 계산은 낮은 사양의 PC에서 실시간으로 수행됐다.

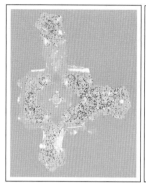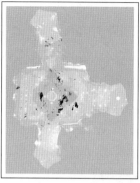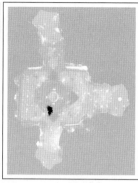

그림 8.14 천장에 설치한 카메라를 이용한 글로벌 로컬화의 예

model을 사용해 측정의 유사가능도를 계산한다. 이 그림은 5, 28, 55m의 로봇 모션 이후의 입자 집합을 각각 보여준다. 세 번째 그림은 천장을 향한 카메라를 사용하는 그림 8.14와 이미지 중앙부의 밝기를 이전에 획득한 천장 맵과 관련시키는 측정 모델을 제공한다.

8.3.4 MCL의 속성

MCL은 실질적으로 거의 모든 분포를 근사화할 수 있다. EKF 로컬화의 경우처럼 MCL은 분포의 제한된 파라미터 서브셋에 국한되지 않는다. 총 입자 수를 늘리면 근사화 정확도가 높아진다. 입자 수 M은 사용자가 MCL을 실행하는 데 필요한 계산 및 계산 자원의 정확도를 절충할 수 있게 하는 파라미터다. M을 설정하는 일반적인 전략은 다음 단계의 u_t 및 z_t 쌍을 구할 때까지 샘플링을 유지하는 것이다. 이런 식으로, 컴퓨팅 자원을 고려해 구현을 적절하게 한다. 계산용 프로세서가 더 빠를수록 로컬화 알고리즘의 성능은 더 좋아진다. 그러나 8.3.7절에서 살펴보겠지만, 필터 분산이 일어나지 않을 만큼 입자의 개수가 충분히 높게 유지되도록 주의를 기울여야 한다.

끝으로 MCL의 또 다른 장점은 근사화의 비모수 본질을 유지한다는 점이다. 우리가 다룬 예제의 결과에서 알 수 있듯이, MCL은 복잡한 멀티모달 확률 분포를 표현할 수 있으며 집중된 가우시안 스타일 분포와 완벽하게 혼합할 수 있다.

8.3.5 랜덤 입자 MCL: 실패 복구

MCL은 현재의 로컬화 문제를 해결하지만 로봇 납치 또는 글로벌 로컬화 실패를 복구하지는 못한다. 이는 그림 8.13의 결과에서 아주 분명히 확인할 수 있다. 위치를 구하고 나면 가장 가능성 있는 포즈 이외의 위치의 입자가 점차 사라진다. 어떤 시점에서 입자는 단일 포즈 근처에서만 '살아남으며', 이 포즈가 잘못된 경우 알고리즘은 복구할 수 없다.

이 문제는 매우 중요하다. 실제로 MCL 같은 확률적 알고리즘은 실수로 리샘플링 단계에서 정확한 포즈 근처의 모든 입자를 버릴 수 있다. 이 문제는 특히 입자의 수가 적을 때(예를 들어, $M = 50$), 입자가 (이를테면, 글로벌 로컬화 과정에서) 크게 퍼져 있을 때 가장 중요하다.

다행히도 이 문제는 다소 단순한 휴리스틱heuristic 방법으로 해결할 수 있다. 이 휴리스틱 방법의 아이디어는 4.3.4절에서 이미 설명한 것처럼 입자 집합에 랜덤 입자를 추가하는 것이다. 로봇이 낮은 확률로 납치되어 모션 모델에서 랜덤 스테이트의 일부를 생성한다고 가정해 이러한 랜덤 입자의 주입을 수학적으로 규명할 수 있다. 그러나 로봇이 납치당하지 않더라도 랜덤 입자는 로버스트니스의 레벨을 더 늘린다.

입자를 추가하려고 할 때 다음 두 가지를 확인할 필요가 있다. 먼저 알고리즘의 반복 시행마다 얼마나 많은 입자를 추가해야 하는지 그리고 이러한 입자들을 생성하기 위해 어떤 확률 분포를 쓸 것인지다. 각 반복 시행마다 고정된 수만큼 랜덤 입자를 추가할 수 있다. 더 좋은 방법은 일부 로컬화 성능 평가 결과를 기반으로 입자를 추가하는 것이다.

이 아이디어는 식 (8.3)과 같은 센서 측정의 확률을 모니터링하는 방법으로 구현할 수 있다.

$$p(z_t \mid z_{1:t-1}, u_{1:t}, m) \tag{8.3}$$

이를 (데이터에서 쉽게 습득한) 평균 측정 확률에 연관시킨다. 입자 필터에서 중요도 가중치는 이 확률의 확률적인 추정값이기 때문에 중요도 인자에서 쉽게 구할 수 있다.

$$\frac{1}{M} \sum_{m=1}^{M} w_t^{[m]} \quad \approx \quad p(z_t \mid z_{1:t-1}, u_{1:t}, m) \tag{8.4}$$

식 (8.4)의 평균값은 앞에서 설명한 것처럼 기대하는 확률의 근삿값이다. 일반적으로 여러 시간 단계에 걸쳐 이들의 평균을 구해서 이 추정값을 평활화하는 것이 좋다. 로컬화 실패 이외에 측정 확률이 낮을 수 있는 이유는 여러 가지가 있다. 센서 노이즈의 양이 이상할 정도로 높거나 글로벌 로컬화 단계에서 입자가 여전히 퍼져 있을 수 있다. 이러한 이유 때문에 랜덤 샘플의 수를 결정할 때 측정 유사가능도의 단기 평균을 유지하면서 이를 장기 평균과 연관 짓는 것이 좋다.

사용할 샘플 확률 분포를 결정하는 두 번째 문제는 두 가지 방법으로 해결할 수 있다. 포즈 공간에서 균일한 분포에 따라 입자를 추출하고 현재 관찰값을 이용해 이들에 가중치를 가할 수 있다.

그러나 일부 센서 모델의 경우 측정 분포에 따라 입자를 직접 생성할 수 있다. 이러한 센서 모델의 한 예가 6.6절에서 논의한 랜드마크 탐지 모델이다. 이 경우 추가 입자는 관찰값의 유사가능도에 따라 분포된 위치에 직접 배치될 수 있다(표 6.5 참조).

표 8.3은 랜덤 입자를 추가하는 MCL 알고리즘의 파생 버전이다. 이 알고리즘은 유사가능도 $p(z_t \mid z_{1:t-1}, u_{1:t}, m)$의 단기 및 장기 평균을 추적한다는 점에서 적응형 성질을 지니고 있다. 첫 번째 부분은 표 8.2의 알고리즘 **MCL**과 동일하다. 새로운 포즈는 (알고리즘 5행의) 모션 모델을 사용해 이전 입자에서 샘플링되고, 중요도 가중치는 (알고리즘 6행의) 측정 모델에 따라 설정된다.

Augmented_MCL은 알고리즘 8행에서 경험적 측정 유사가능도를 계산하고 이 유사가능도의 단기 및 장기 평균을 10행과 11행에서 유지한다. 이 알고리즘에는 $0 \leq \alpha_{\text{slow}} \ll \alpha_{\text{fast}}$가 필요하다. 파라미터 α_{slow} 및 α_{fast}는 각각 장기 및 단기 평균을 계산하는 지수 필터의 감쇠율$^{\text{decay rate}}$이다. 이 알고리즘의 핵심은 13행이다. 리샘플링 과정에서 랜덤 샘플은 다음 확률에 따라 추가된다.

$$\max\{0.0, \ 1.0 - w_{\text{fast}}/w_{\text{slow}}\} \qquad (8.5)$$

위의 식을 이용하지 않을 경우 리샘플링은 우리가 이미 잘 알고 있는 방식으로 진행된다. 랜덤 샘플을 추가할 확률은 측정 유사가능도의 단기 평균과 장기 평균 간의 차이를 고려한다. 단기 유사가능도가 장기 유사가능도보다 더 좋거나 같으면 랜덤 샘플

```
1:      Algorithm Augmented_MCL($\mathcal{X}_{t-1}, u_t, z_t, m$):
2:          static $w_{\text{slow}}, w_{\text{fast}}$
3:          $\bar{\mathcal{X}}_t = \mathcal{X}_t = \emptyset$
4:          $w_{\text{avg}} = 0$
5:          for $m = 1$ to $M$ do
6:              $x_t^{[m]} = \textbf{sample\_motion\_model}(u_t, x_{t-1}^{[m]})$
7:              $w_t^{[m]} = \textbf{measurement\_model}(z_t, x_t^{[m]}, m)$
8:              $\bar{\mathcal{X}}_t = \bar{\mathcal{X}}_t + \langle x_t^{[m]}, w_t^{[m]} \rangle$
9:              $w_{\text{avg}} = w_{\text{avg}} + \frac{1}{M} w_t^{[m]}$
10:         endfor
11:         $w_{\text{slow}} = w_{\text{slow}} + \alpha_{\text{slow}}(w_{\text{avg}} - w_{\text{slow}})$
12:         $w_{\text{fast}} = w_{\text{fast}} + \alpha_{\text{fast}}(w_{\text{avg}} - w_{\text{fast}})$
13:         for $m = 1$ to $M$ do
14:             with probability $\max\{0.0, \ 1.0 - w_{\text{fast}}/w_{\text{slow}}\}$ do
15:                 add random pose to $\mathcal{X}_t$
16:             else
17:                 draw $i \in \{1, \ldots, N\}$ with probability $\propto w_t^{[i]}$
18:                 add $x_t^{[i]}$ to $\mathcal{X}_t$
19:             endwith
20:         endfor
21:         return $\mathcal{X}_t$
```

표 8.3 랜덤 샘플을 추가하는 MCL 알고리즘의 적응형 파생 버전. 랜덤 샘플의 개수는 센서 측정값의 단기 유사가능도와 장기 유사가능도를 비교해 결정한다.

이 추가되지 않는다. 그러나 단기 유사가능도가 장기 유사가능도보다 나쁠 경우, 이들 값의 지수에 비례해 랜덤 샘플이 추가된다. 이러한 방식으로, 측정값 유사가능도의 급격한 감소는 랜덤 샘플 수의 증가를 유도한다. 지수 평활화exponential smoothing는 순간적인 센서 노이즈를 잘못 인식해 잘못된 위치 파악 결과를 얻지 않게 한다.

그림 8.15는 실제 증강 MCL 알고리즘이다. RoboCup 축구 대회에서 사용된 것처럼 3m×2m 필드에서 작동하는 컬러 카메라가 장착된 다리가 있는 로봇의 글로벌 로컬화 및 재로컬화 중에 일련의 입자 집합이 표시된다. 센서 측정은 그림 7.7에 표시된 것처럼 필드 주변에 배치된 6개의 시각적 마커의 탐지 및 상대적 로컬

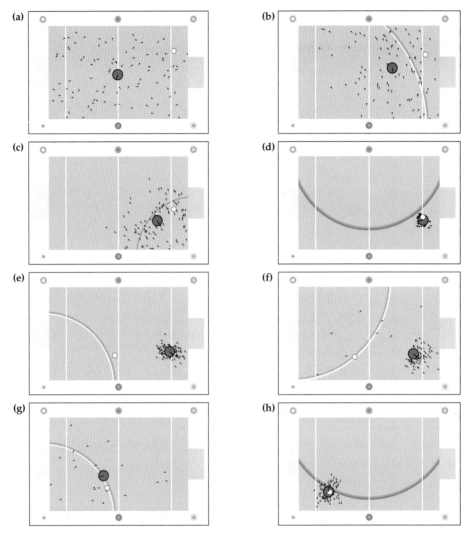

그림 8.15 랜덤 입자를 이용한 몬테카를로 로컬화. 각 그림은 로봇의 위치 추정값을 나타내는 입자 집합을 나타낸다(작은 선은 입자의 방향을 나타낸다). 큰 원은 입자의 평균을 나타내고, 실제 로봇 위치는 작은 흰색 원으로 표시되어 있다. 마커 탐지는 탐지한 마커의 중앙에 있는 원호로 표시되어 있다. 여기서 (a)~(d)는 이 글로벌 로컬화를, (e)~(h)는 재로컬화의 결과를 자세히 보여준다.

화에 해당한다. 표 6.4에 설명된 알고리즘을 사용해 탐지 유사가능도를 결정한다. 표 8.3의 15행은 가장 최근의 센서 측정값에 따라 샘플링하기 위한 알고리즘으로 대체했는데, 이는 표 6.5의 **sample_landmark_model_known_correspondence** 알고리즘을 사용해 쉽게 구현할 수 있다.

그림 8.15의 (a)~(d)는 글로벌 로컬화를 보여준다. 첫 번째 마커 탐지에서 사실상 모든 입자는 이 탐지(그림 8.15(b))에 따라 추출됐다. 이 단계는 측정 확률의 단기 평균이 측정 확률의 장기 대응 변수보다 훨씬 나쁜 상황에 해당한다. 몇 차례 탐지가 더 이뤄지고 나면, 입자는 실제 로봇 위치(그림 8.15(d))를 중심으로 클러스터링되며, 측정 유사가능도의 단기 및 장기 평균이 모두 증가한다. 이 로컬화 단계에서 로봇은 위치 추적만 하고 관찰 유사가능도는 오히려 높으며 때로는 극소수의 랜덤 입자만 추가된다.

(로봇 축구 토너먼트에서 흔히 일어나는 상황인) 심판이 물리적으로 로봇 위치를 변경할 경우 측정 확률은 떨어진다. 새로운 위치에서의 첫 번째 마커 탐지는 아직 평활화된 추정값이 여전히 높기 때문에 추가 입자를 트리거하지 않는다(그림 8.15(e) 참조). 새로운 위치에서 여러 마커 탐지가 관찰된 후에 w_{fast}는 w_{slow}보다 훨씬 빨리 감소하고 더 많은 랜덤 입자가 추가된다(그림 8.15(f), (g)). 마지막으로, 로봇은 그림 8.15(h)와 같이 성공적으로 위치를 재조정해 증강 MCL 알고리즘이 실제로 납치에 '생존'할 수 있음을 보여준다.

8.3.6 제안 분포의 수정

MCL 제안 메커니즘은 MCL을 비효율적으로 만들 수 있는 또 다른 요인 중 하나다. 4.3.4절에서 설명했듯이 입자 필터는 모션 모델을 제안 분포로 사용하지만, 이 분포와 인지 유사가능도의 곱을 근사화하려고 한다. 제안 분포와 타깃 분포의 차이가 클수록 더 많은 샘플이 필요하다.

이는 MCL에서 엄청난 실패를 초래한다. 노이즈가 전혀 없이 항상 로봇에 올바른 포즈를 알려주는 완벽한 센서를 얻으려고 하면 MCL은 실패한다. 이는 로컬화에 충분한 정보가 없는 노이즈 없는 센서에서도 마찬가지다. 후자의 예로 1차원의 노이즈 없는 범위 센서가 있다. 이러한 범위 측정값을 받으면 유효한 포즈 가설의 공간은 3차원 포즈 공간의 2차원 부분 공간이 된다. 4.3.4절에서 이미 로봇 모션 모델로부터 샘플링할 때 이 2차원의 다양한 부분 공간들로 샘플링할 가능성이 0이라는 것을 공부했다. 따라서 로컬화를 위해 MCL을 사용할 때 특정 조건하에서는 덜 정확한 센서가 더 정확한 센서보다 바람직하다는 이상한 상황에 직면하게 된다. 이는 EKF 로컬화에는 해당되지 않는다. 왜냐하면 모션 모델만으로 평균을 생성하는 대신 새 평균값을 계산할 때 EKF 업데이트가 측정값을 고려하기 때문이다.

다행히도 간단한 트릭을 통해 문제를 해결할 수 있다. 센서의 노이즈 양을 인위적으로 늘리는 측정 모델을 사용하기만 하면 된다. 이 방법은 측정 불확실성뿐만 아니라 입자 필터 알고리즘의 근사 특성에 의해 유도된 불확실성을 수용하는 것으로 생각할 수 있다.

좀 더 나은 또 다른 대안으로 4.3.4절에서 간단히 설명한 샘플링 과정을 수정하는 방법이 있다. 이 아이디어는 모든 입자의 작은 부분에 대해 모션 모델과 측정 모델의 역할을 뒤바꾼다. 입자는 식 (8.6)의 측정 모델에 따라 생성된다.

$$x_t^{[m]} \quad \sim \quad p(z_t \mid x_t) \tag{8.6}$$

그리고 중요도 가중치는 식 (8.7)에 따라 계산된다.

$$w_t^{[m]} \quad = \quad \int p(x_t^{[m]} \mid u_t, x_{t-1}) \, bel(x_{t-1}) \, dx_{t-1} \tag{8.7}$$

이 새로운 샘플링 과정은 일반 입자 필터의 대안 중 하나다. 하지만 입자 생성 과정에서 과거 이력을 완전히 무시하기 때문에 이 방법만 이용할 경우 비효율적이다. 그러나 두 가지 메커니즘을 사용해 입자의 일부를 생성하고 그 결과로 만들어진 두 입자 집합을 병합하는 것은 앞에서 설명한 샘플링 과정과 동일하게 정합성에 문제가 없다. 앞에서 설명한 알고리즘을 혼합 제안 분포를 지닌 MCL, 줄여서 혼합 MCL^{mixture MCL}이라고 한다. 실제 적용 시에는 새로운 프로세스를 통해 작은 비율의 입자(예를 들면, 5% 정도)를 생성하는 것으로 충분하다.

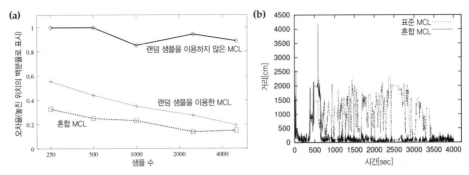

그림 8.16 (a) 일반 MCL(위쪽 그래프), 랜덤 샘플 MCL(가운데 그래프), 혼합 제안 분포를 이용한 혼합 MCL(아래쪽 그래프). 오차율은 혼잡한 박물관에서 로봇이 작동해 얻은 데이터셋에 대해 로봇이 위치 추적을 잃은 시간의 백분율로 측정됐다. (b) 표준 MCL 및 혼합 MCL에 대한 시간의 함수를 기준으로 본 오찻값 그래프. 로컬화를 위해 천장 맵을 사용했다.

안타깝지만 이 아이디어는 시도해보지 않으면 결과를 알 수 없다. $p(z_t \mid x_t)$를 통해 샘플링하고 중요도 가중치 $w_t^{[m]}$을 계산하는 두 가지 단계 모두 구현하기 어려울 수 있다. 측정 모델에서 샘플링은 그 역이 샘플링하기 쉬운 닫힌 형태의 솔루션을 갖고 있을 경우에만 쉬우나, 이것이 일반적인 경우는 아니다. 주어진 레이저 범위 스캔에 맞는 모든 포즈의 공간에서 샘플링하는 것을 상상해보라! 중요도 가중치 계산은 $bel(x_{t-1})$ 자체가 입자 집합으로 표현되는 사실과 식 (8.7)의 적분식 때문에 복잡해진다.

세부 내용을 많이 다루지 않고도 두 단계 모두 구현할 수 있다. 근사화 과정만 추가하면 된다. 그림 8.16은 랜덤 샘플로 증강 MCL 알고리즘 및 2개의 실제 데이터셋에 대한 혼합 MCL의 비교 결과를 보여준다. 두 경우 모두, $p(z_t \mid x_t)$는 그 자체로 데이터로부터 학습됐고 밀도 트리로 표현됐는데, 이에 관한 자세한 내용은 이 책의 범위를 벗어나므로 여기서는 다루지 않는다. 중요도 가중치를 계산하기 위해 적분은 스토캐스틱 적분으로 대체됐고, 좁은 가우시안 분포를 따르는 각각의 입자들이 포함되게 해서 스페이스-필링 밀도 함수로 사전 빌리프를 표현했다. 세부 사항을 제외하고, 이러한 결과는 혼합 모델 아이디어가 우수한 결과를 만들어낼 수 있음을 보여주지만 구현이 어려울 수 있다.

혼합 MCL은 납치된 로봇 문제에 괜찮은 솔루션을 제공한다. 가장 최근의 측정값만을 사용하는 시드[seed] 시작 입자에 의해, 과거의 측정 및 제어에 관계없이 일시적인 센서 입력이 있을 때 그럴듯한 위치에 입자를 지속적으로 생성한다. 그러한 접근법이 전체 위치 파악 실패에 잘 대처할 수 있다는 충분한 증거가 문헌에 존재하므로(그림 8.16(b)는 일반적인 MCL에 대해 이러한 실패 중 하나를 보여준다) 실제 구현에서 향상된 로버스트니스를 제공한다.

8.3.7 KLD 샘플링: 샘플 집합 크기 조정

빌리프를 나타내기 위해 사용된 샘플 집합의 크기는 입자 필터의 효율성에 중요한 파라미터다. 앞에서는 고정된 크기의 샘플 집합을 사용하는 입자 필터만 설명했다. 안타깝게도, MCL에서 샘플 고갈로 인한 발산 문제를 피하기 위해서는 모바일 로봇이 글로벌 로컬화와 위치 추적 문제를 해결할 수 있도록 큰 규모의 샘플 집합을 선택해야 한다. 이는 그림 8.13에서 알 수 있듯이 컴퓨팅 자원의 낭비일 수 있다. 이 예제에서 모든 샘플 집합에는 100,000개의 입자가 들어 있다. 이러한 많은 수의 입자가 로컬화의 초기 단계에서 빌리프를 정확하게 나타내기 위해 필요할 수도 있지만(그림 8.13(a) 참조), 로봇의 위치를 추적하기 위해서는 이들 중 작은 부분만 있으면 충분하다 (그림 8.13(c)).

KLD 샘플링^{KLD-sampling}은 시간이 지남에 따라 입자 개수를 조정하는 MCL의 파생 버전이다. 여기서는 KLD 샘플링의 수학적 유도 과정은 다루지 않는다. 대신 알고리즘과 실험 결과를 통해 자세히 알아보기로 한다. KLD 샘플링이라는 이름은 두 가지 확률 분포의 차이를 나타내는 척도인 쿨백–레이블러 발산^{KL(Kullback-Leibler) divergence}에서 만들어졌다. KLD 샘플링의 기본 개념은 샘플 기반 근사화 품질에 대한 통계적 한계치를 기반으로 입자 수를 결정하는 것이다. 좀 더 자세히 설명하면, 입자 필터의 각 반복에서 KLD 샘플링은 확률 $1 - \delta$로 실제 사후 및 샘플 기반 근삿값 사이의 오차가 ε보다 작도록 샘플 수를 결정한다. 여기에 언급되지 않은 몇 가지 가정은 이 아이디어의 효율적인 구현을 유도할 수 있다.

KLD 샘플링 알고리즘은 표 8.4를 참고한다. 이 알고리즘은 맵과 가장 최근의 제엇값 및 측정값과 함께 이전 샘플 집합을 입력으로 사용한다. MCL과 달리 KLD 샘플링

```
1:        Algorithm KLD_Sampling_MCL($\mathcal{X}_{t-1}, u_t, z_t, m, \varepsilon, \delta$):
2:            $\mathcal{X}_t = \emptyset$
3:            $M = 0, M_\chi = 0, k = 0$
4:            for all $b$ in $H$ do
5:                $b = empty$
6:            endfor
7:            do
8:                draw $i$ with probability $\propto w_{t-1}^{[i]}$
9:                $x_t^{[M]} = $ sample_motion_model$(u_t, x_{t-1}^{[i]})$
10:               $w_t^{[M]} = $ measurement_model$(z_t, x_t^{[M]}, m)$
11:               $\mathcal{X}_t = \mathcal{X}_t + \langle x_t^{[M]}, w_t^{[M]} \rangle$
12:               if $x_t^{[M]}$ falls into empty bin $b$   then
13:                   $k = k + 1$
14:                   $b = non\text{-}empty$
15:                   if $k > 1$   then
16:                       $M_\chi := \frac{k-1}{2\varepsilon} \left\{ 1 - \frac{2}{9(k-1)} + \sqrt{\frac{2}{9(k-1)}} z_{1-\delta} \right\}^3$

17:                   endif
18:                   $M = M + 1$
19:               while $M < M_\chi$ or $M < M_{\chi min}$
20:               return $\mathcal{X}_t$
```

표 8.4 유연한 샘플 집합 크기를 이용한 KLD 샘플링 MCL 알고리즘. 알고리즘에서는 근사화 오차에 기반한 통계적 한계치에 다다를 때까지 샘플 데이터를 만들어낸다.

은 가중치를 입력으로 사용한다. 즉, $\mathcal{X}_{t-1}$의 샘플은 리샘플링되지 않는다. 또한 알고리즘에는 통계적 오차 범위 ε과 δ가 필요하다.

정리하면 KLD 샘플링은 통계적 한계치에 다다를 때까지 입자를 생성한다(표 8.4 알고리즘의 16행 참조). 이 한계치는 입자로 덮여 있는 스테이트 공간의 '볼륨'을 기반으로 한다. 입자로 덮인 볼륨은 3차원 스테이트 공간 위에 오버레이된 막대그래프 또는 그리드로 측정된다. 히스토그램 H의 각 저장소는 비어 있거나 하나 이상의 입자로 채워져 있다. 처음에는 각 저장소를 비어 있는 상태로 설정한다(4~6행). 8행에서는 입자가 이전 샘플 집합에서 추출된다. 이 입자를 기반으로 새로운 입자를 예측하고 가중치를 적용해 새로운 샘플 집합에 삽입한다(MCL과 마찬가지로 알고리즘 9~11행).

KLD 샘플링의 핵심 아이디어는 표 8.4 알고리즘의 12~19행에 구현되어 있다. 새로 생성된 입자가 히스토그램의 비어 있는 빈으로 떨어지면 비어 있지 않은 빈의 수 k가 증가하고 빈은 비어 있지 않은 것으로 표시된다. 따라서 k는 적어도 하나의 입자로 채워진 히스토그램 빈의 수를 측정한다. 이 수치는 16행에서 결정된 통계적 한계치에서 중요한 역할을 한다. M_x는 이 한계치에 도달하는 데 필요한 입자 수를 나타낸다. 주어진 ε에 대해, M_x는 비어 있지 않은 빈의 수 k에서 대부분 선형이다. k가 증가함에 따라 두 번째, 비선형 항은 무시해도 된다. $z_{1-\delta}$ 항은 파라미터 δ를 통해 얻는다. 이것은 표준 정규 분포의 $1 - \delta$ 분위수를 나타낸다. 전형적인 δ 값에 대한 $z_{1-\delta}$의 값은 표준 통계표에서 쉽게 얻을 수 있다.

알고리즘은 수 M이 M_x와 사용자 정의 최소 $M_{x\min}$을 초과할 때까지 새로운 입자를 생성한다. 도시된 바와 같이, 문턱값 M_x는 M에 대한 이동 표적으로서 작용한다. 더 많은 샘플 M이 생성될수록 히스토그램의 빈 k가 비어 있지 않고 임계치 M_x가 높아진다.

이제 알고리즘이 왜 문제없이 실행을 완료할 수 있는지 알아보자. 샘플링의 초기 단계에서 거의 모든 빈이 비어 있기 때문에 거의 모든 새 샘플을 사용해 k가 증가한다. k가 증가함에 따라 임계치 M_x도 증가한다. 그러나 시간이 지남에 따라 점점 더 많은 빈이 비어 있지 않고 M_x는 단지 가끔씩 증가한다. 새로운 샘플이 생성될 때마다 M이 증가할 것이므로 결국 M_x에 도달할 것이고 샘플링은 중단될 것이다. 샘플링 중단은 빌리프에 따라 매번 다르게 발생한다. 입자가 더 널리 퍼지면 더 많은 빈이 채워지고 임계치 M_x는 증가한다. 추적 과정에서 KLD 샘플링은 입자가 다른 수의 빈에 집중되기 때문에 샘플을 덜 생성한다. 히스토그램은 입자 분포 자체에 영향을 미치지 않는다. 그것의 유일한 목적은 빌리프의 복잡성 또는 볼륨을 측정하는 것이다. 그리드는 각 입자 필터 반복 실행이 끝나면 폐기된다.

그림 8.17은 KLD 샘플링을 사용하는 일반적인 글로벌 로컬화 실행 중 샘플 집합 크기를 보여준다. 그림은 로봇의 레이저 범위 파인더(실선) 또는 초음파 센서(점선)를

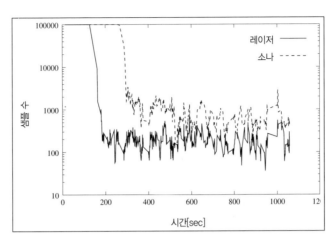

그림 8.17 KLD 샘플링: 시간 기준으로 그린 글로벌 로컬화 실행을 위한 샘플 수의 일반적인 진화 그래프(샘플 수는 로그 스케일로 표시했다). 실선은 로봇의 레이저 범위 파인더를 사용할 때의 샘플 수를 의미한다. 점선 그래프는 소나 센서 데이터를 기반으로 구한 것이다.

사용할 때의 그래프다. 두 경우 모두 알고리즘은 글로벌 로컬화의 초기 단계에서 많은 수의 샘플을 선택한다. 로봇이 로컬화되면 입자 수가 훨씬 낮은 수준으로 떨어진다(초기 입자 수의 1% 미만). 글로벌 로컬화에서 위치 추적으로 이러한 전이가 언제, 그리고 얼마나 빠르게 발생하는가는 센서의 환경 유형과 정확도에 따라 다르다. 이 예제의 경우, 레이저 범위 파인더의 더 높은 정확도에는 더 낮은 레벨에 대해 앞에서 있었던 전이가 반영되어 있다.

그림 8.18은 KLD 샘플링의 근사화 오차와 고정된 개수의 샘플 집합을 사용한 MCL을 비교한 결과다. 근사화 오차는 다양한 수의 샘플로 생성된 빌리프(샘플 집합)와 '최적의' 빌리프 사이의 KL 거리로 측정한다. 이러한 '최적의' 빌리프는 위치 추정에 실제로 필요한 것보다 훨씬 큰 200,000개의 샘플 집합으로 MCL을 실행해서 생성됐다. 예상대로, 두 가지 기법 모두 더 많은 샘플이 사용될수록 근사화 오차는 더 작아진다. 점선 그래프는 여러 가지 샘플 집합 크기에 대한 MCL의 결과다. 크기를 고정한 방법은 KL 거리가 0.25보다 작으려면 약 50,000개의 샘플을 필요로 한다. 오차가 크다는 것은 통상 입자 필터가 발산하고 로봇의 로컬화가 제대로 되지 않고 있음을 의미한다. 실선은 KLD 샘플링을 사용할 때의 결과를 보여준다. 여기서 샘플 집

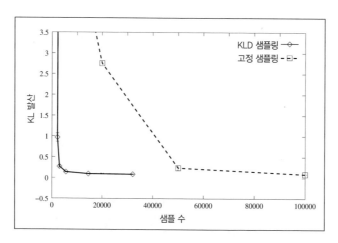

그림 8.18 고정 샘플 집합 크기와 KLD 샘플링 및 MCL 비교. x축은 평균 샘플 집합 크기를 나타낸다. y축은 두 가지 접근법에 의해 생성된 기준 빌리프와 샘플 집합 사이의 KL 거리를 보여준다.

합 크기는 글로벌 로컬화 실행에 대한 평균이다. 각기 다른 데이터 포인트는 오차 범위 ε을 0.4에서 0.015 사이에서 변화시킴으로써 얻어졌으며, 왼쪽에서 오른쪽으로 감소했다. KLD 샘플링은 평균 3,000개의 샘플만 사용해 작은 오차 수준으로 수렴한다. 그래프는 또한 KLD 샘플링이 최적의 빌리프를 정확하게 추적할 수 없음을 보여준다. 실선의 가장 왼쪽 데이터 값은 KLD 샘플링이 너무 느슨한 오차 범위로 인해 발산한다는 사실을 나타낸다.

KLD 샘플링은 MCL뿐만 아니라 모든 입자 필터에서 사용할 수 있다. 히스토그램은 고정된 다차원 그리드로 구현할 수도 있고, 트리 구조로서 좀 더 조밀하게 구현할 수도 있다. 로봇 로컬화와 관련해 KLD 샘플링은 고정된 샘플 집합 크기를 지닌 MCL보다 일관되게 좋은 성능을 보인다. 이 기술의 장점은 글로벌 로컬화 및 추적 문제를 결합할 때 가장 유의미하다. 실제로 $(1 - \delta)$는 약 0.99이고 ε은 0.05인 오차 범위 값과, 50cm × 50cm × 15deg 크기의 히스토그램 빈을 조합했을 때 좋은 결과를 얻을 수 있다.

8.4 동적 환경에서의 로컬화

지금까지 설명한 모든 로컬화 알고리즘의 주요 한계는 정적 월드 가정 또는 마르코프 가정에서 발생한다. 가장 흥미로운 환경은 사람에 의해 만들어지는데, 이에 따라 스테이트 x_t로 모델링되지 않은 다이내믹스를 보여준다. 확률론적 접근 방법은 센서 노이즈를 수용할 수 있기 때문에 모델링되지 않은 다이내믹스에 어느 정도까지는 로버스트하다. 그러나 앞서 언급했듯이 확률론적 필터링 프레임워크에서 제공되는 센서 노이즈 타입은 시간 단계 각각에 독립이어야 하는 반면, 모델링되지 않은 다이내믹스는 여러 시간 단계에 걸쳐 센서 측정값들에 영향을 끼친다.

이러한 실패 상황의 좋은 예가 그림 8.19이다. 이 예에는 사람들로 가득 찬 박물관을 탐색하는 모바일 투어 가이드 로봇이 있다. (위치, 속도, 의도 등) 사람은 이제까지 설명한 알고리즘에서 잡아내지 못한, 즉 로컬화 알고리즘 입장에서 보면 상대적으로 숨겨진 스테이트다. 이 문제, 즉 실패 상황이 왜 발생할까? 로봇이 벽을 보고 있는 것처럼 사람들이 나란히 서 있다고 상상해보자. 각각의 단일 센서 측정값을 가지고 로봇은 벽 옆에 있다는 빌리프를 상향 조정한다. 정보가 독립적으로 취급되기 때문에 로봇은 궁극적으로 벽 근처의 포즈에 높은 확률을 할당한다. 이러한 효과는 독립적인 센서 노이즈에서 가능하지만 그 유사가능도는 거의 사라지지 않는다.

동적 환경을 다루기 위한 두 가지 기본 기술이 있다. 첫 번째 기법은 숨겨진 스테이트를 필터에 의해 추정된 스테이트에 포함시키는 것으로 스테이트 증강 기법^{state}

그림 8.19 독일 박물관 본(Deutsches Museum Bonn)에서 찍은 한 장면. 여기서 모바일 로봇 '리노(Rhino)'는 사람들에게 자주 둘러싸이곤 한다.

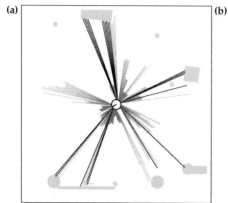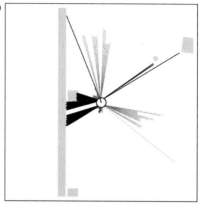

그림 8.20 사람들이 로봇을 둘러쌌을 때 레이저 범위 스캔 결과는 심각하게 손상되어 있다. 이러한 상황에서 로봇이 정확한 로컬화 결과를 유지하려면 어떻게 하면 될까?

augmentation이라고 한다. 다른 기법은 숨겨진 스테이트의 영향을 받는 측정값을 제거하기 위해 센서 측정값을 미리 처리하는 것으로, 이를 이상치 제거 기법outlier rejection이라고 한다. 수학적 관점에서는 스테이트 증강 기법이 더 일반적이다. 로봇의 포즈를 추정하는 대신 사람의 위치와 속도 등을 추정하는 필터를 정의할 수 있다. 모바일 로봇 매핑 알고리즘에 대한 확장 버전으로 이러한 접근 방법을 뒤에서 더 자세히 설명한다.

숨겨진 스테이트 변수를 계산할 때의 주된 단점은 계산상의 복잡성에 있다. 세 가지 변수를 계산하는 대신 로봇은 훨씬 많은 변수에 대해 사후확률을 계산해야 한다. 실제로 변수의 개수 자체는 가변적이다. 사람들의 수는 시간이 지남에 따라 계속 달라질 수 있다. 따라서 결과 알고리즘은 지금까지 설명한 로컬화 알고리즘보다 훨씬 더 복잡할 것이다.

이상치 제거 기법의 경우 사람들의 존재가 범위 파인더 또는 (더 적은 범위의) 카메라 이미지에 영향을 미칠 수 있는 상황을 포함해 특정 상황에서는 잘 작동한다. 여기서는 6.3절의 빔 기반 범위 파인더 모델을 위해 이를 개발한다.

아이디어는 다음과 같다. 센서 측정의 원인을 조사하고 모델링되지 않은 환경 다이내믹스에 의해 영향을 받을 가능성이 있는 것들은 거부하는 것이다. 이제까지 설명한 센서 모델들은 모두 측정값이 존재할 수 있는 여러 가지 대안들을 다루고 있다. 사람들과 같은 원치 않는 다이내믹스 결과의 존재와 특정 방법을 연관 지으려면 이러한 모델이 만들어지지 않을 가능성이 높은 측정값을 폐기해야 한다.

이 아이디어는 의외로 평범하다. 실제로 수학적 유도 결과는 본질적으로 6.3절의 EM 학습 알고리즘EM learning algorithm과 동일하지만 온라인 방식으로 적용된다. 6.3절의 식 (6.12)에서는 범위 파인더를 위한 빔 기반 측정 모델을 네 가지 용어를 혼합해 정의했다. 다음 식을 보자.

$$
p(z_t^k \mid x_t, m) = \begin{pmatrix} z_{\text{hit}} \\ z_{\text{short}} \\ z_{\text{max}} \\ z_{\text{rand}} \end{pmatrix}^T \cdot \begin{pmatrix} p_{\text{hit}}(z_t^k \mid x_t, m) \\ p_{\text{short}}(z_t^k \mid x_t, m) \\ p_{\text{max}}(z_t^k \mid x_t, m) \\ p_{\text{rand}}(z_t^k \mid x_t, m) \end{pmatrix} \tag{8.8}
$$

모델의 파생 버전을 보면 분명히 알 수 있듯이, z_{short}와 p_{short}를 포함하는 항들 중 하나는 예기치 않은 객체에 해당한다. 측정값 z_t^k가 예상치 못한 객체에 해당할 확률을 계산하려면, 새로운 대응 변수인 {hit, short, max, rand} 중 하나를 취할 수 있는 $\bar{c}_t^k$를 도입해야 한다.

범위 측정값 z_t^k가 (예기치 않은 장애물에 대해 6.3절에서 공부했던) '짧은short' 판독값과 대응되는 사후확률을 구하려면 베이즈 법칙을 적용한 후 무관한 조건 변수를 삭제하면 된다. 다음 식을 보자.

$$
p(\bar{c}_t^k = \text{short} \mid z_t^k, z_{1:t-1}, u_{1:t}, m) \tag{8.9}
$$

$$
= \frac{p(z_t^k \mid \bar{c}_t^k = \text{short}, z_{1:t-1}, u_{1:t}, m)\, p(\bar{c}_t^k = \text{short} \mid z_{1:t-1}, u_{1:t}, m)}{\sum_c p(z_t^k \mid \bar{c}_t^k = c, z_{1:t-1}, u_{1:t}, m)\, p(\bar{c}_t^k = c \mid z_{1:t-1}, u_{1:t}, m)}
$$

$$
= \frac{p(z_t^k \mid \bar{c}_t^k = \text{short}, z_{1:t-1}, u_{1:t}, m)\, p(\bar{c}_t^k = \text{short})}{\sum_c p(z_t^k \mid \bar{c}_t^k = c, z_{1:t-1}, u_{1:t}, m)\, p(\bar{c}_t^k = c)}
$$

여기서 분모의 변수 c는 4개의 값 {hit, short, max, rand} 중 하나를 취한다. 식 (8.8)을 이용해, 사전확률 $p(\bar{c}_t^k = c)$는 c의 네 가지 값에 대한 변수 z_{hit}, z_{short}, z_{max}, z_{rand}에 의해 주어진다. 식 (8.9)의 나머지 확률은 x_t를 기준으로 한 적분 계산을 통해 구할 수

있다.

$$p(z_t^k \mid \bar{c}_t^k = c, z_{1:t-1}, u_{1:t}, m) \tag{8.10}$$

$$= \int p(z_t^k \mid x_t, \bar{c}_t^k = c, z_{1:t-1}, u_{1:t}, m) \, p(x_t \mid \bar{c}_t^k = c, z_{1:t-1}, u_{1:t}, m) \, dx_t$$

$$= \int p(z_t^k \mid x_t, \bar{c}_t^k = c, m) \, p(x_t \mid z_{1:t-1}, u_{1:t}, m) \, dx_t$$

$$= \int p(z_t^k \mid x_t, \bar{c}_t^k = c, m) \, \overline{bel}(x_t) \, dx_t$$

$p(z_t^k \mid x_t, c_t^k = c, m)$ 형태의 확률은 6.3절의 p_{hit}, p_{short}, p_{max}, p_{rand}로 축약해 표시했다. 이를 바탕으로 기대 확률(식 (8.9))을 다음과 같이 다시 표현할 수 있다.

$$p(\bar{c}_t^k = \text{short} \mid z_t^k, z_{1:t-1}, u_{1:t}, m) \;=\; \frac{\displaystyle\int p_{\text{short}}(z_t^k \mid x_t, m) \, z_{\text{short}} \, \overline{bel}(x_t) \, dx_t}{\displaystyle\int \sum_c p_c(z_t^k \mid x_t, m) \, z_c \, \overline{bel}(x_t) \, dx_t}$$

$$\tag{8.11}$$

일반적으로 식 (8.11)의 적분 계산은 닫힌 형태의 해를 갖지 않는다. 이들을 계산하려면 스테이트 x_t에 걸친 사후확률 $\overline{bel}(x_t)$의 대표 샘플로 근사화하는 정도면 충분하다. 이러한 샘플은 그리드 로컬라이저의 높은 유사가능도 그리드 셀 또는 MCL 알고리즘의 입자일 수 있다. 예상치 못한 장애물에 의해 발생할 확률이 사용자가 선택한 임계치 $\mathcal{X}$보다 커지면 측정값을 거부한다.

입자 필터와 관련된 이 기술의 구현 결과는 표 8.5에 있다. 입력값으로 범위 측정값 z_t^k와 맵, 그리고 빌리프 $\overline{bel}(x_t)$를 나타내는 입자 집합 $\mathcal{X}_t$가 있다. 만약 $\mathcal{X}$보다 큰 확률값으로 측정값이 예상치 못한 객체에 해당할 경우, 결괏값으로 'reject'를 리턴한다. 그렇지 않을 경우, 'accept'를 리턴한다. 이 루틴은 MCL의 측정 통합 단계보다 먼저 실행된다.

그림 8.21을 통해 필터의 효과를 자세히 알아보자. 두 그림 모두 각기 다른 로봇 포즈의 얼라인먼트^{alignment}를 위한 범위 스캔을 보여준다. 임계치를 초과해서 필터링된 부분은 밝은 회색으로 표시했다. 우리가 만든 제거 메커니즘의 중요한 특징은 '놀라

```
1:        Algorithm test_range_measurement($z_t^k, \bar{\mathcal{X}}_t, m$):
2:            $p = q = 0$
3:            for $m = 1$ to $M$ do
4:                $p = p + z_{\text{short}} \cdot p_{\text{short}}(z_t^k \mid x_t^{[m]}, m)$
5:                $q = q + z_{\text{hit}} \cdot p_{\text{hit}}(z_t^k \mid x_t^{[m]}, m) + z_{\text{short}} \cdot p_{\text{short}}(z_t^k \mid x_t^{[m]}, m)$
6:                    $+ z_{\text{max}} \cdot p_{\text{max}}(z_t^k \mid x_t^{[m]}, m) + z_{\text{rand}} \cdot p_{\text{rand}}(z_t^k \mid x_t^{[m]}, m)$
7:            endfor
8:            if $p/q \leq \chi$ then
9:                return accept
10:        else
11:            return reject
12:        endif
```

표 8.5 동적 환경에서 범위 측정값을 테스트하는 알고리즘

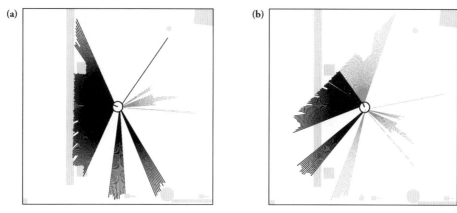

그림 8.21 측정값 제거 알고리즘의 예. 두 가지 모두 범위 스캔 결과다(최대 범위까지 읽지는 않았음). 필터링된 부분은 밝은 회색으로 표시되어 있다.

울 만큼' 짧은 측정값을 필터링해버리는 경향이 있지만 '놀라울 만큼' 긴 그 밖의 측정값들은 남겨둔다는 점이다. 이러한 비대칭성은 사람의 존재로 인해 기대했던 것보다 측정값이 더 짧아지는 경향이 있다는 사실 때문일 수 있다. 이 방법은 놀라울 만큼 긴 측정값을 사용해 글로벌 로컬화 실패를 복구한다.

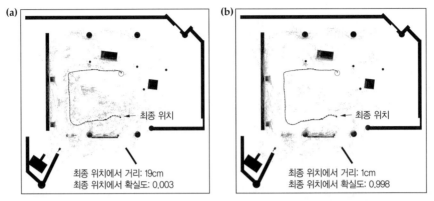

그림 8.22 예상치 못한 장애물로 인한 센서 측정값을 제거하는 (a) 표준 MCL 알고리즘과 (b) MCL 알고리즘의 비교. 두 가지 모두 로봇 경로와 로컬화에 사용되는 스캔의 끝점들을 보여준다.

그림 8.22는 사람들이 밀집해 있는 환경을 로봇이 탐색하는 상황을 보여준다(그림 8.20 참조). 로봇의 예상 경로와 로컬라이저에 통합된 모든 스캔의 끝점이 표시되어 있다. 이 그림을 통해 맵에서 실제 물체와 일치하지 않는 측정값을 제거하는 효과가 있음을 알 수 있다. 오른쪽 그림을 보면 여유 공간, 소위 '생존' 범위 측정값이 거의 없는데, 이는 임계치 테스트를 초과하는 경우에만 측정값이 반영되기 때문이다 .

측정값에 대한 이상치의 제거는 꽤 좋은 아이디어다. 오피스 환경조차도 가구를 옮기고, 문을 열고 닫는 등 정적 환경은 현실 세계에서 거의 존재하지 않는다. 우리가 만든 알고리즘은 범위 측정의 비대칭성을 통해 얻는 장점이 있다. 사람들은 측정값을 더 짧게 만들지, 더 길게 만들지는 않는다. 컴퓨터 비전 데이터 같은 데이터 및 (물리적 장애물 제거 같은) 다른 유형의 환경을 수정하는 데 이 아이디어를 적용할 때, 이러한 비대칭성이 없을 수도 있다. 그럼에도 불구하고 동일한 확률론적 분석을 적용할 수 있다. 이러한 대칭성 결여의 단점은 모든 이상치 측정값이 제거되기 때문에 글로벌 로컬화 실패 복구가 불가능해질 수 있다는 것이다. 이러한 경우 손상될 수 있는 측정값 비율의 한도 같은 추가 제한 조건을 부과하는 것이 좋다.

제거 테스트는 아주 예민해서 매우 정적인 환경인 경우에도 성공적으로 적용할 수 있음을 확인했다. 빔 기반 센서 모델은 불연속적이다. 포즈의 작은 변화는 센서 측정의 사후확률을 크게 바꿀 수 있다. 레이 캐스팅의 결과가 로봇 방향 같은 포즈 파라미터의 연속 함수가 아니기 때문이다. 복잡한 객체가 있는 환경에서 이 불연속성은 성공적인 로컬화에 필요한 입자 개수를 증가시킨다. 맵에서 발생하는 혼란을 수동으로 제거해 결과적으로 '놀라울 만큼' 짧은 측정값을 필터가 관리하게 하는 대신 입자 수를 대폭 줄일 수 있다. 한편 이 전략을 유사가능도 필드 모델에 적용할 수는 없다. 포즈 파라미터가 평활화됐기 때문이다.

8.5 실제 활용 시 고려사항

7장과 8장에서 설명한 주요 로컬화 기술을 표 8.6에서 요약하고 비교했다. 각 기술은 여러 가지 요구사항에 대해 각기 장단점이 있다. 첫 번째 질문은 항상 센서 측정에서 피처를 추출하는 것이 바람직한지 여부다. 피처를 추출하는 것은 계산적인 관점에서 유익할 수 있지만 정밀도와 로버스트니스가 떨어진다는 대가를 치러야 한다.

이 장에서는 MCL 알고리즘의 맥락에서 동적 환경을 다루는 기술을 설명했지만 그 밖의 개념화 기술에도 유사한 아이디어를 적용할 수 있다. 여기서 설명하는 기술은

	EKF	MHT	코스 그레인드 그리드(토폴로지 기반)	파인 그레인드 그리드(측정지표 기반)	MCL
측정값	랜드마크	랜드마크	랜드마크	측정값 원본	측정값 원본
측정값 노이즈	가우시안	가우시안	제한 없음	제한 없음	제한 없음
사후확률	가우시안	가우시안 혼합	히스토그램	히스토그램	입자
효율성(메모리)	++	++	+	−	+
효율성(시간)	++	+	+	−	+
구현 난이도	+	−	+	−	++
해상도	++	++	−	+	+
로버스트니스	−	+	+	++	++
글로벌 로컬화	불가	가능	가능	가능	가능

표 8.6 마르코프 로컬화의 여러 가지 구현 방법의 비교

훨씬 더 풍부한 여러 가지 접근 방식 중 일부일 뿐이다.

로컬화 알고리즘을 구현할 때 다양한 파라미터를 설정해서 실행하는 것이 좋다. 예를 들어, 인접 측정값들을 통합할 때 조건부 확률이 종종 부풀려지는데 이는 로봇 근처에 항상 존재하는 모델링되지 않은 종속성이 동반되기 때문이다. 참조 데이터셋을 수집하고 전반적인 결과가 만족될 때까지 알고리즘을 조정하는 것이 좋다. 이는 수학적 모델의 정교함에 상관없이 필요한데, 이유는 (전체 결과에 영향을 주는) 모델링되지 않은 의존관계 변수들과 시스템 노이즈 원인들이 있기 때문이다.

8.6 요약

8장에서는 두 가지 확률론적 로컬화 알고리즘 계열인 그리드 기술 및 몬테카를로 로컬화^{MCL}에 대해 알아봤다.

- 그리드 기술은 히스토그램을 통해 사후확률을 나타낸다.
- 그리드의 낮은 해상도^{coarseness}는 정확도와 계산 효율성을 떨어뜨린다. 거친 그리드의 경우 일반적으로 센서 및 모션 모델을 조정해야 한다. 이는 표현이 거친 상태로 인해 발생하는 결과를 함께 고려하기 위해서다. 정밀한 그리드의 경우 전체 계산을 줄이기 위해 그리드 셀의 선택적 업데이트가 필요할 수도 있다.
- 몬테카를로 로컬화 알고리즘은 입자를 이용한 사후확률을 나타낸다. 정밀도와 계산 비용 간의 절충점은 입자 집합의 크기를 통해 이뤄진다.
- 그리드 로컬화와 몬테카를로 로컬화^{MCL} 알고리즘 모두 로봇의 글로벌 로컬화를 지원한다.
- MCL은 입자를 임의로 추가하는 방법을 통해 납치된 로봇 문제도 해결한다.
- 혼합 MCL 알고리즘은 모든 입자의 일부에 대한 입자 생성 과정을 반전하는 확장 버전이다. 이로 인해 노이즈가 적은 센서가 있는 로봇의 성능이 향상되지만, 좀 더 복잡한 구현은 감수해야 한다.
- KLD 샘플링은 시간 경과에 따라 샘플 집합의 크기를 조정해 입자 필터의 효

율성을 높인다. 시간의 흐름에 따라 빌리프의 복잡도 변화가 큰 경우 이 방법의 장점이 더 커진다.

- 모델링되지 않은 환경 다이내믹스는 센서 데이터를 필터링해 조정할 수 있으며, 유사가능도가 높은 모델 데이터는 모델링되지 않은 객체에 해당한다. 거리 센서를 사용할 때 로봇은 놀라울 만큼 짧은 측정값을 제거하는 경향이 있다.

MCL이 많이 사용되는 이유는 아마도 다음 두 가지 때문일 것이다. MCL은 구현하기 가장 쉬운 로컬화 알고리즘이며, 거의 모든 분포에 근접할 수 있다는 점에서 가장 강력하다.

8.7 참고문헌

그리드 기반 몬테카를로 로컬화는 Simmons and Koenig(1995)에 의해 소개됐으며, 이는 Nourbakhsh et al.(1995)에서 소개한 확실성 인자를 유지하는 관련 방법을 기초로 하고 있다. Simmons and Koenig(1995)에서 로컬화를 위한 히스토그램을 유지하는 많은 기술이 등장했다(Kaelbling et al., 1996). 초기 작업은 그리드 업데이트의 엄청난 계산 오버헤드를 수용하기 위해 비교적 거친 그리드를 사용했지만, Burgard et al.(1996)은 훨씬 더 높은 해상도의 그리드에 대처할 수 있는 선택적 업데이트 기법을 도입했다. 이 방법은 위상 기반의 거친 마르코프 로컬화에서 세부적인 메트릭 로컬화로 바뀌었다. 이 작업에 관한 요약 정리 결과는 Koenig and Simmons(1998), Fox et al.(1999c)을 참고한다.

수년 동안 그리드 기반 기술은 모바일 로봇 로컬화의 최첨단 기술로 여겨졌다. 그리드 기반 마르코프 로컬화의 여러 가지 성공적인 응용 사례가 있다. 예를 들어, Hertzberg and Kirchner(1996)는 하수관에서 작동하는 로봇에 이 기술을 적용했다. Simmons et al.(2000b)은 이 방법을 사용해 사무실 환경에서 로봇을 로컬화했고, Burgard et al.(1999a)은 박물관에서 운영되는 로봇의 위치를 추정하는 알고리즘을 적용했다. Konolige and Chou(1999)는 포즈 가능성을 계산하기 위해 빠른 컨벌루션 기법을 사용해 마르코프 로컬화에 대한 맵 매칭 개념을 도입했다. 글로벌 로컬화와 높은 정밀 추적을 결합한 확장 버전은 Burgard et al.(1998)에서 소개됐으며, 이를 동적 마르코프 로컬화 기술이라고 한다. 장소를 인식하는 것을 배우기 위한 머신 러닝 기술은 Oore et al.(1997)에서 소개됐다. Greiner and Isukapalli(1994)의 관련 연구를 기반으로, Thrun(1998a)은 환경 내의 적절한 랜드마크를 파악하기 위한 구성요소를 학습하는 방식으로 기존 방법을 확장했다. 수학적 프레임워크는 Mahadevan and Khaleeli(1999)에 의해 유사 마르코프 결정 프로세스로 알려진 프레임워크로 확장됐기 때문에 한 셀에서 다른 셀로의 전환이 발생한 정확한 시간을 추론할 수 있었다. 그리드 기반 접근 방법과 칼만 필터링 기술 간의 실험적 비교는 Gutmann et al.(1998)의 연구 결과를 참고한다. Burgard et al.(1997)에서는 그리드 기반 패러다임에 대한 능동적인 로컬화를 소개했으며, 이 연구 결과는 Austin and Jensfelt(2000)와 Jensfelt and Christensen(2001a)을 통해 다중 가설 추적으로 확장됐다. Fox et al.(2000)과 Howard et al.(2003)은 이 접근 방법을 다중 로봇 로컬화 문제에까지 확장했다. 그리드 기반 패러다임에서 벗어나, Jensfelt and Christensen(2001a), Roumeliotis and Bekey(2000), Reuter(2000)는 다중 가설 EKF가 글로벌 로컬화 문제에도 똑같이 적합함을 보였다.

컴퓨터 비전에서 유명한 응축 알고리즘condensation algorithm(Isard and Blake, 1998)에서 영감을 얻어서 Dellaert et al.(1999), Fox et al.(1999a)에서는 모바일 로봇 로컬화를 위한 입자 필터를 최초로 개발했다. 이들의 연구 성과는 몬테카를로 로컬화라고 불리며, 오늘날 로보틱스에서 통용되는 이름이 됐다. 랜덤 샘플을 추가하는 아이디어는 Fox et al.(1999a)이 제시했다. Lenser and Veloso(2000)의 센서 재설정 기술은 가장 최근 측정값만 사용해 많은 입자를 점프 스타트jump-start시켜서 납치된 로봇 문제 해결을 향상했다. 폭스는 이 기술을 기반으로 추가되는 입자 수를 결정하기 위해 증강 MCL 알고리즘을 도입했다(Gutmann and Fox, 2002). 혼합 MCL 알고리즘은 Thrun et al.(2000c)이 처음 소개했으며, van der Merwe et al.(2001)의 연구 결과도 참고하기 바란다. 이 방법은 측정값으로부터 샘플을 생성하기 위한 수학적 기초를 제공했다. 입자 필터의 적응형 버전인 KLD 샘플링은 Fox(2003)에 의해 소개됐다. Jensfelt et al.(2000) 및 Jensfelt and Christensen(2001b)은 피처 기반 맵에 MCL을 적용했으며, Kwok et al.(2004)은 입자의 수를 조정하는 MCL의 실시간 버전을 도입했다. 마지막으로, 카메라를 지닌 로봇에 MCL을 적용한 연구 결과들이 있다(Lenser and Veloso, 2000; Schulz and Fox, 2004; Wolf et al., 2005). 특히 전방위 카메라를 이용한 연구는 Kröse et al.(2002), Vlassis et al.(2002)을 참고한다.

입자 필터는 추적 및 로컬화와 관련된 많은 문제에 사용됐다. Montemerlo et al.(2002b)은 중첩된 입자 필터를 사용해 동시 로컬화 및 사람 추적 문제를 연구했다. 다양한 사람들을 추적하기 위한 입자 필터는 Schulz et al.(2001b)에서 설명됐는데, 어떻게 사람의 움직임을 추적할 수 있는지 보여줬다(Schulz el al., 2001a).

8.8 연습문제

1. d개의 스테이트 변수가 있는 로봇이 있다고 하자. 예를 들어, 자유롭게 비행하는 리지드 로봇의 키네마틱스 스테이트는 보통 $d = 6$이다. 속도가 스테이트 벡터에 포함될 경우 차원은 $d = 12$로 증가한다. 이때 다음 세 가지 로컬화 알고리즘 (1) EKF 로컬화, (2)그리드 로컬화, (3) 몬테카를로 로컬화 각각의 복잡성(업데이트 시간 및 메모리)은 d에 따라 어떻게 증가하는가? $O(\ )$ 표기법을 사용해 왜 대답이 올바른지 설명해보라.

2. 표 7.2의 알고리즘 14행과 15행에 있는 다중 피처 정보 통합의 덧셈 형식에 대해 수학적 유도 과정을 작성해보라.

3. 극한값 $\uparrow \infty$에 대해 식 (8.4)의 정합성을 증명해보라.

4. 본문에서 설명한 것처럼, 몬테카를로 로컬화는 임의의 유한한 샘플 크기에 대해 편향되어 있다. 즉, 알고리즘에 의해 계산된 위치의 기댓값은 실제 기댓값과 차이가 있다. 이 문제에서 이러한 바이어스(편향 정도)를 계량화해보자.

문제를 단순화하기 위해 $X = \{x_1, x_2, x_3, x_4\}$의 네 가지 로봇 위치가 있는 월드가 있다고 가정해보자. 첫 단계로 그 위치들 사이에서 $N \geq 1$ 개수의 샘플을 균일하게 생성한다. X 위치 중 하나에 대해 하나 이상의 샘플이 생성되는 경우라면 아무 문제 없다. 이제 다음과 같은 조건부 확률을 따르는 불리언[Boolean] 센서 변수를 Z로 놓는다.

$$
\begin{aligned}
p(z \mid x_1) &= 0.8 & p(\neg z \mid x_1) &= 0.2 \\
p(z \mid x_2) &= 0.4 & p(\neg z \mid x_2) &= 0.6 \\
p(z \mid x_3) &= 0.1 & p(\neg z \mid x_3) &= 0.9 \\
p(z \mid x_4) &= 0.1 & p(\neg z \mid x_4) &= 0.9
\end{aligned}
$$

MCL은 이러한 확률을 사용해 입자 가중치를 생성한다. 입자 가중치는 다시 정규화되어 리샘플링 과정에서 사용된다. 문제를 간단히 하기 위해 N에 관계없이 리샘플링 과정에서 하나의 새로운 샘플만 생성한다고 가정한다. 이 샘플은 X의 네 위치 중 하나에 해당할 수 있다. 따라서 샘플링 과정은 X에 대한 확률 분포라고 정의한다.

(a) 이 새로운 샘플의 경우 X에 대한 결과 확률 분포는 얼마인가? 이 문제에서 $N = 1, \dots, 10$이다. 그리고 $N = \infty$이다.

(b) 두 확률 분포 p와 q의 차이는 KL 발산을 이용해 측정할 수 있다. KL 발산은 다음과 같이 정의한다.

$$
KL(p, q) = \sum_i p(x_i) \, \log \frac{p(x_i)}{q(x_i)}
$$

(a)의 분포와 실제 사후 분포 간의 KL 발산을 구해보라.

(c) 위의 추정값이 N의 유한한 값에 대해서도 편향되지 않음을 보장하려면 문제에서(알고리즘은 해당되지 않는다!) 어떤 부분이 수정돼야 할까? 최소한 두 가지 수정사항을 제시해보라(두 가지 모두 각각 충분한 설명이 포함돼야 한다).

5. 6.6절에서 설명한 유형의 범위/방위 센서가 장착된 로봇을 생각해보자. 이 문제에서 여러분은 k개의 식별 가능한 랜드마크를 동시에 측정할 수 있는 효율적인 샘플링 절차를 만들어야 한다. 여러분이 만든 알고리즘이 작동한다는 사실을 설명하기 위해 $k = 1, \dots, 5$ 인접 랜드마크를 사용해 다른 랜드마크 설정에 대한

그래프를 그려도 된다. 여러분이 만든 알고리즘의 효율성도 설명해보라.

6. 7장의 연습문제 3에서는 로컬화를 위한 청각 신호를 청취할 수 있는 단순한 수중 로봇을 설명했다. 이 로봇에 대해 그리드 로컬화 알고리즘을 구현해보라. 세 가지 로컬화 문제, 즉 (1) 글로벌 로컬화, (2) 위치 추적, (3) 납치된 로봇 문제의 관점에서 정확도와 실패 모드를 분석해보라.

3부

매핑

09

점유 그리드 매핑

9.1 개요

7장과 8장에서는 로봇의 포즈를 추정하는 낮은 차원의 인식 문제에 확률론적 기법을 어떻게 적용하는지 알아봤다. 우리는 사전에 맵이 로봇에게 주어졌다고 가정했다. 맵이 아프리오리^a ^{priori}하게 사용 가능한 상태이거나 손으로 제작될 수 있으므로, 이러한 가정은 몇몇 실제 애플리케이션에 적합하다. 그러나 어떤 애플리케이션 도메인에서는 아프리오리한 맵을 풍부하게 제공하지 못한다. 놀랍게도 대부분의 건물은 건축가가 만든 청사진이나 설계도를 100% 따르지는 않는다. 그리고 비록 청사진이 정확했다고 해도, 로봇의 관점에서 볼 때 벽과 문처럼 환경의 모양을 결정하는 가구 및 기타 항목까지 담겨 있지는 않을 것이다. 처음부터 맵을 학습할 수 있다면 모바일 로봇을 설치하는 작업을 크게 줄일 수 있으며 로봇이 사람의 지도^{supervision} 없이 변경사항에 적응할 수 있다. 사실 매핑은 진정한 자율 로봇이 되기 위한 핵심 역량 중 하나다.

모바일 로봇으로 맵을 가져오는 일은 매우 어려운데, 다음과 같은 여러 가지 이유 때문이다.

- 가능한 모든 맵의 공간이라는 점에서 가설 공간$^{hypothesis\ space}$은 엄청나게 크

다. 맵은 연속된 공간에서 정의되므로 모든 맵의 공간에는 무한히 많은 차원이 있다. 이 장에서 사용되는 그리드 근사 같은 개별 근삿값에서도 맵은 100,000개가 넘는 변수로 쉽게 설명될 수 있다. 이 고차원 공간의 엄청난 크기 때문에 맵을 통해 전체 사후확률 계산이 어려워진다. 따라서 베이즈 필터링 접근법은 맵의 학습 문제에는 적용할 수 없다. 적어도 여태까지 설명한 단순한 형태는 아니라고 봐야 한다.

- 맵 학습은 '닭이 먼저냐 달걀이 먼저냐' 형태의 문제로, SLAM^{simultaneous localization and mapping}(동시 로컬화 및 매핑) 또는 **동시성 매핑 및 로컬화 문제**라고도 한다. 첫째, 로컬화 문제가 있다. 로봇이 환경을 통과할 때 오도메트리 오차가 축적되어 점차적으로 위치가 불명확해진다. 앞에서 봤듯이 맵을 사용할 수 있을 때 로봇의 포즈를 결정하는 방법이 있다. 둘째, 매핑 문제가 있다. 로봇의 포즈를 알고 있을 때 맵을 작성하는 것도 비교적 쉽다. 이에 관해서는 뒤에서 자세히 설명한다. 그러나 초기 맵과 정확한 포즈 정보가 없는 경우 로봇은 맵을 추정하고 이 맵을 기준으로 자신을 로컬화해야 한다.

물론 모든 매핑 문제가 어려운 것은 아니다. 매핑 문제의 난이도는 여러 요소들에 따라 결정되며, 가장 중요한 요소는 다음과 같다.

- **크기**: 로봇의 인식 범위에 비해 환경이 클수록 맵을 획득하기가 더 어려워진다.
- **인식과 액추에이션 시 발생하는 노이즈**: 로봇 센서와 액추에이터에 노이즈가 없다면 매핑 문제는 간단해질 것이다. 노이즈가 클수록 문제는 더 어려워진다.
- **인식 모호성**: 서로 다른 장소가 더 자주 보일수록 서로 다른 시점에서 서로 다른 위치를 연결하기가 어려워진다.
- **주기/사이클**: 환경의 사이클은 특히 매핑하기가 어렵다. 로봇이 복도를 위아래로 움직이는 경우, 돌아올 때 점진적으로 오도메트리 오차를 수정할 수 있다. 사이클은 로봇이 다른 경로를 통해 돌아가게 하며, 사이클을 닫으면 누적된 오도메트리 오차가 커질 수 있다!

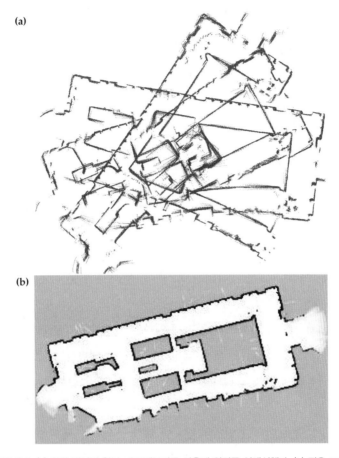

(a)

(b)

그림 9.1 (a) 범위 데이터 원본. 오도메트리를 이용해 위치를 인덱싱했다. (b) 점유 그리드 맵

그림 9.1을 통해 매핑 문제를 좀 더 잘 이해해보자. 큰 실내 환경에서 수집된 데이터셋이 표시된다. 그림 9.1(a)는 로봇의 원시 오도메트리 정보를 사용해 생성됐다. 이 그림의 검은 점은 로봇의 레이저 범위 파인더가 탐지한 장애물에 해당한다. 그림 9.1(b)는 이 장에서 설명할 기술 중 하나인 매핑 알고리즘을 이 데이터에 적용한 결과를 보여준다. 이 예를 통해 문제를 잘 해결할 수 있음을 알 수 있다.

이 장에서는 먼저 로봇 포즈가 알려져 있다는 제한적인 가정하에서 매핑 문제를 연구한다. 바꿔 말하자면, 매핑 과정에서 누군가가 정확한 로봇 경로를 우리에게 알려준다고 가정해 SLAM 문제의 난이도를 파악하는 것이다. 그림 9.2에서는 그래프로

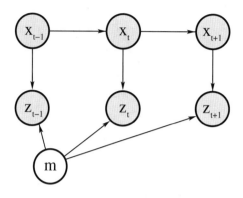

그림 9.2 알려진 포즈로 매핑하는 모델. 회색으로 표시된 변수(포즈 x와 측정값 z)는 이미 알고 있는 것들이다. 맵 m을 복구하는 것이 이 매핑 모델의 목적이다.

설명하고 있는데, 이러한 문제를 '알려진 포즈를 이용한 매핑 문제'라고 한다. 이 장에서는 점유 그리드 매핑occupancy grid mapping이라는 유명한 알고리즘을 자세히 알아볼 것이다. 점유 그리드 매핑은 로봇 포즈가 알려져 있다는 가정하에 노이즈가 섞여 있고 불확실한 측정 데이터로부터 일관된 맵을 생성하는 문제를 해결한다. 점유 그리드의 기본 아이디어는 동일한 간격의 그리드로 배열된 확률 변수 필드로 맵을 표현하는 것이다. 각 확률 변수는 이진 변수이며, 해당 변수가 차지하는 위치에 따라 다르다. 점유 그리드 매핑 알고리즘은 이러한 임의의 변수에 대한 근사화한 사후 추정을 구현한다.

정확한 포즈 정보가 필요한 매핑 기술의 중요성에 대해 궁금할 수도 있을 것이다. 결국, 로봇의 오도메트리는 완벽하지 않다! 점유 그리드 기술의 주요 유틸리티는 사후처리post-processing다. 뒤에서 설명할 SLAM 기술 중 상당수는 경로 플래닝 및 탐색에 적합한 맵을 생성하지 않는다. 점유 그리드 맵은 SLAM 문제를 다른 방법들로 해결하고 결과 경로 추정을 받아들이는 식으로 자주 사용된다.

9.2 점유 그리드 매핑 알고리즘

모든 점유 그리드 매핑 알고리즘의 핵심은 식 (9.1)처럼 데이터가 주어졌을 때 맵에 대한 사후확률을 계산하는 것이다.

$$p(m \mid z_{1:t}, x_{1:t}) \tag{9.1}$$

앞에서와 마찬가지로 m은 맵을, $z_{1:t}$는 시간 t까지의 모든 측정값을, $x_{1:t}$는 모든 포즈의 시퀀스로 정의하는 로봇의 경로를 나타낸다. 제엇값 $u_{1:t}$는 점유 그리드 맵에서 아무 역할도 없다. 왜냐하면 경로를 이미 알고 있기 때문이다. 따라서 이 장에서 제엇값은 무시하기로 한다.

위치의 연속 공간에 대해 정의된 미세 그리드 형태를 보이는 맵일 경우 점유 그리드 맵에 해당한다고 본다. 지금까지 가장 많이 사용된 그리드 맵은 3차원 월드를 2차원 형태로 묘사하는 2차원 평면도다. 2차원 맵은 일반적으로 로봇이 평평한 표면을 탐색할 때 선택되는 방식으로, 센서는 월드를 특정 차원에서 본 결과('슬라이스')만 캡처하는 용도로 로봇에 탑재되어 있다. 점유 그리드 기술은 3차원 표현으로 일반화할 수 있지만 상당한 계산 비용이 든다.

인덱스 i인 그리드 셀을 $\mathbf{m}_i$로 놓자. 점유 그리드 맵은 공간을 매우 많은 그리드 셀로 분할한다. 다음 식을 보자.

$$m \;=\; \{\mathbf{m}_i\} \tag{9.2}$$

각 $\mathbf{m}_i$는 셀의 점유 여부를 지정하는 이진값을 갖는다. 점유 상태인 경우 '1'을, 비어 있을 경우 '0'을 할당한다. 그리드 셀이 점유되어 있을 확률은 $p(\mathbf{m}_i = 1)$ 또는 $p(\mathbf{m}_i)$로 표현한다.

식 (9.1)의 사후확률을 이용하는 문제는 데이터의 차원과 깊은 관련이 있다. 그림 9.1에 표시된 것과 같은 맵상의 그리드 셀의 수는 수만 개에 달한다. 10,000개의 그리드 셀을 가진 맵의 경우 이 맵으로 표시할 수 있는 맵의 수는 $2^{10,000}$이다. 따라서 각 단일 맵에 대한 사후확률 계산이 매우 어렵다.

표준 점유 그리드 방식은 맵의 추정 문제를 여러 개의 부분 문제 모음으로 분할한다. 즉, 식 (9.3)의 추정값을 계산하는 것이다.

$$p(\mathbf{m}_i \mid z_{1:t}, x_{1:t}) \tag{9.3}$$

여기서 $\mathbf{m}_i$는 모든 그리드 셀을 의미한다. 이러한 추정값 문제 각각은 정적 스테이트를 갖는 (결과가 두 가지 중 하나인) 이진 문제다. 이렇게 문제를 분할하면 앞에서 설명한 문제점도 없어질 뿐만 아니라 매우 편리해진다. 특히 주변 셀들 간의 의존 관계를 표현하지 못하게 하는 대신, 마진^{margin} 확률의 곱으로 맵상의 사후확률 근삿값을 구한다. 다음 식을 보자.

$$p(m \mid z_{1:t}, x_{1:t}) \quad = \quad \prod_i p(\mathbf{m}_i \mid z_{1:t}, x_{1:t}) \tag{9.4}$$

9.4절에서 좀 더 개선된 매핑 알고리즘으로 이 문제를 자세히 설명할 것이다. 지금은 편의상 이러한 인수분해 기법을 적용한다는 정도만 알아두자.

인수분해 기법을 통해, 각 그리드 셀에 대한 점유 확률의 추정값은 정적 스테이트를 이용한 이진 추정 문제가 됐다. 이 문제를 위한 필터는 이진 베이즈 필터로, 4.2절에서 이미 설명했다. 알고리즘은 표 4.2를 참고한다. 표 9.1의 알고리즘은 점유 그리드 매핑 문제에 이 필터를 적용했다. 오리지널 필터와 같이, 점유 그리드 매핑 알고리즘은 점유 정도를 표현하기 위해 로그 오즈$^{log\ odds}$를 사용한다.

$$l_{t,i} \quad = \quad \log \frac{p(\mathbf{m}_i \mid z_{1:t}, x_{1:t})}{1 - p(\mathbf{m}_i \mid z_{1:t}, x_{1:t})} \tag{9.5}$$

1:　　　**Algorithm occupancy_grid_mapping($\{l_{t-1,i}\}, x_t, z_t$):**

2:　　　　　*for all cells $\mathbf{m}_i$ do*

3:　　　　　　*if $\mathbf{m}_i$ in perceptual field of z_t then*

4:　　　　　　　$l_{t,i} = l_{t-1,i} +$ **inverse_sensor_model**$(\mathbf{m}_i, x_t, z_t) - l_0$

5:　　　　　　*else*

6:　　　　　　　$l_{t,i} = l_{t-1,i}$

7:　　　　　　*endif*

8:　　　　　*endfor*

9:　　　　　*return $\{l_{t,i}\}$*

표 9.1 이진 베이즈 필터(표 4.2 참조)를 이용하는 점유 그리드 알고리즘

이 식은 4.2절에서 이미 살펴봤다. 확률을 로그 오즈로 표현하면 0 또는 1에 근접하는 확률의 수치적 불안정성$^{numerical\ instability}$을 피할 수 있다는 장점이 있다. 또한 식 (9.6)과 같이 로그 오즈 비율에서 확률값을 쉽게 복원할 수 있다.

$$p(\mathbf{m}_i \mid z_{1:t}, x_{1:t}) \quad = \quad 1 - \frac{1}{1 + \exp\{l_{t,i}\}} \tag{9.6}$$

표 9.1의 **occupancy_grid_mapping** 알고리즘은 모든 그리드 셀 i에 대해 루프 연산을 수행하고, 측정값 z_t의 센서 콘^{cone}에 있는 값들을 업데이트한다. 이 부분은 알고리즘의 4행에 있는 **inverse_sensor_model** 함수를 통해 이뤄진다. 나머지는 알고리즘 6행과 같이 점유율값을 그대로 유지한다. 상수 l_0는 점유의 사전확률로, 식 (9.7)과 같이 로그 오즈 비율로 표현한다.

$$l_0 \quad = \quad \log \frac{p(\mathbf{m}_i = 1)}{p(\mathbf{m}_i = 0)} \quad = \quad \log \frac{p(\mathbf{m}_i)}{1 - p(\mathbf{m}_i)} \tag{9.7}$$

함수 **inverse_sensor_model**은 역 측정값 모델 $p(\mathbf{m}_i \mid z_t, x_t)$를 로그 오즈 형태로 구현한 것이다.

$$\textbf{inverse\_sensor\_model}(\mathbf{m}_i, x_t, z_t) \quad = \quad \log \frac{p(\mathbf{m}_i \mid z_t, x_t)}{1 - p(\mathbf{m}_i \mid z_t, x_t)} \tag{9.8}$$

범위 파인더를 위한 이러한 함수의 다소 간단한 예를 표 9.2와 그림 9.3(a), (b)에 소개했다. 이 모델은 측정된 범위에 가까운 범위의 센서 콘 내의 모든 셀에 l_{occ}의 점유율값을 할당한다. 표 9.2의 알고리즘에서 이 범위의 폭은 파라미터 α에 의해 제어되고 빔의 개방 각은 β로 표시했다. 이 모델이 다소 단순하다는 점에 주목하자. 현재의 구현 결과에서 점유 확률은 일반적으로 측정 콘의 경계에서 약한 값을 보인다.

inverse_sensor_model 알고리즘은 우선 빔 인덱스 k와 셀 $\mathbf{m}_i$의 질량 중심에 대한 범위 r을 결정해 역 모델을 계산한다. 이 계산은 표 9.2 알고리즘의 2~5행에서 수행된다. 앞에서와 마찬가지로 로봇 포즈가 $x_t = (x\ y\ \theta)^T$로 주어진다고 가정한다. 7행에서는 셀이 이 센서 빔의 측정 범위를 벗어날 때마다 또는 탐지된 범위 z_t^k보다 $\alpha/2$ 이상인 경우 로그 오즈 형태의 점유율값을 반환한다. 알고리즘 9행에서 셀의 범위가 감

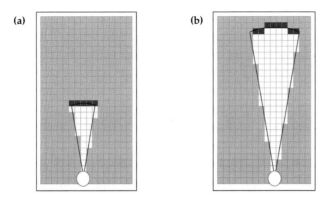

그림 9.3 두 가지 측정 범위에 대한 inverse_range_sensor_model의 예. 점유 유사가능도를 명암으로 표시했다. 이 모델은 약간 단순하다. 구현 결과를 보면 점유 확률은 대체로 측정 콘의 가장자리에서는 약하게 나타난다.

1:          **Algorithm inverse_range_sensor_model($\mathbf{m}_i, x_t, z_t$):**

2:              *Let x_i, y_i be the center-of-mass of $\mathbf{m}_i$*

3:              $r = \sqrt{(x_i - x)^2 + (y_i - y)^2}$

4:              $\phi = \text{atan2}(y_i - y, x_i - x) - \theta$

5:              $k = \text{argmin}_j |\phi - \theta_{j,\text{sens}}|$

6:              *if* $r > \min(z_{\max}, z_t^k + \alpha/2)$ *or* $|\phi - \theta_{k,\text{sens}}| > \beta/2$ *then*

7:                  *return* l_0

8:              *if* $z_t^k < z_{\max}$ *and* $|r - z_t^k| < \alpha/2$

9:                  *return* l_{occ}

10:             *if* $r \leq z_t^k$

11:                 *return* l_{free}

12:             *endif*

표 9.2 범위 파인더를 이용하는 로봇을 위한 간단한 역 측정값 모델. 여기서 α는 장애물의 두께를, β는 센서 빔의 너비를 의미한다. 9행과 11행의 l_{occ}, l_{free}는 판독값이 다른 두 가지 경우에 대한 증거의 양을 나타낸다.

지된 범위 z_t^k의 $\pm\alpha/2$ 이내에 있으면 $l_{\text{occ}} > l_0$를 반환한다. 셀 범위가 측정된 범위보다 $\alpha/2$ 이상 짧으면 $l_{\text{free}} < l_0$를 반환한다. 그림 9.3의 (a)와 (b)는 콘에 대한 소나 빔 계산 결과의 예다.

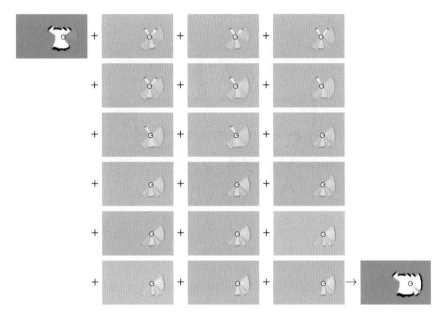

그림 9.4 회랑 환경에서 초음파 데이터를 사용한 점유 그리드 맵의 점진적 학습의 예. 왼쪽 위 이미지는 초기 맵이고, 오른쪽 아래 이미지는 결과 맵이다. 2∼4열의 맵은 역 센서 모델로 작성된 로컬 맵이다. 반경 2.5m 이상의 측정값은 고려하지 않았다. 각 콘의 개방 각은 15도다. 출처: Cyrill Stachniss, University of Freiburg

그림 9.4에서는 초음파 센서에 대한 역 센서 모델의 일반적인 적용 사례를 보여준다. 초기 맵으로 시작해서 로봇은 역 모델을 사용해 생성된 로컬 맵을 통합하여 맵을 연속적으로 확장한다. 동일한 환경에 이 모델을 사용해 얻은 더 큰 점유 그리드 맵은 그림 9.5를 통해 확인하기 바란다.

그림 9.6은 대형 오픈 전시홀의 청사진 옆에 있는 예제 맵을 보여준다. 아울러 이 결과는 로봇이 획득한 점유율 맵과 관련이 있다. 맵은 몇 분 동안 수집된 레이저 범위 데이터를 사용해 생성됐다. 점유도 맵의 그레이 레벨은 고르게 분포되어 있는 그리드의 점유 사후확률을 나타낸다. 그리드 셀이 어두울수록 점유 확률이 높다. 점유 맵은 본질적으로 확률이지만, 1과 0 같은 극단적인 사후확률에 가까운 추정값으로 빠르게 수렴하는 경향이 있다. 학습된 맵과 청사진을 비교해, 점유 그리드 맵은 모든 주요 구조 요소와 장애물을 보여준다. 이는 레이저의 높이에서 보이는 그대로다. 자세히 살펴보면, 청사진과 실제 환경 구성 간에 약간 다른 점을 발견할 수 있을 것이다.

그림 9.5 초음파 측정값을 바탕으로 구축한 오피스 환경의 점유 확률 맵. 출처: Cyrill Stachniss, University of Freiburg

그림 9.7은 원시 데이터셋과 이 데이터에서 생성된 점유 그리드 맵의 비교 결과다. (a)의 데이터는 SLAM 알고리즘으로 전처리했고 이를 통해 포즈가 정렬된다. 일부 데이터는 사람들 때문에 손상됐다. 점유 그리드 맵은 사람을 아주 잘 필터링한다. 이런 이유로 점유 그리드 맵은 스캔 엔드포인트 데이터셋보다 로봇 내비게이션에 훨씬 더 잘 맞춰진다. 문제는 원시 센서 엔드포인트를 바탕으로 만들어진 플래닝 모델은 넓게 흩어져 있는 장애물을 통과하는 데 어려움을 겪는다는 점이다. 관련 셀이 점유되어 있지 않은 것이 점유되어 있는 것보다 더 높은 가중치를 갖는다 해도 말이다.

우리가 만든 알고리즘은 센서 측정값만으로 점유 여부를 판단한다. 기존의 정보 대신 로봇 자체가 제시하는 공간을 사용한다. 로봇의 포즈가 x_t이면 x_t를 둘러싼 범위를 탐색할 수 있어야 한다. 표 9.2의 역 측정 알고리즘은 x_t에서 로봇이 점유하는 모든 그리드 셀에 큰 음수를 반환함으로써 이 정보를 통합하도록 쉽게 수정할 수 있다. 실제로 맵을 생성할 때 특히 매핑 중에 환경이 채워진 경우 로봇의 볼륨을 통합하는 것이 좋다.

9.2.1 멀티센서 퓨전

로봇은 종종 두 가지 유형 이상의 센서를 갖추고 있다. 따라서 하나 이상의 센서 정보를 단일 맵에 통합하는 것을 자연스러운 목표로 볼 수 있다. 여러 센서의 데이터를 최

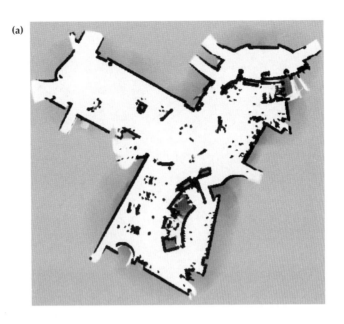

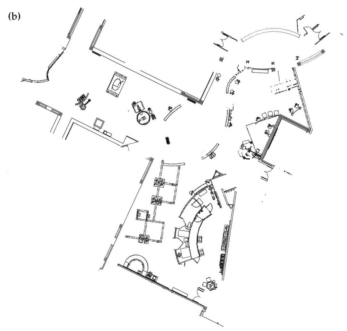

그림 9.6 (a) 점유 그리드 맵, (b) 대형 오픈 전시 공간의 건축 청사진. 특정 장소에서 청사진이 명확하지 않게 보이는 점을 주의 깊게 보기 바란다.

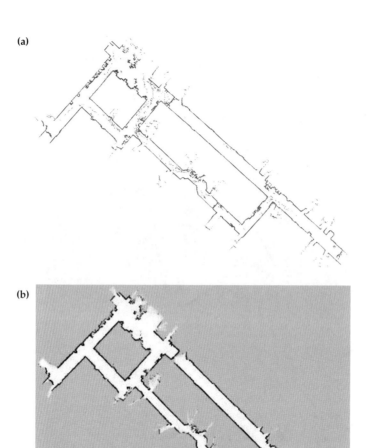

(a)

(b)

그림 9.7 (a) 포즈 정보가 수정된 원시 레이저 범위 데이터. 각 점은 장애물 탐지를 나타낸다. 대부분의 장애물은 (벽처럼) 정적이다. 하지만 일부 장애물은 동적인데, 이는 사람들이 데이터 수집 중에 로봇과 가까운 곳에서 걸었기 때문이다. 출처: Steffen Gutmann. (b) 데이터를 통해 구축된 점유 그리드 맵. 그레이 스케일은 사후확률을 나타낸다. 검은색은 높은 확실도를 의미하며, 흰색은 비어 있을 확률이 높음을 의미한다. 회색 배경색은 사전 확률을 나타낸다.

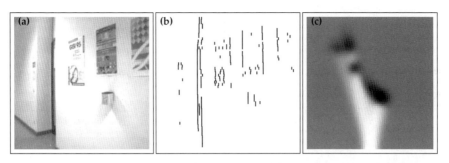

그림 9.8 스테레오 비전을 이용한 점유 맵 추정: (a) 카메라 이미지, (b) 희소 디스패리티 맵, (c) 불일치 이미지를 2차원 평면에 투영하고 그 결과를 가우시안으로 컨벌루션해서 얻은 점유 맵. 출처: Thorsten Fröhlinghaus

적으로 어떻게 통합할 것인지는 센서의 특성이 다른 경우 특히 유용하다. 그림 9.8은 디스패리티^{disparity} 결과가 평면에 투영되고 가우시안으로 컨벌루션 계산을 거친 스테레오 비전 시스템으로 구축한 점유 맵의 예다. 스테레오의 특성은 소나 기반 범위 파인더의 특성과 다르며, 여러 유형의 장애물에 민감하다.

베이즈 필터로 여러 센서의 데이터를 통합하는 것은 쉬운 일이 아니다. 아주 기본적이고 단순한 해결책으로 여러 가지 센서 방식을 이용해 표 9.1의 **occupancy_grid_mapping** 알고리즘을 실행하는 방법이 있다. 그러나 이 방법은 분명한 단점이 있다. 각기 다른 센서가 각기 다른 유형의 장애물을 탐지하면 베이즈 필터링 결과가 잘못 정의된다. 예를 들어, 한 센서 유형에서는 인식할 수 있지만 다른 센서 유형에서는 인식할 수 없는 장애물을 생각해보자. 이때 이 두 센서 유형은 상충되는 정보를 생성할 것이며 결과 맵은 다른 센서 시스템에서 제공받은 증거의 양에 따라 달라질 것이다. 셀의 점유 여부는 다른 센서가 폴링^{polling}되는 상대적인 빈도에 따라 달라지므로 일반적으로 바람직하지 않다.

여러 센서의 정보를 통합할 때 널리 사용되는 방법으로 각 센서 유형에 대해 별도의 맵을 작성하고 적절한 조합 기능을 사용해 통합하는 방법이 있다. $m^k = \{\mathbf{m}_i^k\}$가 k번째 센서 유형에 의해 구축된 맵을 나타내도록 하자. 센서의 측정값이 서로 독립적이라면 드모르간의 법칙^{De Morgan's law}을 사용해 센서를 직접 결합할 수 있다. 다음 식을 보자.

$$p(\mathbf{m}_i) \;=\; 1 - \prod_k \left(1 - p(\mathbf{m}_i^k)\right) \tag{9.9}$$

이를 식 (9.10)과 같이 모든 맵에 대해 최대가 되는 k를 계산하는 형태로 표현할 수도 있다.

$$p(\mathbf{m}_i) \;=\; \max_k \; p(\mathbf{m}_i^k) \tag{9.10}$$

이는 각 구성요소에 대해 가장 비관적인 추정값임을 내포하고 있다. 센서별 맵 중 어느 하나라도 그리드 셀이 사용됐다고 표시되면 결합된 맵도 함께 표시된다.

9.3 역 측정 모델 학습

9.3.1 측정 모델의 역변환

점유 그리드 매핑 알고리즘은 주변화^{marginalization}한 역 측정 모델^{inverse measurement model} $p(\mathbf{m}_i \mid x,\, z)$를 필요로 한다. 이 확률을 '역^{inverse}'이라고 부르는 이유는 결과에서 원인을 유추하기 때문이다. 즉 이 월드에서 얻은 측정값에 따른 월드의 정보를 얻는다는 의미다. 이를 위해 i번째 그리드 셀에 대한 마진 확률을 구한다. 전체 역확률은 $p(m \mid x,\, z)$가 될 것이다. 기본 알고리즘을 살펴보면, 역 모델 계산에 필요한 애드혹 프로시저를 표 9.2에서 이미 공부했음을 알 수 있다. 그렇다면 측정 모델을 바탕으로 조금 더 원칙에 가까운 방법을 통해 역모델을 구할 수 있을까?

이에 대한 답은 긍정적이지만 언뜻 보기에는 그리 쉽지 않다. 베이즈 법칙을 정리해보면 다음과 같다.

$$
\begin{aligned}
p(m \mid x, z) &= \frac{p(z \mid x, m)\; p(m \mid x)}{p(z \mid x)} \\[4pt]
&= \eta\; p(z \mid x, m)\; p(m)
\end{aligned}
\tag{9.11}
$$

여기서 암묵적으로 $p(m \mid x) = p(m)$이라고 가정한다. 따라서 로봇의 포즈는 맵에 대해 아무것도 알려주지 않는다. 이는 우리가 편의상 설정한 가정이다. 우리의 목표가한 번에 전체 맵에 대한 역 모델을 계산하는 것이라면 이 정도면 된다. 그러나 점유 그리드 매핑 알고리즘은 그리드 셀 $\mathbf{m}_i$ 각각에 대한 마진을 계산해서 맵의 사후확률을 근사화한다. i번째 그리드 셀에 대한 역 모델은 i번째 그리드 셀의 마진 확률을 가지고 구한다.

$$p(\mathbf{m}_i \mid x, z) = \eta \sum_{m:m(i)=\mathbf{m}_i} p(z \mid x, m)\, p(m) \tag{9.12}$$

이 식은 그리드 셀 i의 점유율값이 $\mathbf{m}_i$인 모든 맵 m에 대한 합을 계산한다. 모든 맵의 공간이 너무 크기 때문에 이 합계를 계산하는 것은 불가능하다.

이제 이 식을 근사화하는 알고리즘을 자세히 알아보자. 이 알고리즘은 측정 모델로부터 샘플을 생성하고, 로지스틱 회귀logistic regression 또는 신경망neural network 같은 지도 학습 알고리즘supervised learning algorithm을 사용한 역변환 근사화 작업들이 포함돼 있다.

9.3.2 포워드 모델에서의 샘플링

기본 아이디어는 간단하고 상당히 포괄적이다. 모든 그리드 셀 $\mathbf{m}_i$에 대해 포즈 $x_t^{[k]}$, 측정값 $z_t^{[k]}$, 맵 점유율값 $\mathbf{m}_i^{[k]}$를 만들 수 있으면 입력값으로 측정값 z와 포즈 x를 받아서 $\mathbf{m}_i$에 대한 점유 확률을 결과로 리턴한다.

$(x_t^{[k]}\, z_t^{[k]}\, \mathbf{m}_i^{[k]})$의 샘플은 다음 절차를 거쳐서 생성된다.

1. 임의의 맵 $m^{[k]} \sim p(m)$을 샘플링한다. $p(m)$으로 표현되고 데이터베이스에서 맵을 임의로 생성하는 맵의 데이터베이스가 이미 있을 수도 있다.

2. 맵 안에서 포즈 $x_t^{[k]}$를 샘플링한다. 포즈는 균일하게 분포한다고 가정할 수 있다.

3. 측정값 $z_t^{[k]} \sim p(z \mid x_t^{[k]}, m^{[k]})$를 샘플링한다. 이 샘플링 단계는 센서 측정을 확률적으로 시뮬레이션하는 로봇 시뮬레이터를 연상시킨다.

4. 맵 m에서 목표 그리드 셀에 대해 원하는 '실제' 점유율값 $\mathbf{m}_i$를 추출한다.

결과는 표본 포즈값 $x_t^{[k]}$, 측정값 $z_t^{[k]}$ 및 그리드 셀 $\mathbf{m}_i$의 점유율값이다. 이 샘플링 단계를 반복적으로 적용하면 다음과 같은 데이터셋이 산출된다.

$$
\begin{array}{ccc}
x_t^{[1]} & z_t^{[1]} & \longrightarrow \quad \mathrm{occ}(\mathbf{m}_i)^{[1]} \\
x_t^{[2]} & z_t^{[2]} & \longrightarrow \quad \mathrm{occ}(\mathbf{m}_i)^{[2]} \\
x_t^{[3]} & z_t^{[3]} & \longrightarrow \quad \mathrm{occ}(\mathbf{m}_i)^{[3]} \\
\vdots & \vdots & \qquad\quad \vdots
\end{array}
$$

이 세 쌍은 원하는 조건부 확률 $p(\mathbf{m}_i \mid z, x)$를 근사화하는 지도 학습 알고리즘의 트레이닝 데이터training example로 사용될 수 있다. 여기서 측정값 z 및 포즈 x는 입력 변수이고, 점유율값 $\mathrm{occ}(\mathbf{m}_i)$는 학습 알고리즘의 출력 대상이다.

이 방법은 역 센서 모델의 경우에 대해 알고 있는 여러 가지 속성을 활용하지 못하기 때문에 다소 비효율적이다.

- 측정값은 인식 범위 밖에 있는 그리드 셀에 대한 정보를 갖고 있어야 한다. 여기서 두 가지 의미를 찾을 수 있다. 첫째, 우리가 셀 $\mathbf{m}_i$가 실제로 측정 콘 내부에 있는 세 쌍의 샘플 생성 과정에 집중할 수 있다. 둘째, 이 셀의 예측값을 계산할 때 학습 알고리즘에 대한 입력으로 측정값 z(예를 들어, 주변 빔)에 데이터의 서브셋을 사용하면 된다.

- 측정값을 얻을 때 로봇 또는 그리드 셀의 절대 좌표 관점에서 센서의 특징은 변하지 않는다. 상대 좌표만 중요하다. 로봇 포즈를 $x_t = (x \ y \ \theta)^T$로 놓고 그리드 셀의 좌표를 $\mathbf{m}_i = (x_{\mathbf{m}_i} \ y_{\mathbf{m}_i})^T$로 놓으면 다음 변환 및 회전식을 통해 그리드 셀의 좌표가 로봇의 로컬 참조 프레임에 매핑된다.

$$
\begin{pmatrix} \cos\theta & -\sin\theta \\ \sin\theta & \cos\theta \end{pmatrix} \begin{pmatrix} x_{\mathbf{m}_i} - x \\ y_{\mathbf{m}_i} - y \end{pmatrix}
$$

  범위 파인더의 원 모양의 배열을 가진 로봇에서는 우리에게 익숙한 극좌표계(범위 및 방위)를 사용해 그리드 셀의 상대적 위치를 인코딩하는 것이 좋다.

- 주변 그리드 셀은 역 센서 모델이 적용된 경우 결과에 대한 해석이 비슷하게 나와야 한다. 이러한 스무드니스smoothness는 각 그리드 셀에 대한 별도의 기능을 학습하기보다는 그리드 셀의 좌표가 입력으로 기능하는 단일 기능을 학습하는 편이 더 유용할 수 있음을 의미한다.

- 로봇이 기능 면에서 동일한 센서를 보유하고 있다면 역 센서 모델은 이러한 센서들에서 상호 교체가 가능해야 한다. 원거리 범위 센서 배열이 장착된 로봇의 경우, 결과 센서 빔은 동일한 역 센서 모델을 특징으로 한다.

이러한 불변값을 강제로 적용하는 가장 기본적인 방법은 적절한 입력 변수를 선택해 학습 알고리즘에 제약을 가하는 것이다. 입력 변수를 잘 선택하고 싶으면 상대적인 포즈 정보를 이용하면 된다. 그러면 학습 알고리즘이 절대 좌표상에서 의사결정을 내릴 수 없게 된다. 점유 예측과 관련이 없는 것으로 알려진 센서 측정을 생략하고 예측을 센서의 인식 필드 내부의 그리드 셀에 한정하는 것도 좋은 아이디어다. 이러한 불변성을 이용함으로써 트레이닝 데이터셋 크기를 상당히 줄일 수 있다.

9.3.3 오차 함수

학습 알고리즘을 트레이닝시키기 위해서는 근사화 오차 함수가 필요하다. 대표적인 예로 역전파^{backpropagation} 알고리즘으로 학습한 인공 신경망 모델이 있다. 역전파 알고리즘은 파라미터 공간에서 그레이디언트 하강$^{gradient\ descent}$을 이용해 신경망$^{neural\ network}$ 모델을 학습한다. 네트워크의 실제 출력과 원하는 출력 간의 '불일치'를 측정하는 오차 함수가 있으면 역전파 알고리즘은 타깃 함수의 1차 도함수와 신경망의 파라미터를 계산한 다음 파라미터를 그레이디언트의 반대 방향으로 조정해 오찻값을 줄여나간다. 여기서 어떤 오차 함수를 사용할 것인지를 결정할 필요가 있다.

일반적인 방법은 트레이닝 데이터의 로그 유사가능도를 최대화하도록 학습 알고리즘을 트레이닝시키는 것이다. 좀 더 구체적으로 다음과 같은 형태의 트레이닝 데이터가 주어졌다고 해보자.

$$
\begin{aligned}
\text{input}^{[1]} &\longrightarrow \text{occ}(\mathbf{m}_i)^{[1]} \\
\text{input}^{[2]} &\longrightarrow \text{occ}(\mathbf{m}_i)^{[2]} \\
\text{input}^{[3]} &\longrightarrow \text{occ}(\mathbf{m}_i)^{[3]} \\
&\ \ \vdots \qquad\qquad \vdots
\end{aligned}
\tag{9.13}
$$

여기서 $\text{occ}(\mathbf{m}_i)^{[k]}$는 기대하는 조건부 확률의 k번째 샘플이고, $\text{input}^{[k]}$는 학습 알고리

즘의 입력값이다. 입력값의 정확한 형태는 이미 알고 있는 불변성을 인코딩한 결과에 따라 달라질 수 있다. 그러나 이 벡터의 본질과 오차 함수의 형태는 아무 상관이 없다.

학습 알고리즘의 파라미터를 W로 놓자. 트레이닝 데이터 각각은 독립적으로 생성 됐다고 가정했을 때 트레이닝 데이터의 유사가능도는 식 (9.14)로 정의할 수 있다.

$$\prod_k p(\mathbf{m}_i^{[k]} \mid \text{input}^{[k]}, W) \tag{9.14}$$

여기에 음의 로그를 취하면 식 (9.15)로 정리할 수 있다.

$$J(W) \quad = \quad -\sum_k \log p(\mathbf{m}_i^{[k]} \mid \text{input}^{[k]}, W) \tag{9.15}$$

여기서 트레이닝 과정에서 최소화해야 하는 함수를 J로 정의한다.

학습 알고리즘을 $f(\text{input}^{[k]}, W)$로 놓자. 이 함수의 결괏값은 구간 $[0; 1]$의 실숫값 이다. 트레이닝 완료 후, 학습 알고리즘의 출력은 다음과 같은 점유 확률이다.

$$p(\mathbf{m}_i^{[k]} \mid \text{input}^{[k]}, W) \quad = \quad \begin{cases} f(\text{input}^{[k]}, W) & \text{if } \mathbf{m}_i^{[k]} = 1 \\ 1 - f(\text{input}^{[k]}, W) & \text{if } \mathbf{m}_i^{[k]} = 0 \end{cases} \tag{9.16}$$

따라서 W를 조정해 예측된 확률과 트레이닝 데이터에 의해 전달된 확률의 편차를 최 소화하는 오차 함수를 찾는다. 이를 위해 식 (9.16)을 다음과 같이 다시 써보자.

$$p(\mathbf{m}_i^{[k]} \mid \text{input}^{[k]}, W) \quad = \quad f(\text{input}^{[k]}, W)^{\mathbf{m}_i^{[k]}} (1 - f(\text{input}^{[k]}, W))^{1 - \mathbf{m}_i^{[k]}} \tag{9.17}$$

이 곱셈식과 식 (9.16)이 동일함을 쉽게 알 수 있다. 식 (9.17)의 우변에서 지수 중 하 나가 0이므로 둘 중 하나는 항상 1이다. 식 (9.15)에 식 (9.17)의 우변 항을 대입하고 결과에 -1을 곱하면 식 (9.18)의 함수를 얻을 수 있다.

$$
\begin{aligned}
J(W) \quad &= \quad -\sum_k \log \left[f(\text{input}^{[k]}, W)^{\mathbf{m}_i^{[k]}} (1 - f(\text{input}^{[k]}, W))^{1 - \mathbf{m}_i^{[k]}} \right] \\
&= \quad -\sum_k \mathbf{m}_i^{[k]} \log f(\text{input}^{[k]}, W) + (1 - \mathbf{m}_i^{[k]}) \log(1 - f(\text{input}^{[k]}, W))
\end{aligned}
\tag{9.18}
$$

$J(W)$는 학습 알고리즘을 트레이닝시킬 때 최소화해야 하는 오차 함수다. 파라미터 조정을 위해 그레이디언트 하강을 사용하는 모든 알고리즘에 쉽게 적용된다.

9.3.4 예제 및 추가 고려사항

그림 9.9는 역 센서 모델을 모방하도록 트레이닝된 인공 신경망의 결과를 보여준다. 이 예제의 로봇에는 대략적인 테이블 높이에 장착된 원형 소나 범위 센서 배열이 장착되어 있다. 네트워크에 대한 입력은 5개의 인접 범위 측정 집합과 함께 타깃 셀의 상대 범위 및 방위다. 출력은 점유 확률이다. 셀이 어두울수록 점유 확률이 높다. 이 예제에서 알 수 있듯이 이 방법은 비점유 공간과 점유 공간을 구별하도록 올바르게 트레이닝시킨다. 장애물 뒤에 있는 균일한 회색 영역은 점유도 그리드 매핑 알고리즘에 사용될 때 변경되지 않는 이전 점유 확률과 일치한다. 그림 9.9(b)는 왼쪽 아래에 결함이 있는 짧은 판독값을 포함하고 있다. 여기서 한 번 읽은 것으로는 높은 확률로 장애물을 예측하기에는 불충분한 것 같다.

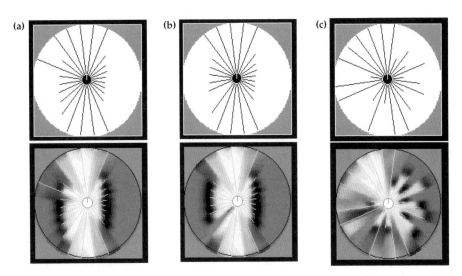

그림 9.9 데이터로부터 학습한 역 센서 모델. 신경망을 통해 생성된 세 가지 소나 스캔(위쪽 3개) 및 로컬 점유 맵(아래쪽 3개). 밝은 영역은 점유되지 않은 공간을 나타낸다. 어두운 영역은 벽, 장애물 등을 의미한다(로봇의 반경으로 더 확대됐음).

포워드 모델^{forward model}의 시뮬레이션된 데이터 대신 로봇이 수집한 실제 데이터를
사용해 함수 근사화를 트레이닝하는 방법은 여러 가지가 있다. 일반적으로 이것은 측
정 모델이 필연적으로 근삿값이기 때문에 학습에 사용할 수 있는 가장 정확한 데이터
다. 이러한 방법 중 하나는 알려진 맵이 있는 알려진 환경에서 로봇이 작동하는 것이
다. 마르코프 로컬화를 통해 로봇을 로컬화한 다음 실제 기록된 측정값과 알려진 맵
점유율을 사용해 트레이닝 샘플을 조합할 수 있다. 근사 맵으로 시작하고, 학습된 센
서 모델을 사용해 더 나은 맵을 생성하고, 역 측정 모델을 개선하기 위해 방금 설명한
절차를 사용할 수도 있다.

9.4 최대 사후확률 점유 매핑

9.4.1 의존관계가 유지되는 경우

이제 점유 그리드 매핑 알고리즘의 가장 기본적인 가정 중 하나를 다시 생각해보자.
9.2절에서는 모든 맵의 고차원 공간에서 정의된 맵 추론 문제를 단일 셀 매핑 문제 모
음으로 안전하게 분해할 수 있다고 가정했다. 이 가정은 식 (9.4)를 통해 최댓값을 구
할 수 있게 했다. 다음 식을 보자.

$$p(m \mid z_{1:t}, x_{1:t}) \quad = \quad \prod_i p(\mathbf{m}_i \mid z_{1:t}, x_{1:t}) \tag{9.19}$$

이렇게 강력하게 분해하는 알고리즘이 결과도 그만큼 충실한지 여부는 살펴볼 필요
가 있다.

그림 9.10은 이 인수분해 결과로 인해 발생하는 문제를 보여준다. 벽에 붙어 있는
로봇이 2개의 노이즈 없는 소나 범위 측정을 받는 상황이다. 인수분해 접근법은 측정
범위에서 전체 아크^{arc}를 따라 대상물을 예측하기 때문에 이 아크를 따라 모든 그리드
셀의 점유율값이 증가한다. 그림 9.10(c), (d)에 표시된 두 가지 측정값을 결합하면 그
림 9.10(e)와 같이 충돌이 발생한다. 표준 점유 그리드 매핑 알고리즘은 점유에 대한
긍정적 증거와 부정적 증거를 요약해 이 충돌을 '해결'한다. 그러나 결과는 두 가지 측

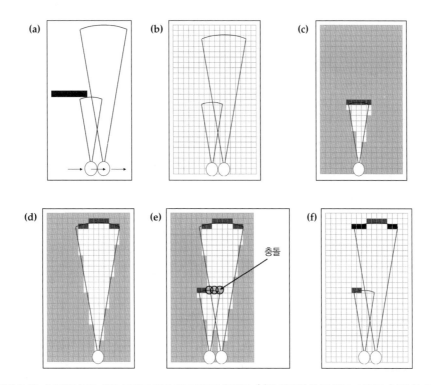

그림 9.10 9.2절의 표준 점유 그리드 매핑 알고리즘의 문제점: (a)의 환경에서 통과하는 로봇은 (b)의 (노이즈 없는) 측정을 수신할 수 있다. 팩토리얼(factorial) 접근법은 (c)와 (d)에서와 같이 각 그리드 셀과 각 빔에 대해 별도로 이 빔을 확률 맵에 매핑한다. 두 해석을 결합하면 (e)에 표시된 맵이 만들어진다. 분명히 (e)의 원으로 표시된 중복 영역에 충돌이 있다. 흥미로운 점은 다이어그램 (f)에 있는 것과 같은 충돌이 없는 센서 측정을 완벽하게 설명하는 맵이 있다는 것이다. 센서 판독값을 설명하기 위해서는 측정 콘의 어딘가에 장애물이 있다고 생각하면 충분하다.

정 유형의 상대적 빈도를 반영하므로 바람직하지 않다.

그러나 그림 9.10(f)와 같은 충돌이 없는 센서 측정을 완벽하게 설명하는 맵이 있다. 이는 센서 판독값을 설명하기 위해 측정 콘에 장애물이 있다고 가정하기에 충분하기 때문이다. 콘들이 여러 그리드 셀을 휩쓸고 지나간다는 사실은 그리드 셀 사이에 중요한 의존 관계가 있음을 의미한다. 매핑 문제를 수천 개의 그리드 셀 추정 문제로 분해할 경우, 이러한 셀 사이의 의존 관계를 고려하지 못하게 된다.

```
1:      Algorithm MAP_occupancy_grid_mapping($x_{1:t}, z_{1:t}$):
2:          set $m = \{0\}$
3:          repeat until convergence
4:              for all cells $\mathbf{m}_i$ do
5:                  $m_i = \underset{k=0,1}{\operatorname{argmax}} \ k \, l_0 + \sum_t \log$
                        measurement_model($z_t, x_t, m$ with $\mathbf{m}_i = k$)
6:              endfor
7:          endrepeat
8:          return $m$
```

표 9.3 역 모델 대신 기존 측정 모델을 사용하는 최대 사후 점유 그리드 알고리즘

9.4.2 포워드 모델을 이용한 점유 그리드 매핑

전체 사후확률 대신 사후확률의 모드를 결과로 계산하는 알고리즘에서 이러한 의존 관계를 활용한다. 모드는 맵 사후확률에 로그를 취한 값 중 최댓값으로 정의한다.

$$m^* \quad = \quad \underset{m}{\operatorname{argmax}} \ \log p(m \mid z_{1:t}, x_{1:t}) \tag{9.20}$$

맵 사전확률과 측정값 유사가능도(식 (9.11) 참고)를 이용해 맵 사후확률을 구한다.

$$\log p(m \mid z_{1:t}, x_{1:t}) \quad = \quad 상수 \ + \ \log p(z_{1:t} \mid x_{1:t}, m) \ + \ \log p(m) \tag{9.21}$$

로그 유사가능도 $\log p(z_{1:t} \mid x_{1:t}, m)$은 개별 측정 로그 유사가능도의 합계로 분해할 수 있다.

$$\log p(z_{1:t} \mid x_{1:t}, m) \quad = \quad \sum \log p(z_t \mid x_t, m) \tag{9.22}$$

더 나아가 로그 사전확률도 분해할 수 있다. 임의의 맵 m의 사전확률은 다음과 같은 곱셈식으로 주어진다는 것을 알 수 있다.

$$p(m) \quad = \quad \prod_i p(\mathbf{m})^{\mathbf{m}_i} \, (1 - p(\mathbf{m}))^{1 - \mathbf{m}_i} \tag{9.23}$$

$$= (1 - p(\mathbf{m}))^N \prod_i p(\mathbf{m})^{\mathbf{m}_i} (1 - p(\mathbf{m}))^{-\mathbf{m}_i}$$

$$= \eta \prod_i p(\mathbf{m})^{\mathbf{m}_i} (1 - p(\mathbf{m}))^{-\mathbf{m}_i}$$

여기서 $p(\mathbf{m})$은 사전 점유 확률(예를 들어, $p(\mathbf{m}) = 0.5$)이고, N은 맵 내 그리드 셀의 수다. 식 $(1 - p(\mathbf{m}))^N$은 단순 상수이며, 평소와 같이 일반 기호 η로 대체한다.

이는 사전확률의 로그 버전을 의미한다.

$$\log p(m) = 상수 + \sum_i \mathbf{m}_i \log p(\mathbf{m}) - \mathbf{m}_i \log(1 - p(\mathbf{m})) \qquad (9.24)$$

$$= 상수 + \sum_i \mathbf{m}_i \log \frac{p(\mathbf{m})}{1 - p(\mathbf{m})}$$

$$= 상수 + \sum_i \mathbf{m}_i l_0$$

상수 l_0는 식 (9.7)을 적용한다. $N \log(1 - p(\mathbf{m}_i))$는 맵과는 명백히 독립적이다. 따라서 나머지 부분과 데이터 로그 유사가능도를 최적화하는 것으로 충분하다.

$$m^* = \underset{m}{\mathrm{argmax}} \sum_t \log p(z_t \mid x_t, m) + l_0 \sum_i \mathbf{m}_i \qquad (9.25)$$

이 로그 확률을 최대화하기 위한 힐 클라이밍$^{\text{hill-climbing}}$ 알고리즘은 표 9.3에 있다. 이 알고리즘은 전체가 비점유 상태인 맵으로 시작한다(2행). 알고리즘 4~6행에서 점유 상태가 데이터의 유사가능도를 증가시킬 때 그리드 셀의 점유율값을 '변경한다'. 이 알고리즘의 경우 점유 상태의 사전확률 $p(\mathbf{m}_i)$가 1에 너무 가깝지 않아야 한다. 그렇지 않으면 모든 맵이 점유됐다고 리턴할 수 있다. 모든 힐 클라이밍 알고리즘처럼 이 방법은 (글로벌 최댓값$^{\text{global maximum}}$이 아닌) 극대값$^{\text{local maximum}}$을 찾도록 보장한다. 실제로는 대개 극대값은 거의 없다.

그림 9.11은 MAP 점유 그리드 알고리즘의 결과를 보여준다. 그림 9.11(a)는 열린 문을 지나가는 로봇의 노이즈 없는 데이터셋을 나타낸다. 소나 측정값 중 일부는 열린 문을 감지하지만 그 밖의 측정값은 문 앞에서 반사된다. 그림 9.11(b)에서 보듯이

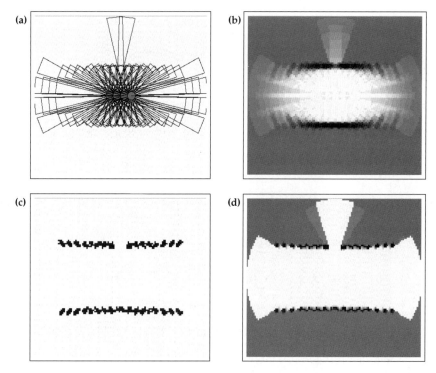

그림 9.11 (a) 노이즈 없는 시뮬레이션의 소나 범위 측정, (b) 열린 문이 없는 표준 점유 매핑 알고리즘의 결과, (c) 최대 사후 맵, (d) 개별 그리드 셀에 대한 맵 유사가능도 함수의 민감도를 측정해 얻은 이 맵의 잔차 불확실도. 이 맵은 문을 분명히 보여주며 양쪽 끝에 평평한 벽을 포함한다.

역 모델을 사용하는 표준 점유 매핑 알고리즘은 문이 열린 상태를 포착하지 못한다. 사후확률 모드는 그림 9.11(c)에 나와 있다. 이 맵은 문이 열린 것을 올바르게 모델링하므로 표준 점유 그리드 맵 알고리즘보다 로봇 탐색에 더 적합하다. 그림 9.11(d)는 이 맵의 잔차 불확실도를 보여준다. 이 그림은 셀 단위의 민감도 분석 결과다. 그리드 셀이 점유 상태로 변경됐을 때 로그 유사가능도 함수가 작아지는 정도를 셀의 밝기로 표시했다. 일반 점유 그리드 맵처럼 이 그림은 장애물 뒤에 있는 그리드 셀의 최대 불확실도를 나타낸다.

알고리즘 **MAP_occupancy_grid_mapping**에는 많은 제한사항이 있으며 여러 가지 방법으로 개선될 수 있다. 알고리즘은 최대 사후확률을 계산하는 방법이므로 잔차 맵에서 불확실성에 대한 개념을 리턴하지 않는다. 우리가 만든 민감도 분석 방법은 불확실성을 근사화하지만 이 민감도 분석은 모드를 국지적으로 검사하기 때문에 근삿값에 대한 신뢰도는 지나치다. 또한 알고리즘은 배치batch 알고리즘이며 점진적으로 실행할 수 없다. 사실 MAP 알고리즘에서 모든 데이터는 메모리에 유지돼야 한다. 계산이 끝나면 알고리즘은 빈 맵 대신 일반 점유 그리드 매핑 방식의 결과로 초기화하여 속도를 높일 수 있다. 마지막으로 표 9.3의 5행에서 그리드 셀이 점유 상태로 바뀜으로써 단지 적은 수의 측정값만 영향을 받는다는 사실을 알 수 있다. 각 합계가 잠재적으로 커지면 argmax를 계산할 때 적은 수의 요소만 검사해야 한다. 이 속성은 계산 효율을 높이기 위해 기본 알고리즘에서 활용할 수 있다.

9.5 요약

9장에서는 점유 그리드를 학습하는 알고리즘을 소개했다. 이 장의 모든 알고리즘은 로봇의 정확한 포즈 추정을 필요로 하므로 일반적인 매핑 문제를 해결하지는 못한다.

- 표준 점유율 매핑 알고리즘은 각 그리드 셀에 대해 개별적으로 점유 확률을 추정한다. 이것은 정적 환경을 위해 이진 베이즈 필터를 적용한 버전이다.
- 여러 센서의 데이터를 단일 맵으로 합칠 때 두 가지 방법이 있다. 하나는 베이즈 필터를 사용해 단일 맵을 유지 관리하는 것이고, 다른 하나는 여러 맵을 센서 모달별로 각각 유지 관리하는 방법이다. 다른 센서가 장애물의 종류에 민감할 때 후자의 방법을 많이 선호한다.
- 표준 점유 그리드 매핑 알고리즘은 역 측정 모델을 기반으로 한다. 역 측정 모델은 결과(측정)에서 원인(점유)을 생각한다는 점에서 이렇게 부른다. 이는 로컬화 관점에서 이전의 베이즈 필터 애플리케이션과는 다르다. 왜냐하면 베이즈 필터는 원인으로부터 결과를 만들어내는 기존 방식의 측정값을 기반으로 하기 때문이다.
- 센서를 원인에서 결과로 모델링하는 기존 측정 모델에서 역 센서 모델을 학습할 수 있다. 이렇게 하려면 지도 학습 알고리즘을 사용해 표본을 생성하고 역 모델을 학습해야 한다.

- 표준 점유 그리드 매핑 알고리즘은 점유 추정값에 대한 종속성을 유지하지 않는다. 이것은 맵 사후확률 추정 문제를 단일 셀 여러 개의 사후확률 추정 문제로 분해한 결과다.

- 일반적으로 전체 맵 사후확률은 계산이 불가능하다. 왜냐하면 그리드상에서 정의할 수 있는 맵의 개수가 너무 크기 때문이다. 하지만 전체 맵의 사후확률을 최대화할 수는 있다. 베이즈 필터를 사용하는 점유 그리드 알고리즘보다 데이터에 더 일관성을 보이는 맵을 사후확률의 최대화를 통해 생성할 수 있다. 그러나 사후확률의 최대화를 위해서는 모든 데이터가 사용 가능해야 한다. 따라서 사후 맵의 최대화 결과는 맵의 잔차 불확실성을 잡아내지는 못한다.

점유 그리드 맵과 다양한 확장 기능은 로보틱스 분야에서 널리 사용된다. 이것은 획득하기가 매우 쉽고 로봇 탐색에 중요한 요소를 포착하기 때문이다.

9.6 참고문헌

점유 그리드 맵은 Elfes(1987)에서 처음 소개됐으며, 엘프스^{Elfes}의 박사학위 논문(1989)을 통해 개념이 정립됐다. Moravec(1988)의 리포트는 이 주제를 처음 접하는 사람들에게 매우 유용한 참고문헌으로, 이 장의 핵심을 이루는 기본적인 확률론적 접근법을 설명하고 있다. 공식적으로 발표되지는 않았지만 Moravec and Martin(1994)은 입체 그리드를 기본 센서로 사용해 입체 그리드 맵을 3D로 확장했다. 점유 그리드상의 다중 센서 융합은 Thrun et al.(1998a)에서 소개하고 있다. 이 장에서 설명한 역 센서 모델 학습 결과는 Thrun(1998b)에서 찾아볼 수 있다. 이 장에서 설명하는 포워드 모델링 접근법은 Thrun(2003)의 유사한 알고리즘을 기반으로 한다.

점유 맵은 다양한 용도로 사용됐다. Borenstein and Koren(1991)은 충돌 회피를 위해 점유 그리드 맵을 처음으로 채택했다. 많은 작성자가 2개의 점유 그리드 맵을 교차 일치시킴으로써 로컬화를 위한 점유 그리드 맵을 사용했다. 이러한 '맵 매칭' 알고리즘은 7장에서 자세히 설명했다. Biswas et al.(2002)은 동적 환경에서 움직일 수 있는 물체의 형상 모델을 배우기 위해 점유 그리드 맵을 사용했다. 이 방법은 나중에 동적 객체의 계층적 클래스 모델을 학습하는 것으로 확장됐으며, 모두 점유 그리드 맵으로 표현된다(Anguelov et al., 2002). 점유 그리드 맵은 또한 동시성 로컬화 및 매핑 문제의 맥락에서 광범위하게 사용돼왔다. 이러한 애플리케이션은 뒤에서 설명한다.

그리드로 공간을 표현한다는 아이디어는 모바일 로보틱스 분야에서 탐구된 많은 아이디어 중 하나일 뿐이다. 모션 플래닝 관련 기존 연구는 환경이 다각형으로 표현된다고 종종 가정하지만, 그 모델이 데이터로부터 어떻게 얻어지는지에 대해서는 공개되어 있다(Schwartz et al., 1987). 다각형 맵 학습에 대한 최초의 제안은 Chatila and Laumond(1985)에 의해 이뤄졌다. 소나 데이터의 피팅 라인을 위해 칼만 필터를 사용한 첫 번째 구현은 Crowley(1989)에 의해 수행됐다. 후속 연구에서, Anguelov et al.(2004)은 원시 센서 데이터로부터 직선상에 놓여 있는 문을 식별하기 위한 기술을 고안했고, 이를 통해 문 감지율을 높이기 위한 시각적 속성을 알아냈다.

공간 표현의 초기 패러다임은 토폴로지 패러다임으로서, 공간은 일련의 국지적 관계로 표현되며, 종종 로봇이 인접한 위치 사이를 이동하기 위해 취할 수 있는 특정 동작에 해당한다. 토폴로지 매핑 알고리즘의 예로는 Kuipers and Levitt(1988)의 공간 시맨틱 계층Spatial Semantic hierarchy(Kuipers et al., 2004 참조), Mataric(1990), Kortenkamp and Weymouth(1994)의 소나 데이터 및 시각 데이터로 만든 위상 그래프에 대한 연구, Shatkay and Kaelbling(1997)의 아크 길이 정보를 갖는 공간 HMM 방법 등이 있다. 점유 그리드 맵은 메트릭 표현 같은 보완 패러다임의 구성요소다. 메트릭 표현은 절대 좌표계에서 로봇 환경을 직접 나타낸다. 메트릭 접근법의 두 번째 예로 EKF SLAM 알고리즘이 있는데, 이는 10장에서 자세히 설명한다.

토폴로지와 메트릭이라는 두 가지 패러다임 중 가장 좋은 결과를 취하는 매핑 알고리즘을 생성하려는 시도가 있어왔다. Tomatis et al.(2002)은 토폴로지 표현을 사용해 일관성 있게 루프를 실행하기 위해 토폴로지 개념을 사용하고, 메트릭 맵으로 변환하는 방법을 고안했다. Thrun(1998b)에서 제안한 방법은 먼저 메트릭 점유 그리드 맵을 작성한 다음 토폴로지 골격을 추출하며, 이를 통해 빠른 모션 플래닝을 용이하게 한다. 11장에서는 패러다임, 메트릭, 토폴로지를 연결하는 기술을 설명한다.

9.7 연습문제

1. 시간 경과에 따른 점유 변화를 지원하도록 표 9.1의 기본 점유 그리드 알고리즘을 수정해보라. 이러한 변경 과정에서, 과거에 수집한 Δt 시간 간격의 증거는 $\alpha < 1$인 α(예: $\alpha = 0.99$)에 대해 $\alpha^{\Delta t}$를 통해 감소돼야 한다. 이러한 규칙을 지수 감소exponential decay라고 한다. 로그 오즈 형태의 지수 감소 점유 그리드 매핑 알고리즘을 설명하고 그 정확성을 설명해보라. 정확한 알고리즘을 찾을 수 없다면 근삿값을 기술하고 그것이 적절한 근삿값인 이유를 설명해보라. 문제를 단순화하기 위해, 점유를 위한 사전확률 $p(\mathbf{m}_i) = 0.5$를 가정할 수 있다.

2. 이진 베이즈 필터는 셀이 점유됐거나 비어 있다고 가정하고, 센서는 올바른 가설에 대한 노이즈 자료를 제공한다. 이 문제에서 그리드 셀을 위한 다른 추정값을 만들어야 한다고 생각해보자. 센서가 오직 '0 = 비점유' 또는 '1 = 점유'만을 측정할 수 있다고 가정한다. 예를 들면, 다음과 같은 식이다.

$$0, 0, 1, 0, 1, 1, 1, 0, 1, 0$$

다음 데이터값이 1이 되기 위한 최대 유사가능도 확률은 얼마인가? 이 확률 p에 대한 일반적인 최대 유사가능도 추정값의 공식을 작성해보라. 이 추정기와 이진 베이즈 필터의 차이점을 설명해보라(모두 단일 셀을 대상으로 한다).

3. 실내 로보틱스에서 일반적인 센서 구성을 연구한다고 생각해보자. 실내 로봇이 수평으로, 지면과 평행을 이룰 수 있도록 고정된 높이에 설치된 15도의 개방 콘이 있는 소나 센서를 사용한다고 가정한다. 이와 관련해 그림 9.12를 참고한다. 로봇이 높이가 센서 높이 바로 아래(예: 15cm 아래)에 있는 장애물을 마주치면 어떤 일이 일어나는지 알아보려고 한다. 이와 관련해 다음 질문에 답해보라.

   (a) 어떤 상황에서 로봇이 장애물을 감지하는가? 어떤 조건에서 장애물을 발견하지 못하는가? 간단히 답해보라.

   (b) 이것이 이진 베이즈 필터와 기본 마르코프 가정에 어떤 영향을 미치는가? 점유 그리드 알고리즘을 어떻게 실패시킬 수 있는가?

그림 9.12 RWI B21 모바일 로봇. 로봇 표면에 원형으로 24개의 소나 센서가 장착되어 있다.

(c) 앞의 질문에 대한 답을 바탕으로 일반 점유 그리드 매핑 알고리즘보다 장
애물을 더 확실하게 감지할 수 있는 개선된 점유 그리드 매핑 알고리즘을
제공할 수 있는가?

4. 이 문제에서는 간단한 센서 모델을 설계한다. 다음 4개의 셀에 대해 이진 점유
측정을 했다고 가정한다.

셀 번호	유형	측정값 시퀀스						
셀 1	점유	1	1	0	1	0	1	1
셀 2	점유	0	1	1	1	0	0	1
셀 3	미점유	0	0	0	0	0	0	0
셀 4	미점유	1	0	0	1	0	0	0

최대 유사가능도 추정 모델 $p(z \mid \mathbf{m}_i)$를 구해보라(힌트: $\mathbf{m}_i$는 이진 점유 변수이고,
z는 이진 측정 변수다).

5. 연습문제 4의 표를 이용해 기본 점유 그리드 알고리즘을 구현해보자.

(a) 이전의 $p(\mathbf{m}_i) = 0.5$라고 가정할 때, 네 가지 경우의 사후확률 $p(\mathbf{m}_i \mid z_{1:7})$
을 구해보라.

(b) 연습문제 4의 네 가지 경우에 대해 여러분이 만든 센서 모델의 튜닝 알고
리즘을 작성해 실습 그리드 매핑 알고리즘의 출력을 가능한 한 실습에 가

깝게 만들어보라(이 문제를 위해, 적절한 근접도 측정값을 사용해야 한다).

6. 앞에서 확률을 사용해 똑같이 구현했던 표준 점유율 그리드 매핑 알고리즘을 로그 오즈 양식을 사용해 구현해보자.

(a) 로그 오즈 표현을 변경하지 않고 점유 확률을 직접 표현하는 업데이트 규칙을 작성해보라.

(b) C++ 같은 일반적인 프로그래밍 언어에서 구현할 경우, 확률 계산 구현이 수치numerical truncation로 인해 로그 오즈 구현 형태와 다른 결과를 보이는 예를 제시해보라. 또 이 예제를 자세히 설명하고, 실제로 이것이 문제일지 여부를 판단해보라.

10

동시 로컬화와 매핑

10.1 개요

10장과 11장에서는 로봇에서 가장 근본적인 문제 중 하나인 동시 로컬화와 매핑 문제 simultaneous localization and mapping problem를 다룬다. 이 문제는 일반적으로 SLAM으로 줄여서 표현하며, 동시성 매핑 및 로컬화CML, Concurrent Mapping and Localization라고도 한다. SLAM 문제는 로봇이 환경 맵에 액세스하지 못하거나 자체 포즈를 알지 못할 때 발생한다. 대신, 측정값 $z_{1:t}$와 제엇값 $u_{1:t}$만 주어진다. '동시 로컬화와 매핑SLAM'이라는 용어는 이에 대한 결과를 나타내는 문제를 설명한다. SLAM에서는 맵에 대해 상대적인 로컬화를 동시에 실행하면서 로봇은 해당 환경의 맵을 얻는다. SLAM은 지금까지 설명한 모든 로봇 문제보다 훨씬 어렵다. 맵을 모르고 길을 따라 추정해야 하기 때문에 로컬화보다 훨씬 어렵다. 또 포즈를 모르는 상태에서 길을 따라 추정해야 하기 때문에 알려진 포즈를 이용해 매핑하는 것보다 더 어렵다.

확률론적 관점에서 SLAM 문제에는 두 가지 주요 형태가 있는데, 두 가지 모두 똑같이 중요하다. 이 중 하나는 온라인 SLAM 문제online SLAM problem라고 하며, 맵과 함께 모멘텀 포즈의 사후확률을 추정한다.

$$p(x_t, m \mid z_{1:t}, u_{1:t}) \tag{10.1}$$

여기서 x_t는 시간 t에서의 포즈이고, m은 맵이며, $z_{1:t}$와 $u_{1:t}$는 각각 측정값 및 제엇값이다. 이 문제는 시간 t에서 지속되는 변수의 추정값만 포함하므로 온라인 SLAM 문제라고 한다. 온라인 SLAM 문제를 다루는 많은 알고리즘은 증분형이다. 과거의 측정값 및 제엇값은 일단 처리되면 폐기된다. 온라인 SLAM의 그래픽 모델은 그림 10.1을 참고한다.

두 번째 SLAM 문제는 전체 SLAM 문제full SLAM problem라고 한다. 전체 SLAM에서는 현재 포즈 x_t 대신 전체 경로 $x_{1:t}$에 대한 사후확률을 맵과 함께 계산하려고 한다(그림 10.2 참조).

$$p(x_{1:t}, m \mid z_{1:t}, u_{1:t}) \tag{10.2}$$

온라인 SLAM과 전체 SLAM의 이 미묘한 차이는 사용할 수 있는 알고리즘 유형에 영향을 미친다. 특히, 온라인 SLAM 문제는 전체 SLAM 문제의 과거 포즈를 통합한 결과다. 다음 식을 보자.

$$p(x_t, m \mid z_{1:t}, u_{1:t}) = \int\int \cdots \int p(x_{1:t}, m \mid z_{1:t}, u_{1:t}) \, dx_1 \, dx_2 \ldots dx_{t-1} \tag{10.3}$$

온라인 SLAM에서 이러한 통합은 일반적으로 한 번에 하나씩 수행된다. SLAM의 종

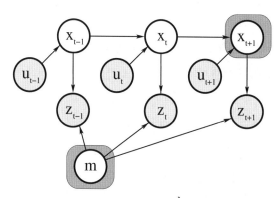

그림 10.1 온라인 SLAM 모델의 모습. 온라인 SLAM의 목표는 맵에 맞춰 현재 로봇 포즈의 사후확률을 추정하는 것이다.

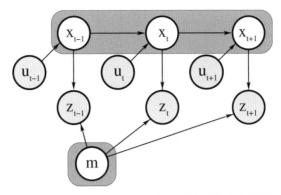

그림 10.2 전체 SLAM 문제의 모습. 로봇의 전체 경로와 맵에 대한 결합 사후확률을 계산한다.

속 구조 변경사항은 다음 장에서 자세히 설명한다.

SLAM 문제의 두 번째 주요 특징은 추정 문제의 본질과 관련이 있다. SLAM 문제는 연속형과 이산형 구성요소를 모두 갖고 있다. 연속형 추정 문제에는 맵 내에서 물체의 위치, 로봇의 포즈 관련 변수 등이 있다. 객체는 피처 기반 표현의 랜드마크이거나 범위 파인더가 탐지한 객체 패치일 수 있다. 이산형 성질은 대응 변수와 관련이 있다. 객체가 탐지되면 SLAM 알고리즘은 이 객체와 이전에 탐지된 객체의 관계를 추론해야 하는데, 이는 전형적인 이산형 추론이다. 객체가 이전에 발견된 객체와 동일하거나 그렇지 않다.

이미 앞에서 여러 장에 걸쳐 연속형-이산형 추정 문제를 접했다. 예를 들어 7.4절의 EKF 로컬화는 로봇 포즈를 추정하며 이는 연속형 추정 문제다. 그러나 이를 수행하기 위해 이산형 맵에서 측정값과 랜드마크의 상관관계를 추정한다. 이제 SLAM 문제의 연속형 측면과 이산형 측면을 다루는 다양한 기술을 차근차근 알아보자.

7장에서 로컬화를 다뤘을 때처럼, 때로는 대응 변수를 명확하게 하는 게 더 나을수 있다. 이럴 경우 온라인 SLAM 사후확률은 다음과 같이 정리할 수 있다.

$$p(x_t, m, c_t \mid z_{1:t}, u_{1:t}) \tag{10.4}$$

전체 SLAM 사후확률은 다음과 같다.

$$p(x_{1:t}, m, c_{1:t} \mid z_{1:t}, u_{1:t}) \tag{10.5}$$

전체 사후확률에서 온라인 사후확률을 구한다. 좀 더 자세히 설명하면, 과거의 로봇 포즈를 통합하고 과거의 모든 대응을 합산한다. 다음 식을 보자.

$$p(x_t, m, c_t \mid z_{1:t}, u_{1:t}) \tag{10.6}$$
$$= \int\int \cdots \int \sum_{c_1} \sum_{c_2} \cdots \sum_{c_{t-1}} p(x_{1:t}, m, c_{1:t} \mid z_{1:t}, u_{1:t})\, dx_1\, dx_2 \ldots dx_{t-1}$$

두 가지 버전의 SLAM 문제인 온라인 SLAM 문제와 전체 SLAM 문제에서, 전체 사후확률 식 (10.4) 또는 식 (10.5)의 추정 결과가 SLAM의 황금 표준gold standard이다. 전체 사후확률은 맵과 포즈 또는 경로에 대해 알려진 모든 것을 캡처한다.

전체 사후확률 계산은 일반적으로 실행 불가능하다. 문제는 (1) 연속 파라미터 공간의 고차원과 (2) 많은 수의 이산 대응 변수로 인해 발생한다. 많은 최첨단 SLAM 알고리즘은 수만 가지 이상의 피처로 맵을 구성한다. 알려진 대응 변수에도 불구하고 이 맵들에 대한 사후확률은 100,000 이상의 차원을 가진 공간에 대한 확률 분포를 포함한다. 이것은 3차원 연속 공간에 대해 사후확률 추정이 된 로컬화 문제와는 현저한 대조를 이룬다. 더구나 대부분의 애플리케이션에서 해당 내용을 알 수 없다. 모든 대응 변수 $c_{1:t}$의 벡터에 가능한 할당의 수는 시간 t에서 기하급수적으로 증가한다. 따라서 대응 문제에 대처할 수 있는 실용적인 SLAM 알고리즘은 근사화를 잘 활용해야 한다.

SLAM 문제는 뒤에서 여러 장에 걸쳐 설명할 것이다. 이 장의 나머지 부분에서는 온라인 SLAM 문제에 대한 EKF 알고리즘을 만들 것이다. 대부분 EKF를 처음 소개한 3.3절과 모바일 로봇 로컬화 문제에 EKF를 적용한 7.4절의 내용을 바탕으로 한다. 알려진 대응 변수를 가진 SLAM에 우선 EKF를 적용한 EKF 알고리즘을 유도한 다음, 알려지지 않은 대응 변수를 가진 좀 더 일반적인 경우에 대해 알고리즘을 만들어 나갈 것이다.

10.2 확장형 칼만 필터를 이용한 SLAM 모델

10.2.1 준비 작업과 가정사항

역사적으로 최초인, 그래서 가장 영향력이 컸을 것 같은 SLAM 알고리즘은 확장형 칼만 필터[EKF]를 기반으로 만들어졌다. EKF SLAM 알고리즘은 최대 유사가능도 데이터 연관을 사용해 온라인 SLAM에 EKF를 적용한다. 이렇게 해서 EKF SLAM 알고리즘은 많은 근삿값과 제한적인 가정을 통해 결과를 얻는다.

EKF SLAM의 맵은 피처 기반이다. 이들은 포인트 랜드마크로 구성된다. 계산상의 이유로, 포인트 랜드마크의 수는 대개 작다(예를 들어, 1,000보다 작음). 또한 EKF 방식은 랜드마크가 모호하지 않은 곳에서 잘 작동하는 경향이 있다. 이러한 이유로 EKF SLAM은 피처 탐지기의 중요한 엔지니어링을 필요로 하며, 때로는 인공 비컨을 피처로 사용한다.

EKF SLAM은 모든 EKF 알고리즘과 마찬가지로 로봇 모션 및 인식에 대해 가우시안 노이즈 가정[Gaussian noise assumption]을 만든다. 사후확률의 불확실성 양은 상대적으로 작아야 한다. 그렇지 않으면 EKF의 선형화가 수용 불가능한 오차를 야기하는 경향이 있기 때문이다.

7.4절에서 논의한 EKF 로컬라이저와 마찬가지로 EKF SLAM 알고리즘은 눈에 잘 띄는 랜드마크를 처리할 수 있다. 센서 측정에서 랜드마크 부재로 인해 발생하는 부정적인 정보는 처리할 수 없다. 이것은 가우시안 빌리프 표현의 직접적인 결과이며, 7.4절에서 이미 설명했다.

10.2.2 알려진 대응 변수를 이용한 SLAM 모델

알려진 대응 변수가 있는 경우에 대한 SLAM 알고리즘은 SLAM 문제의 연속 부분만을 처리한다. 이 알고리즘의 개발은 여러 가지 측면에서 7.4절의 EKF 로컬화 알고리즘의 유도와 비슷하지만, 한 가지 중요한 차이점이 있다. 로봇 포즈 x_t를 추정하는 것외에도 EKF SLAM 알고리즘은 또한 길을 따라 만나는 모든 랜드마크의 좌푯값을 추정한다. 따라서 랜드마크 좌표를 스테이트 벡터에 포함시킬 필요가 있다.

편의상 로봇 포즈를 포함하는 스테이트 벡터를 호출하고, 결합된 스테이트 벡터 combined state vector를 매핑하고, 이 벡터 y_t를 나타낸다. 결합 벡터는 식 (10.7)과 같다.

$$y_t = \begin{pmatrix} x_t \\ m \end{pmatrix} \tag{10.7}$$

$$= (\; x \; y \; \theta \; m_{1,x} \; m_{1,y} \; s_1 \; m_{2,x} \; m_{2,y} \; s_2 \; \ldots \; m_{N,x} \; m_{N,y} \; s_N \;)^T$$

여기서 x, y, θ는 시각 t에서의 로봇 좌표를 나타내며, $m_{i,x}$, $m_{i,y}$는 i번째 랜드마크 좌표이며, $i = 1, \ldots, N$이다. 그리고 s_i는 시그니처다. 이 스테이트 벡터의 차원은 $3N + 3$이며, 여기서 N은 맵의 랜드마크 개수를 나타낸다. 적절한 숫자 N에 대해 이 벡터는 7.4절에서 추정한 포즈 벡터보다 상당히 크다. 참고로 7.4절에서 추정한 포즈 벡터에는 EKF 로컬화 알고리즘을 적용했다. EKF SLAM은 온라인 사후확률 $p(y_t \mid z_{1:t},$ $u_{1:t})$를 계산한다.

EKF SLAM 알고리즘은 표 10.1에 나와 있으며, 표 7.2의 EKF 로컬화 알고리즘과 유사하다. 2~5행은 모션 업데이트를 적용하는 반면, 6~20행까지는 측정값 벡터를 통합한다.

3~5행은 모션 모델에 따라 빌리프의 평균과 공분산을 조작한다. 이 조작은 로봇 포즈와 관련된 빌리프 분포의 요소에만 영향을 준다. 이는 포즈맵 공분산을 업데이트하지만 바뀌지 않은 맵에 대한 모든 평균과 공분산은 그대로 유지한다. 7~20행까지는 모든 측정값을 반복한다. 9행의 테스트는 초기 위치 추정값이 없는 랜드마크에 대해서만 참값을 반환한다. 이를 위해, 10행은 해당 범위 및 방위 측정값으로부터 얻은 투영된 위치로 그러한 랜드마크의 위치를 초기화한다. 아래에서 설명하겠지만 이 단계는 EKF의 선형화에 중요하며, 선형 칼만 필터에서는 필요하지 않다. 각 측정값에 대한 '예상' 측정값은 14행에서 계산하고, 해당 칼만 이득Kalman gain은 17행에서 계산한다. 칼만 이득은 크기가 $3 \times (3N + 3)$인 행렬이다. 이 행렬은 보통 희소 행렬에 해당하지는 않는다. 정보는 전체 스테이트 추정을 통해 전파된다. 필터 업데이트는 18~19행에서 발생하는데, 여기서 혁신은 로봇의 빌리프로 되돌아간다.

칼만 이득이 관찰된 랜드마크와 로봇 포즈뿐만 아니라 모든 스테이트 변수에 대해 정보를 모두 채운다는populated 사실은 중요하다. SLAM에서 랜드마크를 관찰하는 것

1:     **Algorithm EKF_SLAM_known_correspondences($\mu_{t-1}, \Sigma_{t-1}, u_t, z_t, c_t$):**

2:     $F_x = \begin{pmatrix} 1 & 0 & 0 & 0\cdots0 \\ 0 & 1 & 0 & 0\cdots0 \\ 0 & 0 & 1 & \underbrace{0\cdots0}_{3N} \end{pmatrix}$

3:     $\bar{\mu}_t = \mu_{t-1} + F_x^T \begin{pmatrix} -\frac{v_t}{\omega_t}\sin\mu_{t-1,\theta} + \frac{v_t}{\omega_t}\sin(\mu_{t-1,\theta} + \omega_t\Delta t) \\ \frac{v_t}{\omega_t}\cos\mu_{t-1,\theta} - \frac{v_t}{\omega_t}\cos(\mu_{t-1,\theta} + \omega_t\Delta t) \\ \omega_t\Delta t \end{pmatrix}$

4:     $G_t = I + F_x^T \begin{pmatrix} 0 & 0 & -\frac{v_t}{\omega_t}\cos\mu_{t-1,\theta} + \frac{v_t}{\omega_t}\cos(\mu_{t-1,\theta} + \omega_t\Delta t) \\ 0 & 0 & -\frac{v_t}{\omega_t}\sin\mu_{t-1,\theta} + \frac{v_t}{\omega_t}\sin(\mu_{t-1,\theta} + \omega_t\Delta t) \\ 0 & 0 & 0 \end{pmatrix} F_x$

5:     $\bar{\Sigma}_t = G_t\,\Sigma_{t-1}\,G_t^T + F_x^T\,R_t\,F_x$

6:     $Q_t = \begin{pmatrix} \sigma_r^2 & 0 & 0 \\ 0 & \sigma_\phi^2 & 0 \\ 0 & 0 & \sigma_s^2 \end{pmatrix}$

7:     *for all observed features $z_t^i = (r_t^i \ \phi_t^i \ s_t^i)^T$ do*

8:          $j = c_t^i$

9:          *if landmark j never seen before*

10:         $\begin{pmatrix} \bar{\mu}_{j,x} \\ \bar{\mu}_{j,y} \\ \bar{\mu}_{j,s} \end{pmatrix} = \begin{pmatrix} \bar{\mu}_{t,x} \\ \bar{\mu}_{t,y} \\ s_t^i \end{pmatrix} + \begin{pmatrix} r_t^i\cos(\phi_t^i + \bar{\mu}_{t,\theta}) \\ r_t^i\sin(\phi_t^i + \bar{\mu}_{t,\theta}) \\ 0 \end{pmatrix}$

11:         *endif*

12:         $\delta = \begin{pmatrix} \delta_x \\ \delta_y \end{pmatrix} = \begin{pmatrix} \bar{\mu}_{j,x} - \bar{\mu}_{t,x} \\ \bar{\mu}_{j,y} - \bar{\mu}_{t,y} \end{pmatrix}$

13:         $q = \delta^T \delta$

14:         $\hat{z}_t^i = \begin{pmatrix} \sqrt{q} \\ \text{atan2}(\delta_y, \delta_x) - \bar{\mu}_{t,\theta} \\ \bar{\mu}_{j,s} \end{pmatrix}$

15:         $F_{x,j} = \begin{pmatrix} 1 & 0 & 0 & 0\cdots0 & 0 & 0 & 0 & 0\cdots0 \\ 0 & 1 & 0 & 0\cdots0 & 0 & 0 & 0 & 0\cdots0 \\ 0 & 0 & 1 & 0\cdots0 & 0 & 0 & 0 & 0\cdots0 \\ 0 & 0 & 0 & 0\cdots0 & 1 & 0 & 0 & 0\cdots0 \\ 0 & 0 & 0 & 0\cdots0 & 0 & 1 & 0 & 0\cdots0 \\ 0 & 0 & 0 & \underbrace{0\cdots0}_{3j-3} & 0 & 0 & 1 & \underbrace{0\cdots0}_{3N-3j} \end{pmatrix}$

16:         $H_t^i = \frac{1}{q} \begin{pmatrix} -\sqrt{q}\delta_x & -\sqrt{q}\delta_y & 0 & +\sqrt{q}\delta_x & \sqrt{q}\delta_y & 0 \\ \delta_y & -\delta_x & -q & -\delta_y & +\delta_x & 0 \\ 0 & 0 & 0 & 0 & 0 & q \end{pmatrix} F_{x,j}$

17:         $K_t^i = \bar{\Sigma}_t\,H_t^{iT}(H_t^i\,\bar{\Sigma}_t\,H_t^{iT} + Q_t)^{-1}$

18:         $\bar{\mu}_t = \bar{\mu}_t + K_t^i(z_t^i - \hat{z}_t^i)$

19:         $\bar{\Sigma}_t = (I - K_t^i\,H_t^i)\,\bar{\Sigma}_t$

20:     *endfor*

21:     $\mu_t = \bar{\mu}_t$

22:     $\Sigma_t = \bar{\Sigma}_t$

23:     *return μ_t, Σ_t*

표 10.1 (알려진 대응 변수를 이용한) SLAM 문제를 위한 EKF 알고리즘

은 이 랜드마크의 위치 추정값이 좋아지는 것이 아니라, 다른 랜드마크의 위치 추정값이 좋아진다. 결과는 로봇 포즈에 의해 조정된다. 랜드마크를 관찰하면 로봇 포즈 추정값이 향상되며, 결과적으로 동일한 로봇이 이전에 본 랜드마크의 불확실성을 일부 제거한다. 여기서 놀라운 점은 우리가 과거 포즈를 명확하게 모델링할 필요가 없다는 것이다. 만약 과거 포즈를 명시적으로 모델링해야 할 경우 전체 SLAM 성격의 문제로 만들고 EKF를 비실시간 알고리즘으로 만드는 작업이 동반되기 때문이다. 한편, 가우시안 사후확률에서(좀 더 구체적으로는 행렬 Σ_t의 대각선을 제외한 공분산 요소들에서) 이 의존성을 포착할 수 있다.

그림 10.3은 인위적인 예제에 대한 EKF SLAM 알고리즘의 결과다. 로봇은 좌표계의 원점 역할을 하는 시작 포즈에서 탐색한다. 로봇이 움직일수록 불확실성이 증가하는 직경의 타원에 의해 표시되는 것처럼 자신의 포즈 불확실성이 증가한다. 또한 주변의 랜드마크를 감지하고, 고정된 측정 불확실성과 증가하는 포즈 불확실성을 결합하는 불확실성으로 맵을 나타낸다. 결과적으로, 랜드마크 위치의 불확실성이 시간이 지남에 따라 커진다. 사실 이것은 랜드마크를 관찰할 때 포즈 불확실성과 유사하다. 그림 10.3 (d)에서 흥미로운 전환이 일어난다. 여기서 로봇은 지도 제작을 시작할 때 봤던 랜드마크를 관찰한다. 따라서 랜드마크의 위치를 잘 안다. 아울러 이 관찰 결과를 통해 로봇의 포즈 오차를 줄여서 최종 오차 결과는 매우 작아진다! (그림 10.3 (d) 참조) 뿐만 아니라 맵 안의 다른 랜드마크에 대한 불확실성도 낮아진다. 이 현상은 가우시안 사후확률의 공분산 행렬에서 표현되는 상관관계에서 발생한다. 이전 랜드마크에서의 불확실성 대부분은 로봇 포즈에 기인하고, 이러한 불확실성은 시간이 지남에 따라 지속되기 때문에 랜드마크의 위치 추정값들이 상호 연관성을 갖는다. 로봇의 포즈에 대한 정보를 얻을 때, 이 정보는 이전에 관찰된 랜드마크로 퍼진다. 이 효과는 SLAM 사후확률의 가장 중요한 특성일 것이다. 로봇을 로컬화하는 데 도움이 되는 정보는 맵을 통해 전달되며, 그 결과는 맵 안의 다른 랜드마크의 로컬화 향상으로 이어진다.

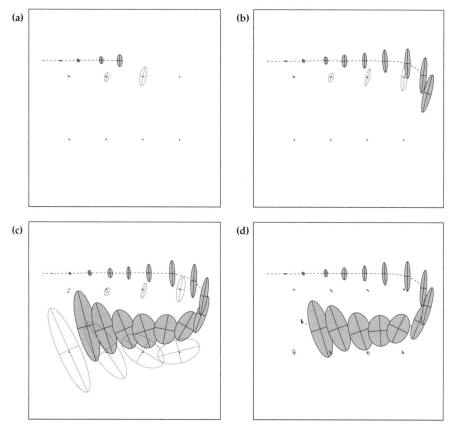

그림 10.3 EKF를 온라인 SLAM 문제에 적용한 예. 로봇의 경로는 점선이며, 자체 위치의 추정값은 회색 타원으로 표시되어 있다. 구별이 불가능한 8개의 랜드마크는 작은 점으로 표시되어 있다. 위치 추정값은 흰색 타원으로 표시되어 있다. (a), (b), (c)에서 로봇의 위치 불확실성은 증가하고 있으며, 발견한 랜드마크에 대한 불확실성도 증가하고 있다. (d)에서 로봇은 첫 번째 랜드마크를 다시 감지하고 현재 포즈의 불확실성과 마찬가지로 모든 랜드마크의 불확실성이 감소한다. 출처: Michael Montemerlo, Stanford University

10.2.3 EKF SLAM의 수학적 유도

대응 변수를 알고 있을 경우 EKF SLAM 알고리즘의 수학적 유도는 7.4절의 EKF 로컬라이저 결과와 거의 유사하다. 주요한 차이점은 로봇 포즈 이외에 모든 랜드마크의 위치를 포함하는 증강 스테이트 벡터다.

SLAM에서는 좌표계의 원점이 되도록 초기 포즈를 잡는다. 이 정의는 다소 임의성을 지녔다고 볼 수 있는데, 왜냐하면 임의의 좌표로 대체될 수 있기 때문이다. 모든 랜드마크 위치는 초기에는 알 수 없다. 식 (10.8)과 식 (10.9)는 이러한 빌리프를 표현한 초기 평균 및 공분산이다.

$$\mu_0 \;=\; \left(\; 0\;\; 0\;\; 0\; \ldots\; 0\; \right)^T \tag{10.8}$$

$$\Sigma_0 \;=\; \begin{pmatrix} 0 & 0 & 0 & 0 & \cdots & 0 \\ 0 & 0 & 0 & 0 & \cdots & 0 \\ 0 & 0 & 0 & 0 & \cdots & 0 \\ 0 & 0 & 0 & \infty & \cdots & 0 \\ \vdots & \vdots & \vdots & \vdots & \ddots & \vdots \\ 0 & 0 & 0 & 0 & \cdots & \infty \end{pmatrix} \tag{10.9}$$

공분산 행렬의 크기는 $(3N + 3) \times (3N + 3)$이다. 로봇 포즈 변수에 대해 3×3 크기인 영행렬로 구성된다. 다른 모든 공분산값은 무한대다.

로봇이 움직이는 데 맞춰 스테이트 벡터는 표준적인 노이즈 없는 속도 모델(식 (5.13) 및 식 (7.4) 참조)에 따라 변경된다. SLAM에서 이 모션 모델은 증강 스테이트 벡터로 확장된다.

$$y_t \;=\; y_{t-1} + \begin{pmatrix} -\frac{v_t}{\omega_t} \sin\theta + \frac{v_t}{\omega_t} \sin(\theta + \omega_t \Delta t) \\ \frac{v_t}{\omega_t} \cos\theta - \frac{v_t}{\omega_t} \cos(\theta + \omega_t \Delta t) \\ \omega_t \Delta t + \gamma_t \Delta t \\ 0 \\ \vdots \\ 0 \end{pmatrix} \tag{10.10}$$

변수 x, y 및 θ는 로봇 포즈를 y_{t-1}로 나타낸다. 모션은 로봇의 포즈에만 영향을 미치고 모든 랜드마크는 그대로 유지되므로 업데이트의 처음 세 요소만 0이 아니다. 이것은 동일한 방정식을 더 조밀하게 쓸 수 있게 해준다.

$$y_t \;=\; y_{t-1} + F_x^T \begin{pmatrix} -\frac{v_t}{\omega_t} \sin\theta + \frac{v_t}{\omega_t} \sin(\theta + \omega_t \Delta t) \\ \frac{v_t}{\omega_t} \cos\theta - \frac{v_t}{\omega_t} \cos(\theta + \omega_t \Delta t) \\ \omega_t \Delta t + \gamma_t \Delta t \end{pmatrix} \tag{10.11}$$

여기서 F_x는 3차원 스테이트 벡터를 $(3N + 3)$차원 벡터로 매핑하는 행렬이다.

$$F_x = \begin{pmatrix} 1 & 0 & 0 & 0 \cdots 0 \\ 0 & 1 & 0 & 0 \cdots 0 \\ 0 & 0 & 1 & \underbrace{0 \cdots 0}_{3N\ \text{열}} \end{pmatrix} \tag{10.12}$$

노이즈가 있는 풀 모션 모델$^{\text{full motion model}}$은 다음과 같다.

$$y_t = \underbrace{y_{t-1} + F_x^T \begin{pmatrix} -\frac{v_t}{\omega_t}\sin\theta + \frac{v_t}{\omega_t}\sin(\theta + \omega_t \Delta t) \\ \frac{v_t}{\omega_t}\cos\theta - \frac{v_t}{\omega_t}\cos(\theta + \omega_t \Delta t) \\ \omega \Delta t \end{pmatrix}}_{g(u_t, y_{t-1})} + \mathcal{N}(0, F_x^T R_t F_x) \tag{10.13}$$

여기서 $F_x^T R_t F_x$는 공분산 행렬을 전체 스테이트 벡터 제곱의 차원으로 확장한다.

EKF에서 늘 그렇듯이 모션 함수 g는 1차 테일러 전개를 사용해 근사화된다.

$$g(u_t, y_{t-1}) \approx g(u_t, \mu_{t-1}) + G_t(y_{t-1} - \mu_{t-1}) \tag{10.14}$$

여기서 자코비안 $G_t = g'(u_t, \mu_{t-1})$은 식 (7.7)과 같이 u_t와 μ_{t-1}에서 y_{t-1}에 대한 g의 도함수다.

식 (10.13)의 덧셈식을 통해 우리는 이 자코비안 G_t를 $(3N + 3) \times (3N + 3)$차원의 항등 행렬(즉, y_{t-1}의 도함수)에 로봇 포즈의 변화를 특성화하는 저차원의 자코비안 g_t를 더한 형태로 분해할 수 있다.

$$G_t = I + F_x^T g_t F_x \tag{10.15}$$

여기서 g_t는 다음과 같다.

$$g_t = \begin{pmatrix} 0 & 0 & -\frac{v_t}{\omega_t}\cos\mu_{t-1,\theta} + \frac{v_t}{\omega_t}\cos(\mu_{t-1,\theta} + \omega_t \Delta t) \\ 0 & 0 & -\frac{v_t}{\omega_t}\sin\mu_{t-1,\theta} + \frac{v_t}{\omega_t}\sin(\mu_{t-1,\theta} + \omega_t \Delta t) \\ 0 & 0 & 0 \end{pmatrix} \tag{10.16}$$

이 근삿값을 표준 EKF 알고리즘에 연결하면 표 10.1의 2~5행을 얻을 수 있다. 5행에서 곱해진 행렬 중 일부는 희소해지며, 이 알고리즘을 구현할 때 활용된다. 이 업데이트의 결과는 제엇값 u_t를 사용해 필터를 업데이트한 후, 측정값 z_t를 통합하기 전의 시간 t에서의 추정값의 평균 μ_t 및 공분산 Σ_t이다.

측정 업데이트의 유도는 7.4절과 유사하다. 특히 다음과 같은 측정 모델이 제공된다.

$$z_t^i = \underbrace{\begin{pmatrix} \sqrt{(m_{j,x}-x)^2 + (m_{j,y}-y)^2} \\ \text{atan2}(m_{j,y}-y, m_{j,x}-x) - \theta \\ m_{j,s} \end{pmatrix}}_{h(y_t,j)} + \mathcal{N}(0, \underbrace{\begin{pmatrix} \sigma_r^2 & 0 & 0 \\ 0 & \sigma_\phi^2 & 0 \\ 0 & 0 & \sigma_s^2 \end{pmatrix}}_{Q_t}) \quad (10.17)$$

여기서 x, y, θ는 로봇의 포즈를 나타내고, i는 z_t에서의 개별 랜드마크 관찰값의 인덱스이며, $j = c_t^i$는 시각 t에서 관찰된 랜드마크의 인덱스다. 변수 r은 랜드마크에 대한 범위를 나타내며, ϕ는 랜드마크에 대한 방위이고, s는 랜드마크 시그니처다. σ_r, σ_ϕ, σ_s는 상응하는 측정 노이즈 공분산이다.

이 표현식은 선형 함수로 근사화할 수 있다.

$$h(y_t, j) \approx h(\bar{\mu}_t, j) + H_t^i (y_t - \bar{\mu}_t) \quad (10.18)$$

여기서 H_t^i는 전체 스테이트 벡터 y_t에 대한 h의 도함수다. h가 스테이트 벡터의 두 요소인 로봇 포즈 x_t와 j번째 랜드마크 m_j의 위치하고만 연관되어 있기 때문에, 이 도함수는 저차원의 자코비안 h_t^i와 행렬 $F_{x,j}$를 이용해 정의할 수 있다. 여기서 $F_{x,j}$는 전체 스테이트 벡터의 차원 행렬에 h_t^i를 매핑한 것이다. 다음 식을 보자.

$$H_t^i = h_t^i F_{x,j} \quad (10.19)$$

여기서 h_t^i는 스테이트 변수 x_t와 m_j에 대해 계산된 μ_t에서의 함수 $h(y_t, j)$의 자코비안이다.

$$h_t^i = \begin{pmatrix} \dfrac{\bar{\mu}_{t,x} - \bar{\mu}_{j,x}}{\sqrt{q_t}} & \dfrac{\bar{\mu}_{t,y} - \bar{\mu}_{j,y}}{\sqrt{q_t}} & 0 & \dfrac{\bar{\mu}_{j,x} - \bar{\mu}_{t,x}}{\sqrt{q_t}} & \dfrac{\bar{\mu}_{j,y} - \bar{\mu}_{t,y}}{\sqrt{q_t}} & 0 \\ \dfrac{\bar{\mu}_{j,y} - \bar{\mu}_{t,y}}{q_t} & \dfrac{\bar{\mu}_{t,x} - \bar{\mu}_{j,x}}{q_t} & -1 & \dfrac{\bar{\mu}_{t,y} - \bar{\mu}_{j,y}}{q_t} & \dfrac{\bar{\mu}_{j,x} - \bar{\mu}_{t,x}}{q_t} & 0 \\ 0 & 0 & 0 & 0 & 0 & 1 \end{pmatrix} \quad (10.20)$$

스칼라 $q_t = (\mu_{j,x} - \mu_{t,x})^2 + (\mu_{j,y} - \mu_{t,y})^2$이며, 앞에서처럼 $j = c_t^i$는 측정값 z_t^i에 해당하는 랜드마크다. $F_{x,j}$는 $6 \times (3N + 3)$ 크기의 행렬이며, 저차원 행렬 h_t^i를 $3 \times (3N + 3)$차원의 행렬로 매핑한다.

$$
F_{x,j} = \begin{pmatrix}
1 & 0 & 0 & 0\cdots0 & 0 & 0 & 0 & 0\cdots0 \\
0 & 1 & 0 & 0\cdots0 & 0 & 0 & 0 & 0\cdots0 \\
0 & 0 & 1 & 0\cdots0 & 0 & 0 & 0 & 0\cdots0 \\
0 & 0 & 0 & 0\cdots0 & 1 & 0 & 0 & 0\cdots0 \\
0 & 0 & 0 & 0\cdots0 & 0 & 1 & 0 & 0\cdots0 \\
0 & 0 & 0 & \underbrace{0\cdots0}_{3j-3} & 0 & 0 & 1 & \underbrace{0\cdots0}_{3N-3j}
\end{pmatrix} \tag{10.21}
$$

이 식은 표 10.1의 EKF SLAM 알고리즘 8~17행에 해당하는 칼만 이득 계산의 핵심을 한 가지 중요한 확장을 이용해 보완한다. 랜드마크를 처음으로 관찰했을 때 식 (10.8)의 초기 포즈 추정은 낮은 성능의 선형화 결과를 나타낸다. 이는 식 (10.8)의 기본 초기화에서 h가 선형화되는 지점이 $(\mu_{j,x} \ \mu_{j,y} \ \mu_{j,s})^T = (0\ 0\ 0)^T$이므로 실제 랜드마크에 대한 추정값이 낮기 때문이다. 표 10.1의 알고리즘 10행에서 더 나은 랜드마크 추정값이 주어진다. 여기서 예상되는 위치로 랜드마크 추정값 $(\mu_{j,x} \ \mu_{j,y} \ \mu_{j,s})^T$를 초기화한다. 예상 위치는 예상되는 로봇 포즈와 이 랜드마크에 대한 측정 변수로부터 유도된다.

$$
\begin{pmatrix}
\bar{\mu}_{j,x} \\
\bar{\mu}_{j,y} \\
\bar{\mu}_{j,s}
\end{pmatrix} =
\begin{pmatrix}
\bar{\mu}_{t,x} \\
\bar{\mu}_{t,y} \\
s_t^i
\end{pmatrix} +
\begin{pmatrix}
r_t^i \cos(\phi_t^i + \bar{\mu}_{t,\theta}) \\
r_t^i \sin(\phi_t^i + \bar{\mu}_{t,\theta}) \\
0
\end{pmatrix} \tag{10.22}
$$

이 초기화는 측정 함수 h가 전단사 함수^{bijective function}이기 때문에 가능하다. 측정값은 랜드마크 위치를 나타내므로 2차원이다. 측정값이 랜드마크의 좌표보다 낮은 차원일 경우 h는 제대로 투영된 것이며, 단일 측정값에서 $(\mu_{j,x} \ \mu_{j,y} \ \mu_{j,s})^T$를 위한 의미 있는 기댓값 계산은 불가능하다. 좋은 예로, SLAM의 컴퓨터 비전 구현의 경우를 생각해볼 수 있다. 카메라는 종종 랜드마크까지의 각도를 계산하지만 범위는 계산하지 않기 때문이다. SLAM은 일반적으로 여러 장면을 통합한 다음 적절한 초기 위치 추정값을 결정하기 위해 삼각 측량을 적용한다. SLAM 관련 참고문헌에 의하면, 이러한 문제를

1: **Algorithm EKF_SLAM($\mu_{t-1}, \Sigma_{t-1}, u_t, z_t, N_{t-1}$):**

2: $\quad N_t = N_{t-1}$

3: $\quad F_x = \begin{pmatrix} 1 & 0 & 0 & 0 \cdots 0 \\ 0 & 1 & 0 & 0 \cdots 0 \\ 0 & 0 & 1 & 0 \cdots 0 \end{pmatrix}$

4: $\quad \bar{\mu}_t = \mu_{t-1} + F_x^T \begin{pmatrix} -\frac{v_t}{\omega_t} \sin \mu_{t-1,\theta} + \frac{v_t}{\omega_t} \sin(\mu_{t-1,\theta} + \omega_t \Delta t) \\ \frac{v_t}{\omega_t} \cos \mu_{t-1,\theta} - \frac{v_t}{\omega_t} \cos(\mu_{t-1,\theta} + \omega_t \Delta t) \\ \omega_t \Delta t \end{pmatrix}$

5: $\quad G_t = I + F_x^T \begin{pmatrix} 0 & 0 & -\frac{v_t}{\omega_t} \cos \mu_{t-1,\theta} + \frac{v_t}{\omega_t} \cos(\mu_{t-1,\theta} + \omega_t \Delta t) \\ 0 & 0 & -\frac{v_t}{\omega_t} \sin \mu_{t-1,\theta} + \frac{v_t}{\omega_t} \sin(\mu_{t-1,\theta} + \omega_t \Delta t) \\ 0 & 0 & 0 \end{pmatrix} F_x$

6: $\quad \bar{\Sigma}_t = G_t \Sigma_{t-1} G_t^T + F_x^T R_t F_x$

7: $\quad Q_t = \begin{pmatrix} \sigma_r^2 & 0 & 0 \\ 0 & \sigma_\phi^2 & 0 \\ 0 & 0 & \sigma_s^2 \end{pmatrix}$

8: $\quad$ *for all observed features $z_t^i = (r_t^i \ \phi_t^i \ s_t^i)^T$ do*

9: $\quad \begin{pmatrix} \bar{\mu}_{N_t+1,x} \\ \bar{\mu}_{N_t+1,y} \\ \bar{\mu}_{N_t+1,s} \end{pmatrix} = \begin{pmatrix} \bar{\mu}_{t,x} \\ \bar{\mu}_{t,y} \\ s_t^i \end{pmatrix} + r_t^i \begin{pmatrix} \cos(\phi_t^i + \bar{\mu}_{t,\theta}) \\ \sin(\phi_t^i + \bar{\mu}_{t,\theta}) \\ 0 \end{pmatrix}$

10: $\quad$ *for $k = 1$ to N_t+1 do*

11: $\quad\quad \delta_k = \begin{pmatrix} \delta_{k,x} \\ \delta_{k,y} \end{pmatrix} = \begin{pmatrix} \bar{\mu}_{k,x} - \bar{\mu}_{t,x} \\ \bar{\mu}_{k,y} - \bar{\mu}_{t,y} \end{pmatrix}$

12: $\quad\quad q_k = \delta_k^T \delta_k$

(이어짐)

13: $\quad \hat{z}_t^k = \begin{pmatrix} \sqrt{q_k} \\ \text{atan2}(\delta_{k,y}, \delta_{k,x}) - \bar{\mu}_{t,\theta} \\ \bar{\mu}_{k,s} \end{pmatrix}$

14: $\quad F_{x,k} = \begin{pmatrix} 1 & 0 & 0 & 0\cdots0 & 0 & 0 & 0 & 0\cdots0 \\ 0 & 1 & 0 & 0\cdots0 & 0 & 0 & 0 & 0\cdots0 \\ 0 & 0 & 1 & 0\cdots0 & 0 & 0 & 0 & 0\cdots0 \\ 0 & 0 & 0 & 0\cdots0 & 1 & 0 & 0 & 0\cdots0 \\ 0 & 0 & 0 & 0\cdots0 & 0 & 1 & 0 & 0\cdots0 \\ 0 & 0 & 0 & 0\cdots0 & 0 & 0 & 1 & 0\cdots0 \end{pmatrix}$

15: $\quad H_t^k = \frac{1}{q_k} \begin{pmatrix} -\sqrt{q_k}\delta_{k,x} & -\sqrt{q_k}\delta_{k,y} & 0 & \sqrt{q_k}\delta_{k,x} & \sqrt{q_k}\delta_{k,y} & 0 \\ \delta_{k,y} & -\delta_{k,x} & -q_k & -\delta_{k,y} & \delta_{k,x} & 0 \\ 0 & 0 & 0 & 0 & 0 & q_k \end{pmatrix} F_{x,k}$

16: $\quad \Psi_k = H_t^k \, \bar{\Sigma}_t \, [H_t^k]^T + Q_t$

17: $\quad \pi_k = (z_t^i - \hat{z}_t^k)^T \, \Psi_k^{-1} \, (z_t^i - \hat{z}_t^k)$

18: $\quad$ *endfor*

19: $\quad \pi_{N_t+1} = \alpha$

20: $\quad j(i) = \underset{k}{\text{argmin}} \; \pi_k$

21: $\quad N_t = \max\{N_t, j(i)\}$

22: $\quad K_t^i = \bar{\Sigma}_t \, [H_t^{j(i)}]^T \Psi_{j(i)}^{-1}$

23: $\quad \bar{\mu}_t = \bar{\mu}_t + K_t^i \, (z_t^i - \hat{z}_t^{j(i)})$

24: $\quad \bar{\Sigma}_t = (I - K_t^i \, H_t^{j(i)}) \, \bar{\Sigma}_t$

25: *endfor*

26: $\quad \mu_t = \bar{\mu}_t$

27: $\quad \Sigma_t = \bar{\Sigma}_t$

28: *return* μ_t, Σ_t

표 10.2 최대 유사가능도 대응 변수를 갖는 EKF SLAM 알고리즘. 여기에는 이상치 제거와 함께 표시된다.

베어링 온리 SLAM^{bearing only SLAM}이라고 한다. 이에 관한 더 자세한 사항은 연습문제에서 다룬다.

마지막으로 EKF 알고리즘이 맵의 랜드마크 개수인 N의 제곱에 비례하는 크기의 메모리를 필요로 한다는 것에 주목할 필요가 있다. 업데이트 시간 또한 N의 제곱에 비례한다. 제곱에 비례하는 업데이트 복잡도는 EKF의 여러 위치에서 발생하는 행렬 곱셈에 기인한다.

10.3 알려지지 않은 대응 변수를 이용한 EKF SLAM 모델

10.3.1 일반 EKF SLAM 알고리즘

알려진 대응 변수를 이용한 EKF SLAM 알고리즘은 대응 변수를 결정하기 위해 증분형 최대 유사가능도^{ML, maximum likelihood} 추정기를 사용하는 일반적인 EKF SLAM 알고리즘으로 확장된다. 표 10.2는 알려지지 않은 대응 변수를 위한 알고리즘이다.

대응 변수를 모르기 때문에 알고리즘 **EKF_SLAM**의 입력에는 대응 변수 c_t가 없다. 대신 순간적인 맵의 크기인 N_{t-1}을 포함한다. 알고리즘 3~6행에 해당하는 모션 업데이트는 표 10.1의 **EKF_SLAM_known_correspondences**와 동일하다. 그러나 측정 업데이트 루프는 차이가 있다. 8행을 보면 처음에는 인덱스 $N_t + 1$을 갖는 새로운 랜드마크의 가설을 생성한다. 인덱스는 이 시점에서 맵에 있는 랜드마크보다 1만큼 크다. 새로운 랜드마크의 위치는 로봇 포즈의 추정값과 측정 범위 및 방위를 고려해 예상 위치를 계산하여 알고리즘 9행에서 초기화가 이뤄진다. 또한 알고리즘 9행을 통해 관찰한 시그니처값을 새로운 랜드마크에 할당한다. 다음으로 알고리즘 10~18행에서 '새로운' 랜드마크를 포함해 $N_t + 1$개의 가능한 모든 랜드마크에 대해 다양한 업데이트값이 계산된다. 알고리즘 19행에서는 새로운 랜드마크 생성을 위한 임곗값을 설정한다. 맵의 모든 기존 랜드마크까지의 마할라노비스^{Mahalanobis} 거리가 값 α를 초과하면 새로운 랜드마크가 만들어진다. 측정값이 이전에 보이지 않던 랜드마크와 연관되어 있다면 랜드마크 카운터는 알고리즘 21행에서 증가하며, 다양한 벡터와 행렬 역시 이에 따라 커진다. (약간 지루할 수 있는) 이 단계는 표 10.2에 구체적으로 포함시키지는 않았다. 최종적으로 EKF의 업데이트는 알고리즘 23행과 24행에서 이뤄진다. 알고리즘 **EKF_SLAM**은 평균 μ_t, 공분산 Σ_t와 함께 랜드마크 새로운 개수 N_t를 리턴한다.

EKF SLAM의 수학적 유도는 앞에서 했던 유도 과정대로 따라 하면 된다. 특히 알고리즘 9행의 초기화는 **EKF_SLAM_known_correspondences**의 10행에 있는 초기화와 동일하다(표 10.1). 10~18행까지는 **EKF_SLAM_known_correspondences** 알고리즘의 12~17행까지와 동일하다. 다만 최대 유사가능도 대응 변수를 계산하기 위해 추가 변수 π_k가 필요하다. 알고리즘 20행의 최대 유사가능도 대응 변수를 선택하는 부분과 17행의 마할라노비스 거리 정의는 7.5절에서 설명한 최대 유사가능도 대응 변수를 참고하면 된다. 특히 표 7.3의 **EKF_localization** 알고리즘은 가장 유사가능도가 높은 랜드마크를 결정하기 위해 관련 수식을 사용했다. 표 10.2의 알고리즘 23행과 24행의 측정 업데이트는 맵이 방금 연장된 경우 참여 벡터와 행렬이 적절한 차원임을 가정하여 알려진 대응 변수를 갖는 EKF 알고리즘의 측정 업데이트와 유사하다.

EKF_SLAM의 구현은 알고리즘 10~18행에서 고려한 랜드마크를 로봇 근처의 랜드마크로 제한해 좀 더 효율적으로 만들 수 있다. 또한 이 내부 루프에서 계산된 많은 값과 행렬은 둘 이상의 피처 측정값 벡터 z_t^i를 반복할 때 안전하게 캐싱될 수 있다. 실제로 맵의 기능을 잘 관리하고 이 루프를 엄격하게 최적화하면 실행 시간을 크게 줄일 수 있다.

10.3.2 예제

그림 10.4는 EKF SLAM 알고리즘이다. 여기서는 알려진 대응 변수를 시뮬레이션에 적용했다. 그림 10.4(a), (b), (c)의 왼쪽은 개별 랜드마크 및 로봇 포즈에 대해 주변화된marginalized 사후 분포를 나타낸다. 오른쪽은 증강 스테이트 벡터 y_t에 대한 상관 행렬을 보여준다. 상관계수는 정규화된 공분산이다. 그림 10.4(c)의 결과에서 쉽게 알 수 있듯이, 시간이 지남에 따라 모든 x 좌표 및 y 좌표 추정값은 완전한 상호 연관성을 보인다. 이는 상대적 항으로 맵을 파악했음을 의미한다. 여기서 상대적 항에는 조

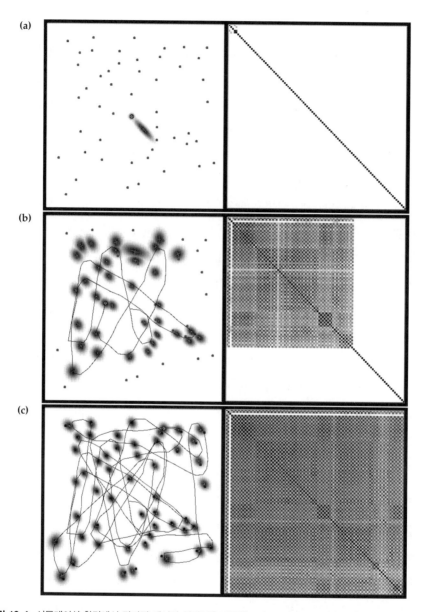

그림 10.4 시뮬레이션 환경에서 달려진 데이터 연관성을 이용한 EKF SLAM 알고리즘. 왼쪽 그림 3개는 맵을 나타낸다. 각 랜드마크의 불확실성을 회색 명암 차이로 표시했다. 오른쪽 행렬은 상관 행렬을 보여주는데, 사후확률에 대해 정규화된 공분산 행렬을 나타낸다. 시간이 흐름에 따라 전체 x 좌표와 y 좌표 추정값이 모두 상관관계를 갖는 상태가 된다.

정이 불가능한 불확실한 글로벌 위치도 해당된다. 이는 SLAM 문제의 중요한 특징을 매우 잘 보여준다. 초기 로봇 포즈로 정의된 좌표계에 상대적인 맵의 절대 좌표는 근사적으로만 결정될 수 있는 반면, 상대 좌표는 점근적으로 확실하게 결정될 수 있다.

실제로 EKF SLAM은 항공, 수중, 실내 및 기타 여러 차량과 관련된 광범위한 내비게이션 문제에 성공적으로 적용됐다. 그림 10.5는 수중 로봇 오베론^{Oberon}을 이용해 얻은 결과다. 오베론은 호주 시드니대학교에서 개발됐으며 그림 10.6과 같다. 이 로봇은 매우 높은 해상도로 스캔할 수 있고 최대 50m 떨어진 장애물을 탐지할 수 있는 연필 수중 음파 탐지기가 장착되어 있다. 매핑 문제를 용이하게 하기 위해 연구원들은 수중에 길고 작은 수직 물체를 올려놓았으며, 음파 탐지기 스캔을 통해 상대적으로 쉽게 추출할 수 있다. 이 실험에서는 여러 개의 객체가 약 10m 간격으로 늘어서 있다. 또한 절벽은 연필 수중 음파 탐지기를 사용해 탐지할 수 있는 부가 포인트 피처를 제공한다.

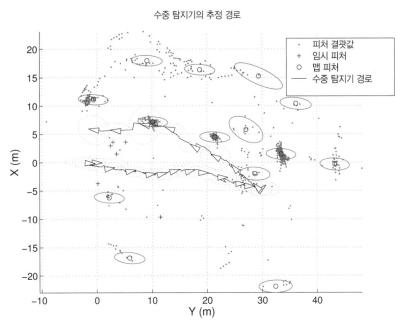

그림 10.5 맵과 수중 탐지기의 포즈에 대한 칼만 필터 추정값의 예. 출처: Stefan Williams, Hugh Durrant-Whyte, Australian Centre for Field Robotics

그림 10.6 시드니대학교에서 개발한 수중 탐지기 오베론. 출처: Stefan Williams and Hugh Durrant-Whyte, Australian Centre for Field Robotics

그림 10.5의 실험에서 로봇은 이 랜드마크에 따라 움직이고 돌아서서 뒤로 움직인다. 이렇게 하는 동안 이 장에서 설명하는 EKF SLAM 알고리즘을 사용해 랜드마크를 측정하고 맵에 통합한다.

그림 10.5에 표시된 맵은 로봇 경로를 표시하며 삼각형을 선으로 연결해 표시했다. 각 삼각형 주위에서 로봇의 x-y 위치로 투영된 칼만 필터 추정값의 공분산 행렬에 해당하는 타원을 볼 수 있다. 즉, 타원은 분산값으로 크기가 클수록 로봇이 현재 포즈에 대해 확신 정도가 낮음을 의미한다. 그림 10.5의 다양한 작은 점들은 랜드마크를 탐지한 결과로, 작고 반사도가 높은 물체들에 대해 수중 음파 탐지기 검색을 통해 얻은 것이다. 이러한 탐지 결과 대부분은 다음 절에서 설명할 메커니즘을 통해 버려진다. 그러나 일부는 랜드마크에 해당하는 것으로 간주해서 맵에 추가된다. 실행이 끝나면 로봇은 14개의 객체를 랜드마크로 분류했으며, 각 객체는 그림 10.5처럼 투영된 불확실성 타원으로 표시된다. 이러한 랜드마크에는 연구원이 제공한 랜드마크도 포함되지만 로봇 근처에는 다양한 랜드마크도 포함된다. 잔류 포즈 불확실성은 작다.

그림 10.7은 또 다른 EKF SLAM 구현의 결과를 보여준다. 그림 10.7(a)는 테스트 환경에 위치한 MIT의 RWI B21 모바일 로봇이다. 테스트 환경은 테니스 코트다. 장애물은 평가 목적을 위해 센티미터 단위로 수동으로 측정한 장애물이다. 그림 10.7(b)

(a) RWI B21 모바일 로봇과 테스트 환경

(b) 원시 오도메트리 측정 결과

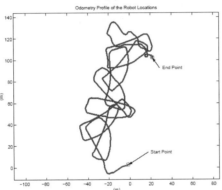

(c) 실제 환경에 대한 EKF SLAM 알고리즘의 결과

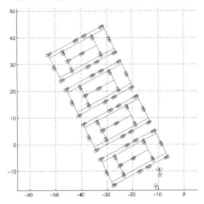

그림 10.7 (a) 캘리브레이션 테스트 장치에 있는 MIT B21 모바일 로봇, (b) 로봇의 오도메트리. 환경을 통해 수작업으로 수집했다. (c) EFK SLAM의 결과. 높은 정확도를 보이는 맵이 만들어졌다. 이미지는 수작업으로 만든 맵에 오버레이한 추정값 맵이다. 출처: John Leonard, Matthew Walter, MIT

는 원시 오도메트리 경로를 보여준다. 그림 10.7(c)에는 EKF SLAM의 결과가 수동으로 구성된 맵으로 오버레이되어 표시돼 있다. 이것이 실제로 정확한 맵인지 확인해보기 바란다.

10.3.3 피처 선택과 맵 관리

실제로 EKF SLAM을 강력하게 만들려면 맵 관리^{map management}를 위한 추가 기술이 필요하다. 이들 중 다수는 가우시안 노이즈 가정이 비현실적이라는 점과, 많은 허위

spurious 측정값이 노이즈 분포의 끝에서 발생한다는 사실과 관련이 있다. 이러한 허위 측정값은 맵에서 가짜 랜드마크를 생성할 수 있으며, 이는 로봇의 로컬화에 부정적인 영향을 끼친다.

많은 최첨단 기술은 측정 공간에서 이상치outlier를 다루는 메커니즘을 갖고 있다. 이러한 이상치는 맵에서 어떤 랜드마크의 불확실성 범위를 벗어나는 허위의 랜드마크로 정의된다. 이러한 이상치를 거부하는 가장 간단한 기법은 임시 랜드마크 목록provisional landmark list을 유지하는 것이다. 일단 측정값이 새로운 랜드마크의 존재를 나타내면 맵을 새로운 랜드마크를 반영해 확대하는 대신, 새로운 랜드마크를 우선 잠정적인 랜드마크 리스트에 추가한다. 이 목록은 맵과 비슷하지만 목록의 랜드마크는 로봇 포즈를 조정하는 데 사용되지 않는다(측정 방정식의 해당 그레이디언트는 0으로 설정됨). 랜드마크가 일관되게 관찰되고 불확실성 타원이 축소되면 일반 맵으로 전환된다.

실제 구현에서 이 메커니즘은 높은 확률을 지닌 모든 물리적 랜드마크는 유지하면서 중요한 요소들을 이용해 맵에 있는 랜드마크 수를 줄이는 경향이 있다. 최첨단 구현 결과에서 흔히 볼 수 있는 또 다른 단계는 랜드마크 존재 확률landmark existence probability을 유지하는 것이다. 이러한 사후확률은 로그 오즈 비율로 구현될 수 있으며, 맵의 j번째 랜드마크에 대해 o_j로 표시할 수 있다. j번째 랜드마크 m_j가 관찰될 때마다 o_j는 고정된 값만큼 증가한다. m_j가 로봇 센서의 인지 범위에 있을 때 m_j를 관찰하지 않으면 o_j가 감소한다. 랜드마크가 로봇의 인지 범위 내에 있는지 여부를 확실하게 알 수 없으므로 감소는 그러한 사건의 가능성을 고려할 수 있다. 값 o_j가 임곗값 아래로 떨어지면 랜드마크가 맵에서 제거된다. 이러한 기법을 사용하면 가우시안 분포를 따르지 않는 측정 노이즈에 직면했을 때 맵이 훨씬 희소해진다.

식 (10.9)와 같이 매우 큰 행렬 요소를 갖는 공분산으로 시작하는 새로운 랜드마크에 대한 측정값을 초기화할 때 수치적 불안정성numerical instability을 유발할 수 있다. 첫 번째 공분산 업데이트 단계가 (양의 준정부호 속성을 유지하는 행렬을 생성할 때 지나치게 많은 정도로) 이 값을 수십 배만큼 변경하기 때문이다. 좀 더 나은 방법으로 이전에는 관찰되지 않은 모든 피처에 대한 명시적인 초기화 단계를 포함시키는 것을 생각해볼 수 있다. 특히 그러한 단계는 표 10.2의 24행을 실행하는 대신 실제 랜드마크 불확실성을 직접 사용해 공분산 Σ_t를 초기화한다(23행의 평균과 동일).

이전에 언급했듯이 데이터 연관에 대한 최대 유사가능도 접근법은 확률론적 로봇에서 최대 사후 접근법이 완전 사후확률 추정값의 아이디어에서 벗어난다는 사실에서 발생하는 분명한 한계가 있다. 증강 스테이트와 데이터 연관에 대한 결합 확률을 유지하는 대신, 데이터 연관 문제를 최대 유사가능도가 항상 맞는 것처럼 취급하는 결정론적 결정deterministic determination으로 축소해버린다. 이 한계로 인해 EKF는 랜드마크 혼동과 관련해 취약성을 갖게 되고 이로 인해 잘못된 결과가 발생할 수 있다. 실제로 연구원들은 종종 다음 두 가지 방법 중 하나를 선택해 문제를 해결한다. 두 가지 방법 모두 헷갈릴 수 있는 랜드마크의 가능성을 줄인다.

- **공간 배열**: 랜드마크가 떨어져 있는 거리가 멀수록 실수로 혼동할 가능성이 적다. 따라서 서로를 혼동시킬 확률이 작아지도록 서로 멀리 떨어져 있는 랜드마크를 선택하는 것이 일반적이다. 여기서 흥미로운 트레이드오프 성질을 볼 수 있는데, 랜드마크가 많을수록 혼동할 위험도가 높아진다. 랜드마크가 너무 적으면 로봇을 로컬화하기가 더 어려워지며, 그 결과 랜드마크를 혼동할 가능성이 높아진다. 현재 랜드마크의 최적 밀도에 대해서는 거의 알려지지 않았으며 연구원들은 보통 직감으로 특정 랜드마크를 선택한다.
- **시그니처**: 적절한 랜드마크를 선택할 때, 랜드마크의 지각적 특이성을 반드시 극대화해야 한다. 예를 들어, 문은 다른 색상을 가질 수도 있고 복도의 너비가 다를 수도 있다. 결과적으로 생성된 시그니처는 성공적인 SLAM에 필수적이다.

이러한 추가 정보를 이용해 EKF SLAM 알고리즘은 공중에서, 지상에서, 수중에서 동작하는 로봇 차량과 관련된 광범위한 영역의 실제 매핑 문제에 성공적으로 적용돼왔다.

EKF SLAM의 핵심 한계는 적절한 랜드마크를 선택해야 한다는 점이다. 랜드마크가 있느냐 없느냐에 따라 센서 스트림을 줄이기 때문에 많은 센서 데이터가 대체로 버려진다. 이 때문에 광범위한 사전 필터링을 하지 않고 센서를 적극 활용하는 SLAM 알고리즘에 비해 많은 정보 손실이 일어난다. 심지어 또 EKF의 2차항 업데이트 시간 복잡도는 피처가 1,000개 미만인 희소 맵으로 제한돼 있다. 통상 10^6개 이상의 피처로 맵을 탐색하는 경우가 많으므로, 이런 경우 EKF는 적용할 수 없다.

상대적으로 맵의 차원이 낮으면 데이터 연관 문제가 더욱 어려워진다. 이것은 쉽게 확인 가능하다. 여러분이 있는 방 전체를 눈으로 직접 보면, 지금 여러분이 어디에 있는지를 알아내는 데 어려움이 없을 것이다! 그러나 소수의 랜드마크(예: 모든 광원의 위치) 위치만 알고 있으면 결정이 훨씬 더 어렵다. 결과적으로 EKF SLAM에서의 데이터 연관은 뒤에서 설명할 SLAM 알고리즘 중 일부보다 어려우며 더 많은 피처를 처리할 수 있다. 이것은 EKF SLAM의 근본적인 딜레마에 해당한다. 최대 유사가능도 데이터 연관성은 수억 개의 피처를 가진 조밀한 맵에서는 잘 동작할 수도 있지만 희소한 맵에서는 취약한 경향이 있다. 그러나 EKF는 2차원 업데이트가 복잡하기 때문에 희소한 맵이 필요하다. 11장에서는 더 효율적이고 훨씬 큰 맵을 처리할 수 있는 SLAM 알고리즘을 설명한다. 또한 좀 더 로버스트한 데이터 연관 기술에 대해서도 살펴볼 것이다. 많은 제약이 있지만, 이 장에서 소개한 EKF SLAM 알고리즘은 대부분 역사적인 가치가 있다.

10.4 요약

10장에서는 일반적인 SLAM 문제를 설명하고 EKF 접근법을 소개했다.

- SLAM 문제는 동시 로컬화 및 매핑 문제로 정의된다. 이 문제에서는 로봇이 환경 맵을 얻고 동시에 이 맵과 관련해 로컬화를 시도한다.
- SLAM 문제는 크게 온라인과 글로벌의 두 가지 버전으로 생각할 수 있다. 두 가지 문제 모두 맵 추정과 관련되어 있다. 온라인 문제는 순간적인 로봇 포즈를 추정하는 반면, 글로벌 문제는 모든 포즈를 결정하려고 한다. 두 문제 모두 실질적으로 동등한 중요성을 지니며, 여러 연구 문헌에서 역시 비슷한 연구 성과를 보였다.
- EKF SLAM 알고리즘은 SLAM 알고리즘에서 가장 초기 버전으로, 확장형 칼만 필터를 온라인 SLAM 문제에 적용했다. 알려진 대응 변수를 사용해서 결

과 알고리즘이 충분한다. 업데이트는 맵 내에 있는 랜드마크 개수의 제곱에 비례하는 계산 시간을 필요로 한다.

- 대응 변수를 알 수 없는 경우, EKF SLAM 알고리즘은 대응 문제에 증분형 최대 유사가능도 추정기를 적용한다. 결과 알고리즘은 랜드마크를 충분히 구분할 수 있을 때 잘 작동한다.

- 맵을 관리하기 위한 추가 기술을 알아봤다. 이상치를 식별하기 위한 두 가지 일반적인 전략이 있다. 첫 번째는 아직 충분히 자주 관찰되지 않은 랜드마크의 임시 목록이고, 또 다른 하나는 랜드마크의 존재에 대한 사후확률 증거를 계산하는 랜드마크 개수를 세는 것이다.

- EKF SLAM은 여러 가지 로봇 매핑 문제에서 상당한 성공을 거뒀다. 하지만 충분히 구분 가능한 랜드마크와 필터 업데이트에 필요한 계산 복잡도를 필요로 한다는 단점이 있다.

실제로 EKF SLAM 알고리즘은 성공적으로 적용돼왔다. 랜드마크가 충분히 구분 가능하면 이 알고리즘은 사후확률의 근삿값을 잘 계산한다. 전체 사후확률 계산에서 다양한 장점이 있다. 우선 잔여 불확실성을 모두 포착하여 로봇이 진정한 불확실성을 감안해 제어를 추론할 수 있게 한다. 그러나 EKF SLAM 알고리즘은 업데이트 복잡도가 엄청나고 희소한 맵에 대한 제약이 있다는 단점이 있다. 이는 다시 데이터 연관 문제를 어렵게 만들고, EKF SLAM은 랜드마크가 매우 모호한 상황에서 제대로 작동하지 않는 경향이 있다. 이러한 취약성의 원인은 EKF SLAM 알고리즘이 증분형 최대 유사가능도 데이터 연관 기술을 사용하는 데 있다. 이 기법은 과거의 데이터 연관성을 수정할 수 없게 하고, 최대 유사가능도 데이터 연관성이 부정확할 때 실패를 유발할 수 있다.

EKF SLAM 알고리즘은 온라인 SLAM 문제에 활용된다(전체 SLAM 문제에는 적용할 수 없다). 전체 SLAM 문제에서 매 시간 단계에서 스테이트 벡터에 새로운 포즈를 추가하면 스테이트 벡터와 공산이 제한 없이 커진다. 따라서 공분산을 업데이트하기 위한 시간이 끊임없이 증가하고, 결국 프로세서가 아무리 빨라도 계산 시간이 순식간에 바닥나버린다.

10.5 참고문헌

SLAM 문제는 수 세기에 걸쳐 현대 로봇의 발명보다 먼저 다뤄져 왔다. 움직이는 센서 플랫폼에서 물리적 구조를 모델링하는 문제는 지구 과학, 사진 측량법, 컴퓨터 비전 같은 여러 분야에서 가장 중요한 사안 중 하나다. 오늘날 SLAM 문제의 핵심을 이루는 많은 수학적 기술은 처음에는 행성 궤도를 계산하기 위해 개발됐다. 예를 들어, 최소 제곱법은 Johann Carl Friedrich Gauss(1809)에서부터 시작됐다. SLAM은 본질적으로 지리적 측량 문제다. 로봇이 순간 이동할 경우 측량사와 마주칠 가능성이 거의 없는 문제가 발생하는데, 대표적인 예로 대응 변수 문제 및 적절한 피처를 찾는 문제 등이 있다.

로보틱스에서 SLAM 문제에 대한 EKF는 Cheeseman and Smith(1986), Smith and Cheeseman(1986), Smith et al.(1990)에서 소개됐다. 이 논문은 이 장에서 설명한 EKF 기법을 처음으로 소개했다. Smith et al.(1990)에서는 포인트 랜드마크와 알려진 데이터 연관 정보를 이용한 피처 기반 매핑 관점에서 EKF 알고리즘을 다뤘다. Moutarlier and Chatila(1989a, b) 및 Leonard and Durrant-Whyte(1991)를 통해 비컨beacon을 랜드마크로 이용한 EKF SLAM의 첫 번째 구현 결과가 만들어졌다. 많은 학자가 매핑 과정에서 정확한 포즈 추정값을 유지하기 위한 대체 기술을 연구할 당시 EKF를 마치 유행처럼 이용했다(Cox, 1991). 자율 주행 차량의 도로 굴곡 추정에 대한 Dickmanns and Graefe(1988)의 초기 연구는 매우 높은 관련성을 지니고 있다. 이 외의 많은 관련 연구는 Dickmanns(2002)를 참조하기 바란다.

SLAM에 대한 연구는 매우 활발하게 이뤄지고 있다(Leonard et al., 2002b). Thrun (2002)을 통해 SLAM 분야의 방대한 연구 결과를 참조하기 바란다. 참고로 Leonard and Durrant-Whyte(1991)에서는 SLAM을 CMLconcurrent mapping and localization이라고 했다. 쏘르바Csorba는 그의 박사학위 논문 Csorba(1997)에서 맵에서 상관관계 유지가 중요하다는 점에 주목했고, 기본적인 수렴 결과까지 만들어냈다. 그 후로 많은 학자가 여러 가지 방식으로 기본 패러다임을 확장했다. 이 장에서 설명하는 피처 관리 기술에 대해서는 Dissanayake et al.(2001, 2002) 및 Bailey(2002)도 참조하기 바란다. Williams et al.(2001)은 SLAM에 임시 피처 목록 개념을 개발해 피처 탐지 오차의 영향을 줄였다. 피처 초기화는 Leonard et al.(2002a)에서 설명했는데, 센서가 제공하는 피처 좌표상의 데이터가 불완전한 문제점을 다루기 위해 이전의 포즈 추정치를 숨기지 않고 그대로 유지하는 방법을 사용했다. Castellanos et al.(1999)에서는 사후확률의 '작은 변화'를 있는 그대로 인자화하여 특이성^{singularities}을 피하는 방법을 고안해냈으며, 이를 통해 바닐라 EKF의 수치적 안정성이 좋아지는 결과를 보였다. Jensfelt et al.(2002)에서는 기본적인 기하학적 제약 조건(예를 들어, 대부분의 벽은 평행하거나 직교함)을 활용했을 때 실내에서 SLAM의 성능이 상당히 좋아진다는 점을 발견했다. 음파 탐지기가 있는 SLAM에 대한 초기 작업은 Rencken(1993)에서 찾을 수 있다. Tardós et al.(2002)는 소나 센서를 이용해 SLAM 문제를 해결하기 위한 최첨단 시스템을 소개했다. Castellanos et al.(2004)에서는 EKF를 위한 중요한 일관성 분석을 제공했다. Vaganay et al.(2004)에서 여러 가지 알고리즘의 실험 비교 결과를 확인하기 바란다. 중요한 데이터 연관 문제의 연구는 13장에서 자세히 다룰 예정이다.

앞에서 설명한 것처럼 SLAM 문제에 대한 EKF 솔루션의 가장 큰 한계는 공분산 행렬의 2차원 특성으로 이 문제는 여전히 중요하다. 지난 몇 년 동안 맵을 서브맵으로 분해해 눈에 띄는 확장성을 얻는 EKF SLAM 알고리즘이 여러 연구자에 의해 제안됐는데, 이를 위해 공분산이 별도로 유지된다. 이 분야의 초기 연구 성과로 Leonard and Feder(1999), Guivant and Nebot(2001), Williams(2001) 등이 있다. Leonard and Feder(1999)의 분리된 확률적 매핑 알고리즘은 맵을 더 작고 관리하기 쉬운 서브맵의 모음으로 분해한다. 이 방법은 계산상 효율적이지만 로컬 맵 네트워크를 통해 정보를 전파하는 메커니즘을 제공하지 않는다(Leonard and Feder, 2001). 반면 Guivant and Nebot(2001, 2002)에서는 유의미한 인수를 이용해 EKF 업데이트의 실제 복잡도를 줄이는 공분산 행렬의 근사화 인수분해 기법을 제시했다. Williams(2001)와 Williams et al.(2002)은 제한된 로컬 서브맵 필터$^{CLSF, constrained\ local\ submap\ filter}$를 제안했다. Williams et al.(2002)은 수중 맵 작성에 대한 결과를 제공한다(초기 작품 중 일부는 그림 10.5 참조). 이와 관련한 분해 기법으로 Tardós et al.(2002)에서 설명하는 시퀀스 맵 결합 기술이 있다. Bailey(2002)는 계층적으로 SLAM 맵을 표현하는 비슷한 기술을 고안했다. Folkesson and Christensen(2003)은 잦은 업데이트가 로봇 근처의 작은 영역으로 제한되는 반면 맵의 나머지 부분은 훨씬 낮은 주파수에서 업데이트되는 기술을 설명한다. 이러한 모든 기법은 수렴 속도가 전체 EKF 솔루션과 동일하지만 계산 복잡도는 $O(n^2)$이다. 그러나 이들은 피처가 수만 개인 대규모 문제에 훨씬 잘 동작한다.

많은 학자가 EKF 스타일의 SLAM 기술과 점유 그리드 맵 같은 볼류메트릭volumetric 기술을 결합한 하이브리드 SLAM 기술을 개발했다. Guivant et al.(2004)과 Nieto et al.(2004)의 하이브리드 메트릭 맵HYMM, hybrid metric map은 해당 지역에 대한 기본 표현인 점유 그리드 맵 같은 볼류메트릭 맵을 사용해 맵을 삼각형 영역으로 분해했다. 이들 로컬 맵은 EKF를 사용해 결합된다. Burgard et al.(1999b) 또한 맵을 로컬 점유 그리드 맵으로 분해했다. 다만 여기서는 로컬 맵을 결합 글로벌 맵joint global map으로 조합할 때 EMexpectation maximization 알고리즘을 사용했다(Dempster et al., 1977 참조). Betgé-Brezetz et al.(1995, 1996)은 실외 지형을 표현하기 위한 비트맵과 희소한 실외 물체에 대한 객체 표현을 SLAM 프레임워크에 두 가지 유형의 표현으로 통합했다.

동적 환경에 대한 SLAM의 확장 연구로는 Wang et al.(2003), Hähnel et al.(2003c), Wolf and Sukhatme(2004) 등이 있다. Wang et al.(2003)은 움직이는 물체를 탐지하고 추적하는 SLAM 알고리즘인 DATMO SLAM을 개발했다. 이 기법은 EKF 기반으로 하지만 피처의 가능한 모션도 사용할 수 있다. Hähnel et al.(2003c)은 움직이는 물체가 여러 개 있는 환경에서 SLAM을 수행하는 문제를 연구했다. 그들은 움직이는 물체에 해당할 가능성이 있는 측정값을 필터링하기 위해 EM 알고리즘을 성공적으로 사용했다. 이를 통해 전통적인 SLAM 기술이 실패한 환경에서 맵을 획득할 수 있었다. Wolf and Sukhatme(2004)의 연구는 고정된 맵과 움직이는 물체를 위한 2개의 결합된 점유 그리드를 유지한다. SLAM 스타일 로컬화는 일반적인 랜드마크 기반 SLAM 알고리즘을 이용해 구현했다.

SLAM 시스템은 여러 개의 시스템에서 활용되고 있다. Rikoski et al.(2004)은 잠수함의 수중 음파 탐지기에 SLAM을 적용해 '청각 오도메트리'에 대한 새로운 접근법을 제시했다. Nüchter et al.(2004)에서는 버려진 광산에서의 SLAM을 다뤘다. 이 연구에서는 패러다임을 완전한 6D 포즈 추정으로 확장했다. 다중 로봇 SLAM 문제의 확장은 많은 학자에 의해 제안됐다. Nettleton et al.(2000)은 초기 연구 성과에 기여했는데,

차량이 로컬 EKF 맵을 유지하되 사후확률의 정보 표현을 사용해 이를 융합하는 기술을 개발했다. 이 외에도 Rekleitis et al.(2001a)은 SLAM을 수행할 때 로컬화 오차를 줄이기 위해 고정 로봇과 이동 로봇 팀을 사용했다. Fenwick et al.(2002)에서는 SLAM 기반의 랜드마크를 위해 다중 차량 맵 융합에 관한 종합적인 이론 연구 조사 결과를 제공했다. Konolige et al.(1999), Thrun et al.(2000b), Thrun(2001)에서는 스캔 융합 기술을 개발했다.

많은 학자가 특정 센서 유형을 위한 SLAM 시스템을 개발했다. 중요한 센서 중 하나로 카메라가 있다. 하지만 카메라는 피처에만 관련이 있다. 컴퓨터 비전 분야에서 이 문제에 대한 뛰어난 연구 결과로 SFM^structure from motion이 있다. 이에 관한 주요 참고 자료는 Tomasi and Kanade(1992), Soatto and Brockett(1998), Dellaert et al.(2003)이다. 아울러, 사진 측량 분야의 연구 성과는 Konecny(2002)를 참고한다. SLAM 분야에서 Deans and Hebert(2000, 2002)는 SLAM에 대한 방위의 독창적인 연구를 수행했다. 이 연구에서는 포즈 오차를 맵 오차와 분리하기 위해 로봇 포즈에 대해 불변인 환경의 특징을 재귀적으로 추정했다. 많은 학자가 카메라를 기본 센서로 사용해 SLAM을 적용했다(Neira et al., 1997; Cid et al., 2002; Davison, 2003). Davison(1998)은 SLAM에서 액티브 비전 기술을 제공했다. Dudek and Jegessur(2000)에서는 외형에 기반을 둔 장소 인식에 의존하는 반면, Hayet et al.(2002), Bouguet and Perona(1995)는 시각적 랜드마크를 사용했다. Diebel et al.(2004)에서는 스테레오 범위 파인더의 비선형 노이즈 분포를 설명하는 액티브 스테레오 센서가 있는 SLAM용 필터를 개발했다. SLAM을 위한 센서 융합 기술은 Devy and Bulata(1996)에 의해 개발됐다. Castellanos et al.(2001)은 레이저와 카메라를 융합했을 때 각 센서 방식을 분리하는 것에 비해 성능이 뛰어나다는 사실을 경험적으로 발견했다.

SLAM은 조밀한 3D 모델 구축 문제로 확장됐다. 실내 모바일 로봇으로 3D 모델을 얻는 초기 시스템은 Reed and Allen(1997), Iocchi et al.(2000), Thrun et al.(2004b)에서 찾을 수 있다. Devy and Parra(1998)는 파라메트릭 곡선을 사용해 3D 모델을 얻었다. Zhao and Shibasaki(2001), Teller et al.(2001), Frueh and Zakhor(2003)는 도시 환경에 대한 거대한 질감의 3D 맵을 구축하기 위한 인상적인 시스템을 개발했다. 이 시스

템들 중 어느 것도 실외 GPS의 가용성으로 인해 전체 SLAM 문제를 해결하지 못했지만 SLAM의 수학적 기반을 다지는 데 큰 기여를 했다. 이 기술들은 도시 환경의 항공 관점의 재구축에 대한 풍부한 연구와 매끄럽게 조화를 이루고 있다(Jung and Lacroix, 2003; Thrun et al., 2003).

11장에서는 일반 EKF의 대안을 알아본다. 참고로 다양한 유형의 필터들 간에 경계는 그리기가 거의 불가능해진다. 따라서 11장에서 설명하는 기술은 10장에서 공부한 확장 기법을 이용해 다양한 직관적인 내용들을 담고 있다. 11장에서 정보이론적 표현을 사용해 SLAM 알고리즘을 설명할 때 관련 참고문헌도 함께 다루기로 하자.

10.6 연습문제

1. EKF SLAM에서 모션 업데이트의 계산 복잡도는 얼마인가? $O(\ )$ 표기법을 사용해 설명해보라. 이것을 동일한 크기의 피처 벡터에 대해 EKF의 최악의 계산 복잡도와 비교해보라.

2. 베어링 온리 SLAM은 센서가 랜드마크의 방위를 측정할 수 있지만 범위는 측정할 수 없는 경우의 SLAM 문제를 의미한다. 앞에서 설명한 것처럼 베어링 온리 SLAM은 컴퓨터 비전의 SFM^{Structure from Motion}과 밀접하게 관련되어 있다. EKF를 이용하는 베어링 온리 SLAM의 문제 중 하나는 랜드마크 위치 추정의 초기화에 관한 것이다. 비록 대응 변수를 알고 있는 경우에도 마찬가지다. 왜 그런지 이유를 설명하고 베어링 온리 SLAM을 적용할 수 있는 랜드마크 위치 추정값(평균 및 공분산)을 초기화하는 기술을 만들어보라.

3. 앞에서 표 10.2의 EKF 알고리즘이 수치적으로 불안정해질 수 있다고 설명했다. 새 피처를 처음 관찰했을 때 μ_t와 Σ_t를 직접 설정하는 방법을 만들어보자. 이러한 기술은 매우 큰 값으로 공분산을 초기화할 필요가 없다. 식 (10.9)에서와 같이 공분산이 초기화될 때 결과가 표 10.2의 EKF 알고리즘 23행, 24행과 수학적으로 동치임을 보여라.

4. 이 문제에서는 사후확률로 표현되는 랜드마크가 실제 세계에 존재할 확률을 계산하기 위해 이진 베이즈 필터를 사용하려고 한다.

   (a) 우선 앞에서 설명한 이진 베이즈 필터를 설계해보라.

   (b) 다음으로 확률 p^*로 랜드마크가 산발적으로 사라지는 상황에 대해 필터를 확장해보라.

   (c) 잘 정립된 랜드마크의 경우, 그 존재와 관련해 오랜 시간 동안 정보가 제공되지 않는(긍정적인 정보도, 부정적인 정보도 없음) 상황을 설명해보라. 필터가 어떤 값으로 수렴하는가? 여러분이 제시한 답을 증명해보라.

5. 이 장에서 소개한 EKF SLAM 알고리즘은 적절한 통계적 기법으로는 데이터 연관 문제에 대처할 수 없다. 가우시안 혼합을 통해 사후확률을 나타내는 알 수 없는 데이터 연관성을 이용해 사후확률 추정을 하는 알고리즘(및 통계적 프레임워크)을 만들어보라. 아울러 이에 대한 장점과 단점도 설명해보라. 사후확률의 계산 복잡도는 시간 경과에 따라 어떻게 증가하는가?

6. 앞의 문제를 참고해서 알려지지 않은 데이터 연관성을 이용한 사후확률 추정값을 계산하는 근사화 기법을 작성해보라. 여기서 각각의 증분형 업데이트 단계에서 필요한 시간은 시간 경과에 관계없이 일정하다(랜드마크 개수가 고정되어 있다고 가정).

7. 랜드마크 대신 로컬 점유 그리드 맵을 기본 구성요소로 사용하는 칼만 필터 알고리즘을 작성해보라. 해결해야 할 문제의 핵심은 로컬 그리드를 어떻게 서로 연관시키는지, 끊임없이 늘어나는 로컬 그리드를 어떻게 처리할 것인지다.

11

GraphSLAM 알고리즘

11.1 개요

10장에서 설명한 EKF SLAM 알고리즘에는 여러 가지 제한사항이 있다. 그중 하나로 업데이트에 2차 항 계산 복잡도를 요구한다는 점이 있다. 이 외에도 각 비선형 항에 대해 EKF 알괴리즘에서 한 번만 수행되는 EKF의 선형화 기술이 있다. 11장에서는 GraphSLAM이라는 또 다른 SLAM 알고리즘을 소개한다. GraphSLAM은 EKF와 달리 전체 SLAM 문제를 해결한다. 맵의 모든 포즈와 모든 피처를 대상으로 정의된 오프라인 문제의 해를 계산한다. 이 장을 공부하다 보면 알게 되겠지만 전체 SLAM 문제의 사후확률은 자연스럽게 희소한 그래프$^{sparse\ graph}$를 만들어낸다. 이는 비선형 2차 항 제약 조건의 총합을 계산해야 함을 내포하고 있다. 이러한 제약 조건을 최적화하면 최대 유사 가능도 맵과 해당 로봇 포즈 집합을 얻을 수 있다. 역사적으로 이 아이디어는 많은 수의 SLAM 관련 연구 결과에서 찾을 수 있다. 이 방식의 본질을 표현한다는 점에서 이 기법을 'GraphSLAM' 이라고 한다.

  그림 11.1을 통해 GraphSLAM 알고리즘을 좀 더 자세히 알아보자. GraphSLAM이 5개의 포즈 $x_0, ..., x_4$와 2개의 맵 피처 m_1, m_2에서 추출한 그래프가 있다. 이 그래프

에서 아크는 모션 아크와 측정 아크라는 두 가지 유형이 있다. 모션 아크$^{motion\ arc}$는 2개의 연속적인 로봇 포즈를 연결한다. 측정 아크$^{measurement\ arc}$는 측정된 피처에 포즈를 연결한다. 그래프의 각 모서리는 비선형 제약 조건에 해당한다. 나중에 보게 되겠지만, 이러한 제약 조건은 측정 및 모션 모델의 음의 로그 유사가능도를 나타내므로 정보 제약 조건$^{information\ constraints}$으로 가장 적합하다고 볼 수 있다. 그래프에 이러한 제약 조건을 추가하는 과정은 중요한 계산 작업 같은 것이 필요가 없으므로 GraphSLAM에서 사소한 것이다. 그림 11.1에서 알 수 있듯이 모든 제약 조건을 합하면 비선형 최소 제곱 문제$^{least\ squares\ problem}$가 된다.

맵 사후확률 연산을 위해 GraphSLAM은 제약 조건 집합을 선형화한다. 선형화의 결과는 정보 행렬$^{information\ matrix}$, 정보 벡터$^{information\ vector}$다. 이는 앞에서 정보 필터를 공부할 때 3장에서 이미 접했던 것과 본질적으로 동일한 형태를 지니고 있다. 그러나 정보 행렬은 GraphSLAM에 의해 구성된 그래프로부터 희소성을 상속받는다. 이 희소

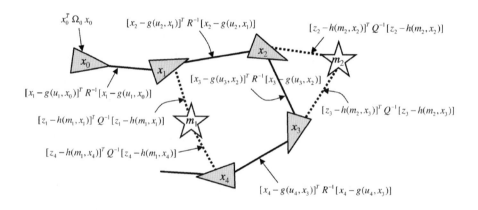

$$J_{\text{GraphSLAM}} = x_0^T\, \Omega_0\, x_0 + \sum_t [x_t - g(u_t, x_{t-1})]^T\, R^{-1}\, [x_t - g(u_t, x_{t-1})] + \sum_t [z_t - h(m_{c_t}, x_t)]^T\, Q^{-1}\, [z_t - h(m_{c_t}, x_t)]$$

그림 11.1 4개의 포즈와 2개의 맵 피처가 있는 GraphSLAM. 그래프의 노드는 로봇 포즈 및 맵 피처다. 그래프는 두 가지 유형의 에지로 채워진다. 단색 에지는 연속적인 로봇 포즈를 연결하고, 점선 에지는 로봇이 포즈를 취하는 동안 감지된 피처와 포즈를 연결한다. GraphSLAM의 각 링크는 비선형 2차 제약 조건이다. 모션 제약 조건은 모션 모델을 통합한다. 측정값은 측정 모델을 제한한다. GraphSLAM의 타깃 함수는 이러한 제약 조건의 전체 합이다. 이를 최소화하면 가장 가능성이 높은 맵과 가장 가능성 있는 로봇 경로를 얻을 수 있다.

성은 GraphSLAM이 변수 제거 알고리즘을 적용함으로써 그래프를 로봇 포즈를 통해 서만 정의된 훨씬 작은 것으로 변환할 수 있게 해준다. 경로 사후확률 맵은 표준 추론 기술을 사용해 계산된다. GraphSLAM은 맵 계산 외에 맵상의 특정 마진 사후확률도 계산한다. 전체 맵 사후확률은 당연히 맵 크기의 제곱이므로 보통 복구되지 않는다.

EKF SLAM과 GraphSLAM은 SLAM 알고리즘 계열의 양 끝에 있다고 볼 수 있다. EKF SLAM과 GraphSLAM의 가장 큰 차이점은 정보 표현과 관련이 있다. EKF SLAM은 공분산 행렬과 평균 벡터를 통해 정보를 나타내지만, GraphSLAM은 정보를 소프트 제약 조건$^{\text{soft constraint}}$의 그래프로 나타낸다. EKF에서 공분산을 업데이트하는 데는 많은 계산 비용이 필요하다. 반면 GraphSLAM에서는 그래프를 늘려가는 데 계산 비용이 많이 들지 않는다!

장점이 있으면 단점도 있게 마련이다. GraphSLAM은 맵과 경로를 복구할 때 추론을 필요로 하는 반면, EKF는 항상 맵과 로봇 포즈에 대한 최상의 추정값을 유지한다. 또, 그래프를 만들려면 이 정보를 스테이트의 추정값으로 변환하는 별도의 계산 작업이 필요하다. EKF SLAM에는 이러한 작업이 필요 없다.

결과적으로 새로운 정보를 즉각적으로 월드 스테이트의 개선된 추정값으로 해결한다는 점에서 EKF를 사전 SLAM$^{\text{proactive SLAM}}$ 알고리즘으로 생각할 수 있다. 이와는 대조적으로, GraphSLAM은 일종의 게으른 SLAM$^{\text{lazy SLAM}}$ 기술로 볼 수 있는데, 단순히 정보를 분석하지 않고 그래프에 모으기 때문이다. 이 차이는 매우 중요하다. GraphSLAM은 EKF가 처리할 수 있는 것보다 훨씬 큰 규모의 맵을 얻을 수 있다.

EKF SLAM과 GraphSLAM의 차이점은 다음과 같다. 전체 SLAM 문제의 해결책으로, GraphSLAM은 로봇 경로를 통한 사후확률을 계산하므로 증분형 알고리즘이 아니다. 이 기법은 EKF SLAM과는 다르다. 즉, 이 기법은 필터로서 로봇의 순간 포즈에 대한 사후확률만 유지한다. EKF SLAM은 로봇의 전체 수명 기간 동안 맵을 업데이트할 수 있게 해주는 반면, GraphSLAM은 고정된 크기의 데이터셋에서 맵을 찾는 문제에 가장 적합하다. EKF SLAM은 데이터 수집 시작 이후 경과된 총 시간을 걱정할 필요 없이 로봇의 전체 수명 기간 동안 맵을 유지 관리할 수 있다.

GraphSLAM은 맵을 작성할 때 전체 데이터에 액세스할 수 있기 때문에 향상된 선형화 및 데이터 연관 기술을 적용할 수 있다. EKF SLAM을 보면 시간 t에서의 측정값에 대한 선형화와 대응 변수는 시간 t까지의 데이터를 기반으로 계산된다. GraphSLAM에서는 모든 데이터가 선형화 작업과 대응 변수 계산에 사용될 수 있다. 다르게 말하자면, GraphSLAM은 과거의 데이터 연관을 수정할 수 있으며 두 번 이상 선형화할 수 있다. GraphSLAM은 맵 제작, 대응 변수 계산, 측정 및 모션 모델의 선형화라는 세 가지 중요한 단계를 반복하므로 모든 수량을 가장 정확하게 예측할 수 있다. 이상의 모든 결과로 GraphSLAM은 EKF가 생성한 맵보다 대체로 정확도가 우수한 맵을 생성한다.

그러나 GraphSLAM은 EKF 기법에 비해 제한이 없다. 우선 앞에서 설명한 것 중 하나로, 그래프의 크기는 시간에 따라 선형적으로 증가하는 반면 EKF는 추정에 할당된 메모리의 양에서 시간 의존성을 보여주지 않는다. 다른 하나는 데이터 연관과 관련이 있다. EKF SLAM 데이터 연관 확률은 사후 공분산 행렬에서 쉽게 구할 수 있지만, GraphSLAM에서 동일한 확률을 계산할 때는 추론이 필요하다. 이 차이점은 GraphSLAM에서 대응 변수의 계산을 위한 구체적인 알고리즘을 정의할 때 좀 더 명확해질 것이다. 어떤 기법이 더 좋은지는 애플리케이션에 따라 다르다. 왜냐하면 모든 면에서 뛰어난 만병통치약 같은 기법은 존재하지 않기 때문이다.

이 장에서는 먼저 GraphSLAM과 그 기본 업데이트 단계의 직관적 개념을 설명한다. 그런 다음 수학적으로 다양한 업데이트 단계를 유도하고, 특정 선형 근사화에 관한 정확성을 증명한다. 데이터 연관을 위한 기술도 만들고, GraphSLAM 알고리즘의 실제 구현도 알아볼 것이다.

11.2 직관적 개념 설명

GraphSLAM의 기본 개념은 매우 간단하다. GraphSLAM은 데이터에서 소프트 제약 조건 집합을 추출한다. 여기서 소프트 제약 조건은 희소 그래프 형태로 표현된다. 이 제약 조건을 글로벌하게 일관된 추정값으로 해결함으로써 맵과 로봇 경로를 얻는다. 제약 조건은 일반적으로 비선형이지만 이를 해결하는 과정에서 선형화되어 정보 행렬로 변환된다. 따라서 GraphSLAM은 본질적으로 정보 이론적 기법이라고 할 수 있다. GraphSLAM은 비선형 제약 조건의 희소 그래프를 작성하는 기법이자 선형화된 제약 조건의 희소 정보 행렬을 채우는 기법이다.

11.2.1 그래프 생성

일련의 측정값 $z_{1:t}$와 연관된 대응 변수 $c_{1:t}$ 및 제엇값 집합 $u_{1:t}$가 주어진다고 가정해보자. GraphSLAM은 이 데이터를 그래프로 변환한다. 그래프의 노드는 로봇 포즈 $x_{1:t}$와 맵 $m = \{m_j\}$의 피처다. 그래프의 각 에지는 이벤트에 해당한다. 모션 이벤트는 2개의 로봇 포즈 사이에 에지를 생성하고, 측정 이벤트는 맵에서 포즈와 피처 간의 링크를 만든다. 에지는 GraphSLAM의 포즈와 피처 사이의 소프트 제약 조건을 나타낸다.

선형 시스템의 경우, 이러한 제약 조건은 연립 방정식의 정보 행렬과 정보 벡터의 항목과 일치한다. 평소와 마찬가지로 정보 행렬을 Ω, 정보 벡터를 ξ로 놓는다. 이어지는 설명에서 알 수 있듯이 각 측정값과 제엇값은 Ω와 ξ의 로컬 업데이트에 반영된다. 이는 GraphSLAM에서 그래프 에지의 로컬 추가local addition와 관련이 있다. 사실, 제엇값 또는 측정값을 Ω 및 ξ에 통합하는 규칙은 로컬 추가다. 왜냐하면 정보는 첨가량이라는 중요한 사실 때문이다.

그림 11.2는 해당 정보 행렬과 함께 그래프를 구성하는 프로세스를 보여준다. 먼저 측정값 z_t^i를 생각해보자. 이 측정값은 시간 t에서 피처의 위치 $m_j = c_t^i$와 로봇 포즈 x_t 간의 정보를 제공한다. GraphSLAM에서 이 정보는 x_t와 m_j 사이의 제약 조건으로 매핑된다. 이 에지를 스프링 질량 모델spring-mass model에서 '스프링'이라고 생각할 수 있다. 뒤에서 살펴보겠지만 제약 조건은 다음과 같다.

$$(z_t^i - h(x_t, m_j))^T \, Q_t^{-1} \, (z_t^i - h(x_t, m_j)) \tag{11.1}$$

여기서 h는 앞에서 많이 본 측정 함수이며, Q_t는 측정 노이즈의 공분산이다. 그림 11.2(a)는 GraphSLAM에 의해 유지되는 그래프에 그러한 링크를 추가한 것을 보여준다.

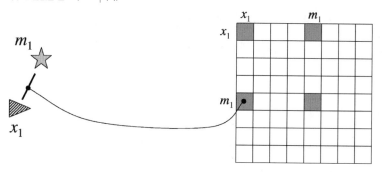

(a) 관찰값은 랜드마크 m_1이다.

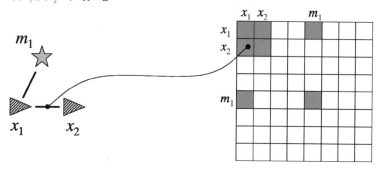

(b) x_1에서 x_2로의 로봇 모션

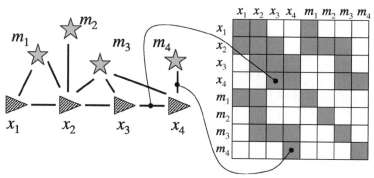

(c) 여러 단계를 거친 결과

그림 11.2 GraphSLAM에서 정보 행렬을 구한 결과. 왼쪽 다이어그램은 의존성 그래프를 보여주고, 오른쪽은 정보 행렬을 보여준다.

이제 로봇 모션을 고려해보자. 제엇값 u_t는 시간 $t-1$에서 로봇 포즈의 상대적인 값과 시간 t에서의 포즈 정보를 제공한다. 다시 말하지만 이 정보를 통해 그래프에서 제약 조건을 얻는다.

$$(x_t - g(u_t, x_{t-1}))^T \ R_t^{-1} \ (x_t - g(u_t, x_{t-1})) \tag{11.2}$$

여기서 g는 우리가 이미 잘 알고 있는 로봇의 키네마틱 모션 모델이며, R_t는 모션 노이즈의 공분산이다.

그림 11.2(b)는 그러한 링크를 그래프에 추가한 것을 보여준다. 또한 포즈 x_t와 측정값 z_t^i 사이의 정보 행렬에 새로운 요소가 추가됐음을 보여준다. 이 업데이트는 또다시 부가적이다. 앞에서와 마찬가지로 이 값의 크기는 측정 노이즈로 인한 잔류 불확실도 R_t를 반영한다. 센서의 노이즈가 적을수록 Ω 및 ξ에 더 큰 값이 추가된다.

모든 측정값 $z_{1:t}$와 제엇값 $u_{1:t}$를 통합해서 소프트 제약 조건의 희소 그래프를 얻는다. 그래프의 제약 조건 개수는 경과된 시간에 선형적이므로 그래프가 희소해진다. 그래프의 모든 제약 조건의 합은 식 (11.3)과 같다.

$$
\begin{aligned}
J_{\text{GraphSLAM}} \ = \ & x_0^T \ \Omega_0 \ x_0 + \sum_t (x_t - g(u_t, x_{t-1}))^T \ R_t^{-1} \ (x_t - g(u_t, x_{t-1})) \\
& + \sum_t \sum_i (z_t^i - h(y_t, c_t^i))^T \ Q_t^{-1} \ (z_t^i - h(y_t, c_t^i))
\end{aligned}
\tag{11.3}
$$

이것은 포즈 변수 $x_{1:t}$ 및 맵 m의 모든 피처 위치에 대해 정의된 함수다. 식 (11.3)을 보면 $x_0^T \ \Omega_0 \ x_0$라는 고정 제약 조건anchoring constraint도 있다. 이 제약 조건은 로봇의 첫 번째 포즈를 $(0\ 0\ 0)^T$로 초기화하여 맵의 절대 좌표를 고정한다.

관련 정보 행렬 Ω에서 대각선이 아닌 요소는 다음 두 가지 예외를 제외하고 모두 0이다. 첫째, 2개의 연속된 포즈 x_{t-1}과 x_t의 차이는 0이 아니다. 왜냐하면 제엇값 u_t에 의해 도입된 정보 링크를 나타내기 때문이다. 둘째, 로봇이 x_t에 있을 때 m_j가 관찰됐다면 맵 피처 m_j와 포즈 x_t 사이의 어떤 원소도 0이 아니다. 이 외에 각기 다른 피처 쌍 사이의 모든 요소의 값은 0을 유지한다. 이는 상대 위치와 관련된 정보를 전혀 받지 못했다는 사실을 반영한다. SLAM에서 받은 것은 로봇 포즈와 관련된 피처의 위치를 제한하는 측정값이다. 따라서 정보 행렬은 마찬가지로 희소하다(그 행렬 요소의 선형 수linear number를 제외하고 모두 0이다).

11.2.2 추론

그래프 표현이나 정보 행렬 표현 어느 것도 우리가 원하는 맵과 경로를 제공하지 못한다. GraphSLAM에서 맵과 경로는 $\mu = \Omega-1\xi$(식 (3.73) 참조)를 통해 선형화된 정보 행렬로부터 얻는다. 이 작업을 수행하려면 선형 연립 방정식을 풀어야 한다. 여기서 맵 추정값 μ와 공분산 Σ를 얼마나 효율적으로 복구할 수 있는지에 대한 의문이 생긴다.

계산 복잡도는 월드의 토폴로지에 따라 제각각일 수 있다. 각 피처가 시간적으로 로컬하게 보이는 경우, 제약 조건으로 표현된 그래프는 선형이다. 따라서 Ω는 재정렬되어 대역 대각 행렬band-diagonal matrix이 되고, 모든 0이 아닌 값은 행렬의 대각선 근처에서 발생한다. 방정식 $\mu = \Omega^{-1}\xi$는 선형 시간으로 계산할 수 있다. 이 개념은 순회를 한 번만 하는 사이클 없는 월드로 넘어가며, 따라서 각 피처가 짧고 연속적인 시간 동안 나타난다.

그러나 좀 더 일반적인 경우에는 관찰값들 간의 시간 지연이 크고 관찰 횟수도 많은 피처를 포함하고 있다. 이는 로봇이 복도를 통해 앞뒤로 움직이는 것이 원인인 경우와 월드가 사이클을 포함하기 때문인 경우일 수 있다. 두 가지 상황 모두에서, $t_2 \gg t_1$이라는 엄청난 차이를 보이는 시간 단계 x_{t_1}과 x_{t_2}에서 피처 m_j가 나타날 것이다. 우리가 만든 제약 조건 그래프에서 이는 다음과 같은 순환 의존 관계cyclic dependence가 있음을 의미한다. x_{t_1}과 x_{t_2}는 (1) 제엇값 $u_{t_1+1}, u_{t_1+2}, \ldots, u_{t_2}$의 시퀀스를 통해 연결될 수도 있고, (2) x_{t_1}과 m_j, x_{t_2}와 m_j 사이 각각의 결합 관찰값 링크를 통해 연결될 수도 있다. 이러한 링크는 변수 재정렬을 적용할 수 없고, 맵 복구는 더욱 복잡해진다. Ω의 역함수에는 벡터가 곱해지므로 전체 역행렬을 보이는 그대로 계산하지 않고도 켤레 그레이디언트conjugate gradient 같은 최적화 기법을 사용해 결과를 계산할 수 있다. 대부분의 월드에 사이클이 있기 때문에 이는 매우 중요하다.

GraphSLAM 알고리즘은 이제 중요한 인수분해 트릭$^{\text{factorization trick}}$을 사용한다. 이 기법은 정보 행렬을 통해 정보를 전파하는 것으로 생각할 수 있다(사실, 역행렬 연산에서 많이 쓰이는 변수 제거 알고리즘의 일반화 버전이라고 보면 된다). 정보 행렬 Ω와 정보 스테이트 ξ에서 피처 m_j를 제거한다고 가정해보자. 스프링 질량 모델에서 이는 어떤 노드와 이 노드에 연결된 모든 스프링을 제거하는 것과 같다. 이러한 포즈의 쌍 사이에 새로운 스프링을 도입해서 피처 m_j와 m_j가 관찰된 포즈 사이의 모든 스프링을 제거할 수 있으며, 이것은 매우 간단한 작업일 수 있다.

이 프로세스는 그림 11.3에 나와 있으며, 2개의 맵 피처 m_1과 m_3(사실 이 예에서는 m_2와 m_4를 제거하는 편이 간단하다)가 제거된 것을 보여준다. 두 경우 모두 피처를 제거하는 것은 원래 관찰했던 피처와 관련된 모든 포즈의 링크를 수정한다. 그림 11.3(b)에서 설명한 것처럼 이 작업은 그래프에 새 링크를 추가할 수 있다. 여기에 표시된 예에서 m_3를 제거하면 x_2와 x_4 사이에 새로운 링크가 생긴다.

앞의 내용을 수학적으로 정리해보자. m_j가 관찰된 포즈 집합(즉, $x_t \in \tau(j) \iff \exists i : c_t^i = j$)을 $\tau(j)$로 놓는다. 그러면 피처 m_j가 $\tau(j)$에서 포즈 x_t와만 링크가 생긴다는 사실을 이미 알고 있다. m_j는 다른 포즈 또는 맵의 어떤 피처와도 연결되지 않는다. 임의의 두 포즈 x_t, $x_{t'} \in \tau(j)$ 사이에 새로운 링크를 도입함으로써 m_j와 포즈 $\tau(j)$ 사이의 모든 링크를 0으로 설정할 수 있다. 이와 비슷하게 모든 포즈 $\tau(j)$에 대한 정보 벡터값도 업데이트된다. 이 작업의 중요한 특징은 로컬하다는 점이다. 단지 제약이 적다. m_j에 대한 모든 링크를 제거한 후에 정보 행렬과 벡터에서 m_j를 안전하게 제거할 수 있다. 결과 정보 행렬은 더 작아서 m_j에 대한 항목이 부족하다. 그러나 이 정보 행렬에 의해 정의된 사후확률은 m_j를 제거하기 전에 원래의 사후확률과 수학적으로 동일하다는 점에서 나머지 변수들과 동일하다. 이 등가성은 상당히 직관적이다. 단순히 스프링 질량 모델에서 m_j를 여러 포즈와 연결하는 스프링을 포즈를 직접 연결하는 스프링 집합으로 대체했다. 그렇게 함으로써, m_j의 연결이 끊어진 것을 제외하고는 이러한 스프링에 의해 만들어진 전체 힘^{force}은 동일하게 유지된다.

이 축소 단계의 특징은 추론 문제를 점진적으로 좀 더 작게 바꿀 수 있다는 것이다. Ω와 ξ에서 각 피처 m_j를 제거함으로써 궁극적으로 로봇 경로 변수에 대해서만 정의

(a) m_1을 제거해서 x_1과 x_2 사이의 링크가 바뀌었다.

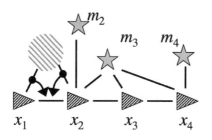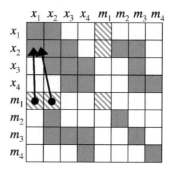

(b) m_3를 제거해서 x_2와 x_4 사이에 새로운 링크가 생성됐다.

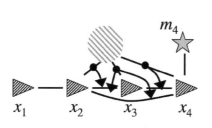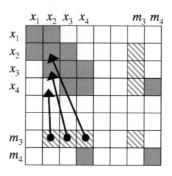

(c) 모든 맵의 피처를 제거한 후 최종 결과

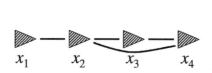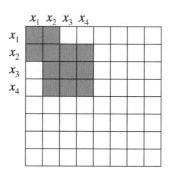

그림 11.3 GraphSLAM에서의 그래프 축소 작업: 로봇 포즈만 연결하는 링크 네트워크를 만들기 위해 아크가 제거됐다.

된 훨씬 작은 정보 폼information form Ω와 ξ를 얻는다. 이러한 축소 과정은 맵의 크기에 따라 선형적으로 수행할 수 있다. 이는 정보 폼에 대한 행렬 역변환을 계산을 하기 위한 변수 제거 기법을 일반화한 것이다. 아울러 정보 스테이트도 유지한다. 로봇 경로의 사후확률은 이제 $\Sigma = \Omega^{-1}$ 및 $\mu = \Sigma\xi$로 복구된다. 하지만 안타깝게도, 우리의 축소 단계는 사후확률의 사이클을 제거하지 않는다. 나머지 추론 문제는 여전히 선형 시간 이상이 소요될 수 있다.

마지막 단계로 GraphSLAM은 피처 위치를 복구한다. 개념적으로 이것은 각각의 m_j에 대한 새로운 정보 행렬 Ω_j와 정보 벡터 ξ_j를 구축해 얻을 수 있다. 정보 행렬, 정보 벡터 모두 변수 m_j와 m_j가 관찰된 포즈 $\tau(j)$에 대해 정의된다. 여기에는 m_j와 $\tau(j)$ 간의 오리지널 링크를 포함하지만, 포즈 $\tau(j)$는 불확실성 없이 μ 단위의 값으로 설정된다. 이 정보 폼에서 일반적인 행렬 역변환을 사용해 m_j의 위치를 계산하는 것이 간단해졌다. Ω_j에는 m_j에 연결되는 요소만 포함된다. 따라서 역변환 계산 시간은 $\tau(j)$에서 포즈의 개수에 선형적으로 비례한다.

그래프 표현이 왜 자연스러운 것인지는 명확히 해둘 필요가 있다. 전체 SLAM 문제는 대규모 정보 그래프에 로컬하게 정보를 추가함으로써 해결되며, 각 측정값 z_t^i 및 제엇값 u_t에 대해 한 번에 한 에지씩 처리된다. 이러한 정보를 맵 및 로봇 경로의 추정값으로 변환하려면 먼저 선형화한다. 그러면 포즈와 피처 간의 정보가 점차적으로 포즈 쌍 간의 정보로 바뀐다. 이렇게 해서 만들어진 결과는 로봇 포즈에 대해서만 제약 조건을 나타내며, 이는 역행렬을 사용해 계산된다. 일단 포즈가 복구되면 원래의 피처-포즈 정보를 기반으로 피처 위치가 차례로 계산된다.

11.3 GraphSLAM 알고리즘

이제 GraphSLAM의 다양한 계산 단계를 정밀하게 만들어보자. 전체 GraphSLAM 알고리즘은 여러 단계에 걸쳐 설명한다. 간단한 부가 정보 알고리즘을 구현하는 데 있어 주요 어려움은 $p(z_t^i \mid x_t, m)$과 $p(x_t \mid u_t, x_{t-1})$의 조건부 확률을 정보 행렬 내에서 링크로 변환하는 작업과 관련이 있다. 정보 행렬 요소는 모두 선형이다. 그러므로 이 단계는 $p(z_t^i \mid x_t, m)$과 $p(x_t \mid u_t, x_{t-1})$의 선형화 작업을 포함하고 있다. EKF SLAM 에서는 추정된 평균 포즈 $\mu_{0:t}$에서 자코비안을 계산해 이 선형화 결과를 얻는다. 초기 정보 행렬 Ω와 ξ를 만들기 위해 모든 포즈 $x_{0:t}$에 대한 초기 추정값 $\mu_{0:t}$가 필요하다.

선형화에 적합한 초기 평균값 μ를 찾는 문제의 해결 방법은 여러 가지가 있다. 예를 들어, EKF SLAM을 실행해 선형화에 대한 예상치를 사용할 수 있다. 이 장의 목적에 맞게 여기서는 좀 더 간단한 기법을 사용할 것이다. 모션 모델 $p(x_t \mid u_t, x_{t-1})$을 단순하게 연결해 초기 추정값으로 사용한다. 이를 표 11.1에 **GraphSLAM_initialize** 알고리즘으로 정리했다. 이 알고리즘은 제엇값 $u_{1:t}$를 입력으로 사용해 포즈 추정값 $\mu_{0:t}$의 시퀀스를 결과로 출력한다. 첫 번째 포즈를 0으로 초기화한 다음 속도 모션 모델을 반복적으로 적용해 후속 포즈를 계산한다. 평균 포즈 벡터 $\mu_{0:t}$에만 관심이 있으므로 **GraphSLAM_initialize**는 모션 모델의 결정론적 부분만 사용한다. 또한 추정 과정에서 어떤 측정값도 고려하지 않는다.

초기 $\mu_{0:t}$가 사용 가능한 상태가 되면, GraphSLAM 알고리즘은 전체 SLAM 정보

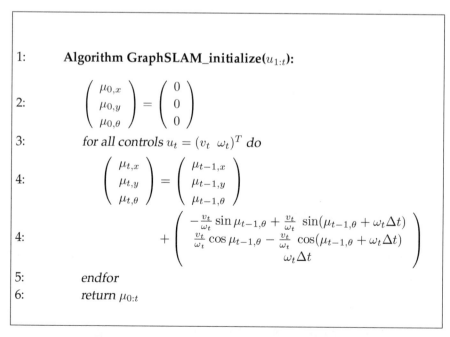

표 11.1 GraphSLAM 알고리즘에서 평균 포즈 벡터 $\mu_{1:t}$의 초기화

행렬 Ω와 해당 정보 벡터 ξ를 생성한다. 그래프의 링크를 선형화해 얻을 수 있다. **GraphSLAM_linearize** 알고리즘은 표 11.2를 참조한다. 이 알고리즘에는 많은 양의 수식이 담겨 있는데, 그중 많은 부분은 뒤에 이어지는 알고리즘들의 설명을 통해 명확히 이해할 수 있을 것이다. **GraphSLAM_linearize**는 제엇값 $u_{1:t}$, 측정값 $z_{1:t}$, 연관된 대응 변수 $c_{1:t}$, 평균 포즈 추정값 $\mu_{0:t}$를 입력으로 받아들인다. 그 후 각각의 측정값과 제엇값으로부터 구한 정보를 이용해 부분 행렬을 로컬하게 더하는 선형화 과정을 통해, 앞에서 만든 정보 행렬 Ω와 정보 벡터 ξ를 점진적으로 생성한다.

특히 **GraphSLAM_linearize** 알고리즘 2행은 정보 요소를 초기화한다. 3행의 '무한대'로 표시되어 있는 정보 입력은 초기 포즈 x_0를 $(0\ 0\ 0)^T$로 고정한다. 그렇지 않은 경우 결과가 특이 행렬^singular matrix^이 되므로 상대적인 정보만으로 절대 추정값을 복구할 수 없다는 점을 반영해야 한다.

제엇값은 **GraphSLAM_linearize** 알고리즘의 4~9행에서 통합된다. 5행과 6행에서 계산된 포즈 x와 자코비안 G_t는 비선형 제어 함수 g의 선형 근삿값을 나타낸다.

1:         **Algorithm GraphSLAM_linearize($u_{1:t}, z_{1:t}, c_{1:t}, \mu_{0:t}$):**

2:         $set\ \Omega = 0, \xi = 0$

3:         $add \begin{pmatrix} \infty & 0 & 0 \\ 0 & \infty & 0 \\ 0 & 0 & \infty \end{pmatrix} to\ \Omega\ at\ x_0$

4:         $for\ all\ controls\ u_t = (v_t\ \ \omega_t)^T\ do$

5:         $\hat{x}_t = \mu_{t-1} + \begin{pmatrix} -\frac{v_t}{\omega_t}\sin\mu_{t-1,\theta} + \frac{v_t}{\omega_t}\sin(\mu_{t-1,\theta} + \omega_t\Delta t) \\ \frac{v_t}{\omega_t}\cos\mu_{t-1,\theta} - \frac{v_t}{\omega_t}\cos(\mu_{t-1,\theta} + \omega_t\Delta t) \\ \omega_t\Delta t \end{pmatrix}$

6:         $G_t = \begin{pmatrix} 1 & 0 & -\frac{v_t}{\omega_t}\cos\mu_{t-1,\theta} + \frac{v_t}{\omega_t}\cos(\mu_{t-1,\theta} + \omega_t\Delta t) \\ 0 & 1 & -\frac{v_t}{\omega_t}\sin\mu_{t-1,\theta} + \frac{v_t}{\omega_t}\sin(\mu_{t-1,\theta} + \omega_t\Delta t) \\ 0 & 0 & 1 \end{pmatrix}$

(이어짐)

7: $\quad\quad\quad add \begin{pmatrix} -G_t^T \\ 1 \end{pmatrix} R_t^{-1} \, (-G_t \;\; 1) \; to \; \Omega \; at \; x_t \; and \; x_{t-1}$

8: $\quad\quad\quad add \begin{pmatrix} -G_t^T \\ 1 \end{pmatrix} R_t^{-1} \, [\hat{x}_t - G_t \, \mu_{t-1}] \; to \; \xi \; at \; x_t \; and \; x_{t-1}$

9: $\quad\quad endfor$

10: $\quad\quad for \; all \; measurements \; z_t \; do$

11: $\quad\quad\quad Q_t = \begin{pmatrix} \sigma_r^2 & 0 & 0 \\ 0 & \sigma_\phi^2 & 0 \\ 0 & 0 & \sigma_s^2 \end{pmatrix}$

12: $\quad\quad\quad for \; all \; observed \; features \; z_t^i = (r_t^i \;\; \phi_t^i \;\; s_t^i)^T \; do$

13: $\quad\quad\quad\quad j = c_t^i$

14: $\quad\quad\quad\quad \delta = \begin{pmatrix} \delta_x \\ \delta_y \end{pmatrix} = \begin{pmatrix} \mu_{j,x} - \mu_{t,x} \\ \mu_{j,y} - \mu_{t,y} \end{pmatrix}$

15: $\quad\quad\quad\quad q = \delta^T \delta$

16: $\quad\quad\quad\quad \hat{z}_t^i = \begin{pmatrix} \sqrt{q} \\ \mathrm{atan2}(\delta_y, \delta_x) - \mu_{t,\theta} \\ s_j \end{pmatrix}$

17: $\quad\quad\quad\quad H_t^i = \frac{1}{q} \begin{pmatrix} -\sqrt{q}\delta_x & -\sqrt{q}\delta_y & 0 & +\sqrt{q}\delta_x & \sqrt{q}\delta_y & 0 \\ \delta_y & -\delta_x & -q & -\delta_y & +\delta_x & 0 \\ 0 & 0 & 0 & 0 & 0 & q \end{pmatrix}$

18: $\quad\quad\quad\quad add \; H_t^{iT} \, Q_t^{-1} \, H_t^i \; to \; \Omega \; at \; x_t \; and \; m_j$

19: $\quad\quad\quad\quad add \; H_t^{iT} \, Q_t^{-1} \, [\, z_t^i - \hat{z}_t^i + H_t^i \begin{pmatrix} \mu_{t,x} \\ \mu_{t,y} \\ \mu_{t,\theta} \\ \mu_{j,x} \\ \mu_{j,y} \\ \mu_{j,s} \end{pmatrix}] \; to \; \xi \; at \; x_t \; and \; m_j$

20: $\quad\quad\quad endfor$

21: $\quad\quad endfor$

22: $\quad\quad return \; \Omega, \xi$

표 11.2 GraphSLAM에서 Ω와 ξ의 계산

이 알고리즘에 있는 식을 보면 알겠지만, 선형화 단계는 $\mu_0 = (0\ 0\ 0)^T$인 포즈 추정값 $\mu_{0:t-1}$을 사용한다. 이로 인해 Ω 및 ξ에 대한 업데이트가 각각 7행, 8행에서 계산된다. 두 항은 Ω 및 ξ의 해당 행과 열에 추가된다. 이는 앞 절에서 설명한 직관적 개념에 따라 SLAM 사후확률에 새로운 제약 조건을 포함시킨다.

측정값은 GraphSLAM_linearize의 10~21행에서 통합된다. 11행에서 계산된 행렬 Q_t는 익숙한 측정 노이즈 공분산이다. 13~17행은 측정 함수의 테일러 전개를 계산한다. 이는 6.6절에서 정의한 피처 기반 측정 모델을 의미한다. 알고리즘 16행을 구현할 때는 각도 표현이 임의로 2π만큼 이동할 수 있기 때문에 특히 주의해야 한다. 이 계산 결과는 알고리즘 18행과 19행의 측정 업데이트 계산에 따라 매번 다르게 나타난다. 알고리즘 18행에서 6×6 크기의 행렬을 Ω에 추가한다. 이 덧셈 연산을 위해 6×6 크기의 행렬을 포즈 x_t에 대한 3×3차원의 행렬, 피처 m_j에 대한 3×3차원의 행렬, x_t와 m_j 간의 링크를 위한 2개의 3×3 행렬로 분해한다. 이들은 해당 행과 열에서 Ω에 추가된다. 아울러 정보 벡터 ξ에 추가된 벡터는 차원이 5인 수직 형태를 띤다. 이 역시 크기 3과 2인 2개의 벡터로 분할되고 x_t와 m_j에 각각 해당하는 요소에 더해진다. GraphSLAM_linearize의 결과는 정보 벡터 ξ와 행렬 Ω이다. 우리는 이미 Ω가 희소 행렬임을 알고 있다. 즉, Ω는 주 대각선 부분의 부분 행렬만 0이 아닌 값인데, 특히 포즈들 사이, 그리고 맵의 포즈와 피처 사이 부분만 여기에 해당된다. 이 알고리즘의 실행 시간은 데이터가 누적된 시간 단계의 수인 t에 선형적으로 비례한다.

GraphSLAM 알고리즘의 다음 단계는 정보 행렬/정보 벡터의 차원을 줄이는 것과 관련이 있다. 이는 표 11.3의 알고리즘 GraphSLAM_reduce를 통해 수행된다. 이 알고리즘은 입력으로 Ω와 ξ를 맵 피처와 포즈의 전체 공간에 대해 정의하고 모든 포즈의 공간에 대해 정의된 축소 행렬 $\tilde{\Omega}$ 및 벡터 $\tilde{\xi}$를 출력한다(맵은 제외!). 이 변환은 GraphSLAM_reduce의 4~9행에서 m_j를 한 번에 하나씩 제거해 수행된다. Ω와 ξ에 있는 각 항목의 정확한 인덱스를 기록하는 것은 약간 번잡한 작업이므로 표 11.3에서는 직관적인 개념 수준으로만 설명한다.

5행은 로봇이 피처 j를 관찰한 포즈 집합 $\tau(j)$를 계산한다. 그런 다음 현재 Ω 행렬에서 2개의 부분 행렬 $\Omega_{j,j}$와 $\Omega_{\tau(j),j}$를 추출한다. $\Omega_{j,j}$는 m_j와 m_j 사이의 2차 부분 행

```
1:      Algorithm GraphSLAM_reduce($\Omega, \xi$):

2:          $\tilde{\Omega} = \Omega$

3:          $\tilde{\xi} = \xi$

4:          for each feature $j$ do

5:              let $\tau(j)$ be the set of all poses $x_t$ at which $j$ was observed

6:              subtract $\tilde{\Omega}_{\tau(j),j}\,\tilde{\Omega}_{j,j}^{-1}\,\xi_j$ from $\tilde{\xi}$ at $x_{\tau(j)}$ and $m_j$

7:              subtract $\tilde{\Omega}_{\tau(j),j}\,\tilde{\Omega}_{j,j}^{-1}\,\tilde{\Omega}_{j,\tau(j)}$ from $\tilde{\Omega}$ at $x_{\tau(j)}$ and $m_j$

8:              remove from $\tilde{\Omega}$ and $\tilde{\xi}$ all rows/columns corresponding to $j$

9:          endfor

10:         return $\tilde{\Omega}, \tilde{\xi}$
```

표 11.3 GraphSLAM 알고리즘에서 사후확률의 정보 표현 크기를 줄이는 알고리즘

렬이고, $\Omega_{\tau(j),j}$는 m_j와 포즈 변수 $\tau(j)$ 사이의 비대각 요소로 구성된다. 또한 정보 스테이트 벡터 ξ에서 ξ_j로 표시되는 j번째 피처에 해당하는 요소를 추출한다. 그런 다음 6, 7행과 같이 Ω 및 ξ에서 정보를 뺀다. 이 연산 후 피처 m_j에 대한 행과 열이 0이 된다. 그러면 이러한 행과 열이 제거되므로 Ω 및 ξ에 대한 차원이 적절히 줄어든다. 이 과정은 모든 피처가 제거될 때까지 반복되며, Ω 및 ξ에는 포즈 변수만 남는다. **GraphSLAM_reduce**의 계산 복잡도는 t에 선형적이다.

GraphSLAM 알고리즘의 마지막 단계는 로봇 경로의 모든 포즈에 대한 평균 및 공분산을 계산하고, 맵의 모든 피처에 대한 평균 위치 추정값을 계산한다. 이에 관한 작업은 표 11.4의 **GraphSLAM_solve**를 통해 이뤄진다. 알고리즘 2행과 3행은 축소된 정보 행렬 Ω를 역변환하고 결과 공분산을 정보 벡터와 곱해서 경로 추정 $\mu_{0:t}$를 계산한다. **GraphSLAM_solve**는 알고리즘 4~7행에서는 각 피처의 위치를 계산한다. **GraphSLAM_solve**의 결과에는 로봇 경로의 평균과 맵의 모든 피처가 포함되지만 로봇 경로의 공분산만 포함된다. 행렬 역변환 단계로 넘기는 $\mu_{0:t}$ 계산 작업을 위해 좀 더 효율적인 여러 가지 방법이 있는데, 이 장의 맨 뒤에서 GraphSLAM에 표준 최적화 기법을 적용할 때 설명한다.

```
1:     Algorithm GraphSLAM_solve($\tilde{\Omega}, \tilde{\xi}, \Omega, \xi$):

2:         $\Sigma_{0:t} = \tilde{\Omega}^{-1}$

3:         $\mu_{0:t} = \Sigma_{0:t}\, \tilde{\xi}$

4:         for each feature $j$ do

5:             set $\tau(j)$ to the set of all poses $x_t$ at which $j$ was observed

6:             $\mu_j = \Omega_{j,j}^{-1} \left( \xi_j + \Omega_{j,\tau(j)}\, \tilde{\mu}_{\tau(j)} \right)$

7:         endfor

8:         return $\mu, \Sigma_{0:t}$
```

표 11.4 사후확률 μ 업데이트 알고리즘

GraphSLAM 알고리즘에 의해 계산된 솔루션의 퀄리티는 **GraphSLAM_initialize**에 의해 계산된 초기 평균 추정값의 우수성에 달려 있다. 이러한 추정값의 x 구성요소 및 y 구성요소는 각 모델에 선형 방식으로 영향을 미치므로 선형화는 이러한 값들과 무관하다. $\mu_{0:t}$의 방향 변수는 그렇지 않다. 이 초기 추정값의 오차는 테일러 근사화의 정확도에 영향을 미치고 결괏값에도 영향을 준다.

선형화에서 테일러 근사화로 인한 잠재적인 오차를 줄이기 위해 **GraphSLAM_linearize**, **GraphSLAM_reduce**, **GraphSLAM_solve** 알고리즘이 동일한 데이터셋에서 여러 번 실행된다. 각 반복은 이전 반복에서 추정된 평균 벡터 $\mu_{0:t}$를 입력으로 사용해 새롭고 향상된 추정값을 결과로 리턴한다. GraphSLAM 최적화의 반복 실행은 초기 포즈 추정값이 높은 오차(예: 20도 이상의 방향 오차)가 있는 경우에만 필요하다. 일반적으로 적은 수의 반복 실행(예를 들어, 3회)이면 충분하다.

표 11.5는 결과 알고리즘을 요약한 것이다. 평균을 초기화한 다음 생성 단계, 축소 단계, 솔루션 단계를 반복한다. 일반적으로 알고리즘 수렴 결과는 2~3회의 반복 실행으로도 충분하다. 결과 평균 μ는 로봇 경로와 맵을 가장 잘 추측한 것이다.

```
1:      Algorithm GraphSLAM_known_correspondence($u_{1:t}, z_{1:t}, c_{1:t}$):
2:          $\mu_{0:t} = \textbf{GraphSLAM\_initialize}(u_{1:t})$
3:          repeat
4:              $\Omega, \xi = \textbf{GraphSLAM\_linearize}(u_{1:t}, z_{1:t}, c_{1:t}, \mu_{0:t})$
5:              $\tilde{\Omega}, \tilde{\xi} = \textbf{GraphSLAM\_reduce}(\Omega, \xi)$
6:              $\mu, \Sigma_{0:t} = \textbf{GraphSLAM\_solve}(\tilde{\Omega}, \tilde{\xi}, \Omega, \xi)$
7:          until convergence
8:          return $\mu$
```

표 11.5 알려진 대응 변수를 이용하는 전체 SLAM 문제를 위한 GraphSLAM 알고리즘

11.4 GraphSLAM의 수학적 유도

GraphSLAM 알고리즘을 만들려면 우선 정보 폼으로 표현된 전체 SLAM 사후확률 부분 계산을 위한 재귀 공식의 유도 과정을 이해해야 한다. 그런 다음 이 사후확률의 각 항을 살펴보고 테일러 전개를 통해 가산적 SLAM 업데이트를 유도한다. 이를 바탕으로 경로와 맵을 복구하는 데 필요한 식을 유도해보자.

11.4.1 전체 SLAM 사후확률 계산

EKF SLAM 알고리즘에서 설명했던 것처럼, 전체 SLAM 문제의 증강 스테이트에 대한 변수를 도입하면 좋은 점이 있다. 하나 이상의 포즈 x를 맵 m과 결합하는 스테이트 변수를 y로 놓는다. 경로 $x_{0:t}$와 맵 m으로 구성된 벡터를 $y_{0:t}$로 놓는다. 한편 y_t는 시간 t와 맵 m의 순간 포즈로 구성된다. 다음 식을 보자.

$$y_{0:t} = \begin{pmatrix} x_0 \\ x_1 \\ \vdots \\ x_t \\ m \end{pmatrix} \quad \text{그리고} \quad y_t = \begin{pmatrix} x_t \\ m \end{pmatrix} \tag{11.4}$$

전체 SLAM 문제의 사후확률은 $p(y_{0:t} \mid z_{1:t}, u_{1:t}, c_{1:t})$이다. 여기서 $z_{1:t}$는 측정값, $c_{1:t}$는 대응값, $u_{1:t}$는 제엇값이다. 베이즈 법칙은 이 사후확률을 인자화할 수 있게 한다.

$$p(y_{0:t} \mid z_{1:t}, u_{1:t}, c_{1:t}) \qquad (11.5)$$
$$= \; \eta \, p(z_t \mid y_{0:t}, z_{1:t-1}, u_{1:t}, c_{1:t}) \, p(y_{0:t} \mid z_{1:t-1}, u_{1:t}, c_{1:t})$$

여기서 η는 정규화 항이다. 우변 항에서 첫 번째 확률값은 관련 없는 조건 변수를 제거해 축소할 수 있다. 다음 식을 보자.

$$p(z_t \mid y_{0:t}, z_{1:t-1}, u_{1:t}, c_{1:t}) \;=\; p(z_t \mid y_t, c_t) \qquad (11.6)$$

마찬가지로, $y_{0:t}$를 x_t와 $y_{0:t-1}$로 분할해서 두 번째 확률을 다음과 같이 구할 수 있다.

$$p(y_{0:t} \mid z_{1:t-1}, u_{1:t}, c_{1:t}) \qquad (11.7)$$
$$= \; p(x_t \mid y_{0:t-1}, z_{1:t-1}, u_{1:t}, c_{1:t}) \, p(y_{0:t-1} \mid z_{1:t-1}, u_{1:t}, c_{1:t})$$
$$= \; p(x_t \mid x_{t-1}, u_t) \, p(y_{0:t-1} \mid z_{1:t-1}, u_{1:t-1}, c_{1:t-1})$$

식 (11.5)로 돌아가 보면 전체 SLAM 사후확률을 재귀형으로 정의할 수 있음을 알 수 있다.

$$p(y_{0:t} \mid z_{1:t}, u_{1:t}, c_{1:t}) \qquad (11.8)$$
$$= \; \eta \, p(z_t \mid y_t, c_t) \, p(x_t \mid x_{t-1}, u_t) \, p(y_{0:t-1} \mid z_{1:t-1}, u_{1:t-1}, c_{1:t-1})$$

이 닫힌 형태의 수식은 t에 대한 유도를 통해 구할 수 있다. 여기서 $p(y_0)$는 맵 m과 초기 포즈 x_0에 대한 사전확률이다.

$$p(y_{0:t} \mid z_{1:t}, u_{1:t}, c_{1:t}) \;=\; \eta \, p(y_0) \prod_t p(x_t \mid x_{t-1}, u_t) \, p(z_t \mid y_t, c_t) \qquad (11.9)$$
$$= \; \eta \, p(y_0) \prod_t \left[p(x_t \mid x_{t-1}, u_t) \prod_i p(z_t^i \mid y_t, c_t^i) \right]$$

여기서 시간 t에 대한 측정값 벡터 z_t에서 i번째 측정값을 z_t^i로 표현하고 있다. 사전확률 $p(y_0)$는 2개의 사전확률인 $p(x_0)$와 $p(m)$으로 분해할 수 있다. SLAM에서는 대체로 맵에 대한 사전지식이 없다. 따라서 $p(y_0)$를 $p(x_0)$로 교체한다. 또한 정규화 항 η로

$p(m)$을 대체한다.

11.4.2 음의 로그 사후확률 계산

정보 폼은 로그 형태로 확률을 표현한다. 로그 SLAM 사후확률은 식 (11.9)에 로그를 취하면 된다. 다음 식을 보자.

$$\log p(y_{0:t} \mid z_{1:t}, u_{1:t}, c_{1:t}) \tag{11.10}$$

$$= \; 상수 + \log p(x_0) + \sum_t \left[\log p(x_t \mid x_{t-1}, u_t) + \sum_i \log p(z_t^i \mid y_t, c_t^i) \right]$$

10장에서 설명한 것처럼 로봇 모션은 $\mathcal{N}(g(u_t, x_{t-1}), R_t)$의 정규 분포를 따른다고 가정한다. 여기서 g는 결정론적 모션 함수이고, R_t는 모션 오차의 공분산이다. 또한 측정값 z_t^i는 $\mathcal{N}(h(y_t, c_t^i), Q_t)$로부터 생성되며, 여기서 h는 우리가 이미 잘 알고 있는 측정 함수, Q_t는 측정 오차 공분산이다. 앞의 수식을 통해 다음 결과를 얻을 수 있다.

$$p(x_t \mid x_{t-1}, u_t) = \eta \exp \left\{ -\tfrac{1}{2}(x_t - g(u_t, x_{t-1}))^T R_t^{-1} (x_t - g(u_t, x_{t-1})) \right\} \tag{11.11}$$

$$p(z_t^i \mid y_t, c_t^i) = \eta \exp \left\{ -\tfrac{1}{2}(z_t^i - h(y_t, c_t^i))^T Q_t^{-1} (z_t^i - h(y_t, c_t^i)) \right\} \tag{11.12}$$

식 (11.10)에서 사전확률 $p(x_0)$는 가우시안 분포를 이용해 쉽게 표현할 수 있다. 글로벌 좌표계의 원점에 대해 초기 포즈 x_0를 $x_0 = (0\ 0\ 0)^T$로 고정한다.

$$p(x_0) = \eta \exp \left\{ -\tfrac{1}{2} x_0^T \Omega_0 x_0 \right\} \tag{11.13}$$

$$\Omega_0 = \begin{pmatrix} \infty & 0 & 0 \\ 0 & \infty & 0 \\ 0 & 0 & \infty \end{pmatrix} \tag{11.14}$$

여기서 무한대의 값이 구현 불가능하다는 점은 걱정하지 않아도 된다. 간단히 매우 큰 자연수로 대체하면 된다. 이제 식 (11.10)의 음의 로그 SLAM 사후확률을 다음과 같이 구할 수 있다.

$$-\log p(y_{0:t} \mid z_{1:t}, u_{1:t}, c_{1:t}) \tag{11.15}$$

$$= \quad 상수 + \frac{1}{2}\left[x_0^T \, \Omega_0 \, x_0 + \sum_t (x_t - g(u_t, x_{t-1}))^T \, R_t^{-1} \, (x_t - g(u_t, x_{t-1}))\right.$$

$$\left. + \sum_t \sum_i (z_t^i - h(y_t, c_t^i))^T \, Q_t^{-1} \, (z_t^i - h(y_t, c_t^i))\right]$$

이 식은 식 (11.3)의 $J_{\text{GraphSLAM}}$과 동일하다. 약간 다른 점이 있다면 (−1을 곱한) 정규화 상수가 없다는 정도다. 식 (11.15)는 정보 폼에서 전체 SLAM 사후확률의 중요한 특징을 잘 보여주는데, 자세히 보면 사전확률, 제엇값, 측정값 등 여러 개의 2차 항으로 구성되어 있다.

11.4.3 테일러 전개

식 (11.15)의 여러 항들은 함수 g와 h의 2차 항으로 구성되어 있다. 즉, (포즈와 맵 같은) 우리가 찾으려는 추정값에 관한 변수는 포함되어 있지 않다. GraphSLAM은 테일러 전개를 통해 함수 g와 h를 선형화하는데, 이를 통해 이 문제를 완화해준다. 즉, EKF 알고리즘에서 식 (10.14) 및 식 (10.18)과 관련이 있다. 이를 구체적으로 설명하면 다음과 같다.

$$g(u_t, x_{t-1}) \quad \approx \quad g(u_t, \mu_{t-1}) + G_t(x_{t-1} - \mu_{t-1}) \tag{11.16}$$

$$h(y_t, c_t^i) \quad \approx \quad h(\mu_t, c_t^i) + H_t^i \, (y_t - \mu_t) \tag{11.17}$$

여기서 μ_t는 스테이트 벡터 y_t의 현재 추정값을 나타낸다. 그리고 식 (10.19)에서 정의한 것처럼 $H_t^i = h_t^i \, F_{x,j}$로 놓는다.

이러한 선형 근사화를 통해 로그 유사가능도 함수는 $y_{0:t}$의 2차 항 함수로 변환할 수 있다. 이를 구체적으로 정리하면 다음과 같다.

$$\log p(y_{0:t} \mid z_{1:t}, u_{1:t}, c_{1:t}) \quad = \quad 상수 - \frac{1}{2} \tag{11.18}$$

$$\left\{x_0^T \, \Omega_0 \, x_0 + \sum_t [x_t - g(u_t, \mu_{t-1}) - G_t(x_{t-1} - \mu_{t-1})]^T\right.$$

$$R_t^{-1} \left[x_t - g(u_t, \mu_{t-1}) - G_t(x_{t-1} - \mu_{t-1}) \right]$$

$$+ \sum_i [z_t^i - h(\mu_t, c_t^i) - H_t^i(y_t - \mu_t)]^T \, Q_t^{-1} \, [z_t^i - h(\mu_t, c_t^i) - H_t^i(y_t - \mu_t)] \Bigg\}$$

이 함수는 $y_{0:t}$의 2차 함수이며, 각 항들을 정리하고 일부 상수 항을 제거해서 식 (11.19)와 같이 이해하기 쉽게 요약할 수 있다.

$$\log p(y_{0:t} \mid z_{1:t}, u_{1:t}, c_{1:t}) = \text{상수} \tag{11.19}$$

$$-\frac{1}{2} \underbrace{x_0^T \, \Omega_0 \, x_0}_{x_0 \text{ 기준 2차 방정식}} \; -\frac{1}{2} \sum_t \underbrace{x_{t-1:t}^T \begin{pmatrix} -G_t^T \\ 1 \end{pmatrix} R_t^{-1} \, (-G_t \ \ 1) \, x_{t-1:t}}_{x_{t-1:t} \text{ 기준 2차 방정식}}$$

$$+ \underbrace{x_{t-1:t}^T \begin{pmatrix} -G_t^T \\ 1 \end{pmatrix} R_t^{-1} \, [g(u_t, \mu_{t-1}) - G_t \, \mu_{t-1}]}_{x_{t-1:t} \text{ 기준 1차 방정식}}$$

$$-\frac{1}{2} \sum_i \underbrace{y_t^T \, H_t^{iT} \, Q_t^{-1} \, H_t^i \, y_t}_{y_t \text{ 기준 2차 방정식}} + \underbrace{y_t^T \, H_t^{iT} \, Q_t^{-1} \, [z_t^i - h(\mu_t, c_t^i) + H_t^i \mu_t]}_{y_t \text{ 기준 1차 방정식}}$$

여기서 $x_{t-1:t}$는 x_{t-1}과 x_t로 이어지는 스테이트 벡터를 의미한다. 따라서 $(x_t - G_t \, x_{t-1})^T$ $= x_{t-1:t}^T \, (-G_t \ 1)^T = x_{t-1:t}^T \begin{pmatrix} -G_t^T \\ 1 \end{pmatrix}$와 같다.

만약 모든 2차 항을 행렬 Ω로 구한다면, 그리고 선형 항을 벡터 ξ로 구한다면, 식 (11.19)는 다음과 같이 다시 정리할 수 있다.

$$\log p(y_{0:t} \mid z_{1:t}, u_{1:t}, c_{1:t}) = \text{상수} - \frac{1}{2} y_{0:t}^T \, \Omega \, y_{0:t} + y_{0:t}^T \xi \tag{11.20}$$

11.4.4 정보 폼 생성

식 (11.19)를 통해 앞에서 얘기한 항들을 자세히 알아보자. 그리고 표 11.2의 **GraphSLAM_linearize** 알고리즘으로 어떻게 구현했는지 알아보자.

- **사전확률**: 사전확률의 초기 포즈는 정보 행렬의 초기 포즈 변수 x_0에 대해 2차 항 Ω_0로 표현한다. 행렬 Ω_0를 $y_{0:t}$의 차원에 맞게 적절하게 확장한다고 가정하면 다음과 같다.

$$\Omega \quad \longleftarrow \quad \Omega_0 \tag{11.21}$$

식 (11.21)의 초기화는 **GraphSLAM_linearize** 알고리즘의 2행과 3행에서 수행된다.

- **제엇값**: 식 (11.19)에서 각 제엇값 u_t에 Ω와 ξ를 다음과 같이 추가한다. 여기서 행렬은 매칭 거리에 맞춰 재정리되어 있다고 가정한다.

$$\Omega \quad \longleftarrow \quad \Omega + \begin{pmatrix} -G_t^T \\ 1 \end{pmatrix} R_t^{-1} \left(-G_t \ 1 \right) \tag{11.22}$$

$$\xi \quad \longleftarrow \quad \xi + \begin{pmatrix} -G_t^T \\ 1 \end{pmatrix} R_t^{-1} \left[g(u_t, \mu_{t-1}) - G_t \, \mu_{t-1} \right] \tag{11.23}$$

식 (11.22)와 식 (11.23)은 **GraphSLAM_linearize** 알고리즘의 4~9행에서 수행된다.

- **측정값**: 식 (11.19)에서 각 제엇값 z_t^i에 몇 가지 항을 추가해서 Ω와 ξ를 다음과 같이 변환한다. 다시 한번 말하지만, 행렬의 차원은 적절하게 조정했다고 가정한다.

$$\Omega \quad \longleftarrow \quad \Omega + H_t^{iT} \, Q_t^{-1} \, H_t^i \tag{11.24}$$

$$\xi \quad \longleftarrow \quad \xi + H_t^{iT} \, Q_t^{-1} \left[z_t^i - h(\mu_t, c_t^i) + H_t^i \mu_t \right] \tag{11.25}$$

이 업데이트 작업은 **GraphSLAM_linearize** 알고리즘의 10~21행에서 수행된다.

앞에서 설명한 내용을 보면 테일러 전개 근사화를 통해 **GraphSLAM_linearize** 알고리즘 생성에 대한 정합성correctness을 알 수 있다.

아울러 최소한 하나의 포즈를 포함한 비대각 행렬 요소에만 이 과정이 영향을 끼친다는 점에 주의한다. 이는 결국 피처들 간의 요소들 전체는 결과 정보 행렬에서 0이 됨을 의미한다.

11.4.5 정보 폼 축소

GraphSLAM_reduce 알고리즘의 축소 단계는 전체 SLAM 사후확률의 인수분해를 이용한다. 다음 식을 보자.

$$p(y_{0:t} \mid z_{1:t}, u_{1:t}, c_{1:t}) \quad = \quad p(x_{0:t} \mid z_{1:t}, u_{1:t}, c_{1:t})\, p(m \mid x_{0:t}, z_{1:t}, u_{1:t}, c_{1:t}) \quad (11.26)$$

여기서 $p(y_{0:t} \mid z_{1:t}, u_{1:t}, c_{1:t}) \sim \mathcal{N}(\xi, \Omega)$는 경로 자체의 사후확률로, 식 (11.27)과 같이 맵을 기준으로 한 적분 계산을 통해 구할 수 있다.

$$p(x_{0:t} \mid z_{1:t}, u_{1:t}, c_{1:t}) \quad = \quad \int p(y_{0:t} \mid z_{1:t}, u_{1:t}, c_{1:t})\, dm \quad (11.27)$$

이 확률은 식 (11.28)의 성질을 따르므로 표 11.3의 **GraphSLAM_reduce** 알고리즘을 이용해 계산할 수 있다.

$$p(x_{0:t} \mid z_{1:t}, u_{1:t}, c_{1:t}) \quad \sim \quad \mathcal{N}(\tilde{\xi}, \tilde{\Omega}) \quad (11.28)$$

일반적으로, 식 (11.27)의 적분 계산은 m의 많은 수의 변수로 인해 다루기 어려울 것이다. 가우시안 함수의 경우, 이 적분식은 닫힌 형태로 계산될 수 있다. 핵심 아이디어는 표 11.6에 있는 가우시안에 대한 마진 확률 계산 보조정리marginalization의 설명과 증명을 참고한다.

로봇 경로 $x_{0:t}$와 맵 m에 대해 행렬 Ω 및 벡터 ξ를 부분 행렬로 세분화한다.

$$\Omega \quad = \quad \begin{pmatrix} \Omega_{x_{0:t}, x_{0:t}} & \Omega_{x_{0:t}, m} \\ \Omega_{m, x_{0:t}} & \Omega_{m, m} \end{pmatrix} \quad (11.29)$$

$$\xi \quad = \quad \begin{pmatrix} \xi_{x_{0:t}} \\ \xi_m \end{pmatrix} \quad (11.30)$$

마진 확률 계산 보조정리에 따라, 식 (11.28)의 확률은 다음과 같이 계산할 수 있다.

$$\tilde{\Omega} \quad = \quad \Omega_{x_{0:t}, x_{0:t}} - \Omega_{x_{0:t}, m}\, \Omega_{m,m}^{-1}\, \Omega_{m, x_{0:t}} \quad (11.31)$$

$$\tilde{\xi} \quad = \quad \xi_{x_{0:t}} - \Omega_{x_{0:t}, m}\, \Omega_{m,m}^{-1}\, \xi_m \quad (11.32)$$

행렬 $\Omega_{m,m}$은 블록 대각형 행렬block-diagonal matrix이다. 즉, 피처의 쌍 사이에 링크가 하

다변량 가우시안 분포의 마진 확률. 확률 벡터 x와 y에 대한 확률 분포 $p(x, y)$를 다음과 같은 정보 폼의 가우시안 함수로 놓는다.

$$\Omega = \begin{pmatrix} \Omega_{xx} & \Omega_{xy} \\ \Omega_{yx} & \Omega_{yy} \end{pmatrix} \quad \text{그리고} \quad \xi = \begin{pmatrix} \xi_x \\ \xi_y \end{pmatrix}$$

Ω_{yy}가 가역 행렬$^{\text{invertible matrix}}$이면, 마진 확률 $p(x)$는 가우시안 함수이며 정보 표현은 다음과 같다.

$$\bar{\Omega}_{xx} = \Omega_{xx} - \Omega_{xy}\, \Omega_{yy}^{-1}\, \Omega_{yx} \quad \text{그리고} \quad \bar{\xi}_x = \xi_x - \Omega_{xy}\, \Omega_{yy}^{-1}\, \xi_y$$

증명. 가우시안 분포에 대한 마진 확률은 다음과 같은 모멘트 파라미터를 기반으로 한 $\mathcal{N}(\mu_x, \Sigma_{xx})$이다.

$$\Sigma = \begin{pmatrix} \Sigma_{xx} & \Sigma_{xy} \\ \Sigma_{yx} & \Sigma_{yy} \end{pmatrix} \quad \text{그리고} \quad \mu = \begin{pmatrix} \mu_x \\ \mu_y \end{pmatrix}$$

정의에 따라 가우시안 분포의 정보 행렬은 Σ_{xx}^{-1}이고, 정보 벡터는 $\Sigma_{xx}^{-1}\mu_x$이다. 이제 표 3.2의 역변환 정리를 이용해 $\Sigma_{xx}^{-1} = \Omega_{xx}$를 증명해보자. 우선 $P = (0\ 1)^T$로 놓는다. 그리고 Ω_{yy}와 같은 크기의 행렬을 $[\infty]$로 놓는다. 이 행렬의 요소 값들은 모두 무한대다(즉, $[\infty]^{-1} = 0$이다). 이를 통해 다음과 같은 결과를 얻을 수 있다.

$$(\Omega + P[\infty]P^T)^{-1} = \begin{pmatrix} \Omega_{xx} & \Omega_{xy} \\ \Omega_{yx} & [\infty] \end{pmatrix}^{-1} \overset{(*)}{=} \begin{pmatrix} \Sigma_{xx}^{-1} & 0 \\ 0 & 0 \end{pmatrix}$$

위의 식을 역변환 정리를 이용해 다음과 같이 확장할 수 있다.

$$
\begin{aligned}
& (\Omega + P[\infty]P^T)^{-1} \\
&= \Omega - \Omega\, P([\infty]^{-1} + P^T\, \Omega\, P)^{-1}\, P^T\, \Omega \\
&= \Omega - \Omega\, P(0 + P^T\, \Omega\, P)^{-1}\, P^T\, \Omega \\
&= \Omega - \Omega\, P(\Omega_{yy})^{-1}\, P^T\, \Omega \\
&= \begin{pmatrix} \Omega_{xx} & \Omega_{xy} \\ \Omega_{yx} & \Omega_{yy} \end{pmatrix} - \begin{pmatrix} \Omega_{xx} & \Omega_{xy} \\ \Omega_{yx} & \Omega_{yy} \end{pmatrix} \begin{pmatrix} 0 & 0 \\ 0 & \Omega_{yy}^{-1} \end{pmatrix} \begin{pmatrix} \Omega_{xx} & \Omega_{xy} \\ \Omega_{yx} & \Omega_{yy} \end{pmatrix}
\end{aligned}
$$

(이어짐)

$$
\stackrel{(*)}{=} \begin{pmatrix} \Omega_{xx} & \Omega_{xy} \\ \Omega_{yx} & \Omega_{yy} \end{pmatrix} - \begin{pmatrix} 0 & \Omega_{xy}\,\Omega_{yy}^{-1} \\ 0 & 1 \end{pmatrix} \begin{pmatrix} \Omega_{xx} & \Omega_{xy} \\ \Omega_{yx} & \Omega_{yy} \end{pmatrix}
$$

$$
= \begin{pmatrix} \Omega_{xx} & \Omega_{xy} \\ \Omega_{yx} & \Omega_{yy} \end{pmatrix} - \begin{pmatrix} \Omega_{xy}\,\Omega_{yy}^{-1}\,\Omega_{yx} & \Omega_{xy} \\ \Omega_{yx} & \Omega_{yy} \end{pmatrix} = \begin{pmatrix} \bar{\Omega}_{xx} & 0 \\ 0 & 0 \end{pmatrix}
$$

이제 남은 부분 $\Sigma_{xx}^{-1}\mu_x = \xi_x$를 증명해보자. 앞에서 했던 것처럼, $\mu = \Omega^{-1}\xi$(식 (3.73) 참조)임을 활용한다. 그리고 앞에서 사용한 연산식 '(*)'를 여기서도 동일하게 적용한다. 결과는 다음과 같다.

$$
\begin{pmatrix} \Sigma_{xx}^{-1}\,\mu_x \\ 0 \end{pmatrix} = \begin{pmatrix} \Sigma_{xx}^{-1} & 0 \\ 0 & 0 \end{pmatrix} \begin{pmatrix} \mu_x \\ \mu_y \end{pmatrix} = \begin{pmatrix} \Sigma_{xx}^{-1} & 0 \\ 0 & 0 \end{pmatrix} \Omega^{-1} \begin{pmatrix} \xi_x \\ \xi_y \end{pmatrix}
$$

$$
\stackrel{(*)}{=} \left[\Omega - \begin{pmatrix} 0 & \Omega_{xy}\,\Omega_{yy}^{-1} \\ 0 & 1 \end{pmatrix} \Omega \right] \Omega^{-1} \begin{pmatrix} \xi_x \\ \xi_y \end{pmatrix}
$$

$$
= \begin{pmatrix} \xi_x \\ \xi_y \end{pmatrix} - \begin{pmatrix} 0 & \Omega_{xy}\,\Omega_{yy}^{-1} \\ 0 & 1 \end{pmatrix} \begin{pmatrix} \xi_x \\ \xi_y \end{pmatrix} = \begin{pmatrix} \bar{\xi}_x \\ 0 \end{pmatrix}
$$

표 11.6 정보 폼에서 가우시안 함수의 마진 확률 계산을 위한 보조정리. 이 정리에 있는 정보 Ω_{xx}를 슈어 보수 행렬(Schur complement)이라고 한다.

나도 없는 Ω가 생성됐음을 의미한다. 이를 통해 역변환을 효율화할 수 있다.

$$
\Omega_{m,m}^{-1} = \sum_j F_j^T\,\Omega_{j,j}^{-1}\,F_j \tag{11.33}
$$

여기서 $\Omega_{j,j} = F_j\Omega F_j^T$는 식 (11.34)의 맵 행렬에서 j번째 피처에 대응되는 Ω의 부분 행렬이다.

$$
F_j = \begin{pmatrix} 0\cdots0 & 1\ 0\ 0 & 0\cdots0 \\ 0\cdots0 & 0\ 1\ 0 & 0\cdots0 \\ 0\cdots0 & \underbrace{0\ 0\ 1}_{j\text{번째 피처}} & 0\cdots0 \end{pmatrix} \tag{11.34}
$$

이 결과를 통해 식 (11.31)과 식 (11.32)를 다음과 같이 업데이트 식들로 변환할 수 있다.

다변량 가우시안 분포의 조건부 확률. 확률 벡터 x와 y에 대한 확률 분포 $p(x, y)$를 다음과 같은 정보 폼의 가우시안 함수로 놓는다.

$$\Omega = \begin{pmatrix} \Omega_{xx} & \Omega_{xy} \\ \Omega_{yx} & \Omega_{yy} \end{pmatrix} \quad \text{그리고} \quad \xi = \begin{pmatrix} \xi_x \\ \xi_y \end{pmatrix}$$

조건부 확률 $p(x \mid y)$는 정보 행렬 Ω_{xx}와 정보 벡터 $\xi_x - \Omega_{xy}\, y$를 기반으로 한 가우시안 함수다.

증명. 결과는 정보 폼에 대한 가우시안 함수의 정의를 통해 다음과 같이 계산할 수 있다.

$$
\begin{aligned}
&p(x \mid y) \\
&= \eta \exp\left\{ -\tfrac{1}{2} \begin{pmatrix} x \\ y \end{pmatrix}^T \begin{pmatrix} \Omega_{xx} & \Omega_{xy} \\ \Omega_{yx} & \Omega_{yy} \end{pmatrix} \begin{pmatrix} x \\ y \end{pmatrix} + \begin{pmatrix} x \\ y \end{pmatrix}^T \begin{pmatrix} \xi_x \\ \xi_y \end{pmatrix} \right\} \\
&= \eta \exp\left\{ -\tfrac{1}{2} x^T \Omega_{xx} x - x^T \Omega_{xy} y - \tfrac{1}{2} y^T \Omega_{yy} y + x^T \xi_x + y^T \xi_y \right\} \\
&= \eta \exp\{ -\tfrac{1}{2} x^T \Omega_{xx} x + x^T (\xi_x - \Omega_{xy} y) \underbrace{- \tfrac{1}{2} y^T \Omega_{yy} y + y^T \xi_y}_{\text{상수}} \} \\
&= \eta \exp\{ -\tfrac{1}{2} x^T \Omega_{xx} x + x^T (\xi_x - \Omega_{xy} y) \}
\end{aligned}
$$

표 11.7 정보 폼에서 가우시안 분포의 조건부 확률 계산 보조정리

$$\tilde{\Omega} = \Omega_{x_{0:t}, x_{0:t}} - \sum_j \Omega_{x_{0:t}, j}\, \Omega_{j,j}^{-1}\, \Omega_{j, x_{0:t}} \tag{11.35}$$

$$\tilde{\xi} = \xi_{x_{0:t}} - \sum_j \Omega_{x_{0:t}, j}\, \Omega_{j,j}^{-1}\, \xi_j \tag{11.36}$$

행렬 $\Omega_{x_{0:t}, j}$는 $\tau(j)$의 0이 아닌 요소를 나타낸다. 즉, 피처 j가 관찰된 포즈의 집합을 의미한다. 이것이 표 11.3에 있는 축소 알고리즘 **GraphSLAM_reduce**의 정합성을 증명하는 핵심이다. 알고리즘의 Ω 계산 작업은 행렬 역변환을 위한 변수 제거 알고리즘으로 생각하면 된다. 여기에는 로봇 포즈 변수를 제외한 나머지 피처 변수들을 적용한다.

11.4.6 경로와 맵의 복구

표 11.4의 **GraphSLAM_solve** 알고리즘은 가우시안 $\mathcal{N}(\xi, \Omega)$의 평균과 공분산을 계산한다. 이를 위해 식 (3.72)와 식 (3.73)의 표준 수식을 이용한다.

$$\tilde{\Sigma} = \tilde{\Omega}^{-1} \tag{11.37}$$

$$\tilde{\mu} = \tilde{\Sigma}\,\tilde{\xi} \tag{11.38}$$

특히 이 작업은 로봇 경로에서 사후확률의 평균을 제공하는데, 맵에서의 피처 위치를 알려주지 않는다.

이제 식 (11.26)의 두 번째 인자를 복구해보자.

$$p(m \mid x_{0:t}, z_{1:t}, u_{1:t}, c_{1:t}) \tag{11.39}$$

표 11.7에서 설명하고 증명한 **조건부 확률 보조정리**$^{\text{conditioning lemma}}$는 이 확률 분포가 가우시안임을 나타낸다.

$$\Sigma_m = \Omega_{m,m}^{-1} \tag{11.40}$$

$$\mu_m = \Sigma_m(\xi_m - \Omega_{m,x_{0:t}}\tilde{\mu}) \tag{11.41}$$

여기서 ξ_m과 $\Omega_{m,m}$은 ξ의 서브벡터이고, Ω의 부분 행렬은 각각 맵 변수로 제한된다. 행렬 $\Omega_{m,x_{0:t}}$는 로봇 경로를 맵에 연결하는 Ω의 대각선 부분을 제외한 부분 행렬이다. 앞에서 설명했듯이, $\Omega_{m,m}$은 블록 대각 행렬이므로 분해할 수 있다.

$$p(m \mid x_{0:t}, z_{1:t}, u_{1:t}, c_{1:t}) = \prod_j p(m_j \mid x_{0:t}, z_{1:t}, u_{1:t}, c_{1:t}) \tag{11.42}$$

여기서 $p(m_j \mid x_{0:t}, z_{1:t}, u_{1:t}, c_{1:t})$는 식 (11.43)과 식 (11.44)를 따르는 확률 분포다.

$$\Sigma_j = \Omega_{j,j}^{-1} \tag{11.43}$$

$$\mu_j = \Sigma_j(\xi_j - \Omega_{j,x_{0:t}}\tilde{\mu}) = \Sigma_j(\xi_j - \Omega_{j,\tau(j)}\tilde{\mu}_{\tau(j)}) \tag{11.44}$$

마지막 변환 작업은 j번째 피처가 관찰된 포즈 변수 $\tau(j)$에 대해 부분 행렬 $\Omega_{j,x_{0:t}}$가 0이 아니라는 점을 적극 활용한다.

실제 경로인 $x_{0:t}$의 조건에서 가우시안 분포가 $p(m \mid x_{0:t}, z_{1:t}, u_{1:t}, c_{1:t})$라는 점은 매우 중요하다. 실제로, 우리는 경로를 모르기 때문에 조건 설정에서 경로 정보 없이 사후확률 $p(m \mid z_{1:t}, u_{1:t}, c_{1:t})$를 알고 싶을 수도 있다. 이 가우시안 함수는 모멘트 파라미터화 측면에서 고려대상이 아니다. 다른 피처의 위치는 로봇 포즈에 대한 불확실성을 통해 계산된다. 이러한 이유로, **GraphSLAM_solve** 알고리즘은 로봇 경로에 대해 공분산을 제외한 사후확률의 평균 추정값을 반환한다. 다행히 차원도 높으면서 행렬 요소들도 전부 채워져 있는 공분산 행렬이 포함된 모멘트 표현의 전체 가우시안은 전혀 필요가 없다. 왜냐하면 SLAM 문제와 관련된 모든 필수적인 질문은 공분산 Σ를 몰라도 근사화를 통해 최소한 답은 구할 수 있기 때문이다.

11.5 GraphSLAM의 데이터 연관

GraphSLAM에서의 데이터 연관은 EKF SLAM에서와 마찬가지로 대응 변수를 통해 실현된다. GraphSLAM은 대응 변수에 대한 전체 분포를 계산하는 대신 가장 좋은 단일 대응 벡터를 찾는다. 따라서 대응 벡터를 찾는 것은 일종의 검색 문제다. 그러나 GraphSLAM에서는 이전과 약간 다르게 대응 변수를 정의하면 편리할 것이다. 대응 변수는 피처에 대한 측정값의 연관이 아니라 맵의 피처 쌍에 대해 정의된다. 특히 m_j와 m_k가 월드 내에 있는 동일한 물리적 피처에 해당하면 $c(j, k) = 1$이라고 한다. 그렇지 않은 경우 $c(j, k) = 0$이다. 이 피처 대응 변수는 사실 앞에서 정의된 대응 변수와 논리적으로 같지만, 이를 통해 기본 알고리즘을 단순화할 수 있다.

EKF에서와 마찬가지로 대응 변수 공간을 검색하는 기술은 그리디^{greedy}하다. 가장 좋은 대응 변수를 찾는 과정에서 각 단계는 적절한 로그 유사가능도 함수의 측정 결과에 따라 점점 향상된다. 그러나 GraphSLAM은 모든 데이터에 동시에 액세스할 수 있기 때문에 EKF의 증분형 접근 방식보다 훨씬 강력한 대응 변수 계산 기술을 개발할 수 있다. 주요 특징은 다음과 같다.

1. 모든 검색 과정에서 GraphSLAM은 모든 피처 집합의 대응 변수를 고려할 수 있다. 관찰된 피처를 순차적으로 처리할 필요는 없다.

2. 대응 변수 검색은 맵 계산과 조합할 수 있다. 관찰된 2개의 피처가 월드 내에 있는 동일한 물리적 피처에 해당한다고 가정하면 결과 맵에 영향을 준다. 그런 대응 변수 가설을 맵에 통합함으로써, 다른 대응 변수에 대한 가설은 계속적으로 보일 것이다.

3. GraphSLAM에서 데이터 연관 결정을 취소할 수 있다. 데이터 연관의 장점은 다른 데이터 연관 결정의 가치에 달려 있다. 검색 초기에 좋은 선택으로 보였던 것이 나중에 검색할 때는 썩 좋지 않은 것으로 판명될 수 있다. 이러한 상황을 수용하기 위해 GraphSLAM은 이전의 데이터 연관 결정을 효과적으로 취소할 수 있다.

이제 세 번째 속성을 제외한 첫 번째, 두 번째 속성을 사용하는 특정 대응 변수 검색 알고리즘을 알아보자. 데이터 연관 알고리즘은 여전히 그리디할 것이며 가능한 대응 변수의 공간을 순차적으로 검색해 그럴듯한 맵을 만들어낸다. 그러나 모든 그리디 알고리즘처럼 우리가 만든 방법은 극대값의 영향을 받는다. 대응 변수의 실제 공간은 맵의 피처 개수 대비 기하급수적으로 증가한다. 하지만 이 장에서는 우선 힐 클라이밍 알고리즘hill-climbing algorithm만 다루기로 한다. 가능한 경우를 모두 다루는 알고리즘은 다음 장에서 설명한다.

11.5.1 알려지지 않은 대응 변수를 이용한 GraphSLAM 알고리즘

알고리즘의 핵심 구성요소는 대응 변수에 대한 유사가능도 테스트다. 특히, GraphSLAM 대응 변수는 다음과 같은 간단한 테스트를 기반으로 한다. 맵에 있는 2개의 각기 다른 피처 m_j와 m_k가 월드 안에서 동일한 물리적 피처일 확률을 계산하고, 이 확률값이 임계치 이상일 경우 이 가설을 채택하고 맵에 있는 피처 m_j와 m_k를 하나로 합친다.

대응 변수 테스트correspondence test의 알고리즘은 표 11.8에 나와 있다. 테스트에 대한 입력은 두 가지 피처 인덱스 j와 k인데, 이는 이 2개의 피처가 실제 세계에서 동일한 피처에 해당할 확률을 계산하기 위해서다. 이 확률을 계산하기 위해 알고리즘에서

436

표 11.8 대응 변수를 위한 GraphSLAM 테스트: GraphSLAM_solve 단계의 결과와 SALM 사후확률의 정보 표현을 입력으로 받아들인다. 그런 다음 m_j가 m_k에 대응되는 사후확률을 결과로 리턴한다.

는 다음과 같은 수치 데이터를 이용한다. (1) Ω와 ξ로 표시되어 있는 SLAM 사후확률의 정보 표현, (2) 평균 벡터 μ와 경로 공분산 $\Sigma_{0:t}$인 프로시저 **GraphSLAM_solve**의 결과.

그런 다음 대응 변수 테스트는 다음과 같은 방식으로 진행된다. 첫째, 2개의 타깃 피처에 대해 마진 사후확률을 계산한다. 이 사후확률은 표 11.8의 알고리즘 2행과 3행에서 계산된 정보 행렬 $\Omega_{[j,k]}$와 벡터 $\xi_{[j,k]}$로 표시되어 있다. 이 계산 과정에서 정보 폼 Ω, ξ의 다양한 하위 요소들, 예를 들면 평균 피처 위치 μ와 경로 공분산 $\Omega_{0:t}$를 이용한다. 다음으로, m_j와 m_k의 차이 값을 갖는 새로운 가우시안 확률 변수의 파라미터를 계산한다. 차분 변수difference variable $\Delta_{j,k} = m_j - m_k$로 놓으면, 정보 파라미터 $\Omega_{\Delta j,k}$, $\xi_{\Delta j,k}$는 4행과 5행에서 계산되고, 차이에 대한 상응하는 기댓값의 계산은 6행에서 이뤄진다. 7행은 m_j와 m_k의 차이가 0일 확률을 리턴한다.

GraphSLAM에서는 데이터 연관 검색을 수행하는 알고리즘을 통해 대응 변수 테스트를 할 수 있다. 이와 관련해 표 11.9를 보자. 대응 변수를 고유한 값으로 초기

```
1:          Algorithm GraphSLAM($u_{1:t}, z_{1:t}$):

2:              initialize all $c_t^i$ with a unique value
3:              $\mu_{0:t} = $ GraphSLAM_initialize($u_{1:t}$)
4:              $\Omega, \xi = $ GraphSLAM_linearize($u_{1:t}, z_{1:t}, c_{1:t}, \mu_{0:t}$)
5:              $\tilde{\Omega}, \tilde{\xi} = $ GraphSLAM_reduce($\Omega, \xi$)
6:              $\mu, \Sigma_{0:t} = $ GraphSLAM_solve($\tilde{\Omega}, \tilde{\xi}, \Omega, \xi$)
7:              repeat
8:                  for each pair of non-corresponding features $m_j, m_k$ do
9:                      $\pi_{j=k} = $ GraphSLAM_correspondence_test
                                        $(\Omega, \xi, \mu, \Sigma_{0:t}, j, k)$
10:                     if $\pi_{j=k} > \chi$ then
11:                         for all $c_t^i = k$ set $c_t^i = j$
12:                         $\Omega, \xi = $ GraphSLAM_linearize($u_{1:t}, z_{1:t}, c_{1:t}, \mu_{0:t}$)
13:                         $\tilde{\Omega}, \tilde{\xi} = $ GraphSLAM_reduce($\Omega, \xi$)
14:                         $\mu, \Sigma_{0:t} = $ GraphSLAM_solve($\tilde{\Omega}, \tilde{\xi}, \Omega, \xi$)
15:                     endif
16:                 endfor
17:             until no more pair $m_j, m_k$ found with $\pi_{j=k} < \chi$
18:             return $\mu$
```

표 11.9 알려지지 않은 대응 변수를 지닌 전체 SLAM 문제를 위한 GraphSLAM 알고리즘. 이 알고리즘의 내부 루프문은 상당히 효율적이다. 왜냐하면 2개의 피처 m_j, m_k를 선별해서 탐지하고, 여러 대응 변숫값을 수집한 후 방정식의 해를 구해 결과를 리턴하기 때문이다.

화한다. 이어서 알고리즘 3~7행은 표 11.5에서 설명한, 알려진 대응 변수를 지닌 GraphSLAM 알고리즘과 동일하다. 그러나 이러한 일반적인 SLAM 알고리즘은 데이터 연관 검색에 관여한다. 특히 맵에 있는 각기 다른 피처들의 각 쌍에 대해 일치 확률을 계산한다(표 11.9의 알고리즘 9행). 이 확률이 임계치 χ를 초과하면, 대응 벡터는 동일한 값으로 설정된다(11행).

GraphSLAM 알고리즘은 SLAM 사후확률의 생성, 축소 및 해를 구하는 작업을 반복한다(12~14행). 그 결과, 이어지는 대응 변수 테스트는 새로 생성된 맵을 통해 이전 대응 변수 결정의 요인이 된다. 맵 구조는 알고리즘의 내부 루프문에서 추가 피처가 발견되지 않을 때 종료된다.

알고리즘 **GraphSLAM**은 그렇게 효율적이지는 않다. 왜냐하면 대응 변수 관련 모든 피처 쌍을 테스트하기 때문이다. 또한 단일 대응 변수가 발견될 때마다 맵을 재구성한다. 오히려 배치batch 방식으로 해당 피처 집합을 처리하는 편이 나을 수 있는데 말이다. 그러나 이는 비교적 간단하게 수정할 수 있다. **GraphSLAM**을 잘 구현하면 이 책에서 설명한 버전보다 훨씬 세련될 것이다.

11.5.2 대응 테스트의 수학적 유도

여기서는 표 11.8의 대응 테스트 정확성을 보여주는 정도까지만 수학적 유도 과정을 설명하려고 한다. 첫 번째 목표는 피처 m_j와 피처 m_k의 위치 사이의 차이인 변수 $\Delta_{j,k} = m_j - m_k$에 대한 사후확률 분포를 정의하는 것이다. 2개의 피처 m_j와 m_k는 위치가 동일한 경우에만 동치성을 띤다. 따라서 $\Delta_{j,k}$의 사후확률을 계산함으로써, 원하는 대응 확률을 얻을 수 있다.

먼저 m_j와 m_k에 대한 결합 확률을 계산해 $\Delta_{j,k}$에 대한 사후확률을 얻는다.

$$p(m_j, m_k \mid z_{1:t}, u_{1:t}, c_{1:t}) \tag{11.45}$$

$$= \int p(m_j, m_k \mid x_{1:t}, z_{1:t}, c_{1:t}) \, p(x_{1:t} \mid z_{1:t}, u_{1:t}, c_{1:t}) \, dx_{1:t}$$

이제 $\xi_{[j,k]}$와 $\Omega_{[j,k]}$를 이용해 마진 사후확률의 정보 폼을 작성해보자. 결합 정보 폼의 부분 행렬과 사후확률의 정보 폼을 구분하기 위해 대괄호를 사용한 점에 유의한다.

마진 확률 계산 보조정리를 적용해 $y_{0:t}$에 대한 결합 사후확률로부터 식 (11.45)의 분포를 구한다. 특히, Ω와 ξ는 정보 폼의 전체 스테이트 벡터 $y_{0:t}$에 대한 결합 사후확률을 나타내며, $\tau(j)$와 $\tau(k)$는 로봇이 피처 j와 피처 k를 각각 관찰한 포즈 집합을 나타낸다. GraphSLAM은 평균 포즈 벡터 μ를 제공한다. 마진 확률 계산 보조정리(표

11.6)를 적용하기 위해, **GraphSLAM_solve**의 결과를 활용한다. 특히 **GraphSLAM_solve**는 이미 m_j 및 m_k 피처에 대한 평균을 제공한다. 공동 피처 쌍에 대한 계산을 간단하게 다시 정리하면 다음과 같다.

$$\mu_{[j,k]} \;\;=\;\; \Omega_{jk,jk}^{-1} \left(\xi_{jk} + \Omega_{jk,\tau(j,k)} \mu_{\tau(j,k)} \right) \tag{11.46}$$

여기서 $\tau(j,\ k) = \tau(j) \cup \tau(k)$는 로봇이 m_j, m_k를 관찰한 포즈의 집합을 나타낸다.

결합 사후확률에 대해서도 공분산이 필요하다. 이 공분산은 **GraphSLAM_solve**에서 계산되지 않는다. 간단히 말해서, 여러 피처에 대한 공통 공분산이 피처 개수 대비 제곱 비율의 공간을 필요로 하기 때문이다. 그러나 피처의 쌍에 대해서는 결합 확률의 공분산을 쉽게 복구할 수 있다.

$\Sigma_{\tau(j,k),\ \tau(j,k)}$를 $\tau(j,\ k)$의 모든 포즈로 제한된 공분산 $\Sigma_{0:t}$의 부분 행렬이라고 놓자. 여기서 공분산 $\Sigma_{0:t}$는 **GraphSLAM_solve** 알고리즘의 2행에서 계산된다. 그런 다음 마진 확률 계산 보조정리는 $(m_j\ m_k)^T$의 사후확률을 위한 마진 확률 정보 행렬을 제공한다.

$$\Omega_{[j,k]} \;\;=\;\; \Omega_{jk,jk} - \Omega_{jk,\tau(j,k)}\, \Sigma_{\tau(j,k),\tau(j,k)}\, \Omega_{\tau(j,k),jk} \tag{11.47}$$

원하는 사후확률을 위한 정보 폼 표현은 이어지는 정보 벡터에 의해 완성된다. 다음 식을 보자.

$$\xi_{[j,k]} \;\;=\;\; \Omega_{[j,k]}\, \mu_{[j,k]} \tag{11.48}$$

그러므로 결합 확률은 다음과 같다.

$$p(m_j, m_k \mid z_{1:t}, u_{1:t}, c_{1:t}) \tag{11.49}$$

$$= \;\; \eta \exp \left\{ -\tfrac{1}{2} \begin{pmatrix} m_j \\ m_k \end{pmatrix}^T \Omega_{[j,k]} \begin{pmatrix} m_j \\ m_k \end{pmatrix} + \begin{pmatrix} m_j \\ m_k \end{pmatrix}^T \xi_{[j,k]} \right\}$$

이 방정식은 표 11.8의 2, 3행과 동일하다.

이렇게 표현했을 때 좋은 점은 즉각적으로 기대하는 대응 변수 확률을 정의할 수 있다는 것이다. 이를 위해 식 (11.50)의 확률 변수를 고려해보자.

$$\Delta_{j,k} = m_j - m_k \qquad (11.50)$$

$$= \begin{pmatrix} 1 \\ -1 \end{pmatrix}^T \begin{pmatrix} m_j \\ m_k \end{pmatrix}$$

$$= \begin{pmatrix} m_j \\ m_k \end{pmatrix}^T \begin{pmatrix} 1 \\ -1 \end{pmatrix}$$

정보 표현의 가우시안 함수 정의에 식 (11.50)을 입력하면, 식 (11.51)을 얻는다.

$$p(\Delta_{j,k} \mid z_{1:t}, u_{1:t}, c_{1:t}) \qquad (11.51)$$

$$= \eta \exp \left\{ -\tfrac{1}{2} \Delta_{j,k}^T \underbrace{\begin{pmatrix} 1 \\ -1 \end{pmatrix}^T \Omega_{[j,k]} \begin{pmatrix} 1 \\ -1 \end{pmatrix}}_{=: \, \Omega_{\Delta j,k}} \Delta_{j,k} + \Delta_{j,k}^T \underbrace{\begin{pmatrix} 1 \\ -1 \end{pmatrix}^T \xi_{[j,k]}}_{=: \, \xi_{\Delta j,k}} \right\}$$

$$= \eta \exp \left\{ -\tfrac{1}{2} \Delta_{j,k}^T \, \Omega_{\Delta j,k} + \Delta_{j,k}^T \, \xi_{\Delta j,k} \right\}^T$$

이는 앞에서 정의한 정보 행렬 $\Omega_{\Delta j,k}$와 정보 벡터 $\xi_{\Delta j,k}$의 가우시안 함수다. 여기서 가우시안 함수가 $\Delta_{j,k} = 0$을 만족할 확률을 계산하려면, 모멘트 파라미터로 이 가우시안 함수를 다시 정리하면 된다. 다음 식을 보자.

$$p(\Delta_{j,k} \mid z_{1:t}, u_{1:t}, c_{1:t}) \qquad (11.52)$$

$$= |2\pi \, \Omega_{\Delta j,k}^{-1}|^{-\frac{1}{2}} \exp \left\{ -\tfrac{1}{2} (\Delta_{j,k} - \mu_{\Delta j,k})^T \, \Omega_{\Delta j,k}^{-1} \, (\Delta_{j,k} - \mu_{\Delta j,k}) \right\}$$

여기서 평균은 다음 식과 같다.

$$\mu_{\Delta j,k} = \Omega_{\Delta j,k}^{-1} \, \xi_{\Delta j,k} \qquad (11.53)$$

이 단계는 표 11.8의 알고리즘 4~6행에 있다.

$\Delta_{j,k} = 0$에 대한 기대 확률은 이 확률 분포를 0으로 놓은 결과다. 다음 식을 보자.

$$p(\Delta_{j,k} = 0 \mid z_{1:t}, u_{1:t}, c_{1:t}) = |2\pi \, \Omega_{\Delta j,k}^{-1}|^{-\frac{1}{2}} \exp \left\{ -\tfrac{1}{2} \mu_{\Delta j,k}^T \, \Omega_{\Delta j,k}^{-1} \, \mu_{\Delta j,k} \right\}$$

$$(11.54)$$

이 식은 맵에 포함된 2개의 피처 m_j, m_k가 맵 내에 있는 동일한 피처에 대응될 확률을 나타낸다. 이 확률의 계산은 표 11.8의 알고리즘 7행에 구현되어 있다.

11.6 효율성을 위해 고려해야 할 사항

GraphSLAM을 실제 구현할 때는 효율성 향상을 위해 여러 가지 부가적인 통찰과 기술 등을 고려해야 한다. 앞에서 설명한 GraphSLAM의 가장 큰 문제는 시작 단계에서 모든 관찰된 피처가 다른 피처를 구성한다는 가정에서 시작된다. 우리의 알고리즘은 이들을 하나씩 차례대로 통합한다. 적절한 수의 피처가 주어졌을 때, 이러한 접근 방식은 엄청나게 느려질 것이다. 더 나아가 어떤 시점에서는 동일한 피처가 한 번은 관찰될 수 있지만 두 번은 관찰될 수 없다는 중요한 제약을 무시할 것이다.

기존의 GraphSLAM 아이디어 구현 결과들은 이러한 기회를 최대한 활용한다.

높은 유사가능도에 대응하기 위해 즉각적으로 식별되는 피처는 초기 단계에 통합되어 있으며, 이 단계 이후 전체 GraphSLAM 솔루션을 실행한다. 예를 들어, 짧은 세그먼트를 (로컬 점유 그리드 맵 같은) 로컬 서브맵local submap으로 컴파일하는 것이 일반적이다. 그런 다음 로컬 점유 그리드 맵 사이에서만 GraphSLAM 추론을 수행한다. 여기서 로컬 점유 그리드 맵이란 두 맵의 상대적 포즈 사이의 확률론적 제약 조건에서 두 맵이 일치한다고 간주하는 것을 의미한다. 이러한 계층적 기법을 통해 GraphSLAM의 핵심 요소 중 일부, 특히 대규모 데이터셋에서 데이터 연관을 수행할 수 있는 능력을 유지하면서 SLAM의 복잡도를 낮출 수 있다.

여러 로봇에는 한 번에 많은 수의 피처를 관찰하는 센서가 장착되어 있다. 예를 들어, 레이저 범위 파인더는 단일 스캔 내에서 수십 가지 피처를 관찰한다. 이러한 스캔의 경우 일반적으로 각기 다른 측정값이 환경 내에 있는 다양한 피처들에 대응한다고 가정하는데, 각 관찰값이 각기 다른 방향을 가리키고 있기 때문이다. 이는 7장에서 이미 설명한 상호 배타 원칙mutual exclusion principle으로 알려져 있다. 따라서 $i \neq j \longrightarrow c_t^i \neq c_t^j$이다. 단일 스캔에서 수집한 2개의 측정값은 월드 내에 있는 동일한 피처에 대응하지 않는다.

위의 데이터 연관 기술은 이 제약 조건을 통합할 수 없다. 구체적으로 어떤 $s \neq t$에 대해 동일한 피처 z_s^k에 2개의 측정값 z_t^i 및 z_t^j를 할당할 수 있다. 이 문제를 극복하기 위해 전체 측정 벡터 z_t와 z_s를 동시에 연관시키는 것이 일반적이다. 여기에는 z_t 및 z_s의 모든 피처에 대한 결합 확률 계산이 포함되어 있다. 이러한 계산은 페어와이즈 조합 계산 작업을 일반화하며, 수학적으로 직설적이다.

이 장에서 설명한 GraphSLAM 알고리즘은 데이터 연관 실행을 취소하는 기능을 사용하지 않는다. 데이터 연관 결정이 내려지면 검색에서 더 이상 되돌릴 수 없다. 수학적으로, 정보 프레임워크에서 과거의 데이터 연관 결정을 취소하는 것은 상대적으로 간단하다. 위 알고리즘에서 임의의 두 측정값의 대응 변수를 임의의 방식으로 변경할수 있다. 그러나 이전에 연관된 2개의 피처가 구별돼야 하는지 여부를 검정하는 테스트가 없기 때문에 데이터 연관을 취소해야 하는지 테스트하는 것이 더 어렵다. 간단한 구현 방법 중 하나는 해당 데이터 연관을 취소하고 맵을 다시 작성한 다음 위의 기준에 따라 여전히 대응 변수가 필요한지 여부를 테스트하는 것이다. 이러한 접근법은 어떤 데이터 연관성을 테스트할지를 탐지할 수단을 제공하지 않기 때문에 계산적으로 연관될 수 있다. 가능성이 없는 연관을 탐지하는 메커니즘은 이 책의 범위를 벗어나지만, 이 방법을 구현할 때는 고려해야 한다.

마지막으로 GraphSLAM 알고리즘은 부정적인 정보negative information를 고려하지 않는다. 실제로는 피처를 보지 못하는 것은 정보를 보는 것만큼 유익할 수 있다. 그러나 우리의 간단한 공식은 필요한 기하학적 계산을 수행하지 않는다.

실제로 우리가 부정적인 정보를 활용할 수 있는지 여부는 센서 모델의 성격과 월드 내에 있는 피처 모델에 달려 있다. 예를 들어, 특정 유형 센서(예: 랜드마크를 위한 범위 센서, 베어링 센서)에 대해 까다로운 교합occlusion 가능성을 계산해야 할 수 있다. 그러나 (2004년 기준) 최신 기술들의 경우 실제로 부정적인 정보를 고려하지만 종종 적절한 확률 계산을 근삿값으로 대체한다. 이와 관련한 예는 다음 절에서 설명한다.

11.7 구현

이제 GraphSLAM 구현에 대한 실험 결과를 집중적으로 알아보자. 그림 11.4는 실험에 사용된 차량으로, 폐광산의 맵을 설계하는 데 사용된다.

로봇이 수집한 타입 맵은 그림 11.5와 같다. 이 맵은 로봇의 포즈를 복구하기 위해 효율적으로 페어와이즈 스캔 매칭을 사용하는 점유 그리드 맵이다. 페어와이즈 스캔 매칭은 GraphSLAM의 버전으로 생각할 수 있지만, 연속된 스캔 사이에서만 대응 변수가 설정된다. 이 방법의 결과는 그림 11.5처럼 맵상에 확연한 문제점을 나타낸다.

GraphSLAM 알고리즘을 적용하기 위해 우리가 만든 소프트웨어는 로봇이 맵을 5m 단위로 이동하면서 각각을 작은 로컬 서브맵으로 나눈다. 이렇게 만들어진 서브맵 5m 내에서 맵은 상당히 정확하다. 왜냐하면 일반적으로 드리프트가 작아서 스캔 매칭을 문제없이 수행하기 때문이다. 각 서브맵의 좌표는 GraphSLAM의 포즈 노드가 된다. 인접한 서브맵은 이들 사이의 상대적인 모션 제약 조건을 통해 서로 연결된다. 결과 구조는 그림 11.6과 같다.

다음으로 재귀적 데이터 연관 검색을 적용해보자. 대응 테스트는 이제 2개의 오버레이 맵에 대해 상관 분석을 사용해 구현한다. 그리고 가우시안 매칭 제약 조건은 가

그림 11.4 그라운드호그(Groundhog) 로봇의 모습. 온보드 컴퓨팅, 레이저 범위 센서, 가스 센서, 싱크 센서, 비디오 녹화 장비가 장착된 1,500파운드 맞춤형 차량이다. 이 로봇은 버려진 광산의 맵을 작성하기 위해 만들어졌다.

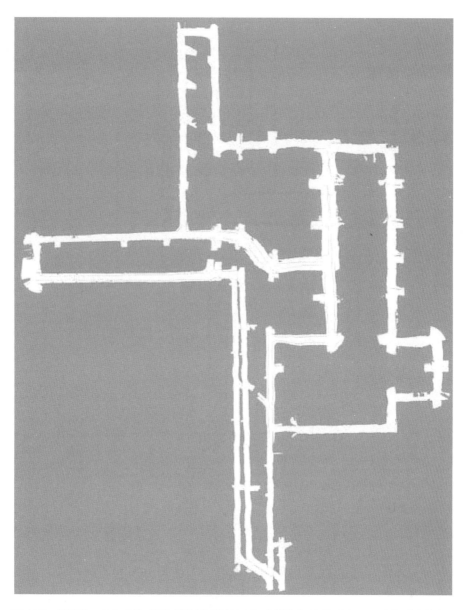

그림 11.5 페어와이즈 스캔 매칭 기법을 통해 확보한 광산 맵. 이 환경의 지름은 대략 250m이다. 맵이 확연히 일관성이 없어 보인다. 몇 개의 통로가 하나 이상으로 나타나 있다. 출처: Dirk Hähnel, University of Freiburg

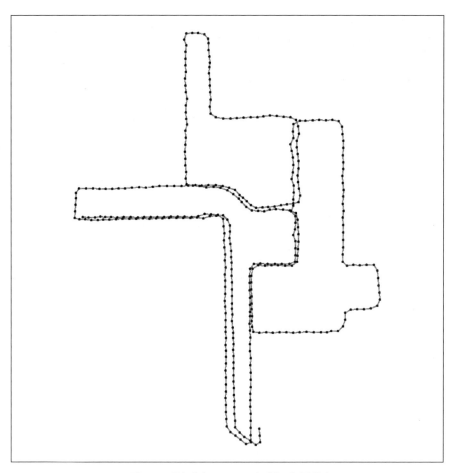

그림 11.6 광산 맵의 구조도. 로컬 맵을 시각화했다.

우시안을 통해 이 매칭 함수를 근사화하여 복구된다. 그림 11.7은 데이터 연관 검색 과정을 보여준다. GraphSLAM으로 정보 폼을 구성할 때 반영된 새로운 제약 조건을 원으로 표시했다. 이 그림은 검색의 반복 시행 특성을 잘 보여준다. 어떤 대응 변수는 다른 대응 변수들이 전파됐을 때만 나타난다. 한편 또 다른 대응 변수들은 검색 과정에서 없어지기도 한다. 최종 모델은 안정적인 상태일 텐데, 이는 새로운 데이터 연관에 대한 추가 검색을 하더라도 더 이상 변경이 일어나지 않기 때문이다. 그리드 맵으로 표시하면 그림 11.8과 같은 2D 맵이 만들어진다. 이 맵이 완벽하지는 않다. 왜

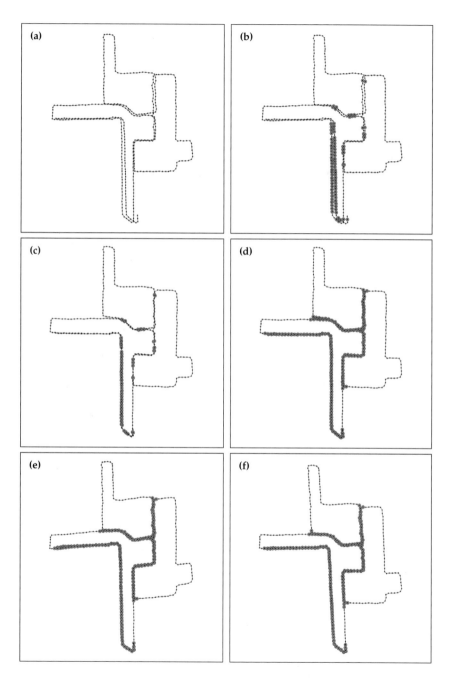

그림 11.7 데이터 연관 검색 결과. 자세한 내용은 본문을 참조하기 바란다.

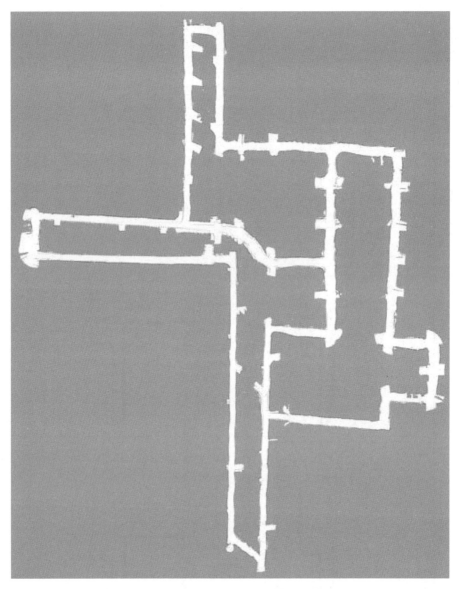

그림 11.8 데이터 연관 기법을 통해 최적화를 거친 최종 맵 결과. 출처: Dirk Hähnel, University of Freiburg

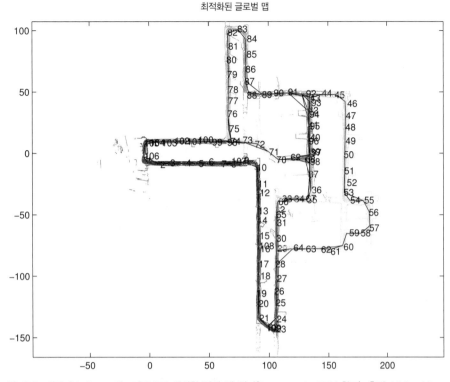

최적화된 글로벌 맵

그림 11.9 아틀라스 SLAM 알고리즘으로 생성한 광산 맵 결과(Bosse et al., 2004 참조). 출처: Michael Bosse, Paul Newman, John Leonard, Seth Teller, MIT

냐하면 맵 매칭 제약 조건을 정교하게 구현하지는 않았기 때문이다. 그럼에도 증분형 스캔 매칭을 통해 만든 맵보다 훨씬 우수하다.

SLAM에 대한 다른 정보 이론^{information-theory} 기술이 비슷한 결과를 만들어낼 수 있다는 점을 눈여겨볼 필요가 있다. 그림 11.9는 Bosse et al.(2004)의 아틀라스^{Atlas} 알고리즘을 이용해 만든 것과 동일한 데이터셋의 맵을 보여준다. 이 알고리즘은 맵을 정보 이론 기반의 상대적 링크를 통해 유지되는 서브맵으로 분해한다. 자세한 내용은 참고문헌 절을 확인하기 바란다.

11.8 기타 최적화 기술

GraphSLAM의 중심 타깃 함수 $J_{GraphSLAM}$이 식 (11.3)에서 비선형 2차 함수였음을 기억하는가? GraphSLAM은 선형화, 변수 제거 및 최적화 과정을 통해 이 함수의 값을 최소화한다. 표 11.4에 있는 **GraphSLAM_solve**의 추론 기술은 일반적으로 그리 효율적이지 않다. 모두가 관심있어 하는 것이 맵과 공분산이 없는 경로라면 표 11.4 알고리즘 2행의 역변환 계산을 피할 수 있다. 구현 결과는 계산상 훨씬 더 효율적이다.

효율적인 추론의 핵심은 $J_{GraphSLAM}$ 함수에 있다. 이 함수는 일반적인 최소 제곱 형태이므로 다른 연구에서 여러 알고리즘으로 최소화할 수 있다. 예를 들어 그레이디언트 하강 기술gradient descent technique, 레벤버그 마르콰트Levenberg Marquardt, 켤레 그레이디언트conjugate gradient가 있다.

그림 11.10(a)는 $J_{GraphSLAM}$을 최소화하기 위해 켤레 그레이디언트를 사용해 얻은 결과다. 데이터는 대략 $600 \times 800m$ 정도인 외부 환경의 맵이다. 그림 11.10(b)의 로봇을 이용해 스탠퍼드 캠퍼스에서 수집했다. 그림 11.11은 포즈 데이터만을 사용한 데이터셋에서 완전히 정렬된 맵 및 로봇 경로까지의 얼라인먼트 프로세스를 보여준다. 이 데이터셋에는 약 10^8개의 피처와 10^5개의 포즈가 포함되어 있다. 이러한 대규모 데이터셋에 EKF를 실행하는 것은 불가능하다. 따라서 표 11.4에 나와 있는 것처럼 행렬 Ω의 역변환을 한다. 켤레 그레이디언트는 단 몇 초 만에 $J_{GraphSLAM}$을 최소화한다. 이러한 이유로, 이 방법의 많은 구현 버전은 여기서 설명한 비교적 느린 알고리즘 대신 최신 최적화 기법을 사용한다. 그 밖의 최적화 기술에 관심이 있다면 참고문헌을 확인해보기 바란다.

11.9 요약

11장에서는 전체 SLAM 문제에 대한 GraphSLAM 알고리즘을 소개했다.

- GraphSLAM 알고리즘은 전체 SLAM 문제를 해결한다. 맵과 함께 전체 로봇 경로에서 사후확률을 계산한다. 따라서 GraphSLAM은 배치 알고리즘이며,

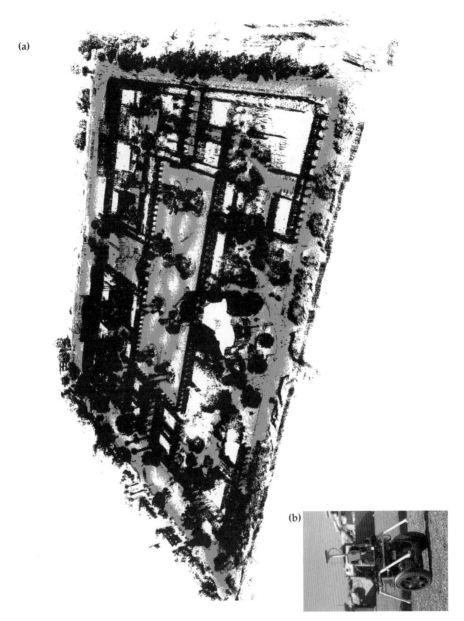

그림 11.10 (a) 스탠퍼드대학교 캠퍼스의 3D 맵, (b) 데이터 생성에 사용된 로봇. 세그웨이(Segway) RMP 플랫폼을 기반으로 했으며, 개발은 DARPA MARS 프로그램의 연구비 지원을 통해 이뤄졌다. 출처: Michael Montemerlo, Stanford University. (이 그림은 시계 방향으로 90도 돌려서 보기 바란다.)

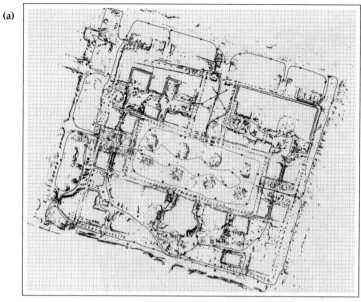

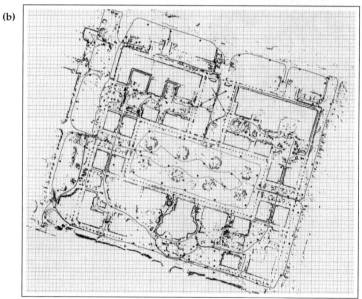

그림 11.11 스탠퍼드대학교 캠퍼스 맵의 2D 슬라이싱 결과. 컬레 그레이디언트를 이용한 얼라인먼트의 적용 전 (a)과 후(b). 이러한 최적화 작업은 GraphSLAM의 최소 제곱법 형태를 적용한 컬레 그레이디언트 기법을 이용하면 몇 초 만에 이뤄진다. 출처: Michael Montemerlo, Stanford University

EKF SLAM 같은 온라인 알고리즘은 아니다.

- GraphSLAM은 데이터 집합에서 소프트 제약 조건의 그래프를 생성한다. 특히, 측정값은 포즈와 감지된 피처 간의 비선형 제약 조건을 나타내는 에지로 매핑되고, 모션 명령은 연속 포즈 사이의 소프트 제약 조건에 매핑된다. 그래프는 자연스럽게 희소해진다. 에지의 수는 노드 수에 선형적으로 비례하며, 그래프의 크기에 관계없이 각 노드는 다른 많은 노드에만 연결된다.

  GraphSLAM은 단순히 이 모든 정보를 그래프에 기록하고, 포즈와 피처 사이에 정의된 링크 및 후속 포즈의 쌍을 통해 기록한다. 그러나 이 정보 표현은 맵 또는 로봇 경로의 추정값을 제공하지 않는다.

- 이러한 모든 제약 조건의 합은 $J_{GraphSLAM}$ 함수를 통해 제공된다. $J_{GraphSLAM}$을 최소화하여 로봇 경로 및 맵에 대한 최대 유사가능도 추정값을 얻을 수 있다.

- GraphSLAM은 그래프를 모든 포즈 변수와 전체 맵에 정의된 등고선 정보 행렬 및 정보 벡터로 매핑해 추론을 수행한다. GraphSLAM 알고리즘의 핵심 인사이트는 정보 구조가 희소하다는 것이다. 측정값은 측정할 때 로봇의 포즈와 관련된 피처의 정보를 제공한다. 정보 공간에서 이들은 이 변수 쌍 사이에 제약 조건을 형성한다. 비슷하게 모션은 2개의 연속 포즈 사이에 정보를 제공한다. 정보 공간에서 각 모션 명령은 후속 포즈 변수 간에 제약 조건을 형성한다. 이 희소성은 희소 그래프에서 이어진다.

- 바닐라 GraphSLAM 알고리즘은 (1) 테일러 전개를 통한 선형 정보 폼의 생성, (2) 맵을 제거하기 위한 정보 폼의 축소, (3) 로봇 포즈에 대한 결과 최적화 문제 해결이라는 3단계로 구성된 반복 시행을 통해 맵을 복구한다. 이 세 단계는 정보를 효과적으로 해결하고 경로와 맵에서 일관성 있게 사후확률을 생성한다. GraphSLAM은 배치 처리로 실행되므로, 결과를 개선하기 위해 선형화 단계를 반복할 수 있다.

- 다른 구현 버전은 함수 $J_{GraphSLAM}$의 비선형 최소 제곱 최적화를 통해 추론을 수행한다. 그러나 이러한 기술은 단지 공분산이 아닌 사후확률의 최댓값만 찾는다.

- GraphSLAM의 데이터 연관은 두 피처가 동일한 좌표를 가질 확률을 계산해 수행된다. GraphSLAM은 배치 처리 알고리즘이므로 언제든지 모든 피처 쌍에 대해 수행할 수 있다. 이로 인해 모든 데이터 연관 변수에 대해 반복적인 그리디 검색 알고리즘을 만들었다. 이 알고리즘은 맵에서 가능성이 있는 맵의 피처 쌍을 재귀적으로 식별한다.

- GraphSLAM의 실제 구현은 계산을 낮게 유지하고 잘못된 데이터 연관을 피하기 위해 종종 추가 트릭을 사용한다. 특히 실제 구현은 로컬 맵을 추출하고 각 맵을 기본 엔티티로 사용해 데이터 복잡성을 줄이는 경향이 있다. 한 번에 여러 피처를 비교하고 연관 짓는 경향이 있으며, 데이터 연관 검색에서 부정적인 정보를 고려하는 경향이 있다.

- 분해 아이디어 속성을 따르면서 동시에 범위 스캔 집합 표현에는 점유 그리드 맵을 사용하는 GraphSLAM 알고리즘의 파생 버전을 간략하게 살펴봤다. 이러한 근사화 작업에도 불구하고 데이터 연관 및 추론 기술은 대규모 매핑 문제에서 상당히 괜찮은 결과를 만들어낸다.

- 기본이 되는 최소 제곱 문제에 대한 켤레 그레이디언트 구현 결과도 살펴봤다. GraphSLAM의 일반적인 타깃 함수가 최소 제곱법에 의해 최적화될 수 있다고 설명했다. 켤레 그레이디언트 같은 특정 기술은 GraphSLAM의 기본 최적화 기법보다 훨씬 빠르다.

이 장의 개요에서 언급했듯이, EKF SLAM과 GraphSLAM은 SLAM 알고리즘의 맨 끝 버전이라고 할 수 있다. 이들의 중간에 해당하는 알고리즘은 12장과 13장에서 설명한다. 추가 기술에 대한 언급은 뒤에 이어지는 장들의 참고문헌을 살펴보기 바란다.

11.10 참고문헌

그래픽 추론 기술은 컴퓨터 비전 및 사진 측량법에서 잘 알려져 있으며, 모션 구조 및 번들 조정과 관련이 있다(Hartley and Zisserman, 2000; B et al., 2000; Mikhail et al., 2001). SLAM 관련 연구에서 상대적인 제약 조건, 그래프 관점의 제약 조건에 대한 최초의 연구는 Cheeseman and Smith(1986)와 Durrant-Whyte(1988)에서 소개됐다. 이러한 기법은 글로벌 이완relaxation 또는 최적화를 수행하지 못했다. 이 장에서 소개한 알고리즘은 Lu and Milios(1997)에 근거한 것이다. 이들은 역사적으로 로봇 포즈 간의 링크 집합으로 SLAM을 먼저 표현하고 이러한 제약 조건에서 맵을 생성하는 전역 최적화 알고리즘을 만들었다. 이 알고리즘의 원래 버전은 글로벌 수준에서 일관성을 유지하는 레인지 스캔 정렬을 목표로 하고 있다. 이와 관련해 포즈를 통합하는 표준 EKF 뷰와는 다른 로봇 포즈 변수를 참조 프레임으로 사용했다. 또한 오도메트리와 레이저 범위 스캔을 분석을 통해 GraphSLAM 내의 에지로 간주할 수 있는 포즈들 간의 상대적 제약 조건을 만들어냈다. 그러나 여기서 정보 표현을 사용하지는 않았다. Gutmann and Nebel(1997)에서는 Lu and Milios(1997) 알고리즘을 최초로 성공적으로 구현한 것 외에도 행렬 역변환의 엄청난 사용으로 인한 수치 계산의 불안정성도 설명했다. Golfarelli et al.(1998)은 SLAM 문제와 스프링 질량 모델의 관계를 처음으로 확립했으며, Duckett et al.(2000, 2002)은 이러한 문제를 해결하기 위한 효율적인 첫 번째 기법을 제시했다. 공분산과 정보 행렬 간의 관계는 Frese and Hirzinger(2001)에서 설명하고 있다. Araneda(2003)는 좀 더 정교한 그래픽 모델을 개발했다.

루Lu와 밀리오스Milios 알고리즘은 현재까지 EKF 작업과 거의 동시에 실행되는 오프라인 SLAM 알고리즘의 개발을 시작했다. 구트만Gutmann과 코놀리제Konolige는 순환 환경에서 루프를 닫을 때 대응 변수를 설정하기 위해 마르코프 로컬화 단계를 루와 밀리오스 알고리즘 구현 과정에 결합시켰다. Bosse et al.(2003, 2004)은 분리된 확률 매핑 패러다임을 기반으로 하는 계층적 매핑 프레임워크인 아틀라스Atlas를 개발했다. 이 패러다임은 서브맵 간의 상대적 정보를 유지한다. 또한 여러 개의 서브맵을 연결할 때 아틀라스는 Duckett et al.(2000) 및 GraphSLAM과 유사한 최적화 기법을 사용한다. Folkesson and Christensen(2004a, b)은 SLAM 사후확률의 로그 유사가능도 버전에 그레이디언트 하강 기법을 적용해 SLAM 문제에 최적화를 수행했다. 그래픽 SLAM 알고리즘은 루프를 닫을 때 GraphSLAM에서 했던 것처럼 변수 개수를 경로 변수로 줄였다. 이를 통해 그레이디언트 하강 작업의 속도가 엄청나게 빨라졌다(주의: 맵이 단순히 생략됐으므로 수학적으로는 근삿값으로 변수 개수가 줄어들었다). Konolige(2004)와

Montemerlo and Thrun(2004)은 SLAM 문제에 켤레 그레이디언트를 도입했는데, 이는 그레이디언트 하강 기법보다 더 효율적이라고 알려져 있다. 또한 큰 사이클을 닫을 때 변수 수를 줄였으며 10^8개의 피처가 있는 맵을 단 몇 초 만에 정렬할 수 있다고 보고했다. 본문에서 언급된 레벤버그 마르콰트 기법은 Levenberg(1944)와 Marquardt(1963)를 모티브로 하고 있으며, 최소 제곱 최적화 기법을 기반으로 만들어졌다. Frese et al.(2005)은 정보 폼 내에서 SLAM의 효율성을 분석하고 멀티 그리드 최적화 기술을 사용해 매우 효율적인 최적화 기법을 개발했다. 실험 결과를 통해 몇 배의 속도 향상이 있음을 보였다. Dellaert(2005)는 GraphSLAM 제약 조건 그래프에 대해 효율적인 인수분해 기법을 개발했다. 특히 희소성을 유지하면서 제약 그래프를 좀 더 콤팩트한 버전으로 변환하는 것을 목표로 삼았다.

로컬 엔티티 간의 상대 링크를 유지하는 방법을 직관적으로 보면, 앞에서 설명한 많은 서브매핑 기술이 핵심이라고 할 수 있다. 물론 이들을 명확하게 구현한 결과는 거의 없지만 말이다. Guivant and Nebot(2001), Williams(2001), Tardós et al.(2002), Bailey(2002) 등 많은 연구자가 정보 이론적 개념에 쉽게 매핑되는 서브맵 간의 상대적 토폴로지를 줄이기 위한 데이터 구조의 연구 성과를 발표했다. 이러한 알고리즘 중 많은 부분이 필터이지만, 그럼에도 이 장에서 설명하는 정보 폼에 대한 충분한 통찰력을 제공하고 있다.

우리가 아는 한 여기에 제시된 GraphSLAM 알고리즘은 현재 버전으로 발표된 적이 없다(이 책의 초안을 작성할 당시 확장된 정보 폼으로 이 알고리즘을 참조했다). 그러나 GraphSLAM은 Lu and Milios(1997)의 알고리즘 및 앞에서 설명한 문헌들과 밀접하게 연결되어 있다. GraphSLAM이라는 이름은 Folkesson and Christensen(2004a)에서 제시한 방법의 이름인 Graphical SLAM과 비슷하다. 이 장에서 GraphSLAM을 다룬 이유는 제약 조건 그래프가 SLAM 연구 전반에 있어 핵심이기 때문이다. 수많은 학자들이 전체 SLAM 문제 대신 온라인 SLAM 문제를 해결하는 정보 폼의 필터를 개발했다. 이러한 알고리즘은 12장에서 자세히 설명할 계획이다. 특히 필터링 문제를 제대로 다룰 것이다.

SLAM 문제에 대한 GraphSLAM 방법은 공간 맵의 표현에 대해 수십 년간 발표돼

온 연구 성과들과 관련이 있으며, 이는 9장의 참고문헌에서 이미 다뤘다. 정보 표현에는 맵 표현의 두 가지 패러다임인 토폴로지 및 메트릭이 있다. 이렇게 구분하기까지, 인간과 로봇의 공간 표현에 관해 수십 년 동안 수많은 논의가 있었다(Chown et al., 1995). 토폴로지 기법은 9장의 참고문헌에서 이미 설명했다. 토폴로지 표현의 핵심 특징은 맵의 엔티티들 간에 상대적 정보만을 지정한다는 점이다. 따라서 이는 '상대적' 정보의 일관된 메트릭 임베딩을 찾을 필요가 없다. 최신 버전의 토폴로지는 두 위치 간의 거리 같은 메트릭 정보로 링크를 확대하는 경향이 있다.

토폴로지 표현과 마찬가지로 정보 이론적 방법은 인접한 객체(랜드마크 및 로봇) 간의 상대적인 정보를 축적한다. 그러나 관련 맵 정보는 추론을 통해 메트릭 임베딩으로 '변환'된다. 선형 가우시안의 경우 이 추론 단계는 손실이 없고 가역적이다. 공분산을 포함해서 전체 사후확률을 계산하려면 행렬 역변환 계산이 필요하다. 두 번째 행렬 역변환 연산은 원래의 상대적 제약 조건으로 되돌아간다. 따라서 토폴로지 뷰와 메트릭 뷰는 정보 이론 및 확률론적 표현(또는 EKF 및 GraphSLAM)과 같이 상호 이중적으로 나타난다. 토폴로지 맵과 메트릭 맵을 모두 포함하는 통합 수학 프레임워크가 있을 것이다. 하지만 이 부분은 여전히 검증이 필요하다는 점에 유의하기 바란다.

11.11 연습문제

1. 센서가 범위가 아닌 랜드마크의 베어링만 측정할 수 있는 SLAM의 한 형태로 10장의 연습문제에서 '베어링 온리 SLAM' 문제를 다뤘다. 통상 GraphSLAM이 EKF보다 이 문제에 적합하다고 보고 있다. 그 이유를 설명해보라.

2. SLAM 문제들 중 특수한 경우에 해당하는 선형 가우시안 SLAM[linear Gaussian SLAM]에 대한 수렴 결과를 증명해야 한다고 가정해보자. 선형 가우시안 SLAM에서 모션 방정식은 다음과 같은 간단한 가산 형태를 띤다.

$$x_t \quad \sim \quad \mathcal{N}(x_{t-1} + u_t, R)$$

또한 측정값 방정식은 다음과 같다.

$$z_t \;\; = \;\; \mathcal{N}(m_j - x_t, Q)$$

여기서 R과 Q는 대각 공분산 행렬이고, m_j는 시간 t에서 관찰된 피처다. 랜드마크의 수가 유한하고, 모든 랜드마크가 무한히 자주 보이고 특정 순서가 아니며, 대응 변수가 알려져 있다고 가정한다.

(a) GraphSLAM에서 2개의 랜드마크 간 거리가 확률 1로 정확한 거리로 수렴한다는 사실을 증명해보라.

(b) 앞에서 작성한 증명 결과가 EKF SLAM에 어떤 영향을 끼치는가?

(c) GraphSLAM이 알려진 대응 변수를 이용해 일반적인 SLAM 문제에 대해 수렴하는가? 그렇다면 왜 그런지 설명해보라. 또, 그렇지 않다면 왜 안 되는지 설명해보라(증명은 하지 않아도 된다).

3. **GraphSLAM_reduce** 알고리즘은 로봇 포즈에 대해서만 제약 시스템을 남기고 맵 변수들을 통합해 제약 조건 집합을 작게 만든다. 포즈 변수를 통합해 제약 조건의 결과 네트워크를 맵 변수에만 정의할 수 있는가? 만약 그렇다면, 이를 통한 결과 추론 문제는 무엇이 희소한가? 로봇 경로의 사이클이 이 새로운 제약 조건 집합에 어떤 영향을 미치는지 설명해보라.

4. 이 장의 GraphSLAM 알고리즘은 랜드마크 시그니처를 무시했다. 측정값 및 맵에서 랜드마크 시그니처를 활용해 기본 GraphSLAM 알고리즘을 확장해보라.

12

희소한 확장 정보 필터

12.1 개요

10장과 11장에서 SLAM 알고리즘의 가장 극단적인 버전 두 가지를 다뤘다. 우리는 이미 EKF SLAM이 사전 대응적 성격을 지니고 있음에 주목했다. 모든 시간 정보를 수집해서 이를 확률 분포로 해결하는데, 문제는 계산량이 너무 많다는 것이다. 하지만 GraphSLAM 알고리즘은 다르다. 단순히 정보를 축적하기 때문이다. 이를 데이터를 확보하는 시간 관점에서 '게으르다lazy'고 한다. 왜냐하면 GraphSLAM 알고리즘은 수집한 정보를 단순히 기억만 하기 때문이다. 축적한 정보를 맵으로 변환하기 위해 GraphSLAM은 추론 작업을 수행한다. 이 작업은 모든 데이터가 축적된 후 이뤄지기 때문에 GraphSLAM은 오프라인 알고리즘으로 구현해야 한다.

이는 정보 표현의 효율성을 상속받는 온라인 필터 알고리즘을 고안할 수 있는지 의문을 불러일으킨다. 이에 대한 대답은 '예'이지만 많은 근삿값이 있는 경우에만 가능하다. 희소한 확장 정보 필터sparse extended information filter, 즉 SEIF는 온라인 SLAM 문제에 대한 정보 솔루션을 구현한다. EKF와 마찬가지로 SEIF는 과거의 로봇 포즈를 통합하고 현재의 로봇 포즈와 맵 위에 사후확률만 유지한다. 그러나 GraphSLAM 및 EKF

SLAM과 달리 SEIF는 모든 지식의 정보 표현을 유지한다. 이렇게 하면 SEIF 업데이트는 게으른 정보 이동 연산이 되며, 이는 EKF의 사전 확률론적 업데이트보다 훨씬 뛰어나다. 따라서 SEIF는 온라인에서 실행되고, 계산상으로 효율적이라는 점에서 양쪽 월드 모두에서 가장 좋다고 볼 수 있다.

온라인 알고리즘처럼 SEIF는 EKF와 동일한 스테이트 벡터에 대한 빌리프를 유지한다. 다음 식을 보자.

$$y_t \;=\; \begin{pmatrix} x_t \\ m \end{pmatrix} \tag{12.1}$$

여기서 x_t는 로봇의 스테이트, m은 맵을 의미한다. 알려진 대응 변수하에서 사후확률은 $p(y_t \mid z_{1:t}, u_{1:t}, c_{1:t})$이다.

GraphSLAM 알고리즘을 온라인 SLAM 알고리즘으로 변환하는 핵심 아이디어를 그림 12.1을 통해 좀 더 자세히 알아보자. 이 그림은 50개의 랜드마크가 있는 시뮬레이션 환경에서 EKF SLAM 알고리즘을 실행한 결과다. 왼쪽에는 움직이는 로봇과 피처 50개의 위치 추정값이 표시되어 있다. EKF SLAM에 의해 유지되는 중앙 정보는 이러한 여러 추정값의 공분산 행렬이다. 상관관계(정규화된 공분산)는 그림 12.1의 가운데 그림을 참고한다. 가로와 세로 두 축에서 로봇 포즈(위치 및 방향)와 50개의 랜드마

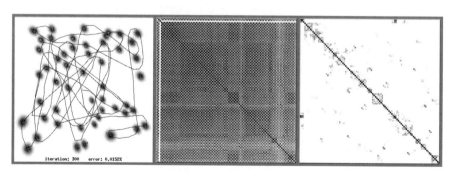

그림 12.1 온라인 SLAM을 위해 정보 필터를 이용하는 방법. 왼쪽: 50개의 랜드마크에 대해 시뮬레이션 로봇 실행 결과. 가운데: EKF의 상관 행렬. 2개의 랜드마크를 대상으로 강한 상관관계를 보이고 있다. 오른쪽: EKF의 정보 행렬을 정규화한 결과. 희소 행렬 형태를 보이고 있다. 이는 SLAM 알고리즘이 효율적으로 업데이트됐음을 의미한다.

크 모두의 2D 위치를 나열하고 있다. 어두울수록 상관관계가 강함을 의미한다. 우리는 이미 EKF SLAM 장에서 일부이긴 하지만 모든 피처 좌표가 완전히 상호 연관성이 있고 이에 따라 상관관계 행렬이 체커 보드 모양을 띤다는 점을 논의했다.

그림 12.1의 오른쪽 그림은 상관 행렬처럼 정규화된 정보 행렬 Ω_t를 보여준다. 앞에서와 마찬가지로 이 정규화된 정보 행렬의 요소는 맵에서 피처 쌍의 상대적 위치를 제한하는 제약 조건 또는 링크로 생각할 수 있다. 상관성이 강할수록 항목이 진하게 나타난다. 그림에 나와 있듯이, 정규화된 정보 행렬은 희소하게 보인다. 이는 강한 상관성을 지닌 소수의 피처 쌍의 영향력이 크다는 것을 의미한다. 정규화 과정 후 행렬 요소, 즉 링크의 대부분은 값이 0이다.

각 링크의 강도는 해당 피처의 거리와 관련이 있다. 강력한 링크는 인접한 피처 사이에서만 나타난다. 두 피처 사이의 거리가 멀수록 링크는 약해진다.

이 희소성은 앞 장에서 본 것과는 확연히 다르다. 첫째, 랜드마크 쌍들 사이에 링크가 존재한다. 11장에서 설명한 것들에는 이러한 링크가 존재할 수 없다. 둘째, 희소성은 근삿값에 불과하다. 정규화를 거친 정보 행렬의 모든 요소가 0은 아니지만 거의 모든 요소의 값은 0에 가깝다.

SEIF SLAM 알고리즘은 주변 피처들만 0이 아닌 요소를 통해 연결되어 있는 희소

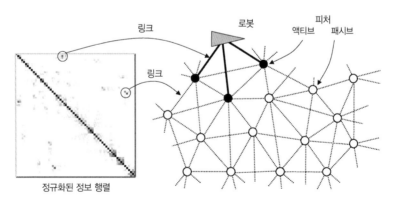

그림 12.2 이 책의 접근 방법으로 만든 피처 네트워크의 예. 왼쪽은 희소 정보 행렬을, 오른쪽은 정보 행렬 요소가 0이 아닌 엔티티를 연결한 맵을 보여준다. 본문에서 설명한 것처럼 모든 피처가 연결되어 있지는 않다는 점이 SLAM 문제의 핵심 구조 요소다. 또한 이 책에 나오는 접근 방법의 계산 복잡도가 상수 시간이라는 것 역시 핵심 요소 중 하나다.

정보 행렬을 유지함으로써 이 통찰력을 활용한다. 결과 네트워크 구조는 그림 12.2의 오른쪽 그림에 있다. 여기서 디스크는 왼쪽의 정보 행렬에 지정된 대로 점 피처에 해당하고, 점선은 링크에 해당한다. 이 그림을 통해 모든 피처 중 작은 서브셋하고만 연결된 로봇도 보여준다. 이러한 피처를 액티브 피처active feature라고 하며, 그림에서는 검은색으로 표시되어 있다. 희소 정보 행렬을 저장하려면 맵의 피처 개수에 선형적으로 비례하는 공간이 필요하다. 더 중요한 것은 SEIF SLAM의 모든 필수 업데이트가 맵의 피처 개수에 관계없이 일정 시간 내에 수행될 수 있다는 점이다. 이 결과는 다소 놀라울 수 있는데, 이유는 표 3.6에서 설명한 것처럼 정보 필터에서 모션 업데이트의 기본 구현 결과는 전체 정보 행렬의 역행렬 결과를 필요로 하기 때문이다.

SEIF는 이러한 희소 정보 행렬을 유지하는 온라인 SLAM 알고리즘이다. SEIF의 모든 업데이트 단계를 완료하기 위해 필요한 시간은 이미 알고 있는 데이터 연관을 사용할 경우에는 맵의 크기와 무관하며, 데이터 연관 검색이 포함된 경우 로그에 비례한다. 따라서 SEIF는 이 책에서 다루는 온라인 SLAM 알고리즘을 효율적으로 처리한다.

12.2 직관적 개념 설명

그림을 이용해 SEIF 업데이트의 직관적 개념을 알아보자. 구체적으로, SEIF 업데이트는 모션 업데이트 단계, 측정 업데이트 단계, 희소화 단계, 스테이트 추정 단계의 4단계로 구성되어 있다.

여기서는 업데이트 단계부터 시작한다. 그림 12.3을 보자. (a)와 (b) 각각은 정보 링크로 정의한 그래프와 SEIF가 유지하는 정보 행렬을 보여준다. GraphSLAM과 마찬가지로, 피처 m_1을 감지하면 SEIF가 정보 행렬의 대각선이 아닌 요소를 업데이트한다. 업데이트는 로봇의 포즈 추정값 x_t와 관찰한 피처 m_1을 연결해서 이뤄진다. 그림 12.3(a)의 왼쪽 그림을 참고하기 바란다.

m_2를 감지하면 그림 12.3(b)처럼 로봇이 x_t와 m_2를 연결하는 정보 행렬의 요소를 업데이트한다. 뒤에서 설명하겠지만, 이 업데이트들 각각은 정보 행렬과 정보 벡터의 로컬 첨가 작업에 해당한다. 두 경우 모두(정보 행렬 및 벡터), 이 첨가 작업은 로봇 포

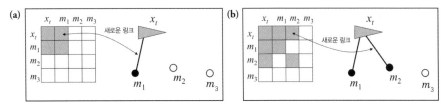

그림 12.3 측정 결과가 정보 행렬과 관련 피처들의 네트워크에 미치는 영향: (a) m_1의 관찰을 통해 정보 행렬의 요소 Ω_{x_t, m_1}의 업데이트가 이뤄진다. (b) 마찬가지로 m_2의 관찰값은 Ω_{x_t, m_2}의 업데이트에 영향을 준다.

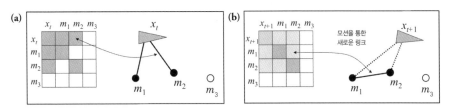

그림 12.4 측정 결과가 정보 행렬과 관련 피처들의 네트워크에 미치는 영향: (a) 모션 발생 전, (b) 모션 발생 후. 모션이 비결정론적이면, 모션 업데이트는 2개의 액티브 피처 간에 새로운 링크를 만든다(또는 기존에 링크가 있을 경우 이 링크를 더 강하게 만든다). 반면 로봇과 피처들 간의 링크는 약해진다. 이 단계는 피처들의 쌍 사이의 링크를 만들어낸다.

즈 변수를 관찰된 피처에 연결하는 행렬 요소에서만 이뤄진다. GraphSLAM 알고리즘에서와 같이, 측정값을 SEIF에 통합하는 복잡성은 맵의 크기와는 무관하게 시간이 걸린다.

모션 업데이트는 GraphSLAM 알고리즘과는 다르다. 왜냐하면 일종의 필터처럼 SEIF는 과거 포즈 추정값을 제거하기 때문이다. 그림 12.4를 보자. 로봇의 포즈에 변화가 생겼다. 그림 12.4(a)는 이전의 정보 스테이트를 보여준다. 그림 12.4(b)는 로봇의 모션 발생 후를 나타내고 있다. 모션은 여러 가지 형태로 정보 스테이트에 영향을 준다. 첫째, 로봇의 포즈와 피처 m_1, m_2 사이의 링크가 약해진다. 이는 로봇 모션이 새로운 불확실성을 야기함으로써 로봇이 맵과 관련된 위치에 대한 정보를 잃기 때문이다. 그러나 이 정보가 완전히 손실되지는 않는다. 그중 일부는 피처 쌍 사이의 정보 링크로 매핑된다. 정리하자면, 로봇 포즈에 대한 정보 손실은 발생하지만 맵 내에 있는 피처들의 상대적 위치 정보는 보존되어 있기 때문에 정보 이동이 발생한다고 할 수 있다. 이전에는 이러한 피처가 로봇 포즈를 통해 간접적으로 연결됐지만, 이제는

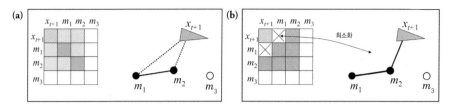

그림 12.5 희소화 과정: 로봇의 링크를 제거해서 피처를 비활성화한다. 정보 스테이트의 변화를 보완 또는 상쇄하기 위해 로봇과 액티브 피처들 간의 링크 역시 업데이트가 이뤄진다. 전체 연산 과정의 계산 복잡도는 상수 시간(constant time)이다.

업데이트 단계 후에도 직접 연결된다.

로봇 포즈 링크에서 피처 간 링크로 정보가 이동하는 것이 SEIF의 핵심 요소다. 이는 온라인 SLAM 문제를 위해 정보 폼을 필터로 사용한 결과다. 이전의 포즈 변수를 통합해서 앞에서 설명한 로봇 포즈 링크는 없어지고 정보 행렬 내에 있는 피처 간 요소로 다시 매핑된다. 이것은 앞에서 설명한 GraphSLAM 알고리즘과는 다르며, 맵의 피처 쌍 사이에는 어떤 링크도 추가되지 않았다.

한 쌍의 피처가 이 과정에서 직접 링크를 얻으려면 업데이트 전에 활성화 상태여야 하므로 정보 행렬에서 로봇 포즈와 연결되는 해당 요소가 0이 아니어야 한다. 그림 12.4를 보자. 피처 간 링크는 피처 m_1과 m_2 사이에만 있다. 활성화되지 않은 피처 m_3는 변동사항이 없다. 이는 임의의 시점에서 액티브 피처 개수를 제어해 모션 업데이트의 계산 복잡도 및 정보 행렬의 링크 개수를 제어할 수 있음을 의미한다. 활성 링크의 개수가 적으면 그에 따라 모션 업데이트에 대한 계산 복잡도도 달라진다. 또한 정보 행렬의 0이 아닌 랜드마크 요소의 개수 역시 줄어든다.

SEIF는 희소화sparsification 단계를 활용한다. 그림 12.5를 보자. 희소화는 로봇과 액티브 피처들 간의 링크를 제거해 액티브 피처를 효과적으로 패시브 피처로 변환하는 작업을 수행한다. SEIF에서 에지를 제거하면 정보의 재분배가 이웃 링크들(좀 더 구체적으로는 다른 액티브 피처와 로봇 포즈 사이)에서 이뤄진다. 희소화 연산 시간은 맵의 크기와 무관하다. 그러나 이는 근사화 기법 중 하나이므로 로봇의 사후확률에서 정보 손실이 일어난다. 이 근사화 기법의 장점은 진정한 희소성을 통해 필터를 효율적으로 업데이트할 수 있다는 데 있다.

SEIF 알고리즘에는 마지막 단계가 하나 있는데, 이는 그림에는 나와 있지 않다. 이 단계에서는 그래프를 통해 평균 추정값의 전파가 이뤄진다. 3장에서 이미 설명했듯이, 확장된 정보 필터^{EIF}는 모션 및 측정 모델의 선형화를 위한 스테이트 μ_t의 추정값을 필요로 한다. 또한 SEIF는 희소화 단계에 대한 스테이트 추정값을 필요로 한다.

$\mu = \Omega^{-1}\xi$를 통해 스테이트 추정값을 복구할 수 있다. 여기서 Ω는 정보 행렬이고, ξ는 정보 스테이트다. 그러나 이는 추론 문제의 해결이 동반되는데, 문제는 계산 복잡도가 너무 커서 각 단계에서 실행이 불가능하다는 것이다. SEIF는 정보 그래프를 통해 스테이트 추정값을 전달하는 반복 시행 완화 알고리즘$^{relaxation\ algorithm}$을 통해 이 단계를 해결한다. 각 로컬 스테이트 추정값은 정보 그래프에서 이웃 스테이트들의 가장 좋은 추정값을 기반으로 업데이트가 이뤄진다. 이러한 완화 알고리즘은 실제 평균 μ에 수렴한다. SEIF에서는 정보 폼이 희소하기 때문에 이러한 각 업데이트에는 일정한 시간이 필요하다. 단, 좋은 결과를 얻기 위해서는 한정된 수의 업데이트가 필요할 수 있다. 스테이트 공간의 크기와는 무관하게 계산을 유지하기 위해 SEIF는 모든 반복 시행 과정에서 고정된 수의 업데이트를 수행한다. 최종 스테이트 벡터는 단지 근삿값일 뿐이며, 모든 업데이트 단계에서 올바른 평균 추정값 대신 사용된다.

12.3 SEIF SLAM 알고리즘

표 12.1은 SEIF 업데이트의 외부 루프다. 이 알고리즘은 정보 행렬 Ω_{t-1}, 정보 벡터 ξ_{t-1}, 스테이트 μ_{t-1}의 추정값을 입력으로 받아들인다. 또한 측정값 z_t, 제엇값 u_t, 대응 벡터 c_t도 입력으로 받아들인다. 알고리즘 **SEIF_SLAM_known_correspondences**의 결과는 정보 행렬 Ω_t와 정보 벡터 ξ_t로 표현되는 새로운 스테이트 추정값이다. 알고리즘은 또한 향상된 추정값 μ_t를 결과로 리턴한다.

표 12.1에서 설명한 것처럼 SEIF 업데이트는 네 가지 주요 단계로 진행된다. 표 12.2의 모션 업데이트는 제엇값 u_t를 필터 추정에 통합한다. 이것은 계산적으로 효율적인 여러 작업을 통해 수행된다. 특히 이 업데이트에서 수정된 정보 벡터, 정보 행렬의 유일한 구성요소는 로봇 포즈와 액티브 피처다. 표 12.3의 측정 업데이트에서는

```
1:        Algorithm SEIF_SLAM_known_correspondences($\xi_{t-1}, \Omega_{t-1}$,
                                                          $\mu_{t-1}, u_t, z_t, c_t$):
2:            $\bar{\xi}_t, \bar{\Omega}_t, \bar{\mu}_t = $ SEIF_motion_update$(\xi_{t-1}, \Omega_{t-1}, \mu_{t-1}, u_t)$
3:            $\xi_t, \Omega_t = $ SEIF_measurement_update$(\bar{\xi}_t, \bar{\Omega}_t, \bar{\mu}_t, z_t, c_t)$
4:            $\mu_t = $ SEIF_update_state_estimate$(\xi_t, \Omega_t, \bar{\mu}_t)$
5:            $\tilde{\xi}_t, \tilde{\Omega}_t = $ SEIF_sparsification$(\xi_t, \Omega_t, \mu_t)$
6:            return $\tilde{\xi}_t, \tilde{\Omega}_t, \mu_t$
```

표 12.1 SLAM 문제를 위한 희소한 확장 정보 필터 알고리즘. 여기서는 알려진 데이터 연관 정보를 이용한다.

1:        **Algorithm SEIF_motion_update**$(\xi_{t-1}, \Omega_{t-1}, \mu_{t-1}, u_t)$:

$$2: \quad F_x = \begin{pmatrix} 1 & 0 & 0 & 0 \cdots 0 \\ 0 & 1 & 0 & 0 \cdots 0 \\ 0 & 0 & 1 & \underbrace{0 \cdots 0}_{3N} \end{pmatrix}$$

$$3: \quad \delta = \begin{pmatrix} -\frac{v_t}{\omega_t} \sin \mu_{t-1,\theta} + \frac{v_t}{\omega_t} \sin(\mu_{t-1,\theta} + \omega_t \Delta t) \\ \frac{v_t}{\omega_t} \cos \mu_{t-1,\theta} - \frac{v_t}{\omega_t} \cos(\mu_{t-1,\theta} + \omega_t \Delta t) \\ \omega_t \Delta t \end{pmatrix}$$

$$4: \quad \Delta = \begin{pmatrix} 0 & 0 & \frac{v_t}{\omega_t} \cos \mu_{t-1,\theta} - \frac{v_t}{\omega_t} \cos(\mu_{t-1,\theta} + \omega_t \Delta t) \\ 0 & 0 & \frac{v_t}{\omega_t} \sin \mu_{t-1,\theta} - \frac{v_t}{\omega_t} \sin(\mu_{t-1,\theta} + \omega_t \Delta t) \\ 0 & 0 & 0 \end{pmatrix}$$

5: $\quad \Psi_t = F_x^T \left[(I + \Delta)^{-1} - I \right] F_x$

6: $\quad \lambda_t = \Psi_t^T \, \Omega_{t-1} + \Omega_{t-1} \, \Psi_t + \Psi_t^T \, \Omega_{t-1} \, \Psi_t$

7: $\quad \Phi_t = \Omega_{t-1} + \lambda_t$

8: $\quad \kappa_t = \Phi_t \, F_x^T (R_t^{-1} + F_x \, \Phi_t \, F_x^T)^{-1} \, F_x \, \Phi_t$

9: $\quad \bar{\Omega}_t = \Phi_t - \kappa_t$

10: $\quad \bar{\xi}_t = \xi_{t-1} + (\lambda_t - \kappa_t) \, \mu_{t-1} + \bar{\Omega}_t \, F_x^T \, \delta_t$

11: $\quad \bar{\mu}_t = \mu_{t-1} + F_x^T \, \delta$

12: $\quad$ return $\bar{\xi}_t, \bar{\Omega}_t, \bar{\mu}_t$

표 12.2 SEIF의 모션 업데이트 단계

표 12.3 SEIF의 측정 업데이트 단계

알려진 대응 변수 c_t가 주어졌을 때 측정 벡터 z_t를 활용한다. 이 단계 역시 동작 업데이트 단계와 마찬가지로 로컬이다. 즉, 로봇 포즈의 정보 값과 맵에서 관찰된 피처만 업데이트한다. 표 12.4에 나타난 희소화 단계는 근사화 단계로, 정보 행렬과 그에 따

1:    **Algorithm SEIF_sparsification(ξ_t, Ω_t):**

2:    *define F_{m_0}, F_{x,m_0}, F_x as projection matrices*
        from y_t to m_0, $\{x, m_0\}$, and x, respectively

3:    $\Omega_t^0 = F_{x,m^+,m^0} \, F_{x,m^+,m^0}^T \, \Omega_t \, F_{x,m^+,m^0} \, F_{x,m^+,m^0}^T$

4:    $\tilde{\Omega}_t = \Omega_t - \Omega_t^0 \, F_{m_0} \, (F_{m_0}^T \, \Omega_t^0 \, F_{m_0})^{-1} \, F_{m_0}^T \, \Omega_t^0$
          $+ \, \Omega_t^0 \, F_{x,m_0} \, (F_{x,m_0}^T \, \Omega_t^0 \, F_{x,m_0})^{-1} \, F_{x,m_0}^T \, \Omega_t^0$
          $- \, \Omega_t \, F_x \, (F_x^T \, \Omega_t F_x)^{-1} \, F_x^T \, \Omega_t$

5:    $\tilde{\xi}_t = \xi_t + (\tilde{\Omega}_t - \Omega_t)\mu_t$

6:    *return $\tilde{\xi}_t, \tilde{\Omega}_t$*

표 12.4 SEIF의 희소화 단계

1:    **Algorithm SEIF_update_state_estimate($\xi_t, \Omega_t, \bar{\mu}_t$):**

2:    *for a small set of map features m_i do*

3:    $F_i = \begin{pmatrix} 0\cdots 0 & 1 & 0 & 0\cdots 0 \\ \underbrace{0\cdots 0}_{2(N-i)} & 0 & 1 & \underbrace{0\cdots 0}_{2(i-1)x} \end{pmatrix}$

4:    $\mu_{i,t} = (F_i \, \Omega_t \, F_i^T)^{-1} \, F_i \, [\xi_t - \Omega_t \, \bar{\mu}_t + \Omega_t \, F_i^T \, F_i \, \bar{\mu}_t]$

5:    *endfor*

6:    *for all other map features m_i do*

7:    $\mu_{i,t} = \bar{\mu}_{i,t}$

8:    *endfor*

9:    $F_x = \begin{pmatrix} 1 & 0 & 0 & 0\cdots 0 \\ 0 & 1 & 0 & 0\cdots 0 \\ 0 & 0 & 1 & \underbrace{0\cdots 0}_{3N} \end{pmatrix}$

10:    $\mu_{x,t} = (F_x \, \Omega_t \, F_x^T)^{-1} \, F_x \, [\xi_t - \Omega_t \, \bar{\mu}_t + \Omega_t \, F_x^T \, F_x \, \bar{\mu}_t]$

11:    *return μ_t*

표 12.5 SEIF의 어몰타이즈드 스테이트 업데이트 단계는 스테이트 추정값 몇 개를 업데이트한다.

468

라 정보 벡터를 변환해 액티브 피처를 제거한다. 이 단계 역시 효율적이다. 왜냐하면 로봇과 액티브 피처 사이의 링크만 수정하기 때문이다. 끝으로 표 12.5의 스테이트 추정값 업데이트는 어몰타이즈드[amortized] 좌표 하강 기법을 적용해 스테이트 추정값 μ_t를 복구한다. 이 단계는 SEIF의 희소성을 다시 이용해 각 증분형 업데이트에서 소수의 다른 스테이트 벡터 요소만 참조하면 된다.

SEIF의 전체 업데이트 루프는 맵의 크기와 무관하다는 점에서 처리 시간이 일정하다. 이는 앞에서 설명한 유일한 온라인 SLAM 알고리즘인 EKF와 완전히 대조적이다. 왜냐하면 EKF 알고리즘은 매번 업데이트 때마다 맵 크기의 제곱에 비례하는 계산 시간을 필요로 하기 때문이다. 그러나 이렇게 '상수 계산 복잡도를 지닌 SLAM 알고리즘'의 추측 작업은 액면 그대로 받아들여서는 안 된다. 선형 시간 내에 계산 가능한 스테이트 추정값 복구 방법이 현재는 없다. 따라서 환경에 대규모 사이클이 포함되어 있을 경우 스테이트 추정값 복구는 계산이 어려울 수 있다.

12.4 SEIF 알고리즘의 수학적 유도

12.4.1 모션 업데이트

SEIF의 모션 업데이트는 정보 행렬 Ω_{t-1}과 정보 벡터 ξ_{t-1}을 새로운 행렬 Ω_t와 벡터 ξ_t로 변환해서 제엇값 u_t를 처리한다. 앞에서 했던 대로 이 책에서 각 항의 바[bar]는 이 예측이 제엇값만을 기반으로 한다는 것으로, 아직 측정값을 고려하지 않았음을 의미한다.

SEIF의 모션 업데이트는 정보 행렬의 희소성을 이용하기 때문에 맵 크기와 무관하게 이 업데이트를 시간 내에 수행할 수 있다. 이 알고리즘의 수학적 유도는 EKF에 해당하는 수식으로 시작하는 것이 가장 좋다. 표 10.1의 알고리즘 **EKF_SLAM_known_correspondences**로 시작해보자. 알고리즘 3행과 5행은 모션 업데이트를 나타낸다.

$$\bar{\mu}_t = \mu_{t-1} + F_x^T \, \delta \tag{12.2}$$

$$\bar{\Sigma}_t = G_t \, \Sigma_{t-1} \, G_t^T + F_x^T \, R_t \, F_x \tag{12.3}$$

이 업데이트 식의 요소들은 다음과 같다.

$$F_x = \begin{pmatrix} 1 & 0 & 0 & 0\cdots0 \\ 0 & 1 & 0 & 0\cdots0 \\ 0 & 0 & 1 & 0\cdots0 \end{pmatrix} \tag{12.4}$$

$$\delta = \begin{pmatrix} -\frac{v_t}{\omega_t}\sin\mu_{t-1,\theta} + \frac{v_t}{\omega_t}\sin(\mu_{t-1,\theta} + \omega_t\Delta t) \\ \frac{v_t}{\omega_t}\cos\mu_{t-1,\theta} - \frac{v_t}{\omega_t}\cos(\mu_{t-1,\theta} + \omega_t\Delta t) \\ \omega_t\Delta t \end{pmatrix} \tag{12.5}$$

$$\Delta = \begin{pmatrix} 0 & 0 & \frac{v_t}{\omega_t}\cos\mu_{t-1,\theta} - \frac{v_t}{\omega_t}\cos(\mu_{t-1,\theta} + \omega_t\Delta t) \\ 0 & 0 & \frac{v_t}{\omega_t}\sin\mu_{t-1,\theta} - \frac{v_t}{\omega_t}\sin(\mu_{t-1,\theta} + \omega_t\Delta t) \\ 0 & 0 & 0 \end{pmatrix} \tag{12.6}$$

$$G_t = I + F_x^T \Delta F_x \tag{12.7}$$

SEIF에서 정보 벡터 ξ와 정보 행렬 Ω에 대한 모션 업데이트를 정의해야 한다. 식 (12.3), 식 (12.7)의 G_t 정의, 정보 행렬식 $\Omega = \Sigma^{-1}$를 이용해 다음을 얻을 수 있다.

$$\bar{\Omega}_t = \left[G_t\, \Omega_{t-1}^{-1}\, G_t^T + F_x^T\, R_t\, F_x\right]^{-1} \tag{12.8}$$
$$= \left[(I + F_x^T\, \Delta\, F_x)\, \Omega_{t-1}^{-1}\, (I + F_x^T\, \Delta\, F_x)^T + F_x^T\, R_t\, F_x\right]^{-1}$$

핵심은 이 업데이트가 행렬 Ω의 차원에 관계없이 일정한 시간에 수행되도록 구현될 수 있다는 것이다. 이것이 희소 행렬 Ω_{t-1}에 대해 가능하다는 점은 그리 중요하지 않다. 왜냐하면 식 (12.8)에 있는 $(3N + 3) \times (3N + 3)$ 크기의 행렬 2개에 내포되어 있는 역변환 계산을 필요로 하기 때문이다. 뒤에서 보겠지만 행렬 Ω_{t-1}이 희소하면, 이 업데이트 단계는 효율적으로 수행될 수 있다. 다음 식을 보자.

$$\Phi_t = \left[G_t\, \Omega_{t-1}^{-1}\, G_t^T\right]^{-1} \tag{12.9}$$
$$= [G_t^T]^{-1}\, \Omega_{t-1}\, G_t^{-1}$$

식 (12.8)은 다음과 같이 다시 정리할 수 있다.

$$\bar{\Omega}_t = \left[\Phi_t^{-1} + F_x^T\, R_t\, F_x\right]^{-1} \tag{12.10}$$

이제 행렬 역변환 정리를 이용해 다음 결과를 얻을 수 있다.

$$
\begin{aligned}
\bar{\Omega}_t &= \left[\Phi_t^{-1} + F_x^T\, R_t\, F_x\right]^{-1} &\text{(12.11)}\\
&= \Phi_t - \underbrace{\Phi_t\, F_x^T\, (R_t^{-1} + F_x\, \Phi_t\, F_x^T)^{-1}\, F_x\, \Phi_t}_{\kappa_t}\\
&= \Phi_t - \kappa_t
\end{aligned}
$$

여기서 κ_t는 앞에서 정의한 그대로다. 만약 Ω_{t-1}에서 상수 시간 동안 Φ_t를 계산할 수 있다면 이 식은 상수 시간 내에 계산이 가능하다. 이것이 실제로 가능하다는 사실을 확인하기 위해, 역변환식인 $R_t^{-1} + F_x\, \Phi_t\, F_x^T$의 인수는 3차원임을 알 수 있다. 이 역변환식에 F_x^T와 F_x를 곱하면 Ω와 같은 크기의 행렬을 유도할 수 있다. 그러나 이 행렬은 로봇 포즈에 대응하는 3×3 부분 행렬에 대해서만 0이 아니다. 이 행렬에 희소 행렬 Ω_{t-1}(왼쪽 및 오른쪽)을 곱하면 로봇 포즈와 맵 피처 사이의 Ω_{t-1}에 있는 비대각 행렬 요소 중 0이 아닌 것들만 업데이트가 일어난다. 즉, 이 작업의 결과는 맵의 액티브 피처에 해당하는 행 및 열에만 반영된다. 희소성은 Ω_{t-1}의 액티브 피처 개수가 Ω_{t-1}의 크기와 무관함을 암시하므로 κ_t의 0이 아닌 행렬 요소의 총 개수 역시 $O(1)$이다. 결과적으로 뺄셈 연산에 $O(1)$ 시간을 필요로 한다.

이제 상수 시간 동안 Ω_{t-1}에서 Φ_t를 계산할 수 있다는 것을 증명해보자. 다음과 같이 G_t의 역변환 작업부터 시작해보자. 식 (12.12)와 같이 매우 효율적으로 계산할 수 있다.

$$
\begin{aligned}
G_t^{-1} &= (I + F_x^T\, \Delta\, F_x)^{-1} &\text{(12.12)}\\
&= (I \underbrace{- F_x^T\, I\, F_x + F_x^T\, I\, F_x}_{=\,0} + F_x^T\, \Delta\, F_x)^{-1}\\
&= (I - F_x^T\, I\, F_x + F_x^T\, (I + \Delta)\, F_x)^{-1}\\
&= I - F_x^T\, I\, F_x + F_x^T\, (I + \Delta)^{-1}\, F_x\\
&= I + \underbrace{F_x^T\, [(I + \Delta)^{-1} - I]\, F_x}_{\Psi_t}\\
&= I + \Psi_t
\end{aligned}
$$

마찬가지로, 전치 행렬 $[G_t^T]^{-1} = (I + F_x^T \, \Delta^T \, F_x)^{-1} = I + \Psi_t^T$를 얻는다. 여기서 행렬 Ψ_t는 로봇 포즈에 해당하는 행렬 요소만 0이 아니다. 맵의 모든 피처에 대해 0이므로, 상수 시간 내에 계산이 가능하다. 이를 통해 우리가 원하는 행렬 Φ_t에 대해 다음 식을 구할 수 있다.

$$
\begin{aligned}
\Phi_t &= (I + \Psi_t^T)\, \Omega_{t-1}\, (I + \Psi_t) \\
&= \Omega_{t-1} + \underbrace{\Psi_t^T\, \Omega_{t-1} + \Omega_{t-1}\, \Psi_t + \Psi_t^T\, \Omega_{t-1}\, \Psi_t}_{\lambda_t} \\
&= \Omega_{t-1} + \lambda_t
\end{aligned}
\tag{12.13}
$$

여기서 Ψ_t는 로봇 포즈에 해당하는 부분 행렬을 제외하고는 모든 행렬 요소가 0이다. Ω_{t-1}은 희소 행렬이므로, 액티브 맵 피처와 로봇 포즈에 해당하는 유한개의 행렬 요소를 제외하고 λ_t는 모두 0이다.

따라서 행렬 Ω_{t-1}이 희소하다고 가정했을 때, Ω_{t-1}로부터 Φ_t를 상수 시간 내에 계산할 수 있다. 식 (12.11), (12.12), (12.13)은 표 12.2 알고리즘의 5~9행에 해당하며, **SEIF_motion_update**에서 정보 행렬 업데이트의 정확성을 증명하고 있다.

끝으로, 정보 벡터에 대해서도 유사한 결과를 얻을 수 있다. 식 (12.2)를 통해 다음 결과를 얻는다.

$$
\bar{\mu}_t = \mu_{t-1} + F_x^T \, \delta_t
\tag{12.14}
$$

이를 통해 정보 벡터에서 식 (12.15)를 유추할 수 있다.

$$
\begin{aligned}
\bar{\xi}_t &= \bar{\Omega}_t\, (\Omega_{t-1}^{-1}\, \xi_{t-1} + F_x^T\, \delta_t) \\
&= \bar{\Omega}_t\, \Omega_{t-1}^{-1}\, \xi_{t-1} + \bar{\Omega}_t\, F_x^T\, \delta_t \\
&= (\bar{\Omega}_t + \Omega_{t-1} - \Omega_{t-1} + \Phi_t - \Phi_t)\, \Omega_{t-1}^{-1}\, \xi_{t-1} + \bar{\Omega}_t\, F_x^T\, \delta_t \\
&= (\bar{\Omega}_t \underbrace{-\Phi_t + \Phi_t}_{=\,0} \underbrace{-\Omega_{t-1} + \Omega_{t-1}}_{=\,0})\, \Omega_{t-1}^{-1}\, \xi_{t-1} + \bar{\Omega}_t\, F_x^T\, \delta_t \\
&= (\underbrace{\bar{\Omega}_t - \Phi_t}_{=\,-\kappa_t} + \underbrace{\Phi_t - \Omega_{t-1}}_{=\,\lambda_t})\, \underbrace{\Omega_{t-1}^{-1}\, \xi_{t-1}}_{=\,\mu_{t-1}} + \underbrace{\Omega_{t-1}\, \Omega_{t-1}^{-1}}_{=\,I}\, \xi_{t-1} + \bar{\Omega}_t\, F_x^T\, \delta_t \\
&= \xi_{t-1} + (\lambda_t - \kappa_t)\, \mu_{t-1} + \bar{\Omega}_t\, F_x^T\, \delta_t
\end{aligned}
\tag{12.15}
$$

λ_t와 κ_t 모두 희소하므로, $(\lambda_t - \kappa_t) \mu_{t-1}$만 0이 아닌 행렬 요소가 많이 있고, 따라서 상수 시간 내에 계산이 가능하다. 더욱이 $F_x^T \delta_t$도 희소 행렬이다. 아울러 $\Omega_t F_x^T \delta_t$의 곱셈 결과도 희소 행렬인데, 이는 행렬 Ω_t 역시 희소하기 때문이다.

12.4.2 측정 업데이트

SLAM 문제의 중요한 두 번째 단계로 로봇 모션에 따라 필터를 업데이트하는 과정을 알아보자. SEIF에서 측정 업데이트는 확장 정보 필터^{EIF} 업데이트에서 바로 구현할 수 있다. 이와 관련해서 표 3.6의 6행과 7행을 참고한다. 다음 식을 보자.

$$\Omega_t = \bar{\Omega}_t + H_t^T Q_t^{-1} H_t \tag{12.16}$$

$$\xi_t = \bar{\xi}_t + H_t^T Q_t^{-1} [z_t - h(\bar{\mu}_t) + H_t \mu_t] \tag{12.17}$$

예측값 $z_t = h(\mu_t)$를 계산하고, 측정 벡터 내에 있는 모든 개별 행렬 요소들의 합을 이용하면 표 12.3의 13행과 14행의 식을 유도할 수 있다.

$$\Omega_t = \bar{\Omega}_t + \sum_i H_t^{iT} Q_t^{-1} H_t^i \tag{12.18}$$

$$\xi_t = \bar{\xi}_t + \sum_i H_t^{iT} Q_t^{-1} [z_t^i - \hat{z}_t^i + H_t^i \mu_t] \tag{12.19}$$

여기서 Q_t, δ, q, H_t^i는 표 11.2에서 이미 정의했다.

12.5 희소화 단계

12.5.1 기본 아이디어

SEIF의 핵심 단계인 정보 행렬 Ω_t의 희소화에 대해 살펴보자. 희소화는 SEIF에서 매우 중요하기 때문에 정보 필터에 적용하기 전에 먼저 일반 용어로 알아보자. 희소화는 사후확률 분포가 2개의 마진에 가까워지는 근사화 작업이다. a, b, c가 확률 변수의 집합이라고 가정하고(이 책의 다른 곳에서 이 변수들이 나타날 경우 혼동하지 말기 바란다!), 이 변수들에 대해 결합 분포 $p(a, b, c)$가 주어졌다고 가정하자. 이 분포를 희소화하기 위해 확률 변수 a와 b 사이의 직접 연결을 제거해야 한다. 즉, $\tilde{p}(a \mid b, c) = p(a \mid c)$와 $\tilde{p}(b \mid a, c) = p(b \mid c)$를 따르는 분포 $\tilde{p}$로 p를 근사화한다. 다변량 가우시안에서 이러한 조건부 독립성은 확률 변수 a와 b 사이의 직접적인 연결이 없다는 점과 동치라는 사실을 쉽게 알 수 있다. 정보 행렬의 해당 요소는 0이다.

좋은 근사화 결과 $\tilde{p}$는 마진 확률 $p(a, c)$와 $p(b, c)$의 곱에 비례하는 항을 통해 구할 수 있다. 이 두 가지 마진 확률 모두 변수 중 하나만 포함하기 때문에 변수 a와 b 사이의 의존관계는 유지되지 않는다. 따라서 이 둘을 곱한 $p(a, c)\,p(b, c)$에는 확률 변수 a와 b 사이에 '직접적인' 종속성이 없다. 대신 c가 주어졌을 때 a와 b는 조건부 독립이다. 그러나 $p(a, c)\,p(b, c)$는 아직 확률 변수 a, b, c에 대해 유효한 확률 분포가 아니다. 그 이유는 이 식에서 c가 두 번 발생하기 때문이다. 그러나 $p(c)$에 의한 적절한 정규화는 다음 확률 분포를 따른다(확률 분포 $p(c) > 0$으로 가정).

$$\tilde{p}(a, b, c) \quad = \quad \frac{p(a, c)\,p(b, c)}{p(c)} \tag{12.20}$$

다음 변환식을 이용해 식 (12.20)의 근사화 결과를 좀 더 자세히 알아보자.

$$
\begin{aligned}
\tilde{p}(a, b, c) \quad &= \quad \frac{p(a, b, c)}{p(a, b, c)}\,\frac{p(a, c)\,p(b, c)}{p(c)} \qquad &(12.21)\\[2mm]
&= \quad p(a, b, c)\,\frac{p(a, c)}{p(c)}\,\frac{p(b, c)}{p(a, b, c)} \\[2mm]
&= \quad p(a, b, c)\,\frac{p(a \mid c)}{p(a \mid b, c)}
\end{aligned}
$$

즉, 확률 변수 a와 b 사이의 직접적인 의존 관계를 제거하는 것은 조건부 확률 $p(a \mid b, c)$를 조건부 확률 $p(a \mid c)$로 근사화하는 것과 동일하다. 또한 여기서 설명한 것은 c가 주어진 상태에서 확률 변수 a와 b가 조건부 독립일 때, 확률 p의 모든 근삿값 확률 q 중에서 p에 '가장 가깝다'는 점에 주목하자. 여기서 근접성^{closeness}은 하나의 확률 분포와 다른 확률 분포에 '근접한 정도'를 계산하는 일반적인 비대칭 측정 지표인 쿨백–레이블러 발산을 이용해 계산한다.

여기서 중요한 사실이 하나 있다. $\tilde{p}$에서 $p(a \mid b, c)$를 대체하는 조건부 확률인 $p(a \mid c)$와 원래 확률 $p(a \mid b, c)$의 정보력이 큰 차이가 없다는 점이다. 이는 $p(a \mid c)$의 조건부 확률 변수들을 포함하는 확률 변수의 슈퍼셋을 $p(a \mid b, c)$가 조건으로 하기 때문이다. 가우시안 함수의 경우, 이는 근삿값 $p(a \mid c)$의 분산값이 원래 조건부의 분산값인 $p(a \mid b, c)$와 동일하거나 더 크다는 것을 의미한다. 또한 $\tilde{p}(a)$, $\tilde{p}(b)$, $\tilde{p}(c)$의 분산도 $p(a)$, $p(b)$, $p(c)$의 분산과 동일하거나 더 크다. 이는 근사화 결과에서 분산이 결코 작아지지는 않음을 의미한다.

12.5.2 SEIF의 희소화

희소 정보 행렬 Ω_t를 유지하기 위해 SEIF는 사후확률 $p(y_t \mid z_{1:t}, u_{1:t}, c_{1:t})$에 희소화 개념을 적용한다. 이를 위해 로봇 포즈와 맵의 개별 피처 사이의 링크를 비활성화하는 정도로도 충분하다. 제대로 수행됐다면 피처 쌍 간의 링크 개수가 제한된다.

새로운 링크가 추가될 수 있는 두 가지 상황은 간단히 설명하면 다음과 같다. 첫째, 패시브 피처를 관찰하면 이 피처가 활성화되므로 로봇 포즈와 피처 간의 새로운 연결 고리가 생긴다. 둘째, 모션은 2개의 액티브 피처 사이에 링크를 만든다. 이들은 액티브 피처의 개수를 제어했을 때 희소성 범위(양쪽 모두)를 모두 넘지 않을 수 있음을 의미한다. 따라서 희소성은 액티브 피처의 개수를 임의의 시점에서 작게 유지해서 쉽게 만족시킬 수 있다.

희소화 단계를 정의하기 위해, 모든 피처 집합을 서로 중첩되지 않는 3개의 부분집합으로 분할하는 것이 유용하다. 다음 식을 보자.

$$m \;=\; m^+ + m^0 + m^-$$ (12.22)

여기서 m^+는 액티브 상태로 남아 있는 모든 액티브 피처의 집합이다. 집합 m^0는 비활성화하려는 하나 이상의 액티브 피처다. 무슨 뜻이냐면, m^0와 로봇 포즈 사이의 링크를 제거할 대상을 찾는 것이다. 그리고 m^-는 현재 모두 패시브 피처다. 이들은 희소화 과정에서 패시브 상태로 남아 있을 것이다. $m^+ \cup m^0$에는 현재 모든 액티브 피처가 포함되어 있기 때문에 사후확률은 다음과 같이 정리할 수 있다.

$$p(y_t \mid z_{1:t}, u_{1:t}, c_{1:t}) \tag{12.23}$$
$$= \ p(x_t, m^0, m^+, m^- \mid z_{1:t}, u_{1:t}, c_{1:t})$$
$$= \ p(x_t \mid m^0, m^+, m^-, z_{1:t}, u_{1:t}, c_{1:t}) \ p(m^0, m^+, m^- \mid z_{1:t}, u_{1:t}, c_{1:t})$$
$$= \ p(x_t \mid m^0, m^+, m^- = 0, z_{1:t}, u_{1:t}, c_{1:t}) \ p(m^0, m^+, m^- \mid z_{1:t}, u_{1:t}, c_{1:t})$$

마지막 단계에서는 액티브 피처 m^0와 m^+를 알면 변수 x_t는 패시브 피처 m^-와 독립이라는 사실을 이용했다. 그러므로 x_t, $p(x_t \mid m^0, m^+, m^-, z_{1:t}, u_{1:t}, c_{1:t})$에 대한 조건부 사후확률에 영향을 주지 않으면서 m^-를 임의의 값으로 설정할 수 있다. 여기서는 간단히 $m^- = 0$으로 놓자.

앞 절에서 설명한 희소화 아이디어를 바탕으로 $p(x_t \mid m^0, m^+, m^- = 0)$을 $p(x_t \mid m^+, m^- = 0)$으로 바꾸고 m^0의 의존성을 없앤다.

$$\tilde{p}(x_t, m \mid z_{1:t}, u_{1:t}, c_{1:t}) \tag{12.24}$$
$$= \ p(x_t \mid m^+, m^- = 0, z_{1:t}, u_{1:t}, c_{1:t}) \ p(m^0, m^+, m^- \mid z_{1:t}, u_{1:t}, c_{1:t})$$

이 근사화 결과는 식 (12.25)와 정확하게 일치한다.

$$\tilde{p}(x_t, m \mid z_{1:t}, u_{1:t}, c_{1:t}) \tag{12.25}$$
$$= \ \frac{p(x_t, m^+ \mid m^- = 0, z_{1:t}, u_{1:t}, c_{1:t})}{p(m^+ \mid m^- = 0, z_{1:t}, u_{1:t}, c_{1:t})} \ p(m^0, m^+, m^- \mid z_{1:t}, u_{1:t}, c_{1:t})$$

12.5.3 희소화 작업의 수학적 유도

이제 표 12.4의 알고리즘 **SEIF_sparsification**에서 희소화의 확률적 계산을 구현하고 상수 시간 내에 이를 수행할 수 있음을 알아보기로 한다. 우선 $m^- = 0$으로 놓고 m^-를 제외한 모든 변수의 확률 분포 $p(x_t, m^0, m^+ \mid m^- = 0)$에 대한 정보 행렬부터 계산한다. m^-를 제외한 모든 스테이트 변수의 부분 행렬을 추출해 구할 수 있다. 다음 식을 보자.

$$\Omega_t^0 \ = \ F_{x,m^+,m^0} \ F_{x,m^+,m^0}^T \ \Omega_t \ F_{x,m^+,m^0} \ F_{x,m^+,m^0}^T \tag{12.26}$$

식 (12.26)을 바탕으로 행렬 역변환 보조 정리(표 3.2 참조)를 이용하면 $p(x_t, m^+ \mid m^-$

$= 0, z_{1:t}, u_{1:t}, c_{1:t})$와 $p(m^+ \mid m^- = 0, z_{1:t}, u_{1:t}, c_{1:t})$에 대한 정보 행렬을 구할 수 있다. 이를 Ω_t^1과 Ω_t^2로 표현하면 식 (12.27) 및 식 (12.28)과 같다.

$$\Omega_t^1 = \Omega_t^0 - \Omega_t^0\, F_{m_0}\, (F_{m_0}^T\, \Omega_t^0\, F_{m_0})^{-1}\, F_{m_0}^T\, \Omega_t^0 \tag{12.27}$$

$$\Omega_t^2 = \Omega_t^0 - \Omega_t^0\, F_{x,m_0}\, (F_{x,m_0}^T\, \Omega_t^0\, F_{x,m_0})^{-1}\, F_{x,m_0}^T\, \Omega_t^0 \tag{12.28}$$

여기서 나타난 여러 가지 F 계열 행렬들은 전체 스테이트 y_t를 (모든 변수 중 일부만 포함한) 적절한 서브 스테이트에 투영한 사영 행렬projection matrix이다. 이는 앞의 알고리즘 여러 곳에서 사용된 행렬 F_x와 관련이 있다. 우리가 구한 근사화 결과인 식 (12.25)의 최종 형태인 $p(m^0, m^+, m^-, z_{1:t}, u_{1:t}, c_{1:t})$는 식 (12.29)의 정보 행렬을 포함한다.

$$\Omega_t^3 = \Omega_t - \Omega_t F_x (F_x^T \Omega_t F_x)^{-1} F_x^T \Omega_t \tag{12.29}$$

식 (12.25)에 따라 이 식을 다시 정리하면 다음과 같은 정보 행렬을 얻을 수 있다. 여기서 피처 m^0는 비활성화되어 있다.

$$\begin{aligned}
\tilde{\Omega}_t &= \Omega_t^1 - \Omega_t^2 + \Omega_t^3 \\
&= \Omega_t - \Omega_t^0\, F_{m_0}\, (F_{m_0}^T\, \Omega_t^0\, F_{m_0})^{-1}\, F_{m_0}^T\, \Omega_t^0 \\
&\quad + \Omega_t^0\, F_{x,m_0}\, (F_{x,m_0}^T\, \Omega_t^0\, F_{x,m_0})^{-1}\, F_{x,m_0}^T\, \Omega_t^0 \\
&\quad - \Omega_t\, F_x\, (F_x^T\, \Omega_t\, F_x)^{-1}\, F_x^T\, \Omega_t
\end{aligned} \tag{12.30}$$

결과 정보 벡터는 다음과 같이 간단하게 구할 수 있다.

$$\begin{aligned}
\tilde{\xi}_t &= \tilde{\Omega}_t\, \mu_t \\
&= (\Omega_t - \Omega_t + \tilde{\Omega}_t)\, \mu_t \\
&= \Omega_t\, \mu_t + (\tilde{\Omega}_t - \Omega_t)\, \mu_t \\
&= \xi_t + (\tilde{\Omega}_t - \Omega_t)\, \mu_t
\end{aligned} \tag{12.31}$$

이렇게 해서 표 12.4의 3행과 4행의 수학적 유도 과정을 완료했다.

12.6 어몰타이즈드 근사화를 통한 맵 복구

SEIF의 최종 업데이트 단계는 평균 μ의 계산과 관련되어 있다. 이 절에서는 모든 수식에서 시간 인덱스 t를 표기하지 않을 것이다. 왜냐하면 시간 인덱스가 앞으로 설명할 기술에 아무런 역할도 하지 않기 때문이다. 그래서 μ_t 대신 μ를 쓸 것이다.

정보 폼으로부터 스테이트 추정값 μ를 복구하기 위한 알고리즘을 유도하기에 앞서, μ의 어떤 부분이 SEIF에서 언제 필요한지 간략하게 생각해보자. SEIF는 로봇 포즈의 스테이트 추정값 μ와 맵의 액티브 피처를 필요로 한다. 이들 추정값은 다음 세 가지 경우에 필요하다.

1. 평균은 표 12.2 알고리즘의 3, 4, 10행에서 발생하는 모션 모델의 선형화에 사용된다.
2. 측정 업데이트의 선형화에도 사용된다(표 12.3 알고리즘의 6, 8, 10, 13행 참조).
3. 표 12.4 알고리즘 4행의 희소화 단계에서 사용된다.

그러나 전체 벡터 μ는 전혀 필요하지 않다. 단지 로봇 포즈의 추정값과 모든 액티브 피처의 위치 추정값만 필요하다. 이는 μ의 모든 스테이트 변수 중 작은 서브셋에 불과하다. 하지만 이러한 추정값을 효율적으로 계산하기 위해서는 일부 추가 수식을 필요로 한다. 왜냐하면 $\mu = \Omega^{-1} \xi$를 통해 평균을 복구하기 위한 정확한 접근법은 행렬 역변환 또는 다른 여러 가지 최적화 기법을 필요로 하기 때문이다. 변수의 서브셋을 복구할 때조차도 그렇다.

다시 한번 강조하지만, 핵심 통찰은 행렬 Ω의 희소성으로부터 유도된다. 희소성은 데이터가 수집되고 추정값 ξ와 Ω가 생성됨에 따라 스테이트 변수를 온라인으로 복구하기 위한 반복 알고리즘을 정의할 수 있게 한다. 이를 위해서는 일종의 최적화 문제인 $\mu = \Omega^{-1} \xi$를 재구성하면 편리할 것이다. 참고로 스테이트 μ는 모드이며, 식 (12.32)와 같다.

$$\hat{\mu} = \underset{\mu}{\arg\max} \; p(\mu) \tag{12.32}$$

식 (12.32)는 확률 변수 μ에 대해 가우시안 분포를 따른다. 가우시안 분포 함수는 식

(12.33)을 보자.

$$p(\mu) \;=\; \eta \exp\left\{ -\tfrac{1}{2}\,\mu^T\,\Omega\,\mu + \xi^T\,\mu \right\} \tag{12.33}$$

여기서 μ는 평균 μ와 동일한 형태와 차원을 지닌 벡터다. 특히 $\mu = \Omega^{-1}\,\xi$일 때 $p(\mu)$의 도함수는 0에 수렴한다는 점에 주목하자.

$$\frac{\partial p(\mu)}{\partial \mu} \;=\; \eta\,(-\Omega\,\mu + \xi)\exp\left\{ -\tfrac{1}{2}\,\mu^T\,\Omega\,\mu + \xi^T\,\mu \right\} \;\overset{!}{=}\; 0 \tag{12.34}$$

여기서 $\Omega\,\mu = \xi$, 즉 $\mu = \Omega^{-1}\,\xi$를 내포하고 있다.

이 변환 결과는 스테이트 벡터 μ를 복구하는 것이 식 (12.33)의 모드를 찾는 것과 동치임을 나타내며, 이는 결국 최적화 문제로 귀결된다. 이 최적화 문제를 위해, 여기서는 반복 수행하는 힐 클라이밍 알고리즘을 설명하려고 한다. 정보 행렬의 희소성을 고려해야 하기 때문이다.

우리가 시도하는 방법은 **좌표 하강**coordinate descent의 한 예다. 문제를 단순화하기 위해 여기서 하나의 좌표에 대해서만 설명한다. 여기서 구현한 결과는 각 측정 업데이트 단계 후에 이러한 최적화를 위해 일정 횟수 K만큼 반복 수행한다. 식 (12.33)의 모드 $\hat{\mu}$는 다음과 같다.

$$\hat{\mu} \;=\; \underset{\mu}{\operatorname{argmax}} \exp\left\{ -\tfrac{1}{2}\,\mu^T\,\Omega\,\mu + \xi^T\,\mu \right\} \tag{12.35}$$

$$\;=\; \underset{\mu}{\operatorname{argmin}}\; \tfrac{1}{2}\,\mu^T\,\Omega\,\mu - \xi^T\,\mu$$

식 (12.35)에서 최솟값을 만들어내는 인수들의 조합은 각각의 좌표계 변수(즉, μ_i의 i번째 좌표에 대해) μ_i를 만들어낸다.

$$\tfrac{1}{2}\mu^T\,\Omega\,\mu - \xi^T\mu \;=\; \tfrac{1}{2}\sum_i\sum_j \mu_i^T\,\Omega_{i,j}\,\mu_j - \sum_i \xi_i^T\,\mu_i \tag{12.36}$$

여기서 $\Omega_{i,j}$는 벡터 ξ의 i번째 요소인 경우 행렬 Ω와 ξ_i의 $(i,\,j)$번째 요소를 의미한다. 이 식을 임의의 좌표 변수 μ_i를 기준으로 도함수를 유도하면 다음과 같은 결과를 얻는다.

$$\frac{\partial}{\partial \mu_i} \left\{ \frac{1}{2} \sum_i \sum_j \mu_i^T \, \Omega_{i,j} \, \mu_j - \sum_i \xi_i^T \, \mu_i \right\} \;=\; \sum_j \Omega_{i,j} \, \mu_j - \xi_i \qquad (12.37)$$

식 (12.37)을 0으로 놓으면 모든 추정값 μ_j가 주어졌을 때 i번째 좌푯값의 최적치를 계산할 수 있다.

$$\mu_i \;=\; \Omega_{i,i}^{-1} \left[\xi_i - \sum_{j \neq i} \Omega_{i,j} \, \mu_j \right] \qquad (12.38)$$

같은 표현을 행렬을 이용하면 좀 더 편리하게 정리할 수 있다. 여기서 $F_i = (0 \ . \ . \ . \ 0$ $1 \ 0 \ . \ . \ . \ 0)$은 행렬 Ω에서 i번째 구성요소를 추출하기 위한 사영 행렬(투영 행렬)을 정의한 것이다.

$$\mu_i \;=\; (F_i \, \Omega \, F_i^T)^{-1} \, F_i \, [\xi - \Omega \, \mu + \Omega \, F_i^T \, F_i \, \mu] \qquad (12.39)$$

이를 통해 증분형 업데이트 알고리즘을 얻을 수 있다. 스테이트 벡터 μ_i의 일부 요소에 대해 식 (12.40)을 반복해서 수행한다.

$$\mu_i \;\longleftarrow\; (F_i \, \Omega \, F_i^T)^{-1} \, F_i \, [\xi - \Omega \, \mu + \Omega \, F_i^T \, F_i \, \mu] \qquad (12.40)$$

이를 통해 식 (12.39)의 왼쪽과 오른쪽 사이의 오차를 줄인다. 스테이트 벡터의 모든 요소에 대해 이 업데이트를 무한 반복하면 정확한 평균값으로 수렴한다(증명은 생략한다).

쉽게 알 수 있듯이 식 (12.38)의 총합 계산에서 행렬 요소의 수와 업데이트 규칙 식 (12.40)의 벡터 곱셈은 Ω가 희소한 경우 상수다. 따라서 각 업데이트를 계산하는 데 상수 시간이 필요하다. SLAM 알고리즘의 상수 시간 속성을 유지하기 위해 매 시간 단계마다 업데이트 횟수인 상수 K가 필요할 수 있다. 이는 보통 여러 차례 업데이트를 거쳐 수렴한다.

그러나 다음 사항에 주의한다. 이 근사화의 퀄리티는 여러 가지 요소들, 그중에서도 맵에 있는 최대 사이클 구조의 크기에 따라 달라진다. 일반적으로 매 시간 단계마

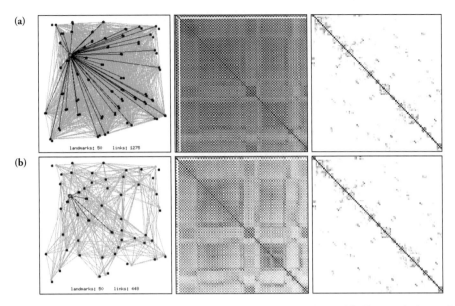

그림 12.6 (a) 희소화 없는 SEIF와 (b) 6개의 활성화된 획기적인 희소화 단계를 사용하는 SEIF의 비교. 50개의 랜드마크가 있는 시뮬레이션 환경에서 비교를 수행했다. (a), (b) 각각에서 왼쪽은 필터의 링크 집합, 가운데는 상관 행렬, 오른쪽은 정규화된 정보 행렬을 보여준다. 희소화된 SEIF는 더 적은 수의 링크를 유지하지만, 그 결과는 덜 표현된 상관 행렬에 의해 표시되는 것처럼 확신도가 떨어진다.

다 상수 K번 업데이트한다는 건 좋은 결과를 얻는 데 있어선 부족할 수 있다. 또한 여기에 설명된 좌표 하강 알고리즘보다 더 효율적인 여러 가지 최적화 기법이 있다. '고전적인' 예제로 GraphSLAM의 맥락에서 설명한 켤레 그레이디언트가 있다. 실제 구현에서는 μ를 복구하는 효율적인 최적화 기법을 이용하는 것이 좋다.

12.7 SEIF는 얼마나 희소한가?

SEIF에 어느 정도로 희소성을 유지해야 하는지는 매우 중요한 문제다. 특히 SEIF의 액티브 피처 개수가 희소성 수준을 결정한다. 희소성은 SEIF의 계산 효율성과 결과의 정확성 사이에서 트레이드오프가 있다. 따라서 SEIF 알고리즘을 구현할 때 이러한 트레이드오프에 대한 감을 잘 잡을 필요가 있다.

SEIF의 '황금 표준'은 EKF이며, 희소화를 피하고 스테이트 회복을 위한 완화 기법에 의존하지 않는다. 다음 비교는 희소한 SEIF를 EKF와 별도로 설정하는 세 가지 핵심 성능 지표를 특징으로 한다. 우리의 비교는 시뮬레이션 로봇 월드를 기반으로 한다. 이 로봇 월드에서는 로봇이 인근 랜드마크의 범위, 근접성 및 정체성을 감지한다.

1. **계산**: 그림 12.7은 SEIF의 업데이트당 계산 결과를 EKF의 업데이트와 비교한 결과다. 두 경우 모두 최적화를 거쳤다. 이 그래프는 필터에서 확률론 정보 대 정보 표현의 주요 계산 결과를 보여준다. EKF는 실제로 맵 크기의 제곱에 비례하는 계산 시간을 필요로 하지만 SEIF는 거의 변화가 없으며 계산 시간도 상수 시간이다.

2. **메모리**: 그림 12.8은 EKF의 메모리 사용과 SEIF의 메모리 사용을 비교하고 있다. 여기서 다시 한번 EKF는 메모리 사용량 비율이 2차 함수로 나타나는 반면, SEIF는 정보 표현의 희소성으로 인해 선형으로 증가한다.

3. **정확도**: 이 결과에서는 EKF가 SEIF보다 성능이 좋다. 이는 SEIF가 희소성을 유지하기 위해, 그리고 스테이트 추정값 μ_t를 복구할 때 근사화 작업을 필요로 하기 때문이다. 그림 12.9는 두 가지 경우에 대한 오차율을 맵 크기의 함수로 표시한 것이다.

희소성이 어느 정도인지 느낌을 얻고자 할 때 시뮬레이션을 이용할 수 있다. 그림 12.10을 보자. 업데이트 시간은 y축으로 표시했다. x축은 50개의 랜드마크로 구성된 맵에 대해 SEIF 업데이트 안에 있는 활성 랜드마크 개수의 함수로 근사화 오차를 표시했다. 업데이트 시간은 액티브 피처 수 대비 단조 감소한다. 그림 12.11은 희소성의 차이에 따른 EKF와 SEIF를 비교해 오차에 대한 연관 그래프를 그린 것이다. 실선은 앞에서 설명한 대로 SEIF이고, 점선은 평균 μ_t를 정확하게 복구하는 SEIF이다. 이 그래프에서 알 수 있듯이, 6가지 액티브 피처가 EKF를 능가하는 상당한 계산 비용으로 경쟁력 있는 결과를 제공하는 것 같다. 액티브 피처의 수가 적으면 오차율이 급격히 증가한다. SEIF를 주의 깊게 구현하려면 이 중요한 파라미터를 변경하고 여기서 수행된 주요 요인에 미치는 영향을 그래프로 표시해야 한다.

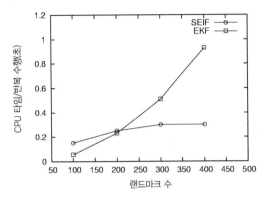

그림 12.7 SEIF와 EKF 간의 평균 CPU 타임 비교

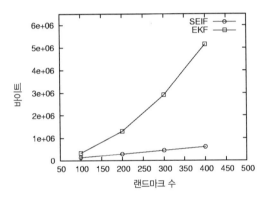

그림 12.8 SEIF와 EKF 간의 평균 메모리 사용량 비교

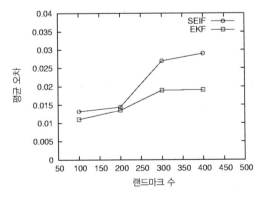

그림 12.9 SEIF와 EKF 간의 RMS(root mean square) 거리 오차 비교

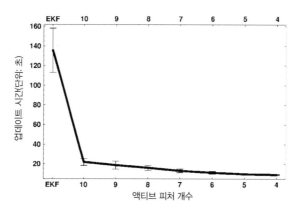

그림 12.10 희소성 정도에 따른 EKF(가장 왼쪽 데이터)와 SEIF의 업데이트 시간 비교. 액티브 피처 개수의 범위가 표시되어 있다.

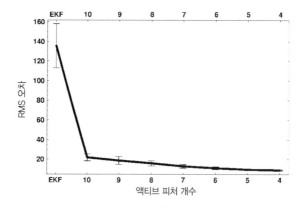

그림 12.11 희소성 정도에 따른 EKF(가장 왼쪽의 데이터)와 SEIF의 근사화 오차 비교. 이 그래프도 맵은 50개의 랜드마크로 구성되어 있다.

12.8 증분형 데이터 연관

이제 SEIF의 데이터 연관 문제를 자세히 알아보자. 첫 번째 기술은 우리가 이미 잘 알고 있는 증분형 접근 방식으로, 가장 가능성 있는 대응 변수를 찾아서 이를 실제 데이터값으로 취급한다. 이미 10.3절에서 그리디 데이터 연관 기술의 사례를 다뤘는데, 여기서는 EKF에서의 데이터 연관성을 설명했다. SEIF와 EKF의 증분형 그리디 데이터 연관 사이의 유일한 차이점은 데이터 연관 확률의 계산과 관련이 있다. 일반적으로 정보 필터는 공분산을 추적하지 않기 때문에 일반적으로 EKF 같은 확률 필터보다 정보 필터에서 더 어렵다.

12.8.1 증분형 데이터 연관 확률 계산

앞에서 했던 대로 시간 t에서의 데이터 연관 벡터는 c_t로 표시한다. 증분형 그리디 기법은 $c_{1:t}$로 표시한 일련의 데이터 연관 추측을 유지한다. 증분형 접근 기법에서 c를 계산할 때 이전 업데이트에서 추정한 대응 변수 $c_{1:t-1}$이 주어진다. 데이터 연관 단계는 시간 t에서 데이터 연관 변수 c_t에 대한 가장 가능성 있는 값의 추정과 관련된다. 이는 다음과 같은 최대 유사가능도 추정기를 통해 구할 수 있다.

$$
\begin{aligned}
\hat{c}_t &= \underset{c_t}{\operatorname{argmax}}\, p(z_t \mid z_{1:t-1}, u_{1:t}, \hat{c}_{1:t-1}, c_t) \qquad\qquad (12.41) \\
&= \underset{c_t}{\operatorname{argmax}} \int p(z_t \mid y_t, c_t)\, \underbrace{p(y_t \mid z_{1:t-1}, u_{1:t}, \hat{c}_{1:t-1})}_{\bar{\Omega}_t, \bar{\xi}_t}\, dy_t \\
&= \underset{c_t}{\operatorname{argmax}} \int\int p(z_t \mid x_t, y_{c_t}, c_t)\, p(x_t, y_{c_t} \mid z_{1:t-1}, u_{1:t}, \hat{c}_{1:t-1})\, dx_t\, dy_{c_t}
\end{aligned}
$$

$p(z_t \mid x_t, y_{c_t}, c_t)$를 통해 대응 변수 c_t가 명확해진다. 이 확률을 정확하게 계산하는 것은 상수 시간 내에는 불가능하다. 맵의 거의 모든 변수의 마진 확률 계산이 포함되어 있기 때문이다. 그러나 효율적인 희소화에 필수적인 것과 동일한 유형의 근사화 계산 작업이 여기에도 적용될 수 있다.

특히, $m_{c_t}^+$로 로봇 포즈 x_t와 랜드마크 y_{c_t}의 결합된 마르코프 블랭킷Markov blanket을 놓자. 이 마르코프 블랭킷은 랜드마크 y_{c_t}의 로봇에 연결된 맵의 모든 피처 집합이다. 그림 12.12에서 이를 보여주고 있다. $m_{c_t}^+$는 정의에 따라 모든 액티브 피처를 포함하고 있다. Ω_t의 희소성을 통해 맵 N의 크기에 관계없이 $m_{c_t}^+$가 고정된 수의 피처만 포함하고 있음을 알 수 있다. x_t와 y_{c_t}의 마르코프 블랭킷이 교차하지 않으면 x_t와 y_{c_t} 사이의 정보 그래프에서 최단 경로를 나타내는 피처가 추가된다.

나머지 피처는 모두 $m_{c_t}^-$로 보면 된다.

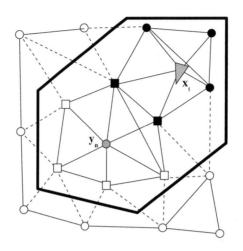

그림 12.12 피처 y_n과 관찰된 피처들을 결합한 마르코프 블랭킷은 일반적으로 피처 위치의 사후확률을 근사화하고 다른 모든 피처를 조절하는 데 충분하다.

$$m_{c_t}^- \;=\; m - m_{c_t}^+ - \{y_{c_t}\} \qquad\qquad (12.42)$$

$m_{c_t}^-$는 타깃 변수인 x_t와 y_{c_t}에 작은 영향을 주는 피처만 포함한다. SEIF는 간접 영향을 본질적으로 무시함으로써 식 (12.41)의 확률 $p(x_t, y_{c_t} \mid z_{1:t}, u_{1:t}, e_{1:t-1})$을 근사화한다.

$$
\begin{aligned}
&p(x_t, y_{c_t} \mid z_{1:t-1}, u_{1:t}, \hat{c}_{1:t-1}) \qquad\qquad (12.43)\\[4pt]
&= \iint p(x_t, y_{c_t}, m_{c_t}^+, m_{c_t}^- \mid z_{1:t-1}, u_{1:t}, \hat{c}_{1:t-1})\, dm_{c_t}^+\, dm_{c_t}^-\\[4pt]
&= \iint p(x_t, y_{c_t} \mid m_{c_t}^+, m_{c_t}^-, z_{1:t-1}, u_{1:t}, \hat{c}_{1:t-1})\\
&\qquad p(m_{c_t}^+ \mid m_{c_t}^-, z_{1:t-1}, u_{1:t}, \hat{c}_{1:t-1})\, p(m_{c_t}^- \mid z_{1:t-1}, u_{1:t}, \hat{c}_{1:t-1})\, dm_{c_t}^+\, dm_{c_t}^-\\[4pt]
&\approx \int p(x_t, y_{c_t} \mid m_{c_t}^+, m_{c_t}^- = \mu_{c_t}^-, z_{1:t-1}, u_{1:t}, \hat{c}_{1:t-1})\\
&\qquad p(m_{c_t}^+ \mid m_{c_t}^- = \mu_{c_t}^-, z_{1:t-1}, u_{1:t}, \hat{c}_{1:t-1})\, dm_{c_t}^+
\end{aligned}
$$

이 계산에서 고려하는 피처 집합이 맵 크기에 무관하다면(사실 대체로 이렇다) 식 (12.43)의 확률은 상수 시간 내에 계산이 가능하다. 앞에서 본 다양한 유도 결과와 관련해서, 사후확률의 근사화 결과는 식 (12.44)와 식 (12.45)의 두 타깃 변수에 대응하는 부분 행렬을 계산해 구할 수 있다.

$$\Sigma_{t:c_t} = F_{x_t,y_{c_t}}^T (F_{x_t,y_{c_t},m_{c_t}^+}^T \Omega_t F_{x_t,y_{c_t},m_{c_t}^+})^{-1} F_{x_t,y_{c_t}} \qquad (12.44)$$

$$\mu_{t:c_t} = \mu_t F_{x_t,y_{c_t}} \qquad (12.45)$$

이 계산은 상수 시간 내에 가능한데, 크기가 N과 무관한 행렬을 포함하고 있기 때문이다. 이 가우시안 함수를 이용해 식 (12.41)에서 기대하는 측정값 확률을 쉽게 복구할 수 있다.

우리가 만든 EKF SLAM 알고리즘과 같이 유사가능도 $p(z_t \mid z_{1:t-1}, u_{1:t}, e_{1:t-1}, c_t)$가 임곗값 α 이하로 유지될 때 피처에 새롭게 표시된다. 그런 다음 간단하게 $e_t = N_{t-1} + 1$과 $N_t = N_{t-1} + 1$로 설정한다. 이 외의 경우 맵의 크기는 그대로이므로 $N_t = N_{t-1}$이다. 한편 데이터 연관 확률이 최대가 되도록 값 e_t를 선택한다.

마지막 주의사항으로 마르코프 블랭킷은 로봇 포즈와 통신 테스트를 거친 랜드마크 사이의 경로를 포함하지 않는다는 점에서 불충분하다. 이는 대체로 환경에서 큰 사이클을 닫을 때 발생한다. 여기서 우리는 m_{c_t}와 로봇 포즈 x_t 사이의 적어도 하나의 경로를 따라 랜드마크 집합에 의해 $m_{c_t}^+$ 집합의 피처를 보강해야 한다. 이 사이클의 크기에 따라 결과 집합에 포함된 랜드마크의 수는 이제 맵의 크기인 N에 따라 달라질 수 있다. 이러한 확장 관련 세부 사항은 연습문제로 남긴다.

12.8.2 실제 활용 시 고려사항

EKF SLAM을 다룬 장에서 설명한 것처럼 증분형 그리디 데이터 연관 기술은 취약하다. 가짜 측정값으로 인해 잘못된 링크들이 쉽게 만들어질 수 있으며 SLAM 추정에 심각한 오차를 유발할 수 있다. EKF 및 SEIF 모두에서 이 취약성에 대한 표준 해결책은 임시 랜드마크 목록^{provisional landmark list}을 작성하는 것이다. 우리는 이미 EKF SLAM과 관련해 10.3.3절에서 이 방법을 깊이 있게 공부했다. 임시 목록은 이전에 관찰되지 않은 새로운 피처를 후보 목록에 추가하며 SEIF와 별도로 유지 관리한다. 다음 측정 단계에서 새로 관찰한 후보 랜드마크는 대기 목록에 있는 모든 후보 랜드마크와 대조해 잘 맞는 경우 해당 후보 랜드마크의 가중치를 증가시킨다. 반면 주변 피처들 중 잘 보이지 않는 것들은 가중치를 줄인다. 후보 랜드마크의 가중치가 특정 임계치를 넘을 경우 SEIF 네트워크 피처에 포함시킨다.

우리는 데이터 연관이 SEIF의 상수 계산 시간 속성에 위배된다는 사실을 알았다. 이는 데이터 연관을 계산할 때 여러 피처를 테스트해야 하기 때문이다. 그럴듯한 피처들 모두가 액티브 피처 집합에 대해 짧은 경로로 SEIF 내에 연결되어 있는지 확인할 수 있다면 일정 시간에 데이터 연관을 수행할 수가 있을 것이다. 이러한 방식으로 SEIF 구조는 자연스럽게 측정값을 제공하는 검색 가능성을 높인다. 그러나 처음 사이클을 닫을 때는 이 경우가 아니므로 정확한 연관이 SEIF 인접 그래프 내에 없을 수 있다.

이제 실제 차량을 사용해 SEIF 알고리즘을 구현하는 방법을 간략하게 알아보자. 여기서 사용된 데이터는 SLAM 필드의 일반적인 벤치마크다. 이 데이터셋은 호주 시드니에 있는 공원을 지나가는 차량을 이용해 수집했다.

차량과 환경은 각각 그림 12.13과 그림 12.14에 나와 있다. 로봇에는 SICK 레이저 범위 파인더와 스티어링 각도, 전진 속도를 측정하는 시스템이 장착되어 있다. 레이저는 환경의 나무를 탐지하는 데 사용되지만, 근처의 고속도로에서 움직이는 자동

그림 12.13 실험에서 사용된 차량에는 2D 레이저 범위 파인더와 차동 GPS 시스템이 장착되어 있다. 차량의 에고 모션은 조향(스티어링)을 위한 선형 가변 차동 변압기 센서와 휠 장착 속도 엔코더에 의해 측정된다. 배경은 빅토리아 파크(Victoria Park) 테스트 환경이다. 출처: José Guivant and Eduardo Nebot, Australian Centre for Field Robotics

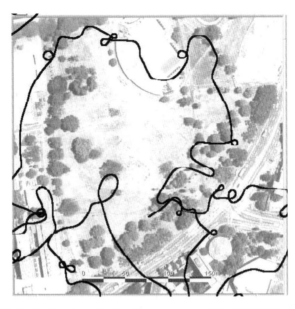

그림 12.14 테스트 환경: 시드니의 빅토리아 파크 내 350m x 350m 영역. 오버레이 결과는 오도메트리 측정을 통해 얻은 경로를 반영한 것이다. 출처: José Guivant and Eduardo Nebot, Australian Centre for Field Robotics; Michael Montemerlo, Stanford University

차의 모서리 같은 수백 가지 가짜 피처를 선택한다. 실험에서 사용된 원시 오도메트리는 빈약하여 차량의 3.5km 경로를 따라 경로 통합에 사용될 때 수백 미터의 오차가 발생한다. 그림 12.14에서 차량의 경로를 보여준다. 많은 가짜 피처의 존재와 함께 오도메트리 정보의 품질이 좋지 않기 때문에 이 데이터셋은 특히 SLAM 알고리즘 테스트에 적합하다.

SEIF가 복구한 경로가 그림 12.15에 나와 있다. 이 경로는 정량적으로 EKF가 만든 경로와 구분할 수 없다. 차동 GPS를 통해 측정된 평균 위치 오차는 0.50m보다 작으며 전체 경로 길이인 3.5km에 비해 작다. 해당 랜드마크 맵은 그림 12.16과 같다. 이 정도면 최첨단의 EKF 결과와 비교할 만한 정확도다. SEIF는 EKF와 비교해 약 2배 빠른 속도로 실행되며, EKF가 사용하는 메모리의 4분의 1 이하를 소모한다. 이는 상대적으로 적지만 맵 크기가 작고 센서 데이터를 사전 처리하는 데 대부분의 시간이 소요된다. 큰 맵의 경우 상대적인 비용 절감 효과가 더 크다.

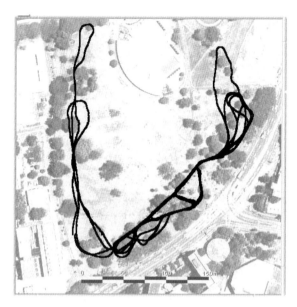

그림 12.15 SEIF로 복구한 경로. 오차가 ±1m 이내다. 출처: Michael Montemerlo, Stanford University

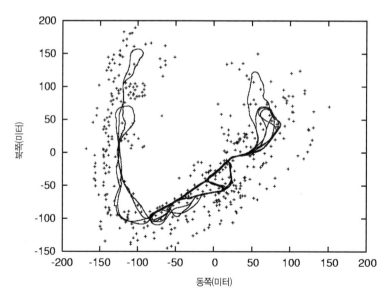

그림 12.16 랜드마크 위치들과 로봇 경로 추정값의 오버레이 결과. 출처: Michael Montemerlo, Stanford University

12.9 분기 한정 알고리즘 기반 데이터 연관

SEIF를 사용하면 근본적으로 다른 데이터 연관성 기법을 정의할 수 있다. 이 기법을 통해 최적의 결과를 도출할 수 있다(하지만 계산 시간이 기하급수적으로 커질 가능성이 있다). 이 기술은 다음의 세 가지 핵심 개념을 바탕으로 한다.

- GraphSLAM과 마찬가지로 SEIF를 사용하면 소프트 데이터 연관 제약 조건[soft data association constraints]을 추가할 수 있다. m_i와 m_j라는 두 가지 피처가 주어지면, 소프트 데이터 연관 제약 조건은 m_i와 m_j 사이의 거리를 작게 만드는 정보 링크다. 11장에서 이러한 소프트 링크의 예를 이미 배웠다. 희소한 확장 정보 필터[SEIF]에서 이러한 링크 추가 작업은 단지 정보 행렬에 값을 로컬에 추가하기만 하면 되므로 매우 간단하다.

- 소프트 연관 제약 조건을 쉽게 제거할 수도 있다. 정보 행렬 내에서 로컬 추가를 할 경우 새로운 제약 조건이 추가되는 것처럼 제거 역시 로컬 빼기[local subtraction]일 뿐이다. 이러한 '실행 취소' 연산은 추가된 시점이나 각 피처가 마지막으로 관찰된 시점에 관계없이 임의의 데이터 연관 링크에 적용할 수 있다. 이를 통해 과거의 데이터 연관 결정을 수정할 수 있다.

- 자유롭게 데이터 연관을 더하고 뺄 수 있는 기능을 통해, 아래에 나와 있는 것처럼 효율적이고 완전한 방식으로 가능한 데이터 연관 트리를 검색할 수 있다.

분기 한정 데이터 연관[branch-and-bound data association] 알고리즘을 개발하기 위해서는 시간 경과에 따른 데이터 연관 결정 순서를 정의하는 데이터 연관 트리를 고려하면 유용할 것이다. 각 시점에서 관찰된 각 피처는 다수의 다른 피처와 연관되거나 이전에 관찰되지 않은 새로운 피처로 간주될 수 있다. 그림 12.17(a)에서는 시간 $t = 1$부터 시작해서 현재 시간까지의 결과 데이터 연관 선택의 트리를 보여준다. 물론 트리는 시간이 지남에 따라 기하급수적으로 커지므로 전체를 모두 탐색하는 것은 불가능하다. 이와 대조적으로 앞에서 설명한 증분형 그리디 알고리즘은 이 트리를 통과하는 하나의 경로를 따르며 로컬에서 가장 가능성 있는 데이터 연결로 정의된다. 이러한 경로는

그림 12.17(a)에서 두꺼운 회색 경로로 표시했다.

당연하겠지만 그리디 접근법이 성공하면 최적의 경로를 결과로 얻는다. 그러나 증분형 그리디 기법은 실패할 가능성이 있다. 잘못된 선택이 이루어지면 증분형 접근법을 복구할 수 없다. 더욱이 잘못된 데이터 연관 결정은 맵에 오차를 가져오고, 그 결과 데이터 연관에 더 많은 오차를 유발할 수 있다.

12.9.1 재귀적 탐색

이제부터는 최적 트리에 대한 완전한 검색 알고리즘으로 증분형 그리디 알고리즘을 일반화해보려고 한다. 물론 트리 전체를 검색하는 것은 다루기가 어렵다. 그러나 지금까지 확장된 트리의 프론티어^{frontier}에 있는 모든 노드의 로그 유사가능도를 유지하면 최적성을 보장할 수 있다. 그림 12.17(b)를 보자. 분기 한정 SEIF는 데이터 연관 트리를 통해 단일 경로뿐만 아니라 전체 프론티어를 유지한다. 노드가 확장될 때마다(예: 증분형 최대 유사가능도를 통해) 모든 대체 결과도 평가되고 해당 유사가능도를 기록해둔다. 그림 12.17(b)는 트리의 전체 프론티어에 대한 로그 유사가능도를 묘사한 것이다.

식 (12.41)에서 최댓값을 찾는 것은 선택된 리프의 로그 유사가능도가 동일한 깊이의 다른 리프의 로그 유사가능도보다 크다는 것을 의미한다. 로그 유사가능도는 트리의 깊이에 따라 단조 감소하므로, 선택된 리프의 로그 유사가능도가 다른 노드의 로그 유사가능도보다 크거나 같을 때 최적의 데이터 연관값을 실제로 찾았음을 보장할 수 있다. 다르게 말하면 프론티어 노드가 선택한 리프 중 하나보다 큰 로그 유사가능도를 가정하면 과거 데이터 연관 결정을 수정해 데이터의 가능성을 더 높일 기회가 있을 수 있다. 우리의 접근 방식은 그런 프론티어 노드를 단순히 확장한다. 확장을 통해 리프에 도달하고 그 값이 현재까지 가장 좋은 리프보다 큰 경우, 이 리프는 새로운 데이터 연관으로 선택된다. 그렇지 않으면 전체 프론티어가 선택한 리프 중 하나보다 작거나 같은 값을 가질 때 검색이 종료된다. 이 접근법은 항상 데이터 연관 변수에 대한 최상의 값 집합을 유지하도록 보장된다. 그러나 때로는 상당한 검색이 필요할 수 있다.

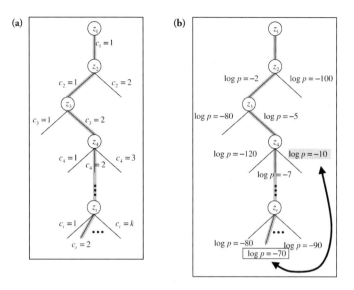

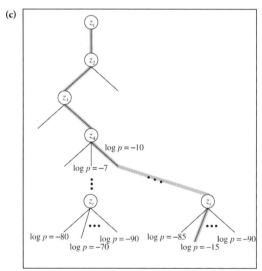

그림 12.17 (a) 데이터 연관 트리. 분기 요소는 맵의 랜드마크 수에 따라 증가한다. (b) 트리 기반 SEIF 알고리즘은 대체 경로를 찾기 위해 확장된 노드의 전체 프론티어에 대한 로그 유사가능도를 유지한다. (c) 향상된 경로 결과

12.9.2 임의적 데이터 연관 확률 계산

맵에 있는 2개의 피처가 연결될지 여부를 테스트하려면 맵에서 어떠한 두 피처에 대해서도 동치일 확률을 계산하는 기술이 필요하다. 이 테스트는 표 11.8에서 설명하는 GraphSLAM의 대응 테스트와 본질적으로 동일하다. 그러나 SEIF에서 이 테스트는 근사화 결과이며, 유사가능도를 정확하게 계산하기 위해서는 추가 계산이 필요하다.

표 12.6은 맵에서 2개의 피처가 하나이고 똑같을 확률을 테스트하는 알고리즘을 설명하고 있다. 이 테스트는 그리디 데이터 연관 기술을 구현하기에 충분하다. 여기서 중요한 계산은 맵 피처 B의 작은 집합에 대한 결합 공분산 및 평균 벡터의 복구와 관련이 있다. 맵의 두 피처가 동일한지 확인하려면 SEIF가 두 피처 간의 정보 링크를 고려해야 한다. 기술적으로 고려사항에 포함된 링크가 많을수록 결과는 정확하지만 계산은 증가한다. 실제로는 일반적으로 해당 피처의 두 마르코프 블랭킷^{Markov blanket}을 식별하는 것으로 충분하다. 피처의 마르코프 블랭킷은 피처 자체 및 정보 행렬 내에 0이 아닌 행렬 요소를 통해 연결된 모든 피처가 해당된다. 대부분의 경우 마르코프 블랭킷은 서로 겹친다. 그렇지 않을 경우, 표 12.6의 알고리즘은 랜드마크 사이의 경로를 식별한다(둘 다 동일한 로봇에 의해 관찰되는 경우 이 랜드마크는 반드시 존재해야 한다).

표 12.6의 알고리즘은 지역 정보 행렬과 정보 벡터를 잘라냄으로써 계산을 진행한다. 이를 위해 효율적인 희소화 단계에서 사용했던 수학적 '트릭'을 사용한다. 즉, 마르코프 블랭킷 외부의 피처들을 제거하는 SEIF 조건을 이용하는 것이다. 이를 통해 SEIF는 원하는 확률을 계산하기 위한 효율적인 기법을 만들어낸다. 이는 근사화 기법이므로 (컨디셔닝 때문에) 실제적으로는 매우 잘 작동한다.

이 결과는 SEIF가 데이터 연관 결정을 내릴 수 있을 뿐만 아니라 그러한 결정의 로그 유사가능도를 계산하는 방법을 제공한다. 이 절차의 결과 로그는 이 특정 데이터 항목의 로그 유사가능도에 해당하며, 데이터 연관 트리의 경로를 따라 합산하면 특정 연관에서 전체 데이터 로그 유사가능도가 된다.

1: **Algorithm SEIF_correspondence_test($\Omega, \xi, \mu, m_j, m_k$):**

2:     *let $B(j)$ be the blanket of m_j*

3:     *let $B(k)$ be the blanket of m_k*

4:     $B = B(j) \cup B(k)$

5:     *if $B(j) \cap B(k) = \emptyset$*

5:       *add features along the shortest path between m_i and m_j to B*

7:     *endif*

8:
$$F_B = \begin{pmatrix} 0\cdots0 & 1 & 0 & 0 & 0\cdots0 & \cdots & & \\ 0\cdots0 & 0 & 1 & 0 & 0\cdots0 & \cdots & & \\ 0\cdots0 & 0 & 0 & 1 & 0\cdots0 & \cdots & & \\ & \cdots & & & 0\cdots0 & 1 & 0 & 0 & 0\cdots0 \\ & \cdots & & & 0\cdots0 & 0 & 1 & 0 & 0\cdots0 \\ & \cdots & & & 0\cdots0 & 0 & 0 & 1 & 0\cdots0 \\ & & & & & & & \ddots & \\ & \cdots & & & & & & 0\cdots0 \\ & \cdots & & & & & & 0\cdots0 \end{pmatrix}$$

9:          *(size $(3N+3)$ by $3|B|$)*

10:    $\Sigma_B = (F_B \, \Omega \, F_B^T)^{-1}$

11:    $\mu_B = \Sigma_B \, F_B \, \xi$

12:    $F_\Delta = \begin{pmatrix} 0\cdots0 & 1 & 0 & 0\cdots0 & -1 & 0 & 0\cdots0 \\ 0\cdots0 & \underbrace{0 \quad 1}_{\text{feature } m_j} & & 0\cdots0 & \underbrace{0 \quad -1}_{\text{feature } m_j} & & 0\cdots0 \end{pmatrix}$

13:    $\Sigma_\Delta = (F_\Delta \, \Omega \, F_\Delta^T)^{-1}$

14:    $\mu_\Delta = \Sigma_\Delta \, F_\Delta \, \xi$

15:    *return* $\det(2\pi \, \Sigma_\Delta)^{-\frac{1}{2}} \, \exp\{-\frac{1}{2} \, \mu_\Delta^T \, \Sigma_\Delta^{-1} \, \mu_\Delta\}$

표 12.6 대응 변수에 대한 SEIF SLAM 테스트 알고리즘

12.9.3 동치 제약 조건

데이터 연관 검색에서 맵의 두 가지 피처가 동일하다고 판단되면 SEIF는 정보 행렬에 소프트 링크를 추가한다. 첫 번째 피처가 m_i이고 두 번째 피처가 m_j라고 가정해보자. 이때 소프트 링크는 식 (12.46)과 같은 지수 2차 방정식의 제약 조건을 통해 위치가 동일해지도록 제약을 가한다.

$$\exp\left\{-\tfrac{1}{2}\,(m_i - m_j)^T\, C\,(m_i - m_j)\right\} \tag{12.46}$$

여기서 C는 페널티 행렬이며, 다음과 같은 형태의 대각 행렬이다.

$$C \;=\; \begin{pmatrix} \infty & 0 & 0 \\ 0 & \infty & 0 \\ 0 & 0 & \infty \end{pmatrix} \tag{12.47}$$

실제로 행렬 C의 대각 행렬 요소는 매우 큰 자연수로 바꾸면 된다. 숫자가 클수록 제약 조건이 더 강해진다.

정규화가 되지 않은 가우시안 함수인 식 (12.46)을 정보 행렬에서 m_i와 m_j 사이의 링크로 작성할 수 있음을 쉽게 알 수 있다. 투영 행렬을 다음과 같이 간단하게 정의해보자.

$$F_{m_i - m_j} \;=\; \begin{pmatrix} 0\cdots 0 & 1\ 0\ 0 & 0\cdots 0 & -1\ \ 0\ \ 0 & 0\cdots 0 \\ 0\cdots 0 & 0\ 1\ 0 & 0\cdots 0 & 0\ -1\ 0 & 0\cdots 0 \\ 0\cdots 0 & \underbrace{0\ 0\ 1}_{m_i} & 0\cdots 0 & \underbrace{0\ \ 0\ -1}_{m_j} & 0\cdots 0 \end{pmatrix} \tag{12.48}$$

이 행렬은 스테이트 y_i를 $m_i - m_j$에 매핑한다. 따라서 식 (12.46)은 다음과 같이 정리할 수 있다.

$$\exp\left\{-\tfrac{1}{2}\,(F_{m_i-m_j}\,y_t)^T\, C\,(F_{m_i-m_j}\,y_t)\right\} \tag{12.49}$$

$$=\; \exp\left\{-\tfrac{1}{2}\,y_t^T\,[F_{m_i-m_j}^T\,C\,F_{m_i-m_j}]\,y_t\right\}$$

소프트 제약 조건을 구현하기 위해, SEIF는 정보 행렬에 $F_{m_i-m_j}^T\,C\,F_{m_i-m_j}$를 추가해야 한다. 반면 정보 벡터는 변경하지 않은 상태 그대로 둔다.

$$\Omega_t \quad \longleftarrow \quad \Omega_t + F_{m_i-m_j}^T \, C \, F_{m_i-m_j} \qquad\qquad (12.50)$$

여기서 더하기 항은 희소성을 지니고 있는데, 피처 m_i와 m_j 사이에 0이 아닌 비대각 행렬 요소만 포함하고 있다. 소프트 링크가 추가되기만 하면, 역행렬 연산을 이용해 제거가 가능하다.

$$\Omega_t \quad \longleftarrow \quad \Omega_t - F_{m_i-m_j}^T \, C \, F_{m_i-m_j} \qquad\qquad (12.51)$$

제약 조건이 필터에서 유도됐기 때문에 시간이 소요되더라도 이 제거식은 실행될 수 있다. 하지만 SEIF는 존재하지 않는 데이터 연관 제약 조건을 절대로 제거할 수 없다는 점에 주의한다. 그렇지 않으면 정보 행렬은 양의 준정부호 성격을 잃게 되며, 그에 따른 결과 빌리프는 유효한 확률 분포에 대응되지 않을 수 있다.

12.10 실제 활용 시 고려사항

이 접근 방식을 잘 구현한 결과들을 보면 어느 시점에서든지 그럴듯한 소수의 데이터 연관 경로만 존재하게 된다. 예를 들어, 실내 환경에서 루프를 닫을 때 일반적으로 클로저, 왼쪽의 연속 및 오른쪽의 연속이라는 세 가지 가능한 가설이 있다. 그러나 모든 것이 빠른 속도로 가능성이 낮아지므로, 재귀적으로 트리를 검색하는 횟수는 적어야 한다.

데이터 연관을 더 자주 만드는 방법 중 하나로 부정적인 측정 정보^{negative measurement} ^{information}를 통합하는 것을 생각해볼 수 있다. 우리가 구현한 결과에서 가져온 범위 센서는 월드에서 물체의 존재와 관련해 긍정적인 정보와 부정적인 정보를 반환한다. 긍정적인 정보는 물체 탐지다. 부정적인 정보는 탐지와 센서 사이의 공간에 적용한다. 로봇이 실제 판독값보다 가까운 물체를 감지하지 못했다는 사실은 측정 범위 내에 물체가 없다는 정보를 제공한다.

전체 유사가능도에 대한 새로운 제약 조건의 영향을 평가하는 접근법으로 양쪽 정보 유형(긍정적 및 부정적)을 모두 고려해보자. 두 가지 유형 모두 포즈 추정값을 바탕으로 두 가지 스캔의 일치(불일치) 여부를 계산해 얻는다. 범위 스캐너를 사용할 때, 긍정적인 정보와 부정적인 정보의 조합을 얻는 한 가지 방법은 다른 스캔으로 작성된 로컬 점유 그리드 맵에 스캔을 중첩하는 것이다. 이렇게 하면 긍정적인 정보와 부정적인 정보를 모두 포함하는 방식으로 2개의 로컬 맵에 대한 대략적인 일치 확률을 결정하는 것이 간단하다.

이제 트리 기반 데이터 연관을 가지고 SEIF를 사용해 얻은 실제 결과를 중점적으로 다루고 이 절을 마무리하자. 그림 12.18(a)는 증분형 최대 유사가능도 데이터 연관

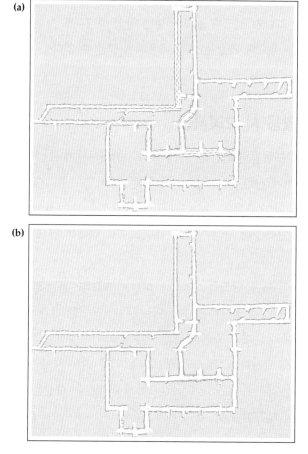

그림 12.18 (a) 증분형 최대 유사가능도 스캔 매칭을 이용한 맵, (b) 전체 재귀적 분기 한정 데이터 연관.
출처: Dirk Hähnel, University of Freiburg

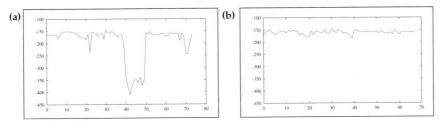

그림 12.19 (a) 시간의 함수에 따른 실제 측정값의 로그 유사가능도. 유사가능도가 작을수록 잘못된 할당이 발생한다. (b) 트리 검색을 통해 잘못된 데이터 연관을 재귀적으로 수정한 경우의 로그 유사가능도. 성공은 뚜렷한 딥(dip)의 부재로 나타난다.

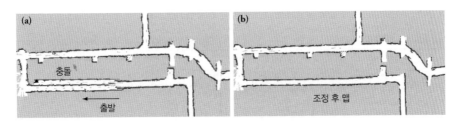

그림 12.20 트리 기반 데이터 연관 기법의 예: (a) 큰 루프를 닫을 때, 로봇은 먼저 두 번째, 평행한 복도의 존재를 잘못 가정한다. 그러나 이 모델은 로봇이 직각으로 복도를 만날 때 심한 불일치를 초래한다. 이 시점에서 접근법은 다이어그램 (b)에 표시된 맵에 도착하여 향상된 데이터 연관 결정을 재귀적으로 검색한다.

의 결과를 나타내며, 이는 일반적인 증분형 스캔 매칭과 동일하다. 복도의 특정 부분이 지도에서 두 번 표시되어 있다. 이는 최대 유사가능도의 단점을 잘 보여준다. 그림 12.18(b)는 비교 결과다. 확실히 이 맵은 증분형 최대 유사가능도 접근법으로 생성된 것보다 더 정확하다.

그림 12.19(a)는 (전체 경로가 아닌) 가장 최근 측정값에 대한 로그 유사가능도 그래프로, 맵의 일관성을 잃어버리는 데 따라 값이 크게 떨어진다. 이 시점에서 SEIF는 대체 데이터 연관값 검색에 관여한다. '정확한' 것을 신속하게 찾아내고 그림 12.18(b)와 같은 맵을 만든다. 문제의 영역은 그림 12.20과 같으며, 유사가능도가 낮아지는 순간을 보여준다. 측정의 로그 유사가능도는 그림 12.19(b)에 나와 있다.

끝으로 그림 12.21에서는 여러 사이클을 이용해 대형 빌딩을 매핑할 때 다양한 기술을 사용해 얻은 결과를 비교했다.

(a) 로봇의 경로

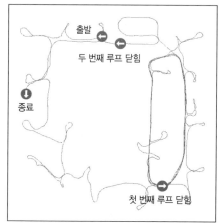

(b) 증분형 최대 유사가능도(맵 왼쪽에 일치하지 않는 부분이 있다.)

(c) FastSLAM(다음 장 참조)

(d) 분기 한정 데이터 연관을 이용한 SEIF

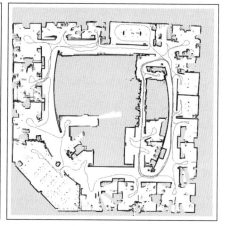

그림 12.21 (a) 로봇의 경로, (b) 증분형 최대 유사가능도(스캔 매칭), (c) FastSLAM 알고리즘, (d) 게으른 데이터 연관을 이용한 SEIF 알고리즘. 출처: Dirk Hähnel, University of Freiburg

12.11 다중 로봇 SLAM

SEIF는 다중 로봇 SLAM 문제^multi-robot SLAM problem에도 적용할 수 있다. 다중 로봇 SLAM 문제에는 여러 로봇이 포함되어 있는데 이들은 개별적으로 환경을 탐사하고 맵을 만든다. 이렇게 해서 확보한 여러 맵을 통합해 하나의 큰 맵을 만드는 것이 최종 목표다. 여러 가지 면에서 다중 로봇 문제는 데이터가 시간에 따라 하나의 사후확률로 통합돼야 한다는 점에서 단일 매핑 문제를 떠올리게 한다. 그러나 단일 로봇 문제는 차원이 얼마냐에 따라 엄청나게 어려워진다.

- 두 로봇의 상대적 위치에 대한 사전 정보가 없으면 대응 문제는 글로벌 문제가 된다. 원칙적으로 맵 안에 있는 모든 피처는 서로 대응될 수 있으며, 로봇은 많은 피처의 비교를 통해 잘 대응됐는지 결정할 수 있다.
- 각 맵은 절대 좌표 위치와 방향이 다를 수 있는 로컬 좌표계에서 수집된다. 2개의 맵을 통합하기 전에 방향을 지정하고 이동해야 한다. SEIF에서는 정보 행렬 및 벡터의 재선형화 단계가 필요하다.
- 여러 맵들이 서로 얼마만큼 겹칠지는 알 수 없다. 예를 들어, 로봇은 똑같은 평면도를 가지고 빌딩의 여러 층에서 움직일 수 있다. 이런 경우 각기 다른 여러 맵을 구별할 수 있는 능력은 작은 환경적 피처에 달려 있으며, 여기서 말하는 작은 환경적 피처의 예로 (각 층마다 배치가 미묘하게 다를 수 있는) 가구를 생각해볼 수 있다.

이 절에서는 다중 로봇 매핑을 위한 알고리즘을 구현하는 데 필요한 주요 아이디어만 설명한다. 대응 변수가 일단 확립되면 2개의 맵을 통합하는 알고리즘을 설명할 것이다. 또한 다중 로봇 SLAM에서 글로벌 대응 변수를 생성하기 위한 기술을 논의할 예정이지만 증명은 생략한다.

12.11.1 맵 통합

알려진 대응 변수를 이용해 맵을 융합하기 위한 중요한 서브루틴은 표 12.7을 참조한다. 이 알고리즘은 각각 정보 폼 Ω^j, ξ^j, Ω^k, ξ^k로 표시되는 2개의 로컬 로봇에 대한 사후확률을 입력으로 받아들인다. 또한 다음과 같은 3개의 항목이 필요하다.

1. 선형 변위 튜플 d
2. 상대 회전 각도 α
3. 일련의 피처 대응 변수 $c^{j,k}$

1:     **Algorithm SEIF_map_fusion($\Omega^j, \xi^j, \Omega^k, \xi^k, d, \alpha, \mathcal{C}$):**

2:     $\Delta = (d_x \ \ d_y \ \ \alpha \ \ d_x \ \ d_y \ \ 0 \ \cdots \ d_x \ \ d_y \ \ 0)^T$

3:     $\mathcal{A} = \begin{pmatrix} \cos\alpha & \sin\alpha & 0 & & & \cdots & & 0 \\ -\sin\alpha & \cos\alpha & 0 & & & & & \vdots \\ 0 & 0 & 1 & & & & & \\ & & & \ddots & & & & \\ & & & & \cos\alpha & \sin\alpha & 0 \\ \vdots & & & & -\sin\alpha & \cos\alpha & 0 \\ 0 & \cdots & & & 0 & 0 & 1 \end{pmatrix}$

4:     $\Omega^{j \to k} = \mathcal{A} \, \Omega^j \mathcal{A}^T$

5:     $\xi^{j \to k} = \mathcal{A} \, (\xi^j - \Omega^{j \to k} \, \Delta)$

6:     $\Omega = \begin{pmatrix} \Omega^k & 0 \\ 0 & \Omega^{j \to k} \end{pmatrix}$

7:     $\xi = \begin{pmatrix} \xi^k \\ \xi^{j \to k} \end{pmatrix}$

8:     *for any pair $(m_j, m_k) \in \mathcal{C}^{j,k}$ do*

9:     $F = \begin{pmatrix} 0\cdots 0 & 1 & 0 & 0 & 0\cdots 0 & -1 & 0 & 0 & 0\cdots 0 \\ 0\cdots 0 & 0 & 1 & 0 & 0\cdots 0 & 0 & -1 & 0 & 0\cdots 0 \\ 0\cdots 0 & \underbrace{0 \ \ 0 \ \ 1}_{m_j} & & & 0\cdots 0 & \underbrace{0 \ \ 0 \ \ -1}_{m_k} & & & 0\cdots 0 \end{pmatrix}$

10:    $\Omega \longleftarrow \Omega + F^T \begin{pmatrix} \infty & 0 & 0 \\ 0 & \infty & 0 \\ 0 & 0 & \infty \end{pmatrix} F$

11:    *endfor*

12:    *return Ω, ξ*

표 12.7 SEIF와 다중 로봇 매핑 과정에서 맵 결합 루프 알고리즘

변위 벡터 $d = (d_x \ d_y)^T$와 회전 α는 두 로봇 좌표계의 상대적 방향을 지정한다. 특히, j번째 로봇 포즈 x^j와 j번째 로봇의 맵에 있는 피처는 α만큼 회전한 후 d로 변환해 k번째 로봇의 좌표 프레임에 매핑된다. 여기서는 k번째 로봇 좌표계에서 표현된 j번째 로봇의 맵에서 항목의 좌표를 나타내기 위해 '$j \to k$'를 사용한다.

1. j번째 로봇 포즈 x_t^j에 대해

$$
\underbrace{\begin{pmatrix} x^{j \to k} \\ y^{j \to k} \\ \theta^{j \to k} \end{pmatrix}}_{x_t^{j \to k}} = \begin{pmatrix} d_x \\ d_y \\ \alpha \end{pmatrix} + \begin{pmatrix} \cos\alpha & \sin\alpha & 0 \\ -\sin\alpha & \cos\alpha & 0 \\ 0 & 0 & 1 \end{pmatrix} \underbrace{\begin{pmatrix} x^j \\ y^j \\ \theta^j \end{pmatrix}}_{x_t^j} \quad (12.52)
$$

2. j번째 로봇 맵 m_t^j의 피처 각각에 대해

$$
\underbrace{\begin{pmatrix} m_{i,x}^{j \to k} \\ m_{i,y}^{j \to k} \\ m_{i,s}^{j \to k} \end{pmatrix}}_{m_i^{j \to k}} = \begin{pmatrix} d_x \\ d_y \\ 0 \end{pmatrix} + \begin{pmatrix} \cos\alpha & \sin\alpha & 0 \\ -\sin\alpha & \cos\alpha & 0 \\ 0 & 0 & 1 \end{pmatrix} \underbrace{\begin{pmatrix} m_{i,x}^j \\ m_{i,y}^j \\ m_{i,s}^j \end{pmatrix}}_{m_i^j} \quad (12.53)
$$

이 두 매핑은 표 12.7의 **SEIF_map_fusion** 알고리즘 2~5행에서 수행된다. 이 단계는 정보 행렬과 정보 벡터의 로컬 회전 및 이동을 포함하며 SEIF의 희소성을 보존한다. 다음으로, 알고리즘 6행과 7행에서 단일 결합 사후 맵을 작성함으로써 맵의 융합이 진행된다. 융합 알고리즘의 마지막 단계는 대응 변수 목록 $\mathcal{C}^{j,k}$와 관련이 있다. 이 집합은 로봇 j와 로봇 k의 맵에서 상호 대응하는 피처의 쌍 (m_j, m_k)로 구성된다. 융합 작업은 12.9.3절에서 다룬 소프트 동치 제약 조건과 유사하게 수행된다. 특히, 2개의 해당 피처에 대해 이 두 피처를 연결하는 요소의 정보 행렬에 큰 항을 단순히 추가한다.

맵 융합 단계를 구현하는 다른 방법은 결과 정보 행렬과 벡터의 해당 행과 열을 축약한다. 다음 예는 필터에서 피처 2와 4를 축약하는 작업을 보여주고 있다. 자세히 보면 피처 2와 4가 동일하다는 대응 변수 목록이 있을 때 작업이 발생함을 알 수 있다.

$$
\begin{pmatrix}
\Omega_{11} & \Omega_{12} & \Omega_{13} & \Omega_{14} \\
\Omega_{21} & \Omega_{22} & \Omega_{23} & \Omega_{24} \\
\Omega_{31} & \Omega_{32} & \Omega_{33} & \Omega_{34} \\
\Omega_{41} & \Omega_{42} & \Omega_{43} & \Omega_{44}
\end{pmatrix}
\longrightarrow
\begin{pmatrix}
\Omega_{11} & \Omega_{12}+\Omega_{14} & \Omega_{13} \\
\Omega_{21}+\Omega_{41} & \Omega_{22}+\Omega_{42}+\Omega_{24}+\Omega_{44} & \Omega_{23}+\Omega_{43} \\
\Omega_{31} & \Omega_{32}+\Omega_{34} & \Omega_{33}
\end{pmatrix}
\tag{12.54}
$$

$$
\begin{pmatrix}
\xi_1 \\
\xi_2 \\
\xi_3 \\
\xi_4
\end{pmatrix}
\longrightarrow
\begin{pmatrix}
\xi_1 \\
\xi_2+\xi_4 \\
\xi_3
\end{pmatrix}
\tag{12.55}
$$

정보 스테이트를 축약하는 과정에서 정보 스테이트를 더하는 기법을 활용하고 있다.

12.11.2 맵 통합의 수학적 유도

수학적 유도를 위해 식 (12.52)와 식 (12.53)에 대해 회전 행렬$^{\text{rotation matrix}}$과 이동변환 벡터$^{\text{shift vector}}$를 어떻게 만드는지 알아보자. 우선 변수 δ_x, δ_m, A를 다음과 같이 놓자.

$$
\delta_x = (d_x \ d_y \ \alpha)^T
\tag{12.56}
$$

$$
\delta_m = (d_x \ d_y \ 0)^T
\tag{12.57}
$$

$$
A = \begin{pmatrix}
\cos\alpha & \sin\alpha & 0 \\
-\sin\alpha & \cos\alpha & 0 \\
0 & 0 & 1
\end{pmatrix}
\tag{12.58}
$$

식 (12.52)와 식 (12.53)을 다음과 같이 다시 정리할 수 있다.

$$
x_t^{j\to k} = \delta_x + A\,x_t^j
\tag{12.59}
$$

$$
m_i^{j\to k} = \delta_m + A\,m_i^j
\tag{12.60}
$$

전체 스테이트 벡터에 대해 식 (12.61)을 구할 수 있다.

$$
y_t^{j\to k} = \Delta + \mathcal{A}\,y_t^j
\tag{12.61}
$$

여기서

$$
\Delta = (\delta_r \ \delta_m \ \delta_m \ \cdots \ \delta_m)^T
\tag{12.62}
$$

$$\mathcal{A} = \begin{pmatrix} A_r & 0 & \cdots & 0 \\ 0 & A_m & \cdots & 0 \\ \vdots & \vdots & \ddots & \vdots \\ 0 & 0 & \cdots & A_m \end{pmatrix} \tag{12.63}$$

정보 공간에서 필요한 좌표 변환 역시 앞에서 했던 것과 비슷하다. 우선 시간 t에서 j번째 로봇의 사후확률을 정보 행렬 Ω^j와 정보 벡터 ξ^j를 이용해 정의하자. 벡터 이동과 행렬 회전을 적용해 식 (12.64)의 변환 결과를 얻는다.

$$p(y^{j \to k} \mid z^j_{1:t}, u^j_{1:t}) \tag{12.64}$$

$$= \eta \, \exp \left\{ -\tfrac{1}{2} \, y^{j \to k, T} \, \Omega^{j \to k} \, y^{j \to k} + y^{j \to k, T} \, \xi^{j \to k} \right\}$$

$$= \eta \, \exp \left\{ -\tfrac{1}{2} \, (\Delta + \mathcal{A} \, y^j)^T \, \Omega^{j \to k} \, (\Delta + \mathcal{A} \, y^j) + (\Delta + \mathcal{A} \, y^j)^T \, \xi^{j \to k} \right\}$$

$$= \eta \, \exp \left\{ -\tfrac{1}{2} \, y^{jT} \, \mathcal{A}^T \, \Omega^{j \to k} \, \mathcal{A} \, y^j + y^{jT} \, \Omega^{j \to k} \, \Delta - \underbrace{\tfrac{1}{2} \Delta^T \, \Omega^{j \to k} \, \Delta}_{\text{상수}} \right.$$

$$\left. + \underbrace{\Delta^T \, \xi^{j \to k}}_{\text{상수}} + y^{jT} \, \mathcal{A}^T \, \xi^{j \to k} \right\}$$

$$= \eta \, \exp \left\{ -\tfrac{1}{2} \, y^{jT} \, \mathcal{A}^T \, \Omega^{j \to k} \, \mathcal{A} \, y^j + y^{jT} \, \Omega^{j \to k} \, \Delta + y^{jT} \, \mathcal{A}^T \, \xi^{j \to k} \right\}$$

$$= \eta \, \exp \left\{ -\tfrac{1}{2} \, y^{jT} \, \underbrace{\mathcal{A}^T \, \Omega^{j \to k} \, \mathcal{A}}_{\Omega^j} \, y^j + y^{jT} \, \underbrace{(\Omega^{j \to k} \, \Delta + \mathcal{A}^T \, \xi^{j \to k})}_{\xi^j} \right\}$$

이를 통해 다음과 같은 결과를 얻는다.

$$\Omega^j = \mathcal{A}^T \, \Omega^{j \to k} \, \mathcal{A} \tag{12.65}$$

$$\xi^j = (\Omega^{j \to k} \, \Delta + \mathcal{A}^T \, \xi^{j \to k}) \tag{12.66}$$

$\mathcal{A}^{-1} = \mathcal{A}^T$이므로, 다음과 같이 정리할 수 있다.

$$\Omega^{j \to k} = \mathcal{A} \, \Omega^j \mathcal{A}^T$$

$$\xi^{j \to k} = \mathcal{A} \, (\xi^j - \Omega^{j \to k} \, \Delta) \tag{12.67}$$

이 결과는 표 12.7 알고리즘 2~7행의 정합성을 증명한다. 이 외에 나머지 소프트 동일성 제약 조건은 12.9.3절의 내용을 이용하면 쉽게 알 수 있다.

12.11.3 대응 변수 생성

나머지 문제는 다른 맵 사이의 대응 변수correspondence를 생성하고 행렬 회전 α 및 벡터 평행 이동 δ를 계산하는 것과 관련이 있다. 가능한 접근 기법이 무수히 많기 때문에 그중 한 가지 알고리즘을 알아보기로 한다. 분명히 이 문제에는 로컬 맵 모두에서 잠재적으로 일치할 수 있는 많은 피처가 있다.

랜드마크 기반 맵에 대한 표준 알고리즘은 충분히 가까운 주변 랜드마크의 로컬 구성을 캐싱한다. 이를 통해 해당 로컬 구성을 비교해 대응 변수를 위한 좋은 후보가 될 수 있다. 예를 들어, m개의 주변 랜드마크(m이 작은 경우) 집합을 식별하고 이들 사이의 상대적인 거리 또는 각도를 계산할 수 있다. 그런 거리 또는 각도 벡터는 두 맵을 비교하는 데 사용할 수 있는 통계 정보로 사용된다. 해시 테이블이나 KD 트리를 사용하면 효율적으로 액세스할 수 있으므로 "j번째 로봇의 맵에서 다음과 같은 m개의 랜드마크를 로봇 k의 맵에 있는 m개의 랜드마크에 대응되는가?"라는 질문에 적어도 근사화 결과를 통해 응답이 가능하다. 초기 대응 변수가 확인되면 두 맵에서 이 m개 피처 간의 2차 거리를 최소화하여 d와 α를 쉽게 계산할 수 있다.

융합은 다음과 같이 진행된다. 첫째, 융합 연산자는 두 맵에서 m개의 로컬 피처로부터 계산된 d, α, $c^{j,k}$를 사용해 호출된다. 결과적으로 표 12.6의 대응 테스트가 임계치 아래로 떨어질 확률을 만들어내는 추가 랜드마크를 식별한다. 그런 랜드마크 쌍이 발견되지 않으면 단순 종료가 발생할 수 있다.

통합 맵의 두 구성요소(특히 대응하지 않는 주변 랜드마크)를 비교하면 결과 일치를 받아들이는 기준을 얻을 수 있다. 공식적으로 일단 검색이 종료되면 전체 유사가능도(로그 형태로)의 결과 감소가 축약된 피처 개수에 상수를 곱하여 상쇄되는 경우 융합이 허용된다. 이것은 월드의 피처 개수에 대해 지수적 사전확률을 기반으로 베이지안 MAP 추정기를 효과적으로 구현한다.

일반적으로 우리는 최적의 대응 변수를 검색하는 작업이 NP 하드^{NP-hard} 문제임에 주목할 필요가 있다. 그러나 힐 클라이밍 알고리즘은 실제로 잘 동작하는 경향이 있다.

12.11.4 예제

그림 12.22는 8개의 로컬 맵 예를 보여준다. 이 맵은 앞에서 설명한 벤치마크 데이터 셋을 8개의 분리된 서브 시퀀스로 분할하고, 분리된 각 서브 시퀀스에서 SEIF를 실행함으로써 얻을 수 있다.

대응 검색을 위해 해시 테이블에서 $m = 4$개의 로컬 피처를 이용해 로컬 맵을 결합해서 SEIF는 그림 12.23과 같이 맵에 신뢰성 있는 결과를 만들어냈다. 이 맵은 $\mu = \Omega^{-1}\xi$로 계산할 때 관련 로컬 맵을 단지 중첩한 게 아니다. 대신 각 로컬 맵은 정보 폼을 추가로 결합한 결과 계산 과정에서 약간 휘었다.

그림 12.24는 3대의 항공기 시뮬레이션 결과다. 이 그림을 보면 융합 맵을 통해 각 개별 맵의 불확실성이 감소함을 알 수 있다.

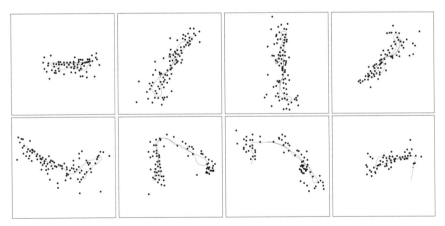

그림 12.22 데이터를 8개의 시퀀스로 분할해 만든 8개의 로컬 맵

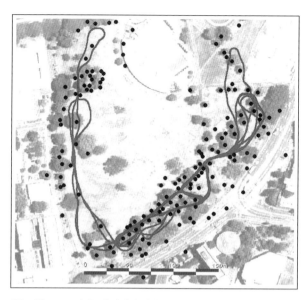

그림 12.23 다중 로봇 SLAM 결과. 이 장에서 설명한 알고리즘을 이용해 만들었다. 출처: Yufeng Liu

12.12 요약

12장에서는 온라인 SLAM 문제의 효율적인 솔루션인 희소한 확장 정보 필터, 즉 SEIF에 대해 알아봤다. SEIF는 정보 형태의 사후확률을 표현한다는 점에서 GraphSLAM과 유사하다. 그러나 과거의 포즈가 통합되어 온라인 SLAM 알고리즘이 된다는 점에서 차이가 있다. 이 장에서 배운 내용은 다음과 같다.

- 과거의 포즈를 통합할 때, 포즈에서 관찰된 피처는 정보 행렬에 직접 링크된다.

- 정보 행렬은 물리적으로 인접한 피처들 사이에서 발견되는 소수의 피처 간 링크에 의해 지배되는 경향이 있다. 이 두 피처가 더 심하게 분리될수록, 링크는 점점 더 약해진다.

- 링크 수를 줄이는 방식으로 SEIF를 통해 정보를 이동시키는 행렬을 희소화하면 정보 행렬이 항상 희소하게 유지된다. 전체 맵의 크기가 N임에도 불구하고 이 행렬 안에 있는 모든 요소가 유한한 수의 다른 많은 행렬 요소들과 0이

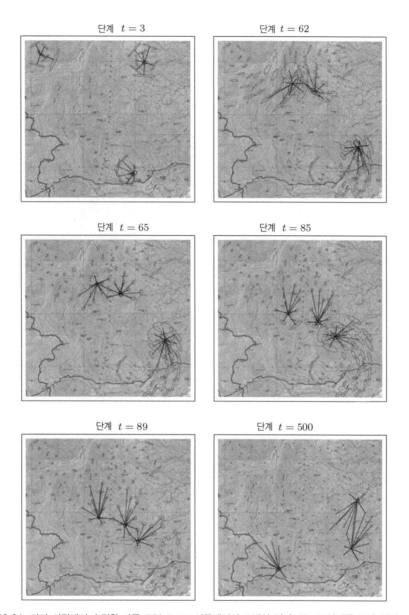

그림 12.24 여러 시점에서 수집한 다중 로봇 SLAM 시뮬레이션 스냅샷 결과. 62~64단계를 보면, 차량 1과 2가 처음에는 동일한 영역을 돌아다니고 있다. 이에 따라 로컬 맵에서 불확실성이 감소한다. 이후 85~89단계까지는 차량 2가 차량 3과 동일한 랜드마크를 관찰하고 있으며, 따라서 전체 불확실성도 유사하다. 500단계까지 완료하고 나면 모든 랜드마크에서 정확하게 로컬화가 이뤄졌다.

아닌 정보 값으로만 연결되어 있는 것을 희소성이라 한다. 희소화는 정확한 연산이 아니라 근사화다.

- 희소한 정보 행렬을 위한 필수적인 필터링 단계인 측정 단계와 모션 업데이트 단계들은 맵 크기와는 무관한 시간 내에 수행될 수 있음을 배웠다. 통상적인 정보 필터에서는 측정 업데이트 단계만 상수 시간 내에 계산이 이뤄진다. 모션 업데이트 단계에는 더 많은 시간이 필요하다.

- 여러 단계에서 SEIF는 여전히 스테이트 추정값을 필요로 한다. SEIF는 이러한 추정값을 복구하기 위해 어몰타이즈드 알고리즘을 사용한다.

- 데이터 연관을 위한 두 가지 기술을 알아봤다. 첫 번째는 EKF SLAM: 증분형 최대 유사가능도에 대해 설명한 것과 동일하다. 이 기술은 각 시점에서 가장 유사가능도가 높은 측정값을 연관 짓지만 대응 결정은 절대로 수정하지 않는다.

- 개선된 기법은 모든 데이터 연관의 트리를 반복적으로 검색해 모든 데이터 연관의 유사성을 최대화하는 데이터 연관 벡터에 도달하게 한다. 이 작업은 분기 한정 기법의 온라인 버전을 기반으로 수행된다. 이 기술은 데이터의 로그 유사가능도 값이 부분적으로 확장된 트리의 경계(프린지fringe)를 따라 기억되는 게으른 트리 확장 기술lazy tree expansion technique을 사용한다. 현재 가장 좋은 리프 노드의 값이 프린지에서 부분적으로 확장된 값보다 낮을 경우, 프린지를 확장한다. 이때, 노드값 자체가 더 낮아지거나 데이터 연관 문제에 대해 더 나은 글로벌 솔루션이 발견될 때까지 프린지 확장이 이뤄진다.

- 우리는 다중 로봇 매핑 관점에서 SEIF를 어떻게 사용하는지도 알아봤다. 이 알고리즘은 내재된 맵 자체를 계산하지 않고 정보 폼으로 표현된 맵을 회전하고 옮기기 위해 내부 루프 기술을 사용한다. 이렇게 하면 정보 행렬의 희소성을 유지할 수 있다.

- 다중 로봇 매핑 문제에서 두 맵 간의 글로벌 대응 변수를 효율적으로 수행할 수 있는 알고리즘을 배웠다. 이 알고리즘은 로컬 피처 설정 정보들을 해싱하고 고속 검색 기술을 사용해 대응 변수를 설정한다. 그런 다음 맵을 재귀적으로 통합하고 결과 맵이 잘 맞으면 병합을 허용한다.

SEIF는 이 책에서 소개하는 효율적인 온라인 SLAM 알고리즘 중 첫 번째 버전이다. 이는 과거의 포즈를 통합하는 아이디어와 정보 표현의 우아함을 결합했다. 아울러 SEIF는 EKF의 '게으른' 버전이라고도 볼 수 있다. EKF는 정확한 결합 공분산을 계산하기 위해 피처 네트워크를 통해 새로운 측정값 각각의 정보를 능동적으로 전파한다. 반면 정보를 일단 모은 후 시간이 지남에 따라 서서히 계산 결과를 만든다. 아울러 필요한 경우 가장 잘 알려진 경로에 대한 대안 경로만 고려한다는 점에서 SEIF의 트리 기반 데이터 연관 역시도 게으르다. 이는 13장에서 설명할 데이터 연관 문제에 입자 필터를 적용하는 기술과는 대조적이다.

그러나 온라인을 효율적으로 활용하기 위해 SEIF는 몇 가지 근사화 기법을 사용해야 하는데, 이로 인해 GraphSLAM 또는 EKF보다 정확성은 떨어진다. 특히 SEIF에는 두 가지 제약 조건이 있다. 첫째, EKF처럼 한 번만 선형화한다. GraphSLAM은 일반적으로 결과의 정확성을 향상하는 재선형화가 가능하다. 둘째, SEIF는 정보 행렬의 희소성을 유지하기 위해 근사화를 사용한다. 통합 중인 정보로 인해 GraphSLAM 알고리즘에는 원래부터 희소성이 있었다.

기본적인 SEIF 단계(알려진 대응 변수와 함께)는 '상수 시간' 내에 구현될 수 있지만, 주의를 요하는 마지막 순서가 있다. SEIF가 선형 시스템에 적용된 경우(즉, 테일러 급수 근사가 필요하지 않으며 데이터 연관성이 알려진 경우) 업데이트는 확실히 상수 시간 내에 계산이 이뤄진다. 그러나 선형화할 필요가 있기 때문에 정보 스테이트와 함께 평균 μ_t의 추정값이 필요하다. 이 추정값은 기존의 정보 필터에서는 유지되지 않으며 복구에는 어느 정도 시간이 필요하다. 이 장에서 구현한 SEIF는 단지 추정값을 근사화만 했다. 따라서 사후확률 추정값의 성능은 근사화의 성능에 따라 달라질 수 있다.

12.13 참고문헌

SLAM에서의 정보 이론적 표현에 관한 문헌은 11장에서 이미 오프라인 최적화와 관련되어 논의된 바 있다. 정보 필터는 SLAM 분야에서 비교적 오래된 역사가 있다. 1997년에 쏘르바^{Csorba}는 3개의 랜드마크 세 쌍 사이에 상대 정보를 유지하는 정보 필터를 개발했다. 그는 이러한 정보 링크가 암시적으로 글로벌 상관관계 정보를 유지하면서 선형 메모리 요구사항에 대해 2차 함수의 시간 복잡도를 필요로 하는 알고리즘을 개발하는 방법을 처음으로 발견했다. Newman(2000), Newman and Durrant-Whyte(2001)는 유사한 정보 필터를 개발했지만 랜드마크-랜드마크 정보 링크가 실제로 획득되는 방법에 대한 의문을 제기했다. 레너드^{Leonard}와 뉴먼^{Newman}은 '일관성, 수렴성을 지니고 있고 상수 시간의 계산 복잡도를 갖는 SLAM'이라고 야심 차게 이름을 붙인 효율적인 정렬 알고리즘 접근 방식을 개발함으로써 합성 개구 수중 음파 탐지기$^{synthetic\ aperture\ sonar}$를 사용해 자율 운전 수중 차량에 성공적으로 적용했다(Newman and Rikoski, 2003). 이 분야의 또 다른 중요 알고리즘인 얇은 접합 필터$^{thin\ junction\ filter}$ 알고리즘(Paskin, 2003)은 SLAM 사후확률을 **얇은 접합 트리**$^{thin\ junction\ tree}$(Pearl, 1988; Cowell et al., 1999)라는 희소 네트워크로 표현한다. Frese(2004)에서도 같은 아이디어를 활용했는데, 여기서는 효율적인 추론을 위해 정보 행렬의 유사 트리 인수분해 기법을 개발했다. 줄리어^{Julier}와 울만^{Uhlmann}은 공분산 교집합$^{covariance\ intersection}$이라는 확장성 있는 기술을 개발했다. 이 기술은 과잉신뢰^{overconfidence}를 방지하는 방법을 이용해 사후확률을 희소하게 근사화한다. 이 알고리즘은 나사^{NASA}의 화성 탐사 로버^{Rover}들에 성공적으로 구현됐다(Uhlmann et al., 1999). 정보 필터 관점은 Bulata and Devy(1996)의 초기 연구 성과와도 관련이 있다. 이들의 접근 방법은 다음과 같다. 우선 로컬 랜드마크 중심의 참조 프레임에서 랜드마크 모델을 얻는다. 그런 다음 랜드마크 간의 상대적 정보를 해결해서 일관성 있는 하나의 글로벌 맵을 만들어낸다. 마지막으로 Bosse et al.(2004), Gutmann and Konolige(2000), Frese(2004), Montemerlo and Thrun(2004)과 같이 전체 SLAM 문제를 해결하는 특별한 '오프라인' SLAM 알고리즘은 제한된 크기의 데이터셋을 온라인으로 실행할 수 있는 속도가 빠르다는 것을 보여줬다.

다중 로봇 맵 병합에 관해서는 Gutmann and Konolige(2000)를 참조한다. Nettleton et al.(2003)에서는 다중 로봇 SLAM 문제에 정보 표현을 최초로 확대 적용했다. 여기서는 정보를 첨가하면 차량 여러 대에 있는 로컬 맵의 비동기적 통합이 가능함을 보여줬다. 아울러 서브맵의 추가를 통해 효율적인 통신 알고리즘을 만들어냈다는 점도 보여줬다. 이에 따라 맵의 통합은 관련된 차량 대수의 로그에 비례하는 시간 내에 계산이 가능하게 한다. 그러나 그러한 맵을 어떻게 정렬할 것인가는 여전히 미해결 상태다. 이 문제는 Thrun and Liu(2003)가 다뤘다.

Thrun et al.(2002)에서 SEIF 알고리즘이 개발됐다. 참고로 Thrun et al.(2004a)도 있다. 우리가 아는 바로는 필터링 관점에서 피처 쌍 사이에 정보 링크를 생성하는 첫 번째 알고리즘이다. SEIF를 위한 그리디 데이터 연관 알고리즘은 Liu and Thrun(2003)에 의해 개발됐다. 그리고 이는 Thrun and Liu(2003)에 의해 다중 로봇 SLAM으로 확장됐다. 분기 한정 데이터 연관 검색 기법은 Hähnel et al.(2003a)에서 처음 제시됐다. 이는 Lawler and Wood(1966)와 Narendra and Fukunaga(1977)의 분기 한정 기법을 기반으로 하고 있다. 이것은 정보 이론적 개념의 맥락에서가 아니라 유사한 데이터 연관 기법을 개발한 Kuipers et al.(2004)을 이용해 동작한다. Thrun et al.(2004c)에서는 10^8개의 피처가 있는 맵을 포함하고 있는 버려진 광산의 매핑 문제에 SEIF를 적용했다.

이 장에서 언급된 빅토리아 파크 데이터셋은 Guivant et al.(2000)에서 처음 사용했다.

12.14 연습문제

1. GraphSLAM의 희소성을 SEIF의 희소성과 비교해보라. 각각의 장단점은 무엇인가? 둘 중 어느 쪽이 더 좋은지 조건을 제공해보라. 최대한 간결할수록 좋다.

2. 많은 SLAM 연구자에게 중요한 개념은 일관성^{consistency}이다. SLAM 커뮤니티는 일관성을(일관성이 점근적 속성이라는 면에서) 통계학의 일반적인 분야와는 다르게 정의한다.

    x가 임의의 벡터이고, $\mathcal{N}(\mu, \Sigma)$가 x의 가우시안 추정이라 하자. 가우시안은 다음의 두 가지 속성을 충족하면 일관성이 있다고 한다.

    조건 1 비편향성: 평균 μ는 x의 비편향 추정값이다.

$$E[\mu] \;\; = \;\; x$$

조건 2 **과잉 신뢰 금지:** 공분산 Σ는 과잉 신뢰에 해당되지 않는다.

Ξ를 추정량 μ의 공분산이라고 놓자.

$$\Xi = E[(\mu - E[\mu])\,(\mu - E[\mu])^T]$$

그런 다음 만약 다음과 같은 조건을 만족하는 벡터 x가 존재하면 Σ는 과잉 신뢰라고 한다.

$$\bar{x}^T\,\Sigma^{-1}\,\bar{x} \;>\; \bar{x}^T\,\Xi^{-1}\,\bar{x}$$

과잉 신뢰는 추정된 공분산 Σ의 95% 신뢰 타원이 추정값의 실제 신뢰 타원 내부에 있거나 교차함을 의미한다.

일관성을 증명하는 것은 일반적으로 SLAM 알고리즘에서는 어려운 문제다. 여기서는 희소화가 일관성을 유지한다는 것을 증명하거나 반증하려고 한다(식 (12.20) 참조). 특히, 다음과 같은 추측을 증명하거나 반증해보라. 가우시안 형태의 일관된 결합 확률 $p(a,\,b,\,c)$가 주어지면 다음과 같은 근사화 결과 또한 일관성이 있다.

$$\tilde{p}(a, b, c) \;=\; \frac{p(a, c)\,p(b, c)}{p(c)}$$

3. 이 문제에서는 선형 가우시안 SLAM에 대한 SEIF 알고리즘을 구현한다. 선형 가우시안 SLAM에서 모션 방정식은 단순한 가산 유형을 띠고 있다.

$$x_t \;\sim\; \mathcal{N}(x_{t-1} + u_t, R)$$

그리고 측정값 방정식은 다음과 같다.

$$z_t \;=\; \mathcal{N}(m_j - x_t, Q)$$

여기서 R과 Q는 대각 공분산 행렬이다. 데이터 연관은 선형 가우시안 SLAM이다.

(a) 간단한 시뮬레이션으로 실행하고 구현의 정확성을 확인해보라.

(b) 정보 행렬의 희소성 함수로 SEIF의 오차를 그래프로 그려보라. 여기서 무

엇을 알 수 있는가?

(c) SEIF 구현의 계산 시간을 그래프로 그려보라. 여기서 정보 행렬의 희소성 함수를 이용한다. 눈에 띄는 흥미로운 결과에 대해서도 설명해보라.

4. SEIF의 희소화 규칙은 $m^- = 0$으로 가정해서 모든 패시브 피처 m^-를 제거한다. 왜 이렇게 되었을까? 이러한 피처가 조정되지 않을 경우 업데이트 방정식은 무엇인가? 결과의 정확도에 대해서도 설명해보라. 아울러 계산 효율성도 설명해보라(최대한 간결하게 답할 것).

5. 현재 측정값 또는 모션 명령이 필터에 통합되는 즉시 SEIF가 선형화된다. 선형화를 소급 변경하는 데 사용할 수 있는 SEIF 알고리즘에 대해 의견을 제시해보라. 이러한 알고리즘의 사후확률은 어떻게 표현될까? 정보 행렬도 표현해보라.

13

FastSLAM 알고리즘

이제 SLAM에 대한 입자 필터particle filter 접근법을 알아보자. 이 책의 여러 장에서 입자 필터를 공부했다. 입자 필터는 가장 효과적인 로봇 알고리즘의 핵심이다. 이는 입자 필터를 SLAM 문제에 적용할 수 있느냐는 문제를 제기한다. 안타깝지만, 입자 필터는 차원의 저주에 영향을 받는다. 가우시안 계수는 추정 문제의 차원 수에 따라 선형 및 제곱수에 비례해서 증가하지만, 입자 필터는 기하급수적으로 증가한다! SLAM 문제에 대한 입자 필터의 직접적인 구현은 맵을 설명하는 데 관련된 많은 수의 변수로 인해 실패할 수밖에 없다.

13장의 알고리즘은 SLAM 문제의 중요한 특성에 기반을 두고 있다. SLAM 문제는 이 책에서 아직까지 명확하게 설명하지 않았다. 특히 알려진 대응 관계를 갖는 완전한 SLAM 문제는 로봇 포즈가 주어지면 맵에서 임의의 2개의 분리된 집합 사이의 조건적 독립성을 갖는다. 바꿔 말해서 어떤 중요한 정보를 주는 주체(또는 사람)가 실제 로봇 경로를 말하면 우리는 서로 독립적으로 모든 피처의 위치를 추정할 수 있다. 이 추정값의 종속성은 로봇 포즈 불확실성을 통해서만 발생한다. 이러한 구조적 관찰은 라오-블랙웰라이즈드 입자 필터Rao-Blackwellized particle filter로 알려진 SLAM에 입자 필터 버전을 적용할 수 있게 한다. 라오-블랙웰라이즈드 입자 필터는 입자를 사용해 다른 변수를 나타내기 위해 가우시안 함수(또는 다른 파라미터 PDF)와 함께 일부 변수에 대한 사후확률을 나타낸다.

FastSLAM은 로봇 경로를 추정하기 위해 입자 필터를 사용한다. 이 입자들 각각에 대해 개별 맵 오차는 조건부 독립conditionally independent이다. 따라서 매핑 문제점은 맵에 있는 각 피처에 대해 하나씩 여러 개의 개별 문제점으로 고려될 수 있다. FastSLAM은 EKF로 이러한 맵 피처 위치를 평가하지만 개별 피처마다 별도의 저차원 EKF를 사용한다. 이는 앞에서 설명한 SLAM 알고리즘과 근본적으로 다르며, 모든 피처가 단일 가우시안을 사용해 모든 피처의 위치를 공동으로 추정한다.

기본 알고리즘은 피처의 개수에 로그를 취한 값의 시간 복잡도로 구현할 수 있다. 따라서 FastSLAM은 일반 EKF 구현 및 많은 파생 버전보다 계산상의 이점을 제공한다. 그러나 FastSLAM의 핵심 장점은 데이터 연관 결정이 입자 단위로 이뤄질 수 있다는 사실에서 나온 것으로, 필터는 가장 가능성이 높은 것뿐만 아니라 여러 데이터 연관에 대한 사후확률을 유지한다. 이것은 지금까지 설명한 전체 SLAM 알고리즘과는 완전히 다른데, 어느 시점에서든 단일 데이터 연관만을 추적한다. 실제로 데이터 연관을 통해 샘플링하면 FastSLAM은 최대 유사가능도 데이터 연관뿐만 아니라 전체 사후확률을 근삿값으로 계산한다. 경험적으로 볼 수 있듯이 여러 데이터 연관을 동시에 수행할 수 있으므로 FastSLAM은 점진적 최대 유사가능도 데이터 연관을 기반으로 하는 알고리즘보다 데이터 연관 문제에 훨씬 강력하다.

다른 SLAM 알고리즘에 비해 FastSLAM의 또 다른 장점은 입자 필터가 비선형 로봇 모션 모델을 처리할 수 있는 반면 이전 기술은 선형 함수들을 이용해 이러한 모델을 근사화한다는 점에서 비롯된다. 이는 키네마틱스가 매우 비선형이거나 포즈 불확실성이 상대적으로 높을 때 중요하다.

입자 필터를 사용하면 FastSLAM으로 전체 SLAM 문제full SLAM problem와 온라인 SLAM 문제online SLAM problem를 모두 해결할 수 있는 비정상적인 상황이 발생한다. 앞으로 살펴보겠지만 FastSLAM은 사후 경로 전체를 계산하도록 구성되어 있다. 전체 경로만 조건에 따라 독립적으로 피처 위치를 반영한다. 그러나 입자 필터는 한 번에 한 포즈를 추정하므로 FastSLAM은 실제로 온라인 알고리즘이다. 따라서 온라인 SLAM 문제도 해결할 수 있다. 지금까지 설명한 모든 SLAM 알고리즘 중에서 FastSLAM은 두 범주에 모두 적합한 유일한 알고리즘이다.

이 장에서는 FastSLAM 알고리즘의 여러 인스턴스를 설명한다. FastSLAM 1.0은 개념적으로 간단하고 구현하기 쉬운 오리지널 FastSLAM 알고리즘이다. 그러나 특정 상황에서는 FastSLAM 1.0의 입자 필터 구성요소가 샘플을 비효율적으로 생성한다. 알고리즘 FastSLAM 2.0은 개선된 제안 분포를 통해 이 문제를 극복하지만, 수학적 유도와 마찬가지로 상당히 많은 구현이 필요하다. 이 두 가지 FastSLAM 알고리즘은 앞에서 설명한 피처 기반 센서 모델을 사용한다. 범위 센서에 FastSLAM을 적용하면 SLAM 문제를 점유 그리드 맵과 관련해 해결하는 알고리즘이 생성된다. 이 장에서는 모든 알고리즘에 대해 데이터 연관 변수를 추정하는 기술을 제공한다.

13.1 기본 알고리즘

그림 13.1에 기본 FastSLAM 알고리즘의 입자가 표시되어 있다. 각 입자는 맵 안에 있는 각 피처 m_j별로 (1) 추정된 로봇 포즈 $x_t^{[k]}$, (2) 평균 $\mu_{j,t}^{[k]}$와 공분산 $\Sigma_{j,t}^{[k]}$로 구성된 칼만 필터 집합을 포함하고 있다. 여기서 $[k]$는 입자의 인덱스다. 통상적으로 총 입자 개수는 M으로 표시된다.

기본적인 FastSLAM 업데이트 단계는 그림 13.2에 나와 있다. 업데이트 단계의 많은 세부 사항을 제외하면, 이 책의 4장에서 설명한 것처럼 메인 루프는 입자 필터와 동일한 큰 부분 내에 있다. 초기 단계는 시간 $t - 1$에서 사후확률을 나타내는 입자를 검색하고, 확률론적 모션 모델을 사용해 시간 t 동안 로봇 포즈를 샘플링하는 것을 포함한다. 다음 단계는 표준 EKF 업데이트 방정식을 사용해 관찰된 피처에 대한 EKF를 업데이트한다. 이 업데이트는 바닐라 입자 필터의 일부가 아니지만 FastSLAM에서 맵을 학습하는 데 필요하다. 마지막 단계는 입자를 리샘플링하는 데 사용할 중요도 가중치 계산과 관련이 있다.

이제 각 단계를 자세히 알아보고, SLAM 문제의 기본적인 수학 속성을 바탕으로 유도해보자. 여기서 소개하는 수학적 유도 과정 및 결과는 FastSLAM이 온라인 문제가

	로봇 경로	피처 1	피처 2		피처 N
입자 $k = 1$	$x_{1:t}^{[1]} = \{(x\ \ y\ \ \theta)^T\}_{1:t}^{[1]}$	$\mu_1^{[1]}, \Sigma_1^{[1]}$	$\mu_2^{[1]}, \Sigma_2^{[1]}$	$\ldots$	$\mu_N^{[1]}, \Sigma_N^{[1]}$
입자 $k = 2$	$x_{1:t}^{[2]} = \{(x\ \ y\ \ \theta)^T\}_{1:t}^{[2]}$	$\mu_1^{[2]}, \Sigma_1^{[2]}$	$\mu_2^{[2]}, \Sigma_2^{[2]}$	$\ldots$	$\mu_N^{[2]}, \Sigma_N^{[2]}$
		$\vdots$			
입자 $k = M$	$x_{1:t}^{[M]} = \{(x\ \ y\ \ \theta)^T\}_{1:t}^{[M]}$	$\mu_1^{[M]}, \Sigma_1^{[M]}$	$\mu_2^{[M]}, \Sigma_2^{[M]}$	$\ldots$	$\mu_N^{[M]}, \Sigma_N^{[M]}$

그림 13.1 FastSLAM의 입자들은 (1) 경로 추정값과 (2) 연관 공분산을 이용한 개별 피처 위치의 추정값 집합으로 구성된다.

- 다음 사항을 M번 반복 시행한다.
  - **검색**: 입자 집합 Y_{t-1}에서 포즈 $x_{t-1}^{[k]}$를 검색한다.
  - **예측**: 새로운 포즈 $x_t^{[k]} \sim p(x_t \mid x_{t-1}^{[k]}, u_t)$를 샘플링한다.
  - **측정 업데이트**: 관찰된 각 피처에 대해 z_t^i는 측정값에 대한 대응 변수 j를 식별하고 측정값 z_t^i를 대응되는 EKF에 반영한다. 이를 위해 평균 $\mu_{j,t}^{[k]}$와 공분산 $\Sigma_{j,t}^{[k]}$를 업데이트한다.
  - **중요도 가중치**: 새로운 입자에 대해 중요도 가중치 $w^{[k]}$를 계산한다.
- **리샘플링**: 대체를 목적으로 M개의 입자를 샘플링한다. 입자 각각은 $w^{[k]}$에 비례하는 확률로 샘플링한다.

그림 13.2 FastSLAM 알고리즘의 기본 단계

아닌 전체 SLAM 문제를 해결한다는 것을 전제로 한다. 뒤에서 더 자세히 설명하겠지만 FastSLAM이 다루는 문제는 다음과 같다. 각 입자는 전체 SLAM 문제에 필요한 만큼 경로 공간의 샘플로 생각할 수 있다. 하지만 업데이트는 가장 최근의 포즈만 필요로 한다. 이러한 이유로 FastSLAM은 필터처럼 실행될 수 있다.

13.2 SLAM 사후확률 인수분해

FastSLAM에 대한 수학적인 핵심 개념은 식 (10.2)의 전체 SLAM 사후확률 $p(y_{1:t} \mid z_{1:t}, u_{1:t})$가 인수분해^{factoring}된 형식으로 정리할 수 있다. 다음 식을 보자.

$$p(y_{1:t} \mid z_{1:t}, u_{1:t}, c_{1:t}) = p(x_{1:t} \mid z_{1:t}, u_{1:t}, c_{1:t}) \prod_{n=1}^{N} p(m_n \mid x_{1:t}, z_{1:t}, c_{1:t}) \quad (13.1)$$

이 인수분해 결과를 통해 경로와 맵에 대한 사후확률의 계산을 $N + 1$개의 확률로 분해할 수 있음을 알 수 있다.

FastSLAM은 입자 필터를 사용해 $p(x_{1:t} \mid z_{1:t}, u_{1:t}, c_{1:t})$로 표시된 로봇 경로의 사후확률을 계산한다. 맵의 각 피처에 대해 FastSLAM은 각 $n = 1, \dots, N$에 대해 하나씩 위치 $p(m_n \mid x_{1:t}, c_{1:t}, z_{1:t})$에 대해 개별 추정기를 사용한다. 따라서 FastSLAM에서 계산해야 하는 사후확률은 $N+1$개다. 피처 추정치는 로봇 경로가 주어졌을 때 구할 수 있다. 즉 각 피처별로 피처 측정기가 하나씩 있다는 뜻이다. M개의 입자를 사용하면 실제로 필터 수가 $1 + MN$이 된다. 이 확률의 곱은 인수분해된 방법에서 기대하는 사후확률을 나타낸다. 뒤에서 보겠지만, 이 인자는 근삿값이 아니라 정확한 값이다. 또한 SLAM 문제의 일반적인 특징이다.

이러한 인수분해식의 정확성을 이해하기 쉽도록 그림 13.3에서 데이터 수집 프로세스를 동적 베이지안 네트워크 형태로 나타냈다. 이 그래프에서 알 수 있듯이, 각 측정값 $z_1, \dots, z_t$는 측정이 수행된 시점의 로봇 포즈에 따라 대응 변수 피처의 위치 함수다. 로봇 경로의 지식을 가지고 각각의 피처 추정 문제를 따로따로 분리하고 이들이 서로 독립성을 갖도록 렌더링한다. 그림 13.3을 보면 로봇 경로상에 변수가 포함

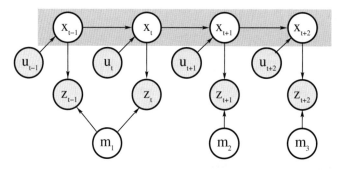

그림 13.3 베이즈 네트워크 그래프로 표현한 SLAM 문제. 로봇은 일련의 제어에 의해 포즈 x_{t-1}에서 포즈 x_{t+2}로 이 동한다. 각 포즈 x_t에서 맵 $m = \{m_1, m_2, m_3\}$에서 가까운 피처를 관찰한다. 이 그래프 네트워크는 포즈 변수가 맵 의 개별 피처를 서로 구분한다. 포즈가 알려지면 값이 알려지지 않은 변수가 포함된 다른 경로가 맵의 두 피처 간 에 남아 있지 않다. 이 경로가 없으면 맵에서 조건에 상관없이 (포즈가 주어진 경우) 두 피처의 사후확률을 렌더링 한다.

되지 않은 경우 피처들 간에 직접 연결된 경로가 존재하지 않는다. 그러므로 로봇 경로가 알려진 경우, 한 피처의 정확한 위치를 아는 것과 관계없이 다른 피처의 위치는 전혀 알 수 없다. 이는 식 (13.1)에서 설명한 것처럼 피처가 주어진 로봇 경로에 조건부 독립임을 의미한다.

이 속성이 SLAM 문제에 어떤 영향을 미치는지 알아보기에 앞서, 간단히 수학적 유도 과정을 살펴보자.

13.2.1 인수분해된 SLAM 알고리즘의 수학적 유도

첫 번째 원리로부터 식 (13.1)을 유도해보자. 결과는 식 (13.2)와 같다.

$$p(y_{1:t} \mid z_{1:t}, u_{1:t}, c_{1:t}) \quad = \quad p(x_{1:t} \mid z_{1:t}, u_{1:t}, c_{1:t})\, p(m \mid x_{1:t}, z_{1:t}, c_{1:t}) \qquad (13.2)$$

이를 통해 오른쪽 항의 두 번째 항을 다음과 같이 정리할 수 있다.

$$p(m \mid x_{1:t}, c_{1:t}, z_{1:t}) \quad = \quad \prod_{n=1}^{N} p(m_n \mid x_{1:t}, c_{1:t}, z_{1:t}) \qquad (13.3)$$

이 결과를 수학적 유도로 증명해보자. 가장 최근의 측정값에서 피처 m_n이 관찰됐는지 여부에 따라 유도 과정에서 두 가지 가능한 경우를 구분할 필요가 있다. 특히 $c_t \neq n$이라면, 가장 최근의 측정값 z_t는 사후확률에 영향을 주지 않으며, 로봇 포즈 x_t 또는 대응 변수 c_t도 마찬가지로 영향을 주지 않는다. 따라서 결과는 식 (13.4)와 같다.

$$p(m_n \mid x_{1:t}, c_{1:t}, z_{1:t}) \quad = \quad p(m_n \mid x_{1:t-1}, c_{1:t-1}, z_{1:t-1}) \tag{13.4}$$

$c_t = n$이고, $m_n = m_{c_t}$임을 가장 최근의 측정값 z_t를 통해 관찰했다면, 베이즈 법칙을 적용한다. 여기에는 다음과 같은 단순화 작업이 포함되어 있다.

$$
\begin{aligned}
p(m_{c_t} \mid x_{1:t}, c_{1:t}, z_{1:t}) \quad &= \quad \frac{p(z_t \mid m_{c_t}, x_{1:t}, c_{1:t}, z_{1:t-1}) \, p(m_{c_t} \mid x_{1:t}, c_{1:t}, z_{1:t-1})}{p(z_t \mid x_{1:t}, c_{1:t}, z_{1:t-1})} \\
&= \quad \frac{p(z_t \mid x_t, m_{c_t}, c_t) \, p(m_{c_t} \mid x_{1:t-1}, c_{1:t-1}, z_{1:t-1})}{p(z_t \mid x_{1:t}, c_{1:t}, z_{1:t-1})} \tag{13.5}
\end{aligned}
$$

이를 통해 관찰된 피처 m_{c_t}의 확률에 대해 다음과 같은 식으로 표현할 수 있다.

$$p(m_{c_t} \mid x_{1:t-1}, c_{1:t-1}, z_{1:t-1}) \quad = \quad \frac{p(m_{c_t} \mid x_{1:t}, c_{1:t}, z_{1:t}) \, p(z_t \mid x_{1:t}, c_{1:t}, z_{1:t-1})}{p(z_t \mid x_t, m_{c_t}, c_t)} \tag{13.6}$$

식 (13.3)의 정확성은 귀납법을 통해 증명할 수 있다. 시간 $t - 1$에서 사후확률은 이미 알고 있다고 가정해보자.

$$p(m \mid x_{1:t-1}, c_{1:t-1}, z_{1:t-1}) \quad = \quad \prod_{n=1}^{N} p(m_n \mid x_{1:t-1}, c_{1:t-1}, z_{1:t-1}) \tag{13.7}$$

$t = 1$인 경우 식 (13.7)은 참이다. 왜냐하면 시간이 시작될 때 로봇은 모든 피처에서 아무 정보도 없기 때문이다. 따라서 모든 추정값은 독립이다. 시간 t에서 사후확률은 다음과 같다.

$$
\begin{aligned}
p(m \mid x_{1:t}, c_{1:t}, z_{1:t}) \quad &= \quad \frac{p(z_t \mid m, x_{1:t}, c_{1:t}, z_{1:t-1}) \, p(m \mid x_{1:t}, c_{1:t}, z_{1:t-1})}{p(z_t \mid x_{1:t}, c_{1:t}, z_{1:t-1})} \tag{13.8} \\
&= \quad \frac{p(z_t \mid x_t, m_{c_t}, c_t) \, p(m \mid x_{1:t-1}, c_{1:t-1}, z_{1:t-1})}{p(z_t \mid x_{1:t}, c_{1:t}, z_{1:t-1})}
\end{aligned}
$$

여기에 식 (13.7)의 귀납법 가설을 반영하면 다음 식을 얻는다.

$$p(m \mid x_{1:t}, c_{1:t}, z_{1:t}) \tag{13.9}$$

$$= \frac{p(z_t \mid x_t, m_{c_t}, c_t)}{p(z_t \mid x_{1:t}, c_{1:t}, z_{1:t-1})} \prod_{n=1}^{N} p(m_n \mid x_{1:t-1}, c_{1:t-1}, z_{1:t-1})$$

$$= \frac{p(z_t \mid x_t, m_{c_t}, c_t)}{p(z_t \mid x_{1:t}, c_{1:t}, z_{1:t-1})} \underbrace{p(m_{c_t} \mid x_{1:t-1}, c_{1:t-1}, z_{1:t-1})}_{\text{식 (13.6)}}$$

$$\prod_{n \neq c_t} \underbrace{p(m_n \mid x_{1:t-1}, c_{1:t-1}, z_{1:t-1})}_{\text{식 (13.4)}}$$

$$= p(m_{c_t} \mid x_{1:t}, c_{1:t}, z_{1:t}) \prod_{n \neq c_t} p(m_n \mid x_{1:t}, c_{1:t}, z_{1:t})$$

$$= \prod_{n=1}^{N} p(m_n \mid x_{1:t}, c_{1:t}, z_{1:t})$$

식 (13.4)와 식 (13.6)을 대체했다는 점에 주목하자. 이것은 식 (13.3)의 정확성을 증명한다. 메인 폼인 식 (13.1)의 정확성은 이제 이 결과와 다음과 같은 일반적인 변환을 통해 유도할 수 있다.

$$
\begin{aligned}
p(y_{1:t} \mid z_{1:t}, u_{1:t}, c_{1:t}) &= p(x_{1:t} \mid z_{1:t}, u_{1:t}, c_{1:t}) \, p(m \mid x_{1:t}, z_{1:t}, u_{1:t}, c_{1:t}) \tag{13.10} \\
&= p(x_{1:t} \mid z_{1:t}, u_{1:t}, c_{1:t}) \, p(m \mid x_{1:t}, c_{1:t}, z_{1:t}) \\
&= p(x_{1:t} \mid z_{1:t}, u_{1:t}, c_{1:t}) \prod_{n=1}^{N} p(m_n \mid x_{1:t}, c_{1:t}, z_{1:t})
\end{aligned}
$$

전체 경로 $x_{1:t}$에 대한 조건이 이 결과에 반드시 필요하다는 점에 주목하자. 이전 포즈를 통해 의존성이 발생할 수 있으므로 가장 최근의 포즈 x_t에 대한 조건은 조건부 변수로는 불충분하다.

13.3 알려진 데이터 연관을 이용한 FastSLAM

사후확률의 인수분해 관련 특성은 구조화되지 않은 사후확률 분포를 추정하는 SLAM 알고리즘에 비해 중요한 계산상의 이점을 제공한다. FastSLAM은 $MN + 1$개의 필터

(자세히 설명하면 식 (13.1)의 각 요소에 대해 M개다)를 유지함으로써 인수분해 표현을 활용한다. 이렇게 하면 모든 $MN + 1$개의 필터는 저차원이 된다.

앞서 언급했듯이 FastSLAM은 입자 필터를 사용해 경로의 사후확률을 추정한다. 맵 피처 위치는 EKF를 사용해 추정된다. 인수분해를 통해 FastSLAM은 각 피처에 대해 별도의 EKF를 유지 관리할 수 있다. 즉, EKF SLAM보다 업데이트를 효율적으로 수행할 수 있다. 각각의 개별 EKF는 로봇 경로를 조건으로 한다. 따라서 각 입자는 고유한 EKF 집합을 갖는다. 맵에는 각 피처에 대해 하나씩, 입자 필터 내의 각 입자에 대해 하나씩, 총 NM개의 EKF가 있다.

알려진 데이터 연관의 경우에 대해 FastSLAM 알고리즘으로 시작해보자. FastSLAM 의 입자는 다음과 같이 표현할 수 있다.

$$Y_t^{[k]} = \left\langle x_t^{[k]},\ \mu_{1,t}^{[k]}, \Sigma_{1,t}^{[k]}, \ldots, \mu_{N,t}^{[k]}, \Sigma_{N,t}^{[k]} \right\rangle \tag{13.11}$$

평소처럼 괄호 표기법 $[k]$는 입자의 인덱스를 나타낸다. $x_t^{[k]}$는 로봇의 경로 추정값이다. $\mu_{n,t}^{[k]}$와 $\Sigma_{n,t}^{[k]}$는 k번째 입자에 대한 n번째 피처 위치를 나타내는 가우시안의 평균과 분산이다. 이 모든 값을 이용해 k번째 입자 $Y_t^{[k]}$를 만든다. 이러한 사후확률값은 FastSLAM에 총 M개가 있다.

시간 $t - 1$을 바탕으로 시간 t에서 사후확률을 필터링하거나 계산할 때는 이전 단계의 입자 집합인 Y_{t-1}로부터 새로운 입자 집합 Y_t를 생성하는 과정이 포함되어 있다. 이 새로운 입자 집합은 새로운 제어값 u_t와 관련 대응 변수 c_t가 있는 측정값 z_t를 통합한다. 이 업데이트는 다음 단계들로 구성되어 있다.

1. **새로운 포즈를 샘플링하여 경로의 사후확률을 확장**: FastSLAM 1.0은 제엇값 u_t를 사용해 Y_{t-1}의 각 입자에 대한 새로운 로봇 포즈 x_t를 샘플링한다. 좀 더 구체적으로, k번째 입자 $Y_t^{[k]}$를 고려해보자. FastSLAM 1.0은 이 k번째 입자에 따라 포즈 x_t를 샘플링한다. 식 (13.12)의 모션 사후확률에 따라 샘플을 추출한다.

$$x_t^{[k]} \sim p(x_t \mid x_{t-1}^{[k]}, u_t) \tag{13.12}$$

여기서 $x_{t-1}^{[k]}$는 k번째 입자에 있는 시간 $t - 1$에서의 로봇 위치에 대한 사후확률

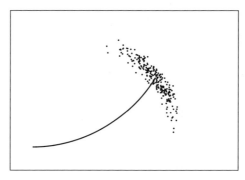

그림 13.4 확률론적 모션 모델로부터 추출한 샘플

추정값이다. 결과 샘플 $x_t^{[k]}$는 이전 포즈 $x_{1:t-1}^{[k]}$의 경로와 함께 임시 입자 집합에 추가된다. 샘플링 단계에 대해서는 그림 13.4의 그래프를 통해 단일 초기 포즈에서 추출한 일련의 포즈 입자를 보여준다.

2. **관찰된 피처 추정값의 업데이트**: 다음으로, FastSLAM 1.0은 평균 $\mu_{n,t-1}^{[k]}$와 공분산 $\Sigma_{n,t-1}^{[k]}$로 표시되는 피처 추정값에 대한 사후확률을 업데이트한다. 업데이트된 값은 새로운 포즈와 함께 임시 입자 집합에 추가된다.

정확한 업데이트 수식은 m_n이 시간 t에서 관찰됐는지 여부에 따라 달라진다. $n \neq c_t$인 경우 n을 관찰하지 않았으므로, 이미 식 (13.4)에서 피처의 사후확률이 변경되지 않았음을 확인했다. 이는 간단한 업데이트를 의미한다.

$$\left\langle \mu_{n,t}^{[k]}, \Sigma_{n,t}^{[k]} \right\rangle = \left\langle \mu_{n,t-1}^{[k]}, \Sigma_{n,t-1}^{[k]} \right\rangle \tag{13.13}$$

관찰된 피처 $n = c_t$에 대해 업데이트는 식 (13.5)를 통해 지정되며, 여기서 정규화 항을 η로 다시 쓰면 다음과 같다.

$$p(m_{c_t} \mid x_{1:t}, z_{1:t}, c_{1:t}) \tag{13.14}$$
$$= \eta \, p(z_t \mid x_t, m_{c_t}, c_t) \, p(m_{c_t} \mid x_{1:t-1}, z_{1:t-1}, c_{1:t-1})$$

시각 $t-1$에서 확률 $p(m_{c_t} \mid x_{1:t-1}, c_{1:t-1}, z_{1:t-1})$은 평균 $\mu_{n,t-1}^{[k]}$와 공분산 $\Sigma_{n,t-1}^{[k]}$를 갖는 가우시안으로 표현된다. 시간 t에서의 새로운 추정값도 가우시안이기 때

문에 FastSLAM은 EKF SLAM과 동일한 방식으로 인식 모델 $p(z_t \mid x_t, m_{c_t}, c_t)$
를 선형화한다. 앞에서 했던 것처럼, 테일러 전개에 의한 측정 함수 h를 근사화
한다.

$$
\begin{aligned}
h(m_{c_t}, x_t^{[k]}) &\approx \underbrace{h(\mu_{c_t,t-1}^{[k]}, x_t^{[k]})}_{=: \hat{z}_t^{[k]}} + \underbrace{h'(\mu_{c_t,t-1}^{[k]}, x_t^{[k]})}_{=: H_t^{[k]}}(m_{c_t} - \mu_{c_t,t-1}^{[k]}) \quad (13.15) \\
&= \hat{z}_t^{[k]} + H_t^{[k]}(m_{c_t} - \mu_{c_t,t-1}^{[k]})
\end{aligned}
$$

여기서 피처 좌표 m_{c_t}에 대해 미분값 h'을 취한다. 이 선형 근사는 $x_t^{[k]}$와 $\mu_{c_t,t-1}^{[k]}$
에서 h에 접한다. 이 근삿값에서 피처의 위치에 대한 사후확률인 c_t는 실제로
가우시안이다. 새로운 평균 및 공분산은 표준 EKF 측정 업데이트를 사용해 얻
는다.

$$
K_t^{[k]} = \Sigma_{c_t,t-1}^{[k]} H_t^{[k]T}(H_t^{[k]}\Sigma_{c_t,t-1}^{[k]}H_t^{[k]T} + Q_t)^{-1} \quad (13.16)
$$

$$
\mu_{c_t,t}^{[k]} = \mu_{c_t,t-1}^{[k]} + K_t^{[k]}(z_t - \hat{z}_t^{[k]}) \quad (13.17)
$$

$$
\Sigma_{c_t,t}^{[k]} = (I - K_t^{[k]}H_t^{[k]})\Sigma_{c_t,t-1}^{[k]} \quad (13.18)
$$

1단계와 2단계를 M번 반복해서 M개 입자의 임시 집합이 생성된다.

3. **리샘플링**: 마지막 단계에서 FastSLAM은 이 입자 집합을 다시 샘플링한다. 이미
여러 알고리즘에서 리샘플링이 발생했다. FastSLAM은 아직 정의되지 않은 중요
도 가중치에 따라 임시 집합 M 입자(교체 포함)를 추출한다. 그런 다음 M개 입자
의 결과 집합은 새로운 최종 입자 집합 Y_t를 형성한다. 임시 집합의 입자가 원하
는 사후확률에 따라 분포하지 않기 때문에 리샘플링이 필요하다. 1단계는 가장
최근의 제어 u_t에 따라서만 포즈 x_t를 생성하고 측정 z_t에는 아무런 주의를 기울
이지 않는다. 앞에서와 마찬가지로 리샘플링은 이러한 불일치를 수정하기 위한
입자 필터링의 일반적인 기술이다.

이러한 상황에 대한 1차원 예인 그림 13.5를 보자. 여기서 점선은 제안 분포
proposal distribution를 나타내며 이는 입자가 생성되는 분포이고, 실선은 타깃 분포

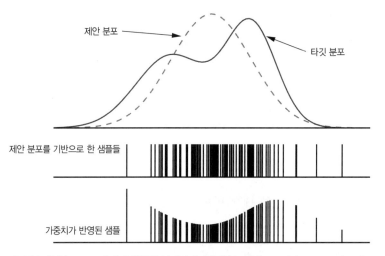

제안 분포

타깃 분포

제안 분포를 기반으로 한 샘플들

가중치가 반영된 샘플

그림 13.5 타깃 분포(실선으로 표시)에서 샘플을 편리하게 추출할 수 없다. 그 대신, 중요도 샘플러는 좀 더 단순한 형태의 제안 분포(점선)를 통해 샘플을 추출한다. 그림 아래 결과는 제안 분포에서 추출한 샘플이 중요도 가중치에 비례하는 길이로 표시되어 있다.

다. FastSLAM에서 제안 분포는 z_t에 의존하지 않지만 타깃 분포는 다르다. 그림의 아래쪽에 표시된 것처럼 입자를 계량하고 가중치에 따라 리샘플링하면 결과 입자 집합이 실제로 타깃 분포에 가깝다.

중요도 인자를 결정하기 위해서는 임시 집합 내 경로 입자들의 실제 제안 분포를 계산하는 것이 유용하다고 알려져 있다. Y_{t-1} 내의 경로 입자 집합이 $p(x_{1:t-1} \mid z_{1:t-1}, u_{1:t-1}, c_{1:t-1})$에 따라 분포한다고 가정했을 때(이 확률 분포는 점근적으로 정확한 근사화다) 임시 집합 내의 경로 입자는 다음 확률 분포를 따른다.

$$p(x_{1:t}^{[k]} \mid z_{1:t-1}, u_{1:t}, c_{1:t-1}) = p(x_t^{[k]} \mid x_{t-1}^{[k]}, u_t)\, p(x_{1:t-1}^{[k]} \mid z_{1:t-1}, u_{1:t-1}, c_{1:t-1}) \tag{13.19}$$

$p(x_t^{[k]} \mid x_{t-1}^{[k]}, u_t)$는 식 (13.12)에서 사용한 샘플링 분포다.

타깃 분포^{target distribution}는 대응 변수 c_t에 따라 시간 t에서 측정값 z_t를 고려한다.

$$p(x_{1:t}^{[k]} \mid z_{1:t}, u_{1:t}, c_{1:t}) \tag{13.20}$$

리샘플링 과정은 타깃 분포와 제안 분포의 차이를 고려한다. 앞에서 했던 것처럼 리샘플링을 위한 중요도 인자^{importance factor}는 타깃 분포와 타깃 분포의 비율로 구할 수 있다.

$$
\begin{aligned}
w_t^{[k]} &= \frac{\text{타깃 분포}}{\text{제안 분포}} \tag{13.21}\\[2mm]
&= \frac{p(x_{1:t}^{[k]} \mid z_{1:t}, u_{1:t}, c_{1:t})}{p(x_{1:t}^{[k]} \mid z_{1:t-1}, u_{1:t}, c_{1:t-1})}\\[2mm]
&= \eta\, p(z_t \mid x_{1:t}^{[k]}, z_{1:t-1}, u_{1:t}, c_{1:t})
\end{aligned}
$$

마지막 변환 작업은 식 (13.21)에 다음과 같은 변환 작업 결과를 바로 적용한다.

$$
\begin{aligned}
&p(x_{1:t}^{[k]} \mid z_{1:t}, u_{1:t}, c_{1:t}) \tag{13.22}\\[2mm]
&= \eta\, p(z_t \mid x_{1:t}^{[k]}, z_{1:t-1}, u_{1:t}, c_{1:t})\, p(x_{1:t}^{[k]} \mid z_{1:t-1}, u_{1:t}, c_{1:t})\\[2mm]
&= \eta\, p(z_t \mid x_{1:t}^{[k]}, z_{1:t-1}, u_{1:t}, c_{1:t})\, p(x_{1:t}^{[k]} \mid z_{1:t-1}, u_{1:t}, c_{1:t-1})
\end{aligned}
$$

식 (13.21)에서 확률 $p(z_t \mid x_{1:t}^{[k]}, z_{1:t-1}, u_{1:t}, c_{1:t})$를 계산하려면 식 (13.21)에 추가 변환 작업이 필요하다. 특히 이 확률은 다음의 적분식과 동일하다. 여기서 센서 측정의 예측과 관련 없는 변수를 다시 한번 생략한다.

$$
\begin{aligned}
w_t^{[k]} &= \eta \int p(z_t \mid m_{c_t}, x_{1:t}^{[k]}, z_{1:t-1}, u_{1:t}, c_{1:t})\, p(m_{c_t} \mid x_{1:t}^{[k]}, z_{1:t-1}, u_{1:t}, c_{1:t})\, dm_{c_t}\\[2mm]
&= \eta \int p(z_t \mid m_{c_t}, x_t^{[k]}, c_t)\, \underbrace{p(m_{c_t} \mid x_{1:t-1}^{[k]}, z_{1:t-1}, c_{1:t-1})}_{\sim\, \mathcal{N}(m_{c_t};\, \mu_{c_t,t-1}^{[k]}, \Sigma_{c_t,t-1}^{[k]})}\, dm_{c_t} \tag{13.23}
\end{aligned}
$$

여기서 $\mathcal{N}(x;\, \mu,\, \Sigma)$는 평균 μ와 공분산 Σ를 갖는 변수 x에 대한 가우시안 분포를 나타낸다.

식 (13.23)에서의 적분식은 시간 t에서 관찰된 피처 위치의 추정값과 측정 모델을 포함한다. 닫힌 형태에서 식 (13.23)을 계산하기 위해 FastSLAM은 2단계에서 측정 업데이트에 사용된 것과 매우 유사한 선형 근사화를 사용한다. 특히 중요도 인자는 다음과 같다.

$$
w_t^{[k]} \approx \eta\, |2\pi Q_t^{[k]}|^{-\frac{1}{2}} \exp\left\{ -\tfrac{1}{2}(z_t - \hat{z}_t^{[k]})^T Q_t^{[k]-1}(z_t - \hat{z}_t^{[k]}) \right\} \tag{13.24}
$$

여기서 $Q_t^{[k]}$는 공분산이다.

$$Q_t^{[k]} \quad = \quad H_t^{[k]T} \Sigma_{n,t-1}^{[k]} H_t^{[k]} + Q_t \qquad (13.25)$$

이 수식은 가우시안 분포를 따르는 실제 측정값 z_t의 확률이다. 이것은 h에 대한 선형 근사화를 이용해 식 (13.23)에 있는 분포들의 컨벌루션으로부터 나온다. 결과 중요도 가중치를 사용해 임시 샘플 집합에서 M개의 새로운 샘플을 교체한다. 리샘플링 과정을 통해 입자는 측정 확률에 비례하여 생존한다.

알려진 데이터 연관을 이용하는 SLAM 문제를 위한 FastSLAM 1.0 알고리즘의 업데이트 규칙은 앞의 세 단계로 구성된다. 업데이트의 실행 시간은 전체 경로 길이 t와 무관하다는 것을 알 수 있다. 실제로 가장 최근의 포즈 $x_{t-1}^{[k]}$만이 시간 t에서 새로운 입자를 생성하는 과정에 사용된다. 결과적으로 과거의 포즈는 안전하게 버려질 수 있다. 이로 인해 FastSLAM 알고리즘의 시간 복잡도, 메모리 복잡도 모두 데이터 수집에 소요된 총 시간 단계 수에 영향을 받지 않는다.

알려진 데이터 연관을 사용하는 FastSLAM 1.0 알고리즘을 표 13.1에 요약 정리했다. 여기서는 단순화를 위해 각 시점에서 하나의 피처만 측정한다고 가정한다. 또 여러 업데이트 단계를 쉽게 구현했다. 사실 FastSLAM 1.0은 가장 구현하기 쉬운 SLAM 알고리즘 중 하나다.

13.4 제안 분포 개선 방법

FastSLAM 2.0은 FastSLAM 1.0과 거의 동일하다. 중요한 예외사항이 하나 있다. 제안 분포는 포즈 x_t를 샘플링할 때 z_t를 고려한다. 이를 통해 FastSLAM 1.0의 주요 한계를 극복할 수 있다.

표면적으로는 차이가 다소 제한적이다. FastSLAM 1.0은 제엇값 u_t만 가지고 포즈를 샘플링한 후 중요도 가중치를 계산하기 위해 측정값 z_t를 이용한다. 이는 로봇 센서의 정확도에 비해 제엇값의 정확도가 낮을 때 문제가 된다. 그림 13.6을 보자. 여기서 제안 분포는 그림 13.6(a)에 나와 있는 큰 스펙트럼의 샘플을 생성하지만 타원

1: **Algorithm FastSLAM 1.0_known_correspondence(z_t, c_t, u_t, Y_{t-1}):**

2:      *for $k = 1$ to M do*   // 모든 입자를 대상으로 루프문 실행

3:         *retrieve* $\left\langle x_{t-1}^{[k]}, \left\langle \mu_{1,t-1}^{[k]}, \Sigma_{1,t-1}^{[k]} \right\rangle, \ldots, \left\langle \mu_{N,t-1}^{[k]}, \Sigma_{N,t-1}^{[k]} \right\rangle \right\rangle$ *from Y_{t-1}*

4:         $x_t^{[k]} \sim p(x_t \mid x_{t-1}^{[k]}, u_t)$ // 포즈를 샘플링

5:         $j = c_t$ // 관찰된 피처

6:         *if feature j never seen before*

7:             $\mu_{j,t}^{[k]} = h^{-1}(z_t, x_t^{[k]})$ // 평균을 초기화한다.

8:             $H = h'(\mu_{j,t}^{[k]}, x_t^{[k]})$ // 자코비안을 계산한다.

9:             $\Sigma_{j,t}^{[k]} = H^{-1} Q_t (H^{-1})^T$ // 공분산을 계산한다.

10:            $w^{[k]} = p_0$ // 기본 중요도 가중치

11:         *else*

12:             $\hat{z} = h(\mu_{j,t-1}^{[k]}, x_t^{[k]})$ // 측정값의 예측값

13:             $H = h'(\mu_{j,t-1}^{[k]}, x_t^{[k]})$ // 자코비안 계산

14:             $Q = H \Sigma_{j,t-1}^{[k]} H^T + Q_t$ // 측정값의 공분산

15:             $K = \Sigma_{j,t-1}^{[k]} H^T Q^{-1}$ // 칼만 이득 계산

16:             $\mu_{j,t}^{[k]} = \mu_{j,t-1}^{[k]} + K(z_t - \hat{z})$ // 평균 업데이트

17:             $\Sigma_{j,t}^{[k]} = (I - K H)\Sigma_{j,t-1}^{[k]}$ // 공분산 업데이트

18:             $w^{[k]} = |2\pi Q|^{-\frac{1}{2}} \exp\left\{ -\frac{1}{2}(z_t - \hat{z})^T \right.$

                                  $\left. Q^{-1}(z_t - \hat{z}) \right\}$ // 중요도 인자

19:         *endif*

20:         *for all other features $j' \neq j$ do*   // 관찰되지 않은 피처들은

21:             $\mu_{j',t}^{[k]} = \mu_{j',t-1}^{[k]}$ // 그대로 유지한다.

22:             $\Sigma_{j',t}^{[k]} = \Sigma_{j',t-1}^{[k]}$

23:         *endfor*

24:      *endfor*

25:      $Y_t = \emptyset$ // 새 입자 집합 초기화

26:      *do M times*   // M개의 입자 리샘플링

27:         *draw random k with probability $\propto w^{[k]}$* // 리샘플링

28:         *add* $\left\langle x_t^{[k]}, \left\langle \mu_{1,t}^{[k]}, \Sigma_{1,t}^{[k]} \right\rangle, \ldots, \left\langle \mu_N^{[k]}, \Sigma_N^{[k]} \right\rangle \right\rangle$ *to Y_t*

29:      *endfor*

30:      *return Y_t*

표 13.1 알려진 대응 변수를 이용한 FastSLAM 1.0 알고리즘

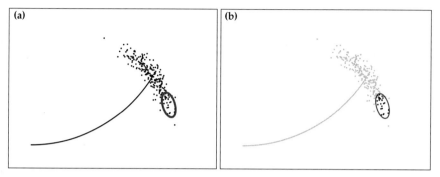

그림 13.6 제안과 사후 분포의 불일치: (a)는 FastSLAM 1.0에서 생성된 순방향 샘플과 측정(타원)에 의해 유도된 사후확률을 보여준다. (b)는 리샘플링 단계 후에 설정된 샘플을 보여준다.

으로 표시된 것처럼 이 샘플의 작은 서브셋만 높은 확률을 갖는다. 리샘플링 후에 는 어느 정도 높은 유사가능도로 타원으로 표시된 영역 내의 입자들만 '살아남는다'. FastSLAM 2.0에서는 제엇값 u_t뿐만 아니라 측정값 z_t를 가지고 포즈를 샘플링해서 이 러한 문제가 일어나지 않게 한다. 따라서 FastSLAM 2.0은 FastSLAM 1.0보다 더 효 율적이다. 반면에 FastSLAM 2.0은 FastSLAM 1.0보다 구현하기가 어렵고 수학적 유 도 과정이 더 복잡하다는 단점이 있다.

13.4.1 새로운 포즈의 샘플링을 통한 경로 사후확률 확장 방법

FastSLAM 2.0 알고리즘에서 포즈 $x_t^{[k]}$는 다음 사후확률을 통해 구한다.

$$x_t^{[k]} \quad \sim \quad p(x_t \mid x_{1:t-1}^{[k]}, u_{1:t}, z_{1:t}, c_{1:t}) \tag{13.26}$$

이 분포는 식 (13.26)이 대응 변수 c_t와 함께 측정값 z_t를 고려한다는 점에서 식 (13.12)에서 제공된 제안 분포와 다르다. 특히 식 (13.26)의 표현식은 $z_{1:t}$에 대한 조건 이며, FastSLAM 1.0의 포즈 샘플러는 $z_{1:t-1}$에 대한 조건이다.

불행히도, 더 복잡한 수학적 계산 과정이 필요하다. 특히 식 (13.26)에서 샘플링하 는 메커니즘은 추가 분석이 필요하다. 첫째, 측정값, 모션 모델, k번째 입자의 가우시 안 피처 추정값 같은 '알려진' 분포들을 이용해 식 (13.26)을 재정리한다.

$$p(x_t \mid x_{1:t-1}^{[k]}, u_{1:t}, z_{1:t}, c_{1:t}) \tag{13.27}$$

$$\overset{\text{베이즈}}{} \quad \frac{p(z_t \mid x_t, x_{1:t-1}^{[k]}, u_{1:t}, z_{1:t-1}, c_{1:t}) \; p(x_t \mid x_{1:t-1}^{[k]}, u_{1:t}, z_{1:t-1}, c_{1:t})}{p(z_t \mid x_{1:t-1}^{[k]}, u_{1:t}, z_{1:t-1}, c_{1:t})}$$

$$= \quad \eta^{[k]} \; p(z_t \mid x_t, x_{1:t-1}^{[k]}, u_{1:t}, z_{1:t-1}, c_{1:t}) \; p(x_t \mid x_{1:t-1}^{[k]}, u_{1:t}, z_{1:t-1}, c_{1:t})$$

$$\overset{\text{마르코프}}{=} \quad \eta^{[k]} \; p(z_t \mid x_t, x_{1:t-1}^{[k]}, u_{1:t}, z_{1:t-1}, c_{1:t}) \; p(x_t \mid x_{t-1}^{[k]}, u_t)$$

$$= \quad \eta^{[k]} \int p(z_t \mid m_{c_t}, x_t, x_{1:t-1}^{[k]}, u_{1:t}, z_{1:t-1}, c_{1:t})$$

$$p(m_{c_t} \mid x_t, x_{1:t-1}^{[k]}, u_{1:t}, z_{1:t-1}, c_{1:t}) \; dm_{c_t} \; p(x_t \mid x_{t-1}^{[k]}, u_t)$$

$$\overset{\text{마르코프}}{=} \quad \eta^{[k]} \int \underbrace{p(z_t \mid m_{c_t}, x_t, c_t)}_{\sim \mathcal{N}(z_t; h(m_{c_t}, x_t), Q_t)} \; \underbrace{p(m_{c_t} \mid x_{1:t-1}^{[k]}, z_{1:t-1}, c_{1:t-1})}_{\sim \mathcal{N}(m_{c_t}; \mu_{c_t, t-1}^{[k]}, \Sigma_{c_t, t-1}^{[k]})} \; dm_{c_t}$$

$$\underbrace{p(x_t \mid x_{t-1}^{[k]}, u_t)}_{\sim \mathcal{N}(x_t; g(x_{t-1}^{[k]}, u_t), R_t)}$$

이 표현식을 통해 샘플링 분포가 2개의 가우시안 분포에 3분의 1을 곱한 것임을 명확히 알 수 있다. 일반적인 SLAM의 경우 샘플링 분포는 쉽게 샘플링할 수 있는 닫힌 형태가 아니다. 이렇게 된 주요 원인은 함수 h이다. 이 함수가 선형 함수였다면 뒤에서 더 확실히 알게 되겠지만 이 확률은 가우시안일 것이다. 식 (13.27)의 적분식에도 닫힌 형태의 솔루션은 없다. 이러한 이유로 확률(식 (13.27))에서 샘플링하는 것은 어렵다.

이러한 이유로 함수 h를 선형 근사화로 대체하는 방안을 생각해볼 수 있다. 앞에서 했던 것처럼 다음의 선형 함수가 주어졌을 때 1차 테일러 전개를 통해 근삿값을 구할 수 있다.

$$h(m_{c_t}, x_t) \quad \approx \quad \hat{z}_t^{[k]} + H_m(m_{c_t} - \mu_{c_t, t-1}^{[k]}) + H_x \, (x_t - \hat{x}_t^{[k]}) \tag{13.28}$$

여기서 다음과 같이 축약 정리해보자.

$$\hat{z}_t^{[k]} \quad = \quad h(\mu_{c_t, t-1}^{[k]}, \hat{x}_t^{[k]}) \tag{13.29}$$

$$\hat{x}_t^{[k]} \quad = \quad g(x_{t-1}^{[k]}, u_t) \tag{13.30}$$

행렬 H_m과 H_x는 h의 자코비안이다. 이들은 h를 m_{c_t}와 x_t를 기준으로 한 도함수다. 이는 각 인자의 기댓값을 계산하기 위한 것이다.

$$H_m \quad = \quad \nabla_{m_{c_t}} h(m_{c_t}, x_t)\big|_{x_t = \hat{x}_t^{[k]}; m_{c_t} = \mu_{c_t, t-1}^{[k]}} \tag{13.31}$$

$$H_x \quad = \quad \nabla_{x_t} h(m_{c_t}, x_t)\big|_{x_t = \hat{x}_t^{[k]}; m_{c_t} = \mu_{c_t, t-1}^{[k]}} \tag{13.32}$$

이러한 근사화 결과에서 예상하는 샘플링 분포(식 (13.27))는 다음의 파라미터를 기반으로 한 가우시안 함수다.

$$\Sigma_{x_t}^{[k]} \quad = \quad \left[H_x^T Q_t^{[k]-1} H_x + R_t^{-1} \right]^{-1} \tag{13.33}$$

$$\mu_{x_t}^{[k]} \quad = \quad \Sigma_{x_t}^{[k]} H_x^T Q_t^{[k]-1} (z_t - \hat{z}_t^{[k]}) + \hat{x}_t^{[k]} \tag{13.34}$$

여기서 행렬 $Q_t^{[k]}$는 다음과 같이 정의한다.

$$Q_t^{[k]} \quad = \quad Q_t + H_m \Sigma_{c_t, t-1}^{[k]} H_m^T \tag{13.35}$$

선형 근사화에서 컨벌루션 정리는 식 (13.27)에서 적분 항에 대한 닫힌 형태를 제공함을 알 수 있다.

$$\mathcal{N}(z_t; \hat{z}_t^{[k]} + H_x x_t - H_x \hat{x}_t^{[k]}, Q_t^{[k]}) \tag{13.36}$$

식 (13.27)의 샘플링 분포는 이 정규 분포의 곱과 식 (13.27)의 오른쪽 항인 정규 분포 함수 $\mathcal{N}(x_t; x_t^{[k]}, R_t)$에 의해 주어진다. 가우시안 폼을 통해 다음을 구할 수 있다.

$$p(x_t \mid x_{1:t-1}^{[k]}, u_{1:t}, z_{1:t}, c_{1:t}) \quad = \quad \eta \exp\left\{ -P_t^{[k]} \right\} \tag{13.37}$$

이때

$$\begin{aligned} P_t^{[k]} \quad = \quad & \tfrac{1}{2} \Big[(z_t - \hat{z}_t^{[k]} - H_x x_t + H_x \hat{x}_t^{[k]})^T \, Q_t^{[k]-1} \, (z_t - \hat{z}_t^{[k]} - H_x x_t + H_x \hat{x}_t^{[k]}) \\ & + (x_t - \hat{x}_t^{[k]})^T \, R_t^{-1} \, (x_t - \hat{x}_t^{[k]}) \Big] \end{aligned} \tag{13.38}$$

이 식은 타깃 변수 x_t의 2차 방정식이다. 따라서 $p(x_t \mid x_{1:t-1}^{[k]}, u_{1:t}, z_{1:t}, c_{1:t})$는 가우시

안이다. 이 가우시안의 평균과 공분산은 $P_t^{[k]}$ 및 그 곡률의 최솟값과 동일하다. 이들은 x_t를 대상으로 $P_t^{[k]}$의 1차 도함수와 2차 도함수를 계산해 구할 수 있다.

$$
\begin{aligned}
\frac{\partial P_t^{[k]}}{\partial x_t} &= -H_x^T Q_t^{[k]-1}(z_t - \hat{z}_t^{[k]} - H_x x_t + H_x \hat{x}_t^{[k]}) + R_t^{-1}(x_t - \hat{x}_t^{[k]}) \qquad (13.39)\\
&= (H_x^T Q_t^{[k]-1} H_x + R_t^{-1})x_t - H_x^T Q_t^{[k]-1}(z_t - \hat{z}_t^{[k]} + H_x \hat{x}_t^{[k]}) - R_t^{-1}\hat{x}_t^{[k]}
\end{aligned}
$$

$$
\frac{\partial^2 P_t^{[k]}}{\partial x_t^2} = H_x^T Q_t^{[k]-1} H_x + R_t^{-1} \qquad (13.40)
$$

샘플 분포의 공분산 $\Sigma_{x_t}^{[k]}$는 2차 도함수의 역변환을 이용해 구할 수 있다. 다음 식을 보자.

$$
\Sigma_{x_t}^{[k]} = \left[H_x^T Q_t^{[k]-1} H_x + R_t^{-1} \right]^{-1} \qquad (13.41)
$$

샘플 분포의 평균 $\mu_{x_t}^{[k]}$는 식 (13.39)에서 유도한 1차 도함수를 0으로 놓으면 구할 수 있다. 다음 식을 보자.

$$
\begin{aligned}
\mu_{x_t}^{[k]} &= \Sigma_{x_t}^{[k]} \left[H_x^T Q_t^{[k]-1}(z_t - \hat{z}_t^{[k]} + H_x \hat{x}_t^{[k]}) + R_t^{-1}\hat{x}_t^{[k]} \right] \qquad (13.42)\\
&= \Sigma_{x_t}^{[k]} H_x^T Q_t^{[k]-1}(z_t - \hat{z}_t^{[k]}) + \Sigma_{x_t}^{[k]} \left[H_x^T Q_t^{[k]-1} H_x + R_t^{-1} \right] \hat{x}_t^{[k]}\\
&= \Sigma_{x_t}^{[k]} H_x^T Q_t^{[k]-1}(z_t - \hat{z}_t^{[k]}) + \hat{x}_t^{[k]}
\end{aligned}
$$

이 가우시안은 FastSLAM 2.0에서 원하는 샘플링 분포 (13.26)의 근삿값이다. 확실히 이 제안 분포는 식 (13.12)의 FastSLAM 1.0보다 훨씬 간단하다.

13.4.2 관찰된 피처 추정값 업데이트

FastSLAM 알고리즘의 첫 번째 버전처럼 FastSLAM 2.0은 측정값 z_t 및 샘플링된 포즈 $x_t^{[k]}$를 기반으로 피처 추정값의 사후확률을 업데이트한다. 시간 $t - 1$에서의 추정값은 평균 $\mu_{j,t-1}^{[k]}$와 공분산 $\Sigma_{j,t-1}^{[k]}$로 표현된다. 업데이트된 추정값은 $\mu_{j,t}^{[k]}$ 및 $\Sigma_{j,t}^{[k]}$이다. 업데이트의 특성은 시간 t에서 피처 j가 관찰되는지 여부에 따라 달라진다. $j \neq c_t$인 경우, 피처의 사후확률이 변경되지 않았음을 식 (13.4)에서 이미 확인했다. 이는 추정값을 업데이트하는 대신 단순히 복사해야 함을 의미한다.

관찰된 피처 $j = c_t$의 경우, 상황은 더 복잡하다. 관찰된 피처에 대한 사후확률은 이미 식 (13.5)에서 확인했다. 입자 인덱스 k로 이를 다시 정리해보자.

$$p(m_{c_t} \mid x_t^{[k]}, c_{1:t}, z_{1:t}) \tag{13.43}$$
$$= \eta \underbrace{p(z_t \mid m_{c_t}, x_t^{[k]}, c_t)}_{\sim \mathcal{N}(z_t; h(m_{c_t}, x_t^{[k]}), Q_t)} \underbrace{p(m_{c_t} \mid x_{1:t-1}^{[k]}, z_{1:t-1}, c_{1:t-1})}_{\sim \mathcal{N}(m_{c_t}; \mu_{c_t, t-1}^{[k]}, \Sigma_{c_t, t-1}^{[k]})}$$

식 (13.27)에서와 같이 h가 비선형 함수이기 때문에 사후확률이 비가우시안non-Gaussian 형태를 띤다. 이는 피처 추정값에 대한 FastSLAM 2.0의 가우시안 표현과 맞지가 않다. 다행히도 앞에서와 똑같은 선형화를 통해 해결 방안을 구할 수 있다. 다음 식을 보자.

$$h(m_{c_t}, x_t) \approx \hat{z}_t^{[k]} + H_m(m_{c_t} - \mu_{c_t, t-1}^{[k]}) \tag{13.44}$$

여기서 x_t는 자유 변수free variable가 아니므로 식 (13.28)의 세 번째 항을 생략할 수 있다. 이 근삿값은 타깃 변수 m_{c_t}에서 확률 (13.43)의 가우시안 분포를 렌더링한다.

$$p(m_{c_t} \mid x_t^{[k]}, c_{1:t}, z_{1:t}) \tag{13.45}$$
$$= \eta \exp \left\{ -\tfrac{1}{2}(z_t - \hat{z}_t^{[k]} - H_m(m_{c_t} - \mu_{c_t, t-1}^{[k]}))^T Q_t^{-1} \right.$$
$$(z_t - \hat{z}_t^{[k]} - H_m(m_{c_t} - \mu_{c_t, t-1}^{[k]}))$$
$$\left. -\tfrac{1}{2}(m_{c_t} - \mu_{c_t, t-1}^{[k]})^T \Sigma_{c_t, t-1}^{[k]-1}(m_{c_t} - \mu_{c_t, t-1}^{[k]}) \right\}$$

새로운 평균 및 공분산은 표준 EKF 측정 업데이트 방정식을 사용해 얻는다.

$$K_t^{[k]} = \Sigma_{c_t, t-1}^{[k]} H_m^T Q_t^{[k]-1} \tag{13.46}$$

$$\mu_{c_t, t}^{[k]} = \mu_{c_t, t-1}^{[k]} + K_t^{[k]}(z_t - \hat{z}_t^{[k]}) \tag{13.47}$$

$$\Sigma_{c_t, t}^{[k]} = (I - K_t^{[k]} H_m) \Sigma_{c_t, t-1}^{[k]} \tag{13.48}$$

이것이 FastSLAM 1.0의 업데이트보다 훨씬 복잡하다는 사실을 알았지만, 이를 구현하기 위한 추가적인 노력이 정확도 향상이라는 측면에서 종종 도움이 된다.

13.4.3 중요도 인자 계산

지금까지 생성된 입자는 기대하는 사후확률과 아직은 일치하지 않는다. FastSLAM 2.0에서 이에 대한 주요 원인은 식 (13.27)의 정규화 항 $\eta^{[k]}$이며, 보통은 입자 k마다 모두 다르다. 이러한 차이는 리샘플링 과정에서 아직 고려되지 않았다. FastSLAM 1.0에서와 마찬가지로 중요도 인자는 다음 몫으로 표시된다.

$$w_t^{[k]} \quad = \quad \frac{\text{타깃 분포}}{\text{제안 분포}} \tag{13.49}$$

다시 한번, 우리 입자가 가정하는 타깃 분포는 경로의 사후확률 $p(x_t^{[k]} \mid z_{1:t}, u_{1:t}, c_{1:t})$에 의해 주어진다. $x_{1:t-1}^{[k]}$의 경로가 바로 앞 단계의 타깃 분포에 따라 생성됐다는 가정이 점근적으로 정확하다는 가정하에서, 제안된 분포를 다음과 같은 곱셈식으로 표현할 수 있다.

$$p(x_{1:t-1}^{[k]} \mid z_{1:t-1}, u_{1:t-1}, c_{1:t-1}) \, p(x_t^{[k]} \mid x_{1:t-1}^{[k]}, u_{1:t}, z_{1:t}, c_{1:t}) \tag{13.50}$$

식 (13.50)의 두 번째 항은 포즈 샘플링 분포(식 (13.27))다. 중요도 가중치는 다음과 같다.

$$
\begin{aligned}
w_t^{[k]} \quad &= \quad \frac{p(x_t^{[k]} \mid u_{1:t}, z_{1:t}, c_{1:t})}{p(x_t^{[k]} \mid x_{1:t-1}^{[k]}, u_{1:t}, z_{1:t}, c_{1:t}) \, p(x_{1:t-1}^{[k]} \mid u_{1:t-1}, z_{1:t-1}, c_{1:t-1})} \tag{13.51} \\[2mm]
&= \quad \frac{p(x_t^{[k]} \mid x_{1:t-1}^{[k]}, u_{1:t}, z_{1:t}, c_{1:t}) \, p(x_{1:t-1}^{[k]} \mid u_{1:t}, z_{1:t}, c_{1:t})}{p(x_t^{[k]} \mid x_{1:t-1}^{[k]}, u_{1:t}, z_{1:t}, c_{1:t}) \, p(x_{1:t-1}^{[k]} \mid u_{1:t-1}, z_{1:t-1}, c_{1:t-1})} \\[2mm]
&= \quad \frac{p(x_{1:t-1}^{[k]} \mid u_{1:t}, z_{1:t}, c_{1:t})}{p(x_{1:t-1}^{[k]} \mid u_{1:t-1}, z_{1:t-1}, c_{1:t-1})} \\[2mm]
&\overset{\text{베이즈}}{=} \quad \eta \, \frac{p(z_t \mid x_{1:t-1}^{[k]}, u_{1:t}, z_{1:t-1}, c_{1:t}) \, p(x_{1:t-1}^{[k]} \mid u_{1:t}, z_{1:t-1}, c_{1:t-1})}{p(x_{1:t-1}^{[k]} \mid u_{1:t-1}, z_{1:t-1}, c_{1:t-1})} \\[2mm]
&\overset{\text{마르코프}}{=} \quad \eta \, \frac{p(z_t \mid x_{1:t-1}^{[k]}, u_{1:t}, z_{1:t-1}, c_{1:t}) \, p(x_{1:t-1}^{[k]} \mid u_{1:t-1}, z_{1:t-1}, c_{1:t-1})}{p(x_{1:t-1}^{[k]} \mid u_{1:t-1}, z_{1:t-1}, c_{1:t-1})} \\[2mm]
&= \quad \eta \, p(z_t \mid x_{1:t-1}^{[k]}, u_{1:t}, z_{1:t-1}, c_{1:t})
\end{aligned}
$$

이 결과는 식 (13.27)의 정규화 상수 $\eta^{[k]}$의 역함수 형태임을 알 수 있다. 추가 변환은 다음과 같은 형식을 제공한다.

$$w_t^{[k]} \quad = \quad \eta \int p(z_t \mid x_t, x_{1:t-1}^{[k]}, u_{1:t}, z_{1:t-1}, c_{1:t}) \tag{13.52}$$

$$p(x_t \mid x_{1:t-1}^{[k]}, u_{1:t}, z_{1:t-1}, c_{1:t}) \, dx_t$$

$$\overset{\text{마르코프}}{=} \quad \eta \int p(z_t \mid x_t, x_{1:t-1}^{[k]}, u_{1:t}, z_{1:t-1}, c_{1:t}) \, p(x_t \mid x_{t-1}^{[k]}, u_t) \, dx_t$$

$$= \quad \eta \int \int p(z_t \mid m_{c_t}, x_t, x_{1:t-1}^{[k]}, u_{1:t}, z_{1:t-1}, c_{1:t})$$

$$p(m_{c_t} \mid x_t, x_{1:t-1}^{[k]}, u_{1:t}, z_{1:t-1}, c_{1:t}) \, dm_{c_t} \, p(x_t \mid x_{t-1}^{[k]}, u_t) \, dx_t$$

$$\overset{\text{마르코프}}{=} \quad \eta \int \underbrace{p(x_t \mid x_{t-1}^{[k]}, u_t)}_{\sim \, \mathcal{N}(x_t; g(\hat{x}_{t-1}^{[k]}, u_t), R_t)} \int \underbrace{p(z_t \mid m_{c_t}, x_t, c_t)}_{\sim \, \mathcal{N}(z_t; h(m_{c_t}, x_t), Q_t)}$$

$$\underbrace{p(m_{c_t} \mid x_{1:t-1}^{[k]}, u_{1:t-1}, z_{1:t-1}, c_{1:t-1})}_{\sim \, \mathcal{N}(m_{c_t}; \mu_{c_t,t-1}^{[k]}, \Sigma_{c_t,t-1}^{[k]})} \, dm_{c_t} \, dx_t$$

이 표현식이 다시 h를 선형화하여 측정값 z_t에 대해 가우시안으로 근사화될 수 있음을 알았다. 금방 알아챘겠지만 결과 가우시안의 평균은 $\hat{z}_t$이며 공분산은 다음과 같다.

$$L_t^{[t]} \quad = \quad H_x^T \, Q_t \, H_x^T + H_m \Sigma_{c_t,t-1}^{[k]} H_m^T + Q_t \tag{13.53}$$

바꿔 말하면, (비규정화된) k번째 입자의 중요도 인자는 다음과 같은 식으로 정의한다.

$$w_t^{[k]} \quad = \quad |2\pi L_t^{[t]}|^{-\frac{1}{2}} \exp\left\{ -\tfrac{1}{2}(z_t - \hat{z}_t)^T L_t^{[t]-1} (z_t - \hat{z}_t) \right\} \tag{13.54}$$

FastSLAM 1.0에서와 같이 1단계와 2단계에서 생성된 입자는 3단계에서 계산된 중요도 인자와 함께 임시 입자 집합으로 수집한다.

FastSLAM 2.0 업데이트의 마지막 단계는 리샘플링 단계다. FastSLAM 1.0에서와 마찬가지로 FastSLAM 2.0은 임시 입자 집합에서 M 입자를 (대체하여) 그린다. 각 입자는 중요도 인자 $w_t^{[k]}$에 비례하는 확률로 그려진다. 결과 입자 집합은 시간 t에서 원하는 인수분해된 사후확률을 (점근적으로) 나타낸다.

13.5 알려지지 않은 데이터 연관

이 절에서는 대응 변수 $c_{1:t}$를 알 수 없는 경우에 대해 FastSLAM 알고리즘의 두 가지 파생 버전을 알아보기로 한다. SLAM에 입자 필터를 사용할 때의 주요 이점은 각 입자가 자체 로컬 데이터 연관 결정을 필요로 할 수 있다는 것이다.

우선 시간 t에서의 데이터 연관 문제가 사용 가능한 데이터로 변수 c_t를 결정하는 문제임을 다시 한번 떠올려보자. 이 문제는 그림 13.7에 나와 있다. 여기서 로봇은 월드의 두 가지 피처를 관찰한다. 이러한 피처와 관련된 실제 포즈에 따라 이러한 측정값은 맵의 다른 피처에 대응된다(그림 13.7에서 별표로 표시).

지금까지 최대 유사가능도 같은 인수를 사용하는 많은 데이터 연관 기술을 공부했다. 이러한 기술은 필터 전체에 대해 측정당 하나의 데이터 연관만 있다는 공통점이 있었다. FastSLAM은 여러 입자를 사용하므로 입자별 기준에 따라 대응 변수를 결정할 수 있다. 따라서 필터는 로봇 경로에 대해 샘플링할 뿐만 아니라, 도중에 발생할 수 있는 데이터 연결 결정에 대해서도 샘플링한다.

이것은 많은 가우시안 SLAM 알고리즘과 다른 FastSLAM의 핵심 기능 중 하나다. 입자의 작은 서브셋이 정확한 데이터 연관 기반일 경우 데이터 연관 오차는 EKF 기

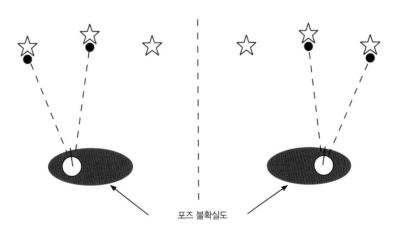

포즈 불확실도

그림 13.7 SLAM의 데이터 연관 문제. 가장 좋은 데이터 연관은 로봇 포즈에 대한 높은 유사가능도의 범위에서 조차도 다양하게 나타날 수 있음을 그림을 통해 알 수 있다.

법에서 나타나는 만큼 치명적이지 않다. 이러한 데이터 연관 오차가 있는 입자와 관련된 맵은 일관성이 없을 가능성이 높은데, 이는 이후 리샘플링 단계에서 그냥 샘플링될 확률이 높아지기 때문이다.

입자별 데이터 연관의 수학적 정의는 개별 입자에 대한 필터별 데이터 연관을 일반화한다는 점에서 간단하다. 각 입자는 $e_t^{[k]}$로 표시된 로컬 데이터 연관 변수 집합을 유지한다. 최대 유사가능도^{ML} 데이터 연관에서 각 $e_t^{[k]}$는 측정값 z_t의 유사가능도를 최대화하여 결정된다.

$$\hat{c}_t^{[k]} \quad = \quad \operatorname*{argmax}_{c_t} \; p(z_t \mid c_t, \hat{c}_{1:t-1}^{[k]}, x_{1:t}^{[k]}, z_{1:t-1}, u_{1:t}) \tag{13.55}$$

대안으로 데이터 연관 샘플러$^{DAS, \text{ data association sampler}}$가 있다.

$$\hat{c}_t \quad \sim \quad \eta \, p(z_t \mid c_t, \hat{c}_{1:t-1}, x_{1:t}^{[k]}, z_{1:t-1}, u_{1:t}) \tag{13.56}$$

두 기법, 최대 유사가능도와 DAS를 사용하면 맵의 피처 개수를 추정할 수 있다. 최대 유사가능도를 사용하는 SLAM 기법은 유사가능도가 맵의 알려진 모든 피처에 대한 임계치 p_0 이하로 떨어지면 맵에 새로운 피처를 생성한다. DAS는 관찰된 측정값을 확률적으로 새로운 관찰값과 연관시킨다. ηp_0에 비례하는 확률로 그렇게 하는데, 여기서 η는 식 (13.56)에 정의된 정규화 항이다.

$$\hat{c}_t^{[k]} \quad \sim \quad \eta \, p(z_t \mid c_t, \hat{c}_{1:t-1}^{[k]}, x_{1:t}^{[k]}, z_{1:t-1}, u_{1:t}) \tag{13.57}$$

두 기법 모두에 대해 유사가능도는 다음과 같이 계산할 수 있다.

$$
\begin{aligned}
& p(z_t \mid c_t, \hat{c}_{1:t-1}^{[k]}, x_{1:t}^{[k]}, z_{1:t-1}, u_{1:t}) \tag{13.58} \\
&= \int p(z_t \mid m_{c_t}, c_t, \hat{c}_{1:t-1}^{[k]}, x_{1:t}^{[k]}, z_{1:t-1}, u_{1:t}) \\
&\qquad\qquad p(m_{c_t} \mid c_t, \hat{c}_{1:t-1}^{[k]}, x_{1:t}^{[k]}, z_{1:t-1}, u_{1:t}) \, dm_{c_t} \\
&= \int \underbrace{p(z_t \mid m_{c_t}, c_t, x_t^{[k]})}_{\sim \, \mathcal{N}(z_t; h(m_{c_t}, x_t^{[k]}), Q_t)} \; \underbrace{p(m_{c_t} \mid \hat{c}_{1:t-1}^{[k]}, x_{1:t-1}^{[k]}, z_{1:t-1})}_{\sim \, \mathcal{N}(\mu_{c_t,t-1}^{[k]}, \Sigma_{c_t,t-1}^{[k]})} \; dm_{c_t}
\end{aligned}
$$

h 선형화를 통해 닫힌 형태로 이를 계산할 수 있다.

$$p(z_t \mid c_t, \hat{c}_{1:t-1}^{[k]}, x_t^{[k]}, z_{1:t-1}, u_{1:t}) \tag{13.59}$$
$$= |2\pi Q_t^{[k]}|^{-\frac{1}{2}} \exp\left\{-\tfrac{1}{2}(z_t - h(\mu_{c_t,t-1}^{[k]}, x_t^{[k]}))^T Q_t^{[k]-1}(z_t - h(\mu_{c_t,t-1}^{[k]}, x_t^{[k]}))\right\}$$

변수 $Q_t^{[k]}$는 데이터 연관 변수 c_t의 함수로서 식 (13.35)에서 정의됐다. 새 피처는 위에서 설명한 것과 동일한 방식으로 맵에 추가된다. 최대 유사가능도 기법에서 확률 $p(z_t \mid c_t, c_{1:t-1}^{[k]}, x_t^{[k]}, z_{1:t-1}, u_{1:t})$가 임계치 p_0를 초과할 때 새로운 피처가 추가된다. DAS는 관찰값이 이 가설 집합에서 이전에 관찰되지 않은 관찰값에 해당한다는 가설을 포함하고 확률 ηp_0로 샘플링한다.

13.6 맵 관리

FastSLAM에서 데이터 연관이 입자 단위로 처리된다는 사실 때문에 몇 가지 사항을 봤을 때 FastSLAM의 맵 관리는 EKF SLAM과 거의 동일하다.

대체 SLAM 알고리즘에서와 같이 새로 추가된 피처에는 새 칼만 필터를 초기화해야 한다. 많은 SLAM 문제에서 측정 함수 h는 역변환이 가능하다. 예를 들어, 평면에서 피처를 측정하고 범위를 측정하는 로봇의 경우 피처 위치에 대한 (정상적인non-degenerate) 추정값을 생성하기 위해 단일 측정값만으로도 충분하다. EKF의 초기화는 간단하다.

$$x_t^{[k]} \sim p(x_t \mid x_{t-1}^{[k]}, u_t) \tag{13.60}$$

$$\mu_{n,t}^{[k]} = h^{-1}(z_t, x_t^{[k]}) \tag{13.61}$$

$$\Sigma_{n,t}^{[k]} = (H_{\hat{c}}^{[k]T} Q_t^{-1} H_{\hat{c}}^{[k]})^{-1} \text{ 여기서 } H_{\hat{c}}^{[k]} = h'(\mu_{n,t}^{[k]}, x_t^{[k]}) \tag{13.62}$$

$$w_t^{[k]} = p_0 \tag{13.63}$$

새롭게 관찰된 피처들에 대해 포즈 $x_t^{[k]}$는 모션 모델 $p(x_t \mid x_{t-1}^{[k]}, u_t)$에 따라 샘플을 얻는다. 이 분포는 관찰된 피처에 대한 이전 위치 추정값이 없는 상황에서의 FastSLAM

샘플링 분포식 (13.26)과 동일하다.

Deans and Hebert(2002)에서는 h가 역행렬 계산이 불가능한 상황을 위한 초기화 기술을 설명했다. 일반적으로 이러한 상황에서는 h의 선형화를 위한 좋은 추정값을 얻기 위해 여러 개의 측정값을 하나로 모아야 한다.

맵에 잘못 도입된 피처들을 수용하기 위해 FastSLAM에는 충분한 증거로 지원되지 않는 피처를 제거하기 위한 메커니즘이 있다. FastSLAM은 EKF SLAM에서처럼 맵에서 개별 피처의 실제 존재에 대한 로그 오즈를 추적하여 그렇게 한다.

특히 피처를 관찰했을 때, 존재 여부에 대한 로그 오즈는 표준 베이즈 필터 공식을 사용해 계산된 고정된 값만큼 증가한다. 마찬가지로 피처가 존재해야 함에도 불구하고 관찰되지 않으면 이러한 부정적인 정보는 피처 존재 변수의 감소를 일정량만큼 초래한다. 변수가 임계치 이하로 내려가는 피처는 입자 목록에서 간단히 제거된다. FastSLAM에 임시 피처 목록을 구현할 수도 있다. 이것은 기술적으로 사소한 것인데, 각 피처가 자체 입자를 갖고 있기 때문이다.

13.7 FastSLAM 알고리즘

표 13.2와 표 13.3은 알려지지 않은 데이터 연관을 이용하는 FastSLAM 알고리즘의 파생 버전을 요약한 것이다.

$$Y_t^{[k]} = \left\langle x_t^{[k]}, N_t^{[k]}, \left\langle \mu_{1,t}^{[k]}, \Sigma_{1,t}^{[k]}, \tau_1^{[k]} \right\rangle, \ldots, \left\langle \mu_{N_t^{[k]},t}^{[k]}, \Sigma_{N_t^{[k]},t}^{[k]}, \tau_{N_t^{[k]}}^{[k]} \right\rangle \right\rangle \quad (13.64)$$

입자들 각각에 포즈 $x_t^{[k]}$와 피처 추정값 $\mu_{n,t}^{[k]}$ 및 $\Sigma_{n,t}^{[k]}$를 추가한다. 이를 통해 각 입자들은 로컬 맵에서 피처 $N_t^{[k]}$의 개수를 유지한다. 그리고 각 피처들은 피처의 존재 여부 $\tau_n^{[k]}$에 대한 확률 추정값을 결과로 얻는다. 이러한 필터 반복 시행 작업은 각각의 맵에서 피처의 최대 개수인 $\max_k N_t^{[k]}$에 선형적 비율의 계산 시간을 필요로 한다. 또한 입자의 개수 M에도 선형적으로 비례한다. 더 효율적인 구현을 위한 좀 더 개선된 데이터 구조를 알아보자.

1: **Algorithm FastSLAM 1.0(z_t, u_t, Y_{t-1}):**

2:      *for* $k = 1$ *to* M *do*   // 모든 입자를 대상으로 루프문 실행

3:          *retrieve* $\left\langle x_{t-1}^{[k]}, N_{t-1}^{[k]}, \left\langle \mu_{1,t-1}^{[k]}, \Sigma_{1,t-1}^{[k]}, i_1^{[k]} \right\rangle, \dots, \right.$

   $\left. \left\langle \mu_{N_{t-1}^{[k]},t-1}^{[k]}, \Sigma_{N_{t-1}^{[k]},t-1}^{[k]}, i_{N_{t-1}^{[k]},t-1}^{[k]} \right\rangle \right\rangle$ *from* Y_{t-1}

4:          $x_t^{[k]} \sim p(x_t \mid x_{t-1}^{[k]}, u_t)$ // 새로운 포즈를 샘플링

5:          *for* $j = 1$ *to* $N_{t-1}^{[k]}$ *do*   // 측정값 유사가능도 계산

6:              $\hat{z}_j = h(\mu_{j,t-1}^{[k]}, x_t^{[k]})$ // 측정값 예측

7:              $H_j = h'(\mu_{j,t-1}^{[k]}, x_t^{[k]})$ // 자코비안 계산

8:              $Q_j = H_j \, \Sigma_{j,t-1}^{[k]} \, H_j^T + Q_t$ // 측정값 공분산

9:              $w_j = |2\pi Q_j|^{-\frac{1}{2}} \exp\left\{ -\frac{1}{2}(z_t - \hat{z}_j)^T \right.$

   $\left. Q_j^{-1}(z_t - \hat{z}_j) \right\}$ // 대응 변수의 유사가능도

10:         *endfor*

11:         $w_{1+N_{t-1}^{[k]}} = p_0$ // 중요도 인자, 새로운 피처

12:         $w^{[k]} = \max w_j$ // 대응 변수의 최대 유사가능도

13:         $\hat{c} = \arg\max w_j$ // 최대 유사가능도 피처의 인덱스

14:         $N_t^{[k]} = \max\{N_{t-1}^{[k]}, \hat{c}\}$ // 맵 내에 있는 새로운 피처 개수

15:         *for* $j = 1$ *to* $N_t^{[k]}$ *do*   // 칼만 필터 업데이트

16:             *if* $j = \hat{c} = 1 + N_{t-1}^{[k]}$ *then*   // 새로운 피처인가?

17:                 $\mu_{j,t}^{[k]} = h^{-1}(z_t, x_t^{[k]})$ // 평균을 초기화

18:                 $H_j = h'(\mu_{j,t}^{[k]}, x_t^{[k]}); \Sigma_{j,t}^{[k]} = H_j^{-1} Q_t (H_j^{-1})^T$ // 공분산 초기화

19:                 $i_{j,t}^{[k]} = 1$ // 카운터 초기화

20:             *else if* $j = \hat{c} \leq N_{t-1}^{[k]}$ *then*   // 관찰된 피처인가?

21:                 $K = \Sigma_{j,t-1}^{[k]} H_j^T Q_{\hat{c}}^{-1}$ // 칼만 이득 계산

22:                 $\mu_{j,t}^{[k]} = \mu_{j,t-1}^{[k]} + K(z_t - \hat{z}_{\hat{c}})$ // 평균을 업데이트

23:                 $\Sigma_{j,t}^{[k]} = (I - K\,H_j)\Sigma_{j,t-1}^{[k]}$ // 공분산을 업데이트

24:                 $i_{j,t}^{[k]} = i_{j,t-1}^{[k]} + 1$ // 카운터를 1 증가시킨다.

(이어짐)

25:	*else*	// 다른 모든 피처에 대해
26:	$\mu_{j,t}^{[k]} = \mu_{j,t-1}^{[k]}$	// 기존 평균값을 복사
27:	$\Sigma_{j,t}^{[k]} = \Sigma_{j,t-1}^{[k]}$	// 기존 공분산값을 복사
28:	*if* $\mu_{j,t-1}^{[k]}$ *outside perceptual*	
	range of $x_t^{[k]}$ *then*	// 피처가 발견됐는가?
29:	$i_{j,t}^{[k]} = i_{j,t}^{[k]}$	// 카운터 수를 그대로 유지
30:	*else*	
31:	$i_{j,t}^{[k]} = i_{j,t-1}^{[k]} - 1$	// 카운터의 수를 줄인다.
32:	*if* $i_{j,t-1}^{[k]} < 0$ *then*	
33:	*discard feature j*	// 불확실한 피처 제거
34:	*endif*	
35:	*endif*	
36:	*endif*	
37:	*endfor*	
38:	*add* $\left\langle x_t^{[k]}, N_t^{[k]}, \left\langle \mu_{1,t}^{[k]}, \Sigma_{1,t}^{[k]}, i_1^{[k]} \right\rangle, \dots, \left\langle \mu_{N_t^{[k]},t}^{[k]}, \Sigma_{N_t^{[k]},t}^{[k]}, i_{N_t^{[k]}}^{[k]} \right\rangle \right\rangle$ *to* Y_{aux}	
39:	*endfor*	
40:	$Y_t = \emptyset$	// 새로운 입자 집합 생성
41:	*do M times*	// M개의 입자를 리샘플링
42:	*draw random index k*	
	with probability $\propto w^{[k]}$	// 리샘플링 수행
43:	*add* $\left\langle x_t^{[k]}, N_t^{[k]}, \left\langle \mu_{1,t}^{[k]}, \Sigma_{1,t}^{[k]}, i_1^{[k]} \right\rangle, \dots, \left\langle \mu_{N_t^{[k]},t}^{[k]}, \Sigma_{N_t^{[k]},t}^{[k]}, i_{N_t^{[k]}}^{[k]} \right\rangle \right\rangle$ *to* Y_t	
44:	*enddo*	
45:	*return* Y_t	

표 13.2 알려지지 않은 데이터 연관을 이용하는 FastSLAM 1.0 알고리즘. 이 버전은 이 장에서 설명한 효율적인 트리 표현을 적용하지 않고 구현한 것이다.

1: **Algorithm FastSLAM 2.0(z_t, u_t, Y_{t-1}):**

2:     for $k = 1$ to M do   // 모든 입자를 대상으로 루프문 실행

3:         retrieve $\left\langle x_{t-1}^{[k]}, N_{t-1}^{[k]}, \left\langle \mu_{1,t-1}^{[k]}, \Sigma_{1,t-1}^{[k]}, i_1^{[k]} \right\rangle, \ldots, \right.$

$$\left. \left\langle \mu_{N_{t-1}^{[k]},t-1}^{[k]}, \Sigma_{N_{t-1}^{[k]},t-1}^{[k]}, i_{N_{t-1}^{[k]}}^{[k]} \right\rangle \right\rangle \text{ from } Y_{t-1}$$

4:         for $j = 1$ to $N_{t-1}^{[k]}$ do   // 샘플 분포 계산

5:             $\hat{x}_{j,t} = g(x_{t-1}^{[k]}, u_t)$ // 포즈 예측

6:             $\bar{z}_j = h(\mu_{j,t-1}^{[k]}, \hat{x}_{j,t})$ // 측정값 예측

7:             $H_{x,j} = \nabla_{x_t} h(\mu_{j,t-1}^{[k]}, \hat{x}_{j,t})$ // 포즈 관점에서 자코비안 계산

8:             $H_{m,j} = \nabla_{m_j} h(\mu_{j,t-1}^{[k]}, \hat{x}_{j,t})$ // 맵 피처 관점에서 자코비안 계산

9:             $Q_j = Q_t + H_{m,j} \Sigma_{j,t-1}^{[k]} H_{m,j}^T$ // 측정값 정보

10:            $\Sigma_{x,j} = \left[H_{x,j}^T Q_j^{-1} H_{x,j} + R_t^{-1} \right]^{-1}$ // 제안 분포의 공분산

11:            $\mu_{x_t,j} = \Sigma_{x,j} H_{x,j}^T Q_j^{-1}$

                    $(z_t - \bar{z}_j) + \hat{x}_{j,t}$ // 제안 분포의 평균

12:            $x_{t,j}^{[k]} \sim \mathcal{N}(\mu_{x_t,j}, \Sigma_{x,j})$ // 샘플 포즈

13:            $\hat{z}_j = h(\mu_{j,t-1}^{[k]}, x_t^{[k]})$ // 측정값 예측

14:            $\pi_j = |2\pi Q_j|^{-\frac{1}{2}} \exp \left\{ -\frac{1}{2} \right.$

                $\left. (z_t - \hat{z}_j)^T Q_j^{-1} (z_t - \hat{z}_j) \right\}$ // 대응 변수의 유사가능도

15:         endfor

16:         $\pi_{1+N_{t-1}^{[k]}} = p_0$ // 새로운 피처의 유사가능도

17:         $\hat{c} = \text{argmax} \, \pi_j$ // 최대 유사가능도 대응 변수

18:         $N_t^{[k]} = \max\{N_{t-1}^{[k]}, \hat{c}\}$ // 업데이트된 피처 개수

19:         for $j = 1$ to $N_t^{[k]}$ do   // 칼만 필터 업데이트

20:            if $j = \hat{c} = 1 + N_{t-1}^{[k]}$ then   // 새로운 피처인가?

21:               $x_t^{[k]} \sim p(x_t \mid x_{t-1}^{[k]}, u_t)$ // 포즈 샘플링

22:               $\mu_{j,t}^{[k]} = h^{-1}(z_t, x_t^{[k]})$ // 평균을 초기화

23:               $H_{m,j} = \nabla_{m_j} h(\mu_{j,t}^{[k]}, x_t^{[k]})$ // 맵 피처를 기준으로 자코비안 계산

24:               $\Sigma_{j,t}^{[k]} = H_{m,j}^{-1} Q_t (H_{m,j}^{-1})^T$ // 공분산 초기화

25:               $i_{j,t}^{[k]} = 1$ // 카운터 초기화

26:               $w^{[k]} = p_0$ // 중요도 가중치

27:            else if $j = \hat{c} \leq N_{t-1}^{[k]}$ then   // 관찰된 피처인가?

28:               $x_t^{[k]} = x_{t,j}^{[k]}$

29:               $K = \Sigma_{j,t-1}^{[k]} H_{m,j}^T Q_j^{-1}$ // 칼만 이득 계산

(이어짐)

30:	$\mu_{j,t}^{[k]} = \mu_{j,t-1}^{[k]} + K(z_t - \hat{z}_j)$	// 평균을 업데이트
31:	$\Sigma_{j,t}^{[k]} = (I - K\,H_{m,j})\,\Sigma_{j,t-1}^{[k]}$	// 공분산을 업데이트
32:	$i_{j,t}^{[k]} = i_{j,t-1}^{[k]} + 1$	// 카운터를 1 증가시킨다.
33:	$L = H_{x,j}\,R_t\,H_{x,j}^T + H_{m,j}\,\Sigma_{j,t-1}^{[k]}\,H_{m,j}^T + Q_t$	
34:	$w^{[k]} = \|2\pi L\|^{-\frac{1}{2}} \exp\left\{-\frac{1}{2}(z_t-\hat{z}_j)^T\,L^{-1}\,(z_t-\hat{z}_j)\right\}$	// 중요도 가중치
35:	else	// 다른 모든 피처에 대해
36:	$\mu_{j,t}^{[k]} = \mu_{j,t-1}^{[k]}$	// 기존 평균값을 복사
37:	$\Sigma_{j,t}^{[k]} = \Sigma_{j,t-1}^{[k]}$	// 기존 공분산값을 복사
38:	if $\mu_{j,t-1}^{[k]}$ outside perceptual range of $x_t^{[k]}$ then	// 피처가 발견됐는가?
39:	$i_{j,t}^{[k]} = i_{j,t-1}^{[k]}$	// 카운터 수를 그대로 유지
40:	else	
41:	$i_{j,t}^{[k]} = i_{j,t-1}^{[k]} - 1$	// 카운터의 수를 줄인다.
42:	if $i_{j,t-1}^{[k]} < 0$ then	
43:	discard feature j	// 불확실한 피처 제거
44:	endif	
45:	endif	
46:	endif	
47:	endfor	
48:	add $\left\langle x_t^{[k]}, N_t^{[k]}, \left\langle \mu_{1,t}^{[k]}, \Sigma_{1,t}^{[k]}, i_1^{[k]} \right\rangle, \dots, \left\langle \mu_{N_t^{[k]},t}^{[k]}, \Sigma_{N_t^{[k]},t}^{[k]}, i_{N_t^{[k]}}^{[k]} \right\rangle \right\rangle$ to Y_{aux}	
49:	endfor	
50:	$Y_t = \emptyset$	// 새로운 입자 집합 생성
51:	do M times	// M개의 입자를 리샘플링
52:	draw random index k with probability $\propto w^{[k]}$	// 리샘플링 수행
53:	add $\left\langle x_t^{[k]}, N_t^{[k]}, \left\langle \mu_{1,t}^{[k]}, \Sigma_{1,t}^{[k]}, i_1^{[k]} \right\rangle, \dots, \left\langle \mu_{N_t^{[k]},t}^{[k]}, \Sigma_{N_t^{[k]},t}^{[k]}, i_{N_t^{[k]}}^{[k]} \right\rangle \right\rangle$ to Y_t	
54:	enddo	
55:	return Y_t	

표 13.3 알려지지 않은 데이터 연관을 이용하는 FastSLAM 2.0 알고리즘

앞에서 설명한 것처럼 FastSLAM의 두 가지 파생 버전 모두 측정값을 한 번에 하나씩 고려한다. 이렇게 하면 수식 표현이 용이해지고 SLAM 알고리즘들과의 일관성도 유지할 수 있다.

13.8 효율적인 구현

언뜻 보면 FastSLAM의 각 업데이트 연산의 계산 복잡도가 $O(MN)$으로 보일 수 있다. 여기서 M은 입자의 수이고, N은 맵의 피처 개수다. M의 선형 복잡성은 불가피하다. 왜냐하면 업데이트마다 M개의 입자를 처리해야 하기 때문이다. N의 선형 복잡도는 리샘플링 과정의 결과다. 리샘플링 과정에서 입자가 여러 번 추출될 때마다, '기본' 구현 버전은 입자에 첨부된 전체 맵을 복제할 수 있다. 이러한 복제 프로세스는 맵 N의 크기에 선형적으로 비례한다. 또한 데이터 연관의 기본 구현 버전은 맵에서 N개의 피처 각각에 대한 측정 유사가능도를 평가할 수 있고, 그 결과 N의 선형 복잡도를 나타낸다. 샘플링 과정이 비효율적으로 구현됐을 경우 업데이트 복잡도에 대해 $\log N$이 추가될 수 있다.

FastSLAM을 효율적으로 구현하면 업데이트는 $O(M \log N)$의 계산 복잡도로도 충분하다. 이것은 맵 N의 크기에 로그를 취한 것이다. 먼저, 알려진 데이터 연관을 가진 상황을 고려해보자. 좀 더 선택적인 업데이트를 허용하는 입자를 나타내는 데이터 구조를 도입해 선형 복제 연산에 대한 계산을 피할 수 있다. 기본 아이디어는 맵을 균형 이진 트리balanced binary tree로 구성하는 것이다. 그림 13.8(a)는 $N = 8$ 피처의 경우 단일 입자에 대한 트리의 예다. 모든 j에 대한 모든 가우시안 파라미터 $\mu_j^{[k]}$와 $\Sigma_j^{[k]}$는 트리의 리프 노드에 위치한다는 점에 주목하기 바란다. 트리가 거의 균형을 이루고 있다고 가정하면 리프 노드에 액세스하는 데 $\log N$의 계산 복잡도를 필요로 한다.

FastSLAM이 새로운 제엇값 u_t 및 새로운 측정값 z_t를 통합한다고 가정해보자. Y_t의 새 입자 각각은 Y_{t-1}의 해당 입자와 비교했을 때 두 가지 면에서 차이가 있다. 첫째, 식 (13.26)을 통해 얻은 다른 포즈 추정값을 갖는다. 둘째, 식 (13.47) 및 식 (13.48)에 나와 있는 것처럼 관찰된 피처의 가우시안이 업데이트될 것이다. 그러나 다른 모

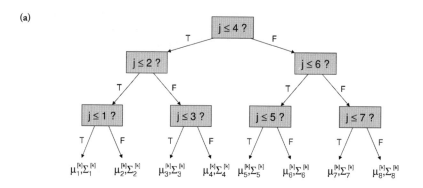

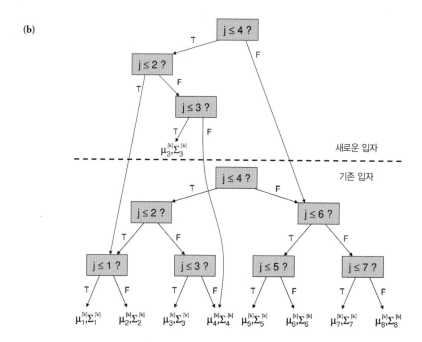

그림 13.8 (a) 단일 입자 내에 $N = 8$ 피처 추정값을 표현하는 트리. (b) 기존 입자에서 새로운 입자를 생성하는 모습. 단일 가우시안에 대한 수정만 일어난다. 새로운 입자는 (수정된 가우시안에 대한 경로로 구성된) 부분 트리만 받는다. 다른 모든 포인터는 생성 트리로부터 복사된다. 이 작업은 $\log N$ 시간 내에 완료 가능하다.

든 가우시안 피처 추정값은 생성한 입자와 동일하다. 입자를 복제할 때 모든 가우시안을 나타내는 트리에서 단일 경로만 수정하면 업데이트의 계산 복잡도는 로그 함수에 비례한다.

그림 13.8(b)에서 이러한 '트릭'을 좀 더 자세히 알아보자. 여기서 $c_t^i = 3$이라고 가정하고, 따라서 가우시안 파라미터 $\mu_3^{[k]}$ 및 $\Sigma_3^{[k]}$만 업데이트된다. 전체적으로 새로운 트리를 생성하는 대신 단 하나의 경로만 생성되며, 이 결과로 가우시안 $c_t^i = 3$이 된다. 이 경로는 불완전한 트리다. 트리는 생성된 입자 트리에서 누락 포인터를 복사해 완성된다. 따라서 경로를 벗어나는 분기는 생성 트리와 동일한 (수정되지 않은) 서브 트리를 가리킨다. 이 트리를 생성하는 데 필요한 계산 복잡도는 $\log N$이다. 또한 트리의 내비게이션에 필요한 단계의 수는 경로의 길이와 같기 때문에 가우시안에 접근하는 것은 $\log N$의 계산 복잡도를 필요로 한다. 따라서 서브 트리를 생성하고 액세스하는 작업은 $O(\log N)$의 계산 복잡도를 필요로 할 수 있다. 각 업데이트 단계에서 M개의 새로운 입자가 생성되기 때문에 전체 업데이트에 필요한 계산 시간은 $O(M \log N)$이다.

트리에서 입자를 구성하면 메모리 할당을 해제할 시기가 달라진다. 메모리 할당 해제 작업은 로그 함수에 비례하는 계산 복잡도로 구현 가능하다. 아이디어는 내부 노드이든 리프 노드이든 이를 가리키는 포인터의 개수를 세기 위한 각 노드에 변수를 할당하는 것이다. 새로 생성된 노드의 카운터는 1로 초기화한다. 노드에 대한 포인터가 다른 입자에서 생성되면 이 변수는 증가한다. 마찬가지로, 포인터가 제거될 때 이 변수의 값은 감소한다(예: 리샘플링 과정에서 생존하지 못한 포즈 입자 포인터). 카운터가 0에 도달하면 자식 카운터가 감소하고 해당 노드의 메모리가 할당 해제된다. 이후 프로세스는 카운터가 0에 도달했을 수 있는 노드의 모든 하위 노드에 재귀적으로 적용된다. 이 재귀적 프로세스의 계산 복잡도는 평균 $O(M \log N)$이다.

한편 트리를 사용하면 메모리를 상당히 절약할 수 있다. 그림 13.9는 FastSLAM에서 소비하는 메모리에 대해 효율적인 트리 기술이 얼마나 효과적인지 실험을 통해 측정한 결과다. 이 그래프는 피처 기반 맵을 얻기 위해 $M = 100$개의 입자를 사용해 FastSLAM 1.0을 실제로 구현한 결과다. 그래프를 보면 50,000개의 피처 맵의 경우

100개의 입자에 대한 log(N) FastSLAM과 선형 FastSLAM의 메모리 사용량

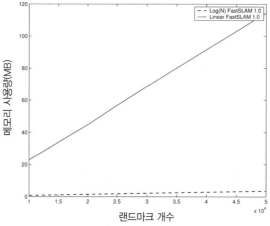

그림 13.9 FastSLAM 1.0에서 선형 및 log(*N*) 버전의 메모리 사용량 예

대략 수십 분의 1로 메모리를 절약했음을 알 수 있다. 반면 업데이트 시간은 큰 차이가 없었다.

알 수 없는(미지의) 데이터 연관이 있는 FastSLAM에 대해 로그 함수에 비례하는 계산 복잡도를 얻는 것은 훨씬 더 어렵다. 특히 맵에서 *N*개의 모든 피처에 대한 데이터 연관 확률을 계산하지 않으려면 데이터 연관 검색을 피처의 로컬 인접 지역으로 제한하는 기술이 필요하다. 또한 트리는 거의 균형을 유지해야 한다.

센서 밀도의 변화가 맵의 전체 크기에 비해 작다고 가정해보자. 실제로 이러한 가정을 충족할 수 있는 커널 밀도 트리, 즉 KD 트리의 파생 버전들이 있다. 예를 들어, Procopiuc et al.(2003)에서 제안한 BKD 트리는 복잡성이 증가하는 일련의 트리들을 모두 유지한다. 이러한 트리들을 조심스럽게 이동시켜서 맵 내에 새로운 피처를 추가하는 작업에 필요한 계산 시간을 로그 함수에 비례하도록 보장할 수 있다. 또 다른 DP-SLAM 알고리즘은 Eliazar and Parr(2003)에서 소개됐다. 이 연구에서는 여기서 설명한 것과 유사한 효율적인 저장 및 검색을 위해 이력 트리를 활용한다.

13.9 피처 기반 맵을 위한 FastSLAM

13.9.1 실험을 통한 통찰

FastSLAM 알고리즘은 여러 맵 표현 및 센서 데이터에 적용됐다. 가장 기본적인 애플리케이션은 피처 기반 맵을 고려한다. 이는 로봇이 범위를 감지하고 랜드마크를 베어링하는 센서가 장착된 것으로 가정하고 있다. 이와 관련된 데이터셋 중 하나로 빅토리아 파크 데이터셋이 있으며, 12장에서 이미 설명했다. 그림 13.10(a)는 추정된 제엇값을 통합해 구한 차량의 경로다. 제엇값으로는 이 차량의 위치를 잘 예측하지 못한다. 30분간 주행한 후, 차량의 예상 위치는 GPS 위치에서 100m 이상 떨어져 있다.

그림 13.10의 나머지 3개 그림은 FastSLAM 1.0의 결과다. 여기서 GPS로 추정된 경로는 점선으로, FastSLAM의 결과는 실선으로 표시되어 있다. 결과 경로의 RMS 오차는 4km를 달렸을 때 4m를 약간 넘는다. 이 실험은 $M = 100$개의 입자로 수행됐다. 이 오차는 이전 장들에서 설명한 것과 같은 최첨단 SLAM 알고리즘의 오차와 거의 같다. FastSLAM의 로버스트니스는 그림 13.10(d)에서 명백하게 나타나며, 이는 우리가 단순히 동작 정보를 무시한 실험 결과를 보여주고 있다. 오도메트리 기반 모션 모델 대신 브라운 모션 모델을 사용했다. FastSLAM의 평균 오차는 이전에 얻은 오차와 통계적으로 구분이 불가능하다.

피처 기반 맵에서 FastSLAM을 구현할 때는 부정적인 정보를 고려하는 것이 중요하다. 13.6절에서 설명한 것처럼 부정적인 정보가 각 피처의 존재를 추정하는 데 사용될 경우, 많은 가짜 피처를 맵에서 삭제할 수 있다. 그림 13.11은 부정적인 증거를 고려한 경우와 그렇지 않은 경우의 빅토리아 파크 맵 결과다. 여기서 부정적인 정보를 사용하면 결과 맵의 피처 수가 44% 감소한다. 피처의 정확한 개수는 알 수 없지만 맵을 육안으로 검사하면 많은 가짜 피처가 제거됐음을 알 수 있다.

FastSLAM은 일반적인 벤치마크 알고리즘인 EKF SLAM과 비교하는 것이 적절하다. 예를 들어, 그림 13.12는 1에서 5,000 사이의 다양한 입자 수에 대해 FastSLAM 1.0과 EKF의 정확도를 비교하고 있다. 이를 위해 EKF SLAM의 오차가 그림 13.12에서 점선으로 표시되어 있다. FastSLAM 1.0의 정확성은 입자 수가 증가함에 따라 EKF

(a) 차량의 이동 경로 원본

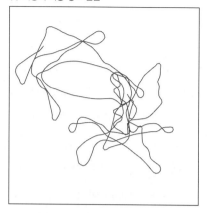

(b) FastSLAM 1.0(실선), GPS 경로(점선)

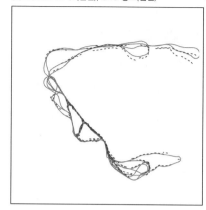

(c) 실제 이미지를 이용한 차량 경로와 맵

(d) 오도메트리가 없을 경우 추정한 차량 경로

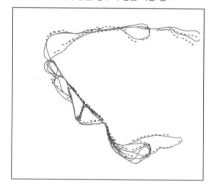

그림 13.10 (a) 오도메트리에 의해 예측된 차량 경로, (b) 실제 경로(점선) 및 FastSLAM 1.0 경로(실선), (c) 빅토리아 파크 결과는 GPS 경로가 파란색(점선), 평균 FastSLAM 1.0 경로가 노란색(실선), 예상 피처는 노란색 원으로 항공 이미지에 오버레이돼 있다. (d) 오도메트리 정보가 없는 빅토리아 파크 맵. 출처: José Guivant, Eduardo Nebot, Australian Centre for Field Robotics

의 정확도에 영향을 미치며, 약 10개의 입자에 대해 EKF의 정확도와 통계적으로 비교가 불가능하다. 이것은 무척 흥미로운 결과다. 10개의 입자 및 100개의 피처가 있는 FastSLAM 1.0은 이 정도의 정확도를 달성하기 위해 EKF SLAM보다 더 적은 파라미터를 필요로 하기 때문이다.

실제로 FastSLAM 2.0은 FastSLAM 1.0에 비해 우수한 결과를 제공한다. 그러나 특

(a) 피처 제거를 적용하지 않은 경우의 맵   **(b)** 피처 제거를 적용한 경우의 맵

그림 13.11 FastSLAM 1.0: (a) 부정적 정보를 기반으로 한 피처 제거를 적용하지 않은 경우, (b) 부정적 정보를 기반으로 피처 제거를 수행한 경우

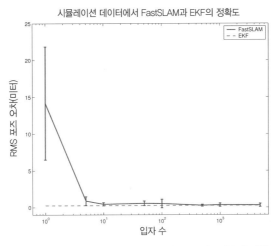

그림 13.12 시뮬레이션 데이터를 이용해 FastSLAM 1.0과 EKF 알고리즘의 정확도를 비교한 결과

정 상황에서만 향상이 크게 이뤄진다. 일반적으로 두 알고리즘 모두 입자 M의 수가 많을 때와 측정 노이즈가 모션 불확실성에 비해 큰 경우 비슷한 결과를 만들어낸다. 그림 13.13은 $M = 100$개의 입자를 사용해 측정 노이즈의 함수로 FastSLAM 변형의

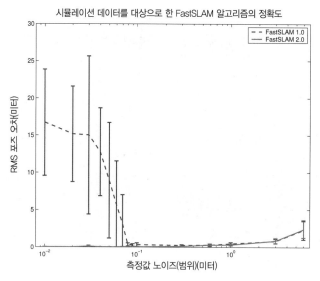

그림 13.13 다양한 수준의 측정값 노이즈를 대상으로 한 FastSLAM 1.0과 FastSLAM 2.0 알고리즘: 예상한 대로 FastSLAM 2.0은 FastSLAM 1.0과 비교했을 때 균일하게 우수한 성능을 보인다. 성능 차이는 작은 입자 집합에서 더 명확하다. 여기서 개선된 제안 분포는 더 나은 입자들에 중점을 두고 있다.

정확도를 그래프로 나타낸 것이다. 여기서 가장 중요한 점은 노이즈가 적은 시뮬레이션에서 FastSLAM 1.0의 성능이 상대적으로 낮다는 것이다. FastSLAM 1.0 구현 결과에 이러한 문제가 있는지를 테스트하는 한 가지 방법으로 확률 모델 $p(z \mid x)$에서 측정 노이즈를 인위적으로 팽창시키는 방법이 있다. 만약 이로 인해 전체 맵 오차가 다운되지 않으면 FastSLAM 2.0으로 전환해야 한다.

13.9.2 루프 클로저

세상에 완벽한 알고리즘은 없다. FastSLAM은 가우시안 대응 알고리즘과 비교했을 때 성능이 낮다는 문제가 있다. 이러한 문제 중 하나가 **루프 클로저**[loop closure]다. 루프 클로저에서 로봇은 알려지지 않은 지형을 따라 움직이며, 어떤 시점에서는 오랫동안 나타나지 않았던 피처들을 만나기도 한다. SLAM 알고리즘에서는 상관관계를 유지하는 것이 특히 중요한데, 이를 통해 루프가 닫힐 때 얻은 정보가 전체 맵을 통해 전달될 수 있기 때문이다. EKF와 GraphSLAM은 이러한 상관관계를 직접적으로 유지하는 반

그림 13.14 $M = 1$ 입자를 지닌 FastSLAM 2.0을 이용한 빅토리아 파크 맵

면, FastSLAM은 입자 집합의 다양성을 통해 이를 유지한다. 따라서 루프 클로저 성능은 입자 수에 따라 달라진다. 새로운 관찰값이 과거의 차량 포즈에 영향을 미칠 수 있기 때문에 샘플 집합의 다양성이 높아지면 루프 클로저 성능이 향상된다.

안타깝게도 차량에서 만들어낼 수 없는 이동 경로를 제거하다 보면 결국엔 리샘플링했을 때 모든 FastSLAM 입자가 과거의 어느 시점에 대해 공통 히스토리를 공유하게 된다. 새로운 관찰값은 이 시점 이전에 관찰된 피처의 위치에 영향을 미치지 않는다. 이 공통 히스토리 포인트는 입자 M의 수를 늘림으로써 시간에 따라 되돌릴 수 있다. 시간 경과에 따른 상관관계 데이터를 버리는 이러한 프로세스는 FastSLAM의 효율적인 센서 업데이트를 가능하게 한다. 이 효율성은 수렴 속도가 느려지면서 발생한다. 상관관계 정보를 버리면 주어진 수준의 정확도를 달성하기 위해서는 더 많은 관찰이 필요하다. 물론 FastSLAM 2.0의 개선된 제안 분포는 FastSLAM 1.0에 비해 리샘플링에서 제거되는 입자 수가 적지만 이 문제가 완화되지는 않는다.

실제로는 다양성이 중요하며, 최대한의 다양성을 유지하기 위해 구현을 최적화하는 것이 중요하다. 루프 클로저의 예가 그림 13.15에 나와 있다. 이 수치는 모든 M 입자의 히스토리를 보여주고 있다. 그림 13.15(a)에서 FastSLAM 1.0 입자는 루프 주변의 공통 히스토리 부분을 공유한다. 새로운 관찰값은 이 임계치 이전에 관찰된 피

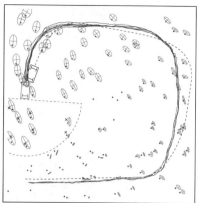

여기서 입자가 공통 히스토리를 공유한다.

그림 13.15 일정 개수의 입자가 주어졌을 때 FastSLAM 1.0보다 FastSLAM 2.0이 더 큰 루프 클로저를 만들 수 있다.

치의 위치에 영향을 미치지 않는다. FastSLAM 2.0의 경우 알고리즘은 루프 시작 부분까지 확장되는 다양성을 유지할 수 있다. 이는 안정적으로 루프를 완성하고 빠르게 수렴하는 데 매우 중요하다.

그림 13.16(a)는 FastSLAM 1.0과 2.0의 루프 클로저 성능을 비교한 실험 결과다. 루프의 크기가 증가함에 따라 두 알고리즘의 오차가 증가한다. 그러나 FastSLAM 2.0은 지속적으로 FastSLAM 1.0보다 성능이 우수하다. 다른 방법으로 이 결과는 입자로 표현할 수 있다. FastSLAM 2.0은 FastSLAM 1.0보다 주어진 루프를 닫는 데 필요한 입자 수가 적다.

그림 13.16(b)는 FastSLAM 2.0과 EKF의 수렴 속도를 비교한 실험 결과다. FastSLAM 2.0(1, 10, 100 입자 포함) 및 EKF는 그림 13.16(a)와 (b)에 표시된 것과 유사한 대형 시뮬레이션 루프를 중심으로 각각 10회 실행됐다. 각기 다른 무작위 시드[seed]가 각 실행에 사용되어 각 루프에 대해 서로 다른 제엇값과 관찰값이 생성됐다. 매 시간 단계마다 맵의 RMS 위치 오차는 각 알고리즘에 대해 10회씩 실행한 결과의 평균을 계산해 구했다.

차량이 루프 주변을 달리다 보면 맵 안에 점점 오차가 생긴다. 차량이 반복 시행 150회 후 루프를 완성했다고 가정해보자. 이때 예전 피처를 다시 방문하면 루프 주변

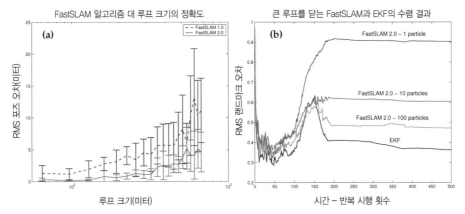

그림 13.16 (a) 루프 크기의 함수로 표현한 정확도 결과: 일정 개수의 입자가 주어졌을 때 FastSLAM 1.0보다 FastSLAM 2.0이 더 큰 루프 클로저를 만들 수 있다. (b) FastSLAM 2.0과 EKF의 수렴 속도 비교

에 있는 피처들의 위치에 영향을 끼치며, 이로 인해 결국 맵에서 전체 오차는 감소하게 된다. 이것은 분명히 EKF에서 발생한다. 단일 입자가 포함된 FastSLAM 2.0은 과거 피처의 위치에 영향을 미치지 않으므로 피처 오차가 감소하지 않는다. FastSLAM 2.0에 더 많은 입자가 추가되면서 필터는 시간이 지남에 따라 피처 위치에 관찰값을 적용할 수 있으며, 점진적으로 EKF의 수렴 속도에 접근한다. 당연히 EKF에 가까운 수렴 시간을 달성하는 데 필요한 입자의 수는 루프의 크기에 따라 증가할 것이다. 가우시안 SLAM 기술과 비교했을 때 FastSLAM 표현에서 범위가 긴 상관관계가 부족한 것은 FastSLAM 알고리즘의 가장 큰 단점이다.

13.10 그리드 기반 FastSLAM

13.10.1 알고리즘

9장에서는 로봇 환경의 볼류메트릭 표현으로서 점유 그리드 맵을 공부했다. 이러한 표현의 장점은 사전 정의된 랜드마크 정의를 필요로 하지 않는다는 것이다. 대신, 임의 유형의 환경을 모델링할 수 있다. 이 장의 나머지 부분에서는 FastSLAM 알고리즘을 이러한 표현으로 확장할 것이다.

점유 그리드 맵에 FastSLAM 알고리즘을 적용하려면 앞에서 이미 정의한 세 가지 기능이 필요하다. 첫째, 식 (13.12)와 같이 모션 사후확률 $p(x_t \mid x_{t-1}^{[k]}, u_t)$에서 샘플링해야 한다. 따라서 이를 위한 샘플링 기술이 필요하다. 둘째, 각 입자의 맵을 추정하는 기술이 필요하다. 9장에서 설명했듯이 이를 위해 점유 그리드 매핑을 이용할 수 있다. 셋째, 개별 입자의 중요도 가중치를 계산해야 한다. 즉, 포즈 x_t^k, 맵 $m^{[k]}$ 및 가장 최근의 측정값 z_t를 조건으로 한 관찰값 z_t의 유사가능도 $p(z_t \mid x_t^k, m^{[k]})$를 계산하는 방법이 필요하다.

정리하면 FastSLAM을 점유 그리드 맵으로 확장하는 것은 매우 간단하다. 표 13.4는 점유 그리드 맵이 있는 FastSLAM이다. 이 알고리즘은 몬테카를로 로컬화(표 8.2 참조)와 점유 그리드 매핑(표 9.1 참조)의 일부를 이용한다. 이 알고리즘에 사용된 개별 함수는 로컬화 및 매핑 알고리즘에 사용된 함수의 파생 버전이다.

특히 함수 **measurement_model_map**$(z_t \mid x_t^{[k]}, m_{t-1}^{[k]})$는 측정값 z_t의 유사가능도를 계산하며, 여기에 사용된 조건은 다음과 같다. (1) k번째 입자에 의해 표현되는 포즈 $x_t^{[k]}$, (2) 이전 측정값을 기반으로 계산한 맵 $m_{t-1}^{[k]}$, (3) 이 입자를 통해 표현되는 궤도. 또한 함수 **updated_occupancy_grid**$(z_t \mid x_t^{[k]}, m_{t-1}^{[k]})$는 새로운 점유 그리드 맵을 계산하는데, 여기에 사용되는 조건은 k번째 입자의 현재 포즈 $x_t^{[k]}$, 측정값 z_t, 그리고 현재 포즈와 관련된 맵 $m_{t-1}^{[k]}$이다.

13.10.2 실험을 통한 통찰

그림 13.17은 그리드 기반 FastSLAM 알고리즘을 이용하는 전형적인 상황을 보여준다. 보다시피 3개의 입자가 관련 맵과 함께 표시되어 있다. 각 입자는 로봇의 잠재적인 이동 경로를 나타내고 있다. 이를 통해 각 점유 그리드 맵이 왜 다른지를 이해할 수 있다. 센터 맵은 글로벌 일관성 면에서 가장 좋은 결과를 보이고 있다.

FastSLAM 알고리즘으로 얻은 일반적인 맵은 그림 13.19에 나와 있다. 이 환경의 크기는 28m × 28m다. 로봇의 궤도 길이는 491m고 평균 속도는 0.19m/s다. 맵의 해상도는 10cm다. 이 맵을 학습하기 위해 500개의 입자가 사용됐다. 전체 프로세스를

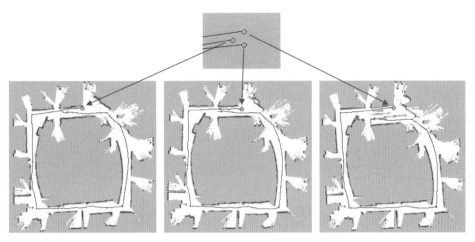

그림 13.17 FastSLAM 알고리즘의 그리드 기반 파생 버전 애플리케이션. 입자들 각각에 관련된 맵이 있다. 입자와 관련된 맵이 주어졌을 때 입자의 중요도 가중치는 측정값의 유사가능도를 이용해 계산한다.

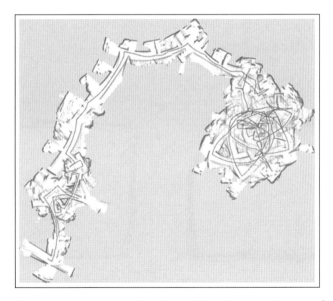

그림 13.18 레이저 범위 데이터와 오도메트리를 이용해 생성한 점유 그리드 맵의 모습. 출처: Dirk Hähnel, University of Freiburg

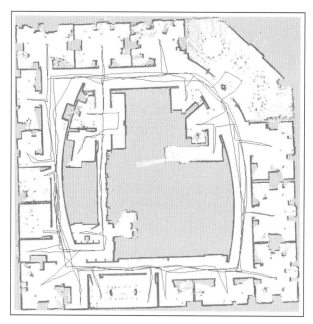

그림 13.19 누적 중요도 가중치 중 가장 높은 값을 지닌 입자에 대응하는 점유 그리드 맵의 모습. 그림 13.18에서 설명한 데이터와 표 13.4의 알고리즘을 이용했다. 실험을 위해 500개의 입자를 만들었다. 이미지에 나타난 경로는 누적 중요도 가중치의 최댓값을 갖는 입자를 이용해 표시했다.

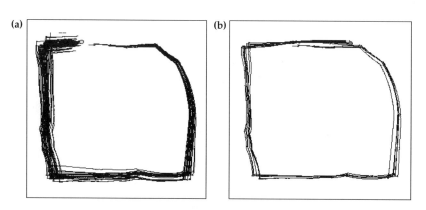

그림 13.20 그림 13.19에 표시되어 있는 환경의 외곽 루프를 닫기 전(왼쪽)과 후(오른쪽)의 상태를 전체 샘플 데이터 궤적으로 표시한 결과. 출처: Dirk Hähnel, University of Freiburg

```
1:        Algorithm FastSLAM_occupancy_grids($\mathcal{X}_{t-1}, u_t, z_t$):

2:            $\bar{\mathcal{X}}_t = \mathcal{X}_t = \emptyset$
3:            for $k = 1$ to $M$ do
4:                $x_t^{[k]} =$ sample_motion_model$(u_t, x_{t-1}^{[k]})$
5:                $w_t^{[k]} =$ measurement_model_map$(z_t, x_t^{[k]}, m_{t-1}^{[k]})$
5:                $m_t^{[k]} =$ updated_occupancy_grid$(z_t, x_t^{[k]}, m_{t-1}^{[k]})$
6:                $\bar{\mathcal{X}}_t = \bar{\mathcal{X}}_t + \langle x_t^{[k]}, m_t^{[k]}, w_t^{[k]} \rangle$
7:            endfor
8:            for $k = 1$ to $M$ do
9:                draw $i$ with probability $\propto w_t^{[i]}$
10:               add $\langle x_t^{[i]}, m_t^{[i]} \rangle$ to $\mathcal{X}_t$
11:           endfor
12:           return $\mathcal{X}_t$
```

표 13.4 점유 그리드 맵 학습을 위한 FastSLAM 알고리즘

통해 로봇은 2개의 루프를 결과로 얻는다. 그림 13.18은 순수 오도메트리 데이터로 계산된 맵으로, 로봇의 오도메트리 오차도 자세히 표시되어 있다.

루프를 닫기 전과 후에 샘플의 궤도를 시각화한 결과인 그림 13.20을 보자. 이를 통해 여러 입자를 사용하면 중요도가 더 명확해진다는 사실을 알 수 있다. 그림 13.20(a)에서 알 수 있듯이, 로봇의 위치가 시작 위치 대비 매우 불확실하므로 루프를 닫을 때 입자가 광범위하게 퍼진다. 그러나 로봇이 알려진 지형으로 재진입한 후 약간의 리샘플링 단계로 불확실성을 크게 줄일 수 있다(그림 13.20(b)).

13.11 요약

13장에서는 FastSLAM 알고리즘이라는 SLAM 문제에 대한 입자 필터 접근 방법을 알아봤다.

- FastSLAM의 기본 개념은 입자 집합을 유지하는 것이다. 각 입자에는 샘플링된 로봇 경로가 있다. 또한 맵이 포함되어 있지만 맵의 각 피처는 자체 로컬 가우시안으로 표시된다. 알고리즘의 수행 결과는 맵 크기 및 입자 수 모두에 선형적으로 비례하는 공간을 필요로 한다.

- SLAM 문제는 계승 구조^{factorial structure}(인수분해 구조)를 지니고 있다. 이 때문에 맵을 EKF SLAM 알고리즘처럼 하나의 큰 결합 가우시안 함수로 표현하는 대신, 개별 가우시안 집합으로 나타내는 '트릭'이 가능하다. 특히 경로를 고려할 때 맵 피처가 조건부 독립이라는 사실을 알게 됐다. 입자당 경로를 하나씩 추출해서 각 맵 피처를 독립적으로 취급할 수 있다. 이를 통해 EKF 기법에서 어려운 부분인 경로들 간의 상관관계를 유지하기 위해 많은 비용이 드는 문제를 피할 수 있다.

- FastSLAM의 업데이트는 기존 입자 필터의 업데이트를 직접 수행한다. 새 포즈를 샘플링한 다음 관찰된 피처를 업데이트한다. 이 업데이트는 온라인으로 수행할 수 있으며, FastSLAM은 온라인 SLAM 문제의 솔루션이다.

- FastSLAM을 통해 오프라인 SLAM 문제와 온라인 SLAM 문제 모두 해결이 가능하다. 이 책에서 만든 버전은 FastSLAM을 오프라인 기술로 취급했다. 이 기술에서는 입자가 순간 포즈 공간이 아닌 경로 공간에 샘플을 표시했다. 그러나 업데이트 단계 중 가장 최근 포즈 이외의 포즈에 대한 지식이 필요하지 않으므로 이전 포즈 추정값을 문제없이 무시할 수 있다. 이렇게 하면 FastSLAM을 필터로 실행할 수 있다. 또한 입자의 크기가 시간에 따라 선형적으로 증가하지 않는다는 장점도 있다.

- FastSLAM의 두 가지 버전(1.0과 2.0)을 만들었다. FastSLAM 2.0은 FastSLAM을 개선한 버전으로, 핵심 아이디어가 기본 버전과 다르다. FastSLAM 2.0은 새로운 포즈를 샘플링할 때 측정값을 통합한다. 수학적 배경은 다소 복잡하

지만, FastSLAM 2.0은 FastSLAM 1.0보다 적은 수의 입자를 필요로 한다는 점에서 우수한 것으로 나타났다.

- 입자 필터를 사용한다는 아이디어를 통해 입자별 기준으로 데이터 연관 변수의 추정이 가능해진다. 각 입자는 각기 다른 데이터 연관을 기반으로 할 수 있다. 이를 통해 FastSLAM은 SLAM의 데이터 연관 문제를 해결할 수 있는 간단하고 강력한 메커니즘을 제공한다. 이전의 알고리즘들, 특히 EKF, GraphSLAM, SEIF는 특정 시점에서 전체 필터에 대해 단일 데이터 연관 결정을 채택해야 하므로 데이터 연관값을 선택하는 데 더 많은 주의가 필요하다.

- 시간의 흐름에 따라 입자를 효율적으로 업데이트하기 위해 맵의 트리 표현에 대해 알아봤다. 이러한 표현을 통해 FastSLAM 업데이트의 복잡성을 선형에서 로그 수준으로 줄일 수 있으므로 입자가 동일한 맵 부분을 공유할 수 있다. 그러한 트리의 아이디어는 FastSLAM이 맵에서 10^9개 이상의 피처로 확장할 수 있으므로 실제로 중요하다.

- 또한 부정적인 정보를 활용하는 기술에 대해서도 논의했다. 하나는 충분한 증거가 뒷받침되지 않는 피처를 맵에서 제거하는 것과 관련이 있다. 여기서 FastSLAM은 점유 그리드 맵을 소개했던 장에서 이미 배운 증거 통합^{evidence} $_{\text{integration}}$ 방법을 채택하고 있다. 다른 하나는 입자 자체의 가중치와 관련이 있다. 입자 맵에서 피처를 관찰하지 못하면 그에 따른 중요도 가중치가 곱해져 해당 입자의 중요도가 낮아질 수 있다.

- 두 가지 FastSLAM 알고리즘의 실제 활용 관점에서 특성을 설명했다. 실험 결과에 따르면 두 알고리즘 모두 피처 기반 맵과 볼류메트릭 그리드 스타일 맵에서 모두 잘 수행된다. 실용적인 관점에서 볼 때 FastSLAM은 현재 사용 가능한 최상의 SLAM 기술 중 하나다. 스케일링 속성은 앞의 11장, 12장에서 설명한 정보 필터 알고리즘 중 일부에 의해서만 비교된다.

- FastSLAM 2.0을 다른 맵 표현으로 확장했다. 표현 결과 중 하나를 예로 들면, 해당 맵은 레이저 범위 파인더에 의해 검출된 포인트로 구성된다. 이 경우 가우시안을 통해 피처들의 불확실성을 모델링하고 FastSLAM 2.0의 포워

드 샘플링 과정을 구현하기 위한 스캔 매칭 기술을 활용한다는 아이디어를 포기할 수 있었다. 입자 필터를 사용하면 로버스트한 루프 클로저 기술이 된다.

FastSLAM의 가장 큰 제한사항은 입자 위치의 다양성을 통해 암시적으로만 피처 위치 추정에 종속성을 유지한다는 점이다. 특정 환경에서는 가우시안 SLAM 기술과 비교할 때 수렴 속도에 부정적인 영향을 미칠 수 있다. FastSLAM을 사용할 때 FastSLAM에서 입자 부족 문제로 인한 피해를 줄이려면 주의를 기울여야 한다.

13.12 참고문헌

Rao(1945) 및 Blackwell(1947)은 샘플을 파라미터 밀도 함수와 결합해 변수 집합에 대한 분포를 계산했다. 오늘날 이 아이디어는 통계 문헌에서 일반적인 도구가 되었다(Gilks et al., 1996; Doucet et al., 2001). 루프 클로저를 위해 입자 필터를 사용하는 첫 번째 매핑 알고리즘은 Thrun et al.(2000b)에서 확인할 수 있다. 라오-블랙웰라이즈드 입자 필터를 SLAM 분야에 처음 도입한 것은 Murphy(2000a)였다. Murphy and Russell(2001)은 점유 그리드 맵과 관련해 이 아이디어를 개발했다.

Montemerlo et al.(2002a)에서 FastSLAM 알고리즘을 처음으로 개발했다. 또한 다중 맵을 효율적으로 관리하기 위한 트리 표현도 개발했다. 엘리아자르Eliazar와 파르Parr 는 이 알고리즘을 고해상도 맵으로 확장했다. 이는 그들이 개발한 DP-SLAM 알고리즘이 이전과는 다른 높은 정확도와 세부 묘사가 가능한 레이저 범위 스캔으로 맵을 생성했기 때문에 가능했다. 이들의 중앙 데이터 구조를 앤시스트리 트리ancestry tree라고 하며, FastSLAM의 트리를 확장해 점유 스타일 맵의 문제점을 업데이트한다. 좀 더 효율적인 버전으로 DP-SLAM 2.0도 개발됐다(Eliazar and Parr, 2004). FastSLAM 2.0 알고리즘은 Montemerlo et al.(2003b)에서 처음 소개됐다. 이것은 입자 필터 이론에서 제안 분포의 일부로 측정값을 사용하려는 아이디어를 제안한 van der Merwe et al.(2001)의 이전 연구에 기초하고 있다. 이 장의 그리드 기반 FastSLAM 알고리즘은 Hähnel et al.(2003b)에서 소개했으며, 그리드 기반 맵에 적용된 라오-블랙웰라이즈드 필터를 사용해 개선된 제안 분포 아이디어를 통합했다. 다이내믹한 사무실 환경에서 문 상태를 추적하는 라오-블랙웰라이즈드 필터 기법은 Avots et al.(2002)을 참고한다.

FastSLAM의 가장 중요한 공헌 중 하나로 데이터 연관을 생각해볼 수 있다. 이는 SLAM 문제에서의 데이터 연관 연구의 연장선상에 있다고 볼 수 있다. 최초 SLAM 연구들(Smith et al., 1990; Moutarlier and Chatila, 1989a)은 최대 유사가능도 데이터 연관성에 의존했다. 이에 관한 자세한 사항은 Dissanayake et al.(2001)에서 확인할 수 있다. 이러한 데이터 연관 기술의 핵심 한계는 상호 배타성$^{mutual\ exclusivity}$을 시행할 수 없다는 점이다. 단일 센서 측정(또는 짧은 시간 연속)에서 볼 수 있는 두 가지 피처는 월드의 동일한 물리적 피처에 대응할 수 없다. 이와 관련해 네이라^{Neira}와 타르도스^{Tardós}는 일련의 피처에 대한 일치 여부를 테스트하는 기술을 개발해 데이터 연관성 오차의 수를 크게 줄였다. 엄청난 수의 잠재적 연관성(각 시점에서 고려된 피처 개수에 지수적으로 비례함)을 수용하기 위해, Neira et al.(2003)은 데이터 연관 공간에서 무작위 추출 기법을 제안했다. 그러나 이러한 모든 기술은 SLAM 사후확률 계산에서 단일 모드를 유지했다. Feder et al.(1999)은 그리디 데이터 연관 아이디어를 소나 데이터에 적용했지만 모호성을 해결하기 위해 지연된 결정$^{delayed\ decision}$을 구현했다.

SLAM에서 멀티모달 사후확률을 유지한다는 아이디어는 Durrant-Whyte et al.(2001)에서 제안했다. '가우시안 합계' 알고리즘은 사후확률을 표현하기 위해 가우시안 혼합을 사용한다. 각 혼합 구성요소는 모든 데이터 연관 결정의 내역을 통해 다른 추적에 해당한다. FastSLAM은 이 아이디어를 따르지만 가우시안 혼합 구성요소 대신 입자를 사용한다. 게으른 데이터 연관 개념은 컴퓨터 비전에서 인기 있는 RANSAC 알고리즘(Fischler and Bolles, 1981) 같은 분야로 거슬러 올라갈 수 있다. 12장에서 제시한 트리 알고리즘은 Hähnel et al.(2003a)에서 확인할 수 있다. 관련 연구로 Kuipers et al.(2004)도 참고하기 바란다. 데이터 연관과 관련해 완전히 다른 접근법은 Shatkay and Kaelbling(1997)과 Thrun et al.(1998b)을 참조한다. 이 연구에서는 대응 문제를 해결하기 위해 EM$^{expectation\ maximization}$ 알고리즘(Dempster et al., 1977)을 사용했다. EM 알고리즘은 맵 작성 단계를 통해 모든 피처에 대한 데이터 연관 단계를 반복 수행한다. 이를 통해 수치형 맵 파라미터 공간 내에서, 그리고 이산형 대응 변수의 공간 내에서 동시에 검색을 수행한다. Araneda(2003)는 오프라인 SLAM의 데이터 연관에 MCMC 기술을 성공적으로 사용했다.

데이터 연관 문제는 다중 로봇 맵 통합의 맥락에서 자연스럽게 발생한다. 동일한 환경에서 작동하고, 맵이 중첩된다고 가정했을 때 하나의 로봇을 다른 로봇에 대해 로컬화하는 알고리즘들이 많은 논문을 통해 소개됐다(Gutmann and Konolige, 2000; Thrun et al., 2000b). Roy and Dudek(2001)은 로봇이 자신의 정보를 통합하기 위해 서로 시간과 장소를 정해 만나는rendezvous 기술을 개발했다. 그러나 일반적으로 데이터 연관 기술은 맵이 겹치지 않을 수도 있음을 고려해야 한다. Stewart et al.(2003)은 맵이 겹치지 않을 가능성을 명시적으로 모델링하는 입자 필터 알고리즘을 개발했다. 여기서는 이 확률을 계산하기 위한 베이지안 추정량을 포함하는데, 이는 '공통적인' 특정 로컬 맵이 환경에 어떻게 존재하는지를 고려한다. 다중 로봇 매핑에서 데이터 연관을 위한 피처 집합을 매칭한다는 아이디어는 Dedeoglu and Sukhatme(2000)에 기인한다. Thrun and Liu(2003)도 참조하기 바란다. Howard(2004)에서는 맵의 새로운 비평면non-planar 표현을 제안했으며, 이를 통해 불완전한 맵의 불일치 문제를 해결했다. 아울러 매우 정확한 다중 로봇 매핑 결과도 후속 연구로 이끌어냈다(Howard et al., 2004).

13.13 연습문제

1. SLAM 알고리즘 계열의 세 가지 버전인 EKF, GraphSLAM, FastSLAM 각각에 대해 세 가지 중요한 이점을 설명해보라.

2. FastSLAM 1.0이 수렴에 실패하고 FastSLAM 2.0이 (확률값 1인) 정확한 맵으로 수렴되는 상황을 설명해보라.

3. 524페이지에서 "전체 경로 $x_{1:t}$에 대한 조건이 이 결과에 반드시 필요하다는 점에 주목하자. 이전 포즈를 통해 의존성이 발생할 수 있으므로 가장 최근의 포즈 x_t에 대한 조건은 조건부 변수로는 불충분하다."라고 설명했다. 이를 증명해보라. 예를 통해 증명해도 된다.

4. FastSLAM은 각 입자마다 하나씩 많은 맵을 생성한다. 이 장에서는 이러한 맵을

단일 사후확률 추정값으로 결합하는 방법을 소개했다. 두 가지 방법, 즉 알려진 대응 변수가 있는 FastSLAM과 입자당 데이터 연관이 있는 FastSLAM을 만들어 보라.

5. FastSLAM 1.0 대비 FastSLAM 2.0의 개선 핵심 아이디어는 제안 분포의 특성에 있다. 몬테카를로 로컬화^{MCL}를 위한 FastSLAM 2.0을 개발해보라. 즉, 피처 기반 맵에서 MCL에 대한 유사한 제안 분포를 작성하고 결과 알고리즘 'MCL 2.0' 을 구현해보라. 이 문제에서는 알려진 대응 변수를 가정할 수 있다.

6. 13.8절에서는 효율적인 트리 구현을 설명했지만 의사 코드를 제공하지는 않았다. 이 문제에서 사전에 피처의 수를 알고 있고 대응 문제가 발생하지 않는다고 가정 했을 때 해당 데이터 구조를 제공하고 트리에 대한 수식들을 업데이트해보라.

7. 경험적으로 FastSLAM이 피처 예상치와 로봇 포즈 추정값 간의 상관관계를 유지 하는지 설명하라. 특히 선형 가우시안 SLAM에 대한 간단한 FastSLAM 1.0 알고 리즘을 구현하라. 선형 가우시안 SLAM에서의 모션 및 측정 방정식은 부가적인 가우시안 노이즈와 함께 선형임을 염두에 두기 바란다.

$$x_t \sim \mathcal{N}(x_{t-1} + u_t,\ R)$$
$$z_t = \mathcal{N}(m_j - x_t,\ Q)$$

FastSLAM 1.0을 시뮬레이션해보라. t단계 후, 피처 위치의 조인트 공간과 로봇 포즈 위에 가우시안을 맞춘다. 이 가우시안으로부터 상관 행렬을 계산하고, 상 관 함수의 강도를 t의 함수로 표현해보라. 무엇을 알 수 있는가?

8. 본문에서 설명했듯이 FastSLAM은 라오-블랙웰라이즈드 입자 필터다. 이 문제 에서는 다른 문제인 체계적으로 움직이는 로봇을 사용한 로컬화에 대한 라오-블랙웰라이즈드 필터를 설계한다. 체계적인 드리프트$^{systematic\ drift}$는 오도메트리 에서 흔히 발생하는 현상이다. 그림 9.1과 그림 10.7에서 두 가지 특이한 경우 를 확인할 수 있다. 우리에게 환경 맵이 주어졌다고 가정해보자. 로봇의 드리프 트 파라미터와 환경에서 로봇의 글로벌 위치를 동시에 추정하는 라오-블랙웰라 이즈드 필터를 설계해보자. 필터는 입자 필터를 칼만 필터와 결합해야 한다.

4부
플래닝과 제어

14

마르코프 결정 프로세스(MDP)

14.1 모티브

이제부터는 확률론적 플래닝planning과 제어control에 관해 알아보자. 지금까지는 로봇 인식만 중점적으로 다뤄왔다. 우리는 센서 데이터로부터 관심의 양quantities of interest을 추정하는 확률론적 알고리즘의 범위에 대해 논의했다. 그러나 로봇 소프트웨어의 궁극적인 목표는 올바른 액션을 선택하는 것이다. 14장과 15장에서는 액션 선택을 위한 확률론적 알고리즘을 공부할 것이다.

확률론적 플래닝 알고리즘 연구에 대해 자세히 알아보기 위해 다음 예제를 고려해 보자.

1. 로봇 매니퓰레이터는 컨베이어 벨트에 무작위로 배열된 채 도착한 부품을 움켜쥐고 조립한다. 부품의 배열configuration은 도착 시점에는 알 수 없지만, 최적의 매니퓰레이션 전략은 구성에 대한 지식이 필요하다. 어떻게 로봇이 그런 것들을 매니퓰레이트할 수 있을까? 센서가 필요할까? 그렇다면 모든 센싱 전략이 똑같이 좋을까? 센싱 없이 잘 정의된 구성을 만드는 매니퓰레이션 전략이 있을까?

2. 수중 주행 차량이 캐나다에서 카스피해로 여행을 한다고 생각해보자. 얼음 밑에

서 방향을 잃어버릴 위험을 감수하면서 북극을 통과하는 최단 경로를 취해야 할까? 아니면 위성 기반 GPS 시스템을 통해 정기적으로 위치를 재지정할 수 있는 방법을 이용해 넓은 바닷속에서 더 긴 경로를 취해야 할까? 이러한 결정이 잠수함의 관성 센서 정확도에 어느 정도 영향을 주는가?

3. 로봇 팀이 알려지지 않은 행성을 탐구해 결합 맵을 얻으려고 한다. 서로 간의 상대적인 위치를 결정하기 위해 로봇끼리 서로 탐색할 것인가? 아니면 더 짧은 시간에 알려지지 않은 더 많은 지형을 커버할 수 있도록 서로를 피할 것인가? 로봇의 시작 위치가 알려지지 않은 경우 최적의 탐사 전략은 어떻게 바뀔까?

이러한 예제는 많은 로보틱스 과제에서 액션 선택이 불확실성의 개념과 밀접하게 연관되어 있음을 보여준다. 로봇 탐사 같은 일부 작업에서는 불확실성을 줄이는 것이 액션 선택의 직접적인 목표다. 이러한 문제는 정보 수집 작업$^{information\ gathering\ task}$으로 알려져 있다. 이에 관해서는 17장에서 설명한다. 이 외의 경우에서 불확실성을 줄이는 것은 다른 목표를 달성하기 위한 수단일 뿐이다. 이를테면 목표 위치에 확실하게 도착하는 것 같은 식이다. 이에 관해서는 14장과 15장에서 자세히 다룬다.

알고리즘 설계 관점에서 볼 때, '액션 효과의 불확실성'과 '지각의 불확실성' 두 가지로 불확실성을 구분하면 편리하다.

우선, 확률론적 액션 효과와 결정론적^{deterministic} 효과를 구분해보자. 로보틱스의 많은 이론적 성과는 제어 액션의 효과가 결정론적이라는 가정에 기반하고 있다. 그러나 실제적으로 액션의 결과는 비결정론적$^{non-deterministic}$이기 때문에 액션은 불확실성을 야기한다. 로봇과 환경의 확률적 특성으로 인해 발생하는 불확실성은 런타임에 로봇이 감지하고 환경 스테이트가 완전히 관찰 가능하다고 하더라도 예기치 않은 상황에 반응해야 한다. 단일 액션 시퀀스를 계획하고 실행 시 맹목적으로 실행하는 것만으로는 충분하지 않다.

둘째, 완전히 관찰 가능한 시스템$^{fully\ observable\ system}$과 부분적으로 관찰 가능한 시스템$^{partially\ observable\ system}$을 구분해보자. 기존 로봇은 종종 센서가 환경의 전체 스테이트를 측정할 수 있다고 가정한다. 이것이 항상 사실이라면, 이 책은 필요 없을 것이다! 즉, 그

반대의 경우가 있다는 얘기다. 흥미로운 실제 로보틱스 문제들을 보면 거의 모두에 있어 센서 한계가 핵심 요소다.

로봇은 무엇을 해야 할지 결정할 때 현재의 불확실성$^{current\ uncertainty}$을 고려해야 한다. 제어 작업을 선택할 때 최소한 로봇은 다양한 결과(치명적인 오차를 포함할 수 있음)를 고려해야 하며, 그러한 결과가 실제로 발생할 수 있는 확률로 계량화해야 한다. 그러나 로봇 제어는 미래의 예상 불확실성$^{anticipated\ uncertainty}$에도 대처해야 한다. 미래의 예상 불확실성 경우에 대해 앞에서 설명한, GPS가 잡히지 않는 환경을 통과하는 짧은 경로와 길을 잃는 위험을 줄이는 긴 경로 중 하나를 선택할 수 있는 로봇의 예가 있다. 예상되는 불확실성을 최소화하는 것은 많은 로봇 애플리케이션에서 필수적이다.

이 장에서는 플래닝과 제어를 매우 자유로운 관점으로 다루고, 둘 사이를 따로 구분 짓지 않을 생각이다. 근본적으로 플래닝과 제어는 둘 다 동일한 문제, 즉 액션을 선택하는 문제를 해결하기 위한 것이다. 액션을 선택해야 하는 시간 제약과 실행 중 감지의 역할이 다르다. 이 장에서 설명하는 알고리즘은 오프라인 최적화 또는 플래닝 단계가 필요하다는 점에서 모두 유사하다. 이 플래닝 단계의 결과는 합리적인 상황에 대한 제어 조치를 규정하는 제어 정책이다. 즉, 제어 정책은 컨트롤러이므로 최소 계산 시간으로 로봇 액션을 결정하는 데 사용할 수 있다. 이것이 알고리즘의 불확실성을 극복할 수 있는 유일한 방법이라고 생각하는 것은 결코 아니다. 그러나 확률론적 로보틱스 분야에서 현재 사용되고 있는 알고리즘의 스타일은 반영하고 있다.

이 장에서 설명하는 알고리즘 대부분은 한정된 스테이트 및 액션 공간을 가정한다. 연속된 공간은 그리드 스타일 표현을 사용해 근사화한다.

14장부터 17장까지 공부할 내용은 다음과 같다.

- 14장에서는 두 가지 유형의 불확실성 역할을 심도 있게 살펴보고 알고리즘 설계에 미치는 영향을 설명한다. 제한된 클래스 문제의 첫 번째 솔루션으로, 확률 시스템을 위해 많이 사용되는 플래닝 알고리즘인 밸류 이터레이션$^{value\ iteration}$ 기법을 소개한다. 이 장에서는 불확실성의 첫 번째 형태, 즉 로봇 모션의 불확실성만 다룬다. 아울러 스테이트가 완전히 관찰 가능하다고 가정

한다. 관련된 수학적 프레임워크로는 마르코프 결정 프로세스^{MDP, Markov decision process}가 있다.

- 15장에서는 액션 효과의 불확실성 및 지각의 불확실성에 대해 밸류 이터레이션 기법을 일반화한다. 이 알고리즘은 밸류 이터레이션을 빌리프 스테이트 표현에 적용한다. 이 알고리즘의 기반이 되는 프레임워크를 부분적으로 관찰 가능한 마르코프 결정 프로세스^{POMDP, partially observable Markov decision process}라고 한다. POMDP 알고리즘은 불확실성을 예상하고 적극적으로 정보를 수집하며 임의의 성능 목표를 추구하면서 최적으로 탐사한다. 아울러 제어 정책을 좀 더 효율적으로 계산할 수 있는 여러 가지 근사화 기법들도 설명한다.

- 16장에서는 POMDP에 대한 여러 가지 근사적인 반복 알고리즘을 소개한다. 이러한 알고리즘은 공통적으로 계산 효율을 높이기 위해 확률론적 플래닝 프로세스를 근사화한다. 이러한 알고리즘 중 하나는 미래의 어떤 시점에서 스테이트가 완전히 관찰 가능하다고 가정해 확률론적 플래닝을 축약한다. 다른 하나는 빌리프 스테이트를 더 낮은 차원 표현으로 압축하고 이 표현을 사용해 플래닝한다. 세 번째 알고리즘은 입자 필터와 머신 러닝 접근법을 사용해 문제 공간을 압축한다. 이 세 가지 알고리즘은 모두 실제 로봇 애플리케이션에서 우수한 성능을 발휘하면서 계산 효율성도 높다는 특징을 지니고 있다.

- 17장은 로봇 탐사의 특수한 문제를 다룬다. 여기서 로봇의 목표는 환경 정보를 축적하는 것이다. 탐사 기술은 센서의 불확실성 문제를 해결하는 반면, 문제는 전체 POMDP 문제보다 훨씬 쉽기 때문에 훨씬 더 효율적으로 해결할 수 있다. 확률론적 탐사 기술은 로보틱스 분야에서 매우 인기가 있는데, 이는 로봇이 알 수 없는(미지의) 공간에 대한 정보를 얻기 위해 자주 사용되기 때문이다.

14.2 액션 선정의 불확실성

그림 14.1은 로봇이 경험할 수 있는 다양한 유형의 불확실성을 설명하기 위한 간단한 환경이다. 좀 더 자세히 설명하면 다음과 같다. 첫째, 복도 모양의 환경에 모바일 로봇이 있다. 둘째, 환경은 대칭 모양을 띠고 있다. 유일하게 구별되는 피처는 먼 쪽 끝이 다르게 만들어져 있다는 점이다. 셋째, 로봇은 표시된 위치에서 시작해 목표 지점에 도달하려고 시도한다. 목표 지점을 향한 짧고 좁은 경로와 더 길지만 더 넓은 경로들이 여러 개 있음을 알 수 있다.

고전적인 로봇 플래닝 패러다임에는 불확실성이 없다. 로봇은 초기 포즈와 목표 지점의 위치를 간단히 알 수 있다. 또한 실제 세계에서 액션을 실행했을 때 예상하는 결과가 있으며 이러한 결과는 사전 플래닝이 가능하다. 이런 상황이라면 센싱이 필요가 없다. 런타임에 실행될 수 있는 일련의 액션 시퀀스를 오프라인으로 플래닝하기만 하면 충분하다. 그림 14.1은 이러한 플래닝의 예다. 로봇의 움직임에 오차가 없다면 좁은 경로는 더 길고 넓은 경로보다 훨씬 더 낫다. 따라서 '고전적인' 플래너는 좁은 경로를 선택할 것이다.

실제로 이러한 플랜은 하나 이상의 이유로 실패하는 경향이 있다. 좁은 복도를 맹목적으로 따라가는 로봇은 벽과 충돌할 위험이 있다. 또한 맹목적으로 실행되는 로봇은 플랜 실행 중에 오차가 발생해 목표 지점의 위치를 놓칠 수 있다. 따라서 실제로 이러한 유형의 플래닝 알고리즘은 센서 판독값을 참조해 충돌을 피하기 위해 계획을

그림 14.1 좁은 복도와 넓은 복도로 구성된 거의 대칭형인 환경의 모습. 로봇은 전체 환경의 중심에서 방향을 알 수 없는 상태로 시작한다. 이 과제의 목표는 왼쪽의 목표 지점으로 이동하는 것이다.

조정하는 센서 기반 반응 제어 모듈과 결합된다. 이러한 모듈은 로봇이 좁은 통로에서 충돌하는 것을 방지한다. 그러나 이렇게 하려면 로봇을 감속시켜 좁은 경로에 비해 더 길고 긴 경로가 더 우수하도록 만들어야 한다.

로봇 동작의 불확실성을 포괄하는 패러다임은 마르코프 결정 프로세스^{MDP}로 알려져 있다. MDP는 환경 스테이트를 항상 완전히 감지할 수 있다고 가정한다. 즉, 인식 모델 $p(z \mid x)$는 결정론적이고 바이젝티브^{bijective}(양방향성)하다. 그러나 MDP 프레임워크에서는 확률론적 액션 결과가 가능하다. 액션 모델 $p(x' \mid u, x)$는 비결정론적일 수 있다. 결과적으로 단일 액션 시퀀스 플래닝으로는 불충분하다. 대신, 플래너는 로봇이 스스로를 찾을 수 있는 모든 상황에 대한 액션을 생성해야 한다. 왜냐하면 액션 또는 예측할 수 없는 다른 환경 다이내믹스를 고려해야 하기 때문이다. 결과 불확실성에 대처하기 위해 로봇이 직면할 수 있는 모든 스테이트에 대해 정의된 액션 선택 정책^{policy} $^{for\ action\ selection}$을 생성하는 방법을 생각해볼 수 있다. 스테이트에서 액션에 이르는 이러한 매핑은 제어 정책$^{control\ policy}$, 전체 플랜$^{universal\ plan}$, 내비게이션 함수$^{navigation\ function}$ 등으로 다양하게 알려져 있다. 그림 14.2는 정책의 예를 보여준다. 단일 액션 시퀀스 대신 로봇이 스테이트에서 화살표로 표시된 액션까지의 매핑을 계산한다. 이 결과를 이용해 로봇은 월드의 스테이트를 감지하고 이에 따라 액션을 취함으로써 비결정론을 수용할 수 있다. 그림 14.2(a)의 패널은 모션 불확실성이 거의 없는 로봇에 대한 정책의 예다. 이 경우 좁은 경로가 실제로 선택될 가능성이 있다. 그림 14.2(b)는 동일한 상황에서 로봇 모션의 랜덤성이 증가한 경우다. 여기서 좁은 경로는 충돌 가능성이 높아지므로 우회 경로를 선택할 가능성이 더 높다. 이 예를 통해 (1) 모션 플래닝 프로세스에서 불확실성 통합의 중요성, 그리고 (2) 이 장에서 설명하는 알고리즘을 사용해 올바른 제어 정책을 찾는 기능을 알 수 있다.

스테이트가 완전히 관찰 가능하다는 가정을 배제하고 가장 일반적인, 완전히 확률적인 예를 생각해보자. 이 경우는 부분적으로 관찰 가능한 마르코프 결정 프로세스, 즉 POMDP로 알려져 있다. 대부분의 로보틱스 애플리케이션에서 측정값 z는 스테이트 x의 노이즈 투영 결과다. 따라서 스테이트는 어느 정도까지만 추정될 수 있다. 좀 더 자세히 설명하기 위해, 앞의 예를 다른 가정하에서 다시 한번 고려해보자. 로봇이 초

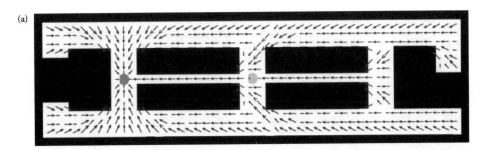

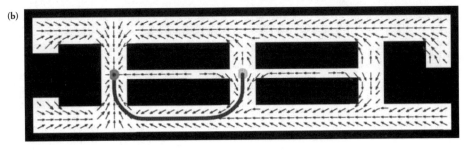

그림 14.2 (a) 결정론적인 액션 결과와 (b) 비결정론적인 액션 결과를 이용한 MDP의 밸류 함수와 제어 정책의 예. 결정론적 모델에서 로봇은 좁은 경로를 탐색하는 데 아무 문제가 없다. 벽과의 충돌 위험을 줄이기 위해 액션 결과가 불확실할 경우 더 긴 경로를 선호한다. (b)에서 이 경로를 보여준다.

기 위치를 알고 있지만 왼쪽 또는 오른쪽으로 향하는지 알 수 없다고 가정한다. 게다가 목표 지점에 도착했는지 감지할 센서도 없다고 가정한다.

환경이 대칭성을 띨 경우 방향 설정이 더 모호해진다. 계획한 목표 지점 스테이트를 따라서 그대로 움직일 경우 로봇은 목표 지점에 도달하지 못할 확률이 50%가 되고 환경 내에서 똑같은 크기의 대칭 위치로 이동한다. 따라서 가장 좋은 플랜은 환경의 구석으로 이동하는 것이다. 왜냐하면 방향을 명확하게 정하기에 충분히 환경을 인식할 수 있기 때문이다. 이러한 위치로 이동하기 위한 정책은 그림 14.3(a)에 나와 있다. 초기 방향에 따라 로봇은 거기에 표시된 두 경로 중 하나를 실행할 수 있다. 구석에 이르면 센서가 방향을 나타내므로 환경과 관련된 실제 위치가 표시된다. 이제 로봇은 그림 14.3(b)와 (c) 중 하나에서 자신이 어디 있는지 알 수 있다. 이를 통해 로봇은 그림과 같이 목표 지점으로 안전하게 이동할 수 있다.

이 예는 확률론적 로보틱스의 주요 측면 중 하나를 설명하고 있다. 로봇은 적극적

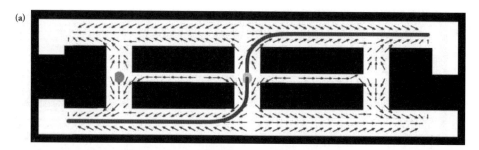

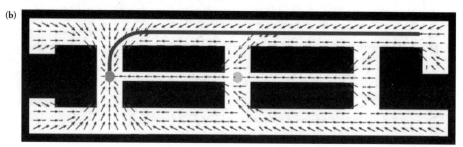

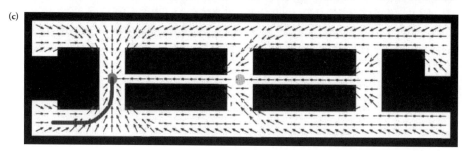

그림 14.3 POMDP의 액션을 모은 지식의 예: 50% 이상의 확률로 목표 지점에 도달하기 위해, 빌리프 공간 플래너는 우선 글로벌 방향을 결정할 수 있는 위치로 내비게이션한다. (a)는 로봇이 택할 수 있는 관련 정책 및 가능한 경로를 보여준다. 한편 (a)의 결과를 이용해 로봇이 목표 지점을 안전하게 찾아갈 수 있는 현재 위치를 찾는 예를 (b), (c)에서 보여주고 있다.

으로 정보를 수집해야 하며, 그러기 위해서는 스테이트를 절대적으로 알고 있는 로봇에 비해 어려운 과정을 거쳐야 할 수 있다. 이 문제는 로보틱스에서 가장 중요하다. 거의 모든 로보틱스 과제에서 로봇의 센서는 로봇이 무엇을 알 수 있고 정보를 얻을 수 있는지에 대한 본질적인 한계를 지니고 있다. 이와 관련된 상황으로 위치 찾기 및 검색, 행성 탐사, 도시 검색 및 구조 등 다양한 문제를 생각해볼 수 있다.

불확실성에 대처할 수 있는 액션 선택을 위한 알고리즘을 어떻게 만들어야 할지 생각해볼 필요가 있다. 이는 가볍게 넘길 문제가 아니다. 어떤 면에서는 현재의 지식 스테이트에서 가능한 모든 상황을 분석해 무엇을 해야 하는지에 대한 문제를 해결하려고 할 수도 있다. 이 예에서는 (1) 목표 지점이 초기 로봇의 방향과 비교했을 때 왼쪽 상단에 있는 경우와 (2) 목표 지점이 로봇의 방향 대비 오른쪽 하단에 있는 경우, 두 가지가 있다. 그러나 이 두 가지 경우 모두 최적의 정책은 에이전트가 포즈를 모호하게 취할 수 있는 위치에 에이전트를 위치시키지 않는다. 즉, 부분적으로 관찰 가능한 환경에서의 플래닝 문제는 가능한 모든 환경을 고려하고 솔루션을 평균화하여 해결할 수 없다.

대신 핵심 아이디어는 **빌리프 공간**belief space(또는 정보 공간information space)에서 플랜을 생성하는 것이다. 빌리프 공간은 로봇이 월드에 대해 가질 수 있는 모든 사후 빌리프의 공간을 구성한다. 이 책의 간단한 예제와 관련한 빌리프 공간은 그림 14.3을 참조한다. 그림 14.3(a)는 빌리프 공간 정책이다. 로봇이 방향을 인식하지 못하는 동안 초기 정책을 표시한다. 이 정책에 따라 로봇은 로컬화할 수 있는 환경 내의 구석 위치 중 하나로 이동한다. 로컬화가 완료되면 그림 14.3(b)와 (c)에 표시된 대로 목표 지점으로 안전하게 이동할 수 있다. 각 방향의 선험적인 기회가 동일하기 때문에 로봇은 그림 14.3(b)와 (c) 중 하나에서 끝날 확률이 50%인 랜덤 전환을 경험한다.

이 책의 예에서 빌리프 스테이트 개수는 유한하다(로봇이 알고 있거나 단서를 갖고 있지 않다). 실용적인 애플리케이션에서는 일반적으로 그렇지 않다. 유한 스테이트의 많은 스테이트에서 빌리프 공간은 일반적으로 연속적이지만 유한 차원이다. 사실 빌리프 공간의 차원 수는 기본 스테이트 공간의 스테이트 수와 동일한 순서로 보면 된다. 스테이트 공간이 연속적이라면, 빌리프 공간은 무한히 많은 차원을 갖고 있다.

이 예는 로보틱스에 대한 중요성이 종종 과소평가돼온, 즉 로봇이 월드의 스테이트를 완벽하게 감지하지 못한 데서 비롯되는 근본적인 속성을 보여준다. 불확실한 월드에서 로봇 플래닝 알고리즘은 제어 결정을 내릴 때 지식의 스테이트를 고려해야 한다. 일반적으로 가장 가능성이 높은 스테이트만 고려하는데, 이는 충분하지 않다. 가장 가능성이 높은 실제 스테이트와는 달리 빌리프 스테이트에 대한 액션을 조절해서 로봇은 적극적으로 정보 수집을 추구할 수 있다. 사실, 빌리프 스테이트에서 최적의 플랜은 '가장 좋은' 정보만 수집하는 것이다. 왜냐하면 로봇 액션을 통해 기대하는 유용성에 실제로 도움이 되는 정도의 새로운 정보만 찾기 때문이다. 최적의 제어 정책을 수립할 수 있는 능력은 기존의 결정론적이고, 모든 것을 다 파악할 수 있는 전지전능한 방법과 비교했을 때 로보틱스에 대한 확률론적 접근 방법의 핵심 이점이다. 그러나 플래닝 문제의 복잡도가 증가하는 문제는 감수해야 한다.

14.3 밸류 이터레이션

제어 정책을 찾는 첫 번째 알고리즘으로 밸류 이터레이션$^{value\ iteration}$이 있다. 밸류 이터레이션은 페이오프^{payoff} 함수를 기준으로 각 액션의 유틸리티를 재귀적으로 계산한다. 이 장에서는 불확실성의 첫 번째 형태인, 로봇과 실제 세계의 확률성만 고려한다. 센서 한계로 일어날 수 있는 불확실성에 대한 후속 조치는 뒤에서 설명한다. 따라서 지금은 월드의 스테이트가 어느 시점에서든 완전히 관찰 가능하다고 가정한다.

14.3.1 목표와 페이오프

알고리즘을 구체적으로 설명하기에 앞서 문제를 좀 더 간결하게 정의해보자. 일반적으로 로봇 액션 선택은 목표^{goal}에 의해 결정된다. 목표는 특정 구성(예: 로봇 매니퓰레이터로 부품을 선택해 배치한 경우) 또는 장기간에 걸쳐 조건을 표현할 수 있는 경우(예: 로봇이 폴^{pole}의 균형을 잡는 경우)와 같다. 로보틱스에서 특정 목표 설정에 도달하는 것과 동시에 종종 비용^{cost} 같은 변수를 최적화하는 문제를 생각해볼 수 있다. 예를 들어 시간, 에너지 소비 또는 장애물과의 충돌 횟수를 최소화하면서 동시에 매니퓰레이터의 엔드 이펙터$^{end\text{-}effector}$를 특정 위치로 이동시키는 문제도 생각해볼 수 있다.

언뜻 보기에는 두 가지 정량 지표를 표현해볼 수 있을 듯하다. 하나는 로봇이 목표 위치에 도달했는지 여부를 나타내는 이진 플래그와 같이 값이 최대가 되게 하는 것이다. 또 다른 하나는 로봇이 소비하는 총 에너지의 양처럼 최소화되도록 하는 것이다. 그러나 이들 모두 페이오프 함수$^{payoff\ function}$라는 단일 함수를 이용해 표현이 가능하다.

페이오프는 스테이트 및 로봇 제어의 함수이며 r로 표현한다. 예를 들어, 다음과 같은 간단한 페이오프 함수를 정의할 수 있다.

$$r(x, u) \quad = \quad \begin{cases} +100 & u\text{가 목표 구성 또는 스테이트에 도달하는 경우} \\ -1 & \text{그 외} \end{cases} \tag{14.1}$$

이 페이오프 함수는 목표 구성goal configuration에 도달하면 +100으로 로봇에 '보상'하지만, 구성에 도달하지 않았을 경우 시간 단계마다 −1만큼 로봇에게 '페널티'를 부과한다. 이러한 페이오프 함수는 로봇이 가능한 최소 시간 내에 목표 설정에 도달했을 때 최대 누적 보상 결과를 리턴한다.

목표 달성 및 비용 두 가지 모두를 표현하는 데 왜 하나의 페이오프 변수만 사용할까? 여기에는 두 가지 이유가 있다. 첫째, 이렇게 하면 수식의 혼란을 피할 수 있다. 왜냐하면 이 책에서 비용 및 목표 달성 관련 부분을 하나로 통합할 수 있기 때문이다. 둘째, 더 중요한 것은 목표 달성과 비용 간의 근본적인 트레이드오프에 있다. 로봇은 본질적으로 불확실하기 때문에 목표 설정이 성취됐는지 여부를 확실하게 알 수 없다. 대신 모든 것이 목표에 도달할 수 있는 기회를 극대화하는 것이 좋다. 목표 달성과 비용 간의 트레이드오프는 다음과 같은 질문으로 정리할 수 있다. "(에너지, 시간 등의) 추가 노력을 들이면 목표에 도달할 확률이 더 커질까?" 목표 달성과 비용을 하나의 수치적 요소로 다루는 것은 서로 간의 트레이드오프를 가능하게 한다. 이를 통해 불확실성하에서 액션을 선택하기 위한 일관된 프레임워크를 제공한다.

미래에 기대하는 페이오프를 극대화할 수 있도록 액션을 유도하는 프로그램을 만들어보자. 이러한 프로그램을 대개 제어 정책control policy 또는 단순히 정책policy이라고 한다. 수학적으로 표현하면 다음과 같다.

$$\pi : z_{1:t-1}, u_{1:t-1} \longrightarrow u_t \tag{14.2}$$

완전히 관찰 가능한 경우, 다음과 같이 훨씬 단순한 경우로 가정한다.

$$\pi : x_t \longrightarrow u_t \tag{14.3}$$

결국 정책 π는 과거 데이터를 제어에 매핑하거나 스테이트가 관찰 가능할 때 제어에 스테이트를 매핑하는 함수다.

우리가 정의한 제어 정책에는 계산 속성에 대한 내용이 없다. 어쩌면 가장 최근의 데이터 항목 또는 정교한 플래닝 알고리즘에 기반해 빠르고 반응성이 높은 알고리즘일 수도 있다. 그러나 계산 부분은 반드시 고려해야 한다. 왜냐하면 어떤 식으로든 제 엇값을 계산하는 데 지연이 일어나면 로봇의 성능에 부정적인 영향을 초래할 수 있기 때문이다. 현재 우리가 정의한 정책 π는 결정론적인지 비결정론적인지에 대해 아무런 확정도 안 된 상태다.

제어 정책을 만드는 맥락에서 흥미로운 개념은 플래닝 호라이즌^{planning horizon}이다. 때로는 즉각적인 다음 페이오프의 값을 극대화하기 위한 제어 액션을 선택하는 것으로도 충분할 수 있다. 그러나 대부분의 경우 액션에 대한 페이오프는 즉각적으로 일어나지 않는다. 예를 들어, 목표 위치로 이동하는 로봇은 마지막 액션이 일어난 후에 목표에 도달하는 최종 페이오프를 받게 된다. 따라서 페이오프가 지연될 수 있다. 적절한 목표는 미래의 모든 페이오프의 합이 최대가 되도록 액션을 선택하는 것이다. 이 합계를 누적 페이오프^{cumulative payoff}라고 한다. 월드는 비결정론적이기 때문에 예상 누적 페이오프^{expected cumulative payoff}를 이용해 최적화하는 것이 최선의 방법이다. 이는 식 (14.4)와 같이 정리할 수 있다.

$$R_T = E\left[\sum_{\tau=1}^{T} \gamma^\tau r_{t+\tau}\right] \tag{14.4}$$

여기서 기댓값 $E[]$는 로봇이 시간 t와 시간 $t + T$ 동안 누적할 미래 순간 페이오프값 $r_{t+\tau}$를 이용해 계산한다. 각각의 페이오프 $r_{t+\tau}$에는 디스카운트 인자^{discount factor}인 γ^τ를 곱한다. γ의 값은 문제의 특정 파라미터이며 구간 [0; 1] 내의 값으로 제한된다. $\gamma = 1$ 이면 τ의 임의의 값에 대해 $\gamma^\tau = 1$이므로 식 (14.4)에서 인자를 생략할 수 있다. γ의 값이 더 작을수록 미래에 얻을 페이오프는 기하급수적으로 감소한다. 따라서 초기 페이오프와 비교했을 때 마지막 페이오프값의 중요도는 그만큼 높다고 볼 수 있다. 디스카운트 인자는 화폐의 가치와 유사점이 많은데 인플레이션으로 인해 기하급수적으로 가치를 잃기 때문이다.

R_T는 T 시간 간격의 합계를 의미한다. T는 플래닝 호라이즌^{planning horizon} 또는 간단히 호라이즌^{horizon}이라고 한다. 다음 세 가지 중요한 경우에 대해 알아보자.

1. $T = 1$인 경우, 이를 그리디 케이스^{greedy case}라고 한다. 로봇은 단지 다음번 페이오프를 즉각적으로 최소화하려고 한다. 이 방식은 약간 이상하다. 왜냐하면 다음 단계의 시간 단계를 넘어서 액션의 결과를 포착하지 않기 때문이다. 그럼에도 불구하고 실제로는 중요한 역할을 한다. 그 이유는 그리디 최적화가 다중 단계 최적화보다 훨씬 간단하다는 사실 때문에 그 중요성이 커지기 때문이다. 많은 로보틱스 문제에서 그리디 알고리즘은 현재 다항식 시간^{polynomial time}으로 계산할 수 있는 가장 잘 알려진 해법이다. 그리디 최적화는 디스카운트 인자 γ에 대해서는 불변이다. 하지만 $\gamma > 0$이어야 한다.

2. T가 1보다 크고 유한한 경우, 이를 유한 호라이즌 케이스^{finite-horizon case}라고 한다. 전형적으로 페이오프는 시간에 따라 디스카운트되지 않으므로 $\gamma = 1$이다. 모든 실질적인 목표에 대해 시간은 유한하므로 유한 호라이즌 케이스는 이 경우만 중요하게 생각하면 된다고 주장할 수도 있다. 그러나 유한 호라이즌 최적화는 종종 디스카운트된 무한 호라이즌 케이스보다 최적화하기가 더 어려울 수도 있다. 왜 그럴까? 우선 최적의 제어 액션이 시간 호라이즌의 함수라는 점을 생각해보자. 예를 들어, 시간 호라이즌의 맨 끝에서 최적의 정책은 다른 조건(예: 동일한 스테이트, 동일한 빌리프)하에서조차도 이전의 최적 선택과 상당히 다를 수 있다. 결과적으로, 유한 호라이즌을 갖는 플래닝 알고리즘은 다른 호라이즌에 대한 상이한 플랜을 유지해야 하며, 이로 인해 바람직하지 않은 복잡성이 증가할 수 있다.

3. T가 무한대인 경우, 이 경우를 무한 호라이즌 케이스^{infinite-horizon case}라고 한다. 이 경우는 제한된 호라이즌 케이스와 동일한 문제는 없다. 왜냐하면 남은 시간 단계의 수가 임의의 특정 시점 어디에서든 동일하게 무한대이기 때문이다. 그러나 여기서 디스카운트 인자 γ는 반드시 필요하다. 왜 그런지 알아보기 위해, 시간당 $1를 벌어들이는 로봇 제어 프로그램과 시간당 $100를 벌어들이는 또 다른

로봇 제어 프로그램을 생각해보자. 유한 호라이즌 케이스에서는 후자를 더 선호하는 것이 자연스럽다. 호라이즌의 값이 어떻든, 두 번째 프로그램의 예상 누적 페이오프는 첫 번째 프로그램과 비교했을 때 100배 이상이다. 무한 호라이즌의 경우에는 그렇지 않다. 디스카운트 인자가 없을 경우, 두 프로그램 모두 무한한 돈을 벌어들일 것이다. 따라서 누적 페이오프 R_T의 기댓값으로는 더 나은 프로그램을 선택하기 어렵다.

각각의 페이오프 r은 크기가 제한되어 있다는 가정하에(즉, 임의의 값 r_{max}에 대해 $|r| < |r_{max}|$), 디스카운트는 (합계가 무한히 많은 조건을 갖고 있음에도 불구하고) R_∞가 유한함을 보장한다. 이를 구체적으로 정리하면 다음과 같다.

$$R_\infty \leq r_{max} + \gamma r_{max} + \gamma^2 r_{max} + \gamma^3 r_{max} + \ldots = \frac{r_{max}}{1 - \gamma} \tag{14.5}$$

이것은 γ가 1보다 작은 한 R_∞가 유한하다는 것을 보여준다. 또한 디스카운트에 대한 대안은 총 페이오프 대신에 **평균 페이오프**를 최대화하는 것을 포함한다. 평균 페이오프를 극대화하기 위한 알고리즘은 이 책에서 다루지 않는다.

때때로 스테이트 x_t의 조건하에서 누적 페이오프 R_T를 참조한다. 이는 다음과 같이 정의할 수 있다.

$$R_T(x_t) = E\left[\sum_{\tau=1}^{T} \gamma^\tau r_{t+\tau} \mid x_t\right] \tag{14.6}$$

누적 페이오프는 로봇의 액션 선택 정책의 함수다. 때로는 이러한 의존성을 명확히 해두는 것이 좋다.

$$R_T^\pi(x_t) = E\left[\sum_{\tau=1}^{T} \gamma^\tau r_{t+\tau} \mid u_{t+\tau} = \pi(z_{1:t+\tau-1}, u_{1:t+\tau-1})\right] \tag{14.7}$$

이 식은 2개의 제어 정책 π와 π'를 비교하고 어느 것이 더 나은지 결정할 수 있게 해준다. 단순히 R_T^π와 $R_T^{\pi'}$를 비교하고 더 높은 예상 디스카운트 미래 페이오프를 가진 알고리즘을 선택하기 바란다!

14.3.2 완전히 관찰 가능한 경우에 대해 최적의 제어 정책 찾기

이 장에서는 완전히 관찰할 수 있는 영역에서 제어 정책을 계산하기 위한 구체적인 밸류 이터레이션 알고리즘을 만들어보기로 한다. 우선 확률론적 로보틱스의 기본 가정인 '스테이트는 관찰할 수 없다'에서 출발해보자. 그러나 특정 애플리케이션에서 사후확률 $p(x_t \mid z_{1:t}, u_{1:t})$는 평균 $E[p(x_t \mid z_{1:t}, u_{1:t})]$에 의해 잘 표현된다고 가정할 수 있다.

완벽하게 관찰 가능한 경우에는 약간의 장점이 있다. 여기서 설명할 알고리즘을 통해 부분 관찰 가능성에 대한 좀 더 일반적인 경우도 준비할 수 있다.

완전히 관찰 가능한 스테이트를 갖는 확률적 환경의 구조를 MDP라고 부른다는 사실을 이미 알고 있다. MDP의 정책은 스테이트에서 제어 작업으로 매핑하는 것이다.

$$\pi : x \longrightarrow u \tag{14.8}$$

스테이트가 최적의 제어를 결정하기에 충분하다는 사실은 2.4.4절에서 설명한 마르코프 가정의 직접적인 결과다. MDP 프레임워크에서 계획하는 목표는 미래 누적 페이오프를 극대화하는 정책 π를 찾는 것이다.

$T = 1$의 플래닝 호라이즌에 대한 최적의 정책을 정의하는 것부터 시작해보자. 이에 따라 즉시 다음번 페이오프를 극대화하는 정책에만 관심이 있다. 이 정책은 $\pi_1(x)$로 표기하며, 모든 제어에 대해 예상되는 1단계 페이오프를 최대화하여 얻는다.

$$\pi_1(x) \quad = \quad \operatorname*{argmax}_{u} \ r(x, u) \tag{14.9}$$

따라서 최적의 액션은 기댓값에서 바로 다음 이어지는 페이오프를 최대화하는 것이다. 그러한 행동을 선택하는 정책은 기댓값에 최적이다.

모든 정책에는 이와 관련된 **밸류 함수**value function가 있다. 이 함수는 특정 정책의 기댓값(누적 디스카운트된 미래 페이오프)을 측정한다. π_1에 대해, 밸류 함수는 단순히 인자 γ에 의해 디스카운트된, 바로 다음 페이오프의 기댓값이다.

$$V_1(x) \quad = \quad \gamma \max_{u} \ r(x, u) \tag{14.10}$$

더 긴 플래닝 호라이즌에 대해 이 값은 이제 재귀적으로 정의된다. 호라이즌 $T = 2$에 대한 최적의 정책은 1단계 최적값 $V_1(x)$와 즉각적인 1단계 페이오프의 합을 최대화하는 제어를 선택한다.

$$\pi_2(x) = \underset{u}{\mathrm{argmax}} \left[r(x, u) + \int V_1(x') \, p(x' \mid u, x) \, dx' \right] \quad (14.11)$$

왜 이 정책이 최적인지는 바로 이해할 수 있을 것이다. 스테이트 x에 조건을 둔 이 정책의 밸류는 다음의 디스카운트된 표현으로 정리할 수 있다.

$$V_2(x) = \gamma \max_u \left[r(x, u) + \int V_1(x') \, p(x' \mid u, x) \, dx' \right] \quad (14.12)$$

$T = 2$에 대한 최적의 정책과 밸류 함수는 $T = 1$에 대한 최적의 밸류 함수로부터 반복적으로 구성됐다. 이는 유한 호라이즌 T에 대해 최적의 정책과 그것과 연관된 밸류 함수가 최적 정책과 밸류 함수 $T - 1$로부터 재귀적으로 구할 수 있음을 의미한다.

$$\pi_T(x) = \underset{u}{\mathrm{argmax}} \left[r(x, u) + \int V_{T-1}(x') \, p(x' \mid u, x) \, dx' \right] \quad (14.13)$$

결과 정책 $\pi_T(x)$는 플래닝 호라이즌 T에 대해 최적이다. 연관된 밸류 함수는 다음 재귀식을 통해 정의할 수 있다.

$$V_T(x) = \gamma \max_u \left[r(x, u) + \int V_{T-1}(x') \, p(x' \mid u, x) \, dx' \right] \quad (14.14)$$

무한 호라이즌의 경우 최적의 밸류 함수는 평형에 도달하는 경향이 있다(그러한 평형이 존재하지 않는 일부 희귀한 결정론적 시스템을 제외하고).

$$V_\infty(x) = \gamma \max_u \left[r(x, u) + \int V_\infty(x') \, p(x' \mid u, x) \, dx' \right] \quad (14.15)$$

이 불변성을 벨만 방정식^{Bellman equation}이라고 한다. 증명을 하지 않더라도, 식 (14.15)를 만족하는 모든 밸류 함수 V는 앞에서 유도한 정책이 최적이 되기 위한 필요충분조건임을 알 수 있다.

14.3.3 밸류 함수 계산

우선 완전한 스테이트로 관찰할 수 있는 확률 시스템에서 최적 정책을 계산하기 위한 실용적인 알고리즘을 정의해보자. 밸류 이터레이션은 식 (14.15)에서 정의한 최적의 밸류 함수를 연속적으로 근사화하는 방법을 통해 수행한다.

자세히 말하자면 V에 의한 근삿값의 계산이 가능하다. 초기에 V는 가능한 최소의 즉각적 페이오프인 $r_{\min}$으로 설정한다.

$$\hat{V} \quad \longleftarrow \quad r_{\min} \tag{14.16}$$

호라이즌을 증가시키기 위한 밸류 함수를 계산하는 식 (14.17)과 같은 재귀 규칙을 통해 밸류 이터레이션은 근삿값을 연속적으로 업데이트한다.

$$\hat{V}(x) \quad \longleftarrow \quad \gamma \max_u \left[r(x,u) + \int \hat{V}(x')\, p(x' \mid u, x)\, dx' \right] \tag{14.17}$$

각 업데이트는 밸류 함수를 통해 역 시간 순서로 정보를 전파하므로 대개 백업 단계 backup step라고 한다.

밸류 이터레이션 규칙은 위의 호라이즌 T 최적의 정책 계산과 매우 유사하다. 밸류 이터레이션은 $\gamma < 1$이면 수렴하고, 어떤 특별한 경우에는 $\gamma = 1$일 때도 수렴한다. 각 스테이트가 무한히 자주 업데이트되는 한, 스테이트가 밸류 이터레이션에서 업데이트되는 순서는 무의미하다. 실제로 수렴 반복은 훨씬 적은 수의 반복 시행 후에 관찰된다.

특정 시점에서 밸류 함수 $V(x)$는 정책을 정의한다.

$$\pi(x) \quad = \quad \operatorname*{argmax}_u \left[r(x,u) + \int \hat{V}(x')\, p(x' \mid u, x)\, dx' \right] \tag{14.18}$$

밸류 이터레이션의 수렴 후, 최종 밸류 함수가 최적이라는 관점에서 이 정책은 그리디greedy하다.

이 방정식은 모두 일반적인 스테이트 공간에 대해 정의한 것이다. 유한 스테이트 공간의 경우, 이들 방정식의 적분식은 모든 스테이트에 대해 유한한 합으로 구현할

```
1:      Algorithm MDP_value_iteration( ):

2:          for all x do
3:              V̂(x) = r_min
4:          endfor
5:          repeat until convergence
6:              for all x
```

$$\hat{V}(x) = \gamma \max_u \left[r(x, u) + \int \hat{V}(x') \, p(x' \mid u, x) \, dx' \right]$$

```
8:              endfor
9:          endrepeat
10:         return V̂
```

```
1:      Algorithm MDP_discrete_value_iteration( ):

2:          for i = 1 to N do
3:              V̂(x_i) = r_min
4:          endfor
5:          repeat until convergence
6:              for i = 1 to N do
```

$$\hat{V}(x_i) = \gamma \max_u \left[r(x_i, u) + \sum_{j=1}^{N} \hat{V}(x_j) \, p(x_j \mid u, x_i) \right]$$

```
8:              endfor
9:          endrepeat
10:         return V̂
```

```
1:      Algorithm policy_MDP(x, V̂):
```

$$2: \quad return \ \operatorname*{argmax}_u \left[r(x, u) + \sum_{j=1}^{N} \hat{V}(x_j) \, p(x_j \mid u, x) \right]$$

표 14.1 가장 일반적인 버전의 MDP를 위한 밸류 이터레이션 알고리즘. 그리고 유한한 스테이트와 제어 공간을 이용하는 MDP를 위한 밸류 이터레이션 알고리즘. 맨 아래 알고리즘은 최적의 제어 액션을 계산한다.

수 있다. $p(x' \mid u, x)$가 비교적 적은 수의 스테이트 x 및 x'에 대해 일반적으로 0이 아니기 때문에 이 합계는 종종 효율적으로 계산될 수 있다. 이는 밸류 함수를 계산하기 위한 효율적인 알고리즘 계열로 이어진다.

표 14.1을 통해 (1) 임의의 스테이트 공간과 액션 공간에 대한 일반 밸류 이터레이션 알고리즘 **MDP_value_iteration**, (2) 유한 스테이트 공간에 대한 이산 변량 **MDP_discrete_value_iteration**과 (2) 밸류 함수인 **policy_MDP**에서 최적의 제어 액션을 검색하기 위한 알고리즘에 대해 알아보자.

첫 번째 **MDP_value_iteration** 알고리즘은 3행의 밸류 함수를 초기화한다. 5~9행까지는 밸류 함수의 재귀적 계산을 구현한다. 일단 밸류 이터레이션이 수렴하면 결과 밸류 함수 V는 최적의 정책을 유도한다. 스테이트 공간이 유한하면, **MDP_discrete_value_iteration**에서 볼 수 있듯이 적분이 유한 합으로 대체된다. 인자 γ는 디스카운트 인자다. 알고리즘 **policy_MDP**는 스테이트 x와 함께 최적값 함수를 처리하고 기댓값을 최대화하는 제엇값 u를 반환한다.

그림 14.4는 위에서 설명한 예제의 밸류 함수 예를 보여준다. 여기서 각 그리드 셀의 음영은 밸류와 관련이 있다. $V = 100$은 흰색이고, 검은색은 $V = 0$이다. 식 (14.18)을 사용해 이 밸류 함수에서 힐 클라이밍 결과는 그림 14.2(a)에 표시된 정책을 유도한다.

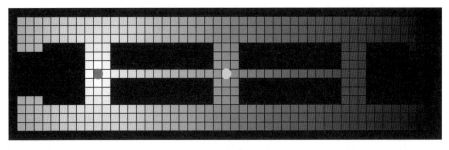

그림 14.4 무한 호라이즌 밸류 함수 T_∞의 예. 목표 스테이트는 '흡수 스테이트'라고 가정했다. 이 밸류 함수는 그림 14.2(a)의 정책을 유도한다.

14.4 로봇 제어 애플리케이션

단순 밸류 이터레이션 알고리즘은 저차원 로봇 모션 플래닝 및 제어 문제에 적용할 수 있다. 이렇게 하려면 두 가지 근사화 기법을 이용해야 한다.

첫째, 표 14.1의 알고리즘은 연속 공간에 대한 밸류 함수를 정의하며 연속 공간에 대해 최대화 및 적분합 계산이 필요하다. 실제로는 4.1절의 히스토그램 표현과 유사하게 스테이트 공간을 이산 분해discrete decomposition로 근사화하는 것이 일반적이다. 마찬가지로 제어 공간을 이산화하는 것이 일반적이다. 따라서 함수 V는 룩업 테이블look-up table로서 쉽게 구현 가능하다. 그러나 이러한 분해는 차원의 저주로 인해 저차원 스테이트 및 제어 공간에 대해서만 작동한다. 더 높은 차원의 상황에서는 밸류 함수를 표현하기 위해 학습 알고리즘을 도입하는 경우가 일반적이다.

둘째로, 스테이트가 필요하다! 앞에서 설명했듯이 사후확률을 평균으로 대체하는 것이 가능할 수 있다.

$$\hat{x}_t = E[p(x_t \mid z_{1:t}, u_{1:t})] \qquad (14.19)$$

예를 들어 로봇 로컬화와 관련해, 로봇이 항상 로컬화되어 있고 사후확률의 잔류 불확실성이 로컬인 상태라면 이러한 근사화 기법은 잘 작동한다. 로봇이 글로벌 로컬화를 수행하거나 납치되는 경우 작동을 멈춘다.

그림 14.5는 로보틱스 경로 플래닝 문제의 맥락에서 밸류 이터레이션을 보여준다. 원형 로봇의 구성 공간에 대한 2차원 투영 결과가 나타나 있다. 구성 공간은 로봇이 실제로 달성할 수 있는 모든 $\langle x, y, \theta \rangle$ 좌표 공간이다. 원형 로봇의 경우 로봇의 반경으로 맵에서 장애물을 '확장'해 구성 공간을 얻는다. 이러한 증가된 장애물은 그림 14.5에서 검은색으로 표시되어 있다.

밸류 함수는 회색으로 표시되며, 위치가 밝을수록 값이 높아진다. 최적의 정책을 따른 경로는 그림 14.5와 같이 각각의 목표 위치로 연결되어 있다. 자세히 보면 밸류 함수가 전체 스테이트 공간에 대해 정의되어 로봇이 어디에 있든 상관없이 액션을 선택할 수 있게 한다는 점을 알 수 있다. 이것은 이 로봇의 스테이트에 확률적 영향을 미치는 비결정론적 월드에서 중요하다.

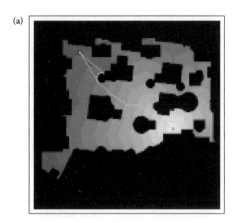 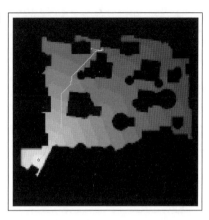

그림 14.5 로봇 모션의 스테이트 공간에 대한 밸류 이터레이션 예. 장애물은 검은색으로 표시되어 있다. 밸류 함수는 회색 음영 영역으로 표시되어 있다. 밸류 함수에 대한 그리디 액션 선택은 로봇의 포즈가 관찰 가능하다고 가정하고 최적의 제어를 유도한다. 아울러 그리디 정책을 수행해 얻은 예제 경로도 표시되어 있다.

그림 14.5의 결과를 만든 경로 플래너는 계산상의 부담을 잘 관리할 수 있도록 특정한 가정을 만든다. 현장에서 작동할 수 있는 원형 로봇의 경우 회전 비용을 무시하고 2차원 데카르트 좌표에서만 밸류 함수를 계산하는 경우가 일반적이다. 아울러 로봇의 복도 같은 스테이트 변수를 무시한다. 로봇이 주어진 시점에서 로봇이 움직일 수 있는 위치를 속도가 명확하게 제한한다는 사실에도 불구하고 말이다. 따라서 이러한 제어 정책을 실제 로봇 제어로 전환하려면 동적 제약 조건을 준수하면서 모터 속도를 생성하는 신속하고 반응성이 있는 충돌 회피 모듈 같은 경로 플래너를 결합하는 것이 일반적이다. 전체 로봇 스테이트를 고려한 경로 플래너는 전체 포즈(3차원), 로봇의 병진 및 회전 속도로 구성된 최소 5개 차원으로 계획해야 한다. 2차원에서, 위와 같은 환경에 대한 밸류 함수 계산은 로우 엔드low-end PC에서 단 몇 초 정도 소요된다.

두 번째 예가 그림 14.6(a)에 나와 있다. 그림에서 볼 수 있듯이 2개의 회전 자유도 DOF, degrees of freedom, 어깨와 팔꿈치 관절을 가진 로봇 팔 모델이 있다. 일반적으로 조인트에 부착된 샤프트 인코더를 통해 이러한 조인트의 정확한 구성을 결정할 수 있다. 따라서 식 (14.19)의 근삿값은 유효한 값이다. 그러나 로봇 팔 동작은 일반적으로 노이즈의 영향을 받기 쉽기 때문에 제어 노이즈를 플래닝 중에 고려해야 한다. 이것은

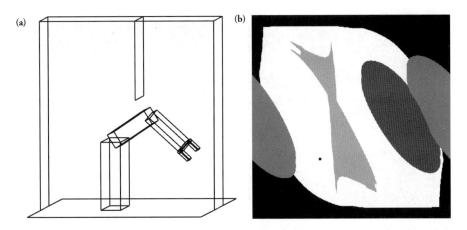

그림 14.6 (a) 장애물이 있는 환경에서 2 DOF 로봇 팔. (b) 이 팔의 구성 공간: 가로축은 어깨 관절에 해당하고, 세로축은 팔꿈치 관절 구성에 해당한다. 장애물은 회색으로 표시되어 있다. 그림의 작은 점은 (a)의 구성에 해당한다.

로봇 팔 제어를 확률론적 MDP 스타일 알고리즘의 기본 애플리케이션으로 만든다.

일반적으로 로봇 팔 동작은 **구성 공간**$^{configuration\ space}$에서 처리된다. 특정 로봇 팔의 구성 공간은 그림 14.6(b)에 나와 있다. 여기서 가로축은 어깨의 방향과 팔꿈치의 세로 방향을 그래프로 나타낸다. 따라서 이 그림의 각 지점은 특정 구성에 해당한다. 사실 그림 14.6(b)의 작은 점은 그림 14.6(a)의 구성과 같다.

구성 공간을 로봇이 이동할 수 있는 영역과 충돌할 영역으로 분해하는 것이 일반적이다. 이것은 그림 14.6(b)에 나와 있다. 이 그림의 흰색 영역은 일반적으로 공간이라는 충돌 없는 구성 공간에 해당한다. 구성 공간에서 검은색 경계는 테이블과 둘러싸는 경우가 반영된 제약 조건이다. 그림 14.6(a)의 로봇 작업 공간 위쪽에 보이는 수직 장애물은 그림 14.6(b)의 중심에 있는 밝은 회색 장애물에 해당한다. 이 그림에 모든 것이 다 나타나 있지는 않다. 따라서 로봇이 이 장애물과 충돌하는 구성을 시각화하려면 몇 분 정도 시간이 필요할 수 있다.

그림 14.7(a)는 구성 공간의 코어스 이산화$^{coarse\ discretization}$를 사용하는 밸류 이터레이션의 결과를 보여준다. 여기서 밸류는 결정론적 모션 모델을 사용해 전달되며 결과 경로도 표시된다. 이 정책을 실행하면 그림 14.7(b)와 같은 모션이 발생한다. 그림

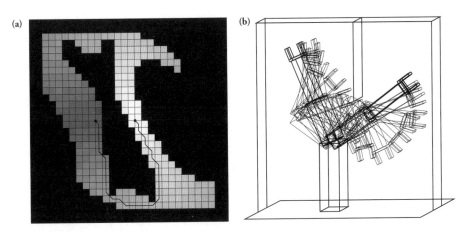

그림 14.7 (a) 구성 공간의 코어스 이산화에 적용된 밸류 이터레이션 결과, (b) 워크스페이스 좌표계에서의 경로. 로봇이 수직 장애물을 피하고 있다.

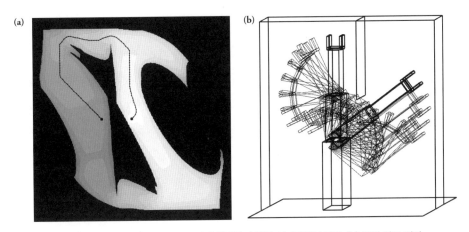

그림 14.8 (a) 세밀한 그리드 공간에서 확률론적 밸류 이터레이션 결과, (b) 관련 경로 결과

14.8은 확률론적 모션 모델의 결과이며, 그 결과 로봇 팔의 움직임을 보여준다. 다시 말하지만, 이것은 로봇 팔의 구성이 완벽하게 관찰될 수 있다는 가정하에 밸류 이터레이션을 적용한 결과다. 하지만 이 가정이 유효한 경우는 거의 없다.

14.5 요약

14장에서는 확률론적 제어의 기본 프레임워크를 소개했다.

- 로봇이 직면할 수 있는 두 가지 기본 유형의 불확실성, 즉 제어에 대한 불확실성과 지각의 불확실성을 확인했다. 전자는 후속 조치가 무엇인지 판단하기 어렵지만, 후자는 무엇을 판단하기 어렵게 만든다. 환경에서 예상치 못한 사건으로 인한 불확실성이 이 분류 체계에 포함되어 있다.

- 스테이트와 제어를 적합성 밸류에 매핑하는 페이오프 함수를 통해 제어 목표를 정의했다. 결과로 로봇은 성능 목표뿐만 아니라 로봇 작동 비용을 표현할 수 있다. 전반적인 제어 목표는 즉각적이고 미래의 시점에 대해 모든 페이오프를 극대화하는 것이다. 무한대의 총합 계산이 일어나지 않도록, 미래의 페이오프를 기하급수적으로 디스카운트하는 소위 디스카운트 인자를 도입했다.

- 제어 정책을 고안함으로써 확률적 제어 문제를 해결하기 위한 접근법을 논의했다. 제어 정책은 월드에 대한 로봇의 정보에 따라 선택될 제어 액션을 정의한다. 미래의 모든 누적 페이오프의 합을 최대화하면 정책이 최적이다. 이 정책은 로봇 작동에 앞서 플래닝 단계에서 계산된다. 일단 계산되면 로봇이 직면할 수 있는 모든 상황에 대해 최적의 제어 조치를 지정한다.

- 완전히 관찰 가능한(즉, 스테이트가 완전히 관찰 가능한) 도메인의 제한된 경우에 대해 최적의 제어 정책을 찾기 위한 구체적인 알고리즘을 고안했다. 이러한 영역을 마르코프 결정 프로세스^{MDP}라고 한다. 이 알고리즘에는 예상되는 누적 페이오프를 측정하는 밸류 함수의 계산이 포함된다. 밸류 함수는 밸류를 최대화하는 제어를 그리디하게 선택하는 정책을 정의한다. 밸류 함수가 최적인 경우 정책도 마찬가지다. 밸류 이터레이션 알고리즘은 재귀적으로 밸류 함수를 업데이트함으로써 밸류 함수를 연속적으로 향상했다.

- 확률론적 로보틱스 문제에 대한 MDP 밸류 이터레이션의 적용에 대해 살펴봤다. 이를 위해 빌리프의 방식을 스테이트로 추출하고 저차원 그리드에 의해 밸류 함수를 근사화했다. 결과는 확률적 환경에 대한 액션 플래닝 알고리

즘이었다. 이 알고리즘을 사용하면 액션 효과가 비결정론적인 경우에도 로봇이 탐색할 수 있다.

14장의 내용을 바탕으로 15장의 내용을 잘 이해할 수 있을 것이다. 15장에서는 부분적으로 관찰 가능한 마르코프 결정 프로세스^{POMDP} 문제라고도 하는 측정 불확실성에 대한 좀 더 일반적인 제어 문제를 해결할 것이다. POMDP 문제가 MDP 문제보다 왜 더 어려운지는 이미 개념 수준에서 설명했다. 그렇더라도 이 문제를 위한 직관적인 개념과 기본 알고리즘들을 소개할 예정이다.

불확실성하에서 확률론적 플래닝과 제어를 위한 여러 가지 대체 기술을 설명하고 이 장을 마무리하겠다. 기본 방법으로 밸류 이터레이션을 선택하는 것은 그만큼 많이 활용되고 있기 때문이다. 또한 밸류 이터레이션 기법은 좀 더 일반적인 POMDP 경우를 가장 잘 이해할 수 있는 기법 중 하나다.

밸류 이터레이션은 제어를 생성하는 가장 효과적인 알고리즘은 아니다. 일반적인 플래닝 알고리즘에는 밸류 함수의 계산에 휴리스틱을 사용하는 A* 알고리즘이나 그레이디언트 하강을 통해 로컬 최적 정책을 식별하는 직접 정책 검색 기법이 포함되어 있다. 그러나 밸류 이터레이션은 15장에서 센서의 불확실성하에서 최적의 제어가 훨씬 더 어려운 경우에 중점적인 역할을 한다.

14.6 참고문헌

동적 프로그래밍에 대한 아이디어는 Bellman(1957)과 Howard(1960)에서 확인할 수 있다. Bellman(1957)은 벨만 방정식이라고 부르는 밸류 이터레이션을 위한 균형 방정식_{equilibrium equation}을 규명했다. 불완전한 스테이트 추정을 갖는 마르코프 결정 프로세스^{MDP}는 Astrom(1965)에 의해 처음 논의됐다. MDP 초기 연구는 Mine and Osaki(1970)도 참조하기 바란다. 그 후로, 제어를 위한 동적 프로그래밍은 광범위한 분야에서 인용되고 있다. 이에 관해서는 Bertsekas and Tsitsiklis(1996)를 참고한다. 또한 기본 패러다임에 대한 개선 연구 성과로는 실시간 밸류 이터레이션(Korf, 1988), 환경과의 상호작용을 통한 밸류 이터레이션(Barto et al., 1991), 모델 자유 밸류 이터레이션(Watkins,

1989), 파라미터를 사용한 밸류 이터레이션(Roy and Tsitsiklis, 1996; Gordon, 1995), 트리를 활용한 결과(Moore, 1991) 및 Mahadevan and Kaelbling(1996) 등이 있다. 계층적 밸류 이터레이션 기법은 Parr and Russell(1998)과 Dieterich(2000) 등이 개발했다. Boutilier et al.(1998)은 도달 가능성 분석을 통해 MDP 밸류 이터레이션의 효율성을 향상했다. 밸류 이터레이션의 애플리케이션에 관해서는 풍부한 연구 자료가 있다. 이에 관한 예로 Barniv(1990)의 이동 표적 탐지 연구가 있다. 14장의 내용은 이 풍부한 연구 문헌을 바탕으로 했으며, 이는 15장에서 설명할 기술의 기초가 되는 가장 단순한 밸류 이터레이션 기법의 기본 설명이라고 할 수 있다.

로보틱스에서 로봇 모션 플래닝의 문제는 일반적으로 비확률론적 프레임워크에서 조사됐다. 앞서 언급했듯이 로봇과 그 환경이 완벽하게 알려져 있고 제어가 결정론적 효과를 갖는다고 가정한다. 스테이트 공간이 연속적이고 고차원이라는 점 때문에 복잡도가 증가한다. 이 분야의 표준 텍스트는 Latombe(1991)이다. 이것은 일련의 기본 모션 플래닝 기법, 가시성 그래프(Wesley and Lozano-Perez, 1979), 잠재 필드 제어(Khatib, 1986) 및 Canny(1987)의 유명한 실루엣 알고리즘에 대한 정교한 작업에 의해 선행됐다. Rowat(1979)는 보로노이^{Voronoi} 그래프의 개념을 로봇 제어 분야에 도입했으며, Guibas et al.(1992)은 이들을 효율적으로 계산하는 방법을 보여줬다. Choset(1996)은 이 패러다임을 효율적인 온라인 탐색 및 매핑 기술군으로 발전시켰다. 또 다른 기술에서는 가능한 로봇 경로의 공간을 탐색하기 위해 무작위(그러나 확률론적이지 않은!) 기술을 사용했다(Kavraki and Latombe, 1994). 이 주제에 관해 Choset et al.(2004)도 참고하기 바란다.

로봇 모션 플래닝 분야의 언어에서 이 장에서 논의된 방법은 결정론적인 경우 완결성을 보장하지 않는 대략적인 셀 분해$^{approximate cell decomposition}$다. 유한 공간 그래프를 유한 그래프로 분해하는 것은 수십 년 동안 로보틱스에서 연구돼왔다. Reif(1979)는 연속 공간을 유한한 많은 셀로 분해하여 모션 플랜의 완성도를 유지하는 여러 기술을 개발했다. 이 장에서 기술된 기술과의 충돌을 확인하기 위해 필요한 구성 공간의 개념은 원래 Lozano-Perez(1983)에 의해 제안됐다. 구성 공간 플래닝을 위한 재귀적 셀 분해 기법은 Brooks and Lozano-Perez(1985)에서 발견할 수 있으며, 완벽한 월드 모델과 완벽한 로봇의 확률론적 가정하에서 모두 가능하다. 부분적 지식하에서의 행동에 관한 문제의 경우 Goldberg(1993)를 통해 다뤄졌다. 특히 골드버그는 그의 박사학위 논문을 통해 센서가 없는 경우 부품을 방향을 지정하기 위한 알고리즘을 개발했다. Sharma(1992)는 확률론적 장애물이 있는 로봇 경로 플래닝 기법을 개발했다.

가능한 모든 로봇 스테이트에 제어 액션을 할당하는 정책 함수를 컨트롤러controller 라고 한다. 제어 정책을 고안하기 위한 알고리즘은 종종 최적 컨트롤러optimal controller라 고 한다(Bryson and Yu-Chi, 1975). 제어 정책은 내비게이션 함수navigation function라고도 한다(Koditschek, 1987; Rimon and Koditschek, 1992). 인공지능 분야에서는 이들을 유니버 설 플랜universal plan이라고 한다(Schoppers, 1987). 많은 심볼릭 플래닝 알고리즘이 이러 한 유니버설 플랜을 찾는 문제를 다뤘다(Dean et al., 1995; Kushmerick et al., 1995; Hoey et al., 1999). Nourbakhsh(1987)의 박사학위 논문 같은 일부 로보틱스 연구에서는 유니 버설 플래닝과 개방 루프 액션 순서 사이의 차이를 해소하는 문제 해결에 집중하기도 했다.

또한 이 책에서는 '제어'라는 개념을 다소 좁게 정의했다. 이 장에서는 의도적으로 제어와 관련해 광범위한 분야에서 사용되는 표준 기술을 다루지는 않았다. 참고로 이 에 관한 예로 입문 서적(Dorf and Bishop, 2001) 등에서 소개하고 있는 PID 제어를 포함 한 여러 가지 인기 있는 기술들이 있다. 분명히 이러한 기술은 많은 실제 로봇 시스템 에서 필요하고 적용 가능하다. 이런 내용을 생략하기로 한 결정은 공간의 제약과 이 러한 기술의 대부분이 불확실성에 대한 명시적인 표현에 의존하지 않는다는 사실에 근거하고 있다.

14.7 연습문제

1. 동적 프로그래밍 알고리즘은 가장 가능성 있는 스테이트를 사용해 액션을 결정 한다. 가장 가능성이 높은 스테이트의 컨디셔닝 작업이 근본적으로 잘못된 선택 인 로봇 환경을 그릴 수 있는가? 때때로 이것이 잘못된 선택일 수 있는 이유도 간단하게 설명해보라.

2. 고정 비용 함수를 위해 밸류 이터레이션을 완료 단계까지 실행한다고 가정해보자. 그러면 비용 함수가 변경된다. 이전 밸류 함수를 시작점으로 사용해 알고리즘의 추가 이터레이션을 통해 밸류 함수를 조정하려고 한다.

   (a) 이것이 좋은 아이디어인가(또는 아닌가)? 여러분이 제시한 답은 비용을 증가시키는가(또는 감소시키는가)?

   (b) 비용 변경 후 단순히 밸류 이터레이션을 계속하는 것보다 효율적인 알고리즘을 완성할 수 있는가? 가능한 경우 알고리즘이 더 효율적인 이유를 설명해보라. 그렇지 않다면 그러한 알고리즘이 존재하지 않을 수 있다고 설명해보라.

3. **천국인가 지옥인가?** 이 문제에서는 동적 프로그래밍을 숨겨진 단일 스테이트 변수가 있는 환경으로 확장하라는 메시지가 표시된다. 환경은 'S'로 표시된 시작 지점과 'H'로 표시된 두 가지 가능한 목표 스테이트가 있는 미로다.

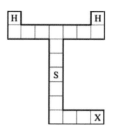

에이전트에는 두 목표 스테이트 중 어느 것이 긍정적인 페이오프를 제공하는지에 대한 정보가 없다. 한쪽은 +100을 주고, 다른 한쪽은 −100을 준다. 이러한 상황 중 하나에 해당할 확률은 0.5이다. 이동 비용은 −1이다. 에이전트는 북쪽, 남쪽, 동쪽, 서쪽의 네 방향으로만 이동할 수 있다. 'H'라고 표시된 스테이트에 도달하면 작업이 종료된다.

   (a) 이 시나리오에 대한 밸류 이터레이션 알고리즘을 구현하라(그림에서 'X'는 무시한다). 구현 후 시작 스테이트의 값을 계산하라. 최적의 정책은 무엇인가?

   (b) 확률론적 모션 모델을 수용하기 위해 밸류 알고리즘을 수정해보라. 에이전트가 예상한 대로 움직일 확률은 0.9이고 임의의 세 가지 방향 중 하나를

선택할 확률은 0.1이다. 밸류 이터레이션 알고리즘을 다시 실행하고 시작 스테이트의 값과 최적의 정책을 모두 계산해보라.

(c) 이제 'X'라고 표시된 위치에 특정 표시가 포함되어 있다고 가정해보자. 이 표시는 'H'라고 표시된 두 스테이트에 대한 보상의 정확한 할당을 에이전트에게 알리는 역할을 한다. 이것이 최적의 정책에 어떤 영향을 주는지 설명해보라.

(d) 최적의 정책을 찾기 위해 밸류 이터레이션 알고리즘을 어떻게 수정할 수 있는가? 간단히 답해보라. 밸류 함수가 정의된 공간에 대해 어떤 수정사항이 있었는지도 설명해보라.

(e) 수정사항을 구현하고 시작 스테이트의 값과 최적의 정책값을 계산해보라.

15

부분적으로 관찰 가능한
마르코프 결정 프로세스(POMDP)

15.1 모티브

15장에서는 부분적으로 관찰 가능한 로봇 제어 문제에 대한 알고리즘을 설명한다. 이 알고리즘들은 측정값의 불확실성과 제어 효과의 불확실성을 해결한다. 또 이 장에서 설명할 알고리즘은 14장의 밸류 이터레이션 알고리즘을 일반화한 것이다. 여기서 연구된 프레임워크를 부분적으로 관찰 가능한 마르코프 결정 프로세스[POMDP]라고 한다. 이 이름은 산업 공학 분야 중 하나인 OR[operation research]의 연구 문헌을 통해 소개됐다. '부분[partial]'이라는 용어는 월드의 스테이트를 바로 감지할 수 없음을 의미한다. 로봇이 수신한 측정값은 불완전하고 보통 이 스테이트의 노이즈 섞인 투영 결과다.

이 책에서 여러 차례 설명했듯이, 부분 관찰이란 로봇이 월드 스테이트의 일부에 대한 사후 분포를 추정해야 한다는 의미다. 최적의 제어 정책을 찾기 위한 알고리즘은 유한한 월드에서 동작한다. 여기서 말하는 유한한 월드란 스테이트 공간, 액션 공간, 관찰 공간 및 플래닝 호라이즌 T 모두 유한한 값으로 구성되어 있다는 뜻이다. 안타깝게도, 이들 모두 계산 과정에 포함되어 있다. 이보다 더 재미있는 연속 데이터를 위한 가장 유명한 알고리즘은 근사화 기법이다.

이 장에서 공부할 모든 알고리즘은 앞에서 설명한 밸류 이터레이션 방식을 기반으로 한다. MDP의 밸류 이터레이션에서 중심 업데이트 방정식인 식 (14.14)를 다시 써 보자.

$$V_T(x) = \gamma \max_u \left[r(x, u) + \int V_{T-1}(x') \, p(x' \mid u, x) \, dx' \right] \quad (15.1)$$

여기서 $V_1(x) = \gamma \max_u r(x, u)$이다. POMDP에 동일한 아이디어를 적용한다. 그러나 스테이트 x는 관찰 불가다. 로봇은 스테이트상에서 사후확률의 공간인 빌리프 스테이트에서 의사결정을 해야 한다. 이 장을 포함한 16장, 17장에서는 빌리프를 b로 표현하기로 한다. 참고로 앞에서는 bel로 표현했다.

POMDP는 빌리프 공간을 대상으로 밸류 함수를 계산한다. 다음 식을 보자.

$$V_T(b) = \gamma \max_u \left[r(b, u) + \int V_{T-1}(b') \, p(b' \mid u, b) \, db' \right] \quad (15.2)$$

여기서 $V_1(b) = \gamma \max_u E_x[r(x, u)]$이다. 유도한 제어 정책은 다음과 같다.

$$\pi_T(b) = \operatorname*{argmax}_u \left[r(b, u) + \int V_{T-1}(b') \, p(b' \mid u, b) \, db' \right] \quad (15.3)$$

빌리프는 확률 분포다. 따라서 POMDP 내의 각 밸류는 전체 확률 분포의 함수다. 이 것은 문제가 있을 수 있다. 스테이트 공간이 유한하다면, 빌리프 공간은 스테이트 공간에 대한 모든 분포의 공간이므로 연속적이다. 따라서 각기 다른 밸류의 연속체가 있다. 반면에 MDP의 경우에는 유한한 수의 다른 값이 존재했다. 상황은 연속적인 스테이트 공간의 경우 더욱 섬세하다. 빌리프 공간이 무한 차원의 연속체이기 때문이다.

부가적인 복잡성은 밸류 함수 계산의 계산적 속성으로부터 발생한다. 식 (15.2)와 식 (15.3)은 모든 빌리프 b'에 통합된다. 빌리프 공간의 복합적인 성질을 감안할 때, 통합이 정확히 수행될 수 있는지 또는 효과적인 근사화 기법을 발견할 수 있는지는 분명하지 않다. 그러므로 밸류 함수 V_T를 계산하는 것이 빌리프 공간보다 스테이트 공간에서 더 복잡하다는 사실은 그리 놀랄 일이 아니다.

다행히도 유한한 월드의 흥미로운 특별한 경우에 대한 정확한 해결책이 존재한다. 참고로 여기서 말하는 유한한 월드란 스테이트 공간, 액션 공간, 관찰 공간 및 플래닝 호라이즌이 모두 유한함을 의미한다. 이 솔루션은 빌리프 공간에 걸쳐 부분적 선형 함수에 의해 밸류 함수를 나타낸다. 우리가 보게 될 것처럼 이 표현의 선형성은 기대치가 선형 연산자라는 사실에서 직접적으로 발생한다. 각각의 특성은 로봇이 제어를 선택하는 능력을 갖고 있으며 빌리프 공간의 다른 부분에서 다른 제어를 선택할 수 있다는 사실의 결과다. 이 모든 것을 이번 장에서 확인할 것이다.

이 장에서는 모든 빌리프 분포의 공간에 대해 정의된 정책을 계산하기 위한 일반적인 POMDP 알고리즘을 설명한다. 이 알고리즘은 연산이 복잡하지만 유한한 POMDP에 적합하다. 매우 다루기 쉬운 파생 버전을 설명한다. 한편 근사화 기법을 사용하지만 실제 로보틱스 문제에 확장 가능한, 좀 더 효율적인 POMDP 알고리즘은 16장에서 자세히 설명한다.

15.2 예제를 통한 설명

15.2.1 준비 작업

수치 예제를 통해 빌리프 공간에서의 밸류 이터레이션을 알아보자. 이 예제는 단순하지만, 논의를 통해 빌리프 공간에서 밸류 이터레이션의 모든 주요 요소를 식별한다.

우리의 예는 그림 15.1에 있는 두 스테이트로 구성된 월드다. 스테이트에는 x_1 및 x_2 레이블을 부여했다. 로봇은 세 가지 제어 액션 u_1, u_2, u_3 중에서 선택할 수 있다. 액션 u_1과 u_2는 터미널이다. 실행되면 다음과 같은 즉각적인 페이오프가 발생한다.

$$r(x_1, u_1) \quad = \quad -100 \qquad\qquad r(x_2, u_1) \quad = \quad +100 \qquad (15.4)$$

$$r(x_1, u_2) \quad = \quad +100 \qquad\qquad r(x_2, u_2) \quad = \quad -50 \qquad (15.5)$$

딜레마는 두 가지 액션 모두 각 스테이트에서 정반대의 페이오프를 제공한다는 것이다. 특히 스테이트 x_1에서 u_2가 최적의 액션인 반면, 스테이트 x_2에서는 u_1이다. 따라

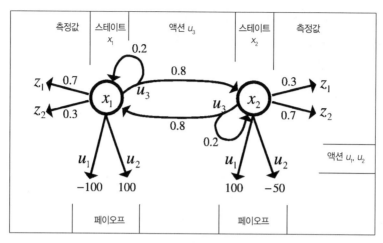

| 측정값 | 스테이트 x_1 | 액션 u_3 | 스테이트 x_2 | 측정값 |

그림 15.1 빌리프 공간에서 밸류 이터레이션을 설명하기 위해 사용된 2 스테이트 환경

서 스테이트에 대한 지식은 최적의 액션을 선택할 때 직접적인 페이오프로 해석된다.

이러한 지식을 습득하기 위해 로봇에는 세 번째 제어 액션인 u_3가 제공된다. 이 제어 액션을 실행하면 약한 비용으로 -1이 발생한다.

$$r(x_1, u_3) \quad = \quad r(x_2, u_3) \quad = \quad -1 \tag{15.6}$$

이것을 대기 비용$^{\text{cost of waiting}}$ 또는 감지 비용$^{\text{cost of sensing}}$으로 생각할 수 있다. 액션 u_3는 비결정론적 방식으로 월드의 스테이트에 영향을 미친다.

$$p(x_1'|x_1, u_3) \quad = \quad 0.2 \qquad\qquad p(x_2'|x_1, u_3) \quad = \quad 0.8 \tag{15.7}$$
$$p(x_1'|x_2, u_3) \quad = \quad 0.8 \qquad\qquad p(x_2'|x_2, u_3) \quad = \quad 0.2 \tag{15.8}$$

즉, 로봇이 u_3를 실행하면 스테이트가 0.8의 확률로 다른 스테이트로 전환된다. 그리고 로봇에 단위 비용이 발생한다.

그럼에도 불구하고 액션 u_3를 실행하면 이점이 있다. 각 제어 결정 전에 로봇이 감지할 수 있다. 감지를 통해 로봇은 스테이트에 대한 지식을 얻게 되고 더 나아가 좀 더 나은 제어 결정을 내릴 수 있어 기대치가 높다. 액션 u_3를 사용하면 터미널 액션을 수행하지 않고도 로봇을 감지할 수 있다.

이 예에서 측정 모델은 다음 확률 분포로 제어된다.

$$p(z_1|x_1) \;=\; 0.7 \qquad p(z_2|x_1) \;=\; 0.3 \qquad (15.9)$$

$$p(z_1|x_2) \;=\; 0.3 \qquad p(z_2|x_2) \;=\; 0.7 \qquad (15.10)$$

다르게 말하자면 로봇이 z_1을 측정하면 x_1에 대한 신뢰도가 증가하고 x_2에 대한 z_2의 경우도 마찬가지다.

2 스테이트 예제를 선택하는 이유는 빌리프 공간에 함수를 쉽게 그래프로 나타낼 수 있기 때문이다. 특히, 빌리프 스테이트 b는 $p_1 = b(x_1)$ 및 $p_2 = b(x_2)$에 의해 특징지어진다. 그러나 우리는 $p_2 = 1 - p_1$을 알고 있으므로 p_1을 그래프로 나타내는 것으로 충분하다. 관련 제어 정책 π는 모든 액션의 공간을 유닛 구간 $[0; 1]$에 매핑하는 함수다.

$$\pi : [0; 1] \longrightarrow u \qquad (15.11)$$

15.2.2 제엇값 선택

어떤 제어를 실행할 시기를 결정할 때 세 가지 제어 선택사항, 즉 u_1, u_2, u_3에 대한 중간 페이오프 결과를 가지고 고려해보자. 앞 장에서 페이오프는 스테이트와 액션의 함수로 간주됐다. 우리가 스테이트를 알지 못하기 때문에, 빌리프 스테이트를 수용하기 위한 페이오프의 개념을 일반화해야 한다. 특히 어떤 주어진 빌리프 $b = (p_1, p_2)$에 대해, 이 빌리프에 따른 기대 페이오프는 다음과 같은 기댓값으로 주어진다.

$$r(b, u) \;=\; E_x[r(x, u)] \;=\; p_1\, r(x_1, u) + p_2\, r(x_2, u) \qquad (15.12)$$

함수 $r(b, u)$는 POMDP의 페이오프를 정의한 것이다.

그림 15.2(a)는 파라미터 p_1에 의해 파라미터화된 제어 선택 u_1에 대한 예상 페이오프 $r(b, u_1)$을 그래프로 그린 것이다. 그래프 왼쪽 끝에 $p_1 = 0$이 있으므로 로봇은 절대적 확신으로 월드에 스테이트 x_2가 있다고 믿고 있다. 따라서 액션 u_1을 실행하면 식 (15.4)에 지정된 대로 $r(x_2, u_1) = 100$이 된다. 오른쪽 끝에서 $p_1 = 1$이므로 스테이

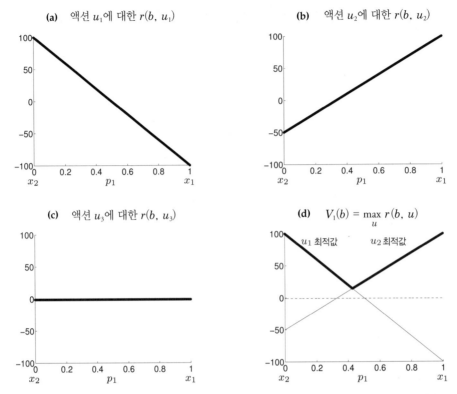

그림 15.2 그래프 (a), (b), (c)는 u_1, u_2, u_3의 세 가지 액션 각각에 대한 빌리프 스테이트 파라미터 $p_1 = b(x_1)$의 함수로 기대 페이오프를 나타낸다. (d) 호라이즌 $T = 1$에서의 밸류 함수는 이 세 선형 함수의 최댓값에 해당한다.

트는 x_1이다. 결과적으로 제어 선택 u_1은 $r(x_1, u_1) = -100$이 될 것이다. 이들 사이의 기댓값은 다음 두 값의 선형 조합으로 구할 수 있다.

$$r(b, u_1) \;\; = \;\; -100\, p_1 + 100\, p_2 \;\; = \;\; -100\, p_1 + 100\, (1 - p_1) \qquad (15.13)$$

이 함수의 결과는 그림 15.2(a)에서 그래프로 확인하기 바란다.

그림 15.2(b)와 (c)는 각각 액션 u_2와 u_3에 대응하는 함수를 보여준다. u_2에 대한 결과는 다음과 같다.

$$r(b, u_2) \;\; = \;\; 100\, p_1 - 50\, (1 - p_1) \qquad (15.14)$$

마찬가지로 u_3에 대한 함수는 다음과 같다.

$$r(b, u_3) = -1\, p_1 - 1\,(1 - p_1) = -1 \qquad (15.15)$$

빌리프 공간에서 밸류 이터레이션을 이해하는 첫 번째 예제는 밸류 함수 V_1의 계산에 초점을 맞출 것이며, 이것은 호라이즌 $T = 1$ 결정 프로세스와 관련하여 최적인 밸류 함수다. 하나의 결정 주기 내에서 우리의 로봇은 세 가지 제어 중 하나를 선택할 수 있다. 자, 어느 것을 선택해야 할까?

이에 대한 답은 지금까지 공부했던 그림들에서 쉽게 알 수 있다. 어떤 빌리프 스테이트 p_1에 대해, 그림 15.2(a), (b), (c)의 도표는 각각의 액션 선택에 대한 페이오프 기댓값을 나타낸다. 목표는 페이오프를 극대화하기 위한 것이므로 로봇은 단순히 가장 높은 페이오프의 기댓값을 선택한다. 이것은 그림 15.2(d)의 시각화 결과로 알 수 있다. 이 그림은 세 가지 페이오프 기댓값 그래프 모두를 합친 것이다. 왼쪽 영역에서 u_1은 최적의 액션이므로 밸류 함수가 우세하다. 전환은 $r(b, u_1) = r(b, u_2)$일 때 발생하며, 이를 통해 $p_1 = \frac{3}{7}$으로 해결된다. 값 p_1이 $\frac{3}{7}$보다 큰 경우, u_2가 더 나은 액션이 된다. 따라서 $T = 1$인 최적의 정책은 다음과 같다.

$$\pi_1(b) = \begin{cases} u_1 & p_1 \leq \frac{3}{7}\text{인 경우} \\ u_2 & p_1 > \frac{3}{7}\text{인 경우} \end{cases} \qquad (15.16)$$

대응하는 값은 그림 15.2(d)의 두꺼운 상부 그래프다. 이 그래프는 부분적 선형이고 컨벡스 함수다. 이는 그림 15.2(a), (b), (c)의 개별 페이오프 함수의 최댓값이다. 따라서 이것을 세 가지 이상의 함수로 작성할 수 있다.

$$V_1(b) = \max_u r(b, u) \qquad (15.17)$$

$$= \max \begin{cases} -100\, p_1 & +100\,(1 - p_1) \\ 100\, p_1 & -50\,(1 - p_1) \\ & -1 \end{cases} \qquad \begin{matrix} (*) \\ (*) \\ \\ \end{matrix}$$

분명히 식 (15.17)에서 (*)로 표시된 선형 함수만 기여한다. 나머지 1차 함수는 안전하게 제거할 수 있다.

$$V_1(b) \quad = \quad \max \left\{ \begin{array}{ll} -100\,p_1 & +100\,(1-p_1) \\ 100\,p_1 & -50\,(1-p_1) \end{array} \right\} \tag{15.18}$$

이 예에서는 반복적으로 프루닝 트릭을 사용한다. 프루닝 가능한 선형 제약 조건은 그림 15.2(d)에 점선으로 표시되어 있다. 그리고 그에 따른 많은 그래프가 표시되어 있다.

15.2.3 센싱

추론의 다음 단계는 인식이다. 로봇이 제어권을 선택하기 전에 로봇이 감지할 수 있다면 어떨까? 이것이 최적값 함수에 어떤 영향을 줄까? 분명히 센싱은 스테이트에 대한 정보를 제공하므로 로봇이 더 나은 제어 작업을 선택할 수 있어야 한다. 특히 최악의 경우인 $p_1 = \frac{3}{7}$에 대해, 기대하는 페이오프는 $\frac{100}{7} \approx 14.3$으로 그림 15.2(d)에서 꺾이는 부분의 값이다. 센싱이 먼저 이뤄진다면, 인식 후 다른 빌리프에서 로봇을 발견한다. 이 빌리프의 가치는 14.3보다 낮다. 하지만 얼마만큼일까?

이에 대한 답은 놀라울 수 있다. 우리가 z_1을 감지한다고 가정해보자. 그림 15.3(a)는 센싱 전 빌리프의 함수로 z_1을 센싱한 후의 빌리프 결과다. 이 함수를 자세히 알아보자. 우리의 사전 센싱 빌리프가 $p_1 = 0$이라면, 측정값에 관계없이 우리의 사후 센싱 빌리프도 역시 $p_1 = 0$이다. $p_1 = 1$에 대해서도 마찬가지다. 따라서 양 극단에서 이 함수는 동일하다. 그 중간에서 월드의 스테이트가 어떤지는 불확실하다. z_1을 측정하면 우리의 빌리프가 바뀐다. 이동 규모는 베이즈 법칙에 따라 결정된다.

$$\begin{aligned} p_1' \quad &= \quad p(x_1 \mid z) \tag{15.19} \\ &= \quad \frac{p(z_1 \mid x_1)\,p(x_1)}{p(z_1)} \\ &= \quad \frac{0.7\,p_1}{p(z_1)} \end{aligned}$$

그리고

$$p_2' \quad = \quad \frac{0.3\,(1-p_1)}{p(z_1)} \tag{15.20}$$

정규화 항 $p(z_1)$은 그림 15.3(a)에 비선형성을 추가한다. 예제에 적용하면 결과는 다음과 같다.

$$p(z_1) \;=\; 0.7\,p_1 + 0.3\,(1-p_1) \;=\; 0.4\,p_1 + 0.3 \tag{15.21}$$

$p_1' = \dfrac{0.7\,p_1}{0.4\,p_1 + 0.3}$이다. 그러나 뒤에서 보겠지만 이 정규화 항은 멋지게 제거된다. 이에 관한 자세한 내용은 잠시 뒤에 알아보기로 한다.

이 비선형 전달 함수가 밸류 함수 V_1에 미치는 영향을 먼저 연구해보자. 우리가 z_1을 관찰한 다음 액션 선택을 해야 한다는 사실을 알고 있다고 가정해보자. 그 선택은 무엇이며, 상응하는 밸류 함수는 어떻게 생겼을까? 이에 대한 답은 그림 15.3(c)의 그래프를 참조한다. 이 그림은 앞에서 설명한 비선형 측정 함수를 통해 매핑되고 그림 15.3(a)에 표시된 그림 15.3(b)의 부분적 선형 밸류 함수를 보여준다. 여기에 잠시 집중해보자. 우리의 비선형 함수에 따라 빌리프 p_1을 가져와서 해당 빌리프 p_1'에 매핑한다. 그런 다음 그림 15.3(b)를 확인해보자. 이 절차는 모든 $p_1 \in [0;\,1]$에 대해 그림 15.3(c)의 그래프로 이어진다.

수학적으로 이 그래프는 다음과 같이 주어진다.

$$
\begin{aligned}
V_1(b \mid z_1) &= \max \left\{
\begin{array}{ll}
-100 \cdot \dfrac{0.7\,p_1}{p(z_1)} & +100 \cdot \dfrac{0.3\,(1-p_1)}{p(z_1)} \\[2mm]
100 \cdot \dfrac{0.7\,p_1}{p(z_1)} & -50 \cdot \dfrac{0.3\,(1-p_1)}{p(z_1)}
\end{array}
\right\} \\[3mm]
&= \frac{1}{p(z_1)} \max \left\{
\begin{array}{ll}
-70\,p_1 & +30\,(1-p_1) \\
70\,p_1 & -15\,(1-p_1)
\end{array}
\right\}
\end{aligned}
\tag{15.22}
$$

이는 단순히 식 (15.18)에 지정된 밸류 함수 V_1에서 p_1을 p_1'로 대체한 결과다. 그림 15.3(c)에서 '최악의' 밸류에 대한 빌리프가 왼쪽으로 이동했다는 점에 주목할 필요가 있다. 이제 최악의 빌리프는 z_1을 감지한 후 $\frac{3}{7}$의 확률로 스테이트 x_1에 있다고 믿게 만든다.

그러나 이것은 두 측정값 중 하나에 대한 고려사항일 뿐이며, 센싱 이전 값은 두 측정값을 모두 고려해야 한다. 특히 센싱 이전 값 V_1은 다음과 같은 식으로 주어진다.

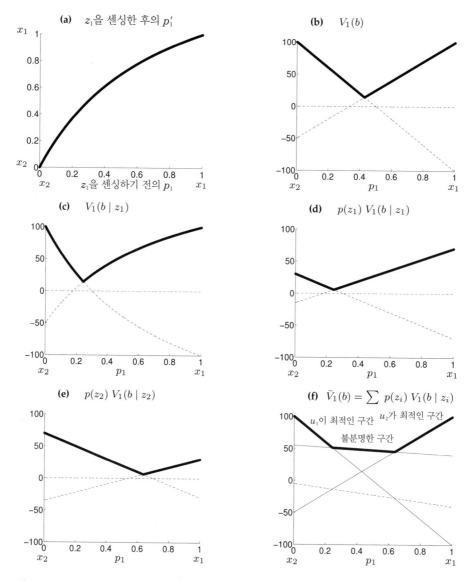

그림 15.3 밸류 함수에 대한 센싱 효과: (a) z_2을 감지하기 전에 z_1을 빌리프 함수로 감지한 후의 빌리프. z_1을 감지하면 스테이트가 x_1임을 로봇이 더 잘 인식하게 된다. 이 비선형 함수를 통해 (b)의 밸류 함수를 투영하면 (c)의 비선형 밸류 함수가 된다. (d) 이 밸류 함수를 z_1을 관찰할 확률로 나누면 부분적 선형 함수가 된다. (e) 측정을 위한 동일한 부분적 선형 함수 z_2, (f) 센싱 후 예상 밸류 함수

$$\bar{V}_1(b) \;=\; E_z[V_1(b \mid z)] \;=\; \sum_{i=1}^{2} p(z_i)\, V_1(b \mid z_i) \tag{15.23}$$

이 기댓값 계산 결과를 통해 기여하는 밸류 함수 $V_1(b \mid z_i)$ 각각에 사전 측정 밸류 함수를 곱했음을 바로 알 수 있다. 이는 사전에 측정된 밸류 함수가 비선형성을 갖는 원인이 된다. 식 (15.19)를 여기에 넣으면 다음과 같은 결과를 얻을 수 있다.

$$
\begin{aligned}
\bar{V}_1(b) &= \sum_{i=1}^{2} p(z_i)\, V_1\!\left(\frac{p(z_i \mid x_1)\, p_1}{p(z_i)}\right) \tag{15.24}\\
&= \sum_{i=1}^{2} p(z_i)\, \frac{1}{p(z_i)}\, V_1(p(z_i \mid x_1)\, p_1)\\
&= \sum_{i=1}^{2} V_1(p(z_i \mid x_1)\, p_1)
\end{aligned}
$$

이 변환 결과는 참이다. 왜냐하면 V_1의 모든 요소가 식 (15.22)에서 설명한 것처럼 $1/p(z_i)$에 선형적으로 비례하기 때문이다. 최대화 관점에서 각 항은 개별적으로 $1/p(z_i)$를 곱하면 되므로 최댓값을 구할 수 있다. 따라서 각 항들을 복원한 다음 $p(z_i)$를 간단히 제거해버리면 된다!

우리의 예제에는 두 가지 측정값이 있다. 따라서 이들 측정값 각각에 대해 기댓값 $p(z_i)V_1(b \mid z_i)$를 계산할 수 있다. 혹시 식 (15.23)의 기댓값에 이들 항을 더했던 것이 기억나는가? 식 (15.22)에서 이미 z_1에 대해 $V_1(b \mid z_i)$를 계산했다. 따라서

$$
p(z_1)\, V_1(b \mid z_1) \;=\; \max \left\{ \begin{array}{cc} -70\, p_1 & +30\, (1 - p_1) \\ 70\, p_1 & -15\, (1 - p_1) \end{array} \right\} \tag{15.25}
$$

이 함수는 그림 15.3(d)에서 확인할 수 있다. 2개의 선형 함수에서 최댓값만 취한 것이다. 마찬가지로 z_2에 대해서는 다음과 같은 결과를 얻는다.

$$
p(z_2)\, V_1(b \mid z_2) \;=\; \max \left\{ \begin{array}{cc} -30\, p_1 & +70\, (1 - p_1) \\ 30\, p_1 & -35\, (1 - p_1) \end{array} \right\} \tag{15.26}
$$

이 함수는 그림 15.3(e)에서 확인할 수 있다.

다음으로 센싱 이전에 예상하는 밸류 함수는 식 (15.23)에 따라 이들 2개 항을 더해서 구할 수 있다.

$$
\bar{V}_1 = \max \left\{ \begin{array}{ll} -70\,p_1 & +30\,(1-p_1) \\ 70\,p_1 & -15\,(1-p_1) \end{array} \right\} + \max \left\{ \begin{array}{ll} -30\,p_1 & +70\,(1-p_1) \\ 30\,p_1 & -35\,(1-p_1) \end{array} \right. \tag{15.27}
$$

이 합은 그림 15.3(f)에 나와 있다. 결과가 놀랍지 않은가? 그래프가 2군데에서 꺾여 있고, 이로 인해 밸류 함수는 각기 다른 3개의 선형 세그먼트로 분리될 수 있다. 왼쪽 세그먼트의 경우 u_1은 로봇이 미래의 감지를 통해 얻을 수 있는 추가 정보가 무엇이든 상관없이 최적의 액션이다. 마찬가지로 오른쪽 세그먼트의 경우 u_2는 무엇이든지 상관없이 최적의 제어 액션이다. 그러나 가운데 지역에서는 센싱이 중요하다. 최적의 액션은 로봇이 감지하는 것으로 결정된다. 그렇게 할 때, 가운데 세그먼트는 그림 15.2(d)와 같이 센싱 없이 대응하는 값보다 상당히 높은 값을 정의한다. 기본적으로 센싱 능력은 밸류 함수의 전체 리전을 더 높은 수준으로 끌어올렸다. 특히 로봇이 월드의 스테이트에 대한 확신도가 낮은 리전에서 그렇다. 이 놀라운 발견은 빌리프 공간에서 밸류 이터레이션이 센싱에 가치를 두었음을 의미한다. 하지만 이는 미래의 제어 선택에 중요한 정도로만 나타난다는 점에 유의한다.

밸류 함수 계산으로 돌아가 보자. 왜냐하면 이것이 더 쉽게 나타날 수 있기 때문이다. 식 (15.27)은 선형 함수에 대한 두 최댓값의 합을 계산한다. 이를 표준 형식, 즉 덧셈 계산이 없는 선형 함수상에서 최대가 되는 식으로 변환하려면 몇 가지 아이디어가 필요하다. 특히 새로운 밸류 함수 V_1은 첫 번째 max 식의 선형 함수에 두 번째 max 식의 선형 함수를 더한 결과를 상한값으로 본다. 이는 다음과 같은 네 가지 조합으로 생각해볼 수 있다.

$$
\bar{V}_1(b) = \max \left\{ \begin{array}{llll} -70\,p_1 & +30\,(1-p_1) & -30\,p_1 & +70\,(1-p_1) \\ -70\,p_1 & +30\,(1-p_1) & +30\,p_1 & -35\,(1-p_1) \\ 70\,p_1 & -15\,(1-p_1) & -30\,p_1 & +70\,(1-p_1) \\ 70\,p_1 & -15\,(1-p_1) & +30\,p_1 & -35\,(1-p_1) \end{array} \right\} \tag{15.28}
$$

$$
= \quad \max \left\{ \begin{array}{ll} -100\, p_1 & +100\,(1-p_1) \\ -40\, p_1 & -5\,(1-p_1) \\ 40\, p_1 & +55\,(1-p_1) \\ 100\, p_1 & -50\,(1-p_1) \end{array} \right\} \quad \begin{array}{l} (*) \\ \\ (*) \\ (*) \end{array}
$$

$$
= \quad \max \left\{ \begin{array}{ll} -100\, p_1 & +100\,(1-p_1) \\ 40\, p_1 & +55\,(1-p_1) \\ 100\, p_1 & -50\,(1-p_1) \end{array} \right\}
$$

여기서 다시 한번 밸류 함수의 정의에 실제로 관련이 있는 제약 조건들을 (∗)로 놓자. 그림 15.3(f)에 나와 있듯이 이 4개의 선형 함수 중 3개만 필요하다. 실제로 마지막 네 번째 함수는 제거해도 무방하다.

15.2.4 예측

마지막 단계는 스테이트 전이와 관련이 있다. 로봇이 액션을 선택하면 스테이트가 바뀐다. $T > 1$인 큰 호라이즌에서 계획을 세우기 위해서는 이를 고려해 우리의 밸류 함수를 계획해야 한다. 이 예에서 u_1과 u_2는 모두 터미널 액션이다. 따라서 우리는 액션 u_3의 효과만을 고려해야 한다.

다행히도 스테이트 전이는 POMDP의 측정만큼 복잡하지 않다. 그림 15.4(a)는 u_3 실행 시 빌리프의 매핑을 보여준다. 구체적으로 우리는 스테이트 x_1에서 절대 확실성을 가지고 시작한다고 가정하자. 따라서 $p_1 = 1$이다. 그러면 식 (15.7)의 전이 확률 모델에 따라 $p_1' = p(x_1' \mid x_1,\, u_3) = 0.2$가 된다. 마찬가지로 $p_1 = 0$에 대해 $p_1' = p(x_1' \mid x_2,\, u_3) = 0.8$을 얻는다. 이들 중간 구간에 대한 기댓값은 선형적이다.

$$
\begin{aligned}
p_1' &= E_x[p(x_1' \mid x, u_3)] &\qquad (15.29) \\
&= \sum_{i=1}^{2} p(x_1' \mid x_i, u_3)\, p_i \\
&= 0.2\, p_1 + 0.8\,(1-p_1) \;=\; 0.8 - 0.6\, p_1
\end{aligned}
$$

이것은 그림 15.4(a)에서 그래프로 나타낸 함수다. 그림 15.4(b)의 밸류 함수를 다시 투영하면 그림 15.4(f)의 밸류 함수를 얻을 수 있다. 이 밸류 함수는 투영 단계 이전의

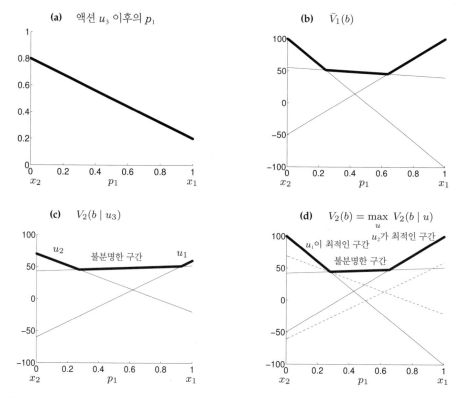

그림 15.4 (a) 액션 이전에 파라미터 p_1의 함수로서, 액션 u_3 실행 후의 빌리프 스테이트 파라미터 p_1'. 이 매핑의 역변환을 취하면 (b)와 같은 빌리프를 얻는다. 그리고 이를 전파(propagating)하면 (c)와 같은 빌리프 결과를 얻는다. (d) 전파된 빌리프 함수를 최대화해서 얻은 값 V_2와 남아 있는 두 액션 u_1, u_2의 페이오프.

값보다 더 평평하며, 스테이트 전이를 통한 정보 손실을 반영한다. 또한 u_3를 실행할 때 스테이트가 변경되기 때문에 미러링된다.

수학적으로 이 밸류 함수는 식 (15.28)에서 식 (15.29)를 투영해 계산된다.

$$\bar{V}_1(b \mid u_3) = \max \left\{ \begin{array}{ll} -100\,(0.8 - 0.6\,p_1) & +100\,(1 - (0.8 - 0.6\,p_1)) \\ 40\,(0.8 - 0.6\,p_1) & +55\,(1 - (0.8 - 0.6\,p_1)) \\ 100\,(0.8 - 0.6\,p_1) & -50\,(1 - (0.8 - 0.6\,p_1)) \end{array} \right\} \quad (15.30)$$

$$= \max \left\{ \begin{array}{ll} -100\,(0.8 - 0.6\,p_1) & +100\,(0.2 + 0.6\,p_1) \\ 40\,(0.8 - 0.6\,p_1) & +55\,(0.2 + 0.6\,p_1) \\ 100\,(0.8 - 0.6\,p_1) & -50\,(0.2 + 0.6\,p_1) \end{array} \right\}$$

$$= \quad \max \left\{ \begin{array}{ll} 60\,p_1 & -60\,(1-p_1) \\ 52\,p_1 & +43\,(1-p_1) \\ -20\,p_1 & +70\,(1-p_1) \end{array} \right\}$$

이러한 변환 결과는 손으로 쉽게 확인할 수 있다. 그림 15.4(c)는 최적의 제어 액션을 따르는 함수를 보여준다.

이제 플래닝 단계 $T = 2$로 밸류 함수 V_2를 거의 완성했다. 다시 한번, 로봇은 제어 u_3를 실행할지 또는 직접 u_1 또는 u_2의 터미널 액션 중 하나에 참여할지에 대한 선택권이 주어진다. 앞에서처럼 이 선택은 2개의 선형 함수 $r(b,\,u_1)$과 $r(b,\,u_2)$의 형태로 우리의 고려사항에 2개의 새로운 옵션을 추가해 구현된다. 또한 밸류 함수로부터 액션 u_3를 실행하는 비용을 빼야 한다.

이 결과는 그림 15.4(d)에서 확인할 수 있다. 다음 식을 보자.

$$\bar{V}_2(b) \quad = \quad \max \left\{ \begin{array}{ll} -100\,p_1 & +100\,(1-p_1) \\ 100\,p_1 & -50\,(1-p_1) \\ 59\,p_1 & -61\,(1-p_1) \\ 51\,p_1 & +42\,(1-p_1) \\ -21\,p_1 & +69\,(1-p_1) \end{array} \right. \begin{array}{l} (*) \\ (*) \\ \\ (*) \\ \\ \end{array} \tag{15.31}$$

단순히 두 옵션(1행과 2행)을 추가하고 다른 모든 선형 제약 조건(3~5행)에서 u_3의 균일 비용을 제외시켰다. 다시 한번, (*)로 표시된 제약 조건 3개만 필요하다. 따라서 결괏값은 다음과 같이 재작성할 수 있다.

$$\bar{V}_2(b) \quad = \quad \max \left\{ \begin{array}{ll} -100\,p_1 & +100\,(1-p_1) \\ 100\,p_1 & -50\,(1-p_1) \\ 51\,p_1 & +42\,(1-p_1) \end{array} \right\} \tag{15.32}$$

15.2.5 딥 호라이즌과 프루닝

이제 빌리프 공간에서 전체 백업 단계를 실행한다. 이 알고리즘은 쉽게 재귀형으로 구현할 수 있다. 그림 15.5는 호라이즌 $T = 10$과 $T = 20$에서 밸류 함수를 보여주고 있다. 이 밸류 함수는 비슷하게 보인다. 적절한 프루닝을 이용해 V_{20}이 13개의 구성요소로 정리됐다.

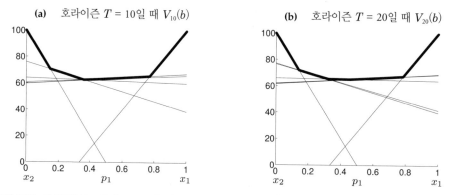

그림 15.5 호라이즌 $T = 10$과 $T = 20$에 대한 밸류 함수 V. 앞에서 설명한 밸류 함수들과 비교했을 때 이 그래프에서 y축의 스케일이 다른 점에 유의한다.

$$
\bar{V}_{20}(b) \;=\; \max \left\{
\begin{array}{ll}
-100\,p_1 & +100\,(1-p_1) \\
100\,p_1 & -50\,(1-p_1) \\
64.1512\,p_1 & +65.9454\,(1-p_1) \\
64.1513\,p_1 & +65.9454\,(1-p_1) \\
64.1531\,p_1 & +65.9442\,(1-p_1) \\
68.7968\,p_1 & +62.0658\,(1-p_1) \\
68.7968\,p_1 & +62.0658\,(1-p_1) \\
69.0914\,p_1 & +61.5714\,(1-p_1) \\
68.8167\,p_1 & +62.0439\,(1-p_1) \\
69.0369\,p_1 & +61.6779\,(1-p_1) \\
41.7249\,p_1 & +76.5944\,(1-p_1) \\
39.8427\,p_1 & +77.1759\,(1-p_1) \\
39.8334\,p_1 & +77.1786\,(1-p_1)
\end{array}
\right\} \qquad (15.33)
$$

이 중에서 두 가지 선형 함수는 우리에게 익숙하다. 나머지는 특정 측정 및 액션 선택 순서에 해당한다.

얼핏 보더라도 프루닝이 꼭 필요하다는 생각이 들 것이다. 프루닝이 없으면 매번 업데이트에서 2개의 새로운 선형 제약 조건(액션 선택)을 가져와서 제약 조건의 수(측정값)를 제곱한다. 따라서 $T = 20$에 대해 프루닝을 하지 않았을 경우 밸류 함수는 $10^{547,864}$개의 선형 함수로 정의된다. $T = 30$일 때는 $10^{561,012,337}$개의 선형 제약 조건을 갖는다. 반면 프루닝한 밸류 함수에는 13개의 제약 조건만 포함되어 있다.

선형 제약 조건 수가 엄청나게 증가한다는 점을 통해 기본 POMDP 기법이 왜 비실용적인지 알 수 있다. 그림 15.6은 밸류 함수 V_2로 연결된 단계를 나란히 비교한 것이다. 왼쪽 열은 프루닝된 함수를 보여주고, 오른쪽 행은 프루닝하지 않고 모든 선형 함수를 유지한다. 이 계산에는 단 하나의 측정 업데이트만 있지만 프루닝을 사용하지 않은 함수의 제약 조건 수는 이미 엄청나다. 나중에 효율적인 근사화 POMDP 알고리즘을 만들 때 이 부분을 다시 한번 다루기로 하자.

우리가 분석한 것들 중 마지막은 유한한 호라이즌에 대한 최적값 함수가 연속적이고, 조각별 선형 함수를 적절히 조합했으며, 컨벡스하다는 것이다. 각 선형 함수의 조각은 미래의 어떤 시점에서 다른 액션 선택에 해당한다. 밸류 함수의 컨벡시티는 직관적인 관찰을 의미한다. 즉, 아는 게 모르는 것보다 항상 낫다는 얘기다. 주어진 두 가지 빌리프 스테이트 b와 b'가 주어지면, $0 \leq \beta \leq 1$인 어떤 혼합 파라미터 β에 대해 빌리프 스테이트를 혼합한 값은 혼합한 빌리프 스테이트의 값보다 크거나 같다(식 (15.34) 참조).

$$\beta V(b) + (1 - \beta)V(b') \quad \geq \quad V(\beta b + (1 - \beta)b') \tag{15.34}$$

이 특징은 유한한 호라이즌 케이스에만 적용된다. 무한대인 호라이즌 케이스의 경우, 밸류 함수는 비연속성과 비선형성을 지니고 있을 수 있다.

15.3 유한한 월드에서 POMDP 알고리즘

앞에서는 유한한 월드에서 밸류 함수를 계산하는 방법을 예로 들어 설명했다. 여기서는 밸류 함수를 계산하기 위한 일반적인 알고리즘부터 알아보기로 한다. 그런 다음 첫 번째 원리를 통해 이를 유도해보자.

알고리즘 **POMDP**는 표 15.1을 참고한다. 이 알고리즘은 POMDP의 플래닝 호라이즌 T만 입력으로 허용한다. 알고리즘의 결괏값은 파라미터 벡터 집합이다. 파라미터 벡터 각각은 다음과 같은 형태를 띠고 있다.

$$(v_1, \dots, v_N) \tag{15.35}$$

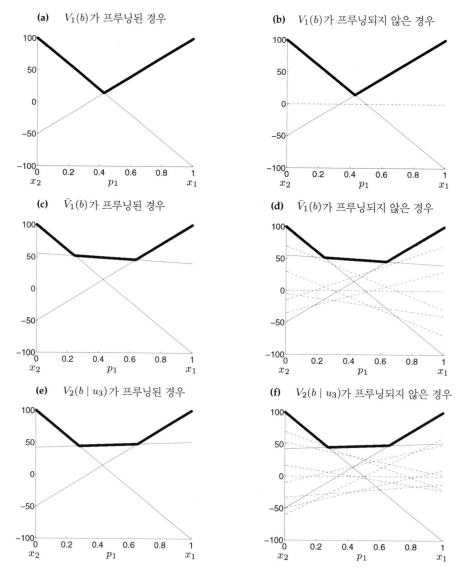

그림 15.6 POMDP 플래닝 알고리즘의 처음 몇 단계에 대한 정확한 프루닝 알고리즘(왼쪽)과 프루닝되지 않은 POMDP 알고리즘(오른쪽)의 비교 결과. 확실히, 프루닝이 없는 경우 선형 제약의 수는 엄청나게 증가한다. $T = 20$ 에서 프루닝되지 않은 밸류 함수는 $10^{547,864}$개의 선형 함수로 정의되지만, 프루닝된 밸류 함수는 13개의 함수만 사용한다.

이 파라미터 각각은 빌리프 공간상에서 선형 함수로 지정할 수 있다(식 (15.36) 참조).

$$\sum_i v_i \, p_i \qquad\qquad (15.36)$$

실제 밸류는 이들 선형 함수 모두의 최댓값을 통해 구할 수 있다.

$$\max_{(p_1,\dots,p_N)} \sum_i v_i \, p_i \qquad\qquad (15.37)$$

알고리즘 **POMDP**는 이 밸류 함수를 재귀적으로 계산한다. 의사 호라이즌 $T = 0$에 대한 초기 집합은 표 15.1의 2행에서 설정된다. 다음으로 알고리즘 **POMDP**는 3~24 행의 중첩 루프에서 새 집합을 재귀적으로 계산한다. 주요 계산 단계는 알고리즘 9행에서 이뤄진다. 여기서 다음 선형 제약 조건 집합을 계산하는 데 필요한 선형 함수의 계수 $v_{u,z,j}^k$를 계산한다. 각 선형 함수는 제엇값 u를 실행한 후 측정값 z를 관찰하고 제엇값 u'를 실행한 결과다. u'에 해당하는 선형 제약 조건은 작은 플래닝 호라이즌 (5행)에 대한 이전 반복에서 계산됐다. 따라서 14행에 도달하면 알고리즘은 이전 밸류 함수의 제어 액션, 측정 및 선형 제약 조건의 각 조합에 대해 하나의 선형 함수를 생성한다.

새로운 밸류 함수의 선형 제약 조건은 알고리즘 14~21행에서와 같이 측정값을 통해 기댓값을 취하는 결과를 낳는다. 각 제어 액션에 대해 알고리즘은 15행에서 K^M 같은 선형 제약 조건을 생성한다. 이 큰 수는 각각의 기댓값이 M개의 가능한 측정값을 통해 취하고 각 변수는 이전 밸류 함수에 포함된 K개의 제약 조건 중 하나와 '결합'될 수 있기 때문이다. 17행은 이러한 각 조합에 대한 기댓값을 계산한다. 결과 제약 조건은 19행의 새로운 제약 조건 집합에 추가된다.

최적의 제어 액션을 찾는 알고리즘은 표 15.2에 나와 있다. 이 알고리즘에 대한 입력은 $b = (p_1, \dots, p_N)$에 의해 파라미터화된 빌리프 스테이트다. 이 빌리프 스테이트는 선형 함수 집합 Υ를 따른다. 최적의 액션은 모든 선형 함수를 통한 검색과 b에 대한 값을 최대화하는 것을 식별함으로써 결정된다. 이 값은 표 15.2의 알고리즘 **policy_POMDP** 3행에서 반환된다.

1:      **Algorithm POMDP(T):**

2:          $\Upsilon = (0; 0, \ldots, 0)$
3:          *for $\tau = 1$ to T do*
4:              $\Upsilon' = \emptyset$
5:              *for all $(u'; v_1^k, \ldots, v_N^k)$ in Υ do*
6:                  *for all control actions u do*
7:                      *for all measurements z do*
8:                          *for $j = 1$ to N do*
9:                              $$v_{u,z,j}^k = \sum_{i=1}^{N} v_i^k \, p(z \mid x_i) \, p(x_i \mid u, x_j)$$
10:                         *endfor*
11:                     *endfor*
12:                 *endfor*
13:             *endfor*
14:             *for all control actions u do*
15:                 *for all $k(1), \ldots, k(M) = (1, \ldots, 1)$ to $(|\Upsilon|, \ldots, |\Upsilon|)$ do*
16:                     *for $i = 1$ to N do*
17:                         $$v_i' = \gamma \left[r(x_i, u) + \sum_z v_{u,z,i}^{k(z)} \right]$$
18:                     *endfor*
19:                     *add $(u; v_1', \ldots, v_N')$ to Υ'*
20:                 *endfor*
21:             *endfor*
22:             *optional: prune Υ'*
23:             $\Upsilon = \Upsilon'$
24:         *endfor*
25:         *return Υ*

표 15.1 이산형 월드를 위한 POMDP 알고리즘. 이 알고리즘은 선형 제약 조건의 집합으로 최적의 밸류 함수를 표현하며, 따라서 재귀적 형태로 계산이 가능하다.

```
1:       Algorithm policy_POMDP(Υ, b = (p₁,...,pₙ)):


2:           û =    argmax      Σᴺᵢ₌₁ vᵏᵢ pᵢ
                 (u;v₁ᵏ,...,vₙᵏ)∈Υ

3:           return û
```

표 15.2 선형 함수들 Υ의 집합으로 표현되는 정책(policy)에 대한 최적의 액션을 결정하는 알고리즘

15.4 POMDP의 수학적 유도

15.4.1 빌리프 공간에서의 밸류 이터레이션

밸류 함수에 대한 일반적인 업데이트는 식 (15.2)에서 구현했다. 편의상 여기에 다시 써보자.

$$V_T(b) = \gamma \max_u \left[r(b, u) + \int V_{T-1}(b') \, p(b' \mid u, b) \, db' \right] \tag{15.38}$$

이 식에는 모든 가능한 빌리프 공간에 통합하는 계산이 포함되어 있다. 이를 좀 더 실용적인 형태로 변형하는 것부터 시작해보자.

이 업데이트의 핵심 요소는 조건부 확률 $p(b' \mid u, b)$이다. 이 확률은 확률 분포에 대한 분포를 지정한다. 빌리프 b와 제어 액션 u가 주어졌을 때, 결과는 분포에 대한 분포다. 이는 구체적인 빌리프 b'가 다음 측정값을 기반으로 하기 때문이다. 즉, 측정값 자체가 확률적으로 생성된다는 얘기다. 분포의 분포를 다루는 것은 바람직하지 않은 복잡성의 요소를 증가시킨다.

측정값을 고정하면 사후확률 b'는 고유하고 $p(b' \mid u, b)$는 포인트 질량 분포로 변한다. 왜 이럴까? 이에 대한 답은 베이즈 필터를 통해 알 수 있다. 액션 실행 이전의 빌리프 b, 액션 u, 후속 관찰값 z에서 베이즈 필터는 단일의, 올바른 빌리프인 단일 사후확률 빌리프 b'를 계산한다. 따라서 z만 알면 식 (15.38)의 모든 빌리프에 대한

통합은 쓸모가 없다는 결론을 얻을 수 있다.

이 결과는 다음과 같이 표현할 수 있다.

$$p(b' \mid u, b) \quad = \quad \int p(b' \mid u, b, z) \, p(z \mid u, b) \, dz \tag{15.39}$$

여기서 $p(b' \mid u, b, z)$는 베이즈 필터로 계산한 단일 빌리프상의 포인트 질량 분포다. 여기에 식 (15.38)을 반영하면 다음과 같은 결과를 얻는다.

$$V_T(b) \quad = \quad \gamma \max_u \left[r(b, u) + \int \left[\int V_{T-1}(b') \, p(b' \mid u, b, z) \, db' \right] p(z \mid u, b) \, dz \right] \tag{15.40}$$

식 (15.40) 안쪽의 적분식을 다시 쓰면 다음과 같다.

$$\int V_{T-1}(b') \, p(b' \mid u, b, z) \, db' \tag{15.41}$$

여기에는 0이 아닌 항 1개만 포함되어 있다. 또한 b'는 베이즈 필터를 이용해 b, u, z로부터 계산한 분포다. 이 분포를 $B(b, u, z)$라고 놓자.

$$
\begin{aligned}
B(b, u, z)(x') \quad &= \quad p(x' \mid z, u, b) \tag{15.42} \\
&= \quad \frac{p(z \mid x', u, b) \, p(x' \mid u, b)}{p(z \mid u, b)} \\
&= \quad \frac{1}{p(z \mid u, b)} \, p(z \mid x') \int p(x' \mid u, b, x) \, p(x \mid u, b) \, dx \\
&= \quad \frac{1}{p(z \mid u, b)} \, p(z \mid x') \int p(x' \mid u, x) \, b(x) \, dx
\end{aligned}
$$

2장에서 자세하게 설명한 베이즈 필터 유도 과정을 잘 기억하기 바란다. 이번에는 정규화 항이 명시적으로 적용된다.

이제 식 (15.40)을 다음과 같이 다시 써보자. 이 표현식은 더 이상 b'에 통합되지 않는다.

$$V_T(b) \quad = \quad \gamma \max_u \left[r(b, u) + \int V_{T-1}(B(b, u, z)) \, p(z \mid u, b) \, dz \right] \tag{15.43}$$

이 결과는 식 (15.38)의 원래 버전보다 더 편리하다. 왜냐하면 가능한 모든 빌리프의 분포 b' 대신 모든 가능한 측정값 z에 대한 적분 계산만을 필요로 하기 때문이다. 이 변환은 위의 예제에서 암묵적으로 사용됐다. 여기서 새로운 밸류 함수는 여러 조각의 선형 함수를 함께 혼합해 얻은 결과다.

이제 최대화를 통합 작업에서 분리하는 것이 편리할 것이다. 따라서 식 (15.43)은 다음의 두 수식으로 다시 쓸 수 있다.

$$V_T(b, u) = \gamma \left[r(b, u) + \int V_{T-1}(B(b, u, z)) \, p(z \mid u, b) \, dz \right] \tag{15.44}$$

$$V_T(b) = \max_u V_T(b, u) \tag{15.45}$$

여기서 $V_T(b, u)$는 빌리프 b에 대한 호라이즌 T 밸류 함수다. 뒤이어 나타나는 액션은 u라고 가정한다.

15.4.2 밸류 함수 표현

이 예제에서와 같이 밸류 함수를 선형 함수 집합의 최댓값으로 표현한다. 빌리프 심플렉스$^{\text{belief simplex}}$에 대한 임의의 선형 함수는 계수들의 집합 $v_1, \dots, v_N$을 이용해 다음과 같이 표현할 수 있다고 이미 배웠다.

$$V(b) = \sum_{i=1}^{N} v_i \, p_i \tag{15.46}$$

마찬가지로 여기서도 $p_1, \dots, p_N$은 분산된 분포 b의 파라미터다. 이 예에서와 같이 부분적 선형이고 컨벡스한 밸류 함수 $V_T(b)$는 유한한 선형 함수 집합의 최댓값으로 표현할 수 있다. 다음 식을 보자.

$$V(b) = \max_k \sum_{i=1}^{N} v_i^k \, p_i \tag{15.47}$$

여기서 $v_1^k, \dots, v_N^k$는 k번째 선형 함수의 파라미터를 나타낸다. 이 시점에서 여러분은 유한한 선형 함수 집합의 최댓값이 실제로 컨벡스하고 연속적이며 부분적 선형 함수라고 곧바로 확신할 수 있어야 한다.

15.4.3 밸류 함수 계산

이제 밸류 함수 $V_T(b)$를 계산하기 위한 재귀 방정식을 유도해보자. 수학적 귀납법을 이용해 호라이즌 $T - 1$에 대한 밸류 함수인 $V_{T-1}(b)$가 앞에서 설명했던 것처럼 부분적 선형 함수로 표현된다고 가정한다. 유도 과정에서 $V_{T-1}(b)$가 부분적 선형이고 컨벡스하다는 가정하에 $V_T(b)$도 부분적 선형 및 컨벡스함을 보일 것이다. 그런 다음 플래닝 호라이즌 T에 대한 수학적 귀납법을 통해 유한한 호라이즌을 지닌 모든 밸류 함수가 실제로 부분적 선형이고 컨벡스함을 증명한다.

식 (15.44)와 식 (15.45)로 시작해보자. 측정 공간이 유한한 경우 z에 대한 적분 계산을 유한한 합으로 바꿀 수 있다.

$$V_T(b, u) = \gamma \left[r(b, u) + \sum_z V_{T-1}(B(b, u, z)) \, p(z \mid u, b) \right] \quad (15.48)$$

$$V_T(b) = \max_u V_T(b, u) \quad (15.49)$$

빌리프 $B(b, u, z)$는 다음과 같은 식을 통해 계산할 수 있다. 이 식은 식 (15.42)에서 적분식을 유한한 합으로 변환한 것이다.

$$B(b, u, z)(x') = \frac{1}{p(z \mid u, b)} \, p(z \mid x') \sum_x p(x' \mid u, x) \, b(x) \quad (15.50)$$

빌리프 b가 파라미터 $\{p_1, \dots, p_N\}$으로 표현되고 빌리프 $B(b, u, z)$가 $\{p'_1, \dots, p'_N\}$이면, 빌리프 b'의 j번째 파라미터 계산은 다음과 같다.

$$p'_j = \frac{1}{p(z \mid u, b)} \, p(z \mid x_j) \sum_{i=1}^N p(x_j \mid u, x_i) \, p_i \quad (15.51)$$

밸류 함수 업데이트 식 (15.48)을 계산하기 위해 앞에서 설명한 유한 합계 결과를 사용해 $V_{T-1}(B(b,u,z))$ 항에 대해 좀 더 실제적인 식을 찾는다. 수학적인 유도 과정은 V_{T-1}의 정의로 시작해서 식 (15.51)에 따라 p'_j를 대입하면 된다. 다음 식을 보자.

$$\begin{aligned}
V_{T-1}(B(b,u,z)) &= \max_k \sum_{j=1}^{N} v_j^k \, p'_j & (15.52) \\
&= \max_k \sum_{j=1}^{N} v_j^k \frac{1}{p(z \mid u,b)} \, p(z \mid x_j) \sum_{i=1}^{N} p(x_j \mid u, x_i) \, p_i \\
&= \frac{1}{p(z \mid u,b)} \max_k \sum_{j=1}^{N} v_j^k \, p(z \mid x_j) \underbrace{\sum_{i=1}^{N} p(x_j \mid u, x_i) \, p_i}_{(**)} \\
&= \frac{1}{p(z \mid u,b)} \max_k \underbrace{\sum_{i=1}^{N} p_i \sum_{j=1}^{N} v_j^k \, p(z \mid x_j) \, p(x_j \mid u, x_i)}_{(*)}
\end{aligned}$$

$(*)$는 빌리프와는 별개다. 따라서 $(**)$로 표시된 함수는 빌리프 공간의 파라미터 p_1, ... , p_N의 선형 함수다. $1/p(z \mid u, b)$ 항은 조건부 변수로 전체적인 빌리프를 포함하고 있기 때문에 비선형적이고 계산하기 어렵다. 그러나 POMDP에서는 이 식을 날려버린다. 아름답지 않은가! 특히 이 결과를 식 (15.48)에 대입하면 다음 업데이트 공식을 얻을 수 있다.

$$V_T(b,u) = \gamma \left[r(b,u) + \sum_z \max_k \sum_{i=1}^{N} p_i \sum_{j=1}^{N} v_j^k \, p(z \mid x_j) \, p(x_j \mid u, x_i) \right] \quad (15.53)$$

결국 측정 업데이트에서 나타날 수 있는 비선형성에도 불구하고, $V_T(b,u)$는 다시 한 번 부분적 선형 함수의 조합으로 표현할 수 있다.

끝으로, $r(b,u)$는 다음과 같은 기댓값을 의미한다.

$$r(b,u) = E_x[r(x,u)] = \sum_{i=1}^{N} p_i \, r(x_i, u) \quad (15.54)$$

여기서는 빌리프 b가 파라미터 $\{p_1, ... , p_N\}$으로 표현된다고 가정했다.

예상하는 밸류 함수 V_T는 이제 식 (15.49)에서 설명한 것처럼 모든 액션 u에 대해 $V_T(b, u)$를 최대화하여 구할 수 있다.

$$
\begin{aligned}
V_T(b) &= \max_u V_T(b, u) \qquad\qquad\qquad\qquad\qquad\qquad (15.55) \\
&= \gamma \max_u \left(\left[\sum_{i=1}^{N} p_i \, r(x_i, u) \right] + \sum_z \max_k \right. \\
&\qquad\qquad \left. \underbrace{\sum_{i=1}^{N} p_i \sum_{j=1}^{N} v_j^k \, p(z \mid x_j) \, p(x_j \mid u, x_i)}_{=: \, v_{u,z,i}^k} \right) \\
&= \gamma \max_u \left(\left[\sum_{i=1}^{N} p_i \, r(x_i, u) \right] + \underbrace{\sum_z \max_k \sum_{i=1}^{N} p_i \, v_{u,z,i}^k}_{(*)} \right)
\end{aligned}
$$

이때

$$
v_{u,z,i}^k = \sum_{j=1}^{N} v_j^k \, p(z \mid x_j) \, p(x_j \mid u, x_i) \qquad\qquad (15.56)
$$

이 수식은 아직 선형 함수의 최댓값을 구하는 형태를 띠고 있지는 않다. 특히 식 (15.55)의 ($*$)로 표시한 sum-max-sum 식을 max-sum-sum 형태로 바꿀 필요가 있다. 이렇게 해야 선형 함수 집합에 대한 최댓값을 계산하는 익숙한 형태가 되기 때문이다.

15.2.3절에서 사용한 것과 동일한 변환 과정을 활용해보자. 즉, 식 (15.57)과 같이 변수 x에 대한 임의의 함수 $a_1(x), \ldots, a_n(x)$와 $b_1(x), \ldots, b_n(x)$가 있을 때 이에 대한 최댓값을 계산한다고 가정한다.

$$
\max\{a_1(x), \ldots, a_n(x)\} + \max\{b_1(x), \ldots, b_n(x)\} \qquad\qquad (15.57)
$$

최댓값은 다음과 같다.

$$
\max_i \max_j \, [a_i(x) + b_j(x)] \qquad\qquad (15.58)
$$

이 결과는 $a_i + b_j$ 각각이 하한값이라는 사실을 따른다. 임의의 x에 대해 $a_i(x)$ +

$b_j(x)$가 최대를 정의하는 i와 j가 존재해야 한다. 그러한 모든 잠재적 쌍을 식 (15.58)에 포함시켜서 엄격한 하한값, 즉 해를 구할 수 있다.

이제 최댓값 표현식을 이용해 임의의 합 계산식을 다음과 같이 쉽게 일반화할 수 있다.

$$\sum_{j=1}^{m} \max_{i=1}^{N} a_{i,j}(x) = \max_{i(1)=1}^{N} \max_{i(2)=1}^{N} \cdots \max_{i(m)=1}^{N} \sum_{j=1}^{m} a_{i(j),j} \qquad (15.59)$$

이제 이 '트릭'을 POMDP 밸류 함수 계산에 적용하고 식 (15.55)의 (∗)를 얻는다. 측정값의 전체 개수를 M으로 놓자.

$$\sum_{z} \max_{k} \sum_{i=1}^{N} p_i \, v_{u,z,i}^{k} = \max_{k(1)} \max_{k(2)} \cdots \max_{k(M)} \sum_{z} \sum_{i=1}^{N} p_i \, v_{u,z,i}^{k(z)} \qquad (15.60)$$

$$= \max_{k(1)} \max_{k(2)} \cdots \max_{k(M)} \sum_{i=1}^{N} p_i \sum_{z} v_{u,z,i}^{k(z)}$$

여기서 각각의 $k(\ )$는 별도의 변수이며, 각 변수는 왼쪽에 있는 변수 k의 값을 사용한다. 측정값만큼의 변수가 있다. 결과적으로 원하는 밸류 함수는 다음과 같이 구할 수 있다.

$$V_T(b) = \gamma \max_{u} \left[\sum_{i=1}^{N} p_i \, r(x_i, u) \right] + \max_{k(1)} \max_{k(2)} \cdots \max_{k(M)} \sum_{i=1}^{N} p_i \sum_{z} v_{u,z,i}^{k(z)}$$

$$= \gamma \max_{u} \max_{k(1)} \max_{k(2)} \cdots \max_{k(M)} \sum_{i=1}^{N} p_i \left[r(x_i, u) + \sum_{z} v_{u,z,i}^{k(z)} \right] \qquad (15.61)$$

즉, 각각의 조합은 다음과 같다.

$$\left(\left[r(x_1, u) + \sum_{z} v_{u,z,1}^{k(z)} \right] \left[r(x_2, u) + \sum_{z} v_{u,z,2}^{k(z)} \right] \cdots \left[r(x_N, u) + \sum_{z} v_{u,z,N}^{k(z)} \right] \right)$$

이 결과는 밸류 함수 V_T에서 새로운 선형 제한 조건을 만든다.

변수 $k(1), k(2), \ldots, k(M)$의 고유한 결합 설정 각각에 대해 제약 조건이 하나 있다. 이러한 선형 함수의 최댓값은 다시 한번 부분적 선형 조합으로 표현 가능하고 컨 벡시티를 따른다. 이것은 이 수식이 실제로 연속적인 빌리프 공간에 대해 올바른 밸 류 함수를 나타내기에 충분하다는 것을 증명한다. 더욱이, 최소한 이러한 모든 제약 조건을 유지하는 기본 버전의 구현 결과에서 선형 함수 조각의 수는 측정 공간 크기 의 2의 지수승과 같을 것이다.

15.5 실제 활용 시 고려사항

지금까지 논의한 밸류 이터레이션 알고리즘은 실제와는 거리가 멀다. 중복되지 않은 스테이트, 측정값, 제엇값의 수가 아무리 적정하다고 해도, 밸류 함수의 복잡성은 매 우 높다. 심지어 상대적으로 시작 시점에 해당하는 플래닝 호라이즌에서조차도 그 렇다.

좀 더 효율적인 알고리즘을 구현할 수 있는 기회는 많이 있다. 하나는 이미 앞의 예 제에서 설명했다. 선형 제약 조건의 수는 급격히 증가한다. 다행히도 선형 제약 조건 의 수는 최댓값 정의에 포함되지 않으므로 무시해도 된다.

밸류 이터레이션 알고리즘의 또 다른 단점은 관련 알고리즘뿐만 아니라 모든 빌리 프 스테이트에 대한 밸류 함수를 계산한다는 것이다. 로봇이 잘 정의된 빌리프 스테 이트에서 시작할 때 도달 가능한 빌리프 스테이트 집합은 훨씬 더 작다. 예를 들어, 로봇이 열리거나 닫혔는지 여부가 불확실한 2개의 문을 통해 이동하려고 하면 두 번 째 문에 도달할 때 첫 번째 문의 상태를 확실하게 알 수 있다. 따라서 두 번째 문의 상 태를 알고 있지만 첫 번째 문의 상태는 실제로는 얻을 수 없는 빌리프 스테이트다. 많 은 영역에서 빌리프 공간의 거대한 부분 공간은 얻을 수 없다.

달성 가능한 빌리프조차도 일부는 달성 확률이 매우 낮을 수 있다. 이 외의 경우는 기댓값이 낮기 때문에 로봇은 보통 이를 피한다. 밸류 이터레이션은 이러한 구별을 하지 않는다. 사실 밸류 계산에 투자한 시간과 자원은 빌리프 스테이트가 실제로 관 련성이 있을 것이라는 확률과는 무관하다.

밸류 함수를 계산하는 빌리프 스테이트의 부분 공간 관점에서 선택의 폭이 넓은 관계로 알고리즘의 혼란이 존재한다. 그중 하나로 PBVI^{point-based value iteration}가 있다. 이 알고리즘은 일련의 모범적인 빌리프 스테이트를 유지하고 이러한 빌리프 스테이트 중 적어도 하나의 밸류 함수를 최대화하는 제약 조건에 밸류 함수를 제한하는 아이디어를 이용한다. 좀 더 구체적으로, 빌리프 포인트^{belief point}라는 빌리프 스테이트 집합 $B = \{b_1, b_2, ...\}$가 주어졌다고 가정해보자. 이때 B를 기준으로 **축소한 밸류 함수** V는 제약 조건 $v \in V$의 집합이다. 단, $v(b_i) = V(b_i)$를 만족하는 $b_i \in B$가 최소한 하나 존재할 수 있다. 다시 말해, B의 이산적인 빌리프 포인트와 일치하지 않는 선형 세그먼트는 버려진다. 원래의 PBVI 알고리즘은 어떠한 점에서도 지원되지 않는 제약 조건을 생성하지 않더라도 효율적으로 밸류 함수를 계산한다. 그러나 이를 표준 POMDP 백업에서 모든 라인 세그먼트를 생성한 후 이들을 프루닝하는 식으로 구현할 수도 있다.

빌리프 포인트 집합 B를 유지한다는 아이디어는 밸류 이터레이션을 훨씬 더 효율적으로 만들 수 있다. 그림 15.7(a)는 15.2절의 예와 한 가지 측면만 다른 문제의 밸류 함수를 보여준다. 스테이트 전이 함수는 결정론적이다(식 (15.7)과 식 (15.8)에서 0.8을 1.0으로 간단히 바꾸면 된다). 그림 15.7(a)의 밸류 함수는 호라이즌 $T = 30$에 대해 최적이다. 120가지 제약 조건을 축소하는 방법에 따라 주의 깊게 프루닝을 수행한다. 프루닝을 수행하지 않은 버전의 경우 제약 조건의 수는 $10^{561,012,337}$이 될 것이고, 이는

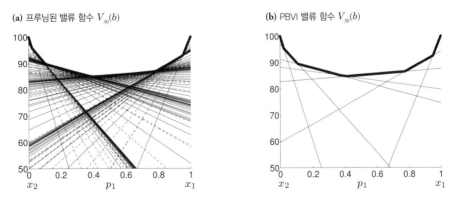

그림 15.7 일반 밸류 이터레이션에 대한 포인트 기반 밸류 이터레이션의 장점: (a)는 120개의 제약 조건으로 구성된 다른 예제에 대해 호라이즌 $T = 30$에서 프루닝 후 정확한 밸류 함수 결과다. 오른쪽은 11개의 선형 함수로만 구성된 PBVI 알고리즘의 결과다. 두 함수 모두 제어에 적용했을 때 결과는 사실상 차이가 거의 없다.

상당한 인내심을 요구할 것이다. 간단한 포인트 집합 $B = \{p_1 = 0.0, p_1 = 0.1, p_1 = 0.2, \ldots, p_1 = 1\}$로 설정하면 그림 15.7(b)의 오른쪽에 표시된 밸류 함수를 얻을 수 있다. 이 밸류 함수는 근삿값이며 11개의 선형 함수만으로 구성된다. 더 중요한 것은 계산 속도가 1,000배 이상 빠르다는 점이다.

빌리프 포인트의 사용은 두 번째로 중요한 의미를 갖는다. 해결 방법은 플래닝 프로세스와 관련 있다고 생각되는 빌리프 점수를 선택할 수 있다. 빌리프 포인트 집합을 결정하는 방법은 매우 많다. 그중에서도 POMDP에서 로봇을 시뮬레이션하는 등 도달 가능한 빌리프를 파악하고 서로 멀리 떨어져 있는 빌리프를 찾는 것이 주요한 요소다. 그렇게 해서 대개 POMDP 알고리즘을 훨씬 빠르게 실행할 수 있다. 사실, 집합 B를 점진적으로 증가시킬 수 있고, 새로운 빌리프 포인트가 추가될 때마다 새로운 선형 함수를 추가해서 밸류 함수 $V_1, V_2, \ldots, V_T$의 집합을 점증적으로 구축할 수 있다. 이러한 방식으로 플래닝 알고리즘은 언제든 시간이 지남에 따라 점점 더 나은

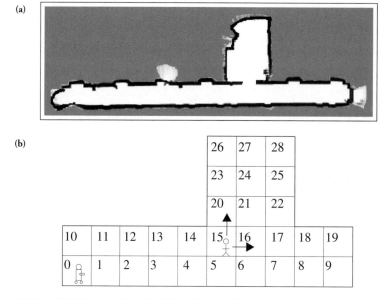

그림 15.8 움직이는 침입자를 찾기 위한 제어 정책을 찾는 실내 환경의 모습: (a) 점유 그리드 맵, (b) POMDP가 사용하는 이산 스테이트 집합. 로봇은 자신의 포즈를 충분히 추적해서 포즈 불확실성을 무시할 수 있다. 나머지 불확실성은 사람의 위치와 관련이 있다. 출처: Joelle Pineau, McGill University

결과를 산출한다.

　로보틱스의 새로운 관점은 그럴듯한 빌리프 스테이트의 수가 일정한 요인에 의해서만 스테이트 수의 수를 초과한다는 것이다. 결과적으로 플래닝 중 업데이트를 위해 빌리프 공간에서 적절한 영역을 적극적으로 선택하는 기술은 기본적이고 비선택적인 밸류 이터레이션 접근법과 근본적으로 다른 확장 특성을 갖는다.

　PBVI의 일반적인 로보틱스 결과는 그림 15.8과 그림 15.9에 있다. 그림 15.8(a)는 긴 복도와 방으로 구성된 실내 환경의 점유 그리드 맵을 묘사한 것이다. 로봇은 그림의 오른쪽에서 출발한다. 로봇의 임무는 브라운 운동에 따라 움직이는 침입자를 찾는 것이다. PBVI 플랜에 이 작업을 적용하기 위해서는 저차원의 스테이트 공간이 필요하다. 여기에 사용된 스테이트 공간은 그림 15.8(b)에 나와 있다. 그리드 맵을 22개의 개별 영역으로 나눈다. 이 정도의 크기로 구역을 나누면 작업을 해결하는 데 충분하며, 동시에 PBVI 밸류 함수의 계산을 현실적으로 가능한 수준으로 만든다. 이러한 침입자 탐색 작업은 본질적으로 확률적이다. 모든 제어 정책은 환경의 불확실성을 인식하고 감축 결과를 찾아야 한다. 또한 본질적으로 동적이다. 아직 확인되지 않은 공간으로 이동하는 것은 일반적으로 좋다고 볼 수 없다. 그림 15.9는 POMDP 플래닝의 전형적인 결과를 보여준다. 여기서 로봇은 비교적 작은 방을 먼저 조사한 후 복도를 따라 진행하는 제어 순서를 결정한다. 이 제어 정책은 로봇이 방을 비운 동안 침입자가 복도를 통과할 시간이 충분하지 않다는 사실을 이용한다. 따라서 이 정책의 성공 확률은 높다고 볼 수 있다.

　이 예제는 POMDP 밸류 이터레이션을 실제 로봇 제어 문제에 적용하는 패러다임이다. PBVI와 같이 적극적인 프루닝을 사용하는 경우에도 결과 밸류 함수는 여전히 수십 가지 스테이트로 제한된다. 그러나 이러한 저차원의 스테이트 표현을 발견할 수 있다면 POMDP 기술은 로보틱스의 고유한 불확실성을 수용해 우수한 결과를 만들어낸다.

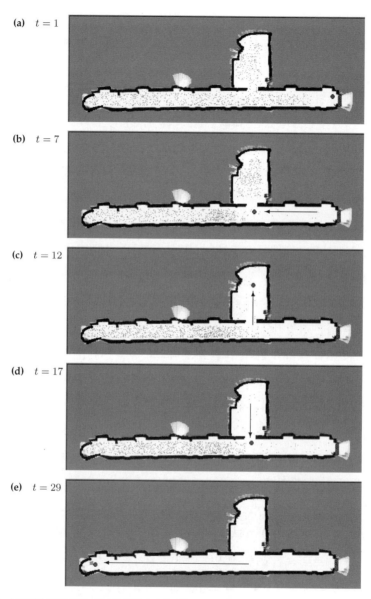

(a) $t = 1$

(b) $t = 7$

(c) $t = 12$

(d) $t = 17$

(e) $t = 29$

그림 15.9 성공적인 검색 정책. 여기서 침입자의 추적은 POMDP에 적합한 히스토그램 표현으로 투영되는 입자 필터를 통해 구현된다. 로봇은 먼저 맨 위의 방을 비운 다음 복도를 따라 진행한다. 출처: Joelle Pineau, McGill University

15.6 요약

15장에서는 불확실성하에서 로봇 제어를 위한 기본 밸류 이터레이션 알고리즘을 소개했다.

- POMDP는 제어 효과의 불확실성, 인식의 불확실성, 환경 다이내믹스 관계에 대한 불확실성 같은 여러 유형의 불확실성에 의해 특징지어진다. 그러나 POMDP는 액션과 인식의 확률론적 모델이 주어졌다고 가정한다.

- POMDP의 밸류 함수는 로봇이 월드의 스테이트에 대해 가질 수 있는 모든 빌리프의 공간에 대해 정의된다. N개의 스테이트를 가진 월드에서, 이 빌리프는 $N-1$차원의 빌리프 심플렉스에 대해 정의되며, N개의 스테이트 각각에 배정된 확률로 구분된다.

- 유한한 호라이즌의 경우, 밸류 함수는 빌리프 공간 파라미터에서 부분적 선형 함수다. 이는 또한 연속적이고 컨벡스하다. 따라서 이 밸류 함수는 유한한 여러 선형 함수 집합의 최댓값으로 표현할 수 있다. 또한 이러한 선형 제약 조건은 쉽게 계산이 가능하다.

- POMDP 플래닝 알고리즘은 플래닝 호라이즌을 넓히기 위해 일련의 밸류 함수를 계산한다. 이러한 계산은 재귀적으로 수행된다. 호라이즌 $T-1$에서 최적의 밸류 함수가 주어지면 알고리즘은 호라이즌 T에서 최적의 밸류 함수 계산을 진행한다.

- 각각의 재귀적인 반복 시행은 여러 요소를 결합해 구성된다. 선형 제약 조건 집합을 최대화하여 액션 선택 부분을 구현한다. 각 제약 조건 집합은 고유한 집합을 포함한다. 예상되는 측정값은 각 측정값마다 하나씩 선형 제약 조건 집합을 결합해 통합된다. 그런 다음 선형 제약 조건 집합을 선형적으로 조작해 예측을 구현한다. 페이오프는 기댓값을 계산해서 빌리프 공간으로 일반화된다. 이것은 다시 빌리프 공간 파라미터에서 선형적이다. 결과는 선형 제약 조건을 처리하는 밸류 백업 루틴이다.

- 기본 업데이트 버전의 경우 많은 선형 제약 조건을 만들어낸다는 사실을 알

앗다. 특히 각 개별 백업에서 측정 단계는 가능한 측정값 수의 지수승에 비례하는 요인으로 제약 조건 수를 증가시킨다. 이러한 제약 조건의 대부분은 일반적으로 수동적이며, 이를 생략하면 밸류 함수가 전혀 변경되지 않는다.

- PBVI^point-based value iteration는 대표적인 빌리프 스테이트의 유한 집합을 지원하는 데 필요한 제약 조건만 유지하는 근사화 알고리즘이다. 그렇게 해서 제약 조건의 수는 (최악의 경우) 2의 지수승으로 증가하지 않고 일정하게 유지된다. 경험적으로 PBVI는 빌리프 공간 내에서 대표적이고 잘 구분되도록 선택됐을 때 좋은 결과를 제공한다.

여러 면에서, 이 장에서는 너무 이론적인 내용만 다룬 것 같다. 밸류 이터레이션 알고리즘은 많은 수의 효율적인 의사결정 알고리즘의 기초가 되는 기본 업데이트 메커니즘을 정의하고 있다. 그러나 그 자체로는 계산상 다루기가 쉽지 않다. 따라서 효율적인 구현을 위해서는 앞에서 설명한 PBVI 같은 근사화 기술을 활용해야 한다.

15.7 참고문헌

불확실성하에서의 의사결정 주제는 통계학에서 실험적 설계^experimental design라는 주제로 광범위하게 연구돼왔다. 이 분야의 핵심 참고서로는 Winer et al.(1971), Kirk and Kirk(1995), Cohn(1994) 등이 있다.

이 장에서 설명한 밸류 이터레이션 알고리즘은 Sondik(1971)와 Smallwood and Sondik(1973)에서 확인할 수 있다. 이들은 POMDP 문제를 처음으로 연구했다. 이 외에 Monahan(1982)에서도 초기 연구 결과를 찾을 수 있다. 아울러 초기의 그리드 기반 근사화 기법은 Lovejoy(1991)에서 찾을 수 있다. POMDP에 대한 정책을 찾는 문제는 엄청난 계산 복잡성 때문에 오랫동안 실행 불가능한 것으로 간주돼왔다. 이 문제는 Kaelbling et al.(1998)을 통해 인공 지능 분야에 도입됐다. Cassandra et al.(1997) 및 Littman et al.(1995)의 프루닝 알고리즘을 통해 이전 알고리즘에 비해 크게 개선됐다. 컴퓨팅 속도와 메모리 사용량이 현저하게 증가함에 따라 POMDP는 작은 AI 문제를 해결할 수 있는 도구로 성장했다. Hauskrecht(1997)는 POMDP 문제 해결의 복잡성에 대한 한계를 제시했다.

근사화 기술의 출현에 맞춰 엄청난 연구의 진전이 있었는데, 그중 일부는 다음 장에서 설명한다. POMDP 빌리프 공간의 개선된 그리드 근사화 기술은 Hauskrecht(2000)에 의해 고안됐다. 변수 해상도 그리드는 Brafman(1997)에 의해 도입됐다. 도달 가능성reachability 분석은 컴퓨팅 정책에서 역할을 하기 시작했다. Poon(2001), Zhang and Zhang(2001)은 빌리프 집합이 제한되어 있는 포인트 기반 POMDP 기법을 개발했다. Hauskrecht(2000)의 연구와는 달리, 이 기법들은 밸류 함수를 표현하기 위해 조각별 선형 함수를 이용했다. 이 연구의 가장 큰 성과는 Pineau et al.(2003b)의 포인트 기반 밸류 이터레이션PBVI 알고리즘에서 찾을 수 있다. 이 연구에서는 POMDP를 해결하기 위한 관련 빌리프 공간을 찾는 새로운 시간 기반 기술을 개발했다. 이 연구 결과는 이후 트리 기반 표현을 사용해 확장됐다(Pineau et al., 2003a).

Geffner and Bonet(1998)은 빌리프 공간의 이산형 버전에 적용된 동적 프로그래밍을 사용해 많은 어려운 과제를 해결했다. 이 연구는 Likhachev et al.(2004)을 통해 확장됐는데, POMDP에 제한적인 타입에 A* 알고리즘(Nilsson, 1982)을 적용하는 방법을 이용했다. Ferguson et al.(2004)은 이것을 동적 환경에 대한 D* 플래닝으로 확장했다(Stentz, 1995).

또 다른 기술 계열은 입자를 사용해 정책을 계산하고, 입자 집합 공간에서 가장 가까운 이웃과 쌍을 이루어 밸류 함수에 대한 근삿값을 정의했다(Thrun, 2000a). Poupart et al.(2001)에서는 입자를 POMDP 모니터링에 사용했다. Poupart and Boutilier(2000)는 밸류 자체에 민감한 기술을 사용해 밸류 함수를 근사화하는 알고리즘을 만들어 최첨단 결과를 이끌어냈다. Dearden and Boutilier(1994)의 기술은 인터리빙 플래닝과 부분 정책 실행을 통해 효율성을 얻었다. 휴리스틱 탐색 유형 계획 및 실행 인터리빙에 대한 추가 연구는 Smith and Simmons(2004)를 참조하기 바란다. 도메인 지식 활용은 Pineau et al.(2003c)에서 논의됐다. Washington(1997)은 한곗값을 갖는 점진적인 기술을 제공했다. 근사화 기반 POMDP 해결 방법에 대한 추가 연구는 Aberdeen(2002), Murphy(2000b)에서 논의됐다. POMDP 밸류 이터레이션에 의해 제어되는 몇 가지 필드 시스템 중 하나는 CMU Nursebot이다. 이 시스템의 상위 레벨 제어기와 대화형 관리자는 POMDP로 구현되어 있다(Pineau et al., 2003d; Roy et al., 2000).

POMDP 제어 정책을 찾는 또 다른 접근법은 밸류 함수를 계산하지 않고 정책 공간에서 직접 검색하는 것이다. 이 아이디어는 MDP의 맥락에서 정책 그레이디언트 검색이라는 아이디어를 개발한 Williams(1992)를 통해 알 수 있다. 정책 그레이디언트 검색을 위한 또 다른 기술로 Baxter et al.(2001), Ng and Jordan(2000) 등이 있다. Bagnell and Schneider(2001) 및 Ng et al.(2003)은 자율 헬리콥터 운항 제어를 위해 이 접근법을 성공적으로 적용했다. Ng et al.(2003)은 학습 모델을 사용해 POMDP 기술 기반의 제어기를 설계하는 데 불과 11일밖에 안 걸렸다고 발표했다. 후속 연구에서 Ng et al.(2004)은 이러한 기술을 사용해 이전에 미해결 문제였던 정지 헬기 비행이 가능한 제어기를 확인했다. Roy and Thrun(2002)은 모바일 로봇 내비게이션에 정책 검색 기법을 적용하고 정책 검색과 밸류 이터레이션 기법의 결합에 대해 논의했다.

POMDP 모델 학습은 상대적으로 거의 진전이 없었다. 환경과의 상호작용으로부터 POMDP의 모델을 학습시키려는 초기 시도는 문제의 어려움 때문에 사실상 실패했다(Lin and Mitchell, 1992; Chrisman, 1992). 계층적 모델을 학습하는 것에 대한 연구는 좀 더 긍정적이다(Theocharous et al., 2001). 최근 연구는 HMM 스타일의 모델을 배우는 것에서 다른 대안으로 바뀌었다. 부분적으로 관찰 가능한 확률적 환경의 구조를 표현하고 학습하는 기술은 Jaeger(2000), Littman et al.(2001), James and Singh(2004), Rosencrantz et al.(2004) 등에서 소개하고 있다. 이 논문들 중 어느 것도 POMDP 문제를 완전히 해결하지는 못했지만, 그럼에도 이들은 이 문제에 대한 지적 연관성을 지니고 있으며 확률론적 로봇 제어에 관한 광범위한 미해결 문제에 새로운 통찰력을 보여줬다.

15.8 연습문제

1. 이 문제는 호랑이 문제^{tiger problem}로 알려져 있으며, Cassandra et al.(1994)에서 찾을 수 있다. 한 사람이 2개의 문을 마주한다. 한쪽 문 뒤에는 호랑이가 있고, 다른 쪽 문 뒤에는 +10의 보상이 있다. 문 뒤의 소리를 듣거나 문을 열 수 있는데,

호랑이가 있는 문을 열면 호랑이에게 잡아먹히고 관련 비용은 −20이다. 문 뒤쪽 소리를 듣기 위한 비용은 −1이다. 문 뒤쪽 소리를 들었을 때 호랑이 울음소리가 들릴 수 있겠지만, 0.85의 확률로 노이즈를 정확하게 로컬화할 수 있다. 한편 0.15의 확률로, 보상이 숨겨져 있는 문처럼 노이즈가 나타날 수 있다.

다음 문제에 답해보라.

(a) 스테이트, 액션, 측정 공간, 비용 함수, 관련 확률 함수를 정의하는 POMDP 모델을 제시해보라.

(b) 개방 루프 액션 시퀀스 '듣는다, 듣는다, 문 1을 연다'의 예상 누적 페이오프/비용은 얼마인가? 계산 과정도 설명해보라.

(c) '듣는다, 듣는다, 1번 문을 연다'라는 개방 루프 액션 시퀀스의 예상 누적 페이오프/비용은 얼마인가? 계산 결과도 설명해보라.

(d) POMDP의 원 스텝 백업 작업을 수동으로 수행한다. 15.2절에서 했던 것처럼 선형 함수를 그래프로 표현해보라. 모든 중간 단계의 결과를 제시하고 그림에 단위를 잊지 말고 추가하기 바란다.

(e) 수동으로 두 번째 백업을 수행하고 모든 결과와 설명을 제시하라.

(f) 문제를 구현하고 플래닝 호라이즌 $T = 1, 2, \ldots, 8$을 위한 해를 계산해보라. 모든 선형 함수의 공간을 프루닝하라. 어떤 측정값 시퀀스가 사람이 여전히 듣기를 선택하겠는가? 심지어 8회 연속 듣기 액션이 이뤄진 후에도 말이다.

2. 식 (15.26)의 정확성을 보여라.

3. 단일 POMDP 밸류 함수 백업의 최악의 계산 복잡도는 얼마인가? $O(\ )$ 표기법을 사용해 답을 작성해보라. 여기서 백업 이전의 선형 함수 개수, 이산 POMDP의 스테이트, 액션, 측정값 개수가 인수로 포함될 수 있다.

4. POMDP 연구 문헌은 종종 디스카운트 인자를 도입하고 있는데, 이는 앞쪽에서 설명한 디스카운트 인자와 유사하다. 디스카운트 인자가 있는 경우에도 결과 밸류 함수는 여전히 부분적으로 선형 함수 형태를 유지함을 보여라.

5. 이 문제에서는 호라이즌 $T \uparrow \infty$를 제외한 유한한 스테이트, 액션, 측정값 공간을 지닌 POMDP 문제를 고려한다.

   (a) 밸류 함수는 여전히 부분적 선형 함수를 유지하는가?

   (b) 밸류 함수는 계속 연속성을 유지하는가?

   (c) 밸류 함수는 여전히 컨벡시티를 유지하는가?

   세 가지 질문 모두에 대해 왜 답이 긍정적인지 설명해보라. 만약 부정적이라면 반례를 제시하라.

6. 2.4.2절 '예제'에서 로봇 감지 및 문 열림 예를 제공했다. 이 문제에서는 최적의 제어 정책을 위한 POMDP 알고리즘을 구현한다. 대부분의 정보는 59페이지의 예에서 찾을 수 있다. 이것을 제어 작업으로 전환하기 위해 로봇에 세 번째 액션 **go**가 있다고 가정하자. 로봇이 앞으로 나아갔을 때 문이 열리면 +10, 문이 닫히면 −100을 받는다. 액션 **go**는 에피소드를 종료한다. **do_nothing** 액션은 로봇에게 −1의 비용이 들며, **push**는 로봇에 −5의 비용이 든다. 최대 $T = 10$까지 다른 시간 호라이즌에 대해 밸류 함수를 그래프로 표현하고, 최적의 정책을 설명해보라.

16

근사화 POMDP 기술

16.1 모티브

15장에서는 불확실성하에서 액션을 선택하기 위한 메인 프레임워크인 MDP와 POMDP를 공부했다. 두 가지 모두 비결정론적 액션 결과를 다룬다. 그러나 적절한 센서 제약사항에 대한 기능 면에서 차이점이 있다. MDP 알고리즘은 스테이트가 완전히 관찰 가능하다고 가정한다. 반면 POMDP 알고리즘만 인식의 불확실성에 대처할 수 있다. 그러나 POMDP에서 정확한 플래닝을 위한 계산 비용이 엄청나기 때문에 로보틱스에서 실제 문제에 적용은 어렵다.

16장에서는 확장 가능한 POMDP 알고리즘을 설명한다. 뒤에서 보겠지만 MDP와 POMDP는 가능한 확률론적 플래닝 및 제어 알고리즘 계열의 양 끝단에 자리잡고 있다. 이 장에서는 MDP와 POMDP 알고리즘 사이에 있는 근사화 POMDP 기술도 알아보려고 한다. 여기서 설명하는 알고리즘은 빌리프 공간의 밸류 이터레이션 사용을 POMDP를 이용해 공유한다. 그러나 여러 가지 방법을 통해 밸류 함수를 근사화한다. 그렇게 해서 전체 POMDP 솔루션에 비해 엄청나게 속도를 향상할 수 있다.

이 장에서 연구 조사한 기술들은 전체의 일부에 해당한다. 왜냐하면 각기 다른 스타일의 근사화 기술을 보여줬기 때문이다. 특히 다음의 세 가지 알고리즘을 중점적으로 설명한다.

- QMDP: MDP와 POMDP의 하이브리드 버전이다. 이 알고리즘은 MDP에 최적화된 밸류 함수를 POMDP 스타일의 밸류 함수로 일반화한다. 좀 더 자세히 설명하면 MDP에 최적화된 밸류 함수는 스테이트를 대상으로 정의되어 있으며, POMDP 스타일의 밸류 함수는 빌리프를 대상으로 정의되어 있다. QMDP는 제어를 한 단계 거친 후 스테이트가 완전히 관찰 가능해진다는 가정(사실 이 가정은 대체로 맞지 않는다)하에서 정확해진다. QMDP의 밸류 이터레이션은 MDP와 동일한 복잡도를 갖는다.

- 증강 MDP[AMDP, augmented MDP]: 이 알고리즘은 빌리프 스테이트를 저차원의 유의미한 통계 모델로 투영하고 이 저차원 공간에서 밸류 이터레이션을 수행한다. 가장 기본적인 구현은 엔트로피로 측정된 가장 가능성 있는 스테이트와 불확실성의 정도를 결합한 표현을 포함한다. 따라서 플래닝은 MDP의 플래닝에 비해 별로 효율적이지 않지만 그 결과는 대폭 개선될 수 있다!

- 몬테카를로 POMDP[MC-POMDP, Monte Carlo POMDP]: 이것은 빌리프가 입자를 사용해 근사화하는 POMDP 알고리즘의 입자 필터 버전이다. 15장의 끝부분에서 설명한 PBVI 알고리즘처럼 MC-POMDP는 상대적으로 작은 빌리프를 유지할 수 있다. MC-POMDP는 연속적인 밸류 스테이트, 액션 및 측정에 적용할 수 있다. 그러나 이 책의 모든 입자 필터 애플리케이션에서 다뤘던 동일한 근사화 기법을 사용한다. 아울러 MC-POMDP에 대해 고유한 근사화 기법을 추가로 적용한다.

이 알고리즘들은 확률론적 플래닝과 제어에 관한 최신 연구 문헌에서 밸류 함수를 근사화하는 주요 기술을 다루고 있다.

16.2 QMDP

QMDP는 최적의 MDP와 POMDP를 결합하는 기법이다. POMDP 밸류 함수보다 MDP 밸류 함수가 계산이 더 쉽다. 하지만 MDP는 스테이트가 완전히 관찰 가능하다는 가정을 전제로 한다. QMDP는 계산 측면에서 MDP만큼 효율적이면서 빌리프 스테이트를 대상으로 정의된 정책을 결과로 리턴한다.

수학적 '트릭'은 비교적 간단하다. 14장에서 설명한 MDP 알고리즘은 스테이트가 완전히 관찰 가능하다는 가정하에 최적인 스테이트의 밸류 함수를 제공한다. 이 밸류 함수 V는 전체 월드 스테이트를 대상으로 정의된다. QMDP는 이를 식 (16.1)의 수학적 기댓값 계산을 통해 빌리프 공간으로 일반화한다.

$$\hat{V}(b) = E_x[\hat{V}(x)] = \sum_{i=1}^{N} p_i \, \hat{V}(x_i) \qquad (16.1)$$

여기서 $p_i = b(x_i)$를 이용한다. 이를 통해 밸류 함수는 식 (16.2)의 파라미터를 지니며 선형성을 띤다.

$$u_i = \hat{V}(x_i) \qquad (16.2)$$

이 선형 함수는 POMDP 밸류 이터레이션 알고리즘에 사용된 폼이다. 따라서 빌리프 공간의 밸류 함수는 다음과 같은 선형 방정식으로 정의할 수 있다.

$$\hat{V}(b) = \sum_{i=1}^{N} p_i \, u_i \qquad (16.3)$$

MDP 밸류 함수는 빌리프 공간에서 단일 선형 제약 조건을 제공한다. 이를 통해 표 15.2의 **policy_POMDP** 알고리즘을 단일 선형 제약 조건과 함께 적용할 수 있다.

이 아이디어의 가장 기본적인 버전은 표 16.1의 알고리즘 **QMDP**로 이어진다. 여기서는 표 15.2와 약간 다른 표기법을 사용한다. 각 액션 u에 대한 선형 함수를 캐싱하고 **policy_POMDP**가 액션을 결정하게 하는 대신, **QMDP**의 수식은 함수 Q를 통해 최적의 밸류 함수를 직접 계산한다. $Q(x_i, u)$의 밸류는 스테이트 x_i에서의 제어 u

```
1:        Algorithm QMDP(b = (p_1, ..., p_N)):

2:            V̂ = MDP_discrete_value_iteration() // 588페이지 참조

3:            for all control actions u do

4:                Q(x_i, u) = r(x_i, u) + Σ_{j=1}^{N} V̂(x_j) p(x_j | u, x_i)

5:            endfor

6:            return argmax_u Σ_{i=1}^{N} p_i Q(x_i, u)
```

표 16.1 QMDP 알고리즘은 우선 각 제어 액션 *u*에 대한 기댓값을 계산한다. 그런 다음 가장 높은 값의 액션 *u*를 선택한다. 여기에 사용된 밸류 함수는 MDP에 최적화되어 있기 때문에 POMDP의 스테이트 불확실성 문제는 걱정하지 않아도 된다.

의 MDP 밸류다. 그런 다음 빌리프 스테이트에 대한 일반화가 알고리즘 6행에 나오는데, 여기서 기댓값은 빌리프 스테이트를 대신한다. 또한 알고리즘 6행은 모든 액션에 대해 최댓값을 계산한 후 가장 높은 기댓값을 지닌 제어 액션을 결과로 리턴한다.

MDP의 최적화된 밸류 함수가 빌리프 공간으로 일반화될 수 있다는 통찰력은 MDP와 POMDP 백업을 임의로 결합할 수 있게 한다.

특히 MDP 최적화된 밸류 함수 V는 표 15.1의 POMDP 알고리즘에 대한 입력으로 사용될 수 있다. T만큼의 추가 POMDP 백업을 이용해, 결과 정책은 정보 수집이 더 활발하게 일어날 수 있다. 단, 이 정보가 현 시점 이후 T 시간 단계 내에서 유용해야 한다. T의 값이 매우 작은 경우라도 대체로 전체 POMDP 솔루션에 비해 계산상으로 월등히 좋은 성능을 보이는 확률 제어 알고리즘을 얻는다.

16.3 증강 마르코프 결정 프로세스(AMDP)

16.3.1 증강 스테이트 공간

QMDP 알고리즘의 대안으로 증강 MDP^{AMDP}가 있다. 이는 전체 POMDP 밸류 함수와 거의 차이가 없을 정도로 근사화한다. 그러나 작은 시간 호라이즌 T 이상의 스테이트 불확실성을 무시하는 대신, AMDP는 빌리프 스테이트를 더 압축된 표현으로 압축한 다음 전체 POMDP 스타일의 확률론적 백업을 수행한다.

AMDP의 기본 가정은 빌리프 공간을 더 낮은 차원의 '유의미한' 통계량 f로 요약할 수 있다는 것이다. 이를 통해 빌리프 분포를 저차원 공간에 매핑한다. 밸류와 액션은 원래의 빌리프 b가 아닌 통계량 $f(b)$를 이용해 계산한다. 통계량 계산 결과가 압축될수록 결과 밸류 이터레이션 알고리즘의 효율성이 높아진다.

대부분 좋은 통계량이라고 하면 식 (16.4)의 조건을 만족함을 의미한다.

$$\bar{b} \;=\; \begin{pmatrix} \operatorname*{argmax}_{x}\ b(x) \\ H_b(x) \end{pmatrix} \tag{16.4}$$

여기서 $\operatorname{argmax}_x b(x)$는 빌리프 분포 b에서 가장 유사가능도가 높은 스테이트를 의미한다. 그리고 $H_b(x)$는 빌리프의 엔트로피^{entropy}를 의미하며, 식 (16.5)와 같다.

$$H_b(x) \;=\; -\int b(x)\ \log b(x)\ dx \tag{16.5}$$

이러한 공간을 증강 스테이트 공간$^{augmented\ state\ space}$이라고 한다. 왜냐하면 빌리프 분포의 엔트로피값만으로 스테이트 공간을 증강시키기 때문이다. 빌리프 공간 대신 증강 스테이트 공간에 대한 밸류 함수 계산은 계산 복잡도를 엄청나게 변화시킨다. 증강 스테이트는 빌리프 스테이트의 높은 차원 문제를 피할 수 있게 해준다. 이를 통해 최악의 경우 지수승에 해당하는 계산 복잡도를 저차원 다항식 수준으로 낮춰준다. 즉, 밸류 함수 계산 측면에서 엄청난 절감 효과로 이어진다.

통계량 $f(b)$가 밸류의 추정값을 고려한 빌리프 b의 유의미한 통계량이라고 가정했을 때, 로봇에게 주어질 수 있는 모든 빌리프 b에 대해 증강 스테이트 표현은 수학적으로 다음과 같은 의미를 갖는다.

$$V(b) \;=\; V(f(b)) \tag{16.6}$$

실제로 이 가정은 거의 유효하진 않다. 그러나 결과 밸류 함수는 적절한 제어를 선택하는 데 충분히 좋을 수 있다.

이 외에도 빌리프 분포의 모멘트(예: 평균, 분산), 고윳값, 공분산 벡터처럼 다른 통계량도 고려해볼 수 있다.

16.3.2 AMDP 알고리즘

AMDP 알고리즘은 증강 스테이트 공간에서 밸류 이터레이션을 수행한다. 이를 위해 해결해야 할 두 가지 문제가 있다. 첫째, 정확한 밸류 업데이트는 증강 스테이트 표현에 대해 비선형이다. 이는 엔트로피가 빌리프 파라미터의 비선형 함수이기 때문이다. 따라서 밸류 백업을 근사화해야 한다. AMDP는 룩업 테이블look-up table을 통해 밸류 함수 V를 나타내는 증강 스테이트를 이산화한다. 우리는 이미 MDP를 배울 때 이러한 근삿값을 접한 경험이 있다. AMDP에서 이 테이블은 MDP에서 사용되는 스테이트 공간 테이블보다 차원이 크다.

둘째, 증강 스테이트 공간에서 전이 확률과 보상 함수를 유지하는 것이다. 우리는 일반적으로 모션 모델 $p(x' \mid u, x)$, 측정 모델 $p(z \mid x)$ 및 페이오프 함수 $r(x, u)$ 같은 확률을 부여받는다. 그러나 증강 스테이트 공간에서 밸류 이터레이션을 하려면 증강 스테이트 공간에 대해 유사한 함수를 정의할 필요가 있다.

AMDP는 필요한 함수를 구성하기 위해 일종의 '트릭'을 사용한다. 그 트릭은 시뮬레이션에서 전환 확률과 페이오프를 배우는 것이다. 학습 알고리즘은 제어 u하에서 증강된 빌리프 b가 다른 빌리프 b'로 전환되는 빈도와 이 전환이 유도하는 평균 페이오프를 얼마나 자주 계산하는지를 나타내는 빈도 통계를 기반으로 한다.

표 16.2는 기본 알고리즘 **AMDP_value_iteration**이다. 알고리즘은 두 단계로 나눌 수 있다. 첫 번째 단계(2~19행)에서는 증강 스테이트 b와 제어 액션 u에서 가능한 후속 증강 스테이트 b'로의 전이 확률 테이블 $\mathcal{P}$를 구성한다. 또한 u가 증강 스테이트

```
1:    Algorithm AMDP_value_iteration( ):
2:        for all $\bar{b}$ do                           // 모델을 학습한다.
3:            for all $u$ do
4:                for all $\bar{b}$ do                    // 모델을 초기화한다.
5:                    $\hat{\mathcal{P}}(\bar{b}, u, \bar{b}') = 0$
6:                endfor
7:                $\hat{\mathcal{R}}(\bar{b}, u) = 0$
8:                repeat $n$ times                        // 모델을 학습한다.
9:                    generate $b$ with $f(b) = \bar{b}$
10:                   sample $x \sim b(x)$                 // 빌리프를 샘플링한다.
11:                   sample $x' \sim p(x' \mid u, x)$     // 모션 모델
12:                   sample $z \sim p(z \mid x')$         // 측정 모델
13:                   calculate $b' = B(b, u, z)$          // 베이즈 필터
14:                   calculate $\bar{b}' = f(b')$         // 빌리프 스테이트 통계량
15:                   $\hat{\mathcal{P}}(\bar{b}, u, \bar{b}') = \hat{\mathcal{P}}(\bar{b}, u, \bar{b}') + \frac{1}{n}$  // 전이 확률을 학습한다.
16:                   $\hat{\mathcal{R}}(\bar{b}, u) = \hat{\mathcal{R}}(\bar{b}, u) + \frac{r(u,s)}{n}$  // 페이오프 모델을 학습한다.
17:                endrepeat
18:            endfor
19:        endfor
20:        for all $\bar{b}$                              // 밸류 함수를 초기화한다.
21:            $\hat{V}(\bar{b}) = r_{\min}$
22:        endfor
23:        repeat until convergence                       // 밸류 이터레이션
24:            for all $\bar{b}$ do
25:                $\hat{V}(\bar{b}) = \gamma \max_u \left[ \hat{\mathcal{R}}(u, \bar{b}) + \sum_{\bar{b}'} \hat{V}(\bar{b}') \, \hat{\mathcal{P}}(\bar{b}, u, \bar{b}') \right]$
26:            endfor
27:        return $\hat{V}, \hat{\mathcal{P}}, \hat{\mathcal{R}}$   // 밸류 함수와 모델을 리턴한다.
```

```
1:    Algorithm policy_AMDP($\hat{V}, \hat{\mathcal{P}}, \hat{\mathcal{R}}, b$):
2:        $\bar{b} = f(b)$
3:        return $\underset{u}{\mathrm{argmax}} \left[ \hat{\mathcal{R}}(u, \bar{b}) + \sum_{\bar{b}'} \hat{V}(\bar{b}') \, \hat{\mathcal{P}}(\bar{b}, u, \bar{b}') \right]$
```

표 16.2 위: 증강 MDP를 위한 밸류 이터레이션 알고리즘. 아래: 제어 액션을 선택하기 위한 알고리즘

b에서 선택될 때 예상되는 즉각적인 결괏값 r을 측정하는 페이오프 함수 $\mathcal{R}$을 구성한다.

이 함수들은 샘플링 절차를 통해 추정되며, 여기서 b와 u의 각 조합에 대해 n개의 샘플을 생성한다(8행). 이 몬테카를로 시뮬레이션 각각에 대해 알고리즘은 먼저 $f(b)$ = b인 빌리프 b를 생성한다. 이 단계는 까다롭다. 사실 원래의 AMDP 모델에서 작성자는 b를 b와 일치하도록 선택된 파라미터를 이용해 좌우가 대칭인 가우시안으로 설정하기만 한다. 다음으로 AMDP 알고리즘은 포즈 x, 후속 포즈 x' 및 측정 z를 모두 명백한 방식으로 샘플링한다. 그런 다음 베이즈 필터를 적용해 사후 빌리프 $B(b, u, z)$를 생성한다. 이 증강 통계(14행)를 계산한다. 그런 다음 테이블 $\mathcal{P}$와 $\mathcal{R}$은 15행과 16행에서 가중치가 적용된 간단한 빈도 카운트(페이오프의 경우)를 사용해 이 몬테카를로 샘플의 실제 페이오프와 함께 업데이트된다.

학습이 완료되면 AMDP는 밸류 이터레이션을 계속한다. 이것은 20~26행에 구현되어 있다. 평소와 같이 밸류 함수는 큰 음의 값으로 초기화한다. 25행에서 백업 방정식의 반복 시행은 증강 스테이트 공간에 대해 정의된 밸류 함수로 이어진다.

AMDP를 사용할 때 스테이트 추적은 일반적으로 원래의 빌리프 공간을 통해 발생한다. 예를 들어, 로봇 동작에 AMDP를 사용하는 경우 MCL을 사용해 로봇의 포즈에 대한 빌리프를 추적할 수 있다. 표 16.2의 **policy_AMDP** 알고리즘은 AMDP 밸류 함수에서 정책 작업을 추출하는 방법을 보여준다. 2행의 전체 빌리프에서 증강 스테이트 표현을 추출한 다음 예상 밸류를 최대화하는 제어 액션을 선택한다(3행).

16.3.3 AMDP의 수학적 유도

AMDP의 수학적 유도는 비교적 쉽다. 이를 위한 전제 조건은 f가 빌리프 스테이트 b의 유의미한 통계량이라는 것이다. 즉, 월드가 스테이트 $f(b)$에 상대적으로 마르코프 가정을 따른다는 뜻이다. 식 (15.2)의 표준 POMDP 스타일 백업을 적절히 수정해 수학적 유도 과정을 시작해보자. f를 빌리프 b로부터 통계량 b를 추출하는 함수 $b = f(b)$라고 놓는다. 여기서 f가 충분히 유의미한 통계량이라고 가정했을 때 POMDP 밸류 이터레이션 방정식 (15.2)는 AMDP 스테이트 공간상에서 다음과 같이 정의된다.

$$V_T(\bar{b}) = \gamma \max_u \left[r(\bar{b}, u) + \int V_{T-1}(\bar{b}') \, p(\bar{b}' \mid u, \bar{b}) \, d\bar{b}' \right] \tag{16.7}$$

여기서 $\bar{b}$는 식 (16.4)에서 정의한 빌리프 b의 저차원 통계량을 참조한다. $V_{T-1}(\bar{b}')$와 $V_T(\bar{b})$는 룩업 테이블을 통해 구할 수 있다.

식 (16.7)의 $p(\bar{b}' \mid u, \bar{b})$는 추가 설명이 필요하다. 다음 식을 보자.

$$
\begin{aligned}
p(\bar{b}' \mid u, \bar{b}) &= \int p(\bar{b}' \mid u, b) \, p(b \mid \bar{b}) \, db \tag{16.8} \\
&= \int \int p(\bar{b}' \mid z, u, b) \, p(z \mid b) \, p(b \mid \bar{b}) \, dz \, db \\
&= \int \int p(\bar{b}' = f(B(b, u, z)) \, p(z \mid b) \, p(b \mid \bar{b}) \, dz \, db \\
&= \int \int p(\bar{b}' = f(B(b, u, z)) \int p(z \mid x') \\
&\quad \int p(x' \mid u, x) \, b(x) \, dx \, dx' \, dz \ p(b \mid \bar{b}) \, db
\end{aligned}
$$

이러한 변환 과정은 사전 빌리프 b, 제어 u, 측정 z를 알기만 하면 사후 빌리프 b'가 유일하게 결정된다는 사실을 활용한다. 사실 우리는 이미 이와 동일한 '트릭'을 POMDP 유도 과정에 활용했었다. 이는 사후 빌리프 분포를 베이즈 필터 결과 $B(b, u, z)$로 대체할 수 있게 해준다. 따라서 증강 스테이트 공간에서 $p(b' \mid z, u, b)$를 $f(B(b, u, z))$를 중심으로 한 포인트 질량 분포로 대체할 수 있다.

표 16.2의 학습 알고리즘은 몬테카를로 샘플링을 통해 앞의 방정식을 근사화한다. 즉, 앞에서 본 적분식을 샘플러로 대체한다. 이와 관련해 약간 시간이 걸릴 수 있다. 식 (16.8)의 중적분 방정식은 표 16.2의 샘플링 단계 중 하나에 바로 매칭된다.

앞에서와 마찬가지로 페이오프 $r(b, u)$의 기댓값을 다음과 같이 유도할 수 있다.

$$
\begin{aligned}
r(\bar{b}, u) &= \int r(b, u) \, p(b \mid \bar{b}) \, db \tag{16.9} \\
&= \int \int r(x, u) \, b(x) \, dx \, p(b \mid \bar{b}) \, db
\end{aligned}
$$

다시 한번, **AMDP_value_iteration** 알고리즘은 몬테카를로 샘플링을 사용해 이 알고리즘을 근사화한다. 이 결과인 학습된 페이오프 함수는 룩업 $\mathcal{R}$에 있다. **AMDP_value_iteration**의 20~26행에 있는 밸류 이터레이션 백업은 기본적으로 MDP의 유도 결과와 동일하다.

앞에서 설명했듯이 이 몬테카를로 근사는 b가 $\bar{b}$의 유의미한 통계량이고 시스템이 $\bar{b}$와 관련해 마르코프 가정을 따를 경우에만 유효하다. 실제로 이는 통상적인 경우가 아니며, 증강 스테이트일 경우 적절한 샘플링은 과거의 액션과 측정값을 전제 조건으로 해야 한다. 이건 정말 말도 안 된다! AMDP 알고리즘은 $f(b) = b$로 간단히 $\bar{b}$를 생성해서 이를 무시해버린다. 앞의 예는 파라미터가 b와 일치하는 좌우가 대칭인 가우시안을 사용했다. 원래 AMDP 알고리즘의 파생 버전이지만 수학적으로는 더 그럴듯한 방법으로 모션 모델과 측정 모델 외에도, $\mathcal{P}$와 $\mathcal{R}$을 학습하는 시뮬레이션 빌리프 스테이트의 연속 쌍을 이용하는 빌리프 스테이트의 전반적인 추적 시뮬레이션과 관련이 있다. 뒤에서 MC-POMDP를 설명할 때 이러한 기술을 다룰 계획이다. MC-POMDP는 시뮬레이션을 통해 그럴듯한 빌리프 스테이트 쌍을 생성해 이 문제를 회피한다.

16.3.4 모바일 로봇 내비게이션에 적용

AMDP 알고리즘은 매우 실용적이다. 모바일 로봇 내비게이션과 관련해, AMDP는 로봇이 액션 선택에서 일반적인 '혼동' 수준을 고려할 수 있게 해준다. 이는 순간적인 불확실성뿐 아니라 로봇이 자신의 액션 선택을 통해 경험할 수 있는 미래의 불확실성에 관한 것이다.

이 예에서는 알려진 환경에서 로봇을 탐색하는데, 이 책의 1장 '소개'에서 이미 예제로 주어졌다(그림 1.2 참조). 당연한 얘기지만 혼동의 정도는 로봇이 어디로 이동하는지에 달려 있다. 피처가 없는 광활한 지역을 가로지르는 로봇은 점차적으로 해당 위치에 대한 정보를 잃을 것이다. 이것은 조건부 확률 $p(b' \mid u, b)$에 반영되며, 가능성이 높으면 이러한 영역에서의 빌리프 엔트로피가 증가한다. 특유의 피처를 갖는 벽 근처와 같은 로컬화 피처로 채워진 영역에서는 불확실성이 줄어들 가능성이 더 높다. AMDP는 그러한 상황을 예상하고 도착 시간을 최소화하는 동시에 목표 위치에 도착할 때 확실성을 최대화하는 정책을 생성한다. 불확실성은 실제 위치 오차의 추정값이기 때문에 실제로 원하는 위치에 도달할 확률을 측정하는 좋은 척도가 된다.

그림 16.1은 두 무리(2개의 각기 다른 시작 및 목표 위치)의 이동 궤적 예다. 그림 왼쪽은 로봇의 불확실성을 고려하지 않은 MDP 플래너에 해당한다. 증강 MDP 플래너는 그림 오른쪽에 표시된 것과 같은 궤적을 생성한다. 그림 16.1(a)와 (b)에서 로봇은 약 40m 너비의 넓은 개방 구역을 통과해야 한다. 개방 영역에서 길을 잃을 위험이 증가

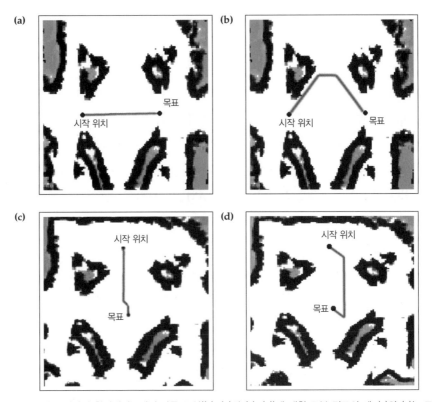

그림 16.1 넓고 개방된 환경에서 2개의 다른 구성((a), (b)와 (c), (d))에 대한 로봇 경로의 예. (a)와 (c)는 로봇의 인식 불확실성을 무시하는 기존 동적 프로그래밍 경로 플래너가 생성한 경로를 보여준다. (b)와 (d)는 불확실성을 예상하고 로봇이 손실될 가능성이 있는 영역을 피하는 증강 MDP 플래너를 사용해 얻을 수 있다. 출처: Nicholas Roy, MIT

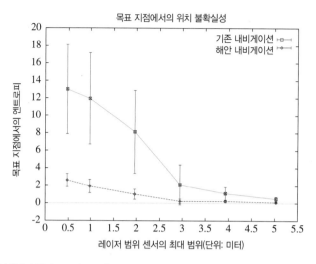

그림 16.2 MDP 플래닝과 증강 MDP(AMDP) 플래닝의 성능 비교. 이 그래프는 센서 범위의 함수로 목표 지점에서 불확실성(엔트로피)을 나타내고 있다. 출처: Nicholas Roy, MIT

한다는 것을 인식하지 못하는 MDP 알고리즘은 시작부터 목표 위치까지의 최단 경로에 해당하는 정책을 생성한다. 반대로 AMDP 플래너는 장애물에 가까운 곳을 유지하는 정책을 생성한다. 이 정책에서는 이동 시간이 길어지면서 유익한 센서 측정값을 받을 확률이 높다. 마찬가지로, 그림 16.1(c)와 (d)는 목표 위치가 피처 없는 개방 영역의 중심에 가까운 상황을 고려한다. 여기서 AMDP 플래너는 알려진 물체들을 지나쳐서 포즈 불확실성을 줄이고 이를 통해 목표 위치에 성공적으로 도달할 확률이 높아진다는 것을 인식한다.

그림 16.2는 AMDP 내비게이션 전략과 MDP 접근법 간의 성능 비교를 보여준다. 특히 센서 특성에 따라 목표 위치에서 로봇의 빌리프 b를 엔트로피로 나타낸다. 이 그래프에서 빈약한 센서의 효과를 연구하기 위해 최대 인지 범위를 변경한다. 그래프에서 알 수 있듯이 AMDP는 성공 확률이 훨씬 높다. 차이는 센서가 매우 열악한 경우 가장 크다. 장거리 범위 센서의 경우 그 차이가 궁극적으로는 사라진다. 후자는 별로 놀랄 일이 아니다. 좋은 범위 센서를 사용하면 인식할 수 있는 정보의 양이 로봇의 포즈에 덜 좌우되기 때문이다.

불확실성을 예견하고 피하는 피처는 AMDP를 로봇 내비게이션에 적용하기 위해

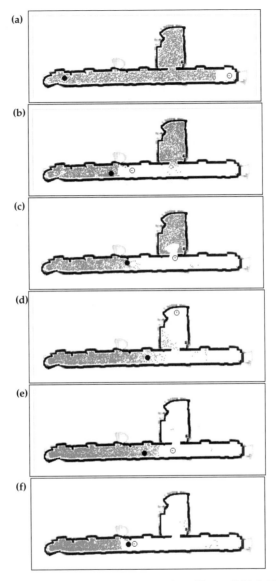

그림 16.3 정책은 AMDP의 고급 버전을 사용해 학습된 스테이트 표현으로 계산된다. 해결 과제는 침입자를 찾는 것이다. 회색 입자는 사람이 있을 것 같은 위치의 분포를 기반으로 그린 것이며, (a)와 같이 초기에는 균등 분포를 따른다. 검은색 점은 그 사람의 실제 (관찰 불가능한) 위치다. 도넛 모양의 원은 로봇의 관찰 가능한 위치다. 이 정책은 높은 확률로 성공한다. 출처: Nicholas Roy(MIT), Geoffrey Gordon(CMU)

해안 내비게이션^{coastal navigation}이라는 이름을 붙였다. 이 이름은 인공위성 기반 위성 위치 확인의 출현 이전에 종종 해안선 가까이에 머무르면서 로컬화를 놓치지 않는 선박과의 유사성을 나타낸다.

우리는 통계량 f의 선택이 다소 자의적임을 지적함으로써 AMDP 설명을 마무리하려고 한다. 필요에 따라 더 많은 피처를 추가할 수 있지만 그에 따른 계산 복잡도는 당연히 증가한다. 비선형 차원 감소 기술을 사용해 통계량 f를 학습하는 알고리즘이 개발됐다. 그림 16.3은 움직이는 침입자로부터 건물을 지우는 문제에 적용된 이러한 학습 알고리즘의 결과다. 여기서 학습 알고리즘은 임의의 그럴듯한 추적 전략에 대한 로봇의 빌리프를 포착하는 6차원 스테이트 표현을 식별한다. 회색 입자는 침입자의 위치에 대한 로봇의 빌리프를 나타낸다. 이 예제에서 알 수 있듯이 학습된 스테이트 표현을 가진 AMDP는 매우 정교한 전략을 생성하는 데 성공한다. 로봇은 먼저 복도의 일부를 지운다. 그러나 항상 상단에서 여유 공간을 벗어나지 못한다. 그런 다음 침입자가 복도를 통과하지 못하도록 잠시 방을 지운다. 끝으로 로봇은 복도에서 하던 작업을 계속한다.

16.4 몬테카를로 POMDP

16.4.1 입자 집합을 이용하는 방법

이 장에서 설명하는 마지막 알고리즘은 POMDP에 대한 입자 필터 솔루션인 몬테카를로 POMDP^{Monte Carlo POMDP}, 즉 MC-POMDP이다. MC-POMDP는 입자 집합에 대해 정의된 밸류 함수를 결과로 얻는다. $\mathcal{X}$를 빌리프 b를 표현하는 입자 집합이라고 놓자. 이때 밸류 함수는 다음과 같이 표현할 수 있다.

$$V : \mathcal{X} \longrightarrow \Re \tag{16.10}$$

이 표현에는 여러 가지 장점이 있지만, 동시에 여러 가지 어려움도 있다. 중요한 이점은 임의의 스테이트 공간에서 밸류 함수를 나타낼 수 있다는 것이다. 사실 지금까지 설명한 모든 알고리즘 중 MC-POMDP는 유한한 스테이트 공간을 필요로 하지 않는 유일한 알고리즘이다. 더 나아가 MC-POMDP는 빌리프 추적을 위해 입자 필터를 사용한다. 이미 성공적인 입자 필터 애플리케이션을 여러 개 살펴봤다. MC-POMDP는 입자 필터를 플래닝 및 제어 문제로 확장한다.

POMDP에서 입자 집합을 사용하는 데 있어 가장 큰 어려움은 밸류 함수의 표현과 관련이 있다. 주어진 크기가 M인 모든 입자 집합의 공간은 M차원이다. 또한 입자 생성의 확률적 특성으로 인해 임의의 입자 집합이 두 번 관찰될 확률은 0이다. 결과적으로, 우리는 일부 입자 집합을 사용해 업데이트될 수 있는 V에 대해 표현해야 하지만, MC-POMDP 알고리즘은 이전에 본 적이 없는 다른 입자 집합에 대한 값을 제공한다. 즉, 학습 알고리즘learning algorithm이 필요하다는 얘기다. MC-POMDP는 각기 다른 빌리프 사이에 삽입할 때 로컬 가중치 보간법을 활용하는 최근접 이웃 알고리즘nearest neighbor algorithm을 사용한다.

16.4.2 MC-POMDP 알고리즘

표 16.3은 MC-POMDP 알고리즘의 기본 버전이다. MC-POMDP 알고리즘에는 여러 개의 중첩 루프가 필요하다. 표 16.3에서 6~16행의 가장 안쪽 루프는 특정 빌리프 $\mathcal{X}$에 대한 밸류 함수 V를 업데이트한다. 이는 적용 가능한 제어 액션 u 각각에 대해 가능한 후속 빌리프의 집합을 시뮬레이션해서 계산한다. 이 시뮬레이션은 알고리즘 9~12행에서 수행한다. 이로부터 적용 가능한 각 액션에 대한 로컬 밸류를 수집한다(13행). 밸류 함수 업데이트는 V가 단순히 모든 Q_u'의 최댓값으로 설정되는 알고리즘 16행에서 일어난다.

이 로컬 백업을 수행하면 MC-POMDP가 물리적 시스템을 시뮬레이션하여 새로운 입자 집합 $\mathcal{X}$를 생성하는 단계가 수행된다. 이 시뮬레이션은 17~21행에서 수행된다. 이 예에서 업데이트는 항상 그리디 액션(17행)을 선택한다. 그러나 실제로는 임의로 액션을 선택하는 편이 유리할 수 있다. 새로운 빌리프 $\mathcal{X}$로 전환해서 MC-POMDP 밸류 이터레이션은 다른 빌리프 스테이트에 대한 업데이트를 수행한다. 전체 에피소드(2~5행의 외부 루프)를 반복 시행함으로써 밸류 함수는 결국 모든 곳에서 업데이트된다.

```
1:    Algorithm MC-POMDP($b_0$, $V$):

2:        repeat until convergence

3:            sample $x \sim b(x)$                              // 초기화

4:            initialize $\mathcal{X}$ with $M$ samples of $b(x)$

5:            repeat until episode over

6:                for all control actions $u$ do        // 밸류 함수 업데이트

7:                    $Q(u) = 0$

8:                    repeat $n$ times

9:                        select random $x \in \mathcal{X}$

10:                       sample $x' \sim p(x' \mid u, x)$

11:                       sample $z \sim p(z \mid x')$

12:                       $\mathcal{X}' = \mathbf{Particle\_filter}(\mathcal{X}, u, z)$

13:                       $Q(u) = Q(u) + \dfrac{1}{n}\, \gamma\, [r(x, u) + V(\mathcal{X}')]$

14:                   endrepeat

15:               endfor

16:               $V(\mathcal{X}) = \max_u\, Q(u)$                  // 밸류 함수 업데이트

17:               $u^* = \operatorname*{argmax}_u\, Q(u)$          // 그리디 액션 선택

18:               sample $x' \sim p(x' \mid u, x)$       // 스테이트 전이 시뮬레이션

19:               sample $z \sim p(z \mid x')$

20:               $\mathcal{X}' = \mathbf{Particle\_filter}(\mathcal{X}, u, z)$   // 새로운 빌리프 계산

21:               set $x = x'$; $\mathcal{X} = \mathcal{X}'$        // 스테이트와 빌리프 업데이트

22:           endrepeat

23:       endrepeat

24:       return $V$
```

표 16.3 MC-POMDP 알고리즘

핵심 질문은 '함수 V를 어떻게 표현할 것인가?'다. MC-POMDP는 최근접 이웃 알고리즘과 유사한 로컬 학습 알고리즘을 사용한다. 이 알고리즘은 연관 밸류 V_i를 사용해 참조 빌리프 $\mathcal{X}_i$를 증가시킨다. 이전에 관찰하지 못했던 입자 집합 $\mathcal{X}_{\text{query}}$에 쿼리를 하면 MC-POMDP는 메모리에서 K개의 '가장 가까운^{nearest}' 입자 집합을 추출한다. 입자 집합에 대한 근거리의 적절한 개념을 정의하려면 추가 가정이 필요하다. 원래의 구현에서 MC-POMDP는 각 입자를 작고 고정된 공분산을 갖는 가우시안과 컨벌루션한 다음, 가우시안 혼합 결과 사이의 KL 발산$^{\text{KL-divergence}}$을 측정한다. 세부 사항을 제외하고, 이 단계는 K개의 가장 가까운 참조 입자 집합을 $\mathcal{X}_1, \ldots, X_K$로, 그리고 그와 관련된 거리의 측정값을 $d_1, \ldots, d_K$로 놓는다(KL 발산은 비대칭이기 때문에 기술적 의미에서 거리가 아니다). 쿼리 집합 $\mathcal{X}_{\text{query}}$의 밸류는 다음 수식을 통해 얻는다.

$$V(\mathcal{X}_{\text{query}}) \;\; = \;\; \eta \sum_{k=1}^{K} \frac{1}{d_k} \, V_k \tag{16.11}$$

그리고 $\eta = \left[\sum_k \frac{1}{d_k} \right]^{-1}$ 이다. 여기서 $\mathcal{X}_k$는 K개의 가장 가까운 이웃 집합의 k번째 참조 빌리프이고, d_k는 쿼리 집합과 연관된 거리다. 세퍼드의 보간법$^{\text{Shepard's interpolation}}$이라는 보간 공식은 표 16.3의 13행에서 $V(\mathcal{X}')$를 계산하는 방법을 설명한다.

알고리즘 16행의 업데이트에는 암시적인 대소문자 구분이 포함된다. 참조 집합에 거리가 사용자 정의 임계치보다 작은 K 입자 집합이 이미 포함되어 있는 경우 해당 V 값은 보간 계산에서 기여에 비례하여 간단히 업데이트된다.

$$V_k \;\; \longleftarrow \;\; V_k + \alpha \, \eta \, \frac{1}{d_k} \left(\max_u \, Q(u) - V_k \right) \tag{16.12}$$

여기서 α는 학습률이다. $\max_u Q(u)$는 함수 V에 대한 '타깃' 밸류다. 또한 $\eta \frac{1}{d_k}$은 세퍼드 보간법 수식의 k번째 참조 입자 집합의 기여도다.

만약 거리가 임계치보다 작은 입자 집합의 개수가 K보다 작을 경우 연관된 값 쿼리 입자 집합을 $V = \max_u Q(u)$와 함께 참조 집합에 간단히 추가한다. 이러한 방식으로 참조 입자 집합은 시간이 지남에 따라 커진다. K 값과 사용자가 지정한 거리 임계치는 MC-POMDP 밸류 함수의 매끄러움을 결정한다. 실제로 임계치를 너무 딱 맞도록 선택하면 참조 집합이 있는 일반 PC의 메모리 크기를 초과할 가능성이 높으므로 적절한 값을 잘 고민해서 선택해야 한다.

16.4.3 MC-POMDP의 수학적 유도

MC-POMDP 알고리즘은 많은 근사화 기법을 사용하는데, 입자 집합은 이러한 근사화 기법 중 하나다. 또 하나는 V를 근삿값으로 표현하기 위한 로컬 학습 알고리즘이다. 세 번째 근사화 기법은 밸류 함수의 몬테카를로 백업 단계에서 찾을 수 있다. 이들 각각은 기본 알고리즘의 수렴을 보장하지는 않는다.

입자 필터 사용에 대한 수학적 증명은 4장에서 이미 배웠다. 몬테카를로 업데이트 단계는 일반적인 POMDP 업데이트 방정식 (15.43)에서 정의했다. 이를 여기에 다시 써보자.

$$V_T(b) = \gamma \max_u \left[r(b,u) + \int V_{T-1}(B(b,u,z)) \, p(z \mid u,b) \, dz \right] \quad (16.13)$$

이제 AMDP 유도 과정에 전반적으로 관련되어 있는 몬테카를로 근사화를 유도해보자. 우선 측정 확률 $p(z \mid u, b)$부터 정의한다. 다음 식을 보자.

$$p(z \mid u,b) = \int \int p(z \mid x') \, p(x' \mid u,x) \, b(x) \, dx \, dx' \quad (16.14)$$

마찬가지로, $r(b, u)$는 다음과 같다.

$$r(b,u) = \int r(x,u) \, b(x) \, dx \quad (16.15)$$

위 식을 이용해 식 (16.13)을 다시 쓰면 다음과 같다.

$$
\begin{aligned}
V_T(b) = \gamma \max_u \Bigg[&\int r(x,u) \, b(x) \, dx \\
&+ \int V_{T-1}(B(b,u,z)) \left[\int \int p(z \mid x') \, p(x' \mid u,x) \, b(x) \, dx \, dx' \right] dz \Bigg]
\end{aligned}
\quad (16.16)
$$

$$= \gamma \max_u \int \int \int [r(x, u) + V_{T-1}(B(b, u, z)) \, p(z \mid x') \, p(x' \mid u, x)]$$
$$b(x) \, dx \, dx' \, dz$$

이 적분식에 대한 몬테카를로 근사화는 $x \sim b(x)$, $x' \sim p(x' \mid u, x)$, $z \sim p(z \mid x')$를 샘플링해야 하는 다중 변수 샘플링 알고리즘이다. 일단 x, x', z가 있으면 베이즈 필터를 통해 $B(b, u, z)$를 계산할 수 있다. 그런 다음 로컬 학습 알고리즘을 사용해 $V_{T-1}(B(b, u, z))$를 계산하고 $r(x, u)$를 간단히 찾아서 계산한다. 이 모든 단계는 표 16.3 알고리즘의 7~14행에 구현되어 있다. 마지막 최댓값 계산은 16행에서 이뤄진다.

MC-POMDP의 핵심 역할을 하는 로컬 학습 알고리즘은 몬테카를로 알고리즘으로 얻을 수 있는 모든 수렴성을 쉽게 파괴할 수 있다. 우리는 로컬 학습이 정확한 근삿값을 제공할 수 있는 조건을 정리하지는 않는다. 그 대신 다양한 파라미터를 설정하는 데 주의를 기울여야 한다.

16.4.4 실제 활용 시 고려사항

이 장에서 소개한 세 가지 POMDP 근사화 기술 중 MC-POMDP는 가장 늦게 개발됐으며 잠재적으로 가장 효율적이지 않다. 근사화 계산은 밸류 함수를 의미하는 학습 알고리즘에 따라 다양한 버전이 있다. MC-POMDP 알고리즘의 구현은 다소 까다로울 수 있다. 이를 위해 밸류 함수의 매끄러움smoothness에 대해 잘 알고 있어야 하며, 사용할 입자의 수도 필요하다.

MC-POMDP 알고리즘의 구현 결과는 그림 16.4를 통해 확인할 수 있다. 그림 16.4(a)의 로봇은 (로봇과 가까운 바닥에 놓여 있는 채집 가능한) 물체와 가까운 곳에 위치한다. 아울러 이 물체는 카메라를 사용해 감지할 수 있다. 그러나 처음에는 물체가 로봇의 지각 영역 외부에 배치된다. 따라서 성공적인 정책은 3단계로 구분할 수 있다. (1) 로봇이 대상을 감지할 때까지 로봇이 회전하는 검색 단계, (2) 로봇이 물체를 중심으로 잡아서 물체를 잡을 수 있는 모션 단계, 마지막 (3) 잡는 행동. 능동적 지각과 목

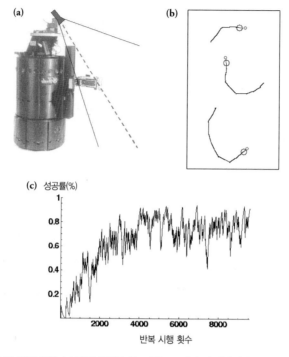

(a)

(b)

(c) 성공률(%)

반복 시행 횟수

그림 16.4 로봇 찾기 및 페치 작업: (a) 타깃 객체를 들고 있는 그리퍼 및 카메라가 있는 모바일 로봇, (b) 로봇이 목표물을 볼 때까지 회전하고 성공적인 파악 행동을 시작하는 세 가지 성공적인 정책 시행의 2차원 궤적, (c) 시뮬레이션에서 평가된 플래닝 단계 수의 함수로 표현한 성공률 결과

표 지향적 행동의 결합은 상대적으로 달성이 어려운 확률론적 제어 문제로 만든다.

그림 16.4(b)는 로봇이 돌아서고, 움직이고, 성공적으로 잡는 예제 에피소드다. 여기에 표시된 궤도는 2D로 투영된 모션 디렉토리다. 정량적 결과는 그림 16.4(c)에 있으며, MC-POMDP 밸류 이터레이션의 업데이트 반복 시행에 따른 성공률을 나타낸다. 밸류 백업을 4,000번 반복 시행하는 경우 저가형 PC에서 약 2시간의 계산 시간이 필요하고 평균 성능은 80% 정도 된다. 나머지 20%의 실패는 주로 로봇이 물체를 잡는 데 실패한 구성(대부분 MC-POMDP의 많은 근삿값의 결과) 때문이다.

16.5 요약

16장에서는 다양한 수준의 실제 적용 가능성을 지닌 세 가지 근사화 확률론적 플래닝 및 제어 알고리즘을 소개했다. 세 알고리즘 모두 POMDP 밸류 함수의 근삿값을 계산한다. 그러나 이들의 근사화는 모두 성격이 다르다.

- QMDP 프레임워크는 단 하나의 액션 선택에 대해서만 불확실성을 고려한다. 즉각적인 다음 제어 액션 후 월드의 스테이트가 갑자기 관찰 가능해진다는 가정에 근거한다. 전체 관찰을 할 수 있었기 때문에 MDP에 최적화된 밸류 함수를 사용할 수 있었다. QMDP는 MDP 밸류 함수를 수학적 기댓값 연산자를 통해 빌리프 공간으로 일반화한다. 결과적으로 QMDP에서의 플래닝은 MDP에서와 마찬가지로 효율적이지만, 밸류 함수는 일반적으로 빌리프 스테이트의 실제 값을 과다 추정한다.

- QMDP 알고리즘의 확장 버전에서는 MDP에 최적화된 밸류 함수와 POMDP 백업 시퀀스를 결합한다. T POMDP 백업 단계와 결합할 때, 결과적인 정책은 T의 호라이즌 내에서 정보 수집 액션을 고려한다. 그런 다음 완전히 관찰 가능한 스테이트의 QMDP 가정을 따른다. 호라이즌 T가 클수록 정책 결과가 전체 POMDP 솔루션에 더 가깝다.

- AMDP 알고리즘은 다른 근사화를 추구한다. 이는 빌리프를 저차원 표현으로 매핑한 다음 정확한 밸류 이터레이션을 수행한다. '고전적' 표현은 빌리프 엔트로피에 따라 빌리프 조건하에서 가장 가능성 있는 스테이트로 구성된다. 이 표현과 함께, AMDP는 MDP와 유사하며 로봇의 전체적인 불확실성을 측정하는 스테이트 표현에 차원을 추가한다.

- AMDP를 구현하려면 저차원 빌리프 공간에서 스테이트 전이와 보상 함수를 학습해야 한다. AMDP는 통계치가 룩업 테이블에 캐싱되어 스테이트 전이 및 보상 함수를 나타내는 초기 단계에서 이를 달성한다. 따라서 AMDP는 학습된 모델을 통해 작동하며, 학습된 모델이 정확한 정도에서만 정확하다.

- 알려진 환경에서 모바일 로봇 내비게이션에 적용되는 AMDP를 해안 내비게이

션이라고 한다. 이 내비게이션 기법은 불확실성을 예상한다. 그리고 경로를 따라 불확실성이 발생하면서 전체 경로 길이를 트레이드오프하는 모션을 선택한다. 결과 궤적은 임의의 비확률적 솔루션과 크게 달랐다. '해안' 내비게이션 로봇은 영구적으로 손실될 확률이 높은 지역에서 멀리 떨어져 있다. 로봇을 나중에 충분히 높은 확률로 재위치시킬 수 있다면 일시적인 손실은 수용할 수 있다.

• MC-POMDP 알고리즘은 POMDP의 입자 필터 버전이다. 입자 집합에 정의된 밸류 함수를 계산한다. 이러한 밸류 함수를 구현하기 위해 MC-POMDP는 KL 발산을 기반으로 한 근접 테스트와 함께 로컬 가중 학습 규칙을 사용하는 로컬 학습 기술에 의존해야 했다. MC-POMDP는 몬테카를로 샘플링을 적용해 근삿값 백업을 구현한다. 결과 알고리즘은 계산 복잡도와 정확도가 모두 학습 알고리즘의 파라미터 함수인 전형적인 POMDP 알고리즘이다.

이 장의 핵심 교훈은 '계산 복잡도는 MDP에 훨씬 가깝지만 스테이트 불확실성을 여전히 고려하는 많은 근사화 기법이 있다'는 것이다. 근사화 방법이 무엇이든 관계없이, 스테이트 불확실성을 고려하는 알고리즘은 스테이트 불확실성을 완전히 무시하는 알고리즘보다 훨씬 강력하다. 하나의 차원에서 글로벌 불확실성을 측정하는 스테이트 벡터의 단일 요소조차도 로봇의 성능에 큰 차이를 만들 수 있다.

16.6 참고문헌

근사 POMDP 문제 해결을 다룬 연구 문헌은 이미 15.7절에서 광범위하게 설명했다. 이 장에서 설명한 QMDP 알고리즘은 Littman et al.(1995)에서 처음 소개했다. 고정된 증강 스테이트 표현을 위한 AMDP 알고리즘은 Roy et al.(1999)에서 개발했다. 나중에, Roy et al.(2004)에서 이전 연구를 학습된 스테이트 표현으로 확장했다. Thrun(2000a)은 몬테카를로 POMDP 알고리즘을 고안했다.

16.7 연습문제

1. 이 문제에서는 단순 탐색 문제를 해결하는 AMDP를 설계한다. 12개의 이산 스테이트가 있는 다음 환경을 고려한다.

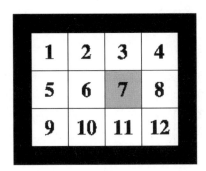

처음에 로봇은 모든 12개 스테이트 중에서 균일하게 선택된 임의의 위치에 배치된다. 목표는 스테이트 7에 도달하는 것이다. 어느 시점에서든 로봇은 동쪽, 서쪽, 남쪽, 북쪽으로 이동한다. 범퍼가 유일한 센서다. 장애물과 충돌하면 범퍼가 작동하고 로봇이 스테이트를 변경하지 않는다. 로봇은 어떤 스테이트인지 감지할 수 없으며 범퍼의 방향도 감지할 수 없다. 이 문제에는 노이즈가 없으며 초기 위치의 불확실성(균등하다고 가정)만 있다.

(a) AMDP에 필요한 스테이트는 최소 몇 개인가? 왜 그런지 해당 스테이트 모두를 설명해보라.

(b) 초기 AMDP 스테이트에서 얼마나 많은 스테이트에 도달 가능한가? 해당 스테이트 모두를 설명해보라.

(c) 로봇이 스테이트 2에서 시작한다고 가정한다(그러나 여전히 모르기 때문에 내부적인 빌리프 스테이트가 달라질 수 있다). 네 가지 액션으로 도달 가능한 모든 AMDP 스테이트들 간의 스테이트 전이 다이어그램을 작성해보라.

(d) 이러한 유형의 문제(노이즈가 없는 센서 및 로봇 모션, 유한 스테이트, 액션 및 측정 공간)에 대해 AMDP를 사용한 것보다 더 간단한 표현이 있는가? 단, 최적의 해를 찾는 데 유의미한 조건은 유지해야 한다.

(e) 이러한 유형의 문제(노이즈가 없는 센서 및 로봇 모션, 유한 스테이트, 액션, 측정 공간)에 대해 AMDP가 최적의 솔루션을 찾지 못하는 스테이트 공간을 만들 수 있는가?

2. 앞 장에서는 호랑이 문제를 알아봤다(15장 연습문제 1). QMDP가 최적의 솔루션을 제시할 수 있도록 이 문제를 약간 수정할 수 있는가? 힌트: 여러 가지 가능한 답이 있다.

3. 이 문제에서는 빌리프 스테이트 공간의 크기를 결정하려고 한다. 다음 표를 보자.

문제 번호	스테이트 개수	센서들	스테이트 전이	초기 스테이트
#1	3	완전무결 상태	노이즈 없는 상태	알려져 있음
#2	3	완전무결 상태	노이즈 있는 상태	알려져 있음
#3	3	노이즈 없는 상태	노이즈 없는 상태	모름(균등 분포)
#4	3	노이즈 있는 상태	노이즈 없는 상태	알려져 있음
#5	3	노이즈 있는 상태	노이즈 없는 상태	모름(균등 분포)
#6	3	없음	노이즈 없는 상태	모름(균등 분포)
#7	3	없음	노이즈 있는 상태	알려져 있음
#8	1차원 연속형	완전무결 상태	노이즈 있는 상태	알려져 있음
#9	1차원 연속형	노이즈 있는 상태	노이즈 있는 상태	알려져 있음
#10	2차원 연속형	노이즈 있는 상태	노이즈 있는 상태	모름(균등 분포)

완벽한 센서는 항상 완전한 스테이트 정보를 제공한다. 노이즈가 없는 센서는 부분적인 스테이트 정보를 제공할 수 있지만 랜덤성이 없는 상태로 제공한다. 노이즈 센서는 부분적일 수도 있고 노이즈의 영향을 받을 수도 있다. 노이즈가 없는 스테이트 전이는 결정론적이지만, 확률적 스테이트 전이는 노이즈가 있다고 한다. 마지막으로 다음 두 종류의 초기 조건을 구분한다. 하나는 초기 스테이트가 절대적 확실성을 가지고 알려져 있고, 다른 하나는 완전히 알려져 있지 않은 상태에서 스테이트들의 사전확률은 균등하다.

질문: 위의 10가지 문제 모두에 대한 도달 가능한 빌리프 공간의 크기는 얼마인가? 힌트: 유한할 수도 있고 무한할 수도 있다. 또, 무한한 경우 빌리프 스테이트가 어떤 차원인지 알 수 있어야 한다.

4. 이 문제에서는 AMDP 플래너의 실패 모드에 대해 알아보려고 한다. 특히 AMDP는 스테이트 전이 및 보상 함수를 학습한다. 이러한 학습 모델이 밸류 이터레이션에 사용될 때 무엇이 잘못될 수 있는지 생각해보라. 세 가지 유형의 문제를 파악하고, 이를 자세히 설명해보라.

17

탐사

17.1 개요

17장에서는 로봇 탐사 문제를 중점적으로 살펴보기로 한다. 탐사는 외부 세계의 정보를 최대한 많이 확보하기 위해 로봇을 제어하는 문제다. 많은 로보틱스 애플리케이션에서 로봇 장치의 주목적은 사용자인 우리에게 정보를 제공하는 것이다. 간혹 사람들이 쉽게 접근할 수 없는 환경이 있는데, 이 경우 사람들을 보내는 것은 비경제적일 수 있고 오히려 로봇이 정보를 얻는 가장 경제적인 방법일 수 있다. 탐사 문제는 로보틱스에서 가장 중요하다. 로봇은 폐광산, 핵 재난 현장, 심지어 화성 탐사도 했다.

　탐사 문제는 여러 관점에서 생각해볼 수 있다. 예를 들어, 로봇은 정적 환경 맵을 얻으려고 할 수 있다. 점유 그리드 맵으로 환경을 표현하면 탐사 문제는 그리드 셀에 각각의 누적 정보를 최대화하는 문제가 된다. 좀 더 동적인 버전의 문제는 이동하는 액터와 관련이 있을 수 있다. 예를 들어, 로봇은 알려진 환경에서 사람을 찾는 과제를 수행하기도 한다. 이는 추격 회피 문제^{pursuit evasion problem}의 일부로 알려져 있으며, 목표는 사람의 위치 정보를 최대화하는 것일 수 있다. 또한 사람을 찾아내기 위해 환경을 탐사해야 할 수도 있다. 그러나 사람이 움직일 수 있기 때문에 탐사 정책은 여러 번

지역을 탐험해야 할 수도 있다. 세 번째 탐사 문제는 로봇이 로컬화 중에 자신의 포즈를 결정하려고 할 때 발생한다. 이러한 문제를 보통 **액티브 로컬화**^{active localization}라고 하며 목표는 로봇 자신의 포즈 정보를 최대화하는 것이다. 로봇 매니퓰레이션에서 탐사 문제는 센서가 장착된 매니퓰레이터가 모르는 물체를 맞닥뜨렸을 때 발생한다. 정리하자면 탐사 문제는 로보틱스의 거의 모든 곳에서 발생한다.

언뜻 보기에 탐사 문제는 앞에서 설명한 POMDP 프레임워크에 이미 완전히 포함되어 있다고 볼 수 있다. 앞에서 본 것처럼 POMDP는 당연히 정보 수집 문제와 관련이 있다. 정보를 최대화하는 것이 유일한 목표인 알고리즘으로 POMDP 알고리즘을 바꾸려면 적절한 페이오프 함수를 제공해야 한다. 적절한 방안 중 하나로 정보 이득이 있는데, 이는 액션 함수로서 로봇 빌리프의 엔트로피 감소치를 측정한다. 이러한 페이오프 함수를 이용해 POMDP는 탐사 문제를 해결할 수 있다.

그러나 POMDP 프레임워크를 사용해 탐사하는 것은 좋은 방법은 아니다. 왜냐하면 많은 탐사 문제에서 알려지지 않은 스테이트 변수의 개수가 가능한 관찰값의 개수처럼 엄청나게 크기 때문이다. 예를 들어, 처음 도착한 행성을 탐사하는 문제를 생각해보자. 행성의 표면을 묘사하는 데 필요한 변수의 개수는 엄청날 것이다. 즉, 로봇이 만들 수 있는 가능한 관찰값 집합이라고 볼 수 있다. 우리는 이미 일반적인 POMDP 프레임워크에서 플래닝 복잡도가 (최악의 경우) 관찰값 개수 대비 2의 지수승으로 증가한다는 사실을 발견했다. 따라서 밸류 함수를 계산하는 것은 한마디로 불가능하다. 사실, 탐사 문제에서 알려지지 않은 스테이트 변수에 대해 가능한 많은 수의 값이 주어지면 가능한 모든 값을 통합하는 알고리즘은 결국 계산상의 이유로 고차원 탐사 문제에 적용할 수 없게 된다.

이 장에서는 고차원 탐사 문제를 해결할 수 있는 실용적인 알고리즘을 소개한다. 여기서 설명하는 기술들은 모두 그리디 계열에 속한다. 이 기술들에서 룩어헤드^{look-ahead}는 하나의 탐사 액션으로 제한된다. 그러나 탐사 작업에는 일련의 제어 작업이 포함될 수 있다. 예를 들어, 맵의 어느 곳에서도 탐사할 위치를 선택하는 알고리즘을 배울 것이다. 여기서는 선택한 위치로 이동하는 것을 하나의 탐사 액션^{exploration action}으로 간주한다. 여기서 설명하는 알고리즘은 센싱 후 확보한 지식을 근사화하여 관련 계산량을 줄인다.

17장에서 다룰 내용은 다음과 같다.

- 이산형, 연속형 사례를 대상으로 탐사에서 정보 이득의 일반적인 정의로 시작한다. 정보 탐사를 극대화하기 위해 액션을 선택하는 기본적인 그리디 탐사 알고리즘을 정의한다.
- 로봇 탐사의 특수 사례들 중 첫 번째로 액티브 로컬화를 분석한다. 액티브 로컬화는 로봇을 글로벌 로컬화하는 과정에서 작업 선택 문제와 관련이 있다. 액션 공간을 적절히 정의할 때 그리디 알고리즘을 적용하면 이 문제에 대한 실질적인 해결책을 얻을 수 있다.
- 점유 그리드 매핑에서 탐사의 문제를 다룬다. 우리는 로봇이 가장 가까운 프론티어로 이동하는 프론티어 기반 탐사frontier-based exploration라는 유명한 기술을 만들어냈다.
- 탐사 알고리즘을 다중 로봇 시스템으로 확장한다. 또한 미지의 환경을 효율적으로 탐사하기 위해 모바일 로봇 팀을 어떻게 제어할 수 있는지도 살펴본다.
- 끝으로 탐사 기법을 SLAM 문제에 어떻게 적용할지 알아본다. 불확실성을 최소화하기 위해 로봇을 제어하는 방법을 소개한다. 이를 위해 우리가 다룰 예제 SLAM 접근 방법으로 FastSLAM을 사용한다.

앞으로 설명할 탐사 기술은 각종 연구 문헌 및 다양한 실용적 애플리케이션에서 널리 사용돼왔다. 또한 여러 가지 표현과 로보틱스 문제에서도 다뤄지고 있다.

17.2 기본적인 탐사 알고리즘

17.2.1 정보 이득

탐사의 핵심은 정보다. 이미 앞에서 확률론적 로보틱스의 정보를 어떻게 사용하는지 여러 차례 경험했다. 탐사 관점에서 확률 p의 엔트로피 $H_p(x)$를 기대 정보값 $E[-\log p]$

를 이용해 정의한다. 식 (17.1)을 보자.

$$H_p(x) = -\int p(x) \log p(x) \, dx \quad \text{또는} \quad -\sum_x p(x) \log p(x) \quad (17.1)$$

엔트로피는 2.2절에서 이미 공부했다. $H_p(x)$는 확률 p가 균등 분포일 경우 최댓값을 갖는다. 반면 p가 포인트 질량 분포일 경우 최솟값을 갖는다. 그러나 가우시안처럼 연속성 데이터의 경우 최대, 최소를 갖는 경우는 거의 나타나지 않는다.

조건부 엔트로피conditional entropy는 조건부 분포의 엔트로피로 정의한다. 탐사 단계에서, 액션을 실행한 후 빌리프의 기대 엔트로피를 최소화한다. 따라서 자연스럽게 빌리프 스테이트 전이를 정의하는 측정값 z와 제엇값 u를 조건으로 놓는다.

앞에서 설명한 수식을 가지고, 제어 u를 실행하고 빌리프 b가 주어진 상태에서 z를 관찰한 후의 빌리프를 $B(b, z, u)$로 놓자. 액션 u를 실행하고 z를 측정한 후 스테이트 x'의 조건부 엔트로피는 다음과 같이 정의한다.

$$H_b(x' \mid z, u) = -\int B(b, z, u)(x') \log B(b, z, u)(x') \, dx' \quad (17.2)$$

여기서 $B(b, z, u)$는 베이즈 필터를 이용해 계산할 수 있다. 로보틱스에서는 제어 액션 u상에서 하나의 선택만 할 수 있으며, z는 사용할 수 없다. 따라서 적분식으로 표현한 측정값을 이용하는 제어 u의 조건부 엔트로피를 고려해보자.

$$\begin{aligned} H_b(x' \mid u) &\approx E_z[H_b(x' \mid z, u)] \\ &= \iint H_b(x' \mid z, u) \, p(z \mid x') \, p(x' \mid u, x) \, b(x) \, dz \, dx' \, dx \end{aligned} \quad (17.3)$$

최종 수식은 총합과 로그를 변환한 것이기 때문에 이 결과는 근삿값에 불과하다. 따라서 빌리프 b에서 액션 u와 관련된 정보 이득information gain은 다음과 같이 정리할 수 있다.

$$I_b(u) = H_p(x) - E_z[H_b(x' \mid z, u)] \quad (17.4)$$

17.2.2 그리디 기술

정보 이득의 기댓값은 앞 장에서 설명한 유형의 의사결정 이론 문제로 탐사 문제를 표현할 수 있게 해준다. 특히 $r(x, u)$를 스테이트 x에서 제어 액션 u를 적용하는 데 드는 비용이라고 놓자. 여기서 표기법을 일관되게 유지하기 위해 $r(x, u) < 0$이라고 가정한다. 다음으로 빌리프 b에 대한 최적의 그리디 탐사는 정보 이득과 비용 α의 차이를 최대화하고 인자 α에 가중치를 부여한다.

$$
\pi(b) \quad = \quad \underset{u}{\operatorname{argmax}} \quad \alpha \underbrace{(H_p(x) - E_z[H_b(x' \mid z, u)])}_{\text{정보 이득의 기댓값}} + \underbrace{\int r(x, u)\, b(x)\, dx}_{\text{비용의 기댓값(또는 기대 비용)}} \quad (17.5)
$$

인자 α는 u의 실행 비용 정보와 관련이 있는데, 로봇이 정보에 할당하는 밸류를 지정한다. 이는 정보를 얻기 위한 비용 측면에서 얼마가 들지를 측정한다.

식 (17.5)는 다음과 같이 계산한다.

$$
\begin{aligned}
\pi(b) \quad &= \quad \underset{u}{\operatorname{argmax}} \ -\alpha\, E_z[H_b(x' \mid z, u)] + \int r(x, u)\, b(x)\, dx \qquad (17.6) \\
&= \quad \underset{u}{\operatorname{argmax}} \int [r(x, u) - \alpha \int \int H_b(x' \mid z, u)\, p(z \mid x') \\
&\qquad\qquad\qquad\qquad p(x' \mid u, x)\, dz\, dx']\, b(x)\, dx
\end{aligned}
$$

즉, 제어 u의 유용성을 이해하려면 u를 실행하고 상황을 관찰한 후 엔트로피의 기댓값을 계산해야 한다. 이 엔트로피 기댓값은 우리가 얻을 가능성이 있는 모든 측정값 z에 대해 확률을 곱한 값이다. 상수 α를 통해 유틸리티로 변환된다. 이어서 액션 r의 예상 비용을 뺀다.

대부분의 탐사 기법은 호라이즌 1에서 실제로 최적인 이 그리디 정책을 사용한다. 그리디 기법을 쓰는 이유는 탐사 단계에서 조건 분기가 엄청나게 많아지기 때문에 다중 단계 플래닝으로는 탐사가 불가능하기 때문이다. 분기 요소가 큰 것은 탐사 문제의 본질적 속성 때문이다. 탐사의 목표는 새로운 정보를 얻는 것이지만, 일단 그러한 정보를 획득하면 로봇은 새로운 빌리프 상태에 놓이게 되므로 정책을 조정해야 한다. 따라서 측정값은 태생적으로 예측할 수 없다.

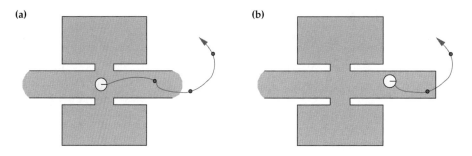

그림 17.1 탐사 문제의 예측 불가능: (a)의 로봇은 3개의 제어 시퀀스를 예상할 수 있다. 그러나 이 시퀀스의 실행 가능 여부는 로봇이 도중에 발견한 것들에 달려 있다. 모든 탐사 정책은 매우 민감해야 한다.

그림 17.1을 통해 이러한 상황을 자세히 알아보자. 여기서 로봇은 2개의 방과 복도의 일부를 매핑했다. 이 시점에서 최적의 탐사는 하나의 복도를 탐사하는 것을 포함할 수 있으며 적절한 조치 순서는 그림 17.1(a)에 표시된 것과 일치할 수 있다. 그러나 이러한 작업 순서의 실행 가능 여부는 전혀 예측할 수 없다. 예를 들어, 로봇은 그림 17.1(b)와 같이 예상치 못한 액션 시퀀스가 적용되지 않는 막다른 곳에서 자기 자신을 발견할 수도 있다.

17.2.3 몬테카를로 탐사 기술

Monte_Carlo_exploration 알고리즘은 간단한 확률적 탐사 알고리즘이다. 표 17.1은 식 (17.6) 그리디 탐사 규칙의 몬테카를로 근사화 방법을 구현한 것이다. 이 알고리즘은 샘플링을 통해 그리디 접근법에서 적분 계산을 간단하게 대체한다. 4행은 모멘텀 빌리프 b에서 스테이트 x를 샘플링한 후 다음 스테이트 x'와 해당 관찰값 z'를 샘플링한다. 새로운 사후 빌리프는 8행에서 계산한다. 엔트로피-비용 트레이드오프는 9행에서 캐싱한다. 12행에서는 몬테카를로 정보 이득 비용 값이 가장 높은 액션을 결과로 리턴한다.

일반적으로 그리디 몬테카를로 알고리즘은 여전히 상당한 계산 시간을 필요로 하며, 이런 이유에서 비실용적이라 하겠다. 주요 원인은 측정값 z의 샘플링에서 발생한다. 매핑 과정에서 처음 접하는 환경을 탐색할 경우 측정할 경우의 수가 매우 커질 수

```
1:          Algorithm Monte_Carlo_exploration(b):

2:              set $\rho_u = 0$ for all actions $u$

3:              for $i = 1$ to $N$ do
4:                  sample $x \sim b(x)$
5:                  for all control action $u$ do
6:                      sample $x' \sim p(x' \mid u, x)$
7:                      sample $z \sim p(z \mid x')$
8:                      $b' = \mathbf{Bayes\_filter}(b, z, u)$
9:                      $\rho_u = \rho_u + r(x, u) - \alpha\, H_{b'}(x')$
10:                 endfor
11:             endfor

12:             return $\underset{u}{\mathrm{argmax}}\ \rho_u$
```

표 17.1 그리디 탐사 알고리즘의 몬테카를로 구현 버전. 정보 이득과 비용 간의 트레이드오프를 최대화하여 적절한 액션을 선택한다.

있다. 예를 들어, 각각 1바이트의 범위 데이터를 리포트하는 24개의 초음파 센서가 장착된 로봇의 경우 특정 위치에서 얻은 잠재적 소나 스캔 수는 256^{24}이다. 당연히 모든 측정값이 그럴듯하진 않을 수 있다. 그러나 그럴듯한 측정값의 개수는 적어도 그럴듯한 로컬 맵의 수만큼은 된다. 실제 매핑 문제가 발생할 경우 가능한 맵의 수는 엄청나게 커진다! 이제 정보 이득 기댓값의 닫힌 형태 분석을 통해 이러한 통합을 우회적으로 해결하는 탐사 기술을 알아보자.

17.2.4 다중 단계 기술

측정과 스테이트 공간이 제한되어 있는 상황에서, ($T > 1$인) 유한한 호라이즌 T에 대해 정보 수집의 원칙을 일반화하는 것이 가능할 수도 있다. 호라이즌 T에서 정보–비용 트레이드오프를 최적화한다고 가정하자. 이것은 다음 탐사 페이오프 함수를 정의해 얻을 수 있다.

$$r_{\exp}(b_t, u_t) \quad = \quad \begin{cases} \int r(x_t, u_t)\, b(x_t)\, dx_t & t < T \text{ 인 경우} \\[2em] \alpha\, H_{b_t}(x_t) & t = T \text{ 인 경우} \end{cases} \qquad (17.7)$$

이 페이오프 함수를 이용해 POMDP 플래너는 최종 빌리프 b_T의 엔트로피에서 이 빌리프를 성취하는 비용을 뺀 값을 적절하게 조정하는 제어 정책을 찾는다. 이전에 논의된 POMDP 기술은 모두 적용 가능하다.

이를 통해 16장에서 설명한 증강 MDP와 유사하다는 사실을 알 수 있다. 차이점은 빌리프 스테이트 표현이 아니라 최종 결과 함수만 지정한다는 것이다. 대부분의 탐사 문제는 일반적인 POMDP 모델에서 계산적으로 다루기 어려워지기 때문에 이 책에서 이 방법은 더 이상 다루지 않는다.

17.3 액티브 로컬화

탐사의 가장 간단한 케이스는 저차원 변수의 스테이트를 추정할 때 발생한다. 로봇 포즈 x_t에 대한 정보를 찾으려고 하는데 환경 맵이 주어져 있을 경우 이를 **액티브 로컬화**active localization 문제라고 한다. 액티브 로컬화는 글로벌 로컬화 중 특히 흥미로운 문제다. 여기서 제어 선택이 정보 이득에 막대한 영향을 줄 수 있기 때문이다. 많은 환경에서 주변을 방황하는 경우 글로벌 로컬화가 어려워진다. 그러나 올바른 위치로 이동하면 매우 빠른 로컬화가 이뤄진다.

그런 환경이 그림 17.2(a)에 있다. 여기서 로봇은 양쪽 모습이 똑같은 복도 안 어딘가에 있고 아무리 오랫동안 탐색하더라도 통로를 벗어나 열린 문 중 하나를 통과하지 않고는 포즈를 알아낼 수 없다. 따라서 액티브 로컬화 문제의 해결책은 결국 로봇을 복도에서 여러 방 중 하나로 조종하는 것이다.

액티브 로컬화는 방금 제시한 알고리즘을 바탕으로 그리디하게 해결할 수 있다. 핵심은 액션 표현의 선택과 관련이 있다. 즉, 이 책 여러 부분에서 설명한 것처럼 액션이 상세 수준의 제어 액션으로 정의된다면, 실행 가능한 탐사 계획은 긴 제어 과정을

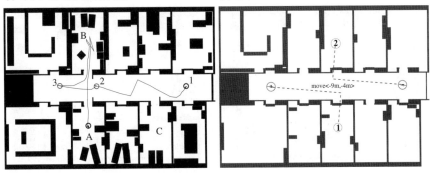

(a) 예제의 사후확률이 포함된 환경   **(b)** 탐사 액션의 결과

그림 17.2 (a) 대칭 환경에서의 액티브 로컬화: 여기에는 대칭형 복도가 있지만 A, B, C로 표시되어 있는 방들은 비대칭형이다. 이 그림에는 탐색 경로도 나와 있다. (b) 탐사 액션은 '뒤로 9m, 왼쪽으로 4m 이동'이다. 로봇의 포즈 사후확률이 여기에 표시된 것과 같이 두 가지 별개의 모드를 갖고 있다면, 전역 월드 좌표에서 실제 제어가 2개의 다른 장소에 다다를 수 있다.

포함한다. 그러고 나면 모든 포즈의 모호성을 해결할 수 있다. 그리디 탐사를 통해 액티브 로컬화 문제를 해결하려면 로봇이 포즈 정보를 그리디하게 수집할 수 있는 액션을 정의해야 한다.

한 가지 가능한 해결책은 로봇의 로컬 좌표계로 표현된 타깃 위치를 통해 탐사 액션 exploration action을 정의하는 것이다. 예를 들어, '로봇의 지역 좌표 프레임과 비교했을 때 $\Delta x = -9\text{m}$ 및 $\Delta y = 4\text{m}$ 지점으로 이동한다'는 액션을 생각해볼 수 있다. 이러한 액션을 상세 수준의 제어로 매핑할 수 있는 저수준의 내비게이션 모듈로 고안할 수 있다. 그림 17.2(b)는 전역 월드 좌표계에서 이 액션의 잠재적 결과를 시각화한 것이다. 이 예에서 사후확률은 두 가지 모드를 갖는다. 따라서 이 액션으로 로봇을 2개의 다른 위치로 이동할 수 있다.

상대적 모션 액션의 정의는 표 17.1의 그리디 탐사 알고리즘과 본질적으로 동일한 알고리즘을 통해 액티브 로컬화 문제를 해결할 수 있다. 이 알고리즘을 예제를 통해 알아보자. 그림 17.3(a)는 여러 개의 레이블이 있는 장소와 함께 액티브 로컬화 경로를 보여준다. 우리는 로컬화의 중간에서 시작한다. 그림 17.3(b)는 '1'로 표시된 위치에서 '2'라고 표시된 위치로 이동한 후의 빌리프를 보여준다. 이 빌리프는 그림 17.3(b)에서 원으로 표시된 여섯 가지 모드를 갖고 있다. 이러한 빌리프를 위해 로봇

(a) 로컬화 로봇의 경로

(b) 6개의 모드를 이용한 초기 빌리프 분포

(c) 로봇 좌표계에서 점유 확률

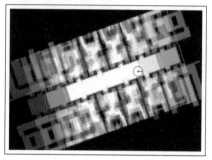

(d) 모션의 기대 비용

(e) 로봇 좌표계에서 정보 이득의 기댓값

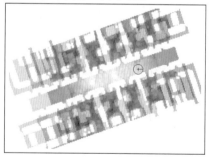

(f) (e)의 결과에 비용을 더한 결과(어두울수록 좋음)

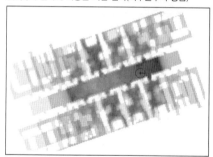

그림 17.3 액티브 로컬화. 이 그림은 다중 가설 포즈 분포에 대해 최적의 액션을 계산하기 위한 여러 가지 보조 함수를 보여준다.

좌표계에서 예상되는 점유 면적이 그림 17.3(c)에 나와 있다. 그림을 보면 가능한 확률로 각 로봇 포즈에 대한 알려진 점유 그리드 맵을 각 확률로 가중치를 붙여서 간단히 얻을 수 있다. 로봇은 포즈를 명확히 알지 못하기 때문에 위치 점유 여부를 알 수 없다. 따라서 예상 비용 맵의 '희미함fuzziness'이 발생한다. 그러나 로봇은 돌아다닐 수 있는 복도 모양의 영역에 높은 확률로 위치해 있다.

그림 17.3(c)는 목표 위치에 있는 비용을 나타낸다. 우리는 이 목표 위치로 이동하는 데 드는 비용을 구해야 한다. 우리는 이미 14장에서 최적의 경로 '밸류 이터레이션'을 이용해 그러한 모션 비용을 계산하는 알고리즘을 다뤘다. 그림 17.3(d)는 비용 함수로서 그림 17.3(b)의 맵에 적용된 밸류 이터레이션의 결과를 보여준다. 여기서 밸류는 로봇 외부로 전파된다(14장에서 본 개념과 마찬가지로 목표와 반대다). 따라서 이 맵에서 잠재적 목표 위치로 이동하는 데 드는 비용을 계산할 수 있다.

이 그림에서 알 수 있듯이 모션에 지장받지 않을 만큼 로봇의 주변 영역이 크다. 실제로 이 지역은 로봇이 실제로 어디에 위치해 있더라도 복도에 해당한다. 이 지역을 벗어나 방들 중 한 곳으로 이동하면 예상 비용이 높아진다. 왜냐하면 알려지지 않은 로봇의 정확한 위치에 따라 이러한 모션의 유효성이 결정되기 때문이다.

그리디 탐사를 하려면 정보 이득의 기댓값을 결정해야 한다. 가능한 범위 측정을 시뮬레이션하고 결과를 통합하고 베이지안 업데이트 후 정보를 측정해 근삿값을 구할 수 있다. 각각의 가능한 위치에 대해 이 평가 단계를 반복하면 예상되는 정보 이득 맵이 만들어진다. 이 결과가 그림 17.3(e)이다. 이 맵에서는 색이 어두울수록 로봇의 포즈 추정값에 비해 더 많은 정보를 제공함을 의미한다. 일단 방에서 가장 정보를 많이 얻을 수 있다. 복도의 양쪽 끝으로 갈수록 그렇다. 따라서 순수한 정보 수집 관점에서 로봇은 방들 중 하나에 들어가려고 해야 한다.

비용 맵을 정보 이득의 기댓값에 더하면 그림 17.3(f)를 얻을 수 있다. 목표 위치가 어두울수록 좋다. 결합된 함수에서 방 외부는 여전히 높은 비용을 보이고 있지만, 이동 비용이 상대적으로 높기 때문에 실용성이 떨어졌다. 이 시점에는 복도 끝부분이 가장 높게 나온다.

이제 로봇은 조합한 값이 가장 높은 위치로 이동한다. 이 값은 복도의 바깥쪽 영역으로 이동하므로 안전하게 돌아다닐 수 있다. 그림 17.3(a)에서 이것은 '2'로 표시된 위치에서 '3'으로 표시된 위치로의 전환에 해당한다.

이제 그리디 액티브 탐사 규칙이 다시 시행된다. 위치 '3'에서의 빌리프는 그림

(a) 빌리프 분포

(b) 로봇 좌표계에서 점유 경로

(c) 모션의 기대 비용

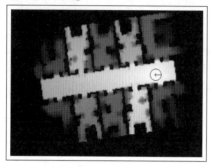

(d) 로봇 좌표계에서 정보 이득의 기댓값

(e) (d)의 결과에 비용을 더한 결과(어두울수록 좋음)

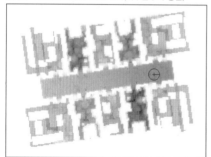

(f) 액티브 로컬화 이후 최종 빌리프 결과

그림 17.4 두 가지 모드를 사용하는 빌리프를 위한 이후 어느 시점의 로컬화 결과

17.4(a)에 묘사되어 있다. 확실히, 이전의 탐사는 사후확률의 모드를 6에서 2로 줄이는 효과가 있었다. 그림 17.4(b)는 로봇 중심 좌표의 새로운 점유율 맵이다. 그림 17.4(c)는 해당 밸류 함수다. 그림 17.4(d)에서 볼 수 있듯이 기대되는 정보 이득은 이

제 방에서만 균일하게 높다. 그림 17.4(e)는 조합된 이득 비용 맵을 보여준다. 이 시점에서 대칭적으로 열려 있는 방으로 이동하는 비용이 가장 낮으므로 로봇이 거기로 이동해 모호성이 대부분 해결된다. 한 단계 후, 즉 다음번 심의를 거친 후 최종 빌리프는 그림 17.4(f)에서 확인할 수 있다.

그리디 액티브 로컬화 알고리즘에도 단점은 있다. 첫 번째 단점은 그리디 속성으로 인해 지식 습득을 극대화하는 여러 탐구 활동을 구성할 수 없다는 것이다. 또 다른 단점은 우리의 액션 정의 결과다. 알고리즘은 목표 위치로 이동하는 동안 획득할 측정값을 고려하지 못한다. 대신 로봇이 측정에 반응할 수 없는 개방 루프 제어로 로봇은 각 모션을 처리한다. 로봇의 위치가 닫힌 문 앞일 경우 실제 로봇은 도달하기 전에 목표 지점을 포기할 수 있다. 그러나 계획 중에 그러한 조항은 고려하지 않는다. 이를 통해 앞의 예제에서 차선의 선택이 이뤄지는 과정을 이해할 수 있을 것이다. 즉, 'A'라고 표시된 방을 탐색하기 전에 로봇이 'B'라고 표시된 공간을 탐색하는 상황을 잘 생각해보기 바란다. 결과적으로 로컬화는 이론적으로 필요한 것보다 오래 걸리는 경향이 있다. 그렇더라도 이 알고리즘은 실제로 잘 수행된다.

17.4 점유 그리드 맵 학습을 위한 탐사

17.4.1 정보 이득 계산

그리디 탐사는 로봇 매핑에도 적용될 수 있다. 매핑 문제에는 로봇 로컬화보다 미지의(모르는) 변수가 더 많다. 따라서 고차원 추정 문제까지 다루는 지식 이득 기댓값을 계산하기 위한 기술이 필요하다. 점유 그리드 맵에서 탐사에 대한 '트릭'은 점유 그리드 맵에 대한 효율적인 업데이트 알고리즘을 정의하는 것과 동일하다. 우리는 각기 다른 그리드 셀이 서로 독립이라고 가정하고 정보 이득을 처리한다.

그림 17.5(a)와 같은 점유 그리드 맵을 생각해보자. 이 맵에는 맵 중앙의 넓은 아무것도 없는 구역free area과 이미 잘 알고 있는 많은 벽과 장애물 등, 여러 가지 탐사 결과가 잘 반영되어 있다. 맵 밖의 큰 회색 영역처럼 다른 부분은 아직 탐사하지 않은 상태로 남아 있다. 그리디 탐사는 정보 이득이 최대가 되는 가장 가까우면서도 아

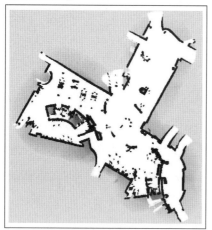

(a) 점유 그리드 맵

(b) 셀 엔트로피

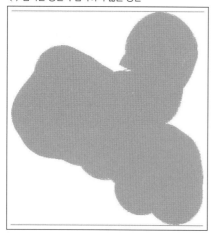

(c) 탐사한 공간과 탐사하지 않은 공간

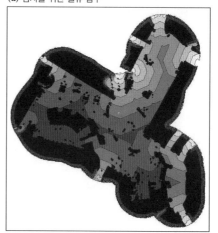

(d) 탐사를 위한 밸류 함수

그림 17.5 매핑을 위한 필수 단계의 예: (a) 부분 그리드 맵, (b) 맵 엔트로피, (c) 정보가 없는 공간, (d) 최적의 탐사를 위한 밸류 함수

직 탐사하지 않은 영역으로 로봇을 이동하게 한다. 그러면 이득을 어떻게 계산해야할까?

세 가지 가능한 기술이 있다. 이들 모두 공통적으로 로봇 액션의 함수가 아니라 그리드 셀별로 정보 이득을 계산한다. 이렇게 하면 원래 그리드 맵과 동일한 그리드상에서 정의한 2차원 맵인 정보 이득 맵을 얻을 수 있다. 이 기법들은 근사화 결과의 퀄리티에서 차이를 보인다.

- **엔트로피**: 각 셀의 엔트로피 계산은 간단하다. i번째 셀을 $\mathbf{m}_i$로 표시하고, 점유 가능성을 $p_i = p(\mathbf{m}_i)$로 놓는다. 그러면 이진 점유 변수의 엔트로피를 다음과 같이 정리할 수 있다.

$$H_p(\mathbf{m}_i) \quad = \quad -p_i \, \log p_i - (1 - p_i) \, \log(1 - p_i) \tag{17.8}$$

그림 17.5(b)는 그림 17.5(a)에 표시된 맵의 각 셀에 대한 엔트로피를 보여준다. 위치가 밝아질수록 엔트로피값도 커진다. 맵의 중앙 영역은 대부분 엔트로피가 낮지만 장애물 주변이나 내부의 몇 가지 영역은 예외다. 이것은 맵의 대부분이 이미 잘 탐사되어 있기 때문에 우리가 생각했던 것과 일치한다. 외곽 지역은 엔트로피가 높기 때문에 탐사할 수 있는 좋은 지역이 될 수 있다. 따라서 엔트로피 맵은 실제로 탐사되지 않은 장소에 높은 정보 밸류를 할당한다.

- **정보 이득의 기댓값**: 기술적으로 엔트로피는 현재의 정보만을 측정한다. 로봇이 셀 근처에 있을 때 로봇이 센서를 통해 얻을 수 있는 정보를 지정하지 않는다. 정보 이득의 기댓값 계산은 약간 더 복잡하며, 로봇의 센서가 제공하는 정보의 성격에 대한 가정이 추가로 필요하다.

센서가 점유 여부를 맞게 측정할 확률이 p_{true}이고, 잘못 측정할 확률은 $1 - p_{\text{true}}$라고 가정한다. 그러면 '점유' 여부의 기댓값을 다음과 같은 확률로 표현할 수 있다.

$$p^+ \quad = \quad p_{\text{true}} \, p_i + (1 - p_{\text{true}}) \, (1 - p_i) \tag{17.9}$$

표준 점유 그리드 업데이트를 통해 새로운 확률값을 만든다. 이는 9장에서 설명한 점유 그리드 매핑 알고리즘을 이용해 구할 수 있다.

$$p_i' \quad = \quad \frac{p_{\text{true}} \, p_i}{p_{\text{true}} \, p_i + (1 - p_{\text{true}}) \, (1 - p_i)} \tag{17.10}$$

이 사후확률의 엔트로피는 다음과 같다.

$$H_{p'}^{+}(\mathbf{m}_i) \tag{17.11}$$

$$
\begin{aligned}
= \; & -\frac{p_{\text{true}}\, p_i}{p_{\text{true}}\, p_i + (1 - p_{\text{true}})\,(1 - p_i)} \; \log \frac{p_{\text{true}}\, p_i}{p_{\text{true}}\, p_i + (1 - p_{\text{true}})\,(1 - p_i)} \\
& -\frac{(1 - p_{\text{true}})\,(1 - p_i)}{p_{\text{true}}\, p_i + (1 - p_{\text{true}})\,(1 - p_i)} \; \log \frac{(1 - p_{\text{true}})\,(1 - p_i)}{p_{\text{true}}\, p_i + (1 - p_{\text{true}})\,(1 - p_i)}
\end{aligned}
$$

마찬가지로, 센서가 '주변에 아무 장애물이 없음'을 센싱할 확률은 다음과 같다.

$$p^{-} = p_{\text{true}}\,(1 - p_i) + (1 - p_{\text{true}})\, p_i \tag{17.12}$$

그리고 사후확률은 다음과 같다.

$$p'_i = \frac{(1 - p_{\text{true}})\, p_i}{p_{\text{true}}\,(1 - p_i) + (1 - p_{\text{true}})\, p_i} \tag{17.13}$$

사후확률은 다음과 같은 엔트로피를 갖는다.

$$H_{p'}^{-}(\mathbf{m}_i) \tag{17.14}$$

$$
\begin{aligned}
= \; & -\frac{(1 - p_{\text{true}})\, p_i}{p_{\text{true}}\,(1 - p_i) + (1 - p_{\text{true}})\, p_i} \; \log \frac{(1 - p_{\text{true}})\, p_i}{p_{\text{true}}\,(1 - p_i) + (1 - p_{\text{true}})\, p_i} \\
& -\frac{p_{\text{true}}\,(1 - p_i)}{p_{\text{true}}\,(1 - p_i) + (1 - p_{\text{true}})\, p_i} \; \log \frac{p_{\text{true}}\,(1 - p_i)}{p_{\text{true}}\,(1 - p_i) + (1 - p_{\text{true}})\, p_i}
\end{aligned}
$$

앞에서 본 방정식을 반영하면, 센싱 후 엔트로피 기댓값을 다음과 같이 구할 수 있다.

$$
\begin{aligned}
E[H_{p'}(\mathbf{m}_i)] \; = \; & p^{+}\, H_{p'}^{+}(\mathbf{m}_i) \; + \; p^{-}\, H_{p'}^{-}(\mathbf{m}_i) \tag{17.15} \\
= \; & -p_{\text{true}}\, p_i \; \log \frac{p_{\text{true}}\, p_i}{p_{\text{true}}\, p_i + (1 - p_{\text{true}})\,(1 - p_i)} \\
& -(1 - p_{\text{true}})\,(1 - p_i) \; \log \frac{(1 - p_{\text{true}})\,(1 - p_i)}{p_{\text{true}}\, p_i + (1 - p_{\text{true}})\,(1 - p_i)} \\
& -(1 - p_{\text{true}})\, p_i \; \log \frac{(1 - p_{\text{true}})\, p_i}{p_{\text{true}}\,(1 - p_i) + (1 - p_{\text{true}})\, p_i} \\
& -p_{\text{true}}\,(1 - p_i) \; \log \frac{(1 - p_{\text{true}})\, p_i}{p_{\text{true}}\,(1 - p_i) + (1 - p_{\text{true}})\, p_i}
\end{aligned}
$$

(a) 맵 세그먼트	(b) 엔트로피	(c) 예상 정보 이득
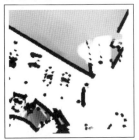		

그림 17.6 맵, 엔트로피 및 예상 정보 이득. 적절한 스케일링을 반영할 경우 엔트로피와 예상 정보는 거의 구별할 수 없음을 이 그림을 통해 알 수 있다.

식 (17.4)의 정의에 따라 그리드 셀 $\mathbf{m}_i$를 감지할 때 예상되는 정보 이득은 $H_p(\mathbf{m}_i) - E[H_{p'}(\mathbf{m}_i)]$로 간단히 구할 수 있다.

그렇다면 엔트로피 기댓값보다 정보 이득의 기댓값이 얼마나 더 좋을까? 이에 대한 답은 그리 크지 않다는 것이다. 그림 17.6을 보자. (b)에서는 엔트로피를, (c)에서는 정보 이득의 기댓값을, (a)에서는 맵 세그먼트를 보여준다. 시각적으로 볼 때 엔트로피와 정보 이득의 기댓값은 서로 다르지만 거의 구별할 수 없다. 이를 통해 왜 정보 이득의 기댓값 대신 엔트로피를 탐사의 함수로 사용하는지 알 수 있다.

- **이진 이득**: 세 번째 방법은 가장 단순하며 가장 많이 사용된다. 정보 이득의 기댓값을 계산하는 매우 기본적인 근사화 기법은 최소 한 번 이상 탐사한 셀들을 '탐사했음'으로 표시하고, 다른 모든 셀을 '탐사하지 않음'으로 표시한다. 따라서 이득은 이진 함수가 된다.

그림 17.5(c)는 이러한 이진 맵을 보여준다. 바깥쪽 흰 부분에만 새로운 정보가 있다(맵 내부는 완전히 탐사된 것으로 간주한다). 이 정보 이득 맵은 여기서 설명한 모든 근사화 기법 중 분명히 가장 기본적이지만 탐사 로봇을 계속해서 탐사하지 않은 지형으로 푸시한다는 점에서 실제로 잘 작동하는 경향이 있다. 이 이진 맵은 탐사 공간에 가장 가까운 미개척 영역으로 로봇이 계속 이

동하는 프론티어 기반 탐사^{frontier-based exploration}라는 널리 사용되는 탐사 알고리즘의 핵심이다.

17.4.2 이득값 전파

이제 남은 질문은 맵을 활용하는 그리디 탐사 기술을 개발하는 데 초점이 맞춰져 있다. 액티브 로컬화 예제에서 본 것처럼, 이를 위해 적절한 탐사 액션의 정의가 필요하다.

탐사 액션^{exploration action}은 '최소 비용 경로를 따라 x-y 좌표의 위치로 이동한 다음 로봇 주변의 작은 원형 지름의 모든 그리드 셀을 감지하는 것'으로 간단명료하게 정의할 수 있다. 따라서 맵의 각 위치는 잠재적 탐사 액션을 정의한다.

가장 좋은 그리디 탐사 액션의 계산은 이제 밸류 이터레이션을 사용해 쉽게 수행 가능하다. 그림 17.5(d)는 그림 17.5(a)에 표시된 맵의 결과 밸류 함수와 그림 17.5(c)의 이진 정보 이득 맵을 보여준다. 밸류 이터레이션 방식은 이러한 이진 이득 맵을 가정한다. 이득은 미지의 위치에서만 얻을 수 있다.

중심의 밸류 업데이트는 다음과 같은 재귀식을 통해 구현한다.

$$V_T(\mathbf{m}_i) \quad = \quad \begin{cases} \max_j \ r(\mathbf{m}_i, \mathbf{m}_j) + V_{T-1}(\mathbf{m}_j) & I(\mathbf{m}_i) = 0 \text{인 경우} \\[2mm] I(\mathbf{m}_i) & I(\mathbf{m}_i) > 0 \text{인 경우} \end{cases} \qquad (17.16)$$

여기서 V는 밸류 함수이고, j는 $\mathbf{m}_i$에 인접한 모든 그리드 셀의 인덱스이며, r은 그곳으로 이동하는 비용을 나타낸다(일반적으로 점유 그리드 맵의 함수다). $I(\mathbf{m}_i)$는 셀 $\mathbf{m}_i$에서 얻는 정보다. 종결 조건 $I(\mathbf{m}_i) > 0$은 이진 정보 이득 맵에서 미지의 그리드 셀에만 적용된다.

그림 17.5(d)는 수렴 후의 밸류 함수를 보여준다. 여기서 밸류는 맵의 열린 영역 근처에서 가장 높고 맵의 내부에서는 가장 낮다. 탐사 기술은 이제 이 맵에서 힐 클라이밍 기법으로 최적의 경로를 결정한다. 이 경로를 통해 로봇은 미탐사 프론티어 중 가장 가까운 곳으로 바로 이동한다.

이 탐사 기법은 단순한 근삿값으로, 로봇이 목표 지점으로 이동하면서 획득한 정

(a) 탐사 밸류 함수

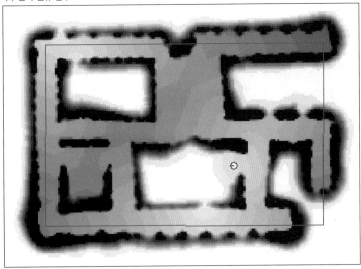

(b) 탐사 경로

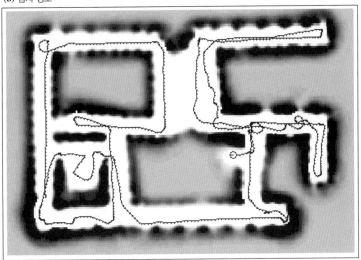

그림 17.7 자율 탐사의 예. (a) 밸류 이터레이션에 의해 산출된 탐사 밸류 V. 흰색 영역은 한 번도 탐사가 이뤄지지 않았음을 의미한다. 회색 영역의 그레이디언트를 따라가면, 로봇은 최소 비용 경로상에서 다음 미탐사 영역으로 이동한다. 커다란 검은색 직사각형은 글로벌 벽 방향 θ_{wall}을 나타낸다. (b) 자율 탐사 중 실제 경로는 결과 미터법 맵과 함께 이동한다.

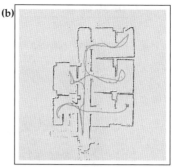

그림 17.8 (a) 실내 및 실외 탐사를 위한 최신형 로봇. 최신 로봇의 오도메트리는 별로 좋지 않다. (b) 자율 탐사 로봇의 탐사 경로. 본문에서 설명한 탐사 기법을 사용했다.

보를 완전히 무시한다. 따라서 탐지가 도중에 발생하지 않는다고 잘못 가정한다. 그러나 실제로는 잘 작동하는 경향이 있다. 그림 17.7은 밸류 함수와 탐색 로봇의 맵이다. 이 맵은 매우 유명한 자료로, 1994년 'AAAI 모바일 로봇 경진 대회Mobile Robot Competition'에서 발췌했다. 이 대회는 고속으로 환경 맵을 수집하는 것과 관련이 있다. 로봇에는 맵의 정확도가 상대적으로 낮은 24개의 소나 센서가 배열되어 있었다. 이 그림에서 가장 흥미로운 부분은 로봇 경로와 관련이 있다. 그림 17.7(b)에서 볼 수 있듯이 처음에는 탐사가 매우 효과적이며 로봇은 처음 탐사하는 복도들을 돌아다닌다. 그러나 이후 로봇은 다른 목표 위치들 사이를 왔다 갔다 하기 시작한다. 이러한 행동은 그리디 탐사 기술에서 매우 일반적이며, 대부분의 최신 구현은 이러한 동작을 피하기 위한 추가 메커니즘을 제공한다.

그림 17.8은 두 번째 예다. 오른쪽에 그려진 로봇 경로를 통해 그리디 탐사 알고리즘의 효율성을 잘 이해할 수 있다.

17.4.3 다중 로봇 시스템으로 확장

이득 추구 탐사 규칙은 로봇이 협업 탐사를 통해 맵을 획득하려고 하는 다중 로봇 시스템으로 자주 확장됐다. 일반적으로 K개의 로봇을 사용할 때 속도는 선형적으로 빨라진다. K개의 로봇은 단일 로봇과 비교했을 때 K배 이상으로 탐사에 필요한 시간을 줄이곤 하는데, 이를 소위 슈퍼 유니터리super-unitary하다고 할 수 있다. 이러한 슈퍼 유니터리 형태의 속도 향상이 일어나는 이유는 단일 로봇의 경우 많은 지역을 두 번씩 다녀야만 하기 때문이다. 즉, 탐사하기 위해 밖으로 나갔다가, 환경의 다른 부분을 탐사하기 위해 다시 돌아와야 하는 식이다. 적절한 수의 로봇을 사용하면 불필요하게 돌아오지 않아도 되고 속도 증가폭도 $2K$에 더 가까워진다. 여기서 계수 $2K$는 모든 방향으로 쉽게 탐사할 수 있는 로봇에 대한 상한값(최댓값)이다.

다중 로봇 탐사의 핵심은 조정과 관련이 있다. 정적 탐사에서는 그리디 작업 할당 기술을 통해 쉽게 수행할 수 있다. K개의 로봇이 부분적으로 탐사된 맵에 배치되는 상황을 고려해보자. 이제 탐사할 여러 프론티어 장소가 생겼다. 그리고 전체적인 탐사 효과를 그리디하게 최대화하는 방식으로 로봇을 여러 장소에 배치하는 알고리즘이 필요하다.

표 17.2의 **multi_robot_exploration**은 매우 간단한 알고리즘이다. 일련의 K개의 로봇 집합에 대해 K개의 탐사 목표 집합을 계산하는데, 이 집합은 조정 탐사 과정에서 로봇이 움직이는 위치다.

이 알고리즘은 먼저 각 로봇에 대해 하나씩 밸류 함수 V_k를 계산한다(2~10행). 그러나 이 밸류 함수는 지금까지 발견된 밸류 함수와 다르게 정의된다. 최솟값은 로봇 포즈에서 얻는다. 셀이 멀어질수록 밸류가 커진다. 그림 17.9와 그림 17.10은 이러한 밸류 함수의 몇 가지 예다. 각 경우에 로봇의 위치는 최솟값을 가지며, 도달 가능한 공간 전체에 걸쳐 값이 증가한다.

이러한 밸류 함수가 가능한 모든 그리드 셀에 대한 이동 비용을 측정하기는 쉽다. 각각의 개별 로봇에 대해 탐색할 최적의 프론티어 셀은 13행을 통해 계산되는데, 11행에서 계산된 이진 이득 맵에 따르면 아직 탐색되지 않은 V_k의 최소 비용 셀이다. 이 셀은 목표 지점으로 사용된다. 그러나 다른 로봇이 동일하거나 가까운 목표 위치를 사용하지 못하게 하려면 알고리즘이 선택한 목표 위치 부근에서 이득 맵을 0으로 재설정한다. 이 부분은 알고리즘의 14~16행을 참고한다.

multi_robot_exploration의 조정 메커니즘coordination mechanism은 다음과 같이 요약할 수 있다. 각 로봇은 가장 탐사 가능한 목표 지점을 그리디하게 선택하고 다른 로봇이

```
1:      Algorithm multi_robot_exploration(m, x_1, ..., x_K):

2:          for each robot k = 1 to K do
3:              Let m_k be the grid cell that contains x_k
4:              V_k(m_i) = { ∞   if m_i ≠ m_k
                             0   if m_i = m_k
5:              do until V_k converged
6:                  for all i do
7:                      V_k(m_i) ⟵ min_j {V_k(m_i), r(m_i, m_j) + V_k(m_j)}
8:                  endfor
9:              endwhile
10:         endfor

11:         compute the binary gain map m̄ from the map m
12:         for each robot k = 1 to K do
13:             set goal_k =      argmin        V_k(m_i)
                             i such that m̄_i=1
14:             for all cells m̄_j in ε-neighborhood of goal_k
15:                 set m̄_j = 0
16:             endfor
17:         endfor

18:         return {goal_1, goal_2, ..., goal_K}
```

표 17.2 다중 로봇 탐사 알고리즘

같은 지점 또는 가까운 지점을 선택하는 것을 금지한다. 그림 17.9와 그림 17.10은 이 조정의 효과가 어떤지 보여준다. 그림 17.9의 두 로봇은 각기 다른 위치에 있지만 탐사를 위해 동일한 프론티어 셀을 구분한다. 따라서 조정 없이 탐색할 때, 그들은 동일한 영역을 탐색하는 것을 목표로 둘 것이다. 그림 17.10은 이와 다르다. 여기서 첫 번째 로봇은 두 번째 로봇이 선택하지 못하도록 목표 위치를 선택한다. 이에 따라 두 번째 로봇은 더 나은 위치를 선택한다. 이렇듯 공동 탐사 작업은 이러한 갈등을 피하며, 결과적으로 더욱 효율적으로 탐사한다.

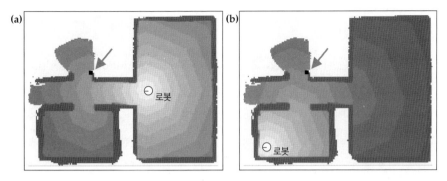

그림 17.9 두 가지 로봇 탐사 환경. 어떠한 좌표도 없이 양쪽 차량 모두 동일한 목표 위치에 도달하도록 결정한다. 각 이미지는 로봇, 맵, 밸류 함수를 나타내고 있다. 검은색 사각형은 최소 비용을 갖는 목표 지점을 의미한다.

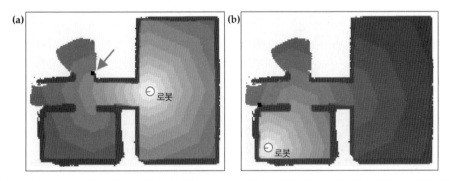

그림 17.10 조정 기법을 이용해 구한 목표 위치의 예. 이 경우 두 번째 로봇에 대한 목표 위치는 회랑의 왼쪽이다.

분명히 조정 메커니즘은 매우 단순하고 로컬 최솟값에 빠지기 쉽다. 그림 17.10에서 두 번째 로봇이 먼저 선택하도록 한다면 어떻게 될까? 그러면 첫 번째 로봇은 멀리 떨어진 타깃 위치를 선택하게 되고 두 로봇의 경로는 길을 따라 교차했을 것이다. 이렇게 경로가 교차하도록 하는 것도 어느 정도 최적화된 할당에서 좋은 기준 중 하나다. 그러나 이러한 경로 교차가 없을 경우 최적의 할당을 보장할 수 없다.

개선된 조정 기법은 이러한 충돌을 고려해 로봇이 목표 지점을 서로 교환할 수 있게 한다. 이러한 기술의 일반 버전의 경우 로봇이 목표 지점의 할당을 서로 교환할 수 있게 하여 전반적인 탐색 비용을 줄일 수 있다. 이러한 알고리즘을 종종 경매 메커니즘

auction mechanism이라고 한다. 결과 알고리즘은 종종 마켓 기반 알고리즘market-based algorithm
이라고도 한다.

그림 17.11은 실제 실험에서 알고리즘 **multi_robot_exploration**의 애플리케이션이
다. 여기서는 3대의 로봇이 알려지지 않은 환경을 탐사하고 있다. 가장 왼쪽 이미지
를 보면 모든 로봇이 시작 지점에 위치해 있다. 다른 이미지는 조정된 탐사 중에 다른
상황을 보여주고 있다. 그림 17.12는 추가 실행에서 동일한 로봇으로 구성된 맵이다.
실제로 로봇은 환경에 훌륭하게 분산되어 있음을 알 수 있다.

그림 17.13은 모든 로봇이 전혀 조정 없이 **Monte_Carlo_exploration** 알고리즘을
이용한 로봇 팀과 이 알고리즘의 성능 비교 결과다. x축은 팀의 로봇 수를 나타낸다.
y축은 탐색 작업을 완료하는 데 필요한 시간 간격 수를 나타낸다. 이 실험에서 로봇
은 항상 로컬 맵을 공유한다고 가정했다. 또한 모든 로봇이 서로 가깝게 시작했다고
가정했다. 결과를 보면 조정되지 않은 로봇이 조정된 팀보다 훨씬 효율적이지 않음을

그림 17.11 모바일 로봇 팀의 조정 탐사 예. 로봇은 환경에 골고루 분포되어 있다.

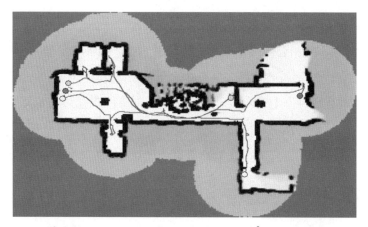

그림 17.12 8분 동안 3개의 로봇이 학습한 62 × 42m² 크기의 환경 맵

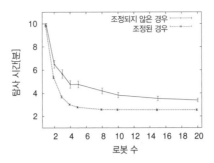

그림 17.13 각기 다른 크기의 로봇 팀들이 그림 17.12의 왼쪽 환경을 탐사하는 시뮬레이션 실험에서 구한 탐사 시간

확실히 알 수 있다.

지금까지 설명한 조정 전략은 로봇이 맵을 공유하고 상대 위치를 알고 있다고 가정했다. 상대적 로봇 위치의 불확실성을 고려해 로봇이 미지의 다른 위치에서 시작하는 경우 다중 로봇 탐사를 확장할 수 있다.

그림 17.14는 이러한 확장된 조정 기법을 사용한 탐사 실행을 보여준다. 두 로봇 A

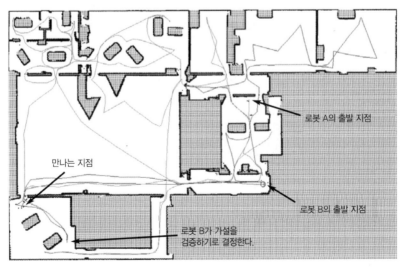

그림 17.14 알 수 없는 시작 위치에서 조정된 탐사 결과. 로봇은 랑데부 접근법을 사용해 상대 위치를 추정하고 확인함으로써 공통된 참조 프레임을 설정한다. 그들이 만나면 맵을 공유하고 탐사를 조정한다. 출처: Jonathan Ko, Benson Limketkai

와 B는 상대적인 시작 위치를 알지 못한다. 처음에 로봇은 서로 독립적으로 탐색한다. 탐사 과정에서 각 로봇은 MCL 로컬화 버전을 수정해 다른 로봇의 위치를 자체 맵과 비교하여 추정한다. 다음으로 이동할 장소를 결정할 때 A와 B는 모두 비경쟁 지역으로 이동하거나 다른 로봇의 위치에 대한 가설을 검증하는 것이 '더 나은지'를 고민한다. 특정 시점에서 B는 A의 위치에 대한 가설을 검증하기로 결정한다. A에게 메시지를 보내고 A가 가설로 세운 위치로 이동한다(그림 17.14에서 만나는 지점으로 표시되어 있다). 이 위치에 도달하면 두 로봇은 레이저 범위 파인더를 사용해 다른 로봇의 존재를 확인한다(로봇에는 고성능 반사 테이프가 붙어 있다). 서로를 감지하면 맵이 병합되고 로봇은 공통된 참조 프레임을 공유한다. 그다음부터는 알고리즘 **multi_robot_exploration**을 사용해 환경을 탐색한다. 미지의 시작 위치에서 이러한 탐사 기술은 2개 이상의 로봇이 관련된 시나리오에 적용될 수 있다.

17.5 SLAM을 위한 탐사

이 책의 마지막 알고리즘에서는 그리디 탐사 아이디어를 전체 SLAM 알고리즘에 적용한다. 앞에서는 항상 맵 또는 로봇의 포즈가 알려져 있다고 가정했다. 그러나 SLAM에서는 우리도 알지 못한다. 따라서 맵의 불확실성뿐만 아니라 탐사 방법을 선택할 때 로봇 포즈의 불확실성을 고려해야 하며, 둘 다에 대한 지식을 얻거나 잃을 수 있다. 차량의 포즈에 대한 지식이 없으면 센서 정보를 맵에 통합할 때 심각한 오차가 발생할 수 있다. 반면 포즈 불확실성을 줄이는 데 초점을 둔 로봇은 단순히 움직이지 않을 것이므로 초기 센서 반경보다 큰 환경에 대한 정보는 결코 얻지 못할 것이다.

17.5.1 SLAM의 엔트로피 분해

SLAM에서 최적의 탐사를 위한 핵심 개념은 SLAM 사후 엔트로피가 두 가지 측면으로 분해될 수 있다는 것이다. 하나는 사후 포즈의 엔트로피에 관한 것이고, 다른 하나는 맵의 엔트로피 기댓값에 관한 것이다. 이런 식으로 탐사 SLAM 로봇은 맵의 불확실성으로 로봇 포즈의 불확실성을 없앤다. 제어 액션은 둘 중 하나만 줄이는 경향이 있다. 루프를 닫을 때 로봇은 주로 포즈의 불확실성을 줄인다. 미탐사 지형으로 이동하면 맵의 불확실성이 크게 줄어든다. 두 가지를 모두 고려해볼 때 감소가 더 큰 쪽의 로봇이 이긴다. 그리고 로봇은 종종 개방된 지형으로 이동하고 때로는 알려진 지형으로 다시 이동해 다시 위치를 잡을 수 있다.

엔트로피의 분해는 실제로 전체 SLAM 문제에서 보편적이다. 전체 SLAM의 사후확률을 생각해보자.

$$p(x_{1:t}, m \mid z_{1:t}, u_{1:t}) \tag{17.17}$$

이 사후확률은 다음과 같이 분해할 수 있다.

$$p(x_{1:t}, m \mid z_{1:t}, u_{1:t}) = p(x_{1:t} \mid z_{1:t}, u_{1:t}) \, p(m \mid x_{1:t}, z_{1:t}, u_{1:t}) \tag{17.18}$$

이건 앞에서 식 (13.2)를 통해 이미 확인했다. 여기에는 다음과 같은 속성이 포함되어 있다.

$$\begin{aligned}
& H[p(x_{1:t}, m \mid z_{1:t}, u_{1:t})] \\
&= H[p(x_{1:t} \mid z_{1:t}, u_{1:t})] + E\left[H[p(m \mid x_{1:t}, z_{1:t}, u_{1:t})]\right]
\end{aligned} \tag{17.19}$$

여기서 기댓값은 사후확률 $p(x_{1:t} \mid z_{1:t}, u_{1:t})$를 통해 구할 수 있다.

전체 사후확률 $p(x_{1:t} \mid z_{1:t}, u_{1:t})$를 줄여서 $p(x, m)$으로 쓰면, 맨 처음 쓴 분해식을 다음과 같이 유도할 수 있다.

$$\begin{aligned}
H(x, m) &= E_{x,m}[-\log p(x, m)] \\
&= E_{x,m}[-\log(p(x)\,p(m \mid x))] \\
&= E_{x,m}[-\log p(x) - \log p(m \mid x)] \\
&= E_{x,m}[-\log p(x)] + E_{x,m}[-\log p(m \mid x)] \\
&= E_x[-\log p(x)] + \int_{x,m} -p(x, m) \log p(m \mid x) \, dx \, dm \\
&= E_x[-\log p(x)] + \int_{x,m} -p(m \mid x)p(x) \log p(m \mid x) \, dx \, dm \\
&= E_x[-\log p(x)] + \int_x p(x) \int_m -p(m \mid x) \log p(m \mid x) \, dx \, dm
\end{aligned} \tag{17.20}$$

$$= H(x) + \int_x p(x)\, H(m \mid x)\, dx$$
$$= H(x) + E_x[H(m \mid x)]$$

이러한 변환 과정에는 식 (17.19)의 변환 과정이 내포되어 있다. 이를 통해 SLAM 엔트로피가 맵의 엔트로피 기댓값과 경로 엔트로피를 더한 것임을 알 수 있다.

17.5.2 FastSLAM의 탐사

엔트로피 분해는 실제 SLAM 탐사 알고리즘에서 활용된다. 우리의 방법은 13장에서 설명한 FastSLAM 알고리즘과 특히 13.10절에서 설명한 그리드 기반 FastSLAM 알고리즘을 기반으로 한다. FastSLAM은 일련의 입자로 SLAM 사후확률을 나타낸다. 각 입자는 로봇 경로를 포함한다. 그리드 기반 구현의 경우, 각 입자는 점유 그리드 맵을 포함한다. 이것은 앞에서 설명한 것처럼 점유 그리드 맵에 대한 엔트로피 측정을 적용 가능하게 만든다.

탐사 액션 순서를 결정하기 위한 알고리즘이 표 17.3에 나와 있다. 이 알고리즘의 구현과 관련된 여러 중요한 질문은 여전히 답을 구하지 못한 상태이므로 개념 이해 수준으로 보면 된다. 그러나 이는 SLAM 탐사 아이디어의 실질적인 구현에 있어 모든 중요한 단계를 다루고 있다.

FastSLAM 탐색 알고리즘은 본질적으로 테스트 및 평가 알고리즘이다. 즉, 탐사를 위한 액션의 코스를 제안한다. 그런 다음 잔여 엔트로피를 측정해 이러한 액션을 평가한다. 앞에서 논의한 기본 통찰력을 바탕으로 엔트로피는 두 가지 항을 추가해 계산한다. 하나는 제안된 탐색 시퀀스의 끝에서 로봇 포즈에 해당하는 항이고, 다른 하나는 맵 엔트로피의 기댓값에 관한 항이다. 탐사 알고리즘은 결과 엔트로피를 최소화하는 제어를 선택한다.

FastSLAM_exploration 알고리즘은 입력으로 입자 집합을 받아들이고 탐사를 위해 제안한 일련의 제어를 결과로 리턴한다. 표 17.3의 4행에서 잠재적 제어 시퀀스를 제안하고 있다. 제어 시퀀스의 평가는 알고리즘 5~16행에서 이뤄지며, 세 부분으로 구성되어 있다. 먼저, 입자 집합의 입자를 무작위로 선정하고 이를 기반으로 로봇을 시

1:　　　**Algorithm FastSLAM_exploration(Y_t):**

2:　　　　*initialize $\hat{h} = \infty$*

3:　　　　*repeat*

4:　　　　　*propose an exploration control sequence $u_{t+1:T}$*

5:　　　　　*select a random particle $y_t \in Y_t$*

6:　　　　　*for $\tau = t + 1$ to T*

7:　　　　　　*draw $x_\tau \sim p(x_\tau \mid u_\tau, x_{\tau-1})$*

8:　　　　　　*draw $z_\tau \sim p(z_\tau \mid x_\tau)$*

9:　　　　　　*compute $Y_\tau = $ **FastSLAM**$(z_\tau, u_\tau, Y_{\tau-1})$*

10:　　　　　*endfor*

11:　　　　　*fit a Gaussian μ_x, Σ_x to all pose particles $\{x_T^{[k]}\} \in Y_T$*

12:　　　　　*$h = \frac{1}{2} \log \det(\Sigma_x)$*

13:　　　　　*for particles $k = 1$ to M do*

14:　　　　　　*let m be the map $m_T^{[k]}$ from the k-th particle in Y_T*

15:　　　　　　*update $h = h + \frac{1}{M} H[m]$*

16:　　　　　*endfor*

17:　　　　　*if $h < \hat{h}$ then*

18:　　　　　　*set $\hat{h} = h$*

19:　　　　　　*set $\hat{u}_{t+1:T} = u_{t+1:T}$*

20:　　　　　*endif*

21:　　　　*until convergence*

22:　　　　*return $\hat{u}_{t+1:T}$*

표 17.3 FastSLAM 알고리즘의 그리드 기반 버전에 대한 탐사 알고리즘. 입자 집합 Y_t를 입력으로 받는다. 각 입자 $y_t^{[k]}$는 샘플링한 로봇 경로 $x_{1:t}^{[k]}$와 연관 점유 그리드 맵 $m^{[k]}$를 포함한다. 결과는 탐사 경로이며, 상대적 모션 명령으로 표현한다.

정리. 차원이 d이고 공분산이 Σ인 다변량 가우시안의 엔트로피는 다음과 같다.

$$H = \frac{d}{2}(1 + \log 2\pi) + \frac{1}{2}\log\det(\Sigma)$$

증명. 다음을 이용한다.

$$p(x) = (2\pi)^{-\frac{d}{2}} \det(\Sigma)^{-\frac{1}{2}} \exp\left\{-\frac{1}{2}x^T \Sigma^{-1} x + x^T \Sigma^{-1} \mu - \frac{1}{2}\mu^T \Sigma^{-1} \mu\right\}$$

결과는 다음과 같다.

$$\begin{aligned}
H_p[x] &= E[-\log p(x)] \\
&= \frac{1}{2}\left(d\log 2\pi + \log\det(\Sigma) + E[x^T \Sigma^{-1} x] - 2E[x^T]\Sigma^{-1}\mu + \mu^T \Sigma^{-1} \mu\right)
\end{aligned}$$

여기서 $E[x^T] = \mu^T$이고, $E[x^T \Sigma^{-1} x]$는 다음과 같이 정리할 수 있다(여기서 '·'는 벡터의 내적 연산이다).

$$\begin{aligned}
E[x^T \Sigma^{-1} x] &= E[x\, x^T \cdot \Sigma^{-1}] \\
&= E[x\, x^T] \cdot \Sigma^{-1} \\
&= \mu\, \mu^T \cdot \Sigma^{-1} + \Sigma \cdot \Sigma^{-1} \\
&= \mu^T \Sigma^{-1} \mu + d
\end{aligned}$$

따라서 다음과 같은 결과를 얻을 수 있다.

$$\begin{aligned}
H_p[x] &= \frac{1}{2}\left(d\log 2\pi + \log\det(\Sigma) + \mu^T \Sigma^{-1}\mu + d - 2\mu^T \Sigma^{-1}\mu + \mu^T \Sigma^{-1}\mu\right) \\
&= \frac{d}{2}(1 + \log 2\pi) + \frac{1}{2}\log\det(\Sigma)
\end{aligned}$$

표 17.4 다변량 가우시안의 엔트로피

뮬레이션한다. 이 시뮬레이션은 로봇과 환경의 확률 모델을 사용한다. 결과는 제어 궤적의 끝부분까지 포함하는 일련의 입자 집합이다. 이 시뮬레이션은 알고리즘 5~9 행에서 수행된다.

이어서 최종 입자 집합의 엔트로피를 계산한다. 식 (17.19)의 수학적 분해를 통해, 엔트로피는 시간 T에서 로봇 포즈 추정값의 엔트로피와 관련된 항 및 예상되는 맵 불확실성과 관련된 항 2개로 분해할 수 있다. 첫 번째 항은 알고리즘 11~12행에서 계산한다. 그 정확성은 표 17.4에서 유도한 가우시안 엔트로피 계산을 따른다.

두 번째 엔트로피 항의 계산은 알고리즘 13~16행에서 이뤄진다. 두 번째 항의 계산에는 맵 m의 엔트로피가 포함되어 있다. 점유 그리드 맵의 경우 이 계산은 앞에서 설명한 것과 유사하다. 알고리즘 13~16행은 맵의 평균 엔트로피를 계산하는데, 여기서 평균은 시간 T에서의 모든 입자에 대해 취해진다. 결과는 제안된 제어 시퀀스에 따라 시간 T에서 엔트로피 기댓값을 측정하는 밸류 h이다. 17~20행에서는 이 엔트로피 기댓값을 최소화하는 액션 시퀀스를 선택한다. 이 액션 시퀀스는 궁극적으로 알고리즘 22행에서 결과로 리턴한다.

이 알고리즘은 근사화 기법을 사용해 11행에서 이동 궤적에 대한 사후 엔트로피를 계산한다. 모든 이동 궤적 입자 $y_T^{[k]}$에 가우시안을 맞추는 대신 마지막 포즈 $x_T^{[k]}$를 기반으로 계산한다. 이 근사는 실제로 잘 작동하며 탐사 작업 근사화 개념과 유사하다.

요약하면, FastSLAM 탐사 알고리즘은 본질적으로 두 가지 통찰력을 가지고 표 17.1에 명시된 몬테카를로 탐색 알고리즘의 확장 버전이다. 첫째, 단일 제어가 아닌 전체 제어 시퀀스에 적용된다. 둘째, FastSLAM 탐사 알고리즘이 로봇 경로에 관련된 엔트로피와 맵에 대한 두 가지 유형의 엔트로피를 계산한다.

17.5.3 경험적 특징

탐사 알고리즘은 특히 순환 환경에서 적절한 탐사 행동을 유도한다. 그림 17.15는 로봇이 루프^{loop}를 포함하는 순환 환경^{cyclic environment}을 탐사하는 상황을 보여준다. 로봇은 '시작'으로 표시된 루프의 오른쪽 하단 코너에서 시작한다. 시간 단계 35에서 로봇에 의해 고려된 작업이 시작으로 돌아가고 이 마커의 왼쪽에 있는 알려지지 않은 영역으로 돌아간다. 새로운 맵 정보 이외에도 포즈 불확실성이 줄어들기 때문에 시작으로 돌아가기 위한 지식 이득 기댓값은 탐사되지 않은 지형으로 이동하는 것보다 높다. 따라서 탐색 로봇은 루프를 닫고 이전에 탐사한 지형으로 이동하기로 적극적으로 결정했다.

그림 17.16은 비용 혜택^{cost-benefit}을 좀 더 가깝게 조사한다. 보다시피 8개의 다른 액션이 표시되어 있다. 액션 1의 유용성이 가장 높다. 이것은 특히 액션 4(및 기타 비루프 폐쇄 액션)의 유용성보다 중요하며, 이는 상당히 낮다.

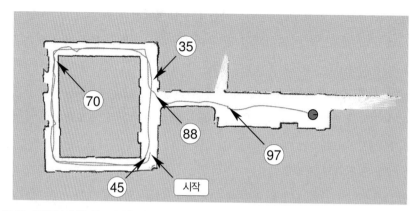

그림 17.15 모바일 로봇은 루프가 있는 환경을 탐색한다. 로봇은 루프의 오른쪽 하단 코너에서 시작한다. 이를 횡단한 후, 불확실성을 줄이기 위해 이전 이동 궤적을 다시 따르기로 결정한다. 그런 다음 복도 탐사를 계속한다. 출처: Cyrill Stachniss, University of Freiburg

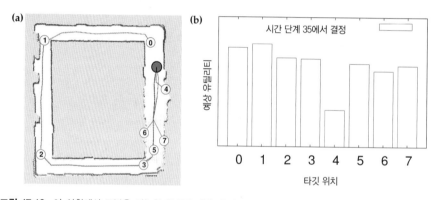

그림 17.16 이 상황에서 로봇은 가능한 액션의 예상 유틸리티를 결정한다. (a) 로봇이 고려한 탐사 액션, (b) 각 액션의 예상 유틸리티. 예상 유틸리티를 최대화하므로 액션 1이 선택된다. 출처: Cyrill Stachniss, University of Freiburg

시간 단계 45에서 그림 17.15와 같이 로봇이 루프를 닫는다. 이 시점에서 포즈 불확실성은 최소화되고 맵 불확실성이 우세해지기 시작한다. 결과적으로 루프 폐쇄 액션이 매력적이지 않다. 시간 88에서 로봇은 열린 영역을 탐사하기로 선택하고, 그림 17.15처럼 진행한다.

그림 17.17은 이 실험에서 전체 엔트로피가 시간이 지남에 따라 발전된 모습을 보여준다. 시간 단계 30까지 맵 불확실성 감소와 로봇의 궤적에 대한 불확실성 증가의

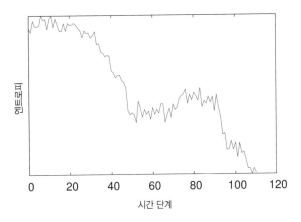

그림 17.17 그림 17.15의 탐사 실험 과정에서 엔트로피의 진화 결과. 출처: Cyrill Stachniss, University of Freiburg

상쇄가 일어난다. 따라서 엔트로피는 어느 정도 상숫값을 유지한다. 루프 폐쇄 액션을 실행하면 로봇의 궤적에 대한 빌리프에서 엔트로피가 감소하는 반면 맵 불확실성에서 변화는 상대적으로 작다. 이것은 전체 엔트로피의 감소로 이어진다. 로봇이 평평한 복도에서 지금까지 알려지지 않은 영역을 포함하는 측정값을 통합하자마자 맵과 포즈 불확실성의 변화가 다시 상호 보완을 일으킨다. 시간 단계 90 주변에서 전체 엔트로피가 감소한 이유는 평평한 복도의 더 넓은 부분에서 관찰이 이뤄졌기 때문이다. 이는 점유 그리드 맵에서 범위 스캔을 활용해 맵 불확실성이 줄어드는 것이 스캔으로 커버되는 미지의 영역 크기에 선형적으로 비례 관계에 있기 때문이다.

경로와 맵의 불확실성과 그에 상응하는 지식 습득 조건 간의 복잡한 상호작용은 탐사 접근법에서 중요한 역할을 한다. 로봇은 어떤 때는 로컬화를 선호하기도 하고, 때로는 매핑되지 않은 지형으로 이동하는 것을 선호하기도 한다.

17.6 요약

17장에서는 로봇 탐사에 대해 알아봤다. 이 장의 모든 알고리즘은 로봇이 얻은 지식을 최대화한다는 한 가지 목표를 위한 것이다. 지식 이득을 최대화할 수 있도록 제어 액션을 지시해서 로봇은 효과적으로 탐사를 수행한다.

이 아이디어는 여러 가지 탐사 문제에 적용됐다.

- 액티브 로컬화에서 로봇은 알려진 맵과 비교해 포즈의 지식이 최대가 되게 한다. 우리는 상대적인 로봇 포즈로 이동할 때 예상되는 지식 이득을 계산하는 알고리즘을 고안했다. 그리고 이 포즈로 이동하기 위해 필요한 최소 비용과 이득의 트레이드오프 결과를 얻는다. 결과 알고리즘은 높은 정보 이득을 가져오는 위치를 선택하는 훌륭한 작업을 수행한다.

- 매핑을 위한 탐사에서 로봇은 항상 포즈를 알고 있다. 하지만 이를 위해서는 환경 정보를 수집해야 한다. 점유 그리드 매핑 패러다임을 기반으로, 정보 이득을 맵의 각 그리드 셀에 대해 개별적으로 계산할 수 있음을 설명했다. 정보 이득을 위한 다양한 기술을 비교해 엔트로피 같은 간단한 기술이 매우 잘 수행된다는 점에 주목했다. 이를 바탕으로 정보 이득과 이동 비용 간의 트레이드오프를 최적화하는 근사 지점으로 이동하기 위한 동적 프로그래밍 알고리즘을 고안했다.

- 다중 로봇의 경우 지식 이득 기술을 보완했다. 이러한 확장 과정은 복잡하지 않고 명료하다. 이것은 동적 프로그래밍 패러다임을 쉽게 수정할 수 있기 때문에 모든 위치로 이동하는 데 드는 비용을 계산할 수 있고 지식을 얻는 데 도움이 된다. 여러 타깃 위치에 대한 비용 및 지식 이득을 비교해서 여러 로봇이 전체 탐사 시간을 최소화할 수 있도록 탐사 할당을 조정할 수 있다.

- 마지막으로 로봇 포즈와 환경 맵이 모두 알려지지 않은 전체 SLAM 문제에 대한 탐사 기법을 설명했다. 이 책에서 소개한 방법은 엔트로피의 근본적인 분해가 경로 불확실성에 관한 것과 맵의 불확실성(모든 경로에 대해 평균된 것) 이라는 두 가지 항을 이용해 관찰했다. 이는 (1) 제어 시퀀스를 생성하고, (2) 미래의 추정값을 계산하며, (3) 제어 시퀀스를 평가할 때 맵 불확실성 대비 경로 불확실성의 트레이드오프를 계산하는 탐사에 대한 생성 및 검사 알고리즘으로 활용됐다. 그 결과 맵을 개선하기 위해 때로는 로봇을 알려지지 않은 지형으로 유도하고 때로는 포즈 추정을 개선하기 위해 이전에 매핑된 지형으로 되돌아가는 탐사 기법이 사용됐다.

이 장에서 소개한 탐사 기술 대부분은 로봇이 탐사 결정에서 단 하나의 액션만 선택하려 한다는 점에서 그리디 방식이라고 할 수 있다. 이러한 그리디 방식은 대부분의 탐사 문제에서 엄청난 분기 인자의 결과로 이어지고, 다중 단계 플래닝을 다루기 어렵게 만든다. 그러나 올바른 탐사 액션을 선택하려면 약간의 생각이 필요했다.

이 장의 알고리즘은 탐사 작업으로 로봇의 로컬 좌표계에서 임의의 지점으로 이동하는 문제를 다룬다. 따라서 여기서 고려한 기본 액션 단위는 이 책의 5장에서 정의한 기본 로봇 제어 액션보다 훨씬 복잡하다. 이러한 액션의 정의를 이용하면 단순한 탐사 기술을 복잡한 다중 단계 로봇 탐사 문제에 적용 가능하다.

탐사는 정보 이득을 보상하는 페이오프 함수를 사용하는 일반적인 POMDP 문제로 만들 수 있다는 점에 주목했다. 그러나 POMDP는 분기 인자가 작을 때 가장 좋으며 가능한 관찰 개수는 제한적이다. 탐사 문제는 거대한 스테이트 및 관찰 공간으로 만들어진다. 그러므로 정보 이득을 직접적으로 최대화하는 그리디 기술을 통해 가장 잘 해결할 수 있다.

17.7 참고문헌

탐사는 로보틱스 시스템 개발의 주요 애플리케이션 도메인에 해당한다. 예를 들면, 다음과 같은 것들이 있다. 화산 탐사(Bares and Wettergreen, 1999; Wettergreen et al., 1999), 행성/달 탐사(Gat et al., 1994; Höllerer et al., 1999; Krotkov et al., 1999; Matthies et al., 1995; Li et al., 2000), 탐색 및 구조(Murphy, 2004), 버려진 광산의 맵 제작(Madhavan et al., 1999; Thrun et al., 2004c; Baker et al., 2004), 남극의 운석 탐사(Urmson et al., 2001; Apostolopoulos et al., 2001), 사막 탐사(Bapna et al., 1998), 수중 탐사(Ballard, 1987; Sandwell, 1997; Smith and Dunn, 1995; Whitcomb, 2000).

로봇 탐사용 알고리즘 설계에 관한 문헌은 15장, 16장에서 언급한 정보 수집 및 결정 이론의 다양한 분야에 뿌리를 두고 있다. 로봇 탐사에 대한 초기 접근법 중 하나는 Kuipers and Byun(1990)과 Kuipers and Byun(1991), Pierce and Kuipers(1994)에서 설명한 알고리즘이다. 이 접근법에서 로봇은 소위 지역적으로 구별 가능한 장소를 식별하여 방문한 모든 장소와 지금까지 탐사하지 못한 지역을 구분할 수 있다. Dudek et al.(1991)에서는 알려지지 않은 그래프와 유사한 환경을 탐구하기 위한 탐사 전략을 개발했다. 그들의 알고리즘은 거리 메트릭을 고려하지 않고 매우 제한된 지각 능력을 가진 로봇을 위해 특별히 설계됐다.

Koenig and Simmons(1993)는 모바일 로봇을 이용한 위상 맵을 학습하기 위한 초기 탐사 기법을 제안했다. 동적 프로그래밍을 사용해 점유 그리드 매핑을 위해 적극적으로 탐구한다는 아이디어는 Moravec(1988) 및 Thrun(1993)에서 소개했다. Tailor and Kriegman(1993)은 피처 기반 맵을 학습하기 위해 환경의 모든 랜드마크를 방문하는 방법을 설명했다. 이 시스템에서 로봇은 환경에 있는 모든 방문하지 않은 랜드마크의 목록을 유지한다. Kaelbling et al.(1996)은 통계적 수식을 사용하는 탐사에 대한 정보의 최대화 아이디어를 제시했다. Yamauchi et al.(1999)은 모바일 로봇 탐사에 대한 프론티어 기반 접근법을 소개했다. 핵심 아이디어는 로봇의 행동을 지시하기 위해 탐사 영역과 미탐사 영역 사이의 경계를 찾는 식이다. 최근 González-Baños and Latombe(2001)는 다음 액션을 결정하기 위해 가능한 뷰 포인트로부터 로봇이 볼수도 있는, 아직 발견되지 않은 영역의 규모를 고려하는 탐사 전략을 제안했다. 비슷한 탐사 전략이 3D 객체 모델링 분야에서도 널리 보급됐다. 예를 들어, Whaite and Ferrie(1997)는 물체를 스캐닝하는 문제를 연구하고 모델의 파라미터에 대한 불확실성을 고려해 다음 단계에서 가장 우수한 지점을 결정한다.

탐사 기법은 로봇을 공동으로 탐사하는 팀에도 확대됐다. Burgard et al.(2000), Simmons et al.(2000a)은 맵 정보가 최대가 되도록 함께 탐색하는 로봇 팀으로 그리디 탐사 프레임워크를 확장했다. 이와 관련해 Burgard et al.(2004)도 참고하기 바란다. 이 기법은 Howard et al.(2002)에서 소개한 증분 배포 기술 및 Stroupe(2004)가 제안한 알고리즘과 유사하다. 조정된 탐사를 위한 마켓 기반 기법은 Zlot et al.(2002)에서 확인할 수 있다. Dias et al.(2004)은 다중 로봇 조정 과정에서 잠재적 실패를 분석하고 개선된 알고리즘을 제공했다. 각기 다른 팀을 다루는 접근법은 Singh and Fujimura(1993)에 의해 제시됐다. Ko et al.(2003)은 여러 개의 미지의 시작 지점에서 조율된 탐사를 확장했으며 Konolige et al.(2005)에서 이 기법에 관한 총체적인 테스트 결과를 제공했다. Fox et al.(2005)에 의하면 이 기법은 상대적인 로봇 위치를 추정하기 위해 MCL 로컬화의 수정 버전과 함께 환경의 구조적 추정을 사용한다. Rekleitis et al.(2001b)에서는 한 로봇이 또 다른 탐사를 관찰함으로써 위치 불확실성을 줄이는 탐사 기술을 제안한다. 이 장에서 제시된 다중 로봇 탐사 실험의 일부는 Thrun(2001)에 의해 처음 소개됐다.

일부 논문에서 맵 탐색 문제는 알 수 없는 환경을 철저히 다루기 위한 알고리즘 설계 문제를 해결하는 커버리지 문제coverage problem로 연구됐다. Choset(2001)의 논문은 이 분야에 대한 포괄적인 연구 조사 결과다. 한편, Acar and Choset(2002), Acar et al.(2003)은 통계 기법에서 이 문제를 다뤘는데, 이 책에서 설명한 것과 다른 알고리즘은 없다.

SLAM의 맥락에서 몇몇 연구 결과는 맵 적용 범위와 액티브 로컬화를 공동으로 최적화할 수 있는 탐사 기법을 고안했다. Makarenko et al.(2002)은 랜드마크를 재관찰해서 (그의 위치 또는 로봇의 포즈를 좀 더 정확하게 결정하기 위해) 알 수 없는 지형을 조사함으로써 얻어지는 기대되는 정보 이득에 기초해 수행될 액션을 결정하는 접근법을 설명한다. 비슷한 맥락에서 Newman et al.(2003)은 효율적인 SLAM을 위해 아틀라스(Bosse et al., 2003) 프레임워크를 바탕으로 한 탐사 기법을 소개했다. 여기서 로봇은 방문했던 지역을 나타내는 그래프 구조를 만든다. Sim et al.(2004)은 SLAM의 궤도 계획 문제를 구체적으로 다뤘다. 그는 SLAM 문제에 대한 EKF 기반 접근 방식의 맥락에서 나선형 궤도 정책의 파라미터화된 클래스를 고려한다. 이 장에서 설명하는 FastSLAM 탐색 기술은 Stachniss and Burgard(2003, 2004)에서 확인할 수 있다. 로컬화 문제를 돕기 위해 로봇이 마커를 떨어뜨리는 SLAM 탐사 기술은 Batalin and Sukhatme(2003)에 설명되어 있다.

로봇 탐사 전략의 성능 분석 또한 관심의 대상이 되어왔다. Albers and Henzinger(2000), Deng and Papadimitriou(1998), Koenig and Tovey(2003), Lumelsky et al.(1990), Rao et al.(1993) 등은 각기 다른 탐사 전략의 복잡성에 대한 수학적 또는 경험적 분석을 제공했다. 예를 들어, Lee and Recce(1997)는 단일 로봇에 대한 다양한 탐사 전략의 성능을 비교하는 실험적 연구를 발표했다.

모바일 로봇에서의 액티브 로컬화를 위한 우리의 기술은 Burgard et al.(1997) 및 Fox et al.(1998)에서 제시됐다. Jensfelt and Christensen(2001a)은 가우시안 혼합 모델을 사용해 로봇의 포즈에 대한 사후확률을 표현하고 이 표현에 따라 액티브 로컬화를 수행하는 방법을 설명하는 시스템을 제시했다. Kleinberg(1994)는 액티브 로컬화 문제를 또한 이론적으로 완벽한 센서의 가정하에서 연구했다.

몇몇 학자는 동적 환경을 위한 로봇 탐사 전략을 개발했다. 특히 흥미로운 영역으로 추적 게임이 있는데, 이와 관련된 많은 논문을 참고하기 바란다(Isaacs, 1965; Bardi et al., 1999). 실내 모바일 로봇에서 추적 회피 기술은 LaValle et al.(1997), Guibas et al.(1999), Gerkey et al.(2004) 등에서 확장 연구됐다.

마지막으로 탐사는 오토마타 이론에서 집중적으로 연구됐다. 실험이 진행됨에 따라 학습기가 페이오프를 받는 패러다임을 만드는 순차 결정은 원래 도둑으로 알려진 단순한 유한 스테이트 오토마타[FSA, finite state automata]의 맥락에서 연구됐다(Feldman, 1962; Berry and Fristedt, 1985; Robbins, 1952 참조). 유한 스테이트 오토마타[FSA]의 구조를 학습하는 기술은 FSA의 여러 상태를 구별하는 일련의 테스트를 생성하는 기술을 개발한 Rivest and Schapire(1987a, b)와 Mozer and Bachrach(1989)에서 확인할 수 있다. 결정론적 환경 탐구의 복잡성에 대한 스테이트 기반의 경계는 Koenig and Simmons(1993) 및 Thrun(1992)에 의해 다뤄졌으며, 이후에 Kearns and Singh(2003)에 의해 확률적 환경으로 확장됐다.

17.8 연습문제

1. 세 가지 유형의 랜드마크가 있는 삼각형 환경에서 작동하는 로봇이 있다.

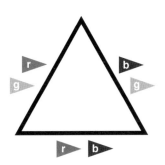

각 위치에는 색이 각기 다른 2개의 랜드마크가 있다. 모든 라운드에서 로봇은 'r', 'g', 'b' 레이블 중 하나인 랜드마크 유형의 존재에 대해서만 조회할 수 있다고 가정한다. 로봇이 먼저 'b' 랜드마크에 대한 탐지기를 발사하고 시계 방향으로 다음 아크^{arc}로 이동한다고 가정한다. 다음에 사용할 최적의 랜드마크 탐지기는 무엇이 될까? 이동하지 않거나 반시계 방향으로 다음 아크로 이동한 경우 어떻게 답이 달라질까?

2. 모든 방향으로 움직이고 감지할 수 있는 K의 전 방향 로봇이 주어졌다고 가정해 보자. 이 문제에서는 각각의 보이는 위치를 한 번씩만 보려고 한다. 한 번 이상 관찰한 위치에 대한 이점은 없다고 가정한다.

   본문에서 로봇을 여러 대 사용할 경우 한 대만 사용할 때보다 탐사 속도를 높일 수 있다고 설명했다(즉, K 로봇이 1 로봇보다 K배 이상 빠르다는 의미).

   (a) 로봇 한 대로 탐사할 때와 비교해서 K 로봇 팀이 얼마나 빨라질 수 있는가?

   (b) $K = 4$인 경우 로봇의 속도 향상을 극대화하는 예제 환경을 제시해보라. 그리고 속도를 높이는 탐사 전략을 설명해보라.

3. 이미 정보가 있고, 경계가 있는 환경을 통해 움직이는 침입자를 쫓고 있다고 가정한다. K 로봇이 유한 시간에 침입자를 찾는 데 성공할 수 있는 환경을 그릴 수 있는가? 반면 $K - 1$ 로봇은 그럴 수 없는가? $K = 2$, $K = 3$, $K = 4$ 로봇에

대한 환경을 그려보자. 결과가 침입자의 모션 전략에 대해 아무런 가정도 하지 않을 수 있음을 주의하라. 침입자가 당신의 시야에 있다면, 관찰 가능하다.

4. 매우 단순한 탐사 문제는 K 암 밴딧$^{K\text{-arm bandit}}$ 문제라고도 한다. 여기에는 K개의 팔을 가진 슬롯 머신이 있다. 각 팔은 p_K의 확률로 \$1의 페이오프를 제공한다. 여기서 p_K는 여러분에게 알려져 있지 않다. 이 문제에서 전체 페이오프가 최대가 되도록 팔을 선택해보자.

(a) 그리디 탐사 전략은 차선책이 될 수 있음을 증명해보라. '그리디'는 확률 p_K의 최대 유사가능도 추정값과 관련된 최적의 액션 선택을 통해 정의된다(팔 k에 대해 n번 재생 후, p_K의 최대 유사가능도 추정은 n_k/n을 통해 주어지며, 여기서 n_k는 \$1의 페이오프를 받은 횟수다).

(b) 최적의 탐사 전략이 모든 팔을 절대 버리지 않음을 증명하라.

(c) $K = 2$에 대해 K 암 밴딧 알고리즘을 구현한다. 여기서 확률 p_1과 p_2는 간격 [0; 1]에서 균등하게 선택한다. 최대한 좋은 탐사 전략을 구현하라. 탐사 전략은 $i = 1, 2$에 대한 변수 n_i에만 의존할 수 있다. 전략을 설명하고, 각각 100단계씩 지속되는 1,000개의 게임에 대한 전체적인 결괏값을 측정해보라.

5. 17.4절에서는 그리드 셀에 대한 정보 이득을 계산하는 두 가지 방법, 즉 엔트로피와 엔트로피 이득의 기댓값을 경험적으로 비교했다. 이 장에서 언급한 가정하에 이 둘 사이의 오차에 대한 수학적 경계를 제시해보라. 이 오차는 어떤 맵 점유 밸류들에 대해 최대인가? 어떤 밸류가 최소인가?

6. 본문에서 가우시안 엔트로피의 수식을 다뤘다. 간단한 가우시안 업데이트에 대한 예상 정보 이득을 계산해보라. 알려지지 않은 스테이트 변수 x를 추정한다고 가정하고, 현재의 최대 유사가능도 추정값은 μ와 Σ이다. 우리의 센서가 x를 측정할 수 있다고 가정하되, 공분산 Q를 갖는 가우시안 노이즈에 의해 측정값이 손상될 것이다. 센서 측정을 통해 기대되는 지식 이득에 대한 표현을 제시해보라. 힌트: 평균이 아닌 공분산에 초점을 맞춘다.

| 참고문헌 |

Aberdeen, D. 2002. A survey of approximate methods for solving partially observable Markov decision processes. Technical report, Australia National University.

Acar, E.U., and H. Choset. 2002. Sensor-based coverage of unknown environments. *International Journal of Robotic Research* 21:345–366.

Acar, E.U., H. Choset, Y. Zhang, and M.J. Schervish. 2003. Path planning for robotic demining: Robust sensor-based coverage of unstructured environments and probabilistic methods. *International Journal of Robotic Research* 22:441–466.

Albers, S., and M.R. Henzinger. 2000. Exploring unknown environments. *SIAM Journal on Computing* 29:1164–1188.

Anguelov, D., R. Biswas, D. Koller, B. Limketkai, S. Sanner, and S. Thrun. 2002. Learning hierarchical object maps of non-stationary environments with mobile robots. In *Proceedings of the 17th Annual Conference on Uncertainty in AI (UAI)*.

Anguelov, D., D. Koller, E. Parker, and S. Thrun. 2004. Detecting and modeling doors with mobile robots. In *Proceedings of the International Conference on Robotics and Automation (ICRA)*.

Apostolopoulos, D., L. Pedersen, B. Shamah, K. Shillcutt, M.D. Wagner, and W.R. Whittaker. 2001. Robotic antarctic meteorite search: Outcomes. In *Proceedings of the International Conference on Robotics and Automation (ICRA)*, pp. 4174–4179.

Araneda, A. 2003. Statistical inference in mapping and localization for a mobile robot. In J. M. Bernardo, M.J. Bayarri, J.O. Berger, A. P. Dawid, D. Heckerman, A.F.M. Smith, and M. West (eds.), *Bayesian Statistics 7*. Oxford, UK: Oxford University Press.

Arkin, R. 1998. *Behavior-Based Robotics*. Cambridge, MA: MIT Press.

Arras, K.O., and S.J Vestli. 1998. Hybrid, high-precision localisation for the mail distributing mobile robot system MOPS. In *Proceedings of the International Conference on Robotics and Automation (ICRA)*.

Astrom, K.J. 1965. Optimal control of Markov decision processes with incomplete state estimation. *Journal of Mathematical Analysis and Applications* 10:174–205.

Austin, D.J., and P. Jensfelt. 2000. Using multiple Gaussian hypotheses to represent probability-distributions for mobile robots. In *Proceedings of the IEEE International Conference on Robotics and Automation (ICRA)*.

Avots, D., E. Lim, R. Thibaux, and S. Thrun. 2002. A probabilistic technique for simultaneous localization and door state estimation with mobile robots in dynamic environments. In *Proceedings of the IEEE/RSJ Int. Conf. on Intelligent Robots and Systems (IROS)*.

B, Triggs, McLauchlan P, Hartley R, and Fitzgibbon A. 2000. Bundle adjustment – A modern synthesis. In W. Triggs, A. Zisserman, and R. Szeliski (eds.), *Vision Algorithms: Theory and Practice*, LNCS, pp. 298–375. Springer Verlag.

Bagnell, J., and J. Schneider. 2001. Autonomous helicopter control using reinforcement learning policy search methods. In *Proceedings of the International Conference on Robotics and Automation (ICRA)*.

Bailey, T. 2002. *Mobile Robot Localisation and Mapping in Extensive Outdoor Environments*. PhD thesis, University of Sydney, Sydney, NSW, Australia.

Baker, C., A. Morris, D. Ferguson, S. Thayer, C. Whittaker, Z. Omohundro, C. Reverte, W. Whittaker, D. Hähnel, and S. Thrun. 2004. A campaign in autonomous mine mapping. In *Proceedings of the International Conference on Robotics and Automation (ICRA)*.

Ballard, R.D. 1987. *The Discovery of the Titanic*. New York, NY: Warner/Madison Press.

Bapna, D., E. Rollins, J. Murphy, M. Maimone, W.L. Whittaker, and D. Wettergreen. 1998. The Atacama Desert trek: Outcomes. In *Proceedings of the International Conference on Robotics and Automation (ICRA)*, volume 1, pp. 597–604.

Bar-Shalom, Y., and T.E. Fortmann. 1988. *Tracking and Data Association*. Academic Press.

Bar-Shalom, Y., and X.-R. Li. 1998. *Estimation and Tracking: Principles, Techniques, and Software*. Danvers, MA: YBS.

Bardi, M., Parthasarathym T., and T.E.S. Raghavan. 1999. *Stochastic and Differential Games: Theory and Numerical Methods*. Boston: Birkhauser.

Bares, J., and D. Wettergreen. 1999. Dante II: Technical description, results and lessons learned. *International Journal of Robotics Research* 18:621–649.

Barniv, Y. 1990. Dynamic programming algorithm for detecting dim moving targets. In Y. Bar-Shalom (ed.), *Multitarget-Multisensor Tracking: Advanced Applications*, pp. 85–154. Boston: Artech House.

Barto, A.G., S.J. Bradtke, and S.P. Singh. 1991. Real-time learning and control using asynchronous dynamic programming. Technical Report COINS 91-57, Department of Computer Science, University of Massachusetts, MA.

Batalin, M., and G. Sukhatme. 2003. Efficient exploration without localization. In *Proceedings of the International Conference on Robotics and Automation (ICRA)*.

Baxter, J., L. Weaver, and P. Bartlett. 2001. Infinite-horizon gradient-based policy search: II. Gradient ascent algorithms and experiments. *Journal of Artificial Intelligence Research*. To appear.

Bekker, G. 1956. *Theory of Land Locomotion*. University of Michigan.

Bekker, G. 1969. *Introduction to Terrain-Vehicle Systems*. University of Michigan.

Bellman, R.E. 1957. *Dynamic Programming*. Princeton, NJ: Princeton University Press.

Berry, D., and B. Fristedt. 1985. *Bandit Problems: Sequential Allocation of Experiments*. Chapman and Hall.

Bertsekas, Dimitri P., and John N. Tsitsiklis. 1996. *Neuro-Dynamic Programming*. Belmont, MA: Athena Scientific.

Besl, P., and N. McKay. 1992. A method for registration of 3d shapes. *Transactions on Pattern Analysis and Machine Intelligence* 14:239–256.

Betgé-Brezetz, S., R. Chatila, and M. Devy. 1995. Object-based modelling and localization in natural environments. In *Proceedings of the International Conference on Robotics and Automation (ICRA)*.

Betgé-Brezetz, S., P. Hébert, R. Chatila, and M. Devy. 1996. Uncertain map making in natural environments. In *Proceedings of the IEEE International Conference on Robotics and Automation (ICRA)*, Minneapolis.

Betke, M., and K. Gurvits. 1994. Mobile robot localization using landmarks. In *Proceedings of the IEEE International Conference on Robotics and Automation (ICRA)*, pp. 135–4142.

Biswas, R., B. Limketkai, S. Sanner, and S. Thrun. 2002. Towards object mapping in dynamic environments with mobile robots. In *Proceedings of the IEEE/RSJ Int. Conf. on Intelligent Robots and Systems (IROS)*.

Blackwell, D. 1947. Conditional expectation and unbiased sequential estimation. *Annals of Mathematical Statistics* 18:105–110.

Blahut, R.E., W. Miller, and C.H. Wilcox. 1991. *Radar and Sonar: Parts I&II*. New York, NY: Springer-Verlag.

Borenstein, J., B. Everett, and L. Feng. 1996. *Navigating Mobile Robots: Systems and Techniques*. Wellesley, MA: A.K. Peters, Ltd.

Borenstein, J., and Y. Koren. 1991. The vector field histogram – fast obstacle avoidance for mobile robots. *IEEE Transactions on Robotics and Automation* 7:278–288.

Bosse, M., P. Newman, J. Leonard, M. Soika, W. Feiten, and S. Teller. 2004. Simultaneous localization and map building in large-scale cyclic environments using the atlas framework. *International Journal of Robotics Research* 23:1113–1139.

Bosse, M., P. Newman, M. Soika, W. Feiten, J. Leonard, and S. Teller. 2003. An atlas framework for scalable mapping. In *Proceedings of the International Conference on Robotics and Automation (ICRA)*.

Bouguet, J.-Y., and P. Perona. 1995. Visual navigation using a single camera. In *Proceedings of the International Conference on Computer Vision (ICCV)*, pp. 645–652.

Boutilier, C., R. Brafman, and C. Geib. 1998. Structured reachability analysis for Markov decision processes. In *Proceedings of the Conference on Uncertainty in AI (UAI)*, pp. 24–32.

Brafman, R.I. 1997. A heuristic variable grid solution method for POMDPs. In *Proceedings of the AAAI National Conference on Artificial Intelligence*.

Brooks, R.A. 1986. A robust layered control system for a mobile robot. *IEEE Journal of Robotics and Automation* 2:14–23.

Brooks, R.A. 1990. Elephants don't play chess. *Autonomous Robots* 6:3–15.

Brooks, R.A., and T. Lozano-Perez. 1985. A subdivision algorithm in configuration space for findpath with rotation. *IEEE Transactions on Systems, Man, and Cybernetics* 15:224–233.

Bryson, A.E., and H. Yu-Chi. 1975. *Applied Optimal Control*. Halsted Press, John Wiley & Sons.

Bulata, H., and M. Devy. 1996. Incremental construction of a landmark-based and topological model of indoor environments by a mobile robot. In *Proceedings of the International Conference on Robotics and Automation (ICRA)*, Minneapolis, USA.

Burgard, W., A.B. Cremers, D. Fox, D. Hähnel, G. Lakemeyer, D. Schulz, W. Steiner, and S. Thrun. 1999a. Experiences with an interactive museum tour-guide robot. *Artificial Intelligence* 114:3–55.

Burgard, W., A. Derr, D. Fox, and A.B. Cremers. 1998. Integrating global position estimation and position tracking for mobile robots: the Dynamic Markov Localization approach. In *Proceedings of the IEEE/RSJ Int. Conf. on Intelligent Robots and Systems (IROS)*.

Burgard, W., D. Fox, D. Hennig, and T. Schmidt. 1996. Estimating the absolute position of a mobile robot using position probability grids. In *Proceedings of the National Conference on Artificial Intelligence (AAAI)*.

Burgard, W., D. Fox, H. Jans, C. Matenar, and S. Thrun. 1999b. Sonar-based mapping of large-scale mobile robot environments using EM. In *Proceedings of the International Conference on Machine Learning*, Bled, Slovenia.

Burgard, W., D. Fox, M. Moors, R.G. Simmons, and S. Thrun. 2000. Collaborative multi-robot exploration. In *Proceedings of the International Conference on Robotics and Automation (ICRA)*.

Burgard, W., D. Fox, and S. Thrun. 1997. Active mobile robot localization. In *Proceedings of the Fourteenth International Joint Conference on Artificial Intelligence (IJCAI)*, San Mateo, CA. Morgan Kaufmann.

Burgard, W., M. Moors, C. Stachniss, and F. Schneider. 2004. Coordinated multi-robot exploration. *IEEE Transactions on Robotics and Automation*. To appear.

Canny, J. 1987. *The Complexity of Robot Motion Planning*. Cambridge, MA: MIT Press.

Casella, G.C., and R.L. Berger. 1990. *Statistical Inference*. Pacific Grove, CA: Wadsworth & Brooks.

Cassandra, A.R., L.P. Kaelbling, and M.L. Littman. 1994. Acting optimally in partially observable stochastic domains. In *Proceedings of the AAAI National Conference on Artificial Intelligence*, pp. 1023–1028.

Cassandra, A., M. Littman, and N. Zhang. 1997. Incremental pruning: A simple, fast, exact method for partially observable Markov decision processes. In *Proceedings of the Conference on Uncertainty in AI (UAI)*.

Castellanos, J.A., J.M.M. Montiel, J. Neira, and J.D. Tardós. 1999. The SPmap: A probabilistic framework for simultaneous localization and map building. *IEEE Transactions on Robotics and Automation* 15:948–953.

Castellanos, J.A., J. Neira, and J.D. Tardós. 2001. Multisensor fusion for simultaneous localization and map building. *IEEE Transactions on Robotics and Automation* 17: 908–914.

Castellanos, J.A., J. Neira, and J.D. Tardós. 2004. Limits to the consistency of the EKF-based SLAM. In M.I. Ribeiro and J. Santos-Victor (eds.), *Proceedings of Intelligent Autonomous Vehicles (IAV-2004)*, Lisboa, PT. IFAC/EURON and IFAC/Elsevier.

Chatila, R., and J.-P. Laumond. 1985. Position referencing and consistent world modeling for mobile robots. In *Proceedings of the International Conference on Robotics and Automation (ICRA)*, pp. 138–145.

Cheeseman, P., and P. Smith. 1986. On the representation and estimation of spatial uncertainty. *International Journal of Robotics* 5:56 – 68.

Choset, H. 1996. *Sensor Based Motion Planning: The Hierarchical Generalized Voronoi Graph*. PhD thesis, California Institute of Technology.

Choset, H. 2001. Coverage for robotics — a survey of recent results. *Annals of Mathematical Artificial Intelligence* 31:113–126.

Choset, H., K. Lynch, S. Hutchinson, G. Kantor, W. Burgard, L. Kavraki, and S. Thrun. 2004. *Principles of Robotic Motion: Theory, Algorithms, and Implementation*. Cambridge, MA: MIT Press.

Chown, E., S. Kaplan, and D. Kortenkamp. 1995. Prototypes, location, and associative networks (plan): Towards a unified theory of cognitive mapping. *Cognitive Science* 19:1–51.

Chrisman, L. 1992. Reinforcement learning with perceptual aliasing: The perceptual distinction approach. In *Proceedings of 1992 AAAI Conference*, Menlo Park, CA. AAAI Press / The MIT Press.

Cid, R.M., C. Parra, and M. Devy. 2002. Visual navigation in natural environments: from range and color data to a landmark-based model. *Autonomous Robots* 13:143–168.

Cohn, D. 1994. Queries and exploration using optimal experiment design. In J.D. Cowan, G. Tesauro, and J. Alspector (eds.), *Advances in Neural Information Processing Systems 6*, San Mateo, CA. Morgan Kaufmann.

Connell, J. 1990. *Minimalist Mobile Robotics*. Boston: Academic Press.

Coppersmith, D., and S. Winograd. 1990. Matrix multiplication via arithmetic progressions. *Journal of Symbolic Computation* 9:251–280.

Cover, T.M., and J.A. Thomas. 1991. *Elements of Information Theory*. Wiley.

Cowell, R.G., A.P. Dawid, S.L. Lauritzen, and D.J. Spiegelhalter. 1999. *Probabilistic Networks and Expert Systems*. Berlin, New York: Springer Verlag.

Cox, I.J. 1991. Blanche—an experiment in guidance and navigation of an autonomous robot vehicle. *IEEE Transactions on Robotics and Automation* 7:193–204.

Cox, I.J., and J.J. Leonard. 1994. Modeling a dynamic environment using a Bayesian multiple hypothesis approach. *Artificial Intelligence* 66:311–344.

Cox, I.J., and G.T. Wilfong (eds.). 1990. *Autonomous Robot Vehicles*. Springer Verlag.

Craig, J.J. 1989. *Introduction to Robotics: Mechanics and Control (2nd Edition)*. Reading, MA: Addison-Wesley Publishing, Inc. 3rd edition.

Crowley, J. 1989. World modeling and position estimation for a mobile robot using ultrasonic ranging. In *Proceedings of the International Conference on Robotics and Automation (ICRA)*, pp. 674–680.

Csorba, M. 1997. *Simultaneous Localisation and Map Building*. PhD thesis, University of Oxford.

Davison, A. 1998. *Mobile Robot Navigation Using Active Vision*. PhD thesis, University of Oxford, Oxford, UK.

Davison, A. 2003. Real time simultaneous localisation and mapping with a single camera. In *Proceedings of the International Conference on Computer Vision (ICCV)*, Nice, France.

Dean, L.P. Kaelbling, J. Kirman, and A. Nicholson. 1995. Planning under time constraints in stochastic domains. *Artificial Intelligence* 76:35–74.

Deans, M., and M. Hebert. 2000. Invariant filtering for simultaneous localization and mapping. In *Proceedings of the International Conference on Robotics and Automation (ICRA)*, pp. 1042–1047.

Deans, M.C., and M. Hebert. 2002. Experimental comparison of techniques for localization and mapping using a bearing-only sensor. In *Proceedings of the International Symposium on Experimental Robotics (ISER)*, Sant'Angelo d'Ischia, Italy.

Dearden, R., and C. Boutilier. 1994. Integrating planning and execution in stochastic domains. In *Proceedings of the AAAI Spring Symposium on Decision Theoretic Planning*, pp. 55–61, Stanford, CA.

Dedeoglu, G., and G. Sukhatme. 2000. Landmark-based matching algorithm for cooperative mapping by autonomous robots. In *Proceedings of the International Symposium on Distributed Autonomous Robotic Systems (DARS 2000)*, Knoxville, Tenneessee.

DeGroot, Morris H. 1975. *Probability and Statistics*. Reading, MA: Addison-Wesley.

Dellaert, F. 2005. Square root SAM. In S. Thrun, G. Sukhatme, and S. Schaal (eds.), *Proceedings of the Robotics Science and Systems Conference*. Cambridge, MA: MIT Press.

Dellaert, F., D. Fox, W. Burgard, and S. Thrun. 1999. Monte Carlo localization for mobile robots. In *Proceedings of the International Conference on Robotics and Automation (ICRA)*.

Dellaert, F., S.M. Seitz, C. Thorpe, and S. Thrun. 2003. EM, MCMC, and chain flipping for structure from motion with unknown correspondence. *Machine Learning* 50:45–71.

Dempster, A.P., A.N. Laird, and D.B. Rubin. 1977. Maximum likelihood from incomplete data via the EM algorithm. *Journal of the Royal Statistical Society, Series B* 39:1–38.

Deng, X., and C. Papadimitriou. 1998. How to learn in an unknown environment: The rectilinear case. *Journal of the ACM* 45:215–245.

Devroye, L., L. Györfi, and G. Lugosi. 1996. *A Probabilistic Theory of Pattern Recognition*. New York, NY: Springer-Verlag.

Devy, M., and H. Bulata. 1996. Multi-sensory perception and heterogeneous representations for the navigation of a mobile robot in a structured environment. In *Proceedings of the Symposium on Intelligent Robot Systems*, Lisboa.

Devy, M., and C. Parra. 1998. 3-d scene modelling and curve-based localization in natural environments. In *Proceedings of the International Conference on Robotics and Automation (ICRA)*.

Dias, M.B., M. Zinck, R. Zlot, and A. Stentz. 2004. Robust multirobot coordination in dynamic environments. In *Proceedings of the International Conference on Robotics and Automation (ICRA)*.

Dickmanns, E.D. 2002. Vision for ground vehicles: history and prospects. *International Journal of Vehicle Autonomous Systems* 1:1–44.

Dickmanns, E.D., and V. Graefe. 1988. Application of monocular machine vision. *Machine Vision and Applications* 1:241–261.

Diebel, J., K. Reuterswärd, J. Davis, and S. Thrun. 2004. Simultaneous localization and mapping with active stereo vision. In *Proceedings of the IEEE/RSJ Int. Conf. on Intelligent Robots and Systems (IROS)*.

Dietterich, T.G. 2000. Hierarchical reinforcement learning with the MAXQ value function decomposition. *Journal of Artificial Intelligence Research* 13:227–303.

Dissanayake, G., P. Newman, S. Clark, H.F. Durrant-Whyte, and M. Csorba. 2001. A solution to the simultaneous localisation and map building (SLAM) problem. *IEEE Transactions on Robotics and Automation* 17:229–241.

Dissanayake, G., S.B. Williams, H. Durrant-Whyte, and T. Bailey. 2002. Map management for efficient simultaneous localization and mapping (SLAM). *Autonomous Robots* 12:267–286.

Dorf, R.C., and R.H. Bishop. 2001. *Modern Control Systems (Ninth Edition)*. Englewood Cliffs, NJ: Prentice Hall.

Doucet, A. 1998. On sequential simulation-based methods for Bayesian filtering. Technical Report CUED/F-INFENG/TR 310, Cambridge University, Department of Engineering, Cambridge, UK.

Doucet, A., J.F.G. de Freitas, and N.J. Gordon (eds.). 2001. *Sequential Monte Carlo Methods In Practice*. New York: Springer Verlag.

Driankov, D., and A. Saffiotti (eds.). 2001. *Fuzzy Logic Techniques for Autonomous Vehicle Navigation*, volume 61 of *Studies in Fuzziness and Soft Computing*. Berlin, Germany: Springer-Verlag.

Duckett, T., S. Marsland, and J. Shapiro. 2000. Learning globally consistent maps by relaxation. In *Proceedings of the International Conference on Robotics and Automation (ICRA)*, pp. 3841–3846.

Duckett, T., S. Marsland, and J. Shapiro. 2002. Fast, on-line learning of globally consistent maps. *Autonomous Robots* 12:287 – 300.

Duckett, T., and U. Nehmzow. 2001. Mobile robot self-localisation using occupancy histograms and a mixture of Gaussian location hypotheses. *Robotics and Autonomous Systems* 34:119–130.

Duda, R.O., P.E. Hart, and D. Stork. 2000. *Pattern classification and scene analysis (2nd edition)*. New York: John Wiley and Sons.

Dudek, G., and D. Jegessur. 2000. Robust place recognition using local appearance based methods. In *Proceedings of the International Conference on Robotics and Automation (ICRA)*, pp. 466–474.

Dudek, G., and M. Jenkin. 2000. *Computational Principles of Mobile Robotics*. Cambridge CB2 2RU, UK: Cambridge University Press.

Dudek, G., M. Jenkin, E. Milios, and D. Wilkes. 1991. Robotic exploration as graph construction. *IEEE Transactions on Robotics and Automation* 7:859–865.

Durrant-Whyte, H.F. 1988. Uncertain geometry in robotics. *IEEE Transactions on Robotics and Automation* 4:23 – 31.

Durrant-Whyte, H.F. 1996. Autonomous guided vehicle for cargo handling applications. *International Journal of Robotics Research* 15.

Durrant-Whyte, H., S. Majumder, S. Thrun, M. de Battista, and S. Scheding. 2001. A Bayesian algorithm for simultaneous localization and map building. In *Proceedings of the 10th International Symposium of Robotics Research (ISRR'01)*, Lorne, Australia.

Elfes, A. 1987. Sonar-based real-world mapping and navigation. *IEEE Transactions on Robotics and Automation* pp. 249–265.

Eliazar, A., and R. Parr. 2003. DP-SLAM: Fast, robust simultaneous localization and mapping without predetermined landmarks. In *Proceedings of the Sixteenth International Joint Conference on Artificial Intelligence (IJCAI)*, Acapulco, Mexico. IJCAI.

Eliazar, A., and R. Parr. 2004. DP-SLAM 2.0. In *Proceedings of the International Conference on Robotics and Automation (ICRA)*, New Orleans, USA.

Elliott, R.J., L.Aggoun, and J.B. Moore. 1995. *Hidden Markov Models: Estimation and Control*. New York, NY: Springer-Verlag.

Engelson, S., and D. McDermott. 1992. Error correction in mobile robot map learning. In *Proceedings of the International Conference on Robotics and Automation (ICRA)*, pp. 2555–2560.

Etter, P.C. 1996. *Underwater Acoustic Modeling: Principles, Techniques and Applications*. Amsterdam: Elsevier.

Featherstone, R. 1987. *Robot Dynamics Algorithms*. Boston, MA: Kluwer Academic Publishers.

Feder, H.J.S., J.J. Leonard, and C.M. Smith. 1999. Adaptive mobile robot navigation and mapping. *International Journal of Robotics Research* 18:650–668.

Feldman, D. 1962. Contributions to the two-armed bandit problem. *Ann. Math. Statist* 33:847–856.

Feller, W. 1968. *An Introduction To Probability Theory And Its Applications (3rd edition)x*. Quinn-Woodbine.

Feng, L., J. Borenstein, and H.R. Everett. 1994. "Where am I?" Sensors and methods for autonomous mobile robot positioning. Technical Report UM-MEAM-94-12, University of Michigan, Ann Arbor, MI.

Fenwick, J., P. Newman, and J. Leonard. 2002. Collaborative concurrent mapping and localization. In *Proceedings of the International Conference on Robotics and Automation (ICRA)*.

Ferguson, D., T. Stentz, and S. Thrun. 2004. PAO* for planning with hidden state. In *Proceedings of the International Conference on Robotics and Automation (ICRA)*.

Fischler, M.A., and R.C. Bolles. 1981. Random sample consensus: A paradigm for model fitting with applications to image analysis and automated cartography. *Communications of the ACM* 24:381–395.

Folkesson, J., and H.I. Christensen. 2003. Outdoor exploration and SLAM using a compressed filter. In *Proceedings of the IEEE International Conference on Robotics and Automation (ICRA)*, pp. 419–427.

Folkesson, J., and H.I. Christensen. 2004a. Graphical SLAM: A self-correcting map. In *Proceedings of the International Conference on Robotics and Automation (ICRA)*.

Folkesson, J., and H.I. Christensen. 2004b. Robust SLAM. In *Proceedings of the International Symposium on Autonomous Vehicles*, Lisboa, PT.

Fox, D. 2003. Adapting the sample size in particle filters through KLD-sampling. *International Journal of Robotics Research* 22:985 – 1003.

Fox, D., W. Burgard, F. Dellaert, and S. Thrun. 1999a. Monte Carlo localization: Efficient position estimation for mobile robots. In *Proceedings of the National Conference on Artificial Intelligence (AAAI)*, Orlando, FL. AAAI.

Fox, D., W. Burgard, H. Kruppa, and S. Thrun. 2000. A probabilistic approach to collaborative multi-robot localization. *Autonomous Robots* 8.

Fox, D., W. Burgard, and S. Thrun. 1998. Active Markov localization for mobile robots. *Robotics and Autonomous Systems* 25:195–207.

Fox, D., W. Burgard, and S. Thrun. 1999b. Markov localization for mobile robots in dynamic environments. *Journal of Artificial Intelligence Research (JAIR)* 11:391–427.

Fox, D., W. Burgard, and S. Thrun. 1999c. Markov localization for mobile robots in dynamic environments. *Journal of Artificial Intelligence Research* 11:391–427.

Fox, D., J. Ko, K. Konolige, and B. Stewart. 2005. A hierarchical Bayesian approach to mobile robot map structure learning. In P. Dario and R. Chatila (eds.), *Robotics Research: The Eleventh International Symposium*, Springer Tracts in Advanced Robotics (STAR). Springer Verlag.

Freedman, D., and P. Diaconis. 1981. On this histogram as a density estimator: L_2 theory. *Zeitschrift für Wahrscheinlichkeitstheorie und verwandte Gebiete* 57:453–476.

Frese, U. 2004. *An $O(logn)$ Algorithm for Simultaneous Localization and Mapping of Mobile Robots in Indoor Environments*. PhD thesis, University of Erlangen-Nürnberg, Germany.

Frese, U., and G. Hirzinger. 2001. Simultaneous localization and mapping—a discussion. In *Proceedings of the IJCAI Workshop on Reasoning with Uncertainty in Robotics*, pp. 17–26, Seattle, WA.

Frese, U., P. Larsson, and T. Duckett. 2005. A multigrid algorithm for simultaneous localization and mapping. *IEEE Transactions on Robotics*. To appear.

Frueh, C., and A. Zakhor. 2003. Constructing 3d city models by merging ground-based and airborne views. In *Proceedings of the IEEE Computer Society Conference on Computer Vision and Pattern Recognition (CVPR)*, Madison, Wisconsin.

Gat, E. 1998. Three-layered architectures. In D. Kortenkamp, R.P. Bonasso, and R. Murphy (eds.), *AI-based Mobile Robots: Case Studies of Successful Robot Systems*, pp. 195–210. Cambridge, MA: MIT Press.

Gat, E., R. Desai, R. Ivlev, J. Loch, and D.P. Miller. 1994. Behavior control for robotic exploration of planetary surfaces. *IEEE Transactions on Robotics and Automation* 10: 490–503.

Gauss, K.F. 1809. *Theoria Motus Corporum Coelestium (Theory of the Motion of the Heavenly Bodies Moving about the Sun in Conic Sections)*. Republished in 1857, and by Dover in 1963: Little, Brown, and Co.

Geffner, H., and B. Bonet. 1998. Solving large POMDPs by real time dynamic programming. In *Working Notes Fall AAAI Symposium on POMDPs*, Stanford, CA.

Gerkey, B., S. Thrun, and G. Gordon. 2004. Parallel stochastic hill-climbing with small teams. In L. Parker, F. Schneider, and A. Schultz (eds.), *Proceedings of the 3rd International Workshop on Multi-Robot Systems*, Amsterdam. NRL, Kluwer Publisher.

Gilks, W.R., S. Richardson, and D.J. Spiegelhalter (eds.). 1996. *Markov Chain Monte Carlo in Practice*. Chapman and Hall/CRC.

Goldberg, K. 1993. Orienting polygonal parts without sensors. *Algorithmica* 10:201–225.

Golfarelli, M., D. Maio, and S. Rizzi. 1998. Elastic correction of dead-reckoning errors in map building. In *Proceedings of the IEEE/RSJ Int. Conf. on Intelligent Robots and Systems (IROS)*, pp. 905–911.

Golub, G.H., and C.F. Van Loan. 1986. *Matrix Computations*. North Oxford Academic.

González-Baños, H.H., and J.C. Latombe. 2001. Navigation strategies for exploring indoor environments. *International Journal of Robotics Research*.

Gordon, G. J. 1995. Stable function approximation in dynamic programming. In A. Prieditis and S. Russell (eds.), *Proceedings of the Twelfth International Conference on Machine Learning*. Also appeared as Technical Report CMU-CS-95-103, Carnegie Mellon University, School of Computer Science, Pittsburgh, PA.

Greiner, R., and R. Isukapalli. 1994. Learning to select useful landmarks. In *Proceedings of 1994 AAAI Conference*, pp. 1251–1256, Menlo Park, CA. AAAI Press / The MIT Press.

Grunbaum, F.A., M.Bernfeld, and R.E. Blahut (eds.). 1992. *Radar and Sonar: Part II*. New York, NY: Springer-Verlag.

Guibas, L.J., D.E. Knuth, and M. Sharir. 1992. Randomized incremental construction of Delaunay and Voronoi diagrams. *Algorithmica* 7:381–413. See also *17th Int. Coll. on Automata, Languages and Programming*, 1990, pp. 414–431.

Guibas, L.J., J.-C. Latombe, S.M. LaValle, D. Lin, and R. Motwani. 1999. A visibility-based pursuit-evasion problem. *International Journal of Computational Geometry and Applications* 9:471–493.

Guivant, J., and E. Nebot. 2001. Optimization of the simultaneous localization and map building algorithm for real time implementation. *IEEE Transactions on Robotics and Automation* 17:242–257. In press.

Guivant, J., and E. Nebot. 2002. Improving computational and memory requirements of simultaneous localization and map building algorithms. In *Proceedings of the International Conference on Robotics and Automation (ICRA)*, pp. 2731–2736.

Guivant, J., E. Nebot, and S. Baiker. 2000. Autonomous navigation and map building using laser range sensors in outdoor applications. *Journal of Robotics Systems* 17: 565–583.

Guivant, J.E., E.M. Nebot, J. Nieto, and F. Masson. 2004. Navigation and mapping in large unstructured environments. *International Journal of Robotics Research* 23.

Gutmann, J.S., and D. Fox. 2002. An experimental comparison of localization methods continued. In *Proc. of the IEEE/RSJ International Conference on Intelligent Robots and Systems (IROS)*.

Gutmann, J.-S., W. Burgard, D. Fox, and K. Konolige. 1998. An experimental comparison of localization methods. In *Proceedings of the IEEE/RSJ Int. Conf. on Intelligent Robots and Systems (IROS)*.

Gutmann, J.-S., and K. Konolige. 2000. Incremental mapping of large cyclic environments. In *Proceedings of the IEEE International Symposium on Computational Intelligence in Robotics and Automation (CIRA)*.

Gutmann, J.-S., and B. Nebel. 1997. Navigation mobiler roboter mit laserscans. In *Autonome Mobile Systeme*. Berlin: Springer Verlag. In German.

Gutmann, J.-S., and C. Schlegel. 1996. AMOS: Comparison of scan matching approaches for self-localization in indoor environments. In *Proc. of the 1st Euromicro Workshop on Advanced Mobile Robots*. IEEE Computer Society Press.

Hähnel, D., W. Burgard, B. Wegbreit, and S. Thrun. 2003a. Towards lazy data association in SLAM. In *Proceedings of the 11th International Symposium of Robotics Research (ISRR'03)*, Sienna, Italy. Springer.

Hähnel, D., D. Fox, W. Burgard, and S. Thrun. 2003b. A highly efficient FastSLAM algorithm for generating cyclic maps of large-scale environments from raw laser range measurements. In *Proceedings of the IEEE/RSJ Int. Conf. on Intelligent Robots and Systems (IROS)*.

Hähnel, D., D. Schulz, and W. Burgard. 2003c. Mobile robot mapping in populated environments. *Autonomous Robots* 17:579–598.

Hartley, R., and A. Zisserman. 2000. *Multiple View Geometry in Computer Vision*. Cambridge University Press.

Hauskrecht, M. 1997. Incremental methods for computing bounds in partially observable Markov decision processes. In *Proceedings of the AAAI National Conference on Artificial Intelligence*, pp. 734–739, Providence, RI.

Hauskrecht, M. 2000. Value-function approximations for partially observable Markov decision processes. *Journal of Artificial Intelligence Research* 13:33–94.

Hayet, J.B., F. Lerasle, and M. Devy. 2002. A visual landmark framework for indoor mobile robot navigation. In *Proceedings of the International Conference on Robotics and Automation (ICRA)*, Washington, DC.

Hertzberg, J., and F. Kirchner. 1996. Landmark-based autonomous navigation in sewerage pipes. In *Proc. of the First Euromicro Workshop on Advanced Mobile Robots*.

Hinkel, R., and T. Knieriemen. 1988. Environment perception with a laser radar in a fast moving robot. In *Proceedings of Symposium on Robot Control*, pp. 68.1–68.7, Karlsruhe, Germany.

Hoey, J., R. St-Aubin, A. Hu, and C. Boutilier. 1999. SPUDD: Stochastic planning using decision diagrams. In *Proceedings of the Conference on Uncertainty in AI (UAI)*, pp. 279–288.

Höllerer, T., S. Feiner, T. Terauchi, G. Rashid, and D. Hallaway. 1999. Exploring MARS: Developing indoor and outdoor user interfaces to a mobile augmented reality system. *Computers and Graphics* 23:779–785.

Howard, A. 2004. Multi-robot mapping using manifold representations. In *Proceedings of the International Conference on Robotics and Automation (ICRA)*, pp. 4198–4203.

Howard, A., M.J. Matarić, and G.S. Sukhatme. 2002. An incremental deployment algorithm for mobile robot teams. In *Proceedings of the IEEE/RSJ Int. Conf. on Intelligent Robots and Systems (IROS)*.

Howard, A., M.J. Matarić, and G.S. Sukhatme. 2003. Cooperative relative localization for mobile robot teams: An ego-centric approach. In *Proceedings of the Naval Research Laboratory Workshop on Multi-Robot Systems*, Washington, D.C.

Howard, A., L.E. Parker, and G.S. Sukhatme. 2004. The SDR experience: Experiments with a large-scale heterogenous mobile robot team. In *Proceedings of the 9th International Symposium on Experimental Robotics 2004*, Singapore.

Howard, R.A. 1960. *Dynamic Programming and Markov Processes*. MIT Press and Wiley.

Iagnemma, K., and S. Dubowsky. 2004. *Mobile Robots in Rough Terrain: Estimation, Motion Planning, and Control with Application to Planetary Rovers*. Springer.

Ilon, B.E., 1975. Wheels for a course stable selfpropelling vehicle movable in any desired direction on the ground or some other base. United States Patent #3,876,255.

Iocchi, L., K. Konolige, and M. Bajracharya. 2000. Visually realistic mapping of a planar environment with stereo. In *Proceesings of the 2000 International Symposium on Experimental Robotics*, Waikiki, Hawaii.

IRobots Inc., 2004. Roomba robotic floor vac. On the Web at http://www.irobot.com/consumer/.

Isaacs, R. 1965. *Differential Games–A Mathematical Theory with Applications to Warfare and Pursuit, Control and Optimization*. John Wiley and Sons, Inc.

Isard, M., and A. Blake. 1998. CONDENSATION: conditional density propagation for visual tracking. *International Journal of Computer Vision* 29:5–28.

Jaeger, H. 2000. Observable operator processes and conditioned continuation representations. *Neural Computation* 12:1371–1398.

James, M., and S. Singh. 2004. Learning and discovery of predictive state representations in dynamical systems with reset. In *Proceedings of the Twenty-First International Conference on Machine Learning (ICML)*, pp. 417–424.

Jazwinsky, A.M. 1970. *Stochastic Processes and Filtering Theory*. New York: Academic.

Jensfelt, P., D. Austin, O. Wijk, and M. Andersson. 2000. Feature based condensation for mobile robot localization. In *Proceedings of the International Conference on Robotics and Automation (ICRA)*, pp. 2531–2537.

Jensfelt, P., and H.I. Christensen. 2001a. Active global localisation for a mobile robot using multiple hypothesis tracking. *IEEE Transactions on Robotics and Automation* 17:748–760.

Jensfelt, P., and H.I. Christensen. 2001b. Pose tracking using laser scanning and minimalistic environmental models. *IEEE Transactions on Robotics and Automation* 17:138–147.

Jensfelt, P., H.I. Christensen, and G. Zunino. 2002. Integrated systems for mapping and localization. In *Proceedings of the International Conference on Robotics and Automation (ICRA)*.

Julier, S., and J. Uhlmann. 1997. A new extension of the Kalman filter to nonlinear systems. In *International Symposium on Aerospace/Defense Sensing, Simulate and Controls*, Orlando, FL.

Julier, S.J., and J.K. Uhlmann. 2000. Building a million beacon map. In *Proceedings of the SPIE Sensor Fusion and Decentralized Control in Robotic Systems IV, Vol. #4571*.

Jung, I.K., and S. Lacroix. 2003. High resolution terrain mapping using low altitude aerial stereo imagery. In *Proceedings of the International Conference on Computer Vision (ICCV)*, Nice, France.

Kaelbling, L.P., A.R. Cassandra, and J.A. Kurien. 1996. Acting under uncertainty: Discrete Bayesian models for mobile-robot navigation. In *Proceedings of the IEEE/RSJ Int. Conf. on Intelligent Robots and Systems (IROS)*.

Kaelbling, L.P., M.L. Littman, and A.R. Cassandra. 1998. Planning and acting in partially observable stochastic domains. *Artificial Intelligence* 101:99–134.

Kaelbling, L. P., and S. J. Rosenschein. 1991. Action and planning in embedded agents. In *Designing Autonomous Agents*, pp. 35–48. Cambridge, MA: The MIT Press (and Elsevier).

Kalman, R.E. 1960. A new approach to linear filtering and prediction problems. *Trans. ASME, Journal of Basic Engineering* 82:35–45.

Kanazawa, K., D. Koller, and S.J. Russell. 1995. Stochastic simulation algorithms for dynamic probabilistic networks. In *Proceedings of the 11th Annual Conference on Uncertainty in AI*, Montreal, Canada.

Kavraki, L., and J.-C. Latombe. 1994. Randomized preprocessing of configuration space for fast path planning. In *Proceedings of the International Conference on Robotics and Automation (ICRA)*, pp. 2138–2145.

Kavraki, L., P. Svestka, J.-C. Latombe, and M. Overmars. 1996. Probabilistic roadmaps for path planning in high-dimensional configuration spaces. *IEEE Transactions on Robotics and Automation* 12:566–580.

Kearns, M., and S. Singh. 2003. Near-optimal reinforcement learning in polynomial time. *Machine Learning* 49:209–232.

Khatib, O. 1986. Real-time obstacle avoidance for robot manipulator and mobile robots. *The International Journal of Robotics Research* 5:90–98.

Kirk, R.E., and P. Kirk. 1995. *Experimental Design: Procedures for the Behavioral Sciences*. Pacific Grove, CA: Brooks/Cole.

Kitagawa, G. 1996. Monte Carlo filter and smoother for non-Gaussian nonlinear state space models. *Journal of Computational and Graphical Statistics* 5:1–25.

Kleinberg, J. 1994. The localization problem for mobile robots. In *Proc. of the 35th IEEE Symposium on Foundations of Computer Science*.

Ko, J., B. Stewart, D. Fox, K. Konolige, and B. Limketkai. 2003. A practical, decision-theoretic approach to multi-robot mapping and exploration. In *Proc. of the IEEE/RSJ International Conference on Intelligent Robots and Systems (IROS)*, pp. 3232–3238.

Koditschek, D.E. 1987. Exact robot navigation by means of potential functions: Some topological considerations. In *Proceedings of the International Conference on Robotics and Automation (ICRA)*, pp. 1–6.

Koenig, S., and R.G. Simmons. 1993. Exploration with and without a map. In *Proceedings of the AAAI Workshop on Learning Action Models at the Eleventh National Conference on Artificial Intelligence (AAAI)*, pp. 28–32. Also available as AAAI Technical Report WS-93-06.

Koenig, S., and R. Simmons. 1998. A robot navigation architecture based on partially observable Markov decision process models. In Kortenkamp et al. (1998).

Koenig, S., and C. Tovey. 2003. Improved analysis of greedy mapping. In *Proceedings of the IEEE/RSJ Int. Conf. on Intelligent Robots and Systems (IROS)*.

Konecny, G. 2002. *Geoinformation: Remote Sensing, Photogrammetry and Geographical Information Systems*. Taylor & Francis.

Konolige, K. 2004. Large-scale map-making. In *Proceedings of the AAAI National Conference on Artificial Intelligence*, pp. 457–463, San Jose, CA. AAAI.

Konolige, K., and K. Chou. 1999. Markov localization using correlation. In *Proceedings of the International Joint Conference on Artificial Intelligence (IJCAI)*.

Konolige, K., D Fox, C. Ortiz, A. Agno, M. Eriksen, B. Limketkai, J. Ko, B. Morisset, D. Schulz, B. Stewart, and R. Vincent. 2005. Centibots: Very large scale distributed robotic teams. In M. Ang and O. Khatib (eds.), *Experimental Robotics: The 9th International Symposium*, Springer Tracts in Advanced Robotics (STAR). Springer Verlag.

Konolige, K., J.-S. Gutmann, D. Guzzoni, R. Ficklin, and K. Nicewarner. 1999. A mobile robot sense net. In *Proceedings of SPIE 3839 Sensor Fusion and Decentralized Control in Robotic Systmes II*, Boston.

Korf, R.E. 1988. Real-time heuristic search: New results. In *Proceedings of the sixth National Conference on Artificial Intelligence (AAAI-88)*, pp. 139–143, Los Angeles, CA 90024. Computer Science Department, University of California, AAAI Press/MIT Press.

Kortenkamp, D., R.P. Bonasso, and R. Murphy (eds.). 1998. *Artificial Intelligence and Mobile Robots: Case Studies of Successful Robot Systems*. Cambridge, MA: MIT/AAAI Press.

Kortenkamp, D., and T. Weymouth. 1994. Topological mapping for mobile robots using a combination of sonar and vision sensing. In *Proceedings of the Twelfth National Conference on Artificial Intelligence*, pp. 979–984, Menlo Park. AAAI, AAAI Press/MIT Press.

Kröse, B., N. Vlassis, and R. Bunschoten. 2002. Omnidirectional vision for appearance-based robot localization. In G.D. Hagar, H.I. Cristensen, H. Bunke, and R. Klein (eds.), *Sensor Based Intelligent Robots (Lecture Notes in Computer Science #2238)*, pp. 39–50. Springer Verlag.

Krotkov, E., M. Hebert, L. Henriksen, P. Levin, M. Maimone, R.G. Simmons, and J. Teza. 1999. Evolution of a prototype lunar rover: Addition of laser-based hazard detection, and results from field trials in lunar analog terrain. *Autonomous Robots* 7:119–130.

Kuipers, B., and Y.-T. Byun. 1990. A robot exploration and mapping strategy based on a semantic hierarchy of spatial representations. Technical report, Department of Computer Science, University of Texas at Austin, Austin, Texas 78712.

Kuipers, B., and Y.-T. Byun. 1991. A robot exploration and mapping strategy based on a semantic hierarchy of spatial representations. *Robotics and Autonomous Systems* pp. 47–63.

Kuipers, B.J., and T.S. Levitt. 1988. Navigation and mapping in large-scale space. *AI Magazine.*

Kuipers, B., J. Modayil, P. Beeson, M. MacMahon, and F. Savelli. 2004. Local metrical and global topological maps in the hybrid spatial semantic hierarchy. In *Proceedings of the International Conference on Robotics and Automation (ICRA).*

Kushmerick, N., S. Hanks, and D.S. Weld. 1995. An algorithm for probabilistic planning. *Artificial Intelligence* 76:239–286.

Kwok, C.T., D. Fox, and M. Meilă. 2004. Real-time particle filters. *Proceedings of the IEEE* 92:469 – 484. Special Issue on Sequential State Estimation.

Latombe, J.-C. 1991. *Robot Motion Planning.* Boston, MA: Kluwer Academic Publishers.

LaValle, S.M., H. Gonzalez-Banos, C. Becker, and J.C. Latombe. 1997. Motion strategies for maintaining visibility of a moving target. In *Proceedings of the International Conference on Robotics and Automation (ICRA).*

Lawler, E.L., and D.E. Wood. 1966. Branch-and-bound methods: A survey. *Operations Research* 14:699–719.

Lebeltel, O., P. Bessière, J. Diard, and E. Mazer. 2004. Bayesian robot programming. *Autonomous Robots* 16:49–97.

Lee, D., and M. Recce. 1997. Quantitative evaluation of the exploration strategies of a mobile robot. *International Journal of Robotics Research* 16:413–447.

Lenser, S., and M. Veloso. 2000. Sensor resetting localization for poorly modelled mobile robots. In *Proceedings of the International Conference on Robotics and Automation (ICRA).*

Leonard, J.J., and H.F. Durrant-Whyte. 1991. Mobile robot localization by tracking geometric beacons. *IEEE Transactions on Robotics and Automation* 7:376–382.

Leonard, J.J., and H.J.S. Feder. 1999. A computationally efficient method for large-scale concurrent mapping and localization. In J. Hollerbach and D. Koditschek (eds.), *Proceedings of the Ninth International Symposium on Robotics Research*, Salt Lake City, Utah.

Leonard, J.J., and H.J.S. Feder. 2001. Decoupled stochastic mapping. *IEEE Journal of Ocean Engineering* 26:561–571.

Leonard, J., and P. Newman. 2003. Consistent, convergent, and constant-time SLAM. In *Proceedings of the IJCAI Workshop on Reasoning with Uncertainty in Robot Navigation*, Acapulco, Mexico.

Leonard, J.J., R.J. Rikoski, P.M. Newman, and M. Bosse. 2002a. Mapping partially observable features from multiple uncertain vantage points. *International Journal of Robotics Research* 21:943–975.

Leonard, J., J.D. Tardós, S. Thrun, and H. Choset (eds.). 2002b. *Workshop Notes of the ICRA Workshop on Concurrent Mapping and Localization for Autonomous Mobile Robots (W4)*. Washington, DC: ICRA Conference.

Levenberg, K. 1944. A method for the solution of certain problems in least squares. *Quarterly Applied Mathematics* 2:164–168.

Li, R., F. Ma, F. Xu, L. Matthies, C. Olson, and Y. Xiong. 2000. Large scale mars mapping and rover localization using descent and rover imagery. In *Proceedings of the ISPRS 19th Congress, IAPRS Vol. XXXIII*, Amsterdam.

Likhachev, M., G. Gordon, and S. Thrun. 2004. Planning for Markov decision processes with sparse stochasticity. In L. Saul, Y. Weiss, and L. Bottou (eds.), *Proceedings of Conference on Neural Information Processing Systems (NIPS)*. Cambridge, MA: MIT Press.

Lin, L.-J., and T.M. Mitchell. 1992. Memory approaches to reinforcement learning in non-Markovian domains. Technical Report CMU-CS-92-138, Carnegie Mellon University, Pittsburgh, PA.

Littman, M.L., A.R. Cassandra, and L.P. Kaelbling. 1995. Learning policies for partially observable environments: Scaling up. In A. Prieditis and S. Russell (eds.), *Proceedings of the Twelfth International Conference on Machine Learning*.

Littman, M.L., R.S. Sutton, and S. Singh. 2001. Predictive representations of state. In *Advances in Neural Information Processing Systems 14*.

Liu, J., and R. Chen. 1998. Sequential Monte Carlo methods for dynamic systems. *Journal of the American Statistical Association* 93:1032–1044.

Liu, Y., and S. Thrun. 2003. Results for outdoor-SLAM using sparse extended information filters. In *Proceedings of the International Conference on Robotics and Automation (ICRA)*.

Lovejoy, W.S. 1991. A survey of algorithmic methods for partially observable Markov decision processes. *Annals of Operations Research* 28:47–65.

Lozano-Perez, T. 1983. Spatial planning: A configuration space approach. *IEEE Transactions on Computers* pp. 108–120.

Lu, F., and E. Milios. 1994. Robot pose estimation in unknown environments by matching 2d range scans. In *IEEE Computer Vision and Pattern Recognition Conference (CVPR)*.

Lu, F., and E. Milios. 1997. Globally consistent range scan alignment for environment mapping. *Autonomous Robots* 4:333–349.

Lu, F., and E. Milios. 1998. Robot pose estimation in unknown environments by matching 2d range scans. *Journal of Intelligent and Robotic Systems* 18:249–275.

Lumelsky, S., S. Mukhopadhyay, and K. Sun. 1990. Dynamic path planning in sensor-based terrain acquisition. *IEEE Transactions on Robotics and Automation* 6:462–472.

MacDonald, I.L., and W. Zucchini. 1997. *Hidden Markov and Other Models for Discrete-Valued Time Series*. London, UK: Chapman and Hall.

Madhavan, R., G. Dissanayake, H. Durrant-Whyte, J. Roberts, P. Corke, and J. Cunningham. 1999. Issues in autonomous navigation of underground vehicles. *Journal of Mineral Resources Engineering* 8:313–324.

Mahadevan, S., and L. Kaelbling. 1996. The NSF workshop on reinforcement learning: Summary and observations. *AI Magazine* Winter:89–97.

Mahadevan, S., and N. Khaleeli. 1999. Robust mobile robot navigation using partially-observable semi-Markov decision processes. Internal report.

Makarenko, A.A., S.B. Williams, F. Bourgoult, and F. Durrant-Whyte. 2002. An experiment in integrated exploration. In *Proceedings of the IEEE/RSJ Int. Conf. on Intelligent Robots and Systems (IROS)*.

Marquardt, D. 1963. An algorithm for least-squares estimation of nonlinear parameters. *SIAM Journal of Applied Mathematics* 11:431–441.

Mason, M.T. 2001. *Mechanics of Robotic Manipulation*. Cambridge, MA: MIT Press.

Matarić, M.J. 1990. A distributed model for mobile robot environment-learning and navigation. Master's thesis, MIT, Cambridge, MA. Also available as MIT Artificial Intelligence Laboratory Tech Report AITR-1228.

Matthies, L., E. Gat, R. Harrison, B. Wilcox, R. Volpe, and T. Litwin. 1995. Mars microrover navigation: Performance evaluation and enhancement. *Autonomous Robots* 2:291–311.

Maybeck, P.S. 1990. The Kalman filter: An introduction to concepts. In I.J. Cox and G.T. Wilfong (eds.), *Autonomous Robot Vehicles*. Springer Verlag.

Metropolis, N., and S. Ulam. 1949. The Monte Carlo method. *Journal of the American Statistical Association* 44:335–341.

Mikhail, E. M., J. S. Bethel, and J. C. McGlone. 2001. *Introduction to Modern Photogrammetry*. John Wiley and Sons, Inc.

Mine, H., and S. Osaki. 1970. *Markovian Decision Processes*. American Elsevier.

Minka, T. 2001. *A family of algorithms for approximate Bayesian inference*. PhD thesis, MIT Media Lab, Cambridge, MA.

Monahan, G.E. 1982. A survey of partially observable Markov decision processes: Theory, models, and algorithms. *Management Science* 28:1–16.

Montemerlo, M., N. Roy, and S. Thrun. 2003a. Perspectives on standardization in mobile robot programming: The Carnegie Mellon navigation (CARMEN) toolkit. In *Proceedings of the Conference on Intelligent Robots and Systems (IROS)*. Software package for download at www.cs.cmu.edu/~carmen.

Montemerlo, M., and S. Thrun. 2004. Large-scale robotic 3-d mapping of urban structures. In *Proceedings of the International Symposium on Experimental Robotics (ISER)*, Singapore. Springer Tracts in Advanced Robotics (STAR).

Montemerlo, M., S. Thrun, D. Koller, and B. Wegbreit. 2002a. FastSLAM: A factored solution to the simultaneous localization and mapping problem. In *Proceedings of the AAAI National Conference on Artificial Intelligence*, Edmonton, Canada. AAAI.

Montemerlo, M., S. Thrun, D. Koller, and B. Wegbreit. 2003b. FastSLAM 2.0: An improved particle filtering algorithm for simultaneous localization and mapping that provably converges. In *Proceedings of the Sixteenth International Joint Conference on Artificial Intelligence (IJCAI)*, Acapulco, Mexico. IJCAI.

Montemerlo, M., W. Whittaker, and S. Thrun. 2002b. Conditional particle filters for simultaneous mobile robot localization and people-tracking. In *Proceedings of the International Conference on Robotics and Automation (ICRA)*.

Moore, A.W. 1991. Variable resolution dynamic programming: Efficiently learning action maps in multivariate real-valued state-spaces. In *Proceedings of the Eighth International Workshop on Machine Learning*, pp. 333–337.

Moravec, H.P. 1988. Sensor fusion in certainty grids for mobile robots. *AI Magazine* 9:61–74.

Moravec, H.P., and M.C. Martin, 1994. Robot navigation by 3D spatial evidence grids. Mobile Robot Laboratory, Robotics Institute, Carnegie Mellon University.

Moutarlier, P., and R. Chatila. 1989a. An experimental system for incremental environment modeling by an autonomous mobile robot. In *1st International Symposium on Experimental Robotics*, Montreal.

Moutarlier, P., and R. Chatila. 1989b. Stochastic multisensory data fusion for mobile robot location and environment modeling. In *5th Int. Symposium on Robotics Research*, Tokyo.

Mozer, M.C., and J.R. Bachrach. 1989. Discovering the structure of a reactive environment by exploration. Technical Report CU-CS-451-89, Dept. of Computer Science, University of Colorado, Boulder.

Murphy, K. 2000a. Bayesian map learning in dynamic environments. In *Advances in Neural Information Processing Systems (NIPS)*. Cambridge, MA: MIT Press.

Murphy, K. 2000b. A survey of POMDP solution techniques. Technical report, UC Berkeley, Berkeley, CA.

Murphy, K., and S. Russell. 2001. Rao-Blackwellized particle filtering for dynamic Bayesian networks. In A. Doucet, N. de Freitas, and N. Gordon (eds.), *Sequential Monte Carlo Methods in Practice*, pp. 499–516. Springer Verlag.

Murphy, R. 2000c. *Introduction to AI Robotics*. Cambridge, MA: MIT Press.

Murphy, R. 2004. Human-robot interaction in rescue robotics. *IEEE Systems, Man and Cybernetics Part C: Applications and Reviews* 34.

Narendra, P.M., and K. Fukunaga. 1977. A branch and bound algorithm for feature subset selection. *IEEE Transactions on Computers* 26:914–922.

Neira, J., M.I. Ribeiro, and J.D. Tardós. 1997. Mobile robot localisation and map building using monocular vision. In *Proceedings of the International Symposium On Intelligent Robotics Systems*, Stockholm, Sweden.

Neira, J., and J.D. Tardós. 2001. Data association in stochastic mapping using the joint compatibility test. *IEEE Transactions on Robotics and Automation* 17:890–897.

Neira, J., J.D. Tardós, and J.A. Castellanos. 2003. Linear time vehicle relocation in SLAM. In *Proceedings of the International Conference on Robotics and Automation (ICRA)*.

Nettleton, E.W., P.W. Gibbens, and H.F. Durrant-Whyte. 2000. Closed form solutions to the multiple platform simultaneous localisation and map building (slam) problem. In Bulur V. Dasarathy (ed.), *Sensor Fusion: Architectures, Algorithms, and Applications IV*, volume 4051, pp. 428–437, Bellingham.

Nettleton, E., S. Thrun, and H. Durrant-Whyte. 2003. Decentralised slam with low-bandwidth communication for teams of airborne vehicles. In *Proceedings of the International Conference on Field and Service Robotics*, Lake Yamanaka, Japan.

Newman, P. 2000. *On the Structure and Solution of the Simultaneous Localisation and Map Building Problem*. PhD thesis, Australian Centre for Field Robotics, University of Sydney, Sydney, Australia.

Newman, P., M. Bosse, and J. Leonard. 2003. Autonomous feature-based exploration. In *Proceedings of the International Conference on Robotics and Automation (ICRA)*.

Newman, P.M., and H.F. Durrant-Whyte. 2001. A new solution to the simultaneous and map building (SLAM) problem. In *Proceedings of SPIE*.

Newman, P., and J.L. Rikoski. 2003. Towards constant-time slam on an autonomous underwater vehicle using synthetic aperture sonar. In *Proceedings of the International Symposium of Robotics Research*, Sienna, Italy.

Neyman, J. 1934. On the two different aspects of the representative model: the method of stratified sampling and the method of purposive selection. *Journal of the Royal Statistical Society* 97:558–606.

Ng, A.Y., A. Coates, M. Diel, V. Ganapathi, J. Schulte, B. Tse, E. Berger, and E. Liang. 2004. Autonomous inverted helicopter flight via reinforcement learning. In *Proceedings of the International Symposium on Experimental Robotics (ISER)*, Singapore. Springer Tracts in Advanced Robotics (STAR).

Ng, A.Y., and M. Jordan. 2000. PEGASUS: a policy search method for large MDPs and POMDPs. In *Proceedings of Uncertainty in Artificial Intelligence*.

Ng, A.Y., J. Kim, M.I. Jordan, and S. Sastry. 2003. Autonomous helicopter flight via reinforcement learning. In S. Thrun, L. Saul, and B. Schölkopf (eds.), *Proceedings of Conference on Neural Information Processing Systems (NIPS)*. Cambridge, MA: MIT Press.

Nieto, J., J.E. Guivant, and E.M. Nebot. 2004. The hybrid metric maps (HYMMs): A novel map representation for dense SLAM. In *Proceedings of the International Conference on Robotics and Automation (ICRA)*.

Nilsson, N.J. 1982. *Principles of Artificial Intelligence*. Berlin, New York: Springer Publisher.

Nilsson, N. 1984. Shakey the robot. Technical Report 323, SRI International, Menlo Park, CA.

Nourbakhsh, I. 1987. *Interleaving Planning and Execution for Autonomous Robots*. Boston, MA: Kluwer Academic Publishers.

Nourbakhsh, I., R. Powers, and S. Birchfield. 1995. DERVISH an office-navigating robot. *AI Magazine* 16.

Nüchter, A., H. Surmann, K. Lingemann, J. Hertzberg, and S. Thrun. 2004. 6D SLAM with application in autonomous mine mapping. In *Proceedings of the International Conference on Robotics and Automation (ICRA)*.

Oore, S., G.E. Hinton, and G. Dudek. 1997. A mobile robot that learns its place. *Neural Computation* 9:683–699.

Ortin, D., J. Neira, and J.M. Montiel. 2004. Relocation using laser and vision. In *Proceedings of the International Conference on Robotics and Automation (ICRA)*, New Orleans.

Park, S., F. Pfenning, and S. Thrun. 2005. A probabilistic progamming language based upon sampling functions. In *Proceedings of the ACM Symposium on Principles of Programming Languages (POPL)*, Long Beach, CA. ACM SIGPLAN - SIGACT.

Parr, R., and S. Russell. 1998. Reinforcement learning with hierarchies of machines. In *Advances in Neural Information Processing Systems 10*. Cambridge, MA: MIT Press.

Paskin, M.A. 2003. Thin junction tree filters for simultaneous localization and mapping. In *Proceedings of the Sixteenth International Joint Conference on Artificial Intelligence (IJCAI)*, Acapulco, Mexico. IJCAI.

Paul, R.P. 1981. *Robot Manipulators: Mathematics, Programming, and Control*. Cambridge, MA: MIT Press.

Pearl, J. 1988. *Probabilistic reasoning in intelligent systems: networks of plausible inference*. San Mateo, CA: Morgan Kaufmann.

Pierce, D., and B. Kuipers. 1994. Learning to explore and build maps. In *Proceedings of the Twelfth National Conference on Artificial Intelligence*, pp. 1264–1271, Menlo Park. AAAI, AAAI Press/MIT Press.

Pineau, J., G. Gordon, and S. Thrun. 2003a. Applying metric trees to belief-point POMDPs. In S. Thrun, L. Saul, and B. Schölkopf (eds.), *Proceedings of Conference on Neural Information Processing Systems (NIPS)*. Cambridge, MA: MIT Press.

Pineau, J., G. Gordon, and S. Thrun. 2003b. Point-based value iteration: An anytime algorithm for POMDPs. In *Proceedings of the Sixteenth International Joint Conference on Artificial Intelligence (IJCAI)*, Acapulco, Mexico. IJCAI.

Pineau, J., G. Gordon, and S. Thrun. 2003c. Policy-contingent abstraction for robust robot control. In *Proceedings of the Conference on Uncertainty in AI (UAI)*, Acapulco, Mexico.

Pineau, J., M. Montemerlo, N. Roy, S. Thrun, and M. Pollack. 2003d. Towards robotic assistants in nursing homes: challenges and results. *Robotics and Autonomous Systems* 42:271–281.

Pitt, M., and N. Shephard. 1999. Filtering via simulation: auxiliary particle filter. *Journal of the American Statistical Association* 94:590–599.

Poon, K.-M. 2001. A fast heuristic algorithm for decision-theoretic planning. Master's thesis, The Hong Kong University of Science and Technology.

Poupart, P., and C. Boutilier. 2000. Value-directed belief state approximation for POMDPs. In *Proceedings of the Conference on Uncertainty in AI (UAI)*, pp. 279–288.

Poupart, P., L.E. Ortiz, and C. Boutilier. 2001. Value-directed sampling methods for monitoring POMDPs. In *Proceedings of the 17th Annual Conference on Uncertainty in AI (UAI)*.

Procopiuc, O., P.K. Agarwal, L. Arge, and J.S. Vitter. 2003. Bkd-tree: A dynamic scalable kd-tree. In T. Hadzilacos, Y. Manolopoulos, J.F. Roddick, and Y. Theodoridis (eds.), *Advances in Spatial and Temporal Databases*, Santorini Island, Greece. Springer Verlag.

Rabiner, L.R., and B.H. Juang. 1986. An introduction to hidden Markov models. *IEEE ASSP Magazine* 3:4–16.

Raibert, M.H. 1991. Trotting, pacing, and bounding by a quadruped robot. *Journal of Biomechanics* 23:79–98.

Raibert, M.H., M. Chepponis, and H.B. Brown Jr. 1986. Running on four legs as though they were one. *IEEE Transactions on Robotics and Automation* 2:70–82.

Rao, C.R. 1945. Information and accuracy obtainable in estimation of statistical parameters. *Bulletin of the Calcutta Mathematical Society* 37:81–91.

Rao, N., S. Hareti, W. Shi, and S. Iyengar. 1993. Robot navigation in unknown terrains: Introductory survey of non-heuristic algorithms. Technical Report ORNL/TM-12410, Oak Ridge National Laboratory.

Reed, M.K., and P.K. Allen. 1997. A robotic system for 3-d model acquisition from multiple range images. In *Proceedings of the International Conference on Robotics and Automation (ICRA)*.

Rees, W.G. 2001. *Physical Principles of Remote Sensing (Topics in Remote Sensing)*. Cambridge, UK: Cambridge University Press.

Reif, J.H. 1979. Complexity of the mover's problem and generalizations. In *Proceedings of the 20th IEEE Symposium on Foundations of Computer Science*, pp. 421–427.

Rekleitis, I.M., G. Dudek, and E.E. Milios. 2001a. Multi-robot collaboration for robust exploration. *Annals of Mathematics and Artificial Intelligence* 31:7–40.

Rekleitis, I., R. Sim, G. Dudek, and E. Milios. 2001b. Collaborative exploration for map construction. In *IEEE International Symposium on Computational Intelligence in Robotics and Automation*.

Rencken, W.D. 1993. Concurrent localisation and map building for mobile robots using ultrasonic sensors. In *Proceedings of the IEEE/RSJ Int. Conf. on Intelligent Robots and Systems (IROS)*, pp. 2129–2197.

Reuter, J. 2000. Mobile robot self-localization using PDAB. In *Proceedings of the International Conference on Robotics and Automation (ICRA)*.

Rikoski, R., J. Leonard, P. Newman, and H. Schmidt. 2004. Trajectory sonar perception in the ligurian sea. In *Proceedings of the International Symposium on Experimental Robotics (ISER)*, Singapore. Springer Tracts in Advanced Robotics (STAR).

Rimon, E., and D.E. Koditschek. 1992. Exact robot navigation using artificial potential functions. *IEEE Transactions on Robotics and Automation* 8:501–518.

Rivest, R.L., and R.E. Schapire. 1987a. Diversity-based inference of finite automata. In *Proceedings of Foundations of Computer Science*.

Rivest, R.L., and R.E. Schapire. 1987b. A new approach to unsupervised learning in deterministic environments. In P. Langley (ed.), *Proceedings of the Fourth International Workshop on Machine Learning*, pp. 364–375, Irvine, California.

Robbins, H. 1952. Some aspects of the sequential design of experiments. *Bulletin of the American Mathemtical Society* 58:529–532.

Rosencrantz, M., G. Gordon, and S. Thrun. 2004. Learning low dimensional predictive representations. In *Proceedings of the Twenty-First International Conference on Machine Learning*, Banff, Alberta, Canada.

Roumeliotis, S.I., and G.A. Bekey. 2000. Bayesian estimation and Kalman filtering: A unified framework for mobile robot localization. In *Proceedings of the International Conference on Robotics and Automation (ICRA)*, pp. 2985–2992.

Rowat, P.F. 1979. *Representing the Spatial Experience and Solving Spatial problems in a Simulated Robot Environment*. PhD thesis, University of British Columbia, Vancouver, BC, Canada.

Roy, B.V., and J.N. Tsitsiklis. 1996. Stable linear approximations to dynamic programming for stochastic control problems with local transitions. In D. Touretzky, M. Mozer, and M.E. Hasselmo (eds.), *Advances in Neural Information Processing Systems 8*. Cambridge, MA: MIT Press.

Roy, N., W. Burgard, D. Fox, and S. Thrun. 1999. Coastal navigation: Robot navigation under uncertainty in dynamic environments. In *Proceedings of the International Conference on Robotics and Automation (ICRA)*.

Roy, N., and G. Dudek. 2001. Collaborative exploration and rendezvous: Algorithms, performance bounds and observations. *Autonomous Robots* 11:117–136.

Roy, N., G. Gordon, and S. Thrun. 2004. Finding approximate POMDP solutions through belief compression. *Journal of Artificial Intelligence Research*. To appear.

Roy, N., J. Pineau, and S. Thrun. 2000. Spoken dialogue management using probabilistic reasoning. In *Proceedings of the 38th Annual Meeting of the Association for Computational Linguistics (ACL-2000)*, Hong Kong.

Roy, N., and S. Thrun. 2002. Motion planning through policy search. In *Proceedings of the IEEE/RSJ Int. Conf. on Intelligent Robots and Systems (IROS)*.

Rubin, D.B. 1988. Using the SIR algorithm to simulate posterior distributions. In M.H. Bernardo, K.M. an DeGroot, D.V. Lindley, and A.F.M. Smith (eds.), *Bayesian Statistics 3*. Oxford, UK: Oxford University Press.

Rubinstein, R.Y. 1981. *Simulation and the Monte Carlo Method*. John Wiley and Sons, Inc.

Russell, S., and P. Norvig. 2002. *Artificial Intelligence: A Modern Approach*. Englewood Cliffs, NJ: Prentice Hall.

Saffiotti, A. 1997. The uses of fuzzy logic in autonomous robot navigation. *Soft Computing* 1:180–197.

Sahin, E., P. Gaudiano, and R. Wagner. 1998. A comparison of visual looming and sonar as mobile robot range sensors. In *Proceedings of the Second International Conference on Cognitive And Neural Systems*, Boston, MA.

Salichs, M.A., J.M. Armingol, L. Moreno, and A. Escalera. 1999. Localization system for mobile robots in indoor environments. *Integrated Computer-Aided Engineering* 6: 303–318.

Salichs, M.A., and L. Moreno. 2000. Navigation of mobile robots: Open questions. *Robotica* 18:227–234.

Sandwell, D.T., 1997. Exploring the ocean basins with satellite altimeter data. http://julius.ngdc.noaa.gov/mgg/bathymetry/predicted/explore.HTML.

Saranli, U., and D.E. Koditschek. 2002. Back flips with a hexapedal robot. In *Proceedings of the International Conference on Robotics and Automation (ICRA)*, volume 3, pp. 128–134.

Schiele, B., and J.L. Crowley. 1994. A comparison of position estimation techniques using occupancy grids. In *Proceedings of the International Conference on Robotics and Automation (ICRA)*.

Schoppers, M.J. 1987. Universal plans for reactive robots in unpredictable environments. In J. McDermott (ed.), *Proceedings of the Tenth International Joint Conference on Artificial Intelligence (IJCAI-87)*, pp. 1039–1046, Milan, Italy. Morgan Kaufmann.

Schulz, D., W. Burgard, D. Fox, and A.B. Cremers. 2001a. Tracking multiple moving objects with a mobile robot. In *Proceedings of the IEEE Computer Society Conference on Computer Vision and Pattern Recognition (CVPR)*, Kauai, Hawaii.

Schulz, D., W. Burgard, D. Fox, and A.B. Cremers. 2001b. Tracking multiple moving targets with a mobile robot using particle filters and statistical data association. In *Proceedings of the International Conference on Robotics and Automation (ICRA)*.

Schulz, D., and D. Fox. 2004. Bayesian color estimation for adaptive vision-based robot localization. In *Proceedings of the IEEE/RSJ Int. Conf. on Intelligent Robots and Systems (IROS)*.

Schwartz, J.T., M. Scharir, and J. Hopcroft. 1987. *Planning, Geometry and Complexity of Robot Motion*. Norwood, NJ: Ablex Publishing Corporation.

Scott, D.W. 1992. *Multivariate density estimation: theory, practice, and visualization*. John Wiley and Sons, Inc.

Shaffer, G., J. Gonzalez, and A. Stentz. 1992. Comparison of two range-based estimators for a mobile robot. In *SPIE Conf. on Mobile Robots VII*, pp. 661–667.

Sharma, R. 1992. Locally efficient path planning in an uncertain, dynamic environment using a probabilistic model. *T-RA* 8:105–110.

Shatkay, H, and L. Kaelbling. 1997. Learning topological maps with weak local odometric information. In *Proceedings of IJCAI-97*. IJCAI, Inc.

Siegwart, R., K.O. Arras, S. Bouabdallah, D. Burnier, G. Froidevaux, X. Greppin, B. Jensen, A. Lorotte, L. Mayor, M. Meisser, R. Philippsen, R. Piguet, G. Ramel, G. Terrien, and N. Tomatis. 2003. A large scale installation of personal robots. Special issue on socially interactive robots. *Robotics and Autonomous Systems* 42: 203–222.

Siegwart, R., and I. Nourbakhsh. 2004. *Introduction to Autonomous Mobile Robots*. Cambridge, MA: MIT Press.

Sim, R., G. Dudek, and N. Roy. 2004. Online control policy optimization for minimizing map uncertainty during exploration. In *Proceedings of the International Conference on Robotics and Automation (ICRA)*.

Simmons, R.G., D. Apfelbaum, W. Burgard, D. Fox, M. Moors, S. Thrun, and H. Younes. 2000a. Coordination for multi-robot exploration and mapping. In *Proc. of the National Conference on Artificial Intelligence (AAAI)*.

Simmons, R.G., J. Fernandez, R. Goodwin, S. Koenig, and J. O'Sullivan. 2000b. Lessons learned from Xavier. *IEEE Robotics and Automation Magazine* 7:33–39.

Simmons, R.G., and S. Koenig. 1995. Probabilistic robot navigation in partially observable environments. In *Proceedings of the International Joint Conference on Artificial Intelligence (IJCAI)*.

Simmons, R.G., S. Thrun, C. Athanassiou, J. Cheng, L. Chrisman, R. Goodwin, G.-T. Hsu, and H. Wan. 1992. Odysseus: An autonomous mobile robot. *AI Magazine*. extended abstract.

Singh, K., and K. Fujimura. 1993. Map making by cooperating mobile robots. In *Proceedings of the International Conference on Robotics and Automation (ICRA)*, pp. 254–259.

Smallwood, R.W., and E.J. Sondik. 1973. The optimal control of partially observable Markov processes over a finite horizon. *Operations Research* 21:1071–1088.

Smith, A.F.M., and A.E. Gelfand. 1992. Bayesian statistics without tears: a sampling-resampling perspective. *American Statistician* 46:84–88.

Smith, R.C., and P. Cheeseman. 1986. On the representation and estimation of spatial uncertainty. *International Journal of Robotics Research* 5:56–68.

Smith, R., M. Self, and P. Cheeseman. 1990. Estimating uncertain spatial relationships in robotics. In I.J. Cox and G.T. Wilfong (eds.), *Autonomous Robot Vehicles*, pp. 167–193. Springer-Verlag.

Smith, S. M., and S. E. Dunn. 1995. The ocean explorer AUV: A modular platform for coastal sensor deployment. In *Proceedings of the Autonomous Vehicles in Mine Countermeasures Symposium*. Naval Postgraduate School.

Smith, T., and R.G. Simmons. 2004. Heuristic search value iteration for POMDPs. In *Proceedings of the 20th Annual Conference on Uncertainty in AI (UAI)*.

Soatto, S., and R. Brockett. 1998. Optimal structure from motion: Local ambiguities and global estimates. In *Proceedings of the Conference on Computer Vision and Pattern Recognition (CVPR)*, pp. 282–288.

Sondik, E. 1971. *The Optimal Control of Partially Observable Markov Processes*. PhD thesis, Stanford University.

Stachniss, C., and W. Burgard. 2003. Exploring unknown environments with mobile robots using coverage maps. In *Proceedings of the Sixteenth International Joint Conference on Artificial Intelligence (IJCAI)*, Acapulco, Mexico. IJCAI.

Stachniss, C., and W. Burgard. 2004. Exploration with active loop-closing for Fast-SLAM. In *Proceedings of the IEEE/RSJ Int. Conf. on Intelligent Robots and Systems (IROS)*.

Steels, L. 1991. Towards a theory of emergent functionality. In J-A. Meyer and R. Wilson (eds.), *Simulation of Adaptive Behavior*. Cambridge, MA: MIT Press.

Stentz, A. 1995. The focussed D* algorithm for real-time replanning. In *Proceedings of IJCAI-95*.

Stewart, B., J. Ko, D. Fox, and K. Konolige. 2003. The revisiting problem in mobile robot map building: A hierarchical Bayesian approach. In *Proceedings of the Conference on Uncertainty in AI (UAI)*, Acapulco, Mexico.

Strassen, V. 1969. Gaussian elimination is not optimal. *Numerische Mathematik* 13: 354–356.

Stroupe, A.W. 2004. Value-based action selection for exploration and mapping with robot teams. In *Proceedings of the International Conference on Robotics and Automation (ICRA)*.

Sturges, H. 1926. The choice of a class-interval. *Journal of the American Statistical Association* 21:65–66.

Subrahmaniam, K. 1979. *A Primer In Probability*. New York, NY: M. Dekker.

Swerling, P. 1958. A proposed stagewise differential correction procedure for satellite tracking and prediction. Technical Report P-1292, RAND Corporation.

Tailor, C.J., and D.J. Kriegman. 1993. Exloration strategies for mobile robots. In *Proceedings of the International Conference on Robotics and Automation (ICRA)*, pp. 248–253.

Tanner, M.A. 1996. *Tools for Statistical Inference*. New York: Springer Verlag. 3rd edition.

Tardós, J.D., J. Neira, P.M. Newman, and J.J. Leonard. 2002. Robust mapping and localization in indoor environments using sonar data. *International Journal of Robotics Research* 21:311–330.

Teller, S., M. Antone, Z. Bodnar, M. Bosse, S. Coorg, M. Jethwa, and N. Master. 2001. Calibrated, registered images of an extended urban area. In *Proceedings of the Conference on Computer Vision and Pattern Recognition (CVPR)*.

Theocharous, G., K. Rohanimanesh, and S. Mahadevan. 2001. Learning hierarchical partially observed Markov decision process models for robot navigation. In *Proceedings of the International Conference on Robotics and Automation (ICRA)*.

Thorp, E.O. 1966. *Elementary Probability*. R.E. Krieger.

Thrun, S. 1992. Efficient exploration in reinforcement learning. Technical Report CMU-CS-92-102, Carnegie Mellon University, Computer Science Department, Pittsburgh, PA.

Thrun, S. 1993. Exploration and model building in mobile robot domains. In E. Ruspini (ed.), *Proceedings of the IEEE International Conference on Neural Networks*, pp. 175–180, San Francisco, CA. IEEE Neural Network Council.

Thrun, S. 1998a. Bayesian landmark learning for mobile robot localization. *Machine Learning* 33.

Thrun, S. 1998b. Learning metric-topological maps for indoor mobile robot navigation. *Artificial Intelligence* 99:21–71.

Thrun, S. 2000a. Monte Carlo POMDPs. In S.A. Solla, T.K. Leen, and K.-R. Müller (eds.), *Advances in Neural Information Processing Systems 12*, pp. 1064–1070. Cambridge, MA: MIT Press.

Thrun, S. 2000b. Towards programming tools for robots that integrate probabilistic computation and learning. In *Proceedings of the IEEE International Conference on Robotics and Automation (ICRA)*, San Francisco, CA. IEEE.

Thrun, S. 2001. A probabilistic online mapping algorithm for teams of mobile robots. *International Journal of Robotics Research* 20:335–363.

Thrun, S. 2002. Robotic mapping: A survey. In G. Lakemeyer and B. Nebel (eds.), *Exploring Artificial Intelligence in the New Millenium*. Morgan Kaufmann.

Thrun, S. 2003. Learning occupancy grids with forward sensor models. *Autonomous Robots* 15:111–127.

Thrun, S., M. Beetz, M. Bennewitz, W. Burgard, A.B. Cremers, F. Dellaert, D. Fox, D. Hähnel, C. Rosenberg, N. Roy, J. Schulte, and D. Schulz. 2000a. Probabilistic algorithms and the interactive museum tour-guide robot minerva. *International Journal of Robotics Research* 19:972–999.

Thrun, S., A. Bücken, W. Burgard, D. Fox, T. Fröhlinghaus, D. Henning, T. Hofmann, M. Krell, and T. Schmidt. 1998a. Map learning and high-speed navigation in RHINO. In D. Kortenkamp, R.P. Bonasso, and R. Murphy (eds.), *AI-based Mobile Robots: Case Studies of Successful Robot Systems*, pp. 21–52. Cambridge, MA: MIT Press.

Thrun, S., W. Burgard, and D. Fox. 2000b. A real-time algorithm for mobile robot mapping with applications to multi-robot and 3D mapping. In *Proceedings of the International Conference on Robotics and Automation (ICRA)*.

Thrun, S., M. Diel, and D. Hähnel. 2003. Scan alignment and 3d surface modeling with a helicopter platform. In *Proceedings of the International Conference on Field and Service Robotics*, Lake Yamanaka, Japan.

Thrun, S., D. Fox, and W. Burgard. 1998b. A probabilistic approach to concurrent mapping and localization for mobile robots. *Machine Learning* 31:29–53. Also appeared in Autonomous Robots 5, 253–271 (joint issue).

Thrun, S., D. Fox, and W. Burgard. 2000c. Monte Carlo localization with mixture proposal distribution. In *Proceedings of the AAAI National Conference on Artificial Intelligence*, Austin, TX. AAAI.

Thrun, S., D. Koller, Z. Ghahramani, H. Durrant-Whyte, and A.Y. Ng. 2002. Simultaneous mapping and localization with sparse extended information filters. In J.-D. Boissonnat, J. Burdick, K. Goldberg, and S. Hutchinson (eds.), *Proceedings of the Fifth International Workshop on Algorithmic Foundations of Robotics*, Nice, France.

Thrun, S., and Y. Liu. 2003. Multi-robot SLAM with sparse extended information fil-ers. In *Proceedings of the 11th International Symposium of Robotics Research (ISRR'03)*, Sienna, Italy. Springer.

Thrun, S., Y. Liu, D. Koller, A.Y. Ng, Z. Ghahramani, and H. Durrant-Whyte. 2004a. Simultaneous localization and mapping with sparse extended information filters. *International Journal of Robotics Research* 23.

Thrun, S., C. Martin, Y. Liu, D. Hähnel, R. Emery-Montemerlo, D. Chakrabarti, and W. Burgard. 2004b. A real-time expectation maximization algorithm for acquiring multi-planar maps of indoor environments with mobile robots. *IEEE Transactions on Robotics* 20:433–443.

Thrun, S., S. Thayer, W. Whittaker, C. Baker, W. Burgard, D. Ferguson, D. Hähnel, M. Montemerlo, A. Morris, Z. Omohundro, C. Reverte, and W. Whittaker. 2004c. Autonomous exploration and mapping of abandoned mines. *IEEE Robotics and Automation Magazine*. Forthcoming.

Tomasi, C., and T. Kanade. 1992. Shape and motion from image streams under orthography: A factorization method. *International Journal of Computer Vision* 9: 137–154.

Tomatis, N., I. Nourbakhsh, and R. Siegwart. 2002. Hybrid simultaneous localization and map building: closing the loop with multi-hypothesis tracking. In *Proceedings of the International Conference on Robotics and Automation (ICRA)*.

Uhlmann, J., M. Lanzagorta, and S. Julier. 1999. The NASA mars rover: A testbed for evaluating applications of covariance intersection. In *Proceedings of the SPIE 13th Annual Symposium in Aerospace/Defence Sensing, Simulation and Controls*.

United Nations, and International Federation of Robotics. 2004. *World Robotics 2004*. New York and Geneva: United Nations.

Urmson, C., B. Shamah, J. Teza, M.D. Wagner, D. Apostolopoulos, and W.R. Whit-taker. 2001. A sensor arm for robotic antarctic meteorite search. In *Proceedings of the 3rd International Conference on Field and Service Robotics*, Helsinki, Finland.

Vaganay, J., J. Leonard, J.A. Curcio, and J.S. Willcox. 2004. Experimental validation of the moving long base-line navigation concept. In *Proceedings of the IEEE Conference on Autonomous Underwater Vehicles*.

van der Merwe, R. 2004. *Sigma-Point Kalman Filters for Probabilistic Inference in Dy-namic State-Space Models*. PhD thesis, OGI School of Science & Engineering.

van der Merwe, R., N. de Freitas, A. Doucet, and E. Wan. 2001. The unscented particle filter. In *Advances in Neural Information Processing Systems 13*.

Vlassis, N., B. Terwijn, and B. Kröse. 2002. Auxiliary particle filter robot localiza-tion from high-dimensional sensor observations. In *Proceedings of the International Conference on Robotics and Automation (ICRA)*.

Vukobratović, M. 1989. *Introduction to Robotics*. Berlin, New York: Springer Publisher.

Wang, C.-C., C. Thorpe, and S. Thrun. 2003. Online simultaneous localization and mapping with detection and tracking of moving objects: Theory and results from a ground vehicle in crowded urban areas. In *Proceedings of the International Conference on Robotics and Automation (ICRA)*.

Washington, R. 1997. BI-POMDP: Bounded, incremental, partially-observable Markov-model planning. In *Proceedings of the European Conference on Planning (ECP)*, Toulouse, France.

Watkins, C.J.C.H. 1989. *Learning from Delayed Rewards*. PhD thesis, King's College, Cambridge, England.

Weiss, G., C. Wetzler, and E. von Puttkamer. 1994. Keeping track of position and orientation of moving indoor systems by correlation of range-finder scans. In *Proceedings of the International Conference on Intelligent Robots and Systems*, pp. 595–601.

Wesley, M.A., and T. Lozano-Perez. 1979. An algorithm for planning collision-free paths among polyhedral objects. *Communications of the ACM* 22:560–570.

West, M., and P.J. Harrison. 1997. *Bayesian Forecasting and Dynamic Models*, 2nd edition. New York: Springer-Verlag.

Wettergreen, D., D. Bapna, M. Maimone, and H. Thomas. 1999. Developing Nomad for robotic exploration of the Atacama Desert. *Robotics and Autonomous Systems* 26: 127–148.

Whaite, P., and F.P. Ferrie. 1997. Autonomous exploration: Driven by uncertainty. *IEEE Transactions on Pattern Analysis and Machine Intelligence* 19:193–205.

Whitcomb, L. 2000. Underwater robotics: out of the research laboratory and into the field. In *Proceedings of the International Conference on Robotics and Automation (ICRA)*, pp. 85–90.

Williams, R.J. 1992. Simple statistical gradient-following algorithms for connectionist reinforcement learning. *Machine Learning* 8:229–256.

Williams, S.B. 2001. *Efficient Solutions to Autonomous Mapping and Navigation Problems*. PhD thesis, ACFR, University of Sydney, Sydney, Australia.

Williams, S.B., G. Dissanayake, and H.F. Durrant-Whyte. 2001. Constrained initialization of the simultaneous localization and mapping algorithm. In *Proceedings of the Symposium on Field and Service Robotics*. Springer Verlag.

Williams, S.B., G. Dissanayake, and H. Durrant-Whyte. 2002. An efficient approach to the simultaneous localisation and mapping problem. In *Proceedings of the International Conference on Robotics and Automation (ICRA)*, pp. 406–411.

Winer, B.J., D.R. Brown, and K.M. Michels. 1971. *Statistical Principles in Experimental Design*. New York: Mc-Graw-Hill.

Winkler, G. 1995. *Image Analysis, Random Fields, and Dynamic Monte Carlo Methods.* Berlin: Springer Verlag.

Wolf, D.F., and G.S. Sukhatme. 2004. Mobile robot simultaneous localization and mapping in dynamic environments. *Autonomous Robots.*

Wolf, J., W. Burgard, and H. Burkhardt. 2005. Robust vision-based localization by combining an image retrieval system with Monte Carlo localization. *IEEE Transactions on Robotics and Automation.*

Wong, J. 1989. *Terramechanics and Off-Road Vehicles.* Elsevier.

Yamauchi, B., and P. Langley. 1997. Place recognition in dynamic environments. *Journal of Robotic Systems* 14:107–120.

Yamauchi, B., A. Schultz, and W. Adams. 1999. Integrating exploration and localization for mobile robots. *Adaptive Systems* 7.

Yoshikawa, T. 1990. *Foundations of Robotics: Analysis and Control.* Cambridge, MA: MIT Press.

Zhang, N.L., and W. Zhang. 2001. Speeding up the convergence of value iteration in partially observable Markov decision processes. *Journal of Artificial Intelligence Research* 14:29–51.

Zhao, H., and R. Shibasaki. 2001. A vehicle-borne system of generating textured CAD model of urban environment using laser range scanner and line cameras. In *Proc. International Workshop on Computer Vision Systems (ICVS)*, Vancouver, Canada.

Zlot, R., A.T. Stenz, M.B. Dias, and S. Thayer. 2002. Multi-robot exploration controlled by a market economy. In *Proceedings of the International Conference on Robotics and Automation (ICRA).*

찾아보기

확률론적 로보틱스 로봇공학의 기초부터 SLAM과 자율 주행까지

발 행 | 2020년 6월 30일

지은이 | 세바스찬 스런 · 볼프람 부르가트 · 디터 폭스
옮긴이 | 남궁영환

펴낸이 | 권 성 준
편집장 | 황 영 주
편 집 | 김 진 아
        김 은 비
디자인 | 윤 서 빈

에이콘출판주식회사
서울특별시 양천구 국회대로 287 (목동)
전화 02-2653-7600, 팩스 02-2653-0433
www.acornpub.co.kr / editor@acornpub.co.kr

한국어판 © 에이콘출판주식회사, 2020, Printed in Korea.
ISBN 979-11-6175-407-9
http://www.acornpub.co.kr/book/probabilistic-robotics

이 도서의 국립중앙도서관 출판시도서목록(CIP)은 서지정보유통지원시스템 홈페이지(http://seoji.nl.go.kr)와
국가자료공동목록시스템(http://www.nl.go.kr/kolisnet)에서 이용하실 수 있습니다.(CIP제어번호: CIP2020024551)

책값은 뒤표지에 있습니다.